WiSo-lern-reader

Reihe Betriebswirtschaft

Herausgegeben von Prof. Dr. Klaus Lüder

Steinmann, Planung und Kontrolle

Planung und Kontrolle

Probleme der strategischen
Unternehmensführung

herausgegeben von
Prof. Dr. Horst Steinmann

unter Mitarbeit von
Dipl.-Kfm. Rainer Achenbach

Verlag Franz Vahlen München

Unternehmensführung I: Planung und Kontrolle
herausgegeben von Prof. Dr. Horst Steinmann

Unternehmensführung II: Organisation und Leitung
herausgegeben von Prof. Dr. Klaus Bartölke

CIP-Kurztitelaufnahme der Deutschen Bibliothek

Unternehmensführung. – München: Vahlen
(WiSo-Lern-Reader: Reihe Betriebswirtschaft)
1. → Planung und Kontrolle
Planung und Kontrolle: Probleme d. strateg. Unternehmens-
führung / hrsg. von Horst Steinmann. Unter Mitarb. von
Rainer Achenbach. – München: Vahlen, 1981.
  (Unternehmensführung; 1)
  WiSo-Lern-Reader: Reihe Betriebswirtschaft)
  ISBN 3 8006 0813 8
NE: Steinmann, Horst [Hrsg.]

ISBN 3 8006 0813 8

© 1981 Verlag Franz Vahlen GmbH, München
Composersatz: Studio Feldafing
Druck: C. H. Beck'sche Buchdruckerei Nördlingen

Vorwort

Der vorliegende Reader behandelt aus dem Kreis der klassischen Management-Funktionen die *Planung* und *Kontrolle,* wobei das besondere Augenmerk auf der *strategischen* Unternehmensführung liegt. Es gelangen 26 Aufsätze — davon sechs Originalbeiträge — zum Abdruck. Die Auswahl der Beiträge wurde dabei primär von der Überlegung bestimmt, den *Generalisten* und nicht den Funktionsspezialisten zu erreichen, und zwar den *Praktiker* ebenso wie den *Studenten.* Nach unserer Meinung wird es in Zukunft mehr denn je Aufgabe einer „Lehre von der Unternehmensführung" sein müssen, ein Gegengewicht zu entfalten gegen die auch im Management-Prozeß sich immer stärker durchsetzende Spezialisierung. Nur so kann es gelingen, den Gesamtzusammenhang aller Führungsaufgaben ausreichend zur Geltung zu bringen. Wir hoffen, daß sich diese Überlegung in Inhalt und Darstellungsweise der ausgewählten Beiträge ausreichend niedergeschlagen hat.

Der Reader ist in fünf Kapitel gegliedert, wovon drei der (strategischen) Unternehmensplanung und zwei der Unternehmenskontrolle gewidmet sind. Vorangestellt ist eine *Einführung* in den Management-Prozeß und seine Problemschwerpunkte. Diese bezweckt einerseits eine systematische Einordnung der hier interessierenden Management-Funktionen der „Planung" und „Kontrolle" in den Handlungszusammenhang des Führungsprozesses; indem sie diesen entfaltet, verweist sie aber andererseits auch auf die übrigen Führungsfunktionen der klassischen amerikanischen Management-Lehre, also „Organisation", „Personalführung" (staffing) und „Leitung" (directing), für die von anderen Herausgebern eigene Reader vorbereitet werden. Im *1. Kapitel* sind vier Beiträge über Konzeptionalisierung und Entwicklung der Unternehmensplanung zusammengefaßt. Das *2. Kapitel* greift in sechs Aufsätzen zentrale inhaltliche Grundprobleme der Unternehmensplanung auf. Fragen der Durchführung der Unternehmensplanung (Adaption, Koordination und Organisation) werden in sieben weiteren Arbeiten im *3. Kapitel* abgehandelt. Das *4. Kapitel* faßt fünf Beiträge zusammen, die sich mit Bereichen und Verfahren der Unternehmenskontrolle beschäftigen. Auswirkungen von Kontrollsystemen auf das menschliche Verhalten werden schließlich im *5. Kapitel* in drei Arbeiten behandelt.

Jeder Beitrag ist am Schluß kurz zusammengefaßt. Am Ende eines jeden Kapitels finden sich ferner ergänzende Literaturhinweise auf Aufsätze zum Thema. Publikationen in Buchform sind in einer Literaturübersicht zusammengefaßt, die den Abschluß des Bandes bildet.

Die in den Reader aufgenommenen beiden Arbeiten von Ansoff über „The State of Practice in Planning Systems" und insbesondere der sehr bekannt gewordene Aufsatz über „Managing Surprise and Discontinuity — Strategic Response to Weak Signals" wurden fachkundig ins Deutsche übersetzt; im übrigen wurde aber an dem Prinzip festgehalten, die Beiträge in Originalfassung wiederzugeben.

Den Autoren und den Verlagen ist für die Erlaubnis zum Abdruck ihrer Arbeiten zu danken. Meinem Mitarbeiter, Herrn Dipl.-Kfm. Rainer Achenbach, spreche ich meinen Dank für seine Unterstützung bei der Erstellung des Readers aus.

Nürnberg, November 1979   Horst Steinmann

Inhaltsverzeichnis*

Einführung

1. Kapitel: Konzeptionen und Entwicklungslinien der Unternehmensplanung

2. Kapitel: Zentrale Problembereiche der Unternehmensplanung

---

*Hinweis für den Benutzer: Die Zahlen am Buchrand neben dem Text bezeichnen die Seitenzahlen der Originalquelle. Die Zusammenfassungen befinden sich jeweils am Schluß der Beiträge.

3. Kapitel: Adaption, Koordination und Organisation der Unternehmensplanung

4. Kapitel: Über Bereiche und Verfahren der Unternehmenskontrolle

5. Kapitel: Unternehmenskontrolle und Verhalten

EINFÜHRUNG
Der Management-Prozeß und seine Problemschwerpunkte

Horst Steinmann

I. Managementlehre: Zwei Konzeptionen

1. Der Begriff der Unternehmensführung hat bisher in der betriebswirtschaftlichen *Theorie* noch keine einheitliche Festlegung erfahren. In der betriebswirtschaftlichen *Praxis* ist er ein „Allerweltsbegriff", der häufiger wegen seiner Werbewirkung als wegen seines Bedeutungsgehalts verwendet wird.

Soweit theoretische Bemühungen um eine „Lehre von der Unternehmensführung" vorliegen, kann man mindestens zwei durchaus unterschiedliche Begriffsbildungen feststellen. Unternehmensführung wird einerseits mehr als *Institution* verstanden und andererseits – davon deutlich unterschieden – als Abfolge oder *Prozeß* von Führungsaufgaben bzw. Führungshandlungen; entsprechend kann man einen „institutionellen Ansatz" und einen „Prozeßansatz" in der Management-Lehre unterscheiden. Mit der Unternehmensführung als „Institution" meint man *Positionen* der obersten Führungsebene(n) der Unternehmenshierarchie; in diesem Sinne spricht man z.B. vom Vorstand der Aktiengesellschaft als „Organ der Unternehmensführung". Der Prozeß-Ansatz knüpft dagegen – prinzipiell unabhängig von einer vorherigen Fixierung auf (bestimmte) Positionen und Führungsebenen – an diejenigen *Handlungen* an, die der Steuerung des Realgüterprozesses, d.h. aller zur Aufgabenerfüllung notwendigen ausführenden Arbeiten in der Unternehmung dienen; solche „Steuerungshandlungen" können z.B. planender oder kontrollierender Art sein. Für diese Handlungen wird zugleich eine bestimmte Klassifikation und (idealtypische) Abfolge zugrundegelegt, so daß die Vorstellung eines Führungsprozesses (Management-Prozeß) entsteht, der den Realgüterprozeß gleichsam „netzartig" überlagert und in alle seine Sachfunktionsbereiche wie Einkauf, Produktion oder Absatz steuernd eindringt.

Konzeption und Inhalt einer Unternehmensführungslehre werden sich natürlich danach unterscheiden, welchen dieser beiden Ansätze man ihr zugrundelegt.[1] Um das inhaltlich deutlicher zu machen, soll die tendenziell stärker institutionell ausgerichtete Führungslehre von Gutenberg[2] kurz der prozessualen Führungslehre von Koontz und O'Donnell gegenübergestellt werden.[3]

2. Die *Gutenberg'sche* Darstellung setzt bei der obersten Führungsgruppe an, fragt nach für sie geeigneten Organisationsformen und grenzt Entscheidungen dieser Gruppe als „echte Führungsentscheidungen" aus. Vorstandsverfassung oder Board-

---

[1] Vgl. zu weiteren Differenzierungen Beyer, H.-T.: Die Lehre der Unternehmensführung, Entwurf eines Forschungsprogrammes, Berlin 1970, S. 35 ff.

[2] Gutenberg, E.: Unternehmensführung, Organisation und Entscheidungen, Wiesbaden 1962

[3] Koontz, H. and O'Donnell, C.: Principles of Management, An Analysis of Managerial Functions, 4. Aufl., New York u.a. 1968

system, Direktorial- und Kollegialsystem sind zentrale organisatorische Problemfelder; bei den echten Führungsentscheidungen geht es um die Festlegung der Unternehmenspolitik auf weite Sicht, die Koordination der großen betrieblichen Teilbereiche, die Beseitigung von Störungen im laufenden Betriebsprozeß, die Besetzung von Führungsstellen im Unternehmen und geschäftliche Maßnahmen von außergewöhnlicher betrieblicher Bedeutsamkeit. Die hier zum Ausdruck kommende „Perspektive des Top-Management" beherrscht dann auch alle organisatorischen Fragen der Verklammerung der Unternehmensführung mit den mittleren und unteren Hierarchieebenen.

3. Entgegen dieser Konzeption ist der Analyserahmen, den *Koontz und O'Donnell* für ihre Führungslehre gewählt haben, funktions- und prozeßorientiert. Die Verfasser suchen nach denjenigen *gleichen Aufgaben,* die von Managern als solchen auf *allen* Ebenen der Unternehmenshierarchie und in den verschiedensten Sachfunktionsbereichen wie Einkauf, Produktion oder Absatz bewältigt werden müssen, um eine zielgerichtete *Koordination* aller Arbeiten von Individuen und Gruppen zu erreichen; dabei ist natürlich der Anteil der Managementaufgaben am Gesamtaufgabenbudget eines Managers umso kleiner, je niedriger er in der Unternehmenshierarchie angesiedelt ist und je geringer damit die Koordinationsaufgaben werden (und umgekehrt).

Für die Gliederung aller dieser Handlungen wählen Koontz und O'Donnell in Anlehnung an die „traditionelle" Management-Lehre in den USA eine Fünferklassifikation und unterscheiden die folgenden Führungsaufgaben oder -funktionen (managerial functions) in dieser idealtypischen Reihenfolge: Planung (Planning), Organisation (Organizing), Personalführung oder Personaleinsatz (Staffing), Leitung (Directing) und Kontrolle (Controlling). Die *Koordination* wird in diesem Konzept dabei nicht (wie bei anderen Managementprozeßansätzen manchmal üblich) als eine eigenständige Führungsaufgabe angesehen; sie ist vielmehr das *Ergebnis* der Führung, d.h. wird durch die Vielzahl von (selbst auch wieder zu koordinierenden) Führungshandlungen bewirkt.

Idealtypisch gesehen steht am Anfang des Handelns das Nachdenken darüber, was erreicht werden soll und wie es zweckmäßigerweise zu erreichen ist. Hier geht es also zuallererst um die *Planung* dessen, was in der Zukunft gestaltbar ist und wie es gestaltet werden soll. Die Verfasser behandeln – von der langfristigen zur mehr kurzfristigen Orientierung fortschreitend – u.a. die Planung von Zielsetzungen, Rahmenrichtlinien, Programmen und Verfahrensweisen zur Programmrealisierung für die Gesamtunternehmung oder einzelne ihrer Teilbereiche.

Organisieren richtet sich daran anschließend auf die Herstellung einer Struktur von aufeinander bezogenen Rollen durch Bestimmung und Enumeration aller derjenigen Arbeiten, die zur Planrealisierung erforderlich sind, durch die abteilungsmäßige Gruppierung dieser Arbeiten nach bestimmten Prinzipien ökonomischer und/oder humanitärer Art, ferner auch ihre Zuweisung an Aufgabenträger, die Übertragung von entsprechender Weisungsbefugnis und Verantwortung, die horizontale und vertikale Verknüpfung der so geschaffenen Abteilungen etc.

Die in der Organisation geschaffenen Positionen bedürfen sodann der Besetzung und dauernden Betreuung mit dem Ziel, das quantitative und qualitative Niveau der Mitarbeiter auf die Erfordernisse der Rollenstruktur abzustimmen. Koontz und O'Donnell subsumieren unter diese Funktion der *Personalführung* u.a. die Personalauswahl, Mitarbeiterbeurteilung und Mitarbeiteraus- und weiterbildung.

Sind mit der Planung, Organisation und Personalführung die mehr strukturellen Voraussetzungen für den Aufgabenvollzug geschaffen, schließt sich idealtypisch die (permanente) konkrete *Veranlassung* der Arbeitsausführung und seine zieladäquate Steuerung im vorgegebenen Rahmen (monitoring) als zentrale Führungsaufgabe eines jeden Managers an. Jetzt tritt die Makro-Struktur der Gesamtorganisation in den Hintergrund; der Vorgesetzte und die Arbeitsgruppe werden zum Gegenstand des wissenschaftlichen Interesses. Im Rahmen dieser *Leitungsfunktion* wird in der Managementlehre das Einflußgefüge als Mikro-Struktur zwischen den Beteiligten thematisiert und versucht, diejenigen Maßnahmen herauszufinden, durch die die Veranlassung und Steuerung der Arbeitshandlungen (im Sinne vorgegebener Prinzipien) optimal möglich wird. Motivation, Kommunikation und der Führungsstil (Vorgesetztenverhalten) werden im Rahmen des Management-Prozesses von Koontz und O'Donnell behandelt.

Die letzte Phase des Management-Prozesses, die ihre Ergebnisse an die Planung zurückkoppelt, ist dann die „*Kontrolle*". Sie bildet die „Zwillingsfunktion" zur Planung insofern, als Planung ohne Kontrolle und Kontrolle ohne Planung sinnlos sind: die Kontrolle bedarf der Standards der Planung und die Planung der Kontrollinformationen für Ergebnisfeststellung und nachfolgende Korrekturen. Als Problembereiche der Kontrolle aus der Sicht des Managers behandeln Koontz und O'Donnell dabei den Kontrollprozeß, spezielle Kontrolltechniken für einzelne Funktionsbereiche, die Kontrolle der wirtschaftlichen Situation der Gesamtunternehmung und die Kontrolle der Qualifikation des Managements.

Bei der Kontrolle geht es allerdings nicht *nur* um die Informationsbeschaffung und -analyse für das Gesamtsystem der Unternehmung und ihre Subsysteme; Kontrollsysteme und Kontrollhandlungen haben auch Auswirkungen auf Einstellungen und Verhaltensweisen der Mitarbeiter zu und in ihrer Arbeit. Diese Feststellung hat zwar auch Gültigkeit für alle übrigen Führungsfunktionen; gerade bei der Kontrolle sind aber erst in den letzten Jahren die verhaltensrelevanten Problemaspekte betrieblicher Kontrollsysteme stärker in das Bewußtsein gerückt, nicht zuletzt unter dem Stichwort „Behavioral Accounting".

Die genannten fünf Führungsfunktionen sollen bei der prozessualen Analyse der Unternehmensführung *nicht isoliert* betrachtet werden. Die planerische Gestaltung des Management-Prozesses hat die bestehenden *Interdependenzen* zwischen den Führungsfunktionen zu berücksichtigen. Diese Interdependenzen ergeben sich sowohl in *sachlicher* und *zeitlicher* Hinsicht aufgrund des Zusammenhangs des arbeitsteilig durchgeführten Aufgabenvollzuges wie in *verhaltensmäßiger* Hinsicht, d.h. was die Auswirkungen der fünf Teilsysteme der Führung auf die Verhaltensweisen der Mitarbeiter anbetrifft. Planungs- und Kontrollsysteme sind schon wegen des erwähnten Zwillingscharakters beider Funktionen aufeinander abzustimmen. Daß Organisationen nicht ohne Bezug auf das Kontrollsystem konzipiert werden können (und umgekehrt), wird bereits hinreichend deutlich, wenn man sich vergegenwärtigt, daß eine funktionale Organisationsstruktur andere Kontrollpunkte, Kontrollinhalte etc., kurz: ein anderes Kontrollsystem, erfordert als eine divisionale Organisation. Auf die für die Leitung relevanten motivationalen Auswirkungen von Kontrollsystemen wurde schon hingewiesen. Insgesamt bezieht die prozessuale Unternehmensführungslehre den interdependenten Handlungszusammenhang im Management-Prozeß in ihre Analyse mit ein.

4. Vergleicht man die beiden kurz skizzierten Ansätze der Management-Lehre, so wird schnell deutlich, daß der institutionelle Ansatz die geringere *theoretische Fassungskraft* aufweist. Er stellt gleichsam eine willkürliche Verkürzung des Prozeß-Ansatzes dar, indem er weite Problembereiche des „administrativen" und „operativen" Management aus Forschung und Lehre ausblendet. Das ist natürlich für den *akademischen Unterricht* schon deshalb unzweckmäßig, weil Betriebswirte nach ihrer Ausbildung in der Regel gerade nicht (sofort) in obere Führungspositionen aufsteigen. Für die *Praxis* erweist sich die prozessuale Betrachtung der Unternehmensführung als nützlich, weil dadurch der Weiterbildungsbedarf des mittleren und unteren Management systematisch berücksichtigt werden kann. Schließlich könnte man noch darauf hinweisen, daß der institutionelle Ansatz eher als der prozessuale die Gefahr in sich birgt, wegen der zugrundeliegenden „Top-down-Perspektive" die Führungsprobleme, ihre Lösungsmuster und deren Umsetzungsstrategien in einer Art und Weise zu behandeln, die die Bedürfnisse und Interessen der übrigen Organisationsmitglieder als bloß instrumental für den gegebenen Unternehmenszweck ansieht.

Der Vergleich beider Ansätze spricht also deutlich für den Prozeß-Ansatz; mit dem schlichten Vergleich ist allerdings nicht auch schon eine abschließende positive Begründung für die Wahl dieses Ansatzes als Basis der Unternehmensführungslehre geliefert. Bevor dazu argumentiert wird, erscheint es jedoch aus didaktischer Sicht nützlich, in einem nächsten Abschnitt dieser Einleitung zunächst noch etwas genauer auf die schrittweise Entfaltung des Management-Prozesses einzugehen.

II. Die Entfaltung des Management-Prozesses[4]

1. Die Entfaltung (Genese) des Management-Prozesses läßt sich in *systematischer* Betrachtung begreifen als schrittweise Ausdifferenzierung und immer kompliziertere Verknüpfung der Führungsfunktionen in Abhängigkeit vom zunehmenden Komplexitätsgrad des Realgüterprozesses; mit einer derartigen systematischen Betrachtung ist aber noch keine *historische* Behauptung verbunden derart, daß sich die *faktische* Entwicklung des Management-Prozesses insgesamt in der Vergangenheit auch tatsächlich — insbesondere natürlich im Gefolge des Aufstiegs der Großunternehmung — in der dargelegten Weise vollzogen hat. Gleichwohl dürften die systematischen Überlegungen zugleich wenigstens ansatzweise auch ein hypothetisches Erklärungsmuster für die historisch-faktische Entwicklung abgeben.

2. Am Anfang der Entwicklung steht der einfache Managementprozeß, in dem sich alle Führungshandlungen im wesentlichen auf die Führungsfunktion „*Leitung"* im Zusammenhang mit der *Veranlassung der Arbeitsausführung* beziehen. Der Realgüterprozeß braucht sich hier über längere Zeiträume in allen seinen Stufen (Einsatz, Verarbeitung, Ausstoß) sowohl in qualitativer wie quantitativer Hinsicht kaum

---

[4] Vgl. dazu auch Ansoff, H.I.: The Evolution of Corporate Planning, Carnegie-Mellon-University, Reprint No. 342, 1967, dessen Überlegungen wir hier teilweise folgen.

zu verändern, da die Umwelt in sämtlichen Bereichen (Wirtschaft, Gesellschaft, Technik, Staat) relativ stabil ist. Neben der Stabilität der Umwelt schaffen ferner die *Einfachheit* und *Überschaubarkeit* des Realgüterprozesses, wie sie für Kleinbetriebe mit geringer arbeitsteiliger Organisation kennzeichnend sind, die Voraussetzungen dafür, daß Planungs-, Organisations-, Kontroll- und Personalführungsaufgaben im Management-Prozeß völlig zurücktreten. Nachdem die Entscheidungen über die langfristige Betriebsstruktur (Produktprogramm, Produktionstechnologie, Einkaufsquellen etc.) gefallen sind, läßt sich unter den genannten Bedingungen minimaler Umweltdynamik und Komplexität des Betriebes die Steuerung des Realgüterprozesses auf die gesetzten Ziele hin im wesentlichen durch Leitungsmaßnahmen erreichen. Es gilt, die Mitarbeiter über ihre Aufgaben zu informieren, sie einzuweisen und die Akzeptanz der notwendigen Regelungen zu erreichen. Hier geht es also im Kontext von Individuum, Arbeitsgruppe und Vorgesetztem um Probleme der Motivation, der Kommunikation, um Fragen des geeigneten Führungsverhaltens, alles in der Absicht, die Aktivitäten der Mitarbeiter auf die gemeinsame Zielsetzung hin auszurichten und in Gang zu halten. Die Feststellung der Qualität der Arbeitsausführung und -ergebnisse erfordert dann nur einfache Beobachtungen und Einschätzungen („Okularkontrolle"), die ggf. zu Korrekturen im Rahmen der Leitungsmaßnahmen Veranlassung geben, ohne daß man hier schon von einer eigenständigen und durch systematisch erhobene Informationen unterstützte Führungsfunktion „Kontrolle" sprechen könnte.

Der einfache Managementprozeß läßt sich dann wie in Abb. 1 als „Leitungszyklus" darstellen.

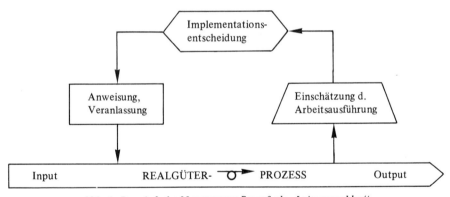

Abb. 1: Der einfache Management-Prozeß als „Leitungszyklus"

3. Die Steuerung des Realgüterprozesses kann im Rahmen nur des Leitungszyklusses dann nicht mehr mit Aussicht auf Erfolg bewältigt werden, wenn der Bedarf an *Kontrollinformationen* wächst. Das ist der Fall, wenn entweder mit gewissen (begrenzten) Umweltänderungen gerechnet werden muß, die Anpassungen im Realgüterprozeß (Output, Qualität, Zielsetzung etc.) erfordern, oder wenn infolge von Größe und Arbeitsteilung die unmittelbare Überschaubarkeit der Betriebsabläufe verlorengegangen ist. In beiden Fällen müssen periodisch Informationen generiert werden (z.B. in Form des Rechnungswesens), aus denen abgeleitet werden kann, ob und welche neuen Handlungsorientierungen erforderlich sind. Um diesen

Informationsbedarf zu befriedigen, muß entsprechende Kontrollkapazität bereitgestellt werden, so daß man in *zweiter* Entwicklungsstufe den um den Kontrollzyklus erweiterten Managementprozeß erhält (Abb. 2); es ist diese Form des Management-Prozesses, die auch heute noch in vielen Betrieben, insbesondere in Klein- und Mittelbetrieben, dominiert, sofern Produkte und Märkte sich nur langsam ändern.

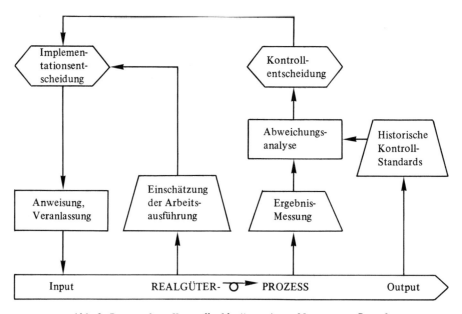

Abb. 2: Der um den „Kontrollzyklus" erweiterte Management-Prozeß

Der Kontrollzyklus *ersetzt* also − wie auch aus Abb. 2 ersichtlich ist − nicht den Leitungszyklus, sondern wird diesem gleichsam „angelagert". Wird im Rahmen der „Leitung" die Richtigkeit der Arbeitsausführung subjektiv *eingeschätzt,* so geht es jetzt um die periodische und *systematische* Messung, Aufschreibung und Auswertung der Arbeitsergebnisse. Der Umfang der erforderlichen Kontrollhandlungen macht in dieser Entwicklungsstufe des Management-Prozesses ihre Herauslösung aus dem (vorher noch einheitlichen) Handlungszusammenhang der Steuerung durch Arbeitsteilung notwendig, wobei eine institutionelle Verselbständigung in Form von *generellen* Regelungen über Kontrollstandards, Kontrollmaßnahmen, Kontrollhäufigkeit, anzuwendende Kontrollverfahren etc. mit dieser Arbeitsteilung regelmäßig einhergeht.

Gemäß Abb. 2 werden die am Realgüterprozeß vorgenommenen Messungen an eine Kontrollinstanz weitergeleitet. Diese nimmt einen Vergleich mit (vorgegebenen) Kontrollstandards vor und analysiert Abweichungen auf ihre Ursachen hin. Die so gewonnenen Informationen geben Veranlassung zu „Kontrollentscheidungen" über evtl. notwendig werdende Korrekturmaßnahmen, die z.B. auf eine Steigerung der Ausbringung, eine Senkung der Kosten oder Beseitigung von Verlustquellen ausgerichtet sein mögen.

Die Kontrollstandards werden in dieser Entwicklungsstufe des Management-Prozesses noch primär aus der Erfahrung als *historische Vergleichsgrößen* gewonnen (und aktualisiert); ein Beispiel bildet etwa die Standardkosten- im Gegensatz zur Plankostenrechnung. Es ist denn auch diese Vergangenheitsorientierung der Kontrolle, die die Grenzen der Steuerungskapazität dieser Art des Management-Prozesses setzt: „Since quotas and standards rest on experience, and since performance measurement also reflects what was done in the past, control actions are geared to the *history* rather than the *future* of the firm. Management by control thus inhibits aggressive, forward-looking exploitation of opportunities. It also precludes novel and radical departures. The control-system is like an autopilot in an aircraft: it drives the behavior of the firm to a steady-state."[5]

4. Ein Management-System dieser zweiten Entwicklungsstufe ermöglichte in dem Augenblick keine wirksame Steuerung des Realgüterprozesses mehr, wo die Unternehmensumwelt turbulenter und die Unternehmen selbst größer und komplexer wurden: „As the pace of change accelerated and as competition became more intense, management by control became increasingly inadequate. It failed to assure rapid response to changing market conditions, to provide for timely expansion, or to effectively coordinate increasingly complex sets of activities. In response to these shortcomings the next development in formal management focusses attention on the future of the firm."[6]

Die damit angesprochene Orientierung der Unternehmensführung auf die *Zukunft* hin hat sich — mit Ansoff — im Rahmen der Entwicklung von Planungssystemen in verschiedenen Phasen vollzogen, von der „Langfristplanung" über die „Strategische Planung" bis hin zum „Strategischen Management". *Langfristplanung* läßt sich dabei verstehen als der Versuch einer stark prognostisch orientierten, anpassenden Fortschreibung der Unternehmensaktivitäten auf der Grundlage historischer Daten von Bevölkerung, Technologie, Wettbewerbssituation etc. (extrapolative Planung). Das setzt eine Umweltentwicklung voraus, die sich noch mit einiger Sicherheit aus der Vergangenheit ableiten läßt. Der Versuch, darüber hinaus *Diskontinuitäten*, d.h. Abweichungen vom Entwicklungsmuster der Vergangenheit, in der Umwelt rechtzeitig für das eigene Handeln zu antizipieren, führt zur Weiterentwicklung auf die *Strategische Planung* hin. Deren Verknüpfung mit adäquaten *organisatorischen* Lösungen für die Umsetzung der strategischen Pläne in Form der „Strategischen Geschäftseinheiten" brachte dann wiederum die Weiterentwicklung zum *Strategischen Management*. So wurde angesichts einer sich immer schneller wandelnden Umwelt die Sicherung des *„Erfolgspotentials"* der Unternehmung, d.h. der in ihren Produkten steckenden langfristigen Ertragskraft, zur Hauptaufgabe der Planung. Um die Entfaltung des Management-Prozesses zu demonstrieren, ist es an dieser Stelle nicht erforderlich, diese drei Entwicklungsstufen im Detail nachzuzeichnen.[7]

---

[5] Ansoff, H. I., a.a.O., S. 5 (Hervorhebungen nicht im Original).
[6] Ansoff, H. I., a.a.O., S. 6.
[7] Vgl. dazu genauer Ansoff, H.I.: Zum Entwicklungsstand betriebswirtschaftlicher Planungssysteme, in diesem Band unten S. 59 ff.

Abb. 3 knüpft in aggregierter Form an Abb. 2 an und zeigt die Einfügung der Führungsfunktion „Planung" in den Management-Prozeß.

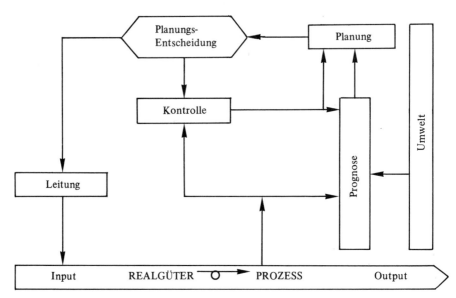

Abb. 3: Die Einfügung der „Planung" in den Management-Prozeß

In Abb. 3 taucht die Unternehmensumwelt als Quelle von für die Steuerung des Realgüterprozesses relevanten Daten auf; sie bildet jetzt explizit ein kritisches Bestandsmerkmal des Management-Prozesses. Aus ihr und aus historischen Aufzeichnungen über das Unternehmen und seine bisherigen Aktivitäten (Ressourcensituation im weitesten Sinn) werden auf dem Wege über die Prognose Informationen gewonnen, die die Grundlage für die Fixierung von Planzielen darstellen. Hier gilt es also, aus einer Analyse der relevanten Umweltbereiche (von Wirtschaft, Technik, Gesellschaft und Staat) langfristige Chancen und Risiken für das bestehende „Produkt-Markt-Konzept" und mögliche Änderungen zu erfassen und unter Berücksichtigung der (konkurrenzbezogenen) Stärken und Schwächen bei den Unternehmensressourcen in Handlungspläne für notwendige Anpassungen des Status-quo umzusetzen. Die aus dieser auf lange Sicht angelegten Planung resultierenden Konsequenzen sind bis in die Gegenwart hinein zu konkretisieren und mit der Planung des „laufenden Geschäfts" abzustimmen. Die Autorisierung der so erarbeiteten Gesamt-Pläne durch die zuständigen Organe (Planungsentscheidung) führt zu Vorgaben für die „Leitung" und „Kontrolle".

5. Parallel zur Entfaltung des Management-Prozesses in den drei angeführten Stufen und diese gleichsam überlagernd kann man für die Herausbildung eigenständiger Führungsfunktionen der „Organisation" und der „Personalführung" argumentieren. In dem Maße, wie nämlich die Arbeitsteilung sowohl im Realgüterprozeß als auch – angedeutet durch die Trennung von „Leitung", „Planung" und „Kontrolle" – im Management-Prozeß zunimmt und die Betriebsgröße steigt, wächst

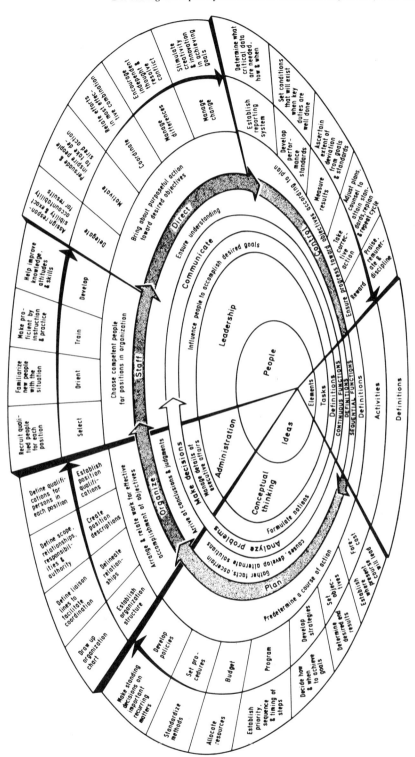

Abb. 4: Der voll entfaltete Management-Prozeß

der Koordinationsbedarf der Steuerung. Zeichnen sich Kleinbetriebe noch durch lockere, informelle „Strukturen" aus, was ja nicht zuletzt ihre Flexibilität ausmacht, so läßt sich im Zuge des betrieblichen Wachstums die notwendige Koordination aller Handlungen immer weniger ad hoc in konsistenter Form bewerkstelligen, kommunizieren und kontrollieren. Es bedarf *genereller* Regelungen, die für den gesamten betrieblichen Handlungszusammenhang oder einzelne seiner Teilbereiche (z.B. Absatz, Produktion etc.) für längere Zeit verbindlich in Geltung gesetzt werden. So müssen − um nur ein Beispiel zu nennen − die Aktivitäten im Rahmen der Funktionen „Leitung" und „Kontrolle" daraufhin abgestimmt werden, welches Ausmaß an kontrollfreiem Handlungsspielraum den Mitarbeitern eingeräumt werden soll. Management-Kontrollsysteme setzen hier für die Wahl des Führungsstils − etwa: mehr „demokratisch" oder stärker „autoritär" − Daten und Grenzen und umgekehrt.

Die damit angesprochene organisatorische Aufgabe der *Verstetigung* der (individuellen) Handlungen findet in Strukturentwürfen für das betriebliche Gesamtsystem (oder dessen Teilsysteme) seinen Niederschlag etwa in Form der Abteilungsgliederung mit Aufgaben- und Kompetenzabgrenzung, der Regelung von Über- und Unterordnungsverhältnissen, der Festlegung von Informationswegen etc. Das Organisieren wirkt dabei als Strukturgestaltung sowohl *direkt* (z.B. im Rahmen der Organisation des Betriebsablaufes) wie *indirekt* (z.B. über die Prägung der Führungsfunktionen „Leitung" und „Kontrolle") auf den Realgüterprozeß ein.

Das gleiche läßt sich von der Führungsfunktion *„Personalführung"* im oben erläuterten Sinne sagen. Auch sie schafft einerseits etwa über die Auswahl, den Einsatz, die Weiterbildung, die Leistungsbeurteilung von Führungskräften die personell-qualitativen Voraussetzungen für die Wahrnehmung der übrigen Führungsfunktionen und wirkt andererseits − nämlich soweit es um die Nicht-Führungskräfte geht − mehr direkt auf den Vollzug des Realgüterprozesses ein.

Ähnlich wie bei der Organisation läßt sich auch für diese Funktion argumentieren, daß sie bereits dann, wenn der Betrieb eine bestimmte Größe erreicht hat, infolge der Arbeitsteilung und Spezialisierung im Management-Prozeß selber einen eigenständigen Charakter (wenn auch zunächst sicher nur in elementarer Form) annimmt.

6. Der voll entfaltete Management-Prozeß läßt sich nun mit allen fünf Führungsfunktionen wie in Abb. 4 darstellen. Dabei ist hier mehr auf die *idealtypische* Abfolge der Führungsfunktionen und der ihnen jeweils zuzuordnenden Teilaufgaben abgehoben; die Interdependenzen zwischen den einzelnen Funktionen treten also zurück. Die Darstellung ist im übrigen selbsterläuternd.[8]

III. Zum handlungstheoretischen Charakter der prozessualen Management-Lehre

1. Die Wahl eines bestimmten theoretischen Ansatzes für die Entwicklung der Management-Lehre kann nicht beliebig erfolgen, sondern muß zu begründen versucht werden. Diese an sich selbstverständlich erscheinende These ist allerdings in

---

[8] Die Darstellung erfolgt in Anlehnung an MacKenzie, R.A.: The Management Process in 3−D, in: Harvard Business Review 47 (1969), S. 80 ff.

der wissenschaftstheoretischen Grundlagendiskussion nicht unumstritten; sie rührt letztlich an das Wissenschaftsverständnis des Forschers selbst. Ohne im Rahmen dieser Einführung dazu detailliert Stellung nehmen zu können, sollen aber doch als Begründungsskizze einige Grundgedanken dargelegt werden, die für die Wahl des Prozeß-Ansatzes in der Lehre von der Unternehmensführung sprechen. Sie lassen sich in der These zusammenfassen, daß die Management-Lehre eine *normative praxisorientierte Handlungswissenschaft* sein soll.[9]

2. Der Prozeß-Ansatz stellt — wie erläutert — deutlich auf die Führungshandlungen in der Unternehmung ab. Es ist diese Handlungsorientierung, auf die es für die Beurteilung ankommt. Der Handlungsbegriff bildet nämlich den *Basisterminus* einer in praktischer Absicht betriebenen Management-Lehre.

Im Rahmen der lebensweltlichen Praxis, in der es um die *gemeinsame* Befriedigung ihrer Bedürfnisse geht, sehen sich die Menschen immer wieder mit Konflikt- und Mangelsituationen konfrontiert, die die Bedürfnisbefriedigung gefährden. Die ökonomische Lehrbuchliteratur spricht in diesem Zusammenhang traditionellerweise von der „Knappheit der Güter" im Verhältnis zu den „unbegrenzten Bedürfnissen". In solchen Situationen kann nicht einfach beliebig oder aufgrund von Gewohnheiten agiert oder reagiert werden; es bedarf vielmehr der argumentativen redenden Verständigung über die Zwecke und Mittel des *gemeinsamen* zukünftigen Tuns. Man muß also etwa darüber sprechen, welche Güter in welchen Mengen hergestellt werden sollen, wie die Arbeit gestaltet werden und wie die Verteilung aussehen, kurz: wie die Allokation knapper Ressourcen rationalerweise erfolgen soll. Ein derart *argumentationsvorbereitetes,* auf die Ausführung vorgängig gebildeter Absichten oder Ziele gerichtetes *(intentionales)* menschliches Tun soll „Handeln" heißen, im Gegensatz zu einem bloß stimulierten und damit absichtslosen Tun, das wir „Verhalten" nennen wollen. Handeln — und nur dieses — macht eine *Praxis* aus, die auf die Herstellung von solchen Situationen (als ihrem Zweck) gerichtet ist, die *unmittelbar* — wie der Konsum selber — oder *mittelbar* — wie z.B. Handlungen im Rahmen von Güterproduktion — der Bedürfnisbefriedigung dienen.

Indem die Management-Lehre im Prozeß-Ansatz also explizit an den Handlungsbegriff und nicht — wie etwa Teile der neueren Organisationslehre — an den Verhaltensbegriff[10] anknüpft, schafft sie die Basis für eine — und zwar *systematische* — Verbindung zu der (für sie relevanten) Praxis.[11]

---

[9] Dazu für die Betriebswirtschaftslehre allgemein u.a. Steinmann, H.: Die Betriebswirtschaftslehre als normative Handlungswissenschaft, in: ders. (Hrsg.): Betriebswirtschaftslehre als normative Handlungswissenschaft, Wiesbaden 1978, S. 73 ff., und Braun, W. und Schreyögg, G.: Betriebswirtschaftslehre als rationale und empirische Handlungswissenschaft, in: Köhler, R. (Hrsg.): Empirische und handlungstheoretische Forschungskonzeptionen in der Betriebswirtschaftslehre, Stuttgart 1977, S. 189 ff.

[10] Vgl. dazu die Kritik bei Schreyögg, G.: Umwelt, Technologie und Organisationsstruktur, Bern und Stuttgart 1978.

[11] Dabei handelt es sich hier *nicht* um bloß dezisionistische Begriffsfestsetzungen im Sinne eines nominalistischen Definitionsverständnisses und damit letztlich dann doch wieder um *willkürliche* Fixierungen von Wissenschaftsverständnis und Ausgrenzung von Problemfeldern. Eingeführte Begriffe müssen *begründet* normiert werden, d.h. man hat für ihre Angemessenheit zu argumentieren, was u.a. bedeutet, daß sie auch zur methodischen Rekonstruktion des herkömmlichen Sprachgebrauchs und damit lebensweltlicher Praxis geeignet sein müssen. Zu dieser

Man muß also die wissenschaftliche Beschäftigung mit Problemen der Planung, der Organisation, der Personalführung, der Leitung und der Kontrolle der Absicht nach als Beitrag *begreifen,* die Überlegungen, die im Rahmen der lebensweltlichen Praxis zur Wahl von Zielen und Mitteln der Bedürfnisbefriedigung führen, „vernünftiger" zu gestalten. Nur so — und nicht, wenn man die Managementlehre als Verhaltenswissenschaft versteht — kann man ihr dann den eigenständigen *ökonomischen* Problemhorizont erschließen.

3. Der *normative* Gehalt der Managementlehre ist letztlich bereits im Handlungsbegriff impliziert und findet in der *Interessenrelevanz* der Führungshandlungen seinen Ausdruck. Es ist sinnvoll, den Interessebegriff handlungstheoretisch derart zu normieren, *daß von einem Interesse an der Herstellung* (oder Bewahrung) von Situationen gesprochen wird, die (unmittelbar oder mittelbar) der Bedürfnisbefriedigung zu dienen geeignet sind.[12] Wer dazu auffordert, solche Situationen herzustellen, von dem soll gesagt werden, daß er ein (entsprechendes) Interesse hat bzw. daß er mit den Handlungen, zu deren Ausführung er auffordert, ein (bestimmtes) Interesse verfolgt. Dieser Interessebegriff knüpft an die lebensweltliche Erfahrung an und erweist sich eben von daher als sinnvoll, daß in der Praxis Situationen, die eine Bedürfnisbefriedigung ermöglichen oder befördern, gerade *nicht beliebig* verfügbar sind, so daß Individuen oder Gruppen (Kapitaleigner, Arbeitnehmer, Konsumenten etc.) veranlaßt sind, auf die Realisierung oder das Fortbestehen solcher Situationen (in bestimmter Ausprägung) hinzuwirken. Vergegenwärtigt man sich nun (noch einmal), daß im Realgüterprozeß in der Unternehmung gerade diejenigen Handlungen vollzogen werden, die der Transformation von Gütern (und damit der Herstellung bedürfnisrelevanter Situationen) dienen, so wird die Interessenrelevanz der Führungshandlungen offenbar. Solange alle Handlungen zur physischen Gütertransformation von *einer* Person ausgeführt werden, bilden Steuerung und Vollzug des Realgüterprozesses einen einheitlichen Handlungszusammenhang, dessen Interessenrelevanz evident ist, da er eben über die Güterproduktion auf die Bedürfnisbefriedigung zielt. Nun ist aber der Management-Prozeß — genetisch betrachtet — aus diesem einheitlichen Handlungszusammenhang durch *Arbeitsteilung* erst *abgeleitet worden.*[13] Die Arbeitsteilung hat zunächst die Trennung in ausführende und dispositive Arbeit (in Form von Führungshandlungen) bewirkt, ohne daß beide auch zwangsläufig schon institutionell getrennt werden mußten. Erst mit zunehmender Unternehmensgröße hat es sich dann als notwendig erwiesen, der Komplexität des Realgüterprozesses durch eine entsprechende Komplexität des Steuerungsprozesses Rechnung zu tragen; damit war die (weitere) Arbeitsteilung auch innerhalb der Führungshandlungen verbunden. Es entstand der voll entfaltete Management-Prozeß mit den vorher unterschiedenen fünf Führungsfunktionen mit der Folge der jetzt auch institutionell vollzogenen Trennung von ausführender und dispositiver Arbeit.

---

in der Konstruktiven Wissenschaftstheorie vertretenen Auffassung über das Fundierungsverhältnis vor-theoretischer und theoretischer Elemente vgl. u.a. Mittelstraß, J.: Erfahrung und Begründung, in: ders. (Hrsg.): Die Möglichkeit von Wissenschaft, Frankfurt/Main 1974, S. 56 ff.

[12] Vgl. dazu genauer Mittelstraß, J.: Über Interessen, in: ders. (Hrsg.): Methodologische Probleme einer normativ-kritischen Gesellschaftstheorie, Frankfurt/Main 1975, S. 126 ff.

[13] Vgl. dazu oben Abschnitt II dieser Einleitung

Diese kurze genetische Betrachtung macht ganz deutlich, daß die Interessenrelevanz der Führungshandlungen sich aus der Interessenrelevanz des Realgüterprozesses, dessen Steuerung sie ja dienen – und eben nur von dort her – ableitet.

4. Die Konsequenzen dieser Überlegungen sind weitreichend und können hier nur angedeutet werden. Für die Management-Theorie und Management-Praxis erledigt sich damit die Rede von „ökonomischen Sachzwängen", wenn damit so etwas wie eine genuine „Interessenneutralität" der Führungsrollen behauptet werden soll. Derartige Vorstellungen pflegen als *Ideologie* dort vorzuherrschen, wo man das Bild einer Unternehmensführung malt, an die Interessen bloß *von außen* als Zumutung herangetragen werden und als solche „störend" auf den sachlichen Ablauf des Führungsprozesses einwirken. Demgegenüber ist hier deutlich darauf hinzuweisen, daß alle Führungsfunktionen, Planung und Kontrolle ebenso wie Organisation, Leitung und Personalführung, immer nur interessenbezogen überhaupt gestaltet werden können. Man muß – mit anderen Worten – die Interessen (Ziele) kennen, um Realgüter- und Management-Prozeß je spezifisch inhaltlich ausgestalten zu können. Damit stellt sich natürlich für die Management-Lehre auch die Frage nach der Begründung der den Gestaltungsvorschlägen zugrunde gelegten Interessen bzw. nach dem *Normensystem,* das für die Gestaltung und Ausübung der Führungsfunktionen verbindlich sein soll. Hier geht es letztlich dann auch um die Frage nach den *verfassungsmäßigen* Grundlagen der Unternehmensführung, die zwangsläufig zum integralen Bestandteil einer (immer schon) normativ ausgerichteten Management-Lehre wird.

Die (notwendige) Handlungsorientierung der Management-Lehre hat darüber hinaus die weitere Konsequenz, daß diese Wissenschaft nicht nach wissenschaftstheoretischen Vorstellungen und Maximen entwickelt und betrieben werden kann, die sich letztlich einem *naturwissenschaftlichen* Methodenideal verpflichtet fühlen; denn dann müßte man nach „Gesetzen", also (prinzipiell) raum-zeitunabhängigen *Invarianzen* der betrieblichen Realität, suchen, was konsequenterweise bedeuten würde, daß diese Realität nicht nach den Intentionen der Menschen zur Bewältigung ökonomischer Knappheitssituationen gestaltbar wäre. *Von allen* Menschen müßte man annehmen, daß sie sich nur „verhalten", nicht aber im definierten Sinne „handeln". Die handlungstheoretische Management-Lehre ist also als eine *Kulturwissenschaft* zu begreifen, *die sich um die Anleitung der betrieblichen Praxis im Sinne einer Verbesserung der Führungshandlungen bemühen soll.*

IV. Aufbau des Readers und Auswahl der Beiträge

1. Wir haben mit diesen knappen Darlegungen wenigstens angedeutet, warum der Prozeß-Ansatz u.E. für die Unternehmensführungslehre und damit auch für die Gestaltung eines entsprechenden Readers den geeigneten Bezugsrahmen und eine tragfähige theoretische Basis abgibt. Allerdings konnten nun aus Raumgründen nicht alle Beiträge zu allen fünf Führungsfunktionen in einem Band untergebracht werden. In diesem Band finden sich die Aufsätze zu den „Zwillingsfunktionen" *Planung* und *Kontrolle;* der von K. Bartölke herausgegebene Band „*Unternehmensführung* II" umfaßt die Führungsfunktionen „*Organisation*" und „*Leitung*" in

genau dem hier umrissenen, an der traditionellen Managementlehre orientierten Sinne. Die Funktion „Personalführung" hat in dem geplanten Band zur *Personalwirtschaftslehre* ihren Standort. Da die Probleme der kurzfristigen Planung im Band „Unternehmensforschung" mit abgedeckt werden sollen, ergab sich die Chance, hier in erster Linie, wenn auch nicht ausschließlich, Probleme der *strategischen Planung und Kontrolle* zu behandeln.

2. Die „Strategische Unternehmensplanung" ist ganz besonders in den siebziger Jahren in die deutsche betriebswirtschaftliche Theorie integriert worden und hat auch von der Praxis dann entsprechende Beachtung erfahren. Die Mehrzahl der hier wieder abgedruckten Beiträge zur Planung stammt deshalb aus diesem Jahrzehnt. Ein wesentlicher Grund für diese Entwicklung dürfte nicht zuletzt in der zunehmenden Komplexität und − oft sprunghaften − Änderung der Unternehmensumwelt zu sehen sein, die die Gefahr einer immer schnelleren Erosion des im Produktprogramm einer Unternehmung steckenden Erfolgspotentials mit sich bringen (Verkürzung von Produktlebenszyklen). Die Aufmerksamkeit des Management mußte sich deshalb zwangsläufig von der operativen Steuerung, für die das Produktprogramm und die Unternehmensstruktur Daten sind, auf die planvolle Änderung dieser Größen zur Sicherung der langfristigen *Erfolgsbasis* der Unternehmung richten. Die relevanten Handlungsalternativen zur Gestaltung des Produkt-Markt-Konzeptes kann man dabei grob klassifizieren in: Marktdurchdringung (alte Produkte/alte Märkte), Marktentwicklung (alte Produkte/neue Märkte), Produktentwicklung (neue Produkte/alte Märkte) und Diversifikation (neue Produkte/neue Märkte). Diese Klassifikation darf allerdings nicht über die Unschärfe der Begriffe „Produkt" und „Markt" hinwegtäuschen, woraus vielfältige Abgrenzungsprobleme resultieren, auch Vorschläge zu ganz anders gearteten Klassifikationen, die etwa den „Marktbegriff" durch den der „Produktmission" zu ersetzen versuchen.[14]

In den Beiträgen von Ansoff und Gälweiler im *ersten* Kapitel, das über „Konzeptionen und Entwicklungen der Unternehmensplanung" unterrichten will, wird die hier angedeutete strategische Problematik der Unternehmensführung besonders herausgearbeitet. Ansoff skizziert zugleich die großen Entwicklungsstadien der Unternehmensplanung von ihren Anfängen bis zur Gegenwart, die er als Antwort auf die veränderten Anforderungen und Bedingungen interpretiert, denen sich das Management jeweils gegenübersah. Vor diese beiden Beiträge sind zwei stark konzeptionell orientierte Artikel eingefügt, die eine gelungene Einordnung und Gliederung der „Strategischen Unternehmensplanung" vornehmen und damit nicht zuletzt dem Orientierungs- und Systematisierungsbedürfnis des Lesers Rechnung tragen sollen.

Im *zweiten* Kapitel über „Grundfragen und Modelle der Unternehmensplanung" werden *inhaltliche* Probleme angesprochen. Die Problemauswahl mußte in Anbetracht des verfügbaren Raumes begrenzt werden; die Absicht, hier Geschlossenheit und Vollständigkeit zu erreichen, war nicht zu realisieren. Gleichwohl sind in den ausgewählten Beiträgen solche Probleme angesprochen, die für den Manager aus seiner Perspektive von zentraler Bedeutung sind. Der Originalbeitrag von Schreyögg

---

[14] Vgl. etwa Ansoff, H.I.: A Model for Diversification, in: Management Science 4 (1958), S. 392 ff.

greift den in der Literatur lange vernachlässigten Aspekt der *normativen Grundlagen* der Unternehmensplanung auf, wertet die vorhandene — auch nicht-betriebswirtschaftliche — Planungsliteratur aus und zeigt, daß verschiedene theoretische Entwicklungsrichtungen unterschieden werden müssen, je nachdem, in welcher Art und Weise die normative Grundlagenproblematik methodisch in die Planungstheorie zu inkorporieren versucht wird. Schreyögg stellt dabei u.a. auf *entscheidungslogische, systemtheoretische* und *kommunikative* Theorieansätze in der Planung ab.

Die beiden nachfolgenden Beiträge haben zwei Kernprobleme, die bei der Durchführung der strategischen Planung zu lösen sind, zum Gegenstand, nämlich die Produktplanung und die Prognose. Pfeiffer und Bischof stellen in ihrem Originalbeitrag einen „diffusionstheoretischen Ansatz" zur Erklärung und Prognose von *Produktlebenszyklen* vor, der als interessante Alternative zur traditionellen Lebenszyklusforschung[16] gedacht ist. Die Auswahl geeigneter Prognoseverfahren als Problem des Unternehmensplaners behandelt der Aufsatz von Makridakis und Wheelwright. Prognoseprobleme entstehen bei der strategischen Planung z.B. im Zusammenhang mit der Analyse der Chancen und Risiken in der Unternehmensumwelt, etwa im ökonomischen, technischen oder gesellschaftlichen Bereich. Der Beitrag ist ausdrücklich mit der Absicht geschrieben, dem Nicht-Fachmann in leicht verständlicher Weise Gesichtspunkte für die Wahl problemadäquater Techniken der Prognose nahezubringen. Da die verschiedenen Techniken außerdem einfach und kurz ohne großen mathematischen Apparat charakterisiert werden, dürfte dieser Artikel sowohl als einführende Überblicksinformation für Studenten der Betriebswirtschaftslehre wie auch für Manager gut geeignet sein; angesprochen wird hier der „Generalist" und nicht der „Spezialist".

Am Beispiel des Aufsatzes von Hamilton und Moses soll der Nutzen von Modellen der *Unternehmensforschung* im Rahmen der Strategischen Unternehmensplanung demonstriert werden. Unternehmensstrategische Entscheidungen sind regelmäßig schwach strukturiert und eignen sich deshalb grundsätzlich nicht von vornherein für die Anwendung von hochstrukturierten Modellen der Mathematischen Programmierung. Gleichwohl können aber auch hier im Zuge der Konkretisierung der Handlungsmöglichkeiten Entscheidungssituationen modelliert werden, die aufgrund der Vielzahl der Alternativen und Restriktionen die „Dechiffrierung" mit Hilfe geeigneter mathematischer Verfahren erfordern. Eine solche (praktische) Entscheidungssituation wird von Hamilton und Moses als Problem der gemischt-ganzzahligen Programmierung formuliert und diskutiert. Das Modell ist als *Teil* im Gesamtrahmen der Strategischen Planung zu sehen.

Ein wichtiger Problembereich der Strategischen Planung ist schließlich noch die *Bewertung* des gegenwärtigen Produkt-Markt-Konzeptes bzw. *Produkt-Portfolios* einer Unternehmung bzw. der Strategien zu seiner Veränderung in der Zukunft. Es geht hierbei u.a. auch um die Frage der geeigneten Bewertungskriterien und ihrer Verdichtung. Die verschiedenen Produkte bzw. Produktgruppen einer Unternehmung mögen sich in verschiedenen Phasen ihres Produktlebenszyklus befinden.

---

[16] Dazu etwa Brockhoff, K.: Unternehmenswachstum und Sortimentsänderungen, Köln-Opladen 1966

Entsprechend weisen sie unterschiedliche faktische bzw. erwartete Marktanteile, Umsatzwachstumsraten, Renditen, Cash-flows etc. auf. Für die Strategische Planung ergibt sich dann das Problem, welche dieser (und weiterer) Kriterien (im Sinne langfristiger Zielvorstellungen der Unternehmung) der Produktauswahl zugrundegelegt werden sollen und wie die Kriterien im einzelnen erfaßt werden können. In der Literatur wird die Portfolio-Analyse als Instrument der strategischen Unternehmensplanung ausführlich beschrieben.[17] Die beiden ausgewählten Beiträge sind stärker *problemorientiert.* Hanssmann arbeitet das Problem der Quantifizierung langfristiger Zielvorstellungen im grundsätzlichen heraus, macht die Rolle der Bewertungs-(Proxy-)kriterien in diesem Zusammenhang deutlich und zeigt ihre Anwendung anhand der Strategie „Diversifikation". Der Artikel von Hussey berichtet dann über konkrete Erfahrungen und Probleme bei verschiedenen Firmen mit der von Shell Chemicals entwickelten sog. „Directional Policy Matrix".

Ging es im zweiten Kapitel um Fragen des Planungsinhalts selbst, so faßt das *dritte* Kapitel primär solche Aufsätze zusammen, die sich mit der *Durchführung* der (strategischen) Unternehmensplanung und dabei auftauchenden Schwierigkeiten und Problemen beschäftigen. Anpassung, Koordination und Organisation sind die relevanten Stichworte. Eröffnet wird das Kapitel mit dem inzwischen fast „berühmt" gewordenen Aufsatz von Ansoff „Managing Surprise and Discontinuity, Strategic Response to Weak Signals", der wegen seiner Bedeutung hier in deutscher Übersetzung vorgelegt wird. Bekanntlich hat Ansoff in diesem Aufsatz eine besondere planerische Vorgehensweise in Form der „Strategic Issue Analysis" vorgeschlagen. Sie ist dazu bestimmt, die Unternehmung gegenüber unvorhersehbaren Ereignissen *anpassungsfähig* zu erhalten, indem bereits in einem frühen Zeitpunkt und bei relativ hoher Ungewißheit aufgrund der dann vorliegenden „schwachen Signale" gehandelt wird. „Entscheidung" und „Information" werden hier gegenüber der traditionellen Vorgehensweise in ihrer Reihenfolge gleichsam umgekehrt: Es werden nicht die für die Vorbereitung einer bestimmten Entscheidung notwendigen Informationen gesucht, sondern es wird vielmehr gefragt, welche Entscheidungen aufgrund vorliegender Informationen im Interesse der Anpassungsfähigkeit der Unternehmung an sich ankündigende Datenänderungen schon möglich sind.

Koch greift in seinem Aufsatz *Koordinationsprobleme* der Planung auf, wie sie aus verschiedenen Arten der Unvollständigkeit des Entscheidungsfeldes resultieren. Er setzt sich kritisch mit den bekannten Lösungsvorschlägen auseinander, wie sie in der Denktradition der Entscheidungstheorie in Form des „Opportunitätskostenprinzips" (ertragsbezogene Faktorbewertung) entwickelt worden sind. Die vom Verfasser ins Auge gefaßten Lösungen basieren auf einer „Verbindung von Entscheidungstheorie und Organisationstheorie" und versuchen, den je spezifischen Planungssituationen Rechnung zu tragen, wie sie aus den verschiedenen Arten der Unvollständigkeit des Entscheidungsfeldes resultieren. Albach geht dann auf das Problem der *Koordination* (in der lang- und der kurzfristigen Planung) noch einmal stärker aus der Sicht empirischer Erhebungen ein und registriert hier gewisse Wandlungstendenzen bei der praktischen Lösung von Koordinationsproblemen. Dieser

---

[17] Vgl. etwa neuerdings Dunst, K.A.: Portfolio-Management, Konzeption für die strategische Unternehmensplanung, Berlin-New York 1979

Aufsatz ist auch heute noch nicht durch Nachfolgeuntersuchungen überholt worden. Eng mit der Koordinationsproblematik verbunden ist schließlich auch noch der Aufsatz von Lorange; die Fragestellung ist hier allerdings auf die wichtige Frage der Abstimmung der strategischen Geschäftsbereichspläne bei divisionalisierter Organisationsstruktur bezogen. Der Verfasser macht Vorschläge, wie durch eine geeignete Gestaltung des Planungsprozesses das „Gesamtinteresse" der Unternehmung zum Tragen gebracht werden kann. Die Notwendigkeit einer Abstimmung der strategischen Pläne aller Sparten ergibt sich aus Risiko-, Finanzierungs- und Synergiegesichtspunkten.

Auf den dritten Problembereich der Durchführung der Unternehmensplanung, nämlich die *Organisation* des Planungsprozesses, geht A. Katz, Director of Planning Systems der IBM, in seiner Darstellung des Planungs- (und Kontroll-)Systems dieser stark dezentralisiert geführten Firma ein. Der Beitrag gibt zugleich noch einmal — jetzt allerdings am praktischen Beispiel — einen guten Überblick über und Eindruck von einem integrierten Planungssystem.

Ebenfalls aus der Planungspraxis berichtet dann Stümke in dem Artikel über die „Strategische Planung bei der Deutschen Shell AG". Er gewinnt seine Bedeutung hier dadurch, daß im Gegensatz zu dem Beitrag von Katz stärker auf den *Planungsinhalt* abgehoben wird. Das macht notwendigerweise für das Verständnis eine eingehendere Beschäftigung mit der Situation in der Mineralölwirtschaft erforderlich. Vor diesem Hintergrund wird sodann die inhaltliche Durchführung der Strategischen Planung bei Shell beschrieben, wobei die Darstellung und Anwendung der *„Scenarien-Methode"* einen gewissen Schwerpunkt bildet. Abschließend zeigt Stümke, wie die Interaktion zwischen Tochter- und Muttergesellschaft im Rahmen der konzernweiten Planungsorganisation aussieht.

Der Originalbeitrag von Mertens über neuere Entwicklungen von *Management-Informations-Systemen* zeigt instruktiv die Bedeutung des Computer-Einsatzes für die Planung in Unternehmungen auf; dabei werden notwendigerweise auch Kontrollaspekte mit angesprochen, da Planung und Kontrolle als „Zwillingsfunktionen" doch weitgehend auf der gleichen Informationsbasis beruhen und gerade durch die Elektronische Datenverarbeitung stark integriert werden. Der Beitrag stellt insofern auch eine „Brücke" dar zu den nachfolgenden acht Beiträgen über die Führungsfunktion „Kontrolle".

4. Hat sich die Literatur zur Führungsfunktion „Planung" — und hier speziell zur Strategischen Unternehmensplanung — im letzten Jahrzehnt außerordentlich schnell entfaltet, so gilt das nicht im gleichen Maße für die *Führungsfunktion* Kontrolle, ein immer schon von der Betriebswirtschaftslehre etwas vernachlässigtes Gebiet, soweit es nicht im Rahmen der Planung „am Rande" mit behandelt wurde. Es gibt nur wenige umfassendere deutsche Monographien, die aus der Perspektive der Unternehmensführung heraus geschrieben sind[18], also das Kontrollproblem nicht nur auf Teilaspekte wie etwa die „Kostenkontrolle" oder „finanzwirtschaftliche Kontrolle" beschränken. Entsprechend gering ist auch die Zahl der für einen Reader dieser Art geeigneten Aufsätze; das gilt ganz speziell für den Fragenkreis der

---

[18] Vgl. z.B. Frese, E.: Kontrolle und Unternehmensführung, Wiesbaden 1968, oder die Aufsatzsammlung in Anthony, R.N., Dearden, J. and Vancil, R.F.: Management Control Systems, Homewood Ill. 1965

Kontrolle strategischer Pläne. Die ausgewählten Beiträge sind in zwei Kapitel gegliedert. Das *vierte* Kapitel beschäftigt sich mit Begriff, Bereichen und Verfahren der Kontrolle, das *fünfte* Kapitel mit dem Zusammenhang von Kontrolle und Verhalten.

Der Beitrag von Drucker „Controls, Control, and Management" hat *grundlegenden* Charakter. Er versucht eine Begriffsklärung und arbeitet die Besonderheiten von Kontrollen bzw. Kontrollmessungen in sozialen im Gegensatz zu Natursystemen heraus. Ferner wird der Zusammenhang von Kontrollen und menschlichen Verhaltensweisen in sozialen Organisationen thematisiert.

Die nachfolgenden vier Artikel beschäftigen sich dann mit spezifischen *Kontrollbereichen.* In seinem Originalbeitrag zeigt Gälweiler, daß die *Korrektur strategischer Pläne* nicht anhand von Soll/Ist-Abweichungen auf der Grundlage des Vergleichs mit den Daten des laufenden Geschäftsgeschehens erfolgen kann, wie dies für die Kontrolle operativer Pläne typisch ist. Die Begründung liegt in den Langzeiteigenschaften, die für das Aufgabegebiet strategischer Führung und Planung bestimmend sind. Sie finden ihren Niederschlag in strategiespezifischen Kontrollinhalten, die — recht pragmatisch — durch die Entwicklung einer umfangreichen Check-Liste erschlossen werden. Damit wird dem Praktiker eine wertvolle Hilfe zur Durchführung der strategischen Kontrollaufgabe geboten.

Lüders Artikel beschäftigt sich dann mit Kontrollproblemen bei *divisionaler Organisation.* Er stellt das Konzept des Return on Investment (ROI) dar, legt eine instruktive detaillierte Kritik vor und empfiehlt, das ROI-Konzept durch ein dreiteiliges Verfahren zu ersetzen, das die Wirkung lang- und kurzfristiger Entscheidungen gesondert erfaßt.

Kennzahlensysteme haben für die Praxis als einfach zu handhabendes Mittel für die Kontrolle von betrieblichen Kernvariablen von jeher eine besondere Attraktivität entfaltet. Einzelne, betriebswirtschaftlich besonders fortschrittliche Wirtschaftszweige haben deshalb auch eigene Kennzahlensysteme entworfen, etwa der Zentralverband der Elektrotechnischen Industrie (ZVEI). Der Wert des Beitrages von Kern liegt darin, daß er nicht nur einige praktisch bedeutsame Kennzahlensysteme kritisch präsentiert, sondern auch die *theoretischen Grundlagen* für die Konstruktion von Kennzahlensystemen herausarbeitet. Als relevante Einflußfaktoren werden dabei Zielsystem, Organisationsstruktur und die Interdependenz der Teilpläne ausführlich diskutiert.

Für die Kontrollsysteme ist — unabhängig, worauf sie sich inhaltlich beziehen — die *Auswertung von Plan-Ist-Abweichungen* ein eigenständiges verfahrenstechnisches Entscheidungsproblem. Es hat — weil es methodisch einer mathematischen Behandlung zugänglich ist — in der Vergangenheit die besondere Aufmerksamkeit der Unternehmensforscher und Statistiker auf sich gelenkt. Man hat eine Reihe von entsprechenden Entscheidungsmodellen entwickelt, die aber natürlich hier nicht alle oder auch nur in einer Auswahl präsentiert werden konnten. Der Artikel von Streitferdt gibt eine gute systematische Übersicht über die bestehenden Entscheidungsmodelle und schließt dann eine kritische Würdigung an. Die gewählte knappe Form der Präsentation wird dem Manager, der sich kurz informieren will, entgegenkommen.

Die *verhaltenswissenschaftlichen Wirkungen* von Kontrollrechnungen und – allgemein – Kontrollsystemen sind bisher in der deutschen Fachliteratur weitgehend vernachlässigt worden. Deshalb erwies sich für den Aufbau des Readers ein Überblicksartikel als sehr nützlich. Der Beitrag von Macharzina, der speziell auf kosten- und leistungsorientierte Planungs- und Kontrollrechnungen abgestimmt ist, gibt einen Überblick über die relevante Literatur und strukturiert das Problemfeld so, daß der Einstieg in ein vertieftes Studium leicht möglich ist. Der Artikel von Ronen und Livingstone ist dann als Demonstrationsbeispiel gedacht für die Art und Weise, wie motivationstheoretische Ansätze für die Untersuchung der Verhaltenswirkungen von Kontrollen bzw. Kontrollsystemen *forschungsstrategisch* nutzbar gemacht werden können. Die Verfasser greifen auf das Erwartungswert-Modell in der Version von House zurück und wenden es auf den *Budgetierungsprozeß* an; Ergebnisse früherer Studien über „Budget und Verhalten" werden aus dieser theoretischen Sicht anschließend zu interpretieren versucht.

Über den engeren Rahmen der Budgetierung greift dann der abschließende Beitrag von Todd hinaus in Richtung auf *Management-Kontroll-Systeme* (MCS) im allgemeinen. Der Verfasser referiert die Ergebnisse eines Forschungsprojektes, das sich mit den Auswirkungen von solchen Systemen auf die Motivation und das Verhalten von Mitarbeitern beschäftigt. Besonders interessant ist die umfassende Perspektive, in die die Entwicklung von Management-Kontrollsystemen gestellt wird. MCS wird als Verbindungsglied gesehen zwischen Unternehmensstrategie und Organisationsstruktur einerseits und der Aufgabenausführung durch die Mitarbeiter andererseits. Der Verfasser warnt vor einer Überbetonung von finanzwirtschaftlichen Kennziffern und Techniken.

1. Kapitel
Konzeptionen und Entwicklungslinien der Unternehmensplanung

Strategische Planung*

Arbeitskreis „Langfristige Unternehmensplanung"
*der Schmalenbach-Gesellschaft***

1. Charakterisierung der strategischen Planung im Rahmen eines Planungssystems   1

1.1 Möglicher Aufbau eines Planungssystems

Planung — gedankliche Vorwegnahme künftigen Geschehens — erfolgt durch zukunftsorientierte, systematische Entscheidungsprozesse. Ergebnisse dieser in der Regel von mehreren Personen auf der Basis von Analysen und Prognosen durchgeführten Prozesse sind Planinformationen, die in Plänen unterschiedlicher Art zusammengestellt werden. Während bisher bei der Unternehmungsplanung ein System operativer bereichsbezogener Teilplanungen im Vordergrund stand, wird heute zunehmend der inhaltlichen Durchdringung der künftigen Geschäftsentwicklung in gesamtunternehmungsbezogener, komplexer Sicht Beachtung geschenkt. Die *Analyse der Erfolgsquellen* und die Entwicklung langfristig angelegter *Konzepte zur Zukunftssicherung* der Unternehmung stehen im Mittelpunkt und bilden im Kern den *Bereich der strategischen Planung*. Es gilt, strukturelle technische, wirtschaftliche und politische Wandlungen zu erkennen, um Tätigkeitsfelder bzw. Geschäftsfelder, Elemente und Struktur der Unternehmung für künftige Perioden zielorientiert bestimmen zu können. Neben der generellen Zielfindung bildet damit die Behandlung grundlegender Objekte bzw. Projekte zur Zukunftssicherung und deren Verknüpfung mit den anderen periodischen Teilplanungen, insbesondere auch die Abstimmung mit der mehrperiodigen Ergebnis- und Finanzplanung, den Planungsschwerpunkt. Hierbei ist ein umfassendes Planungssystem so zu konzipieren, daß diese strategische Planung den tragenden Bestandteil bildet. Ein solches Planungs- und damit Plansystem einer Unternehmung läßt sich umfassend in genereller Form konzipieren, wenn man die Wirtschaftseinheit Unternehmung als zielorien-

---

*Mit freundlicher Genehmigung der Verfasser und der Schmalenbach-Gesellschaft entnommen aus: Zeitschrift für betriebswirtschaftliche Forschung 29 (1977), S. 1–20.

**Dr. *Dietger Hahn*, Professor für Betriebswirtschaftslehre, Universität Gießen; Dr. *Helmut Koch*, Professor für Betriebswirtschaftslehre, Universität Münster; Dr. *Aloys Gälweiler*, Generalbevollmächtigter der BBC Mannheim sowie Dr. *Wolfgang Aurich*, Bayrische Motorenwerke AG, München; Dr. *Hartmut Bebermeyer*, Bundeswirtschaftsministerium, Bonn; Dr. *Hans-Peter Förster*, Daimler Benz AG, Stuttgart; *A. Friedrich*, Hoesch-Werke AG, Dortmund; *Karl-Heinz Gast*, IBM-Deutschland GmbH, Stuttgart; *Dietrich Gleisberg*, Westdeutsche Landesbank, Düsseldorf; *P.H. Hay*, Mannesmannröhren-Werke AG, Düsseldorf; Prof. Dr. *Norbert Kemper*, Fachhochschule Bochum; Dr. *Otto Lingesleben*, Ruhrkohle AG, Essen; Dr. *Helmut Löckenhoff*, AEG-Telefunken AG, Backnang; Dr. *Heinz Michael Mirow*, Bosch-Siemens Hausgeräte GmbH, München; Dr. *Manfred Pelka*, Ruhrgas AG, Essen; Dr. *Klaus-Dieter Petersson*, Varta AG, Bad Homburg; Dr. *Joachim F. Reuter*, Klöckner Werke AG, Duisburg; Dr. *Dirk Standop*, Universität Münster; *Klaus Schwarzrock*, Henkel KGaA, Düsseldorf; *Rolf Wagner*, Universität Gießen.

2   tiertes Aktionszentrum begreift[1], in dem Ziele durch □ zielorientierte Aktionen
(Maßnahmen) von Potentialen (Menschen und Betriebsmitteln) erreicht werden und
Ziele und Zielerreichungsmöglichkeiten qualitativ und weitgehend auch quantita-
tiv dargestellt werden können.

Bei dieser Interpretation der Unternehmung läßt sich ein *Planungssystem* ableiten, das die folgenden Planungskomplexe umfaßt:

(1)   die *Generelle Zielplanung,* die qualitativ und quantitativ formulierte Leitlinien für die angestrebte Entwicklung der Unternehmung umfaßt, mit generellen Umsatz-, Gewinn- und
anderen Wertzielen, generellen Leistungszielen und Marktzielen sowie generellen Sozial-
zielen;

(2)   die *Strategische Planung,* deren Kern die marktorientierte Tätigkeitsfeldplanung bzw. Geschäftsfeldplanung und damit die langfristige Produktprogrammplanung bildet. Durch
diese wird insbesondere die Potentialplanung sowie die Potentialstrukturierung bestimmt;

(3)   die *Operative Planung,* die auf der Basis gegebener und geplanter Potentiale bzw. Kapazitäten die mittel- und kurzfristige Produktprogrammplanung der Unternehmung sowie die
Ziel- und Maßnahmenplanung in den Funktionsbereichen umfaßt und schließlich

(4)   die *Gesamtunternehmungsbezogene Ergebnis- und Finanzplanung* zur wertmäßigen Abbildung und Integration des künftigen Geschehens in der Unternehmung.

Abb. 1 und 2 verdeutlichen den Zusammenhang und Detaillierungsmöglichkeiten
der Teilplanungskomplexe für eine Unternehmung mit funktionaler Aufbauorgani-
sation; die möglichen monetären Planungs- und Kontrollrechnungen (PuK) sind
hierbei gesondert aufgeführt worden.

Vielfach werden die Teilplanungskomplexe 1 und 2 zusammengefaßt als strategische Planung und die Teilplanungskomplexe 3 und 4 zusammengefaßt als operative
Planung bezeichnet — eine Frage der Zweckmäßigkeit und der sprachlichen Über-
einkunft. Da zumindest gewünschte generelle monetäre Ziele sowohl für strategische als auch für operative Überlegungen vorab als Richtschnur formuliert werden
können und sowohl die monetären Ziele als auch die Wirkungen der der Zielerreichung dienenden strategischen und operativen Vorhaben in den Wertgrößen des

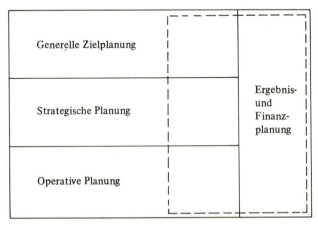

Abb. 1: Teilkomplexe im Planungssystem

---

[1] Vgl. zur Interpretation der Unternehmung als Aktionszentrum: *Kosiol, E.,* Die Unternehmung als wirtschaftliches Aktionszentrum. Einführung in die Betriebswirtschaftslehre, 1966.

Rechnungs- und Finanzwesens ausgedrückt werden können, werden die genannten 4 Planungskomplexe unterschieden. In jedem Fall sind im Rahmen der hier unterschiedenen strategischen und operativen Planung aperiodisch Projektplanungen durchzuführen — die Planung von zielorientierten, zeitlich begrenzten Aktionsfolgen mit oder ohne Potentialänderungen.

1.2 Kennzeichnung des Wesens strategischer Planung

Zur Erreichung der qualitativ und quantitativ formulierten Ziele für künftige Perioden sind strategische Planungen erforderlich. Hierbei beinhalten *Strategien* langfristig angelegte, die Gesamtunternehmung berührende und der Erreichung der Unternehmungsziele die- □ nende Verhaltensweisen der Unternehmung in ihren Aktivitätsbereichen[2]. Strategische Planung befaßt sich mit Alternativen über die Beibehaltung oder Änderung der Unternehmungspolitik, um langfristig die Erreichung der Unternehmungsziele sicherzustellen. 4

Strategische Planungen/Entscheidungen lassen sich allgemein durch die folgenden Merkmale charakterisieren[3]:
— sie sind von besonderer Bedeutung für die Vermögens- und/oder Erfolgsentwicklung der Unternehmung,
— sie können nur aus der besonderen Verantwortung für die ganze Unternehmung aus dem Gesamtzusammenhang heraus getroffen werden,
— sie sind grundsätzlich nur von der obersten Unternehmungsführung zu fällen,
— sie gelten in der Regel auf lange Sicht und sind von relativ geringer Häufigkeit.

Der *Prozeß der strategischen Planung* vollzieht sich in den Phasen des allgemeinen Entscheidungsprozesses:
— Klärung der Problemstellung und der relevanten Problembedingungen — ausgehend von den generellen Zielvorstellungen,
— Suche von Lösungsalternativen/Strategie-Alternativen,
— Bewertung der Strategie-Alternativen,
— Auswahl der optimalen Strategie-Alternative (im Anschluß Detailplanung der Strategie mit detaillierter Einpassung in die laufende Gesamtplanung);
auf diesen Prozeß folgen:
— Veranlassung der Realisation und
— Kontrolle.

Aufgrund dieser allgemeinen Charakterisierung und der angeführten Merkmale strategischer Planungen/Entscheidungen können nunmehr auch die *Gegenstände bzw. Objekte* gekennzeichnet werden, die den wesentlichen *Inhalt der strategischen Planung* ausmachen. Hierzu zählen wir insbesondere[4]:

---

[2] Vgl. in diesem Sinne *Aurich, W./Schroeder, H.-U.,* System der Wachstumsplanung im Unternehmen; Hrsg.: Prognos AG, Basel; 1972, S. 234.
[3] Vgl. ähnlich bei: *Gutenberg, E.,* Grundlagen der Betriebswirtschaftslehre, 1. Bd., Die Produktion, 14. Aufl. 1968, S. 133 ff.; *Sandig, C.,* Betriebswirtschaftspolitik, 2. Aufl. 1966, S. 134 f.; *Sandig, C.,* Unternehmungspolitik, in: HWB, 4. Bd., Hrsg.: H. Seischab, K. Schwantag, 3. Aufl. 1962, Sp. 5554—5572; *Mellerowicz, K.,* Unternehmenspolitik, 1. Bd. 2. Aufl. 1963, S. 88 ff.; *Steiner, G.A.,* Top Management Planung (ins Deutsche übertragen von H. Höhlein; Titel der amerikanischen Originalausgabe: Top Management Planning), 1971, S. 72 ff.
[4] Vgl. *Hahn, D.,* Planungs- und Kontrollrechnung — PuK, 1974, S. 67.

3

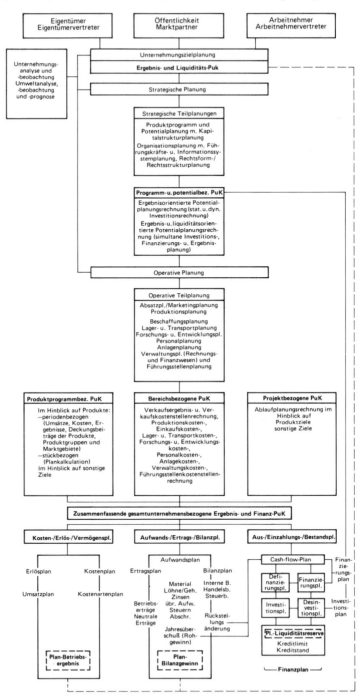

Quelle: Hahn, D., Planungs- und Kontrollrechnung (Puk), Wiesbaden 1974, S. 131

Abb. 2: Planungs- und Kontrollsystem einer funktional organisierten Unternehmung mit monetärer Planungs- und Kontrollrechnung (PuK)

- Geschäftsfeldplanung und damit Produktprogramm- und Potentialplanung (Investitions- und Desinvestitionsplanung mit Kapitalstrukturplanung),
- Organisations- und Führungssystemplanung (Organisations-, Informationssystem- und Personalplanung) und damit zusammenhängend Rechtsform- und Rechtsstrukturplanung.

Strategische Alternativen jeder Art lassen sich transparent *auf der Basis einer Entscheidungsmatrix* behandeln. In dieser werden Ziele und ggf. Zielgewichtungsfaktoren, Alternativen, Zielwirkungen der Alternativen und die Nutzengröße je Alternative dargestellt (siehe Abb. 3), was insbesondere bei konkurrierenden Zielen notwendig wird.

Solche Entscheidungstableaus können für eine oder mehrere für möglich gehaltene Umweltsituation(en) mit entsprechend unterschiedlichen Prognoseangaben über die Zielwirkungen der Alternativen aufgestellt werden. Hierbei bereitet die Informationsbeschaffung – wie auch bei allen anderen Verfahren – in der Praxis in der Regel eine Hauptschwierigkeit.

Anhand des beigefügten Beispiels über Investitionsalternativen wird deutlich, daß vielfach bei Darstellung der Zielwirkungen der Alternativen nur ordinal meßbare Größen (z.B. □ gut, befriedigend, schlecht) verwendet werden können und oft auch aus Vergleichbarkeitsgründen kardinal meßbare Größen (Zahlen) in ordinal meßbare Größen überführt werden müssen. Sodann kann nach einer hieran anschließenden Quasiquantifizierung (Punktbewertung) jene Alternative mit der höchsten Nutzengröße ermittelt werden. In der Regel sind vorab jene Alternativen als Lösungen zu eliminieren, durch die bestimmte unabdingbare Ziele – z.B. gesetzliche Vorschriften oder auch bestehende interne geschäftspolitische Grundsätze – nicht erfüllt werden können.

6

Im folgenden sei zunächst für einige wichtige strategische Planungsgegenstände der Planungsprozeß charakterisiert, bevor auf die zusätzliche Beurteilungsmöglichkeit fallweise zu behandelnder strategischer Objekte auf der Grundlage der gesamtunternehmungsbezogenen, mehrperiodigen Ergebnis- und Finanzplanung eingegangen wird.

2. Gegenstände strategischer Planung

2.1 Geschäftsfeldplanung – Produktprogramm- und Potentialplanung

Die Festlegung der in künftigen Perioden zu verwirklichenden Geschäftsfelder, der spezifischen Produktprogramme und der hierzu erforderlichen Potentiale bildet für jede Unternehmung die zentrale Entscheidung im Rahmen der strategischen Planung[5]. Ausgehend von z.T. meta-oekonomischen Entscheidungen über das Tätigkeitsfeld der Unternehmung werden zielorientiert die Umsatz- und Ergebnisträger auf spezifischen Märkten mit dazugehörigem sachlichem und personellem Engagement an ausgewählten Standorten bestimmt. Hiermit wird über das Ob und Wie der

---

[5] Vgl. *Koch, K.*, Die zentrale Globalplanung als Kernstück der integrierten Unternehmensplanung in: ZfbF (24. Jg.) 1972, S. 222–252, hier S. 231; sowie ders., Planung, betriebswirtschaftliche, in: HWB, 4., völlig neu gestaltete Aufl., Hrsg. *E. Grochla* und *W. Wittmann*, 1975, Bd. I/2, Sp. 3001–3016, hier Sp. 3005.

5

Erfüllung gesetzl. Vorschriften	Ziele / Alternativen	Rentabilität in %	Marktant. in % (nach Einfhrg.)	Entwicklungs-fähigkeit	Nutzengröße je Alternative
ja	Investitions-objekt A 1	30 = sehr gut (3 x 3 = 9)	15 = gut (2 x 2 = 4)	ausreichend (0 x 2 = 0)	13
ja	Investitions-objekt A 2	20 = gut (2 x 3 = 6)	45 = sehr gut (3 x 2 = 6)	gut (2 x 2 = 4)	16
ja	Investitions-objekt A 3	10 = befried. (1 x 3 = 3)	10 = befried. (1 x 2 = 2)	gut (2 x 2 = 4)	9

Zielgewichtung: $q_1 = 3$, $q_2 = 2$, $q_3 = 2$

Punktbewertung: sehr gut = 3 P.
gut = 2 P.
befried. = 1 P.
ausreich. = 0 P.

Abb. 3: Entscheidungsmatrix als Instrument zur Beurteilung von Alternativen (im Beispiel Investitionsobjekte) □

Weiterentwicklung der Unternehmung entschieden – über das künftige Erfolgspotential der Unternehmung.

Grundlagen dieser Geschäftsfeldplanung bzw. Produktprogramm- und Potentialplanung sind neben anderen Voraussetzungen:

Produkt-/Marktanalysen und Unternehmungsanalysen sowie Prognosen für vorhandene und mögliche künftige Produkte bzw. Programme (hierbei verstehen wir
als Produkt jede mögliche Leistung der Unternehmung).

Auf der Basis von Wettbewerbsanalysen und -prognosen geht es vor allem um die
Erkennung der relativen Marktstellung – der Marktstellung im Vergleich zur
Konkurrenz. Die Ergebnisse derartiger Analysen und Prognosen werden in
Schriftsätzen, Tabellen und vielfach zusätzlich in Form der sog. Marktanteils-/
Marktwachstumsmatrix (siehe Abb. 9) dargestellt.

Für detaillierte Untersuchungen werden für Produkte und Produktgruppen Ab-
satz- und Umsatzschätzungen auf der Basis von wahrscheinlichen ‚Lebenszykluskurven' sowie Kostenschätzungen auch unter Beachtung der sog. Erfahrungskurve durchgeführt.

Auf der Basis derartiger Analysen und Prognosen für Produkte und Produkt-
gruppen werden alternative Programm- und Potentialvariationen geprüft, um jene
Geschäftsfelder für künftige Perioden festzulegen, die mit ihren Produkten bzw.
Produktgruppen Marktanteils- und damit Erfolgsziele in Märkten spezifischen
Wachstums optimal erreichen (Produkt-Portfolio-Management). Planungshilfsmittel
ist gerade auch hier die Marktanteils-/Marktwachstumsmatrix.

2.1.1 Grundlagen der Geschäftsfeldplanung

Produkt-/Marktanalysen und entsprechende *Prognosen* können für vorhandene
und mögliche künftige Produktprogramme in unterschiedlichster Ausgestaltung erfolgen[6]. So □ können z.B. die Produktprogramme (Produkte) für mehrere Perioden   9
im Hinblick auf die folgenden Kriterien charakterisiert werden:

Regionale Märkte, Abnehmerstruktur, Konkurrenzstellung, Preisklasse und Inno-
vationsgrad (vgl. Abb. 4). Soweit möglich sind für Produkte bzw. Produktgruppen
unter Beachtung der Entwicklungen in den Märkten sowie in den Funktionsbereichen der Unternehmung auch Kosten- und Ergebnisschätzungen durchzuführen.

Auf diesen Grundlagen – oft auch erst nach der Marktanteils-/Marktwachstums-
analyse – können Anforderungsprofile für neue Produkte abgeleitet werden und
ggf. anschließend Aufträge für Produktentwicklungen an die Forschungs- und Entwicklungsabteilung oder für die externe Beschaffung von Know-how ausgelöst
werden. Zudem ergeben sich Anhaltspunkte für mögliche Produkteliminierungen.

Die *Produktkonzeptplanung bzw. Produktplanung* ist in der Regel ein mehrstufi-
ger Prozeß im Rahmen der strategischen Planung (siehe Abb. 5), die mehr technisch
orientierte Produktentwicklungsplanung gehört in den Bereich der operativen Planung.

Aufgrund genereller Ziele oder eines Anforderungs- bzw. Grobzielkataloges erfolgt eine Auswahl von Produktvorschlägen aus der Vielzahl aufbereiteter Produktideen (Stufe 1). Aufgrund eingehender Markt-, Entwicklungs- und Produktions-

---

[6] Vgl. *Agthe, K.*, Strategie und Wachstum der Unternehmung. 1972, S. 164 ff.

7

		Marktstruktur (in %)								Preisklassen			Innovationsgrad		
		regional		abnehmerbezogen			konkurrenzbezogen			hoch	mittel	niedrig	hoch	mittel	niedrig
		Inl.	Ausl.	Inv.	Kons.	Staat	eig. MA Inl.	MA d. eig. Konk. Inl. MA Ausl.	MA d. Konk. Ausl.						
Produktprogramm der laufenden Periode t_1	1														
	2														
	3														
	4														
	5														
	6														
Produktprogramm der Periode t_n	1														
	2														
	3														
	4														
	m														

Abb. 4: Produkt-/Marktanalyse für alternative Produktprogramme

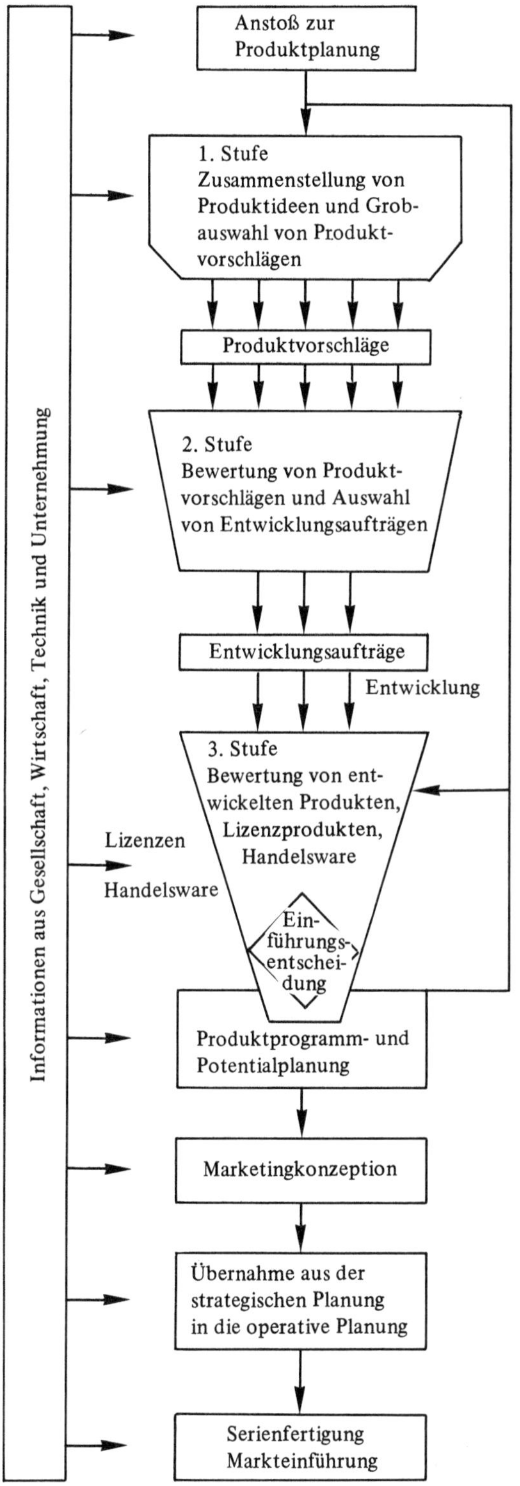

Informationen aus Gesellschaft, Wirtschaft, Technik und Unternehmung

Anstoß zur
Produktplanung

Beurteilungskriterien

8

1. Stufe
Zusammenstellung von
Produktideen und Grob-
auswahl von Produkt-
vorschlägen

Grobbeurteilung der Produktideen
im Hinblick auf die generellen
Ziele der Unternehmung
– Marktchancen
– Entwicklungs- und
  Produktionschancen
– Ergebnischancen

Produktvorschläge

2. Stufe
Bewertung von Produkt-
vorschlägen und Auswahl
von Entwicklungsaufträgen

Grobbeurteilung der Produkt-
vorschläge im Hinblick auf
– Absatzeignung (Markteignung,
  Marktvolumen, Vertriebseignung)
– Entwicklungs- und Produktions-
  eignung
– Beschaffungseignung
– Ergebnisbeitrag

Entwicklungsaufträge

Entwicklung

Lizenzen

Handelsware

3. Stufe
Bewertung von ent-
wickelten Produkten,
Lizenzprodukten,
Handelsware

Ein-
führungs-
entschei-
dung

Detaillierte Beurteilung der Produktentwicklungen mit Hilfe von
– internem Zins/Kapitalwert
– spezifischen Produktdeckungs-
  beiträgen/ -ergebnissen
– Kapitalbedarf, Liquiditätsbelastung
– Rücklaufdauer auf der Basis
  alternativer Prognosen

Produktprogramm- und
Potentialplanung

Marketingkonzeption

Übernahme aus der
strategischen Planung
in die operative Planung

Serienfertigung
Markteinführung

*Vgl. ähnlich bei Brankamp, K.
Planung und Entwicklung neuer
Produkte, Berlin 1971, S. 129

□

*Abb. 5: Produktplanung**

sowie Beschaffungsanalysen können sodann Ergebnisbeiträge geschätzt werden –
für zu entwickelnde oder bereits vorhandene Produkte (Stufe 2). Alle realisierbaren
und aussichtsreichen Produkte werden in die Programm- und Potentialplanung einbezogen (Stufe 3).

Grundlagen für alle Produktergebnisplanungen, die stets zunächst Grobplanun-
gen sind, können vor allem zwei Hilfsmittel bilden: Zum einen die für das jeweilige
Produkt bzw. die Produktgruppe prognostizierte Lebenszykluskurve, zum anderen
die für das Produkt bzw. die Produktgruppe prognostizierte langfristige Kostenkurve.

Die *Lebenszykluskurven* geben den geschätzten Absatz oder – bei Einbeziehung
der Preise – den geschätzten Umsatz von Produkten bzw. Produktgruppen oder
Märkten in künftigen Perioden wieder (siehe Abb. 6).

Hierbei gibt es keine formelhaften Gesetzmäßigkeiten bezüglich der Gestalt der
Lebenszykluskurve – sie ist das Resultat von Schätzungen auf der Basis nicht oder
nur begrenzt variierbarer externer Einflüsse und geplanter interner, d.h. unterneh-
mungsspezifischer Maßnahmen.

Die *langfristige Kostenkurve* für ein Produkt bzw. eine Produktgruppe einer Unternehmung ist ebenfalls das Resultat von Schätzungen auf der Basis nicht oder nur
begrenzt variierbarer externer Einflüsse und geplanter interner, d.h. unternehmungs-
spezifischer Maßnahmen. Für die strategische Planung ist jedoch von großer Bedeutung, daß für viele Produkte beobachtet werden konnte, daß mit Verdopplung der
im Zeitablauf hergestellten kumulierten Produktionsmengen die (auf die Wertschöpfung bezogenen) Stückkosten um 20 bis 30% zurückgegangen sind (siehe Abb. 7)[7].
In Abhängigkeit von den Wachstumsraten ergeben sich sodann entsprechende
Verdoppelungszeiten und potentielle Senkungsmöglichkeiten der (realen) Kosten
(siehe Abb. 8), wobei die unterstellten Kostensenkungen auf Betriebsgrößendegres-
sionseffekte, Forschungs- und Entwicklungsergebnisse sowie spezielle Rationalisie-
rungsmaßnahmen, insbesondere auf der Basis von Erfahrungen, zurückzuführen
sind. Bei entsprechender Marktanteils- und damit Produktmengenplanung (Erfah-
rungsmengenplanung) für die eigene Unternehmung und entsprechenden Schätzungen für Konkurrenten können damit auch *mögliche Preispolitiken* der eigenen Unternehmung und der Konkurrenz im Zeitablauf prognostiziert werden (siehe
Abb. 7). In der Verdeutlichung dieser Zusammenhänge, die insbesondere von der
Boston Consulting Group im Rahmen ihrer Unternehmungsberatungstätigkeit verbreitet worden sind, liegt ein hoher Nutzen der sogenannten *Erfahrungskurve* für
den Planer. Es wird die begründete □ Schätzung der möglichen spezifischen Dek-
kungsbeiträge oder Ergebnisse für Produkte bzw. Produktgruppen in künftigen
Perioden erleichtert – bei Annahme bestimmter Wachstumsraten und bei Unterstellung maximaler Ausschöpfung der internen Kostensenkungsmöglichkeiten.

---

[7] Vgl. zur Darstellung und Ausgestaltungsmöglichkeit der langfristigen Kostenkurve/Erfah-
rungskurve: *Gälweiler, A.*, Unternehmensplanung. Grundlagen und Praxis, 1974, S. 241, sowie
die dort angegebene Literatur, insbesondere *Henderson, B.D.*, Die Erfahrungskurve in der Unternehmensstrategie, 1974.

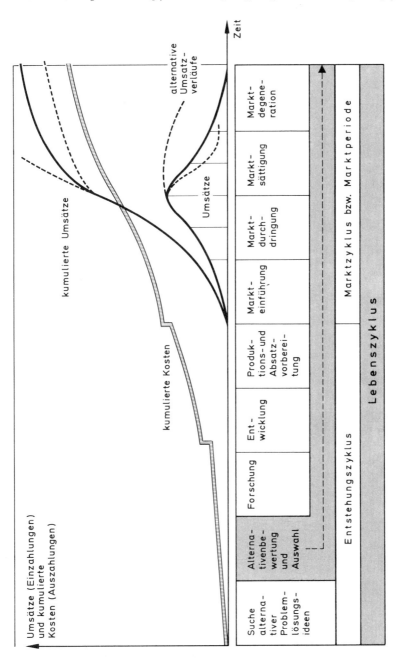

*Vgl. hierzu ähnlich Pfeiffer, W./Bischof, P.: Überleben durch Produktplanung auf der Basis von Produktlebenszyklen, in: Fortschrittliche Betriebsführung und Industrial Engineering, 24. Jg. 1975, S. 344; vgl. auch S. 133 ff. dieses Bandes.

*Abb. 6: Lebenszyklusdarstellung auf der Basis kumulierter Kosten und Umsätze**

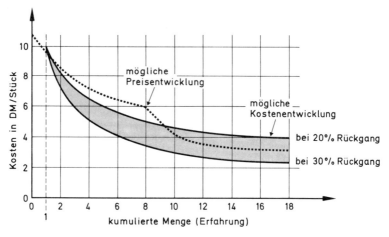

Quelle: Gälweiler, A., Unternehmensplanung, Frankfurt/M. 1974, S. 243
(mögliche Preisentwicklung ergänzt)

Abb. 7: Die Kosten-Erfahrungskurve mit möglicher Preiskurve

Bei einem Wachstum d. Gesamtvolumens von %	Verdoppelungszeit in Jahren	Mögliche Kostensenkung % p.a.
a	b	c
1	≈ 70	≈ 0,3 − 0,4
5	≈ 14	≈ 1,5 − 2,0
7	≈ 10	≈ 2,0 − 3,0
10	≈ 7	≈ 2,7 − 4,0
15	≈ 5	≈ 4,0 − 6,0
20	≈ 4	≈ 5,3 − 8,0
25	≈ 3	≈ 6,5 − 10,0
30	≈ 2,5	≈ 7,7 − 11,5
40	≈ 2	≈ 9,5 − 14,3
50	≈ 1,75	≈ 12,0 − 18,0

Quelle: Gälweiler, A., Unternehmensplanung, Frankfurt/M. 1974, S. 250.

Abb. 8: Wachstumsabhängige Kostensenkungsmöglichkeiten (% p.a.)   □

Die *Marktanteils-/Marktwachstumsanalyse und -prognose* erfolgt für die gegenwärtige Periode und für mehrere künftige Perioden auf der Grundlage von Umfeldprognosen, Lebenszyklusschätzungen und Kostenschätzungen.

In einer *Marktanteils-/Marktwachstumsmatrix* können als Ergebnis der Produkt-/ Marktanalyse und -prognose alle bisher angebotenen Produkte und die als erfolgversprechend gekennzeichneten Produkte klassifiziert werden (vgl. Abb. 9).

So werden anschaulich Felder mit sogenannten

- Nachwuchsprodukten,
- Starprodukten,
- Cash-Produkten,
- Auslauf-Produkten

unterschieden[8].

Hauptkriterien zur Beurteilung von alternativen Geschäftsfeldern bilden Marktwachstum und relativer Marktanteil. Sie sind die wichtigsten Bestimmungsfaktoren für das Erfolgspotential der Unternehmung[9].

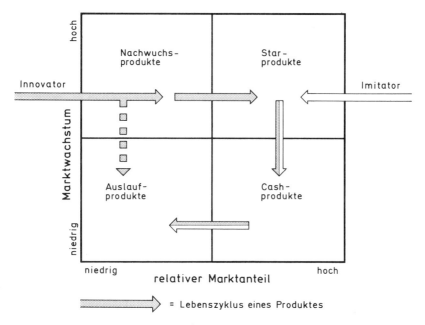

Abb. 9: Marktanteils-/Marktwachstums-Matrix

In der Marktanteils-/Marktwachstumsmatrix lassen sich anschaulich auch erstrebenswerte künftige Zustände in Form von spezifischen zukünftigen Produktprogramm-Zusammensetzungen darstellen — mit dazugehörigen Preis- und Investitionspolitiken. ▢

---

[8] Vgl. hierzu z.B.: *Schierz, J.*, Nicht mehr nach Gefühl entscheiden (Strategische Planung 1 und 2), in: Manager Magazin 10/1974, S. 116–122 sowie 11/1974, S. 82–92.

[9] Vgl. *Gälweiler, A.*, Strategische Unternehmensplanung, in: Fortschrittliche Betriebsführung/Industrial Engineering 1976, S. 67–72; vgl. auch S. 84 ff. dieses Bandes.

13   *2.1.2 Ziel und Verfahren der Geschäftsfeldplanung*

Auf der Basis der analytischen und prognostischen Grundlagen erfolgt die Planung der Geschäftsfelder, konkretisiert durch spezifische Produktprogramme mit dazugehörigen Investitionen, mit denen die gewünschten Marktanteils-, Umsatz- und Ergebnisziele sowie sonstige Ziele in künftigen Perioden erreicht werden sollen (siehe Abb. 10).

Hierbei werden aus dem Bereich der realisierbaren Produktprogramm- und Potentialvariationen bestimmte Alternativen im Hinblick auf Markt-, Umsatz-, Ergebnis- und sonstige Ziele zum einen zeitpunktbezogen bzw. zeitraumbezogen mit Hilfe der Entscheidungsmatrix sowie zum anderen mehrperiodig mit Hilfe des Zahlenwerks der gesamtunternehmungsbezogenen Ergebnis- und Finanzplanung beurteilt.

Das *Problem* der *Programm- und Potentialplanung* gipfelt in der Frage nach dem *optimalen Produktmix.* Kern der Produktprogramm- und Potentialplanung bildet die Aufgabe, durch eine geeignete Kombination von Geschäftsfeldern bzw. Produktgruppen eine Streuung von Risiken, eine Kontinuität der Erfolgsrealisierung und die Möglichkeit des Transfers von Cash-flow-Beträgen aus den sicheren Märkten in neu aufzubauende Märkte zu erreichen. Hierdurch soll eine Stabilisierung der Zielerreichung auf hohem Niveau erfolgen. Das Bestreben geht dahin, bei eigenentwickelten Produkten diese möglichst schnell Starprodukte werden zu lassen und sie sodann möglichst lange „geschützt" zu halten. Eine andere Geschäftspolitik besteht darin, über Lizenzen oder Handelsware Starprodukte ins Programm aufzunehmen. Stets muß in dieser Weise mit Nachahmern gerade bei Starprodukten gerechnet werden. Ein mehrperiodig ergebnisoptimaler Produktmix auf der Basis entsprechender Potentiale und unter Beachtung formulierter Nebenbedingungen bzw. Nebenziele läßt sich nur mit Hilfe der vorab skizzierten *Entscheidungsmatrix* und *mehrperiodigen Rechnungen* über Alternativ-Vergleiche ermitteln (vgl. Kap. 4).

2.2 Organisations-, Führungssystem- und Rechtsform-/Rechtsstrukturplanung

Zusammen mit bzw. als Resultat der Produktprogramm- und Potentialplanung werden für die Unternehmung die Programmstruktur (homogen oder heterogen), die Kapitalstruktur (Eigen-/Fremdkapital-Verhältnis), die Standortstruktur (konzentriert/dekonzentriert) und die Unternehmungsgröße bestimmt. Hiermit sind die Hauptbestimmungsfaktoren gegeben für die *Wahl der Organisationsform der Unternehmung* in künftigen Perioden. Funktionale Organisation und divisionale Organisation nach Produkten und/oder Regionen bilden dabei die strategischen Hauptgestaltungsalternativen (siehe Abb. 11), wobei Ausschüsse, Stabsabteilungen und bei divisionaler Organisation zusätzlich Zentral- bzw. Koordinierungsabteilungen mit unterschiedlicher Aufgaben- und Kompetenzregelung gebildet werden können. Diese Gestaltungsalternativen sind mit Hilfe der Entscheidungsmatrix auf der Basis ihrer vermutlichen Wirkungen im Hinblick auf Ergebnis- und Humanziele bzw. Sozialziele zu beurteilen, wobei allerdings in der Regel praktische Schwierigkeiten bei der Informationsbeschaffung auftreten werden.

Unmittelbar in Verbindung mit der Planung der Organisationsstruktur (aufgabenorientierten Potentialstrukturierung) steht die *Personalplanung,* insbesondere die *Führungskräfteplanung* (qualitative und quantitative Managementplanung). Neben

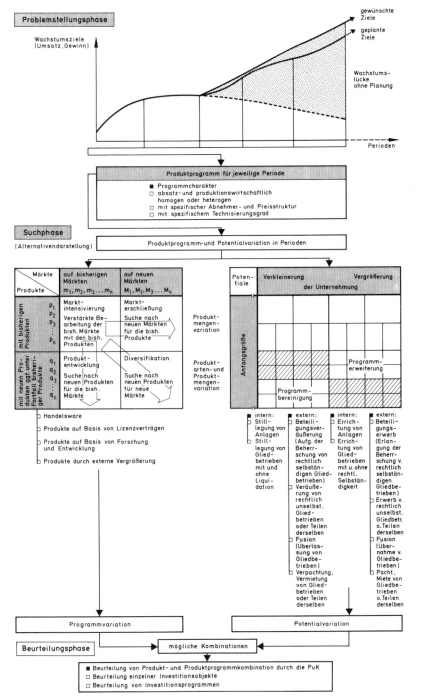

Quelle: Hahn, D., Planungs- und Kontrollrechnung (PuK), Wiesbaden 1974, S. 174.

Abb. 10: Prozeß der Programm- und Betriebsmittelplanung

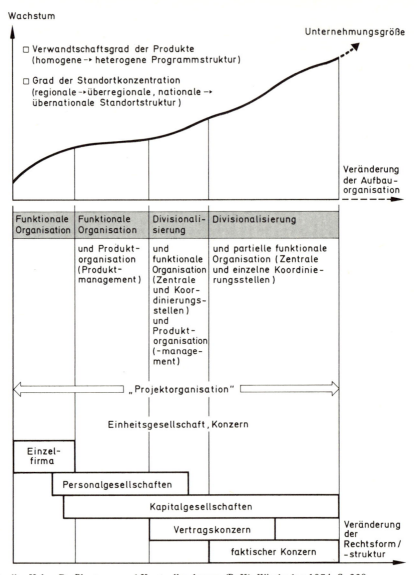

Quelle: Hahn, D., Planungs- und Kontrollrechnung (PuK), Wiesbaden 1974, S. 220

Abb. 11: Alternativen der Organisations- und Rechtsstrukturplanung wachsender Unternehmungen

dieser personellen Komponente ist zudem im Rahmen der strategischen Planung auch das grundsätzliche *informationelle Führungssystem* festzulegen, das spezifische Planungs-, Steuerungs- und Kontrollsystem der Unternehmung. Hierbei wird allerdings die Planung in den Schritten des rationalen Planungsprozesses sehr schwierig durchführbar, da sich kaum verursachungsgerecht Ergebniswirkungen aufgrund von Änderungen des Informationssystems prognostizieren lassen.

Eher lassen sich wiederum alternative *Rechtsformen und Rechtsstrukturen* (Konzernkonstruktionen) in ihren voraussichtlichen Wirkungen auf die Ziele der Unternehmung meßbar beurteilen. □

3. Zusammenhang zwischen strategischer und operativer Planung   15

Eine Unternehmung kann nur nach einem Gesamtplan zweckmäßig handeln. Die von der obersten Führung verabschiedeten strategischen Planungen sind daher in die Mittel- und Kurzfristpläne der operativen Planung sowie in die gesamtunternehmungsbezogene Ergebnis- und Finanzplanung einzuarbeiten und damit mit ihren Wirkungen auf die generelle Zielplanung sichtbar zu machen. Die Resultate der *strategischen Planungen* sind also *in die laufende Gesamtunternehmungsplanung zu integrieren,* wobei die strategische Planung die Richtung der Gesamtplanung bestimmt. Sie besteht aus gebündelten, periodisierten Objektplänen. Natürlich bestehen Wechselwirkungen zwischen der strategischen und der operativen Planung, dies wird z.B. am Zusammenhang zwischen Kapazitätsplanung und Kapazitätsbelegungsplanung deutlich.

Großprojekte werden in der Regel bezüglich der Planung und Kontrolle – zum Teil auch bezüglich der Durchführung – von Projektmanagern betreut. Hierdurch kann die Realisierung eines strategischen Objektes organisatorisch losgelöst von – aber in Abstimmung mit – den normalen Aktivitäten erfolgen. Die Abstimmung mit den einzelnen Unterneh- □ mungsbereichen bezüglich der möglichen oder ge- 16 planten Projektrealisierung und der Verdeutlichung der hieraus resultierenden Wirkungen auf die operativen Planungen wird somit erheblich verbessert. Hierdurch wird in der Regel auch gleichzeitig erreicht, daß bei den Teilplanungen im Rahmen von (jährlichen) Planungskonferenzen die Veränderungen aufgrund strategischer Pläne bei der rollenden Mittel- und Kurzfristplanung berücksichtigt werden.

4. Zusammenhang zwischen strategischer Planung und gesamtunternehmungsbezogener Ergebnis- und Finanzplanung

Die Objekte der strategischen Planung – insbesondere langfristige Programmalternativen und dazugehörige Potentialvariationen und damit Investitionsobjekte – werden bisher im Hinblick auf das Ergebnisziel (Gewinnziel) und gegebenenfalls weitere Ziele üblicherweise nur anhand von Durchschnittsgrößen oder mit auf einen Zeitpunkt bezogenen oder projizierten Größen auf der Basis statischer oder dynamischer Investitionsrechnungen beurteilt (Interner-Zinsfuß-Methode, Kapitalwertmethode bzw. Discounted-Cash-flow-Methode)[10].

Für die ergebnismäßige Beurteilung möglicher strategischer Objekte ist neben den genannten Kriterien insbesondere die Wirkung solcher Objekte auf die jeweilige Umsatz-, Ergebnis- und Liquiditätshöhe der Gesamtunternehmung in künftigen Perioden von Interesse. Zur Beantwortung dieser Frage und zur Verdeutlichung der Wirkung von Objekten auf andere Ziele (z.B. Kapazitätsausnutzung und Beschäftig-

---

[10] Vgl. *Hax, H.:* Investitionstheorie, 1970.

tenzahl) können Gesamtunternehmungsmodelle eingesetzt werden, damit mit ihnen Simulationsrechnungen durchgeführt werden können.

Abb. 12 verdeutlicht die Stellung der strategischen Planung und die Verkettung der strategischen Planung im Gesamtplanungssystem, das mit einem Gesamtunternehmungsmodell abgebildet werden kann.

Für die *Beurteilung* der Wirkungen einzelner oder mehrerer *strategischer Objekte* auf die wirtschaftliche Lage der Gesamtunternehmung kommen *Gesamtunternehmungsmodelle* unterschiedlicher Ausgestaltung in Betracht. Hierbei kann es sich handeln um

(1) ein totales Gesamtunternehmungsplanungsmodell, d.h.
   (a) Produktprogramm- und Funktionsbereichsplanungen, mit Arten-, Mengen- und Zeitengerüst,
   (b) Kosten-, Erlös- und Ergebnisplanungen nach Erfolgsquellen, Funktionsbereichen und für die Gesamtunternehmung,
   (c) GuV- und Bilanzplanungen,
   (d) Finanzplanungen;
(2) ein Ergebnis- und Finanzplanungsmodell;
(3) ein Bilanz- und Finanzplanungsmodell.

Während zum totalen Gesamtunternehmungsplanungsmodell die unter a, b, c und d aufgeführten Komplexe gehören, umfaßt ein Ergebnis- und Finanzplanungsmodell nur die Komplexe b, c und d und ein Bilanz- und Finanzplanungsmodell lediglich die Komplexe c und d.

Für die mehrperiodige Grobbeurteilung strategischer Objekte bedarf es hierbei einfach aufgebauter Modelle, die zum Beispiel die Wirkungen von Investitionen im Hinblick auf die folgenden Positionen in künftigen Perioden verdeutlichen:

Umsatz,
Gewinn,
Abschreibungen,
Umlaufvermögen,
Anlagevermögen. □

18   Solche Rechnungen scheinen ohne Computer wirtschaftlicher zu sein als mit Computereinsatz.

Fordert man hingegen eine möglichst genaue Erkennung der Wirkungen strategischer Objekte gerade im Hinblick auf das Zahlenwerk der Gesamtplanung der nächsten Perioden, sollte zumindest ein Bilanz- und Finanzplanungsmodell zum Einsatz kommen. Hierbei bereitet neben der Entwicklung entsprechender Modelle in der Praxis vor allem die Beschaffung zukunftsbezogener Informationen Schwierigkeiten.

Bilanz- und Finanzplanungsmodelle sind für die gesamtunternehmungsbezogene mehrperiodige Ergebnis- und Finanzplanung vereinzelt in der Praxis im Einsatz[11]. Anhand des Bilanz- und Finanzplanungsmodells, das an der Universität Gießen entwickelt worden ist und auch an der TH Darmstadt im Rechenzentrum implentiert ist, sei die Einsatzmöglichkeit derartiger Modelle für Zwecke der strategischen Planung skizziert.

---

[11] Vgl. z.B. *Schimmelbusch, H.:* EDV-Hilfe für die strategische Planung, Teil 1: Einige Grundsätze, Teil 2: Beispiele und Erfahrungen, in: IBM-Nachrichten, 25. Jg., 1975, Heft 225, S. 96–102, Heft 226, S. 179–184.

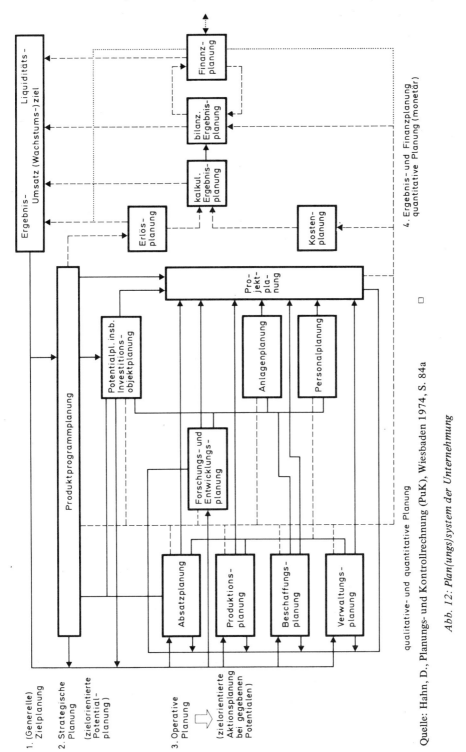

Quelle: Hahn, D., Planungs- und Kontrollrechnung (PuK), Wiesbaden 1974, S. 84a

Abb. 12: Plan(ungs)system der Unternehmung

18   Grundkomponenten des *PuK-Simulationsmodells* bilden drei Speicher (Tensoren), der GuV-Speicher, der Bilanz-Speicher und der Finanz-Speicher, in denen für künftige Perioden Aufwands- und Ertragspositionen, Bilanzpositionen sowie Einzahlungen und Auszahlungen nach Eingabe bzw. Errechnung lokalisiert und verschlüsselt werden. Über Bildschirm oder Lochkarten werden zunächst die GuV-Positionen sowie Bilanzpositionen und Positionen aus dem Investitions- und Finanzierungsplan vergangener Perioden eingelesen. Sodann sind für die zu betrachtenden Perioden wichtige Eckdaten, d.h. Aufwendungen und Erträge als Schätz- bzw. Prognosewerte sowie Bilanz-, Investitions- und Kreditpositionen einzugeben. Dies kann zum Teil auch über Trend- oder Sensibilitätsfaktoren erfolgen, die den Wert dieser Positionen über Faktoren in künftigen Perioden bestimmen.

Die Verknüpfung der einzelnen Elemente über die einzelnen Perioden erfolgt jeweils über Bestandsveränderungsgleichungen – nach Errechnung spezifischer Positionsveränderungen durch Teilmodelle.

Die nachfolgende Abbildung (siehe Abb. 13) zeigt das *Grundschema* des PuK-Simulationsmodells. Es sind der GuV-Speicher, der Bilanz-Speicher und der Finanz-Speicher ersichtlich und deren Verkettungen über Gleichungssysteme angedeutet.

Das aufgezeigte Gleichungskonzept wird durch mehrere Teilmodelle ergänzt. Das Strukturmodell steuert die Gleichungssysteme des Tensorkonzepts. Daneben lassen sich vier Teilmodelle nach Bedarf in den Simulationsprozeß integrieren. Die wichtigsten Teilmodelle bzw. Modell-Module sind das Abschreibungsmodell, das Kreditmodell, das Körperschaftsteuer- oder Ausschüttungsmodell und das Restfinanzierungsmodell, wobei letzeres finanzielle Über- und Unterdeckungen im Rahmen von Kreditgrenzen und Ausleihungsgrenzen durch Kreditvergabe oder Kreditaufnahme beseitigt. Diese Modelle bzw. Teilmodelle sind weitgehend voneinander unabhängig und benutzen im wesentlichen als Input- und Output-Variablen Elemente der dargestellten Tensoren.

Vom Modell werden für sämtliche Planperioden die folgenden Pläne bzw. *Planinformationen* ausgedruckt:

1. Plangewinn- und -verlustrechnung,
2. Planbilanz,
3. Finanzplan,
4. Abschreibungspläne,
5. Tilgungspläne,
6. Vorschläge zur vorzeitigen Tilgung von Krediten,
7. Graphische Darstellungen ausgewählter Ergebnisdaten bzw. Kennzahlen.

Das PuK-Simulationsmodell der Bilanz- und Finanzplanung gestattet es, das Verhalten des Systems Unternehmung bei Änderung externer oder interner Größen zu studieren.

Für die *strategische Planung* können die Wirkungen alternativer Strategien (Produktprogramme mit entsprechenden Investitionen und/oder Desinvestitionen), die in künftigen Perioden verwirklicht werden könnten, auf Umsätze, Erträge, Ergebnisse und Liquiditätslage sowie wichtige Kennzahlen der Unternehmung in künftigen Perioden sichtbar gemacht werden. Die erforderlichen Input-Daten sind aus den

20   Investitions- oder Desinvesti- □ tionsrechnungen der Objektplanung zu entnehmen (Umsatz-, Kosten- bzw. Aufwandsverläufe, Kapitalbindungen und Kapitalfreisetzungen für künftige Perioden). Hierbei kann sich zum Beispiel ergeben, daß ein

□ 19

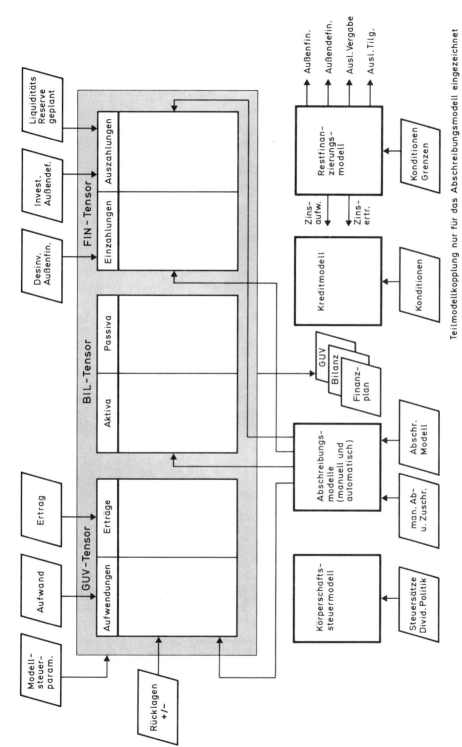

Abb. 13: Grundschema des PuK-Simulationsmodells

strategisches Konzept eine sehr hohe interne Verzinsung aufweist, aufgrund der   20
mehrperiodigen Beurteilung im Hinblick auf die jeweilige Ergebnis- und Finanzlage
der Unternehmung jedoch nach den Zahlen des Gesamtplanes deutlich wird, daß die
Unternehmung das Investitionsobjekt aus Liquiditätsgründen in den ersten drei
Jahren nicht oder nur mit hohem Risiko verwirklichen könnte.

Ein genereller Vorteil beim Einsatz eines derartigen Modells für die strategische
Planung liegt sicher darin, daß *Sensibilitätsanalysen* durchgeführt werden können
und damit Chancen und Gefahren bei Variation einzelner Inputgrößen aufgrund
entsprechender Veränderungen der Ergebnis- und Liquiditätslage in künftigen Perioden erkannt werden können.

5. Voraussetzungen für die strategische Planung

Für eine erfolgreiche strategische Planung müssen informationelle, personelle
und organisatorische Voraussetzungen erfüllt sein.

Zu den wichtigsten *Voraussetzungen im Informationsbereich* gehören gute
qualitative und quantitative Prognosen und Analysen bezüglich Umfeld und Unternehmung. Es interessieren insbesondere die langfristigen Entwicklungen mit zum
Teil strukturellen Änderungen im gesamtwirtschaftlichen, gesellschaftlichen und
technischen Bereich sowie auf den Absatz- und Beschaffungsmärkten der Unternehmung.

Die Untersuchungen haben sich ausgehend von gesamtunternehmungsbezogenen
Zahlen und dem Produktprogramm auf alle Funktionsbereiche zu beziehen, um
Stärken und Schwächen erkennen zu können (vgl. Kap. 2.1.1).

Strategische Planung gehört zu den wichtigsten Führungsaufgaben. Für die Vorbereitung der strategischen Planung sollten hochqualifizierte Kräfte eingesetzt werden, denn letztlich handelt es sich hier um die entscheidenden Arbeiten zur Zukunftssicherung der Unternehmung. Bei den *personellen Voraussetzungen* handelt
es sich zum einen um die Besetzung der Stabsabteilung mit entsprechenden Mitarbeitern, zum anderen um die jeweils problemorientiert richtige Besetzung von Ausschüssen mit Mitarbeitern aus den verschiedensten Unternehmungsbereichen. Umfassende technisch-wirtschaftliche Kenntnisse und Managementerfahrung sind in
der Regel zur Bewältigung der hier anfallenden Aufgaben zwingend erforderlich.
Ein nicht unerhebliches Problem besteht in der Praxis darin, daß die strategischen
Planer selten, nämlich nur bei Einschaltung in die Projektverwirklichung, Erfolgs-
erlebnisse haben und auch die individuelle Karriereplanung vielfach schwierig wird.
Dies erklärt sich zum Teil daraus, daß vorbereitende und koordinierende Arbeiten
der strategischen Planung typische Stabsarbeiten (Zentralstabsarbeiten) sind.

Als *organisatorisches Konzept* zur Eingliederung der strategischen Planung wird
als wirkungsvollste Lösung eine direkte Unterstellung der Stabsabteilung Strategische Planung unter den Vorsitzer des obersten Führungsgremiums der Unternehmung notwendig sein. Andere organisatorische Lösungen sind z.B. die Zuordnung
der strategischen Planung unter den Controller, unter einen spezifischen Planungs-
vorstand oder unter den Gesamtvorstand. Die Beantwortung dieser organisatorischen Frage und mancher anderer im Zusammenhang mit der strategischen Planung

aufgeworfenen Frage bedarf einer gesonderten Untersuchung – unter Berücksichtigung spezifischer Unternehmungsstrukturen.

Bereits zum heutigen Stand der Entwicklung und des Einsatzes der strategischen Planung konnte jedoch von den Teilnehmern des Arbeitskreises übereinstimmend festgestellt werden: Strategische Planung erlaubt effizientere Führungsmöglichkeiten – sie steigert die Wettbewerbsfähigkeit durch systematische Unternehmungsentwicklung. □

Zusammenfassung

Der Aufsatz des Arbeitskreises „Langfristige Unternehmensplanung" der Schmalenbach-Gesellschaft gibt einen Überblick über Wesen und Gegenstände der strategischen Planung und stellt sie in den Zusammenhang zur operativen Planung und zur gesamtunternehmensbezogenen Ergebnis- und Finanzplanung.

Als Gegenstände der strategischen Planung werden die „Geschäftsfeldplanung" (Planung des Produkt-Markt-Konzepts) und die Planung des „Organisations- und Führungssystems" (einschließlich der Rechtsform und Rechtsstrukturplanung) unterschieden. Den Kern des Beitrages stellen die Ausführungen zur Geschäftsfeldplanung und ihrer Grundlagen dar. Hierzu werden gerechnet: (1) die *Produkt-/Marktanalysen* und entsprechende Prognosen für vorhandene und potentielle neue Produktprogramme; aus (1) werden u.a. Anforderungsprofile für neue Produkte als Grundlage der (2) *Produktplanung* abgeleitet, die in mehrere Stufen gegliedert werden und in eine (grobe) Produktergebnisplanung (Beurteilung der Erfolgsträchtigkeit mit Hilfe von internem Zinsfuß, Kapitalwert, spezifischen Produktdeckungsbeiträgen etc.) einmünden soll. Informationsgrundlage der Produktergebnisplanung bilden Lebenszykluskurven und langfristige Kostenkurven („Erfahrungskurve"). (3) Als Hauptkriterien, als „strategische Leitgrößen" (Gälweiler), für die strategische Planung werden „Marktwachstum" und „relativer Marktanteil" angesehen. Diese Kriterien bilden deshalb die Grundlage für die Klassifizierung und Beurteilung von Geschäftsfeldern in der *Marktanteils-/Marktwachstumsmatrix.*

The Anatomy of Business Strategic Planning Reconsidered*

Peter H. Grinyer

Introduction

Business strategy[1] has, rightly, received increasing attention in business and 199
academic communities since the mid 1950's. In practice many successful firms
have long pursued coherent strategies, but the process by which these have been
evolved has often been characterized by what H. Igor Ansoff has called 'serial
decision-making'.[2] Thus decisions on changes in the product market position of the
firm, the means by which it will achieve them, and its configuration of financial,
human and physical resources have often been considered only when operating and
administrative responses to internal or environmental changes have failed or are
seen to be inappropriate. Strategic decisions, when this serial mode of decision
taking is followed, are taken by top management only when problems obtrude
because, under the 'management by exception principle', lower levels of management have failed to find an appropriate solution. Even then, the search for strategic
change has often been characterized by a sequential search for satisficing opportunities, as described by Lindblom[3] as the 'branch method', 'method of successive
limited comparisons', or 'science of muddling through'. This has often involved
implicit rather than explicitly formulated strategies.

By comparison, since 1960 there has been a spread of 'parallel decision making',
as described by Ansoff,[4] whereby the environment and operating processes of the
firm are more continuously surveyed for changes presenting either threats or opportunities. Such threats, opportunities, and decision needs are diagnosed as to
type, and strategic, administrative or operating decision processes are involved as
appropriate. This implies conscious organization of the strategic decision-making
process. Similarly, there has been a spread of the 'root' or systematic method of
approaching strategic decisions, as typified in Ansoff's 'cascaded' approach,[5] the

---

*Mit freundlicher Genehmigung des Verfassers entnommen aus: The Journal of Management
Studies, Vol. 8, May 1971, S. 199–212.
[1] Excellent definitions of business strategy will be found in the works to which reference is
made in footnotes and in Manning, D.E., 'Strategical and Tactical Planning', paper presented to
the *Seminar for Senior Executives,* The Graduate Business Centre, The City University, December 1967. Available on request.
[2] Ansoff, H. Igor, 'Towards a Strategic Theory of the Firm, Reading I,' Ansoff, H. Igor,
Business Strategy, Harmondsworth: Penguin Books, 1968.
[3] Lindblom, C.E., 'The Science of Muddling Through', *Public Administration Review,* Vol.
19, Spring 1959, pp. 79–88. Also published as *Reading* 2, Ansoff, H. Igor, op. cit.
[4] Ansoff, H. Igor, op. cit.
[5] Ansoff, H. Igor, *Corporate Strategy,* New York: McGraw-Hill, 1965; also Penguin Books,
1968.

schematic model □ of Gilmore and Brandenburg,[6] or the approach advocated by   200
Argenti.[7] This systematic approach, with in practice frequent re-iteration of parts
or all of earlier stages, usually adopted within the context of at least partial parallel
decision-making, is what has become called corporate planning, long-range planning,
or business strategic planning.

Mounting evidence, for example, success reported in the literature and views
expressed by contacts in industry, suggests that this growth of corporate planning
is not fortuitous. It would seem that Lindblom[8] was wrong in his view that strategic problems are too complex to permit approaches other than 'scientific muddling through' to be successful. It is probable that it is this very complexity that
makes a systematic, though not necessarily scientific, attack on formulation of
strategies necessary. Environmental factors, including more rapid technological
development and greater speed of market changes, would appear at the same time
to place a greater premium on speed of strategic response to opportunities and
challenges, and hence upon parallel rather than sequential strategic decision-taking.
Thus a fundamental understanding of the process of strategic decision-taking in
business is important, not because it should lead to standardized procedures, but
rather to ensure that those adopted are basically comprehensive and sound. The
very possibility of such an understanding presupposes the existence of an inherent
structure and logic which is reflected in successful business strategic planning no
matter how diverse the detailed procedural or organizational arrangements.

Earlier Conceptual Models of Strategic Planning

During the last decade, work has been done by an expanding band of business
planners, consultants, and academics, on the nature and formulation of business
strategy. This has given rise to a number of conceptual models. Of these, only
those directly concerned with the stages involved in the process of strategic planning are considered here. These fall into two broad groups, those pertaining to
procedures in specific companies, and those which are more general but purport to
be based on actual experience. Interesting examples of the former will be found in
Ewing[9] and Steiner.[10] Three of the more outstanding and well known examples
of the latter are □ due to Gilmore and Brandenburg,[11] Stewart and Doscher[12] of   202
the Stanford Research Institute, and Ansoff.[13]

---

[6] Gilmore, F.F., and Brandenburg, R.G., 'Anatomy of Corporate Planning,' *Harvard Business Review*, Vol. 40, No. 6, Nov.–Dec. 1962; pp. 61–69.

[7] Argenti, J., *Corporate Planning*, London: Allen and Unwin, 1968.

[8] Lindblom, C.E., op. cit.

[9] Ewing, D.W., *Long Range Planning for Management*, New York: Harper and Row, 1964.

[10] Steiner, G.A., *Managerial Long Range Planning*, New York: McGraw-Hill, 1963, Steiner, G.A., *Top Management Planning*, New York: Macmillan, 1969.

[11] Gilmore, F.F., and Brandenburg, R.G., op. cit.

[12] Stewart, R.F., and Doscher, M.O., *The Corporate Development Plan, Report No.* 183, September 1963, Industrial Economics Division, Menlo Park, California: Stanford Research Institute.

[13] Ansoff, H. Igor, op. cit.

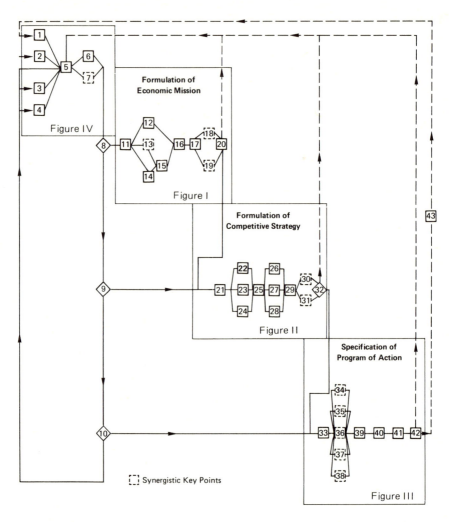

Fig. 1 Top-Management Planning Framework

Each of these three models amply repay study. The model by Gilmore and Bran-   202
denburg, one of the first comprehensive schematic representations of the process
of strategic planning published, analyses a total of forty-three steps into four stages,
namely re-appraisal of master plan, formulation of economic mission, formulation
of competitive strategy and specification of programme of action (see Fig. 1).
Sequential relationships, feedback of information and backtracking in the proce-

203

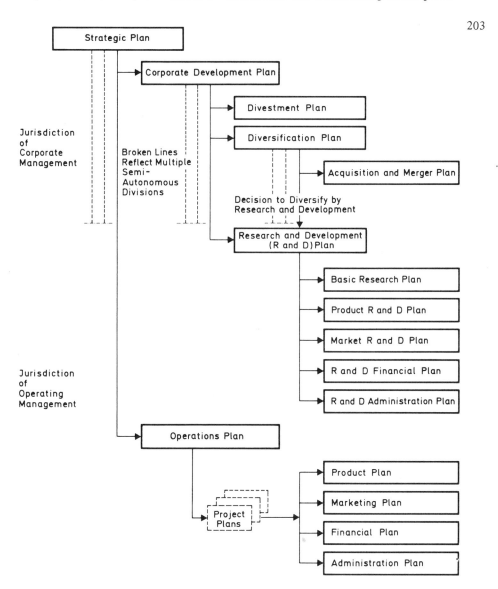

Fig. 2

Source: Stewart, Robert F., and Doscher, Marian I., The Corporate Development Plan, Report
No. 183 (Menlo Park, Calif.: Industrial Economics Division, Stanford Research Institute, September 1963), p. 21

202 dure are clearly shown. As a blueprint for development of improved performance within the existing strategy or of formulation of an expansion strategy the schematic model is impressive. Existing strategy is here defined as marketing the present product range in the existing markets. Expansion involves moving into new markets with current products or into the firm's present markets with new products. It is interesting to note, too, that it incorporates a 'parallel decision-making' mode of operation. There are, however, omissions which necessitate addition of other models. Setting of objectives is not explicitly mentioned but must be implicit, presumably, in steps such as 'new economic mission?' Moreover,.the model contains no reference to diversification, i.e. entry to new markets with products new to the firm, the problem of acquisition or development of capability to assume a new strategic position, or related organizational problems, although these could again be seen to be implicit in certain of the steps if appropriately defined.

The Stanford Research Institute model, Fig. 2, overcomes certain of these limitations. For instance, it clearly shows both diversification and development plans, and a link between them. However, it is basically a hierarchy of plans, rather than an account of the process by which they are derived. Time relationship is, of course, implicit in the hierarchy, for instance both 'corporate development plans' and 'operation plans' must follow formulation of the 'strategic plan'. But the approach inevitably obscures the complex inter-relationships between, say, financial strategy and the development or acquisition plans. Furthermore, the dynamic nature of business strategic planning, with re-iterations within the course of any planning cycle and re-triggering of the entire process, is ignored. A further limitation of the approach is that the surveillance of the environment and search for opportunities central to much strategic planning is not explicitly mentioned.

Perhaps the most sophisticated and comprehensive of the models published is
203 that of Ansoff. This is summarized in Fig. 3, but is the subject of □ virtually the whole of his book.[14] His model embraces exploration of both expansion and diversification strategies. He also recognizes that the former should be explored before the latter because of probably higher synergy. Synergy is defined as the improved performance accruing to joint rather than separate operation in a combination of
205 product markets. His 'cascade □ approach' or 'adaptive search method' is both practicable and realistic in explicitly showing re-iterative revision of objectives and points at which less entrepreneurial management may stop the search for new opportunities. Moreover, the model shows the process of strategy formulation as being continuing and dynamic, with a 'review trigger' and 'external appraisal trigger' leading to a reconsideration of the philosophy of objectives and recommencement of the process of strategy formulation. The principal emphasis of the model is on diversification strategies, a subject on which Ansoff has published earlier,[15] and it

---

[14] Ansoff, H. Igor, op. cit.

[15] Ansoff, H. Igor, 'Strategies for Diversification', *Harvard Business Review,* September-October 1957; pp. 113—24.

Ansoff, H. Igor, 'A Model for Diversification', *Management Science,* Vol. 4, 1958; pp. 392—414.

Ansoff, H. Igor, Anderson, J.A., Norton, F. and Weston, J.F., 'PLanning for Diversification through Merger', *California Management Review,* Vol. 1, No. 4, Summer 1969; pp. 24—35.

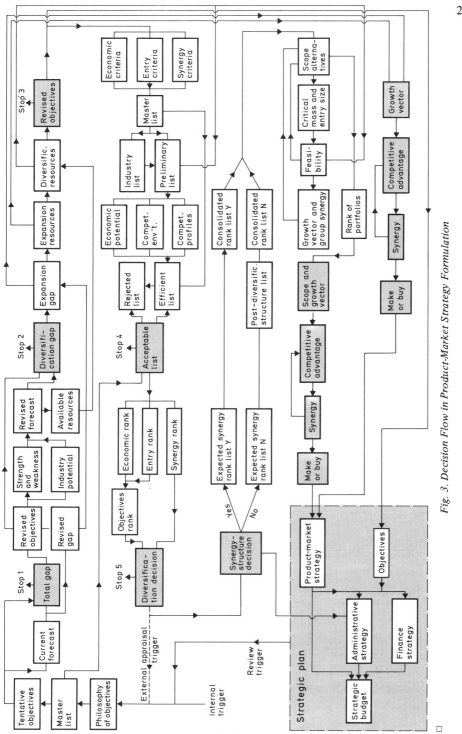

Fig. 3. Decision Flow in Product-Market Strategy Formulation

205   provides a detailed guide to strategy formulation in this area. In this respect it may be seen as strongly complementing the expansion strategy orientated model of Gilmore and Brandenburg.[16] Finance strategy is mentioned, but not given prominence, being seen to follow decisions on product market positions. In this respect, the model is at variance with the experience of some firms, in which financial strategy is central to diversification decisions. John Kitching,[17] for instance, analyses the strategies of conglomerates from this standpoint primarily. None the less, the model provides an impressive guide to the formulation of diversification strategies.

These three models, in common with most others in the literature, are valuable because they concentrate attention on the steps to be taken in business strategic planning. By the same token, they do *not* focus upon the type of activity undertaken in strategic planning. These activities are, of course, implicit in the models, but tend to be obscured by the detailed progression from step to step. This is perhaps inevitable given the flow charting approach adopted. If it is accepted, however, that the actual planning processes of firms will ideally be tailored to their specific needs, as recognized by Steiner[18] for instance, there is some value in supplementing existing models by a broader schematic representation with a different emphasis.

A Conceptual Model of Business Strategic Planning

To be useful, any new model needs to recognize the systematic, logical nature of successful decision-taking stressed by Steiner.[18] It must also allow for the basic complexity, and reiterative nature, of the planning process, its dynamic and continuing nature, and the chronological movement of search, evaluation and selection
206   from high synergy, low risk to lower □ synergy, higher risk strategies. As noted above, a further contribution may be made by concentrating upon the nature of the planning activities involved, rather than on the detailed sequence of steps. Figure 4 shows a previously unpublished model devised to meet these criteria.

In Fig. 4 the environment of the decision-takers is represented as the area beyond the outer ring. The decision-takers are, for our present purposes, □ taken to
207   include the Board and those in a staff capacity assisting it to formulate strategy. Thus the environment includes both the world external to the firm and the operations of its functional divisions. The outer ring represents the path taken by management when seeking to improve performance, e.g. rate of return on net assets, within the scope of the existing strategy. Moving inward, the rings depict in turn exploration of expansion strategies, diversification strategies, and specific expansion or diversification opportunities given the strategy. Strategic planners are seen as moving in a clockwise direction around each ring, undertaking the planning functions or activities indicated in the boxes, but reverting to earlier stages as found to be necessary and indicated by the broken lines. When a given strategy is found to fail to meet the objectives set by the Board, resources available are

---

[16] Gilmore, F.F. and Brandenburg, R.G., op. cit.

[17] Kitching, J., 'The Strategy of Merging', *Management Today,* October 1969; p. 75.

[18] Steiner, G.A., *Top Management Planning,* New York: Macmillan 1969; p. 48.

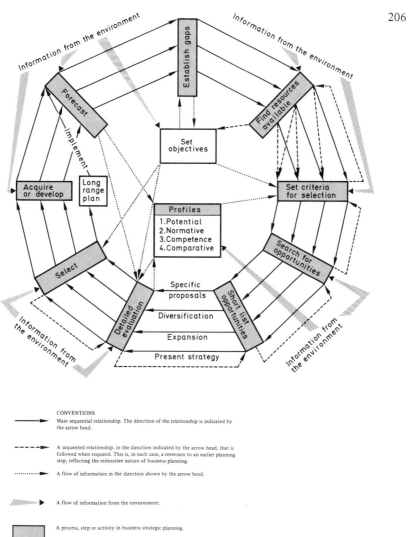

Fig. 4. A New Conceptual Model of Business Strategic Planning   □

examined, and the next broad stage of strategy formulation is commenced by a movement along a broken line to an inner ring where possible. If resources for expansion or diversification are not available, the objectives are amended. The sequence of rings shows the chronological order of attempts to improve the existing strategy, search for expansion strategies, then diversification strategies (if appropriate), and detailed study of specific acquisitions or development projects. Apart from the innermost ring, this movement may be seen to be from higher synergy, lower risk, to lower synergy, higher risk opportunities and reflects the approach favoured by many senior executives. On selection of detailed projects, long range planning or programming of finance, marketing, research and development, and production activities is undertaken, the plans are implemented, and the new strategy becomes part of the present one. Hence the process returns to the outer ring to a continued search for opportunities to expand or diversify. The company is seen as circling on the outer ring, i.e. regularly improving performance under the present strategy, until a gap between forecast performance and the objectives of the Board occurs. This may be due to either a change in environmental conditions, e.g. actual or anticipated market or technological changes, or to an upward adjustment of objectives by an entrepreneurial top management.

The main relationships between strategic planning activities are shown on the rings, in terms of both the main sequence and occasional reversion to earlier steps when, for instance, detailed evaluation of the short list of opportunities reveals that none are satisfactory. An element of 'scientific muddling through' is so recognized within the model. Use of information, e.g. on objectives and the profiles, at given points is indicated by the dotted lines, and the direction of the flow by the arrow heads. Thus objectives are seen to have a pervasive influence, affecting the gap indicated, the search for opportunities and short listing *via* determination of criteria to be used for these purposes, detailed examination of short listed opportunities, selection and the acquire or develop decision. Likewise, the use of profiles enters □ both setting of criteria for filtering opportunities to produce a short list, and detailed examination. Since business strategic planning is essentially a matter of searching for opportunities, evaluating them, and selecting a set as a basis for action, surveillance of the environment plays an important part in the entire process. This is represented in the heavy lines drawn from the environment. The actual form of scanning of the environment is beyond our scope here but the reader is referred to an outstanding analysis by Aguilar.[19]

The sequence shown in Fig. 4 may be seen to be based largely on Ansoff's[20] 'adaptive search method', but draws on the work of Gilmore and Brandenburg,[21] and accords well with the practical experience.

Each ring passes through the same boxes or activities in the model. It is thus assumed that the basic nature of the decision-taking process remains the same no matter whether improvement of present strategy, expansion, diversification, or detailed opportunities are being explored. Clearly, this is reasonable if, and only if, the activities are appropriately and broadly defined, and it is explicitly recognized that the nature, scope and detail of information considered on each ring varies. However, this presents few difficulties, as becomes apparent when the activities are more fully considered.

Objectives of the Board are a set of quantitative indices and qualitative characteristics of future performance of the firm sought by the Board. A full analysis of objectives will be found in Ansoff.[22] For our purposes, it will suffice to note that the objectives set are practical, i.e. they represent a statement of the future position desired by the Board in economic, internal political, and other non-economic terms. Economic indices of performance sought may, for instance, involve growth, stability, internal efficiency and flexibility. Internal political objectives might include re-

----

[19] Aguilar, F.J., *Scanning the Business Environment,* New York: Macmillan, 1967.

[20] Ansoff, H. Igor, op. cit.

[21] Gilmore, F.F., and Brandenburg, R.G., op. cit.

[22] Ansoff, H. Igor, op. cit.

tention of ownership or control by the family or other existing executives. Other noneconomic objectives may concern the welfare of employees, public image, or avoidance of clashes with certain external political forces. These objectives may be analysed, as by Ansoff, as long term or proximate.

Forecasts involve both anticipation of future trends or events and estimation of their effects on the performance of the firm. The activity therefore embraces technological forecasting, econometric forecasting, and other shorter term and often more pedestrian but effective methods. The precise subject of the forecasts, and the methods used, must depend on the strategy being pursued or explored. In Fig. 4 forecasting is shown as estimating expected performance in the light of strategic decisions as a basis for gap □ analysis. However, forecasting is central to establishing the 'potential profile' for the industry, or sub-section of industry, in which the firm operates or into which it is considering entry. Forecasting may also contribute to detailed evaluation or opportunities more directly. Both of these relationships are shown by dotted lines, showing information flow, in the model.

Establishing gaps is, after Ansoff, Argenti,[23] and others, determining the extent to which expected performance fall short of objectives. Since the gap is a residual, it warrants little further attention *per se,* its importance lying in attention it focuses on the necessity for greater change. It is clear that, as shown in the model, the gap may be closed by either strategic changes or a downward revision of objectives. Hence a dotted line is drawn between the activity of establishing the gap and setting objectives.

Determining the *resources available* is a critical stage, and one which is given too little treatment in the literature, since it determines the feasibility of moving to an expansion strategy, or on to a diversification one. As Ansoff[24] recognizes, the resources available for a diversification strategy are the difference between total levels of available resources and those required for the expansion strategy, whilst it may be assumed that total resources unused by the existing strategy are initially available for expansion. It is interesting to note that possible financial strategies need to be considered at this stage, rather than after strategy formulation, since they determine the financial resources likely to be available. Available resources have a clear bearing on criteria for short listing, and subsequent detailed examination of opportunities too. They affect the feasibility of grasping opportunities. Opportunities with a 'critical mass' of entry above available resource levels must necessarily be excluded from further considerations.

Criteria for search translate the objectives of the Board and statement of available resources into a set of guide lines for searching for and filtering out opportunities to produce a short list for detailed examination. These and short listing are important elements of the adaptive search approach adopted because of the expense incurred in detailed examination. It is to be expected that the criteria will vary between rings of the model but their function is unchanging.

Search for opportunities is basically a creative activity supported by analysis of economic and other data available. A variety of sources of information are used in practice, e.g. government and stock exchange economic data, trade journals,

209

---

[23] Argenti, John, op. cit.

[24] Ansoff, H. Igor, op. cit.

formal and informal contacts both inside and outside the firm. Aguilar[25] presents both the results of research into sources of data used by American companies and a useful flow chart as a basis for systematic □ search. It would appear that the search is often sequential, rather than parallel. Whilst the study and acceptance or rejection of each opportunity as it is presented in turn may on occasion be reasonable, as noted by Pryor[26] with reference to the early stages of Singer's diversification programme, it is usually inferior to a wider exploration of opportunities and a comparative evaluation. Such 'parallel search' is implicit in Fig. 4 and leads to a short list by application of the criteria for selection. The scope of the search is determined by both the stage of strategic planning reached, i.e. the ring of Fig. 4 on which the firm finds itself, and the search criteria. Thus, in the outer ring, opportunities for reducing costs and expanding sales within the existing product-market strategy may be explored. Opportunities considered on the expansion strategy ring are possible new product market positions involving development of new product for the existing markets or new markets for the existing products. The diversification ring involves extension of the range of search to new products in new markets. On the inner ring, detailed projects, e.g. specific R and D, new marketing proposals, or acquisition opportunities are sought and subsequently evaluated.

Detailed evaluation of opportunities is costly and therefore possible only for a limited set of short listed opportunities. Clearly, the information considered on the outer and inner rings is somewhat different in both kind and detail to that involved when expansion and diversification strategies are being explored. Evaluation in each case, however, is likely to cover expected economic performance, entry considerations such as critical mass and/or competitors' probable reactions if appropriate, start up and operating synergy, competitive advantage, resource requirements and availability (the feasibility of successful entry) and relationship with financial strategy. Forecasting and prediction is likely to play an important part in most detailed evaluations of alternatives. Such forecasts are necessarily based on a set of assumptions which should be made explicit to permit the Board to judge their validity. A wide range of evaluative techniques, ranging from the use of simple ranking devices like payback period, internal rate of return, or present value to more sophisticated mathematical programming and simulation models, are used in practice. Examples of sophisticated approaches may be found in Rapoport and Drews,[27] Gershefski,[28] and Hanssman.[29]

Thus evaluation is a complex process which calls on the experience and skills of a wide range of specialists. Because of the dynamic environment □ within which the firm operates, and hence the number of imponderables affecting the outcome of each alternative, detailed evaluation should lead to 'an efficient set' of alter-

[25] Aguilar, F.J., op. cit.

[26] Pryor, M.H., 'Anatomy of a Merger', *Michigan Business Review*, Vol. 16, No. 4, Graduate School of Business Administration, July 1964, pp. 28–34; Aguilar, F.J., op. cit.

[27] Rapaport, L.A., and Drews, W.P., 'Mathematical Approach to Long Range Planning', *Harvard Business Review*, Vol. 40, No. 3, 1962; pp. 75–87.

[28] Gershefski, G.W., 'The Development and Application of a Corporate Financial Model', Planning Executives Institute, 16, Park Place, Oxford, Ohio 45056, published in 1968.

[29] Hanssman, F., *Operations Research Techniques for Capital Investment*, New York: Wiley, 1968.

natives to be presented to the Board for selection rather than a single preferred alternative. This is especially so because the objectives of the Board may be incommensurable or conflicting. An 'efficient set' is here defined as one from which all alternatives clearly inferior to others have been excluded.

The construction of *profiles* provides a necessary basis for both detailed evaluation and criteria for search. Thus the potential profile states the extent to which the opportunity, e.g. greater penetration of the existing market for an existing product, expanded product-market position, diversified product-market position, or specific R and D or acquisition project, offers the possibility of meeting the firm's objectives. After Gilmore and Brandenburg,[30] a normative profile is a statement in quantitative and qualitative terms of what it takes to realize this potential. The competence profile states the firm's capabilities in the areas defined by the normative profile. This statement is again usually in both quantitative and qualitative terms. Where expansion or diversification by acquisition are under consideration, the competence profile will be composite, the strengths and weaknesses of the potential acquisition being superimposed on those of the firm as described by Ansoff.[31] This is indicated in Fig. 4 by the dotted lines from both the detailed evaluation and develop or acquire boxes to the profiles. Finally, the comparative profile matches the competences against the normative profile, to provide an indication of the extent to which the firm is likely to achieve the potential.

Selection is the prerogative of the Board. It considers the set of opportunities presented to it, and chooses in the light of its objectives, and against the background of the strategies developed to date. In practice, it may decide not to select one of the opportunities presented to it. In this event there are three distinct possibilities. The Board may require re-iteration of the search and/or detailed evaluation processes, may move to an inner ring (e.g. from exploration of expansion to that of diversification strategies), or may adjust its objectives and revert to the existing strategy. Even in this last case a clear strategic decision has been made.

The decision to *acquire or develop* the capability to implement the adopted strategy is the final aspect of the model to be explained. In some cases, this decision may be implicit in the opportunites found, evaluated, and presented for selection. However, there is a clear conceptual difference between the decision to assume a new product market posture, and that relating to the best way to do so, though the relationship is close. For this reason, and because of the importance of the decision, the precedent set by Ansoff has been □ followed, and a separate phase has been shown. The precise nature of the alternatives will clearly vary with the ring on which the firm finds itself. In seeking greater market penetration under the existing strategy, the firm may develop a greater sales force, advertising programme, or manufacturing capacity, or acquire a rival. Under expansion or diversification strategies the choice may be between acquiring another company, licencing and developing manufacturing and marketing capabilities, or undertaking R and D and developing the necessary functional capabilities. From Fig. 4 it will be seen that the 'acquire or develop' decision does not enter the consideration of specific projects on the innermost ring. This decision will already have been made and specific

212

---

[30] Gilmore, F.F., and Brandenburg, R.G., op. cit.

[31] Ansoff, H. Igor, op. cit.

development or acquisition possibilities will be the opportunities sought and evaluated. Once selection has been made from these, programming and control of implementation may proceed, i.e. long range planning occurs, and they are absorbed into the existing strategy.

Value of the Model

The model presented schematically in Fig. 4 is new in the way in which it highlights the common, recurrent processes of business strategic planning. In this it may be seen to supplement rather than replace earlier models. In so far as it provides insight into the underlying rational structure of successful business strategic planning, and does so by providing a relatively flexible framework, it should contribute to the design of more effective procedures or programmes within specific firms. It is not suggested, however, that the model itself is such a procedure. By stressing the basic nature of the planning processes, the model should also facilitate decisions on the organization of the strategic planning function, and on the composition of any corporate planning team formed. For the same reason, the model is a reasonable basis for a programme of research, having already been used for this purpose. Indirectly, therefore, it is hoped that it will lead to further advances of practical significance over the next three or four years. □

Zusammenfassung

Versuche, die Ideen und Vorstellungen zur strategischen Planung zu ordnen und zu konzeptionalisieren, können an verschiedenen Punkten ansetzen, u.a. am Planungs*prozeß* und seinen Phasen, am Planungs*ergebnis* oder an den Planungs*tätigkeiten*. Grinyer greift den dritten Ansatzpunkt auf und entwickelt einen tätigkeitsorientierten Bezugsrahmen für die strategische Planung, den er als sinnvolle *Ergänzung* früherer Konzeptionalisierungsversuche von Gilmore und Brandenburg, von Stewart und Doscher und von Ansoff verstanden wissen will.

Der Artikel stellt diese drei „Vorläufer"-Modelle kurz dar und kritisiert sie. Am *Prozeß*-Modell von Gilmore und Brandenburg vermißt Grinyer die explizite Berücksichtigung der Zielsetzungsphase und die Einbeziehung der Diversifikation als mögliche strategische Alternative; es ist nach seiner Ansicht auch insgesamt auf einer zu hohen Abstraktionsebene formuliert. Das „Stanford Research Institute Model" von Stewart und Doscher trage dieser Kritik Rechnung; es stelle jedoch eher eine *Hierarchie von Plänen* dar als eine Dokumentation des Prozesses ihrer Aufstellung; es sei eher statisch und bringe deshalb den dynamischen Charakter der strategischen Planung nicht zur Geltung. Auch die Bedeutung der Unternehmensumwelt für strategische Planungen gehe in diesem Modell unter. Das umfassende Modell von Ansoff räume diese Mängel aus; da es zentral auf die Diversifikation abstelle, sei es außerdem eine notwendige Ergänzung zum Modell von Gilmore und Brandenburg.

Allen drei Modellen fehlt die Integration der Planungstätigkeiten in das Modell. Indem Grinyer hier mit seinem Konzeptionalisierungsversuch ansetzt, identifiziert er 12 Aktivitäten und bringt ihre Beziehungen zueinander in eine systematische Ordnung. Die Aktivitäten und ihr Zusammenhang werden im einzelnen beschrieben.

Zum Entwicklungsstand betriebswirtschaftlicher Planungssysteme*

H. Igor Ansoff

Einleitung

Der vorliegende Beitrag befaßt sich mit *formalen Management-Systemen,* die den Rahmen für die Leitung und Kontrolle der Arbeit in komplexen, zielorientierten Organisationen abstecken. In den USA waren es Wirtschaftsunternehmen, die als erste Management-Systeme entwickelten und einführten. Bedingt war dies durch den zunehmenden Umfang und die wachsende Komplexität der Aufgaben in den Unternehmen selbst, aber auch durch die sich verstärkende Turbulenz in der Unternehmensumwelt.

Seit Beginn des 20. Jahrhunderts sind die Herausforderungen, mit denen sich die Unternehmen konfrontiert sahen, zahlreicher und komplexer geworden, während sich der unternehmensrelevante Ausschnitt der Umwelt bei gleichzeitiger Zunahme der Veränderungsrate erweitert hat. Henry Ford's Definition der Managementfunktion als „giving it to them in any color so long as it is (cheap and) black" reichte nicht mehr aus. Das Management mußte in zunehmendem Maße mit Problemen der weltweiten Diversifikation und der rasch an Bedeutung gewinnenden Forschung und Entwicklung fertig werden. Darüber hinaus wurde es notwendig, dem wachsenden soziopolitischen Druck zu entsprechen und Forderungen nach einer Neugestaltung der Arbeitsbedingungen im Unternehmen gerecht zu werden.

Zur Lösung der anstehenden Probleme haben führende Unternehmen Systeme entwickelt, die dann von anderen Unternehmen übernommen wurden. Als Ergebnis dieses Prozesses liegt heute eine im Laufe eines ganzen Jahrhunderts entwickelte „Management-Technologie" vor. Da jedoch die Konzeption jeder Generation von Management-Systemen auf die Lösung unmittelbar drängender Probleme abzielte, entbehrt die Entwicklung insgesamt der logischen Kontinuität. Jedes neue System wurde gewöhnlich so dargestellt, als sei es allen früheren Ansätzen in jeder Hinsicht überlegen.

So ersetzte die Langfristplanung die Budgetierung, um anschließend selbst durch die Gewinnplanung verdrängt zu werden, der dann die strategische Planung folgte. Als auch letztere als veraltet galt, wurde PPBS (Planning-Programming-Budgeting System) eingeführt.

In der historischen Perspektive erscheint zweierlei offenkundig:
1. Die Entwicklung von Systemen folgte der zwingenden Logik der zunehmenden Komplexität der zu lösenden Probleme.
2. Neue Systeme haben ihre Vorgänger im allgemeinen nicht ersetzt, sondern eher erweitert und bereichert.

*Mit freundlicher Genehmigung des Verfassers entnommen aus: Sloan Management Review, Vol. 18, Winter 1977, No. 2, S. 1–24. Titel der Originalfassung: The State of Practice in Planning Systems. Deutsche Fassung: Dipl.-Kfm. Rainer Achenbach, Betriebswirtschaftliches Institut, Universität Erlangen-Nürnberg.

Das angesammelte System-Know-how ist daher nicht eine bloße Menge isolierter Problemlösungen, sondern eine übergreifende, in sich konsistente Gestaltungstechnologie, mit deren Hilfe jedem Unternehmen ein maßgeschneidertes System zur Verfügung gestellt werden kann.

In dem vorliegenden Beitrag werden zwei Ziele verfolgt:

1. Die historische Logik der·Systementwicklung soll nachgezeichnet und einige Hauptmerkmale zukünftiger Systeme sollen vorhergesagt werden.
2. Es soll kurz ein Ansatz beschrieben werden, der es erlaubt, ein System auf die besonderen Bedürfnisse eines Unternehmens hin abzustimmen. Dabei soll dem Leser die Information zur Verfügung gestellt werden, die er braucht, um sein Unternehmen zu diagnostizieren und Verbesserungsmöglichkeiten zu erkennen.

Die Evolution des Problemfeldes der Unternehmensführung

Die Tätigkeit von Unternehmen läßt sich in zwei Prozesse aufteilen:

- Der *Realgüterprozeß* umfaßt Beschaffung, Umsetzung und Absatz von Ressourcen. Er wird gewöhnlich weiter unterteilt in die Funktionen Forschung und Entwicklung, Produktion, Distribution, Verkauf, Einkauf, Werbung und Verkaufsförderung.
- Der *Managementprozeß* beinhaltet die Gestaltung des Realgüterprozesses, das Setzen von Zielen, die Aufstellung von Plänen und die Steuerung der Planrealisierung.

Der Realgüterprozeß ist äußerst komplex. Er schließt die Nutzung und Umsetzung vieler Inputs ein: Rohmaterial, unfertige Erzeugnisse, Hilfsmittel, Anlagen, Energie, finanzielle Ressourcen, Arbeitskräfte und Information. Auf den ersten Blick erscheint der Managementprozeß einfacher, weil es dabei nur um die Verarbeitung von Informationen geht und weil er bis in die jüngste Vergangenheit im wesentlichen „manuell" ablief — mit nur geringer arbeitsparender Technologie und so gut wie keiner Substitution von Arbeit und Kapital. Durch die wachsenden Herausforderungen ist der Aufgabenbereich des Management immer umfangreicher und komplexer geworden. In jüngerer Zeit hat der Einsatz von Management-Technologie und elektronischen Datenverarbeitungsanlagen dazu geführt, daß der Managementprozeß sich von einem vornehmlich arbeitsintensiven zu einem kapitalintensiven Prozeß gewandelt hat. Die Qualität des Management ist bereits entscheidender für den Erfolg des Unternehmens als die Qualität seiner produktiven Arbeit.

Bis in die frühen 50er Jahre wurden Probleme der Unternehmensführung gewöhnlich in Anlehnung an die *funktionale* Struktur des Realgüterprozesses, z.B. Vertriebs- oder Produktionsmanagement, analysiert. Dem Funktionsmanagement übergeordnet war das *allgemeine Management*, das in erster Linie als Prozeß der Zusammenfassung, Koordination und Integration der funktionalen Aktivitäten gesehen wurde. In den letzten Jahren erweist sich dieses traditionelle Klassifikationsschema als zunehmend ungeeignet für das Verständnis und die Analyse des sich tiefgreifend ändernden Problemfeldes der Unternehmensführung. Es haben sich deshalb neue Klassifikationsschemata herausgebildet.

Abb. 1 zeigt einen Ansatz zur Beschreibung der drei hierarchisch verknüpften Management-Tätigkeiten, die den Realgüterprozeß steuern.

● Auf der obersten Ebene bestimmt das *soziopolitische Management* die Legitimi-tät und Lebensfähigkeit des Unternehmens in der Gesellschaft. Es unterhält Bezie-hungen zur nichtkommerziellen Umwelt des Unternehmens: Zum Gesetzgeber, zur Rechtsprechung und zu staatlichen, mit Eingriffsrechten ausgestatteten Körper-schaften wie auch zu gesellschaftlichen Gruppen, deren Interessen von der Tätig-keit des Unternehmens berührt werden, z.B. Gewerkschaften, Konsumenten, Aktio-näre, Umweltschützer und andere.

Ergebnis der Bemühungen des soziopolitischen Management sind die Freiräume, Restriktionen und „Spielregeln", kurz: die Rahmenbedingungen für die Tätigkeit des Unternehmens innerhalb der Gesamtgesellschaft. In den letzten hundert Jahren war soziopolitisches Management in den USA und in Westeuropa kaum ein Thema, wird heute aber zum wahrscheinlich wichtigsten Problem, über das sich das Manage-ment in den nächsten 15 Jahren den Kopf wird zerbrechen müssen.

● Auf der zweiten Ebene bemüht sich das *unternehmerische Management* um die Erschließung des *Gewinnpotentials* für das Unternehmen: dazu gehört es, Markt-chancen zu erkennen, Produkte zur Nutzung dieser Chancen zu entwickeln und in den Markt einzuführen. Wenn das Potential eines Marktes erschöpft ist oder die Produkte veralten, ist es Aufgabe des unternehmerischen Management, sie aus dem Markt zu nehmen.

● Auf der dritten Ebene befaßt sich das *operative Management* mit der Umset-zung des Gewinnpotentials in reale Gewinne. Das ist die vorherrschende und auch bekannteste Management-Tätigkeit. Sie umfaßt die Funktionen Einkauf, Produk-tion, Distribution, Verkauf, Werbung und Verkaufsförderung. Wie oben erwähnt, waren diese operativen Tätigkeiten viele Jahre lang die Grundlage für das Klassi-fikationsschema der Unternehmensführung und das Organisationsprinzip zur Ge-staltung der Unternehmensstruktur.[1]

● Die relative Bedeutung der drei primären Komponenten der Unternehmensfüh-rung hat sich verschoben. Hatte in den USA von etwa 1890 bis 1950 das operative Management unangefochten im Mittelpunkt gestanden, so erlangte seit den 50er Jahren das unternehmerische Management eine zunehmend gleichgewichtige Be-deutung im System der Unternehmensführung, während in den 70er Jahren unter dem Einfluß gesellschaftlicher Kräfte das soziopolitische Management in den Vor-dergrund zu rücken begann.

● Die vierte Komponente ist das *administrative Management,* das die Aufgabe hat, Normen, Kenntnisse, Fähigkeiten, Strukturen und Systeme für die Ausführung der drei anderen Management-Tätigkeiten zur Verfügung zu stellen.

Operatives, unternehmerisches und soziopolitisches Management stellen jeweils unterschiedliche Anforderungen an die Ressourcen des Unternehmens. Erfolg-reiches soziopolitisches Management erfordert z.B. Manager mit politischen Fähig-keiten sowie gute Kommunikationskanäle zu gesellschaftlichen und politischen Organen. Unternehmerisches Management benötigt kreative Mitarbeiter in For-schung und Entwicklung und die Fähigkeit der Organisation, Erfindungen in markt-fähige Produkte umzusetzen. Erfolgreicher Wettbewerb, die Aufgabe des operativen Management, hängt ab von einem sorgfältig ausgewogenen Verhältnis zwischen

---

[1] Vgl. Ansoff (1) und Ansoff und Brandenburg (4)

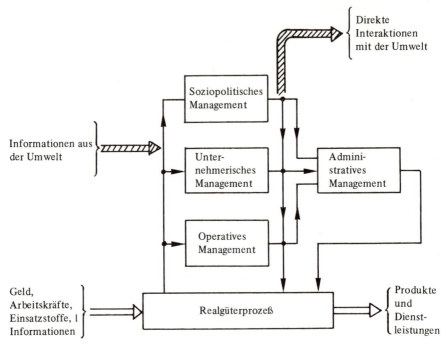

Abb. 1: Hauptaufgaben der Unternehmensführung

internen Kostenkontrollen und dem Eingehen auf Kundenbedürfnisse. Mit der Verlagerung von Prioritäten vom operativen auf das unternehmerische und das soziopolitische Management wurde vom administrativen Management nun verlangt, die notwendigen Ressourcen bereitzustellen.

Die historische Entwicklung der Systeme läßt sich als Reaktion auf diese wechselnden Prioritäten in der Unternehmensführung auffassen. Vermutlich unterliegen wir einer Fehleinschätzung der Systeme aber nur dann nicht, wenn wir uns vergegenwärtigen, daß wechselnde Prioritäten nie das Verschwinden zuvor wichtiger Tätigkeiten bedeuteten. Sie haben den Aufgabenbereich der Unternehmensführung eher erweitert. Heute ist gutes operatives Management für das Überleben des Unternehmens nicht weniger entscheidend als vor 50 Jahren, aber daneben rückt unternehmerisches und soziopolitisches Management zunehmend in den Mittelpunkt.

Statische und dynamische Management-Systeme

Der ständige Wandel in der Art der Führungsaufgaben führte zu einem wechselnden Bedarf an formellen Vorkehrungen, um der neuen Komplexitäten Herr zu werden. Außerdem zeigt die amerikanische Wirtschaftsgeschichte, daß es — über den von der Umwelt ausgehenden Druck hinaus — immer beständige interne Triebkräfte gegeben hat, besser und effizienter zu arbeiten. Ergebnis dieser beiden treibenden Kräfte ist ein kontinuierlicher Strom neuer Methoden und Ansätze zur Bewältigung der Führungsaufgabe.

Die Systematisierung der Unternehmensführung hat ihren ersten Ursprung in der zweiten Hälfte des 19. Jahrhunderts, als sich das Profil des modernen Unternehmens abzeichnete. Als eines der ersten Systeme wurden *„Standard-Richtlinien und Vorschriften"* entwickelt, die in einem gleichnamigen Handbuch schriftlich niedergelegt waren, das es noch heute in allen Unternehmen gibt. Das Handbuch enthält Regeln für die Entscheidungsfindung (Richtlinien) repetitiver oder auch weniger häufiger Vorgänge, die von der Festlegung der Arbeitszeit über die Erfassung von Abwesenheit bis zu Verhandlungen mit den Gewerkschaften reichen.

Eine weitere frühe Entwicklung war die formale Gliederung des Realgüter- und des Management-Prozesses, die als *Organisationsstruktur* bekannt wurde. Die erste formale Struktur, die eine nahezu universelle Verbreitung erfuhr, faßte „ähnliche güterwirtschaftliche Tätigkeiten" zusammen, um eine maximale Ausnutzung der Größendegression und der Spezialisierung zu ermöglichen.[2] Die Struktur der Unternehmensführung sollte derselben Logik folgen, abgesehen von der Zusammenfassung allgemeiner Führungsfunktionen an der Spitze des Unternehmens. Dieser Struktur, die sich um 1910 unter der Bezeichnung *funktionale Organisationsstruktur* herausbildete, folgte während der nächsten 60 Jahre eine reiche Vielfalt von Alternativen, wie etwa die *divisionale Struktur, die multinationale Struktur, die Matrixstruktur* und die *Innovationsstruktur.*

Bis in die jüngste Zeit hatten alle diese Alternativen zwei wesentliche Merkmale mit der funktionalen Struktur gemeinsam, die sie als *statische Systeme* auszeichnen:

- Sie beschrieben die Verantwortung, die Befugnisse und die Aufgaben, die organisatorischen Untergruppen zugeordnet waren – aber sie sparten die Dynamik der Interaktionen und Transfers zwischen den Untergruppen aus.
- Eine einmal installierte Struktur sollte „permanent" angelegt sein und in der überschaubaren Zukunft nicht geändert werden. Ein Wandel trat erst dann ein, wenn offensichtlich wurde, daß die vorangegangene Struktur sich überlebt hatte und nicht länger von Nutzen sein konnte.

Statische Systeme waren ein erster Schritt zur Systematisierung der administrativen Aufgaben des Management. Sie stellten eine Gesamtkonzeption der Beziehungen und ihrer Verknüpfungen innerhalb des Unternehmens bereit. Wie der Stamm eines Baumes haben diese Systeme verschiedene Zweige. In den letzten fünfzig Jahren hat sich eine Anzahl wichtiger Zweige gebildet mit dem Ziel, das administrative Management zu systematisieren. Einige davon sind links in Abb. 2 skizziert.[3]

Die Thematik dieses Beitrages lenkt unsere Aufmerksamkeit aber auf den rechten Teil der Abb. 2, der zunächst die Geschichte der operativen und dann die der unternehmerischen Management-Systeme wiedergibt. Diese sind in zweierlei Hinsicht zumeist *dynamische Systeme:*

- Sie analysieren die Informationsströme, die Ausübung von Einfluß und die Entscheidungsfindung innerhalb der Struktur.
- Sie berücksichtigen explizit deren zeitlichen Ablauf.

Bevor wir uns auf diese dynamischen Systeme konzentrieren, müssen wir uns ihre enge Beziehung zur Organisationsstruktur vergegenwärtigen.

---

[2] Vgl. Chandler (8)
[3] Zur weiteren Vertiefung vgl. Ansoff und Brandenburg (4)

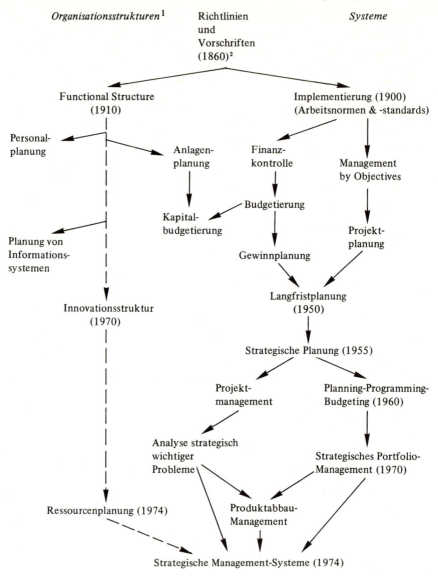

Abb. 2: Entwicklung der Planungssysteme
[1]Zur Entwicklung der Organisationsstruktur vgl. Ansoff und Brandenburg (4)
[2]Die Jahreszahlen geben das jeweilige Entstehungsjahr an

Historisch haben sich die dynamischen Systeme mit dem strukturellen Rahmen der Organisation entwickelt. Die Struktur stellte das statische Netzwerk der Beziehungen bereit, sozusagen das „Rohrleitungsnetz" des Unternehmens, während die dynamischen Systeme die Informations- und Entscheidungsströme in den „Rohren" definierten.

Bis in die sechziger Jahre hinein waren dynamische Systeme, wie z.B. PPBS, und die Organisationsstruktur so schlecht aufeinander abgestimmt, daß eine formale Technik, genannt Verzahnungstechnik (crosswalk-technique), entwickelt werden mußte, um die Koordination von System und Struktur zu gewährleisten. Die Entwicklung wird in der Zukunft zweifellos auf ein langsames Verschwinden der Unterscheidung zwischen statischen und dynamischen Systemen und auf die Entstehung integrierter Systeme und Konzepte hinauslaufen.

Entwicklung dynamischer Systeme

Die z.Z. verfügbare Palette dynamischer Systeme ist in Tab. 1 dargestellt. Es sind die Zwecke genannt, denen jedes System dient, die Umweltbedingungen, unter denen es arbeitet, sowie das Ziel- und Wertsystem, mit dem es am ehesten vereinbar ist.

Im Gegensatz zu der gängigen Ansicht, die Systeme seien austauschbar, erkennt man in der rechten Spalte, daß sich stattdessen jedes von ihnen erweitert und das Spektrum derjenigen Führungsaufgaben angereichert hat, die durch formale Systeme unterstützt werden können. Die übrigen Spalten vermitteln einen Eindruck von der Logik der Systementwicklung. Alle früheren Systeme entstanden in einer Umwelt, in der die Wettbewerbssituation im schlimmsten Fall schwach instabil war. Mit wachsender Instabilität führte die Dualität kostenorientierter und leistungsorientierter Systeme aber zunehmend zu Situationen, in denen die Marktpartner gegenseitig keine Kenntnis von ihren Aktionen hatten und manchmal sogar ohne jegliche Abstimmung operierten. Zum Beispiel wurden die Produktionskapazitäten für Produkte mit abnehmender Nachfrage gelegentlich erweitert!

Eine Synthese von Kosten- und Leistungsdenken bot sich durch die Langfristplanung, die Mitte der fünfziger Jahre entstand. Als erstes „Totalsystem" wurde die Langfristplanung als ein Management-System begrüßt, das das Unternehmen in die Lage versetzte, sich auf die langfristige Zukunft vorzubereiten. Sie hat seit 1950 eine weite Verbreitung gefunden, zunächst in Amerika und etwas später auch überall in Westeuropa.[4]

Mitte der fünfziger Jahre sah sich eine wachsende Zahl von Unternehmen Umweltproblemen gegenüber, die durch Langfristplanung nicht mehr bewältigt werden konnten. Waren auch die Gründe damals noch nicht klar zu erkennen, so entwickelte sich mit der strategischen Planung doch ein neues System, das diese Schwierigkeiten zu meistern versprach. In der zeitlichen Dimension gelang es der die „Zukunft" projizierenden Langfristplanung offensichtlich nicht, strategische Diskontinuitäten zu handhaben. Außerdem war ihr Anwendungsbereich auf das operative Management beschränkt. Die strategische Planung dagegen lenkte die Aufmerksamkeit auf das unternehmerische Management, indem sie alternativ mögliche Zukünfte systematisch analysierte.

Sie allein konnte jedoch die Langfristplanung nicht ersetzen, weil es ihr an einem Mechanismus mangelte, Strategien in Aktionen umzusetzen: Ergebnis des

---

[4] Vgl. Ringbaak (11)

System	System-Sachzwänge und notwendige Bedingungen			Systemanforderungen	
	Strategische Umwelt	Operative Umwelt	Kennzeichnung der Probleme	Systemanforderungen	Leistungsbeiträge der Systeme
Implementation (Einsatzmanagement) Kontrolle	Stabil	Stabil	Komplex	Führungsstil, Ziele, Strategie	Zuordnung, Koordination, Überwachung
	Stabil	Langsames Wachstum	Stabile Ressourcenallokation, Kurze Entwicklungszeiten	Leistungsorientiertes Management, Kostenbewußtes Management	Früherkennung, Diagnose, Verbesserung, Produktivität
Management by Objectives	Stabil	Langsames Wachstum	Komplexe Organisation arbeitsintensiv, Geringe Arbeitsproduktivität, Schlechte Arbeitsmoral, Bessere Bedingungen erforderlich	Personalorientiertes Management	Motivation, Arbeitsproduktivität, Teamwork, Fertigkeiten
Budgetierung	Stabil	Langsames Wachstum	Komplexe Organisation, Knappe Ressourcen, Lange Entwicklungszeiten für Investitionen, Kapitalintensiv, Hohes Umlaufvermögen, Wettbewerb um Ressourcen	Finanzbewußtes Management	Ressourcenallokation, Vorherbestimmung notwendiger Investitionen, Kostensenkung, Grundlage für Kontrollen
Projektplanung	Veränderungen der Produkte, Märkte, Technologie	Unsichere Chancen der operativen Alternativen	Interdependente Aktivitäten, Erreichen großer Stückzahlen, Lang dauernde Projekte, Kritische Pfade		Koordination von Aktivitäten, Kontrolle von Aktionen, Vorherbestimmung von Aktionen, Kontrolle kritischer Pfade

Langfristplanung Operative Planung	Stabil	wie oben	Interdependente Operationen Komplexe Technologie Wettbewerb um Aktivitäten Lange Vorbereitungszeiten für Aktivitäten	Wachstumsorientiertes Management	Auswahl von Aktivitäten Vorherbestimmung notwendiger Aktionen
Langfristplanung Entwicklungsplanung	Veränderungen der Produkte Märkte Technologie	wie oben	technologie-intensiv Aktive Produkt-Markt-Entwicklung Kurze Produktlebenszyklen Konflikte zwischen Funktionsbereichen	Innovationsbewußtes Management	Optimale Auswahl von Produktmärkten Kostengünstige Entwicklung Technologische Verantwortlichkeit Verkürzter Innovationszyklus Rechtzeitige Zurücknahme von Produkten
Strategische Planung	Diskontinuitäten Chancen in neuen Wirtschaftszweigen Chancen in neuen Technologien	wie oben	Wirtschaftszweig schrumpft Sättigungsgrenze erreicht Strategisches Ungleichgewicht Diskontinuitäten Drohende Diskontinuitäten Innovation in bedeutenden Tätigkeitsbereichen Auslandskonkurrenz wie oben	Innovations- und Diversifikationsmanagement Management-Ziele zu hoch gesteckt	Vorsehen von Bedrohungen und Chancen Schnelleres Wachstum Gewinnpotential
PPBS (Summe aus strategischer und operativer Planung)	wie oben	wie oben	wie oben	wie oben	wie oben

Tabelle 1: Determinanten der Management-Systeme

strategischen Planungsprozesses war eine Menge verabschiedeter Strategien, die dann einer nur unscharf spezifizierten „Implementierung" überlassen wurden.

PPBS hob diese Unschärfe der Spezifizierung durch Integration der strategischen und der langfristigen Planung auf, um dadurch sowohl dem strategischen wie auch dem operativen Management zu nützen. PPBS war allerdings mehr als eine einfache Addition der strategischen und der langfristigen Planung. Es brachte zusätzlich eine umfassende Umweltperspektive in die Planungsüberlegungen ein. Frühere Systeme perzipierten die Umwelt aus der Sicht der jeweiligen Organisationsstruktur: jede wichtige organisatorische Einheit stellte ihren eigenen strategischen Plan auf. In funktional organisierten Unternehmen ergab sich so ein umfassend aggregiertes Bild der Umwelt; demgegenüber wurde in großen divisional organisierten Unternehmen der Blick in die Zukunft getrübt durch die Vielfalt und die interdivisionale Überlappung von Produktlinien und Märkten.

Zur Vermeidung dieses Nachteils unterteilte PPBS die Umwelt in „Missionsfelder", von denen jedes einen wohlunterschiedenen „Produktmarkt" mit charakteristischen Bedürfnissen, Wachstumsmerkmalen und Risiken repräsentierte. Die Terminologie der „Missionsfelder", die sich im Zuge der frühen militärischen Anwendung von PPBS entwickelte, wurde später durch das präzisere Konzept der „strategischen Geschäftsfelder" ersetzt.[5]

Die Perspektive strategischer Geschäftsfelder vermittelt der Unternehmung zwar eine bedeutend klarere Perzeption ihrer Umwelt und ihrer Zukunft, aber sie läuft der Logik ihrer Organisationsstruktur häufig zuwider. In den ursprünglichen PPBS-Anwendungen wurde dieser Widerspruch durch die Verzahnungstechnik gelöst: der strategische Plan wurde nach Missionsfeldern erstellt und dann mit den Programmen und Budgets derjenigen Einheiten verzahnt, die in die Implementierung einbezogen wurden. Die General Electric Company suchte diese Verzahnung zu vermeiden, indem sie für unabhängige strategische Geschäftsfelder, in denen sie operiert, die diesen am ehesten entsprechenden Einheiten innerhalb der Organisation zusammenfaßte und zwar ohne Rücksicht auf Hierarchieebene und Größe. Die so gruppierten Organisationseinheiten wurden als „strategische Geschäftseinheiten" bezeichnet.

Die Bausteine der Management-Systeme

Tab. 1 enthält beträchtlich mehr Details, als zur Verdeutlichung der Unterschiede zwischen den neun Typen der zur Zeit eingesetzten Management-Systeme erforderlich wäre. Die zusätzlichen Angaben sollen Diagnosezwecken dienen und es dem Manager ermöglichen, die Zweckmäßigkeit seines derzeitigen Systems zu beurteilen bzw. die Systembedürfnisse des Unternehmens zu bestimmen.

Die vorgeschlagene Vorgehensweise gliedert sich in vier Schritte:
1. Beginnend in der rechten Spalte markiere man jeden Aspekt der Unternehmensleistung, der entweder Mängel aufweist oder aber durch einen systematischen Ansatz verbessert werden kann.

---

[5] Vgl. Ansoff und Leontiades (6)

2. Man diagnostiziere die an das System zu stellenden Anforderungen und markiere sie (zweite Spalte von rechts).
3. Man markiere den Typ der strategischen und operativen Umweltbedingungen, unter denen das Unternehmen operiert (zweite und dritte Spalte von links).
4. Als letzten und wichtigsten Schritt markiere man in der vierten Spalte diejenigen Probleme, mit denen das Unternehmen konfrontiert wird.

Die Überprüfung jeder markierten Zeile wird offenlegen, welche Systeme das Unternehmen braucht. Ein Vergleich mit den bereits im Unternehmen vorzufindenden Systemen läßt den zusätzlichen Bedarf an Systemen erkennen.

Die so identifizierten Systeme sind natürlich nicht in sich geschlossen. Sie repräsentieren lediglich isolierte Schritte im Gesamtkreislauf des Managementprozesses und müssen daher wechselseitig in Beziehung gebracht und in eine zusammenhängende Systemkonfiguration integriert werden. Ein Baustein-System zur Integration der Subsysteme ist in Abb. 3 dargestellt.

Vier dieser Bausteine sind in bezug auf ihre inhaltliche und prozessuale Ausfüllung nicht unternehmensspezifisch. Die Führungsaufgaben innerhalb dieser Bausteine sind im folgenden beschrieben:

- Der Baustein *Implementierung* umfaßt die Festlegung und Vermittlung von Arbeitsnormen, die Fortschrittskontrolle und die Verbesserung der Arbeitsleistung.
- Der Baustein *Kontrolle* umfaßt die Festlegung von Produktivitätsnormen, die Leistungsmessung und das Erkennen von Problemen sowie Verbesserungen der Lösungsverfahren.
- Der Baustein *Budgetierung* umfaßt die Festlegung zukünftig geplanter Aktivitäten und ihrer Kosten, die Verteilung der Ressourcen auf die Aktivitäten, die Ausgabenplanung und die Festlegung von „Meilensteinen".
- Der Baustein *Programmierung* umfaßt die Bestimmung von Leistungszielen, sachliche und zeitliche Analyse von Aktivitäten sowie die Festlegung von „Meilensteinen" für die Leistungsentwicklung.

Diese Bausteine und die Vergangenheitsdaten sind die Elemente der früheren, weniger komplizierten Systeme.

Vier unternehmensspezifische Typen von Datenbausteinen liefern die Eingabedaten für die Management-Systeme:

- Die *vergangenheits*bezogenen Leistungsdaten (gewöhnlich als „Informationssystem" bezeichnet) umfassen die Messung und Auswertung der Leistung in den Vorjahren.
- Die *extrapolierten* Daten umfassen prognostizierte Trends in verbundenen Nachfragemärkten sowie die Analyse und Vorhersage des Wettbewerbsverhaltens.
- Die *Umweltdaten* umfassen die Ergebnisse eines Prozesses der Überwachung und Analyse von prognostizierten, diskontinuierlichen Entwicklungen im Marktgeschehen, der Erkennung von Chancen und Bedrohungen sowie der Identifikation unbefriedigter gesellschaftlicher Bedürfnisse.
- Die *Ressourcen*-Daten umfassen die Messung der organisatorischen, personellen, kapazitiven und sonstigen Ressourcen.

Ebenfalls unternehmensspezifisch sind vier Typen von Planungsbausteinen, die in den Systemen die Elemente der Entscheidungsvorbereitung darstellen:

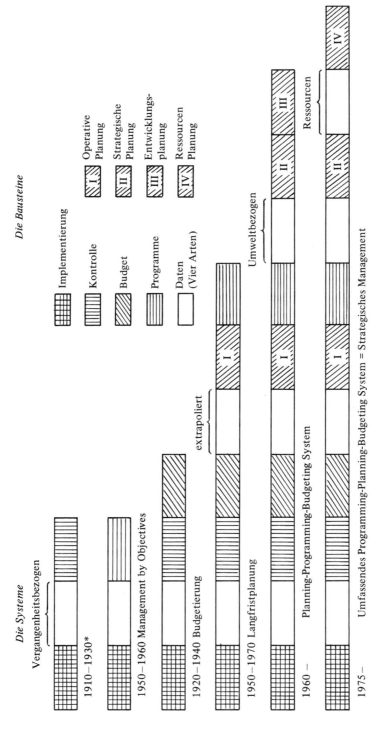

Abb. 3: Das Bausteinsystem zur Gestaltung von Management-Gesamtsystemen

*Die Jahreszahlen markieren den Zeitraum zunehmender Akzeptanz

- Die *operative Planung* (I) umfaßt die Prognose der Umweltbedingungen und der zukünftigen Nachfrage, die Festlegung von Leistungszielen, die Bestimmung möglicher Wachstumsrichtungen, den Vergleich der realisierten Leistung mit den Zielen und die Auswahl präferierter Wachstumsrichtungen.
- Die *strategische Planung* (II) umfaßt die Bewertung der Trends in der Umwelt, die Bestimmung von Chancen und Bedrohungen, die Entwicklung einer Unternehmensphilosophie, das Setzen von Unternehmenszielen, die Generierung, Bewertung und Auswahl strategischer Alternativen und den Portfolioabgleich der Alternativen.
- Die *Entwicklungsplanung* (III) umfaßt die Generierung neuer Projektvorschläge, die Abstimmung der Vorschläge mit den Zielen und Strategien sowie die Zuordnung organisatorischer Verantwortlichkeiten.
- Die *Ressourcenplanung* (IV) umfaßt die Bewertung der gegebenen Ressourcen, die der Strategieauswahl entsprechende Bestimmung künftiger Ressourcen und ihrer Zusammensetzung sowie die Festlegung von Prioritäten bei der Anpassung der Ressourcen.

Die Beschreibung der inhaltlichen und prozessualen Ausfüllung dieser Bausteine bietet dem Manager eine weitere Diagnosemöglichkeit. Nachdem er festgestellt hat, welche Systeme in seiner Gesellschaft im Einsatz sind, kann er die hier gegebene Information als Check-Liste zur Überprüfung des Entwicklungsstandes und der Funktionsfähigkeit seiner Subsysteme benutzen.[6]

In Abb. 3 ist links die Abfolge aller Systemkonfigurationen dargestellt, wie sie sich in den USA entwickelt haben. Man beachte, daß sich die erforderlichen Systeminputs progressiv ausgeweitet haben — infolge eines veränderten Umweltverständnisses, das zunächst vergangenheits- und dann extrapolationsorientiert war, heute dagegen von der Vorstellung einer turbulenten Umwelt geprägt ist (in PPBS sind das die „Umweltdaten").

Dazu kommen Daten über die internen Ressourcen des Unternehmens (im allgemeinen „Stärken und Schwächen" genannt).

Das neueste System, das strategische Management, bildet sich erst jetzt allmählich heraus und wird weiter unten diskutiert.

Der oben dargestellte Baustein-Ansatz ist eine *neuartige* Entwicklung. Er ermöglicht eine solche Kombination von Subsystemen, daß das Gesamtsystem auf die Bedürfnisse des Unternehmens abgestimmt werden kann. Dieser Ansatz hebt sich von der bisher geübten Praxis ab, nach der ein „universelles" System auf alle Kunden eines Unternehmensberaters übertragen wird.

Inhalt der Planungssysteme

Planung als Komponente von Management-Systemen erlebte mit dem Ausbau der Langfristplanung zu PPBS einen bedeutenden konzeptionellen Durchbruch.

In der Langfristplanung fand die Zukunft ihre explizite Berücksichtigung in Umweltprognosen. Auf der Grundlage dieser Prognosen wurden die Unternehmensziele

---

[6] Ein detailliertes Verfahren zur Diagnose und Gestaltung von Management-Systemen ist bei Ansoff (3) beschrieben.

für die kurz- und langfristige Zukunft gesetzt (insbesondere Umsatz-, Gewinn- und Rentabilitätsziele). Im nächsten Schritt wurden die Ziele in Aktionsprogramme umgesetzt, dann in Budgets, und schließlich in Gewinnpläne. Da die beantragten Budgets die verfügbaren Ressourcen in der Regel überschritten, wurden die Pläne auf ihre Ressourcenverträglichkeit hin überprüft und abgestimmt; die revidierten Pläne wurden dem höheren Management nochmals vorgelegt und schließlich verabschiedet.

Selbstverständlich ist die Validität eines Planes nicht besser als die Validität des informationellen Inputs, auf dem der Plan basiert. Grundlage der Langfristplanung ist die Prognose künftiger Trends der Nachfrage, der Preise, des Wettbewerbsverhaltens, des ökonomischen Klimas usw. Bei diesen Prognosen handelt es sich um Extrapolationen, also *geglättete* Projektionen vergangener Trends in die Zukunft.

Die Vorläufer der Langfristplanung – Budgetierung, MbO und Kontrollsysteme – arbeiteten explizit oder implizit ebenfalls unter der Annahme, daß sich die Zukunft extrapolativ aus der Vergangenheit fortschreiben läßt. Unterschiede zwischen den Systemen bestanden zum einen darin, wie die Zukunft prognostiziert wurde, explizit oder implizit, und zum anderen darin, wie umfassend zukünftige Gewinne, Programme und Budgets spezifiziert wurden.

Angesichts einer turbulenten Umwelt wurden extrapolative Prognosen zunehmend zweifelhaft. Daher wurde ein neuer Typ von Planungssystemen entwickelt, der die Einbeziehung von Diskontinuitäten ermöglichte. Dieser Ansatz, der als *unternehmerische Planung* bezeichnet wird, ist in Abb. 4 dargestellt. Es handelt sich hierbei um eine Logik der Entscheidungsfindung, die die modernen Systeme kennzeichnet, zu denen die strategische Planung, die Planung neuer Projekte, PPBS, strategisches Management, strategisches Portfolio-Management, die Analyse strategisch wichtiger Probleme und strategische Real-Time-Planung zählen.

Die unternehmerische Planung hebt sich in zwei grundlegenden Punkten von den früheren extrapolativen Planungstechniken ab:

● Sie versteht die Umwelt in einer viel weiteren Perspektive. Die Prognosen sollen dazu dienen, signifikante Diskontinuitäten und Veränderungen in ihren jeweiligen Ausprägungen zu erkennen. Bei der Suche nach diesen Diskontinuitäten und Veränderungen werden die herkömmlichen engen Grenzen der Unternehmensumwelt weit überschritten, damit die für die Zukunft des Unternehmens relevanten technologischen, politischen, soziologischen und ökonomischen Trends einbezogen werden können.

● Sie beschreitet neue Wege der Informationsverarbeitung. Läßt die Beurteilung der Erfolgsaussichten des Unternehmens erkennen, daß das laufende Geschäft keine attraktive Zukunft hat (vgl. Kasten „Extrapolation oder Wandel?"), dann setzt die Suche nach neuen Alternativen ein, deren Konsequenzen analysiert und deren beste ausgewählt wird.

Diese erhöhte Wachsamkeit nach außen erfordert eine erhöhte Wachsamkeit nach innen. Soll das Unternehmen neue Alternativen vor dem Hintergrund seiner bisherigen Aktivitäten beurteilen, dann muß es seine Ressourcen („Stärken und Schwächen") kennen, um neue Aufgaben in Angriff nehmen zu können.

In ähnlicher Weise muß das Problem der Unternehmensziele neu überdacht werden. Während die Extrapolation durch die Projektion *früherer Ziele* in die Zukunft

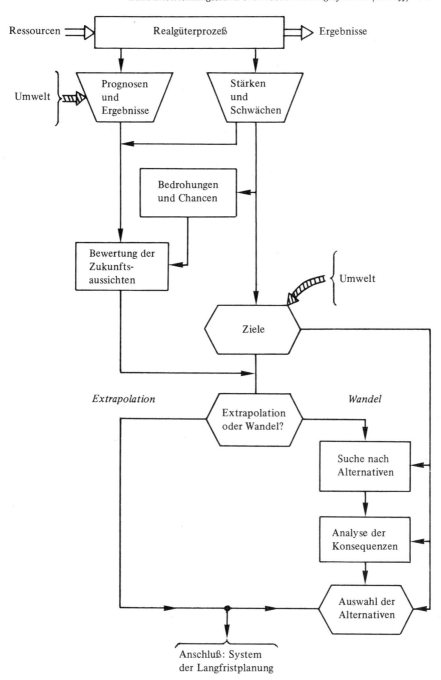

Abb. 4: Ein unternehmerisches Planungssystem

gekennzeichnet ist, so stellt sich angesichts der unternehmerischen Zukunftsoffenheit die Frage sowohl nach einer möglichen *Diskontinuität des Zielsystems* wie auch nach einer *Verlagerung seiner Schwerpunkte.*

Die Ergebnisse des Planungsprozesses werden üblicherweise in einem Planungsdokument schriftlich fixiert. Dieses Dokument enthält die Unternehmensmission, Annahmen über die Umweltentwicklung und das Verhalten der Wettbewerber, Restriktionen, Ziele, Strategien, Programme, Budgets, Risiken und eine langfristige Prognose. In den frühen Systemen fehlten die meisten dieser Positionen: Die Budgetierung beschränkte sich auf Budgets und Management by objectives auf die Angabe von Zielen. PPBS umfaßt alle diese Positionen, während die Langfristplanung sich nur auf Wettbewerber, Ziele, Budgets, Programme und eine langfristige Prognose konzentriert. Der hier beschriebenen strategischen Planung fehlen nur Budgets, Programme und Informationen über die Wettbewerber, die sich in allen voll entwickelten PPBS-Plänen finden. Vergleicht der Manager die genannten Positionen mit denen, die er in seinen eigenen Planungsdokumenten findet, so steht ihm damit eine weitere Diagnosemöglichkeit zur Verfügung.

Aufgaben und Verantwortung der Systemgestalter und -anwender

In der Ära der Langfristplanung mit der Extrapolation als Grundlage für die Beurteilung der Zukunft war die wichtigste Funktion des Planers der Entwurf und die Installation des Systems, die Überwachung seiner Operationen sowie die Koordination und Integration der von den Linienmanagern ausgearbeiteten Pläne. So war es der Linienmanager, der plante, während die Planungsfachleute im Stab dafür sorgten, den Planungsprozeß in Gang zu bringen bzw. zu halten. Wenn auch das Prozeß-Management nach wie vor von Bedeutung ist, so haben doch höhere Formen der Planung den Aufgabenbereich des Planers ganz wesentlich erweitert. Im allgemeinen war weder die Kapazität noch die Fähigkeit zur Wahrnehmung der neuen Aufgaben im Unternehmen vorhanden. Daher mußte der Stab für Planung und Kontrolle hinsichtlich Größe, Verantwortungsbereich, Zuständigkeit und persönlicher Fähigkeiten ausgebaut werden. Tab. 2 gibt eine Auflistung der planerischen Aktivitäten wieder, ohne die heute ein verfeinertes, unternehmerisches Planungssystem nicht mehr auskommt.

Angesichts dieses weiten Spektrums von Aktivitäten sollte man nicht länger von „dem Planer" als Individuum sprechen, da der gesamte Planungsaufwand kaum mehr von einer einzigen Person bewältigt werden kann. Dazu kommt, daß das neue Aufgabenspektrum eine solche Vielfalt von Kenntnissen und Fähigkeiten verlangt, wie sie nur selten eine einzige Person auf sich vereint. Der herkömmliche Allround-System-Experte wird zwar noch nicht überflüssig; darüber hinaus bedarf es aber des unternehmerisch denkenden Projektanalytikers, des analytisch versierten Diagnostikers und Controllers, des fähigen Prognoseanalytikers und des Computerfachmanns.

Dennoch besteht nach wie vor ein bedeutender Unterschied zwischen dieser Gruppe der Planer und der der Linienmanager. Die Verantwortung der letzteren besteht in der Praxis darin,

● sicherzustellen, daß Planung, Implementation und Kontrolle integriert werden und

● im Verlauf des Planungsprozesses die notwendigen Entscheidungen zu treffen und die erforderlichen Maßnahmen zu veranlassen.

Entwicklung der Ressourcen	Informationsbasis	Ablaufkontrolle	Leistungskontrolle	Projektmanagement
Gestaltung der Organisationsstruktur Gestaltung von Planungssystemen & -verfahren Modellierung der Entwicklung von Management-Systemen Überarbeitung von Planungssystemen Implementierung von Systemen zur Planungsunterstützung Einführung von Planungssystemen	Überwachung der Umwelt Prognose von Bedrohungen und Chancen Ressourcenanalyse Generierung von Alternativen Analyse von Alternativen	Koordination der Planung Integration der Pläne Beurteilung von Planungssystemen Beurteilung der Pläne	Leistungsmessung Diagnose von Schwachstellen Entwicklung von Korrekturmaßnahmen Analyse von Korrekturmaßnahmen Überwachung von Korrekturmaßnahmen	Erkennen von Chancen Analyse von Chancen Wahrnehmung von Chancen

Tabelle 2: Funktionen des Stabs für Planung und Kontrolle

Der organisatorische Ablauf der Planung

Formalisierte Planungssysteme schienen am Anfang ihrer Entwicklungsgeschichte zur Zentralisierung der Entscheidungsgewalt zu führen. Die ersten Systemgestalter glaubten, daß schließlich alle wichtigen Planungsentscheidungen mit Hilfe sehr schneller Computer in der Unternehmenszentrale getroffen werden könnten. Diese Vorstellung erwies sich jedoch sehr bald als unrealistisch. Wurde der Versuch unternommen, zentral zu planen, dann löste sich der Planungsprozeß von den Realitäten des Tagesgeschäfts, die Pläne wurden vernachlässigt und von den für ihre Ausführung verantwortlichen Managern ignoriert: die Planung wurde weitgehend zu einer rein akademischen Übung. Deshalb entstand ein Konzept dezentraler Planung auf der Grundlage des Prinzips der Einheit von Planungs- und Durchführungsverantwortung. Dieses Verfahren brachte weit bessere Ergebnisse und hat sich in der Praxis weitgehend durchgesetzt.

Die Anwendung dieses Prinzips machte es erforderlich, die Entscheidungsstellen im System mit den Verantwortungsstellen in der Organisation in Einklang zu bringen. Ferner entstand das Problem, in welcher Richtung geplant werden sollte, von der Spitze des Unternehmens nach unten oder von unten nach oben?

Da unternehmerische und gesellschaftsbezogene Entscheidungen der operativen Planung übergeordnet sind, muß bei der Gestaltung des Planungsablaufs dafür Sorge getragen werden, daß zunächst die strategische und erst dann die operative Planung durchgeführt wird. Wendet man diese Lösung auf die divisionale Organisationsstruktur an, dann erhält man einen sequentiellen Planungsablauf, der weder von oben nach unten noch von unten nach oben verläuft, sondern beides so kombiniert, daß konstruktive Interaktionen zur Integration der von oben kommenden Weisungen und der von unten kommenden Initiativen möglich werden. Planungsabläufe dieser Art finden sich heute in der Mehrzahl der Unternehmen, die Planung praktizieren.[7]

Eine neue Dimension der Komplexität kennzeichnet die multinationale Struktur. Divisions werden hier meist durch „Produktgruppen" ersetzt und dazu kommt eine Gliederung nach „Ländern".[8] Die Steuerung des Planungsablaufs kann bei einer zusätzlichen Gliederung nach „Ländern" leicht modifiziert werden, doch verwischt sich die Zuordnung der strategischen Entscheidungsverantwortung: sowohl „Länder" als auch „Produktgruppen" tragen Verantwortung und bringen wichtige Inputs in den strategischen Entscheidungsprozeß ein.

Zur Zeit finden sich in der Praxis drei Ansätze zur Aufteilung der Verantwortung:

1. Die Verantwortung für strategische Entscheidungen wird den „Produktgruppen" zugeordnet; die „Länder" leisten einen beratenden Beitrag.
2. Die strategische Verantwortung wird gestreut und strategische Pläne entstehen auf dem Wege von Verhandlungen.
3. Die Verantwortung wird den „Ländern" nach Maßgabe ihrer relativen Größe und Bedeutung zugeordnet. Wenn die Wichtigkeit eines Ländermarkts eine eigene Produktlinien-Strategie rechtfertigt, dann wird die Gesamtverantwortung auf das betreffende „Land" übertragen.

---

[7] Vgl. Ansoff (3)
[8] Vgl. Ansoff und Brandenburg (4)

Die menschliche Dimension der Systeme

Frühe Anwendungen der Langfristplanung stießen bei Linien- wie Stabsmanagern auf „Widerstand gegenüber der Planung". Auch mit zunehmender Verfeinerung der Systeme dauerte dieser Widerstand fort. Ein charakteristisches Beispiel dafür ist die Auseinandersetzung zwischen McNamara und der amerikanischen Militärbürokratie um die Einführung des PPBS.[9]

In der Literatur wurde argumentiert, Widerstände gegenüber der Planung könnten dann abgebaut werden, wenn die entschiedene Unterstützung des Top Management für das System sichergestellt sei. In Anbetracht der hochgradigen technologischen Verfeinerung moderner Planung dürfte die folgende beispielhafte Empfehlung jedoch recht naiv sein: „Wenn Manager nicht bereitwillig planen, dann drohe man ihnen mit dem Mißfallen des ‚Big Boss' und mache ihnen klar, daß er Planung liebt".

Die Erfahrungen aus Erfolgen und Fehlschlägen haben zu einem neuen Verständnis für die Ursachen des Widerstandes geführt, zu einem Verständnis, das nicht zuletzt dem bedeutenden Werk von A. Chandler zu verdanken ist, der verfeinerte Methoden entwickelt hat, um sich mit diesem Widerstand auseinanderzusetzen.[10] In dieser Konzeption wird die Einführung der Planung in einem Unternehmen als ein Problem mit tiefgehenden sozialen, psychologischen und politischen Auswirkungen gesehen. Erfolgreiche formale Planung bedeutet nicht mehr und nicht weniger als einen grundlegenden Wandel in der Perzeption der Umwelt und in der Gestaltung der gesamten unternehmerischen Tätigkeit.

Die Bereitschaft eines Unternehmens, die mit der Einführung der Planung zusammenhängenden Veränderungen zu akzeptieren, ist der Schlüssel zum Erfolg aller Bemühungen. Fehlschläge sind allerdings unvermeidbar, wenn
- die Manager Sinn und Zweck der Planung nicht verstehen,
- die Linienmanager über zu wenig Planungswissen verfügen,
- sie nicht motiviert sind zu planen, weil Planung sie bei der Wahrnehmung derjenigen Aufgaben stört, die ihnen Anerkennung immaterieller und materieller Art einbringt,
- die für Planungszwecke erforderliche Datenbasis nicht verfügbar ist und die Manager gezwungen sind, mit unrealistischen Zahlen zu planen,
- die Verantwortung für die Aufstellung der Pläne und die Kompetenzen für ihre Ausführung nicht eindeutig festgelegt sind,
- die Manager sich durch einen Verlust an persönlicher Macht und Kontrolle über Ressourcen bedroht fühlen, wenn sie ihr privates Wissen preisgeben,
- einige Manager fürchten, Planung würde ihre Unfähigkeit sichtbar werden lassen,
- einige Manager die Unsicherheit und Unruhe fürchten, der sie durch die Planung ausgesetzt werden.

Die Existenz dieser Hemmfaktoren scheint im Widerspruch zu stehen zu der schon heute eindrucksvollen Verbreitung der Unternehmensplanung. Eine genauere Betrachtung jedoch kann zur Klärung dieses scheinbaren Widerspruchs beitragen.

---

[9] Vgl. Schick (12)
[10] Vgl. Chandler (8)

Die Einführung unternehmensweiter Planung läuft in der Regel alles andere als reibungslos ab. *Unbedingt erforderlich* ist die konzentrierte Aufmerksamkeit des Top Management und es *bedarf* eines Zeitraumes von drei bis fünf Jahren, bis ein zufriedenstellender Planungsprozeß in Gang ist. Der Prozeß der Einführung wird von latentem, wenn nicht gar offenem Widerstand in der Organisation begleitet. Läßt die Unterstützung durch das Top Management zu bald nach, dann wird die Planung — gerade erst eingeführt — wieder aufgegeben oder sie entartet zu einer alljährlichen, die Manager frustrierenden Pflichtübung.

Häufig kehren Unternehmen nach ersten Versuchen mit der strategischen Planung zur extrapolativen Langfristplanung zurück, die den Betroffenen besser verständlich ist und daher auch eher akzeptiert wird. Auch treffen die in der vorstehenden Problemliste aufgeführten Positionen drei und vier auf die Langfristplanung nicht zu. Darauf ist es auch zurückzuführen, daß trotz der fast 20jährigen Existenz einer Technologie der strategischen Planung die Mehrzahl der Unternehmen nach wie vor an der extrapolativen Langfristplanung festhält.

Da man heute die oben erwähnten Probleme und Quellen des Widerstands antizipiert, wird der Einführung der Planung in zunehmendem Maße eine Diagnose der *Planungsbereitschaft* des Unternehmens vorangestellt.

- Im ersten und wichtigsten Schritt muß sichergestellt werden, daß das ins Auge gefaßte System auch tatsächlich diejenigen Probleme und Aufgaben zu bewältigen in der Lage ist, um die es dem Management geht. (Dieser Schritt der Systemauswahl wurde weiter oben diskutiert.)
- Der zweite Schritt besteht in einer Einschätzung des Unternehmens im Hinblick auf die acht möglichen Schwachstellen. Dieser Vorgang sollte auch die Planungsformate und -verfahren, die Beteiligung des Top Management, die Nahtstellen zur Kontrolle und Implementation, die Stabsunterstützung sowie Möglichkeiten zur Systemverbesserung einbeziehen. Es gilt, ein Organisationsprofil zu generieren, mit dessen Hilfe ein koordiniertes Programm für den Wandel der Organisation und des Führungsstils entwickelt wird, der seinen Höhepunkt in der Einführung formaler Planung findet.[11]

Künftige Management-Systeme

Die Diskussion hat sich bislang mit Systemen befaßt, die sich bereits im *Einsatz* befinden. Systeme bis hin zur Langfristplanung sind weit verbreitet: formale strategische Planung ist jedoch erst in einer Minderheit progressiver Unternehmen vorzufinden. Wie in der Vergangenheit, werden die existierenden Systeme angesichts einer zunehmend turbulenten und komplexen Umwelt allmählich obsolet. Als Reaktion auf diese Veränderungen ist die Entwicklung einer neuen Generation von Systemen bereits im Gange oder aber in naher Zukunft zu erwarten. Diese Systeme werden im folgenden kurz diskutiert:

- das *strategische Portfolio-Management* ist eher eine Analysemethode als ein System: es stellt Techniken für die Planung der langfristigen Strategie eines Unternehmens zur Verfügung. Die ersten Anwendungen dieses Ansatzes finden sich in

---

[11] Vgl. Ansoff, Hayes und Declerck (5)

großen diversifizierten Unternehmen, die in mehreren turbulenten Wirtschaftszweigen operieren, die sowohl durch sogenannte „Durchbruch"-Diskontinuitäten
als auch durch häufige Veränderungen in der grundlegenden Technologie gekennzeichnet sind. Solche Unternehmen müssen ihre besondere Aufmerksamkeit auf die
sorgfältige Abstimmung von lang- und kurzfristigen Wachstumsmöglichkeiten richten und ihr Produkt-„Portfolio" so abstimmen, daß sie selbst mit katastrophenähn-
lichen Veränderungen noch fertig werden können. Strategisches Portfolio-Management erfüllt diese beiden Anforderungen gleichzeitig.[12]

- Immer wenn sich im Zeitablauf die Umweltbedingungen änderten, haben die
Unternehmen ihre Strategien angepaßt. Bei tiefgreifenden Anpassungserfordernis-
sen allerdings reichten die internen Ressourcen des Unternehmens zur Durchführung des strategischen Wandels meist nicht aus. Diese Lücke in der „Strategie-Struk-
tur" wurde in der Regel durch Versuch und Irrtum aufgedeckt. Dadurch blieb die
strukturelle Anpassung wesentlich hinter dem Wandel der Strategie zurück.

Heute sind in einer Reihe von Wirtschaftszweigen größere strategische Verschiebungen so häufig geworden, daß eine Anpassung der Ressourcen durch Versuch und
Irrtum ein Unternehmen in die Gefahr bringt, nie eine angemessene „Struktur" zu
haben. Um dieser Gefahr zu begegnen, hat sich das Konzept des *strategischen
Management* herausgebildet. Es bringt, kurz gesagt, die Planung und Steuerung der
Unternehmensressourcen auf einen gemeinsamen Nenner und stimmt sie zeitlich
mit der Planung der Strategie ab.[13]

- Die derzeitigen formalen Planungssysteme stellen vorwiegend auf die technolo-
gisch-ökonomische Umwelt des Unternehmens ab. Wie bereits erwähnt, nimmt jedoch die Bedeutung der internen wie auch der externen soziopolitischen Probleme
für das Management immer mehr zu.

Die wichtigste Reaktion darauf war die Entwicklung einer Technologie des
„gesellschaftsbezogenen Rechnungswesens". Sie soll für die Lösung soziopolitischer
Probleme das leisten, was die „Stärken und Schwächen"-Analyse für die Lösung
ökonomischer Probleme geleistet hat. Im Hinblick auf die zunehmende Verknüpfung soziopolitischer und ökonomischer Probleme kann man mit Sicherheit voraussagen, daß strategische Planung und strategisches Management ausgebaut werden, um soziopolitischen Sachverhalten in angemessener Weise Rechnung zu tragen.[14]

- Ein *System zur Lösung strategisch wichtiger Probleme* gestattet es dem Unternehmen, sich sowohl auf soziopolitische und ökonomische Trends wie auch auf
potentielle Diskontinuitäten in der Umwelt rasch einzustellen. Die Notwendigkeit
eines Systems zur Lösung strategisch wichtiger Probleme ergibt sich aus dem Konflikt zwischen der beschleunigten Abfolge von Umweltveränderungen und der ver-
langsamten Reaktionsrate des Unternehmens. Unternehmensweite Planungssysteme
wie strategische Planung, Langfristplanung und PPBS sind zwar umfassend, aber
gleichzeitig auch schwerfällig und unhandlich. Die Planungszyklen dauern oft drei
bis sechs Monate, sie beziehen alle Teile der Unternehmung ein und verursachen

---

[12] Vgl. Ansoff und Leontiades (6)
[13] Vgl. Ansoff, Hayes und Declerck (5)
[14] Vgl. Ansoff und Nelson (7)

erhebliche direkte und indirekte Kosten. In einer Umwelt, in der eine Periode von sechs Monaten dem Unternehmen einen fundamentalen Wandel seiner Perspektive bescheren kann, führt eine so langsame Reaktion leicht zu obsoleten und irrelevanten Plänen. Neben dem Problem der Schwerfälligkeit gibt es das ebenso ernste Kostenproblem: wenn das ganze Unternehmen bei jeder neuen wichtigen strategischen Problemstellung in Bewegung gesetzt wird, dann kann es sich sehr bald in ständiger Planungsunruhe befinden, die ihm kaum noch Zeit für die Implementation läßt.

Ein System zur Lösung strategisch wichtiger Probleme ist ein „Real-time"-Managementsystem, das rasche strategische Reaktionen gestattet, und zwar auch in großen und komplexen Unternehmen. Ermöglicht wird dies dank zweier wichtiger Merkmale: das System sucht die Umwelt nach *schwachen Signalen* ab und reagiert darauf durch ad hoc-Teamwork, ohne auf organisatorische Schranken Rücksicht zu nehmen.[15]

● Die jüngste „Energie- bzw. Ölkrise"** lenkte die Aufmerksamkeit mit Nachdruck auf ein Phänomen, das schon viele Jahre vorher zu beobachten war. Trotz größter Anstrengungen stehen die Unternehmen in zunehmendem Maße *strategischen Überraschungen* gegenüber: plötzlich eintretende Veränderungen, die wesentliche Auswirkungen auf das Unternehmen haben und auf die mit größter Dringlichkeit reagiert werden muß. Ich sage voraus, daß Wirtschaftsunternehmen dem vermehrten Auftreten strategischer Überraschungen mit der Installation eines *Überraschungs-Bereitschafts-Systems* begegnen werden. Das System wird sich solcher strategischer Überraschungs-Bereitschafts-Techniken bedienen, wie sie heute in militärischen und paramilitärischen Organisationen Anwendung finden.[16]

Zusammenfassung

Der vorliegende Beitrag hat sich eines analytischen Rahmens bedient, um einen Überblick über die zeitliche Entwicklung praktischer Managementsysteme in den USA zu geben. Wenn auch jedes neue System seinen Vorläufern überlegen zu sein schien, so war der Prozeß in Wirklichkeit nichts anderes als eine ständige *Erweiterung* des gesamten System-Repertoires. Als Ergebnis der Entwicklung ist heute eine beeindruckende Palette von Systemen verfügbar, die das Management in einem weiten Spektrum seiner Aufgaben unterstützen. Die Entwicklung einer neuen Generation von Systemen zeichnet sich ab, und schon heute kann die Baustein-Technologie eingesetzt werden, um die Systeme auf die besonderen Bedürfnisse eines Unternehmens abzustimmen.

Die neu entstehenden Systeme scheinen eine Abkehr von jener Philosophie zu signalisieren, die der Gestaltung von Management-Systemen bisher zugrundeliegt. Der Fortschritt von der Finanzkontrolle bis hin zu PPBS wurde von vielen als eine Entwicklung zu einem *vollständig integrierten und umfassenden* Management-System gesehen (ähnlich den frühen Konzeptionen eines „allumfassenden" Manage-

---

[15] Vgl. (9)
**Gemeint ist die Energiekrise des Jahres 1973 (Anm. d. Übers.)
[16] Vgl. Ansoff (2)

ment-Informations-Systems). Ziel war es, alle Planungsprobleme des Unternehmens innerhalb eines einzigen Netzwerks zu behandeln. Wenn auch der Trend zu umfassenden Systemen andauert, so läßt doch das Bedürfnis nach Integration und nach häufigen en bloc-Läufen des Gesamtsystems nach. Stattdessen scheint es eine Verschiebung in Richtung auf *umfassende, vollständig verknüpfte, aber nur lose aneinander gekoppelte Systeme* zu geben, die wie folgt gekennzeichnet sind:

- *„Umfassend"* bedeutet eine Systemgestaltung, die alle wichtigen Belange des Management einbezieht, die einem systematischen Ansatz zugänglich sind, also nicht nur die *Planungs*aspekte des Prozesses, sondern *Planung, Implementation und Kontrolle.* Der Begriff „Planungssystem" wird daher durch den Begriff „Managementsystem" ersetzt werden müssen.

- *„Vollständig verknüpft"* bedeutet, daß alle Subsysteme, deren Operationen einander berühren, innerhalb des Totalsystems in angemessener Weise durch Schnittstellen wechselseitiger Information und wechselseitigen Einflusses miteinander verknüpft sind.

- *„Lose aneinander gekoppelt"* bedeutet, daß jedes System in erster Linie den Erfordernissen des besonderen Führungsproblems und der besonderen Führungsebene und erst in zweiter Linie den Anforderungen an die Integration und Koordination mit anderen Systemen gerecht wird. (Dies ist genau das Gegenteil der z.Z. gängigen Gestaltungs-Philosophie.) Das bedeutet z.B., daß die Termine, zu denen die Subsysteme in Gang gesetzt werden, durchaus voneinander abweichen können, solange sie nur koordiniert sind. Das bedeutet ferner einen gewissen Freiheitsgrad für ad hoc-Läufe eines Systems in einem Teil der Organisation, ohne daß davon andere Teile berührt werden.

Den oben getroffenen Vorhersagen liegt die Annahme zugrunde, daß das progressive Management seiner Tradition treu bleiben wird. Da die Komplexität der Probleme und die Turbulenz der Umwelt zunimmt, wird das Management auch in Zukunft neue Systeme entwickeln, um die Komplexität zu reduzieren und um neu entstehende Probleme zu lösen. Fairerweise muß jedoch darauf hingewiesen werden, daß manche Beobachter desselben Geschehens zu einem ganz anderen Schluß kommen: Die Turbulenz der Umwelt wird das Management veranlassen, seine Systeme aufzugeben und wieder nach Intuition und Erfahrung zu entscheiden.[17]

Literaturhinweise

(1) Ansoff, H.I. "Corporate Structure, Present and Future". La Structure de l'Entreprise, Aujourd'hui et Demain. Switzerland: Fondation Nationale Pour L'Enseignement de Gestion, no. 9., October 1974, pp. 13–36.
(2) Ansoff, H.I. "Planned Management of Turbulent Change". Encyclopedia of Professional Management. New York: McGraw-Hill, 1978.
(3) Ansoff, H.I. "The State of Practice in Management Systems". Brussels, Belgium: European Institute of Advanced Studies in Management, Working Paper 75–11.
(4) Ansoff, H.I., and Brandenburg, R.G. "A Language for Organizational Design", Management Science, vol. 17 no. 12, August 1971, pp. B-705–B-731.
(5) Ansoff, H.I., Hayes, R.L., and Declerck, R.P., eds., From Strategic Planning to Strategic Management. New York: John Wiley & Sons, 1976.

---

[17] Vgl. Mintzberg (10)

(6) Ansoff, H.I., and Leontiades, J.C. "Strategic Portfolio Management." Brussels, Belgium: European Institute of Advanced Studies in Management, Working Paper 76–60.

(7) Ansoff, H.I., and Nelson, O.T. "Societal Strategy for the Business Firm." Brussels, Belgium: European Institute of Advanced Studies in Management, Working Paper 79–24.

(8) Chandler, A. D., Jr. Strategy and Structure. Cambridge, Mass.: The MIT Press, 1962.

(9) "Managing Strategic Surprise by Response to Weak Signals." California Management Review, Winter 1975, pp. 21–33.

(10) Mintzberg, H. "Planning on the Left Side and Managing on the Right." Harvard Business Review, July-August 1976, pp. 49–58.

(11) Ringbaack. "Studies of U.S. and European Planning Products."

(12) Schick, A. "Systems Politics and Systems Budgeting." Public Administration Review, vol. 29 No. 2, March-April 1969.

Zusammenfassung

Ansoff hat in verschiedenen Beiträgen die Entfaltung der Führungsfunktionen und Führungstechnologien im Rahmen der historischen Entwicklung des Management-Prozesses aufgezeichnet und versucht, sie als Reaktion zu deuten auf die zunehmende Varietät der Umwelt und die mit der Unternehmensgröße steigende Komplexität der systeminternen Operationen.

Ansoff unterscheidet drei Klassen von hierarchisch zueinander angeordneten Führungsaktivitäten (Fig. 1, S. 62), die den Realgüterprozeß steuern, und zwar das „societal or political management" auf höchster Stufe, ihm untergeordnet das „entrepreneurial management" und auf der letzten Stufe das „competitive management". Aufgabe des sozio-politischen Führungssystems ist die Sicherung der Legitimität der Unternehmung und ihrer Tätigkeit in der Gesellschaft; das unternehmerische Führungssystem hat es mit der Schaffung des Gewinnpotentials durch Produktinnovation zu tun und beim *kompetitiven* (operativen) Führungssystem geht es um die Realisierung des Gewinnpotentials durch Steuerung entsprechender logistischer Aktivitäten (Einkauf, Produktion, Absatz etc.). Allen drei Führungssystemen ist das *„administrative* Management" zugeordnet; es soll die übrigen Systeme mit den erforderlichen Inputs (Werten, Fähigkeiten, Organisationsstrukturen etc.) versorgen.

In der Entwicklung der Unternehmensführung haben die drei genannten Systeme jeweils eine unterschiedliche Bedeutung gehabt. Nach Ansoff stand (in den USA) von etwa 1890 bis 1950 das operative Management im Vordergrund, seit 1950 habe das unternehmerische Führungssystem eine gleichwertige Bedeutung erlangt und seit 1970 hätten politisch-gesellschaftliche Umweltentwicklungen das politische Führungssystem in den Vordergrund gerückt.

Ansoff beschreibt sodann die mit der Entwicklung der drei genannten Führungssysteme gleichlaufende Evolution von *Planungssystemen* (Fig. 2, Tab. 1, S. 64 u. S. 66 f.), wobei er eine Reihe aufeinander aufbauender Systeme glaubt unterscheiden zu können. Der einfache (1) *Implementations*zyklus (1900) mit Anweisung, Koordination und Überwachung sei – historisch gesehen – bald durch (2) *Kontroll*techniken ergänzt worden, die durch Abweichungsmessungen und -analysen ein kostenbewußtes Management ermöglichen sollten. Mit steigender Kapitalintensität, Verlängerung der Investitionsdauer, Knappheit der Ressourcen etc. habe dann das Problem der

Finanz- und Investitionskontrolle an Bedeutung gewonnen und im Planungssystem der (3) *Budgetierung* seinen Niederschlag gefunden. In ähnlicher Weise sei (4) das „*Management by Objectives*" als Antwort auf Probleme aus dem Bereich der menschlichen Arbeit (Personalintensität, geringe Produktivität, niedrige Arbeitsmoral etc.) anzusehen. Die (5) „*Projektplanung*" und die (6) „*Langfristplanung*" (1950) stellen dann Versuche dar, mit der steigenden Änderungsrate der Umwelt (Produkte, Märkte, Technologie etc.) fertig zu werden. Ansoff rechnet auch diese beiden Planungssysteme noch – wie die vorher erwähnten – zum „Competitive management". Das treffe aber nicht mehr auf die (7) „*Strategische Planung*" zu, mit der ab 1955 die Aufmerksamkeit auf das „entrepreneurial management" gelenkt wurde. Im Gegensatz zur Langfristplanung gehe es bei der strategischen Planung nicht mehr um eine einfache Projektion der Zukunft (aus der Vergangenheit), sondern um eine systematische Analyse alternativ möglicher Zukünfte, um „strategischen Diskontinuitäten" in der Umwelt adäquat Rechnung tragen zu können. „Langfristplanung" und „Strategische Planung" werden dann nach Ansoff ab 1960 im (8) „Planning-Programming-Budgeting"-System (PPBS) integriert, in dessen Gefolge sich auch eine klarere Konzeptionalisierung der Umwelt im Begriff der „Strategic business areas" (strategische Geschäftsfelder) ergeben habe.

In den Artikel von Ansoff ist ein „Diagnosesystem" eingebaut und kurz beschrieben, mit dessen Hilfe Zustand und Verbesserungsmöglichkeiten firmenspezifischer Planungssysteme festgestellt werden können.

Strategische Unternehmensplanung*

Aloys Gälweiler

1. Was ist strategische Unternehmensplanung?

Unter strategischer Unternehmensplanung versteht man das systematische Herausfinden und Entscheiden über die Arbeitsgebiete (Produkte, Leistungen und Märkte) und über die Marktpositionen, die die besten Voraussetzungen für eine langfristige Sicherung der Überlebensfähigkeit des Unternehmens bieten. Um der Wirklichkeit möglichst nahe zu kommen, enthält die strategische Planung daher auch ausreichende Aussagen
- über die einzuschlagenden Vorgehensweisen und
- über die dafür im Zeitablauf notwendigen sachlichen, personellen und finanziellen Ressourcen.

Unter Unternehmensstrategie und strategischer Planung versteht man dabei z.B. nicht eine Vorgehensweise des Vertriebs auf dem Markt – oder in der Entwicklung oder in der Produktion –, sondern eine Betrachtung, die stets das Gesamtunternehmen mit allen seinen Teilfunktionen gesamthaft im Auge hat. In ihrem umfassenden und zeitlich so weit wie möglich in die Zukunft reichenden Ansatz muß daher die strategische Planung schon vom Ansatz her alle anderen Aufgaben mit umgreifen und berücksichtigen. Sie gibt daher für alle anderen Planungen und Pläne die Richtung, setzt die Grenzen für ihre Aktionsspielräume und bestimmt ihre Aufgaben sachlich, zeitlich und ökonomisch, allerdings nur in ihren wesentlichen Ergebnissen und nicht im Detail. Dem Inhalt und dem Ansatz nach kommt ihr die Produktplanung noch am nächsten. Aber in fast allen Fällen ist die zeitliche Reichweite der Produktplanung kürzer, und es gibt meistens mehrere Produktplanungen nebeneinander, oftmals auch nur in einer sich zeitlich teilweise überlappenden Weise.

Als ein eigenständig begründeter Ansatz zur langfristigen Unternehmenssicherung ist die strategische Unternehmensplanung noch sehr jung. Erst seit einigen Jahren verfügt man über hinreichende Kenntnisse, um mittels einer strategischen Planung ausreichend gesicherte Aussagen und Ansatzpunkte für die langfristige Unternehmenssicherung gewinnen zu können.

Standort, Aufgabe, Inhalt und Bedeutung der strategischen Planung werden besonders deutlich in ihrem Bezug zu anderen, das Unternehmen als Ganzes betreffenden Führungsinstrumenten und Führungsgrößen, die gleichfalls für die Unternehmenssicherung eine bedeutsame Rolle spielen. Dabei ist es zunächst zweckmäßig, einige bekannte Zusammenhänge kurz zu erwähnen, weil sie das Verständnis für die

*Mit freundlicher Genehmigung des Verfassers entnommen aus: Fortschrittliche Betriebsführung und Industrial Engineering, Vol. 25, 1976, Heft 2, S. 67 ff. Der Verfasser hat den Beitrag für den Wiederabdruck leicht überarbeitet.

grundlegenden Gegebenheiten der strategischen Planung erheblich erleichtern (vgl. Bild 1).

An oberster Stelle steht bei den Steuerungsgrößen die Erhaltung der Zahlungsfähigkeit, der Liquidität. Setzt sie aus, ist das Unternehmen am Ende, auch wenn es noch so gute Produkte, Produktideen und ein noch so hoch entwickeltes Know-How und eine hohe Produktivität besitzt. Für ein Unternehmen gibt es daher nichts Schlimmeres als die Zahlungsunfähigkeit. Deshalb gehört es zur Hauptaufgabe der Unternehmensführung, das Unternehmen von diesem Zustand so weit wie möglich und so sicher wie möglich entfernt zu halten. Das geschieht unmittelbar mit der laufenden direkten Steuerung der Einnahmen und der Ausgaben, sei es mit oder ohne eine Finanzplanung, und mittelbar über die Erfolgssteuerung.

Es mag hier und da noch kleinere Betriebe geben, in denen die alleinige Steuerung der für die Zahlungsfähigkeit maßgebenden Leitgrößen (Einnahmen und Ausgaben) für die Unternehmenssicherung ausreicht, und in denen es ausreicht, alle Entscheidungen nur an ihren kurzfristigen Wirkungen auf die Liquidität zu orientieren. Sobald in größeren Unternehmen an vielen Stellen und auf vielen Ebenen zahllose Entscheidungen permanent getroffen werden, bei denen zudem die damit verbundenen Einnahmen und Ausgaben sich auf viele Zeitabschnitte verteilen und auch von verschiedenen Stellen realisiert werden, kann die Sicherung der Überlebensfähigkeit über die Liquiditätssteuerung allein nicht mehr funktionieren. Es kommt eine weitere Führungsgröße hinzu: der Erfolg, sei es als Perioden-Erfolg, wie ihn die Buchhaltung ausweist, oder wie er bei den meisten Entscheidungen als grundlegende Orientierungsgröße in die Überlegungen einbezogen wird. Die Erfolgssteuerung ist im Grunde nichts anderes als eine Liquiditäts-Vorsteuerung, denn mit der Erfolgssteuerung werden die in irgend einem späteren Zeitpunkt wirksam werdenden Liquiditäts-Determinanten gesetzt. Innerhalb dieses Rahmens hat dann die laufende Liquiditätssteuerung ihre Aufgabe zu erfüllen. Mit der strategischen Führung und Planung wird der Erfolgssteuerung eine weitere Steuerungsgröße vorgeschaltet, die zum Erfolg ähnliche Beziehungsstrukturen hat wie der Erfolg zur Liquidität. Diese zusätzlich vorgeschaltete Steuerungsgröße wird als Erfolgspotential bezeichnet. Zwischen dem Erfolgspotential und dem Erfolg können in einer Periode ähnliche gegenläufige Beziehungen bestehen wie zwischen Erfolg und Liquidität. Das heißt, die zusätzliche Steuerungsgröße „Erfolgspotential" führt dazu, die für den Erfolg und die Liquidität sich anbahnenden ungünstigen oder unerwünschten Entwicklungen wesentlich früher erkennen zu können.

Eine grundlegende Eigenschaft dieser drei im Zeitablauf aufeinander wirkenden Steuerungsgrößen Erfolgspotential, Erfolg und Liquidität besteht darin, daß ungünstige oder unerwünschte Wirkungen viel früher bei den vorgeschalteten Steuerungsgrößen erkennbar werden. Sie gestatten es daher auch, solchen unerwünschten Entwicklungen früher entgegenzutreten.

(Die für die strategische Führung und Planung relevante Steuerungsgröße „Erfolgspotential" hat sich in den letzten Jahren weiter aufgespalten in „bestehende" und „neue Erfolgspotentiale". Neue Erfolgspotentiale beziehen sich dabei stets auf neue Produkte und/oder Märkte, die entweder zusätzliche Erfolgspotentiale begründen oder — über neue Lösungstechnologien — bestehende Erfolgspotentiale substituieren).

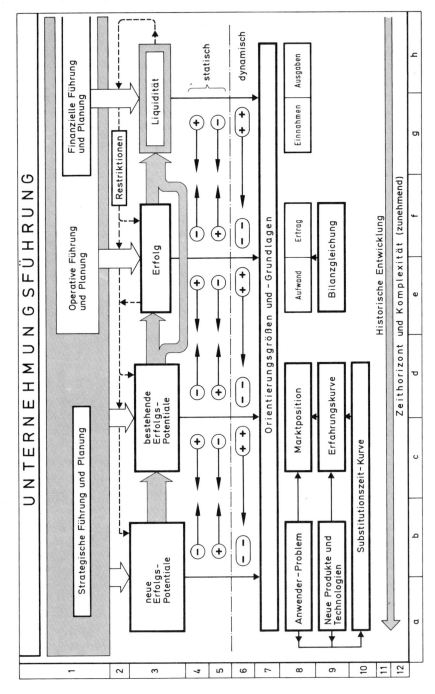

In diesem zeitbedingten Beziehungsgefüge können zwischen den operativen und strategischen Steuerungsgrößen — wie auch zwischen jeweils zwei von ihnen — eine Anzahl von deutlichen Kontrastsituationen als Ergebnis gegenläufiger Entwicklungen möglich sein (vgl. Bild 1).

Solche Kontrastsituationen zwischen Erfolg und Liquidität sind hinreichend bekannt, wie z.B. Verluste bei gesicherter Zahlungsfähigkeit oder Erfolg bei drohender Illiquidität. Eine Sicherung der Liquidität durch außergewöhnliche Maßnahmen kann den Erfolg späterer Perioden sehr negativ beeinflussen und entsprechend negativ auf die Liquidität in einem noch späteren Zeitpunkt durchschlagen.

Es erscheint vielleicht überflüssig, besonders darauf hinzuweisen, daß es für die Liquiditätssteuerung und die Erfolgssteuerung unterschiedlicher Orientierungsgrößen bedarf: Bei der Liquiditätssteuerung sind es die Einnahmen und die Ausgaben, bei der Erfolgssteuerung die Aufwendungen und die Erträge. Ein besonderer Hinweis darauf ist deshalb notwendig, weil man bis vor kurzem in Unkenntnis unternehmensstrategischer Gegebenheiten davon ausging, die langfristige strategische Unternehmenssicherung an einer zeitlich extrapolierten Erfolgsrechnung und Finanzplanung orientieren zu können.

Ebenso wie zwischen Erfolg und Liquidität sind mit der strategischen Planung eine Vielfalt dynamisch wirksamer Kontrastsituationen zwischen Erfolg und Erfolgspotential identifizierbar.

Bild 1 gibt in den Zeilen 4—6 symbolische Hinweise auf solche möglichen Gegenläufigkeiten und Kontrastsituationen.

Auch zwischen Erfolgspotential und Liquidität kann es in bestimmten Bedingungskonstellationen starke gegenläufige Beziehungen geben. In Abhängigkeit vom Marktwachstum kann die Erhaltung oder Mehrung von Erfolgspotentialen die Liquidität entscheidend entlasten oder belasten.

Mit den konventionellen Mitteln und Methoden der Erfolgsrechnung und Erfolgssteuerung sowie der Finanzplanung können diese gegenläufigen Beziehungen und Entwicklungen nicht rechtzeitig genug identifiziert und erkannt werden. Deshalb bedarf die strategische Planung grundsätzlich anderer Orientierungsgrundlagen und anderer Orientierungsgrößen als die Erfolgsplanung und als die Finanzplanung.

Die bei bestehenden Erfolgspotentialen für die strategische Planung maßgebenden Orientierungsgrößen sind in erster Linie Marktanteile (Marktpositionen) und Marktwachstum. In vielen Fällen ist allerdings eine wesentlich präzisere Abgrenzung des jeweiligen „Marktes" notwendig, als es heute anhand der allgemein verfügbaren Statistiken geschieht. Die dafür maßgebenden Kriterien werden weiter unten verständlicher. Deshalb nimmt man noch in vielen Fällen Zuflucht zu (mehr qualitativen) Ersatzkriterien für Marktanteile und Marktwachstum.

Viel wesentlicher ist aber der heute ganz andere und präzisere Wissenshintergrund über die mit der Marktposition verbundenen langfristigen Wirkungen auf Erfolg und Liquidität und über die jeweils bestehenden geschäftspolitischen (strategischen) Alternativen. Die Begründung dafür wird im 3. Abschnitt dargestellt. Ihre Kenntnis wird auch die präzise Beschreibung von Aufgabe und Inhalt der strategischen Planung im Unterschied zur operativen Unternehmensplanung, wie heute die früher kurzfristig genannte Planung besser und zutreffender bezeichnet wird, deutlicher erkennen lassen.

2. Warum brauchen wir strategische Unternehmensplanung?

Die Gründe für die in den letzten 25 Jahren entstandene Notwendigkeit einer strategischen Planung sind in ihrer Struktur ähnlicher Art wie die Gründe, die im Laufe der historischen Entwicklung zur Notwendigkeit einer zusätzlichen Erfolgssteuerung neben der ursprünglich ausreichenden Liquiditätssteuerung führten. Von den Wirkungen (Symptomen) her war es die Tatsache, daß es meistens zu spät war, wenn man ungünstige Entwicklungen erst bei der Liquiditätssteuerung erkannte und dagegen zu reagieren versuchte. Vorangegangene Fehler oder Versäumnisse in den Entscheidungen, die die späteren Liquiditätswirkungen begründeten, ließen sich dann nicht mehr korrigieren bzw. nachholen.

Die historischen Ursachen für die Notwendigkeit einer zusätzlichen, der Liquidität als Erfolg vorgeschalteten Steuerungsgröße waren
— das zunehmende zeitliche Auseinanderfallen der Zeitpunkte von Ausgaben und Aufwand und von Einnahmen und Ertrag, sei es
  • mit dem Aufkommen der Kreditwirtschaft in Einkauf und Verkauf
  • mit der Sicherung und Vorfinanzierung langfristiger Großaufträge durch Anzahlungen
  • mit den im Zuge der Industrialisierung ständig steigenden Vorlaufaufwendungen (Entwicklungskosten und Investitionen)
— das zunehmende örtliche — und durch die arbeitsteilige Spezialisierung auch aufgabenmäßige — Auseinanderfallen zwischen den Aufwands- und Ertragsentscheidungen (Wirtschaftlichkeitsentscheidungen) und den Zahlungsentscheidungen (Durchführen der Auszahlungen und Sichern der Einnahmen).

Daraus resultierte für die Erfolgssteuerung und für die erfolgsorientierten Entscheidungen zwangsläufig eine auf einen längeren Zeithorizont ausgerichtete Unternehmenssicherung, als es mit der Liquiditätssteuerung und mit rein liquiditätsorientierten Entscheidungen allein möglich ist.

Auch die Notwendigkeit einer weiteren zusätzlich vorgeschalteten Steuerungsgröße — dem Erfolgspotential aus der strategischen Planung — entstand aus einer ähnlichen Veränderung im zeitlichen Gefüge der für wirtschaftliche Entscheidungen wesentlichen Sachverhalte: Es sind die Relationen zwischen den Zeitdauern, für die sich bestimmte Wirkungen in der Erfolgsrechnung zeigen, und den Zeitdauern, die ein Unternehmen auch bei schnellstmöglichem Reagieren braucht, um sich an die in der Erfolgsrechnung signalisierten Wirkungen anpassen zu können.

Ein einfaches und längst bekanntes Beispiel: Die Marktlebensdauer vieler Produkte ist kürzer als die für sie notwendige Entwicklungszeit. Ähnliche Zeitbeziehungen gelten für fast alle strategisch relevanten Bedingungskonstellationen. Das heißt ganz allgemein: Wenn die Wirkung eines strategischen Versäumnisses in der Erfolgsrechnung oder in einer aus der Erfolgsrechnung abgeleiteten Erfolgsplanung erst dort erkennbar wird, ist es zum erfolgssicheren Handeln meistens schon zu spät, ebenso wie es bei der Liquiditätssteuerung meistens zu spät ist, wenn man erst dort die Wirkungen eines bei der Erfolgssteuerung falschen oder versäumten Entscheidens und Handelns bemerkt.

Strategisch wichtige Gegebenheiten, d.h. Gegebenheiten, die langfristig für Erfolg und Liquidität von Bedeutung sind, machen es daher erforderlich, sie in einem Zeit-

punkt zu erkennen und darüber zu entscheiden, in dem die operativen Geschäfts-
ergebnisse – auch die in einer extrapolierten oder irgendwie modifizierten buch-
halterischen Planungsrechnung – im Regelfall noch keine Symptome für solche
strategischen Probleme, für ihre Lösungsnotwendigkeit und vor allem für ihre besten
Lösungsmöglichkeiten erkennen lassen. Deshalb sind auch die für die Erfolgssteuerung unabdingbar notwendigen operativen Daten und Kennzahlen für die strategische Planung nur wenig geeignet und oftmals sogar irreführend.

In dieser Erkenntnis liegt das praktisch wichtigste Kernproblem strategischen
Denkens, Entscheidens und Handelns. Es setzt ein fundamental anderes Wissen um
langzeitig wirksame technisch-ökonomische Gesetzmäßigkeiten wie auch um langfristig wirksame Marktdeterminanten voraus, als es für die direkte Erfolgssteuerung
und für die Liquiditätssteuerung notwendig ist. Die Orientierungsgrößen für die Unternehmensstrategie – Marktanteile (Marktpositionen) und Marktwachstum –
scheinen zeitlich und sachlich nur in einer losen und indirekten Beziehung zu den
anderen beiden Steuerungsgrößen, zu Erfolg und Liquidität, und zu ihren Orientierungsgrößen zu stehen; sie erscheinen für das Entscheiden und Handeln abstrakter.
Das ist aber offensichtlich mehr das Ergebnis historisch eingespielter Gewohnheit,
Übung und Erfahrung. Wie wir im folgenden sehen werden, führen uns die Orientierungsgrößen der strategischen Planung viel früher und auch viel unmittelbarer zu
den Erfolgsvoraussetzungen und Erfolgsursachen in den verschiedenen Aufgabenge-
bieten (Forschung und Entwicklung, Produktion, Verkauf usw.) und in ihrem notwendigen Zusammenwirken, als es der Erfolg zeigen könnte, der nur die auf einen
gemeinsamen finanzwirtschaftlichen Nenner gebrachten schließlichen Wirkungen
integriert wiedergibt.

Aufgrund der beschriebenen zeitlichen Sachverhalte läßt sich folgende Aussage
machen, die durch zahlreiche praktische Erfahrungen erhärtet ist: Was in der Unternehmensstrategie bei der Sicherung der Erfolgspotentiale und bei den für ihre
Realisierung notwendigen zeitlichen Vorlaufentscheidungen wegen nicht rechtzei-
tiger Erkenntnis versäumt wurde, ist durch spätere Entscheidungen oder durch
sonstige spezielle Führungstechniken und Führungskünste auf wirtschaftlich vertretbare Art und Weise prinzipiell nicht mehr nachholbar.

3. Grundlagen der strategischen Planung bei „bestehenden Erfolgspotentialen"

3.1 Die Bedeutung der Erfahrungskurve

Eine fundierte Begründung dafür, daß Marktanteile (Marktposition) und Marktwachstum entscheidende Leitgrößen für die strategische Planung sind, ist erst seit
wenigen Jahren bekannt. Den Anlaß dazu gab die Entdeckung der Erfahrungskurve,
die einen Zusammenhang zwischen den Kosten eines Produktes und der kumulierten Produktionsmenge feststellt, wie er ähnlich in der sogenannten Lernkurve in
bezug auf die Arbeitszeit für einen bestimmten Arbeitsvorgang bei fortgesetzter
Wiederholung seit längerer Zeit bekannt ist.

Die Erfahrungskurve besagt folgendes:

„Mit jeder Verdoppelung der kumulierten Menge eines Produktes gehen mindestens die (inflationsbereinigten) Wertschöpfungskosten eines Stückes potentiell um
20 bis 30% zurück".

In einem logarithmisch eingeteilten Koordinatenkreuz haben die Kosten nach der Erfahrungskurve den in Bild 2 dargestellten Verlauf. Entdeckt wurden diese quantitativen Zusammenhänge erstmals bei stark wachsenden elektronischen Produkten. Es fiel dort auf, daß bei sehr schnell aufeinanderfolgenden und ungewohnt starken Preisrückgängen die Erfolgsspannen der Hersteller, d.h. ihr Gewinn in % vom Umsatz, mehr oder weniger konstant blieben. Eingehendere Analysen führten dann sehr bald zum Ergebnis, daß diese Preisrückgänge und die – bei den konstant bleibenden Erfolgsspannen – notwendigerweise parallel dazu verlaufenden Kostenrückgänge mit jeder Verdoppelung der kumulierten Menge einen relativ konstanten Prozentsatz ausmachten. Nach den heutigen Erkenntnissen kann man anhand vieler empirischer Untersuchungen davon ausgehen, daß dieser potentielle Kostenrückgang – in einer Streuungsbreite von ca. 20 bis 30% – für alle Produkte und Leistungen gilt.

Dieser Effekt tritt naturgemäß um so spürbarer in Erscheinung, je höher die Jahreswachstumsrate eines Produktes ist, weil mit steigenden Wachstumsraten die Verdoppelungszeit für die kumulierte Menge immer kürzer wird.

Die grundlegende Bedeutung des Erfahrungskurven-Effektes liegt in den darin zum Ausdruck kommenden quantifizierbaren dynamischen Beziehungen. Mit ihrer Hilfe wird es möglich, viele technisch-ökonomische Wechselbeziehungen, die mit der fortgesetzten Produktion eines Produktes verbunden sind, näherungsweise so weit zu quantifizieren, daß damit insbesondere die für die strategische Planung relevanten Probleme erstmals eindeutig fundierte Ansatzpunkte erhalten. Zuvor blieb ihre Lösung mehr dem intuitiven Entscheiden und einer wenig fundierten und mehr spekulativen Vorgehensweise vorbehalten.

Zum besseren Verständnis der Erfahrungskurve ist es zunächst notwendig, auf folgende spezifische Eigenschaften hinzuweisen:

a) Ihre Aussage bezieht sich auf konstante Geldwerte. Deshalb werden bei inflatorischen Kostenveränderungen (Materialpreise und Personalkosten) ihre Wirkungen in vielen Fällen verdeckt. Zunächst erscheint diese Einschränkung als ein Nachteil, weil man es bei den Kosten in der Wirklichkeit nicht mit konstanten Geld-

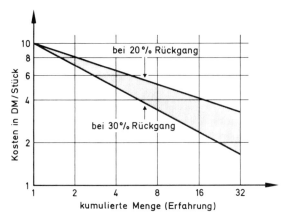

Bild 2
Die Kostenerfahrungskurve bei logarithmisch eingeteilten Ordinaten

werten zu tun hat. Tatsächlich ist es auch in der Inflation ein Vorteil: Es wird damit möglich, im vorhinein produktweise differenziert zu quantifizieren:

– Kostensenkungspotentiale und die daraus ableitbaren Kostensenkungsziele, wie sie Gegenstand der Rationalisierungsplanung sind, und
– den gegenläufigen Einfluß der Kosteninflation

b) Der in der Erfahrungskurve zum Ausdruck kommende („potentielle") Kostenrückgang bezieht sich im Minimalfalle nur auf die der Wertschöpfung entsprechenden Stückkosten-Anteile. Diese Einschränkung ist allerdings nur bei denjenigen Produkten von Bedeutung, bei denen Materialeinsparungen ohne eine qualitative Beeinträchtigung der Endfunktion des Produktes nicht mehr möglich sind. Bei hochorganisierten Produkten bezieht sich der Kostenrückgang – wie die Wertanalyse vielfach zeigt – häufig auf die gesamten Stückkosten.

c) Der Kostenrückgang betrifft alle Kostenarten, die für ein Produkt von der Entwicklung bis zum Inkasso des Rechnungserlöses entstehen, nicht nur die Fertigungskosten. Mit steigenden Mengen ist gerade die Realisierung dieses potentiellen Kostenrückganges oftmals nur mit einer fortgesetzt umfassenderen gegenseitigen Substitution aller Kosten – primärer und sekundärer Art – über alle Funktionsbereiche hinweg – von der Entwicklung bis zum Kundendienst – möglich.

d) Der Kostenrückgang tritt nicht automatisch ein – wie bei den sinkenden Stückkosten mit steigender Kapazitätsauslastung – er ist lediglich potentieller Art. Seine Realisierung setzt voraus, daß das Management die jeweils erforderlichen Fähigkeiten zum Erkennen und zum Realisieren dieser Kostenrückgänge besitzt. Aber in einer freien Wirtschaft findet sich immer jemand, der das kann. Er kann damit leicht diejenigen in eine prekäre Wettbewerbssituation hineinbringen, die es weniger gut können.

e) Dieser potentielle Kostenrückgang gilt nach heutiger Erkenntnis
– für einen Industriezweig als Ganzes (als eine Branchendurchschnittsgröße)
– für jeden einzelnen Anbieter (als eine unternehmensspezifische Größe).

Nur am Rande soll hier darauf hingewiesen werden, daß als Folge der Erkenntnisse aus der Erfahrungskurve in Verbindung mit den unter c) und d) genannten Punkten erstmals produktweise quantitativ differenzierte Rationalisierungspotentiale als Grundlage für eine gezieltere und damit effizientere Rationalisierungsplanung ermittelt sind.

3.2 Die Bedeutung der Marktanteile (Marktposition)

Für die strategische Planung sind die Gesetzmäßigkeiten der Erfahrungskurve von grundlegender Bedeutung: Wenn die potentiellen Kosten eine Funktion der kumulierten Mengen sind, dann kann man näherungsweise ermitteln, wie in einem bestimmten *Zeitpunkt* die potentiellen Stückkosten verschiedener Anbieter zueinander liegen, soweit man ihre jeweils kumulierten Mengen näherungsweise kennt. Zum Marktanteil führt nun folgende Überlegung: Soweit mehrere Anbieter in einer annähernd gleichen Zeit in den Markt eingetreten sind und seitdem ein annähernd gleiches Wachstum hatten, verhalten sich ihre kumulierten Mengen wie ihre Marktanteile.

Bild 3 zeigt eine solche zeitpunktbezogene Darstellung über die Beziehungen zwischen den Marktanteilspositionen, den potentiellen Kosten und den potentiellen

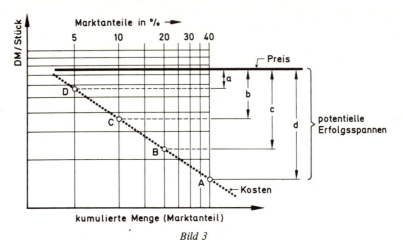

Bild 3
Beziehung zwischen Marktanteilen und Erfolgspotentialen der Konkurrenten A, B, C, D

Erfolgsspannen (bei einem bestimmten Preis) von vier Anbietern A, B, C, D. Der Deutlichkeit halber ist eine Relation der Marktanteile wie 8 : 4 : 2 : 1 gewählt, wobei der Grenzanbieter D = 1 gesetzt ist. Die potentiellen Kosten stellen dabei die überhaupt erreichbare Untergrenze der Kosten bei den einzelnen Anbietern dar. Das schließt nicht aus, daß die tatsächlichen Kosten oft bei jedem Anbieter teilweise erheblich über seinen potentiellen Kosten liegen. Es gibt dafür eine ganze Reihe von Gründen, auf die hier nicht näher eingegangen werden kann. (Nicht unwesentlich ist es zu bemerken, daß die kumulierte Menge bzw. der Marktanteil in der Erfahrungskurve letztlich nichts anderes ist als eine — wenn auch noch so mangelhafte — Meßgröße für das in einem Unternehmen über eine bestimmte Zeit hinweg in allen Teilfunktionen (Entwicklung, Produktion, Ein- und Verkauf, Führung) und auch in der insgesamt aufeinander eingespielten Organisation kumulierte produkt- und marktspezifische Know-How.)

Aus diesen Zusammenhängen ergibt sich zunächst, daß in vielen Fällen die eigenen Marktanteile allein nichts aussagen über die potentielle Wettbewerbsfähigkeit. Wesentlich ist vielmehr die Relation des eigenen Marktanteils zum Marktanteil des stärksten Konkurrenten z.B.

Produkt	Eigener Marktanteil	Marktanteil des stärksten Konkurrenten	Eigene Marktposition
A	25%	50%	0,5
B	20%	10%	2,0

Dieses Beispiel zeigt, daß ein kleinerer Marktanteil bei einem Produkt (B) eine stärkere Markt- oder Wettbewerbsposition darstellen kann als ein höherer Marktanteil bei einem anderen Produkt (A). Damit wird das allgemeine Ziel der strategischen Unternehmensplanung klar: Hohe und sichere Marktpositionen anstreben, weil davon Höhe und Sicherheit der Erfolgspotentiale abhängen.

Die langfristige Bedeutung der Marktposition ergibt sich daraus, daß
a) bei allen Preisrückgängen der Marktführer am längsten mithalten kann, weil er die potentiell niedrigsten Kosten hat
b) alle Preisveränderungen auf die Erfolgsspannen der nachrangigen Anbieter eine relativ stärkere Wirkung haben als auf die Spanne des Marktführers. Beides ergibt sich leicht aus Bild 3, wenn man dort die Preisgerade nach oben oder unten verschiebt.

Jede Veränderung der Marktanteile bedeutet zwangsläufig eine Veränderung der vordem gegebenen Abstände in den (potentiellen) Kosten. Es kann niemand Marktanteile hinzugewinnen, ohne daß ein anderer welche verliert. Mit einer Hochpreispolitik gibt der Marktführer den nachgeordneten Anbietern oft starke Anreize, ihre Marktanteile auf seine Kosten auszuweiten.

Ein sehr niedriger Marktanteil — vorausgesetzt der Markt ist, entsprechend den Gegebenheiten der Erfahrungskurve, nach Produkt, Region, Abnehmergruppe richtig abgegrenzt — ist daher strategisch immer eine schlechte Position, auch wenn in der Gegenwart und in der unmittelbaren Zukunft noch ein hoher Gewinn sicher scheint. Der Preis kann immer sehr schnell fallen, vor allem stets schneller, als man sich daran in irgendeiner Art und Weise mit Erfolg anpassen kann.

Damit sind Marktanteile bzw. die Marktposition stets bestimmend für das Erfolgspotential. Hohe Marktanteile geben dabei — wie jede strategische Planung — keine Erfolgssicherheiten, aber stets die höchsten Erfolgswahrscheinlichkeiten, weil sie immer die relativ besten Erfolgsvoraussetzungen von der Kostenseite her enthalten.

3.3 Die Bedeutung des Marktwachstums

Über das Marktwachstum wird der Marktanteil zu einer dynamischen Größe.

Ein Unternehmen, das seine Wettbewerbsposition (Marktanteil) nicht verschlechtern will, muß ebenso wachsen wie das Marktvolumen, ganz gleich, ob die Wachstumsrate hoch oder niedrig ist. Ein Unternehmen, das langsamer wächst als der Markt, verliert Marktanteile, ob es das will oder nicht.

Ein Unternehmen, das zur Stärkung seiner strategischen Ausgangsposition seine Marktanteile steigern will, muß schneller wachsen als der Markt, ob ihm das paßt oder nicht. (Wachstum in der strategischen Planung bezieht sich dabei grundsätzlich auf Mengen).

Marktanteilsziele stehen damit zwangsläufig in einem Zusammenhang mit der Kapazität und den mit den Marktanteilszielen bei einem gegebenen Marktwachstum notwendigen Kapazitätserweiterungen. Eine Wachstumsrate von z.B. 20% p.a. bedeutet eine Verdoppelung der Kapazität alle 3,5 Jahre. Bei neuen Produkten ist oftmals die Wachstumsrate im Anfang noch erheblich höher. Damit läßt sich der Investitionsmittelbedarf und die daraus resultierende Liquiditätsbelastung über eine längere Zeitspanne hinweg näherungsweise abschätzen. Das ist deshalb wichtig, weil das Produkt selbst, wenn man eine hohe Marktposition halten oder erreichen will, über den Preis diese Mittel nicht bereitstellen kann. Wird das dennoch versucht, gibt man den nachrangigen Anbietern verstärkte Anreize zum Ausbau ihrer Kapazität und zur Steigerung ihrer Marktanteile auf Kosten der Marktanteile des Marktführers.

Solche Veränderungen in den Marktanteilen sind am leichtesten möglich
— in Wachstumsphasen und
— bei technologisch sich schnell verändernden Produkten.

Jeder Verlust an Marktanteil ist Verlust künftiger Erfolgspotentiale, die in ihrer absoluten Höhe zwangsläufig auch um so mehr wert sind, je höher die Wachstumsrate ist.

Aus den hier nur kurz angedeuteten Zusammenhängen ergibt sich, daß Unternehmen, die nur auf starken Wachstumsmärkten tätig sind, in bezug auf die Liquidität langfristig in einer schwierigen Situation sind, ohne daß ihnen das von Anfang an bewußt ist. Sobald sie es merken, führt mangelnde Liquidität zu einem verringerten Wachstum mit der Folge schwindender Marktanteile und Erfolgspotentiale. So enden nicht selten anfängliche Marktführer schließlich in einer unhaltbaren Verlustsituation. Um solche Situationen zu vermeiden, braucht jedes Unternehmen auch Nichtwachstumsprodukte, aber mit hohen Marktpositionen. Sie können zur Finanzierung der Wachstumsprodukte beitragen.

In einem konkreten Fall wächst das Gewicht dieser Aussage naturgemäß mit der Höhe der jeweiligen aktuellen und potentiellen Marktvolumina.

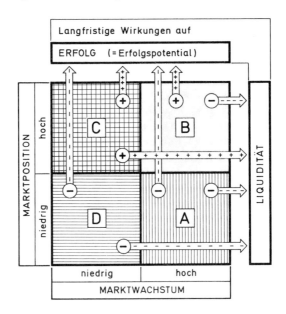

Bild 4

Feld A   ist charakteristisch für die nachrangigen Anbieter bei neuen und bei Wachstumsprodukten

Feld B   ist charakteristisch für die Position des Erstanbieters bei neuen Produkten und des Marktführers in Wachstumsmärkten

Feld C   ist charakteristisch für die Marktführerposition in schwach wachsenden Märkten, in denen der für das Marktwachstum notwendige Kapazitätszuwachs in vielen Fällen ungewollt durch die laufende Rationalisierung zustande kommt

Feld D   ist charakteristisch für die Grenzanbieterposition, die langfristig immer am meisten gefährdet ist, auch wenn sie vorübergehend, besonders in der Hochkonjunktur, oft gute Gewinne bringt.

3.4 Zusammenfassung der Bedeutung von Marktposition und -wachstum

Die strategische, d.h. die langfristige Bedeutung von Marktposition und Marktwachstum besteht darin, daß

— gute Marktpositionen stets langfristig gute Erfolgsvoraussetzungen, d.h. Erfolgspotentiale, enthalten

— niedrige Wachstumsraten dabei die Liquidität positiv beeinflussen

— hohe Wachstumsraten dabei die Liquidität negativ beeinflussen.

Hohe Marktpositionen bei niedrigen Wachstumsraten und entsprechenden Finanzmittelüberschüssen (für die Entwicklung und die Vorfinanzierung neuer Wachstumsprodukte) setzen voraus, daß man die Wachstumszeit dieser Produkte genutzt hat, um in diese strategisch günstige Position hineinzukommen.

Die Kombinationen aus Marktpositionen (= Relationsziffer der eigenen Marktanteile zum stärksten Konkurrenten) und Marktwachstum sowie die aus den verschiedenen Kombinationen resultierenden längerfristigen Wirkungen auf Erfolg und Liquidität ergeben sich aus der Matrix-Darstellung in Bild 4. (Dabei ist generell von Bedeutung, daß das Marktwachstum normalerweise eine mit dem Lebenszyklus eines Produktes oder eines Marktes gegebene externe Größe ist, während die Marktposition mehr eine vom eigenen Entscheidungsverhalten abhängige Größe ist.)

4. Grundlagen der strategischen Planung bei „neuen Erfolgspotentialen"

Hier spielt die genaue Identifizierung des eigentlichen Kundenproblems in einer „lösungsinvarianten", aber präzisen Definition die tragende Rolle. Dieser Ansatzpunkt führt normalerweise

(1) zu einem breiteren Markt-Horizont (es werden für das gleiche Kundenproblem auch Lösungen aus anderen Branchen und deren Dynamik in die Betrachtung einbezogen)

(2) zu einem zeitlich weiterreichenden Horizont durch eine Zuordnung der
    — bereits am Markt befindlichen Lösungstechniken bzw. Lösungstechnologien
    — im Entwicklungsstadium befindlichen „neuen Lösungstechniken" bzw. „-technologien"
    — im Forschungsstadium befindlichen potentiellen neuen Lösungstechniken bzw. Lösungstechnologien

(3) zu einer strategisch fundierten Marktsegmentierung (durch eine präzisere Unterscheidung verschiedenartiger Ausprägungsprofile des gleichartigen Kundenproblems)

(4) zu einer genaueren Identifizierung produktspezifischer Innovations- oder Rationalisierungsrisiken (abgeleitete Kundenprobleme, deren Existenz in der gegenwärtigen Lösungstechnik für ein dauerhaftes (originäres) Kundenproblem beruht, können durch Änderungen dieser Lösungstechniken weginnoviert, wegintegriert oder wegrationalisiert werden).

Die Orientierungsgröße Kundenproblem erlaubt vor allem eine systematische Einbindung der laufenden Forschung und Entwicklung in die Unternehmensstrategie.

5. Abgrenzung zur operativen Führung und Planung

Als Abgrenzung zur operativen Planung mit allen ihren funktionsspezifischen Teilplanungen läßt sich nunmehr eine sehr präzise Aufgabenstellung und Gegenstandsbeschreibung für die spezifischen Probleme der strategischen Planung machen.

Aufgabe der strategischen Planung ist die Suche, Schaffung und Erhaltung von möglichst hohen und sicheren Erfolgspotentialen bei gleichzeitiger Berücksichtigung der damit im Zeitablauf ggf. verbundenen wachstumsbedingten Liquiditätswirkungen.

Zum Erfolgspotential gehören dabei alle jeweiligen produkt- und marktspezifischen Voraussetzungen, die spätestens dann bestehen müssen, wenn es um die stets kurzfristige Erfolgsrealisierung geht. Diese Voraussetzungen haben bei aller Verschiedenheit stets die gemeinsame Eigenschaft, daß für ihr Zustandekommen eine lange Zeit gebraucht wird. Dazu gehören insbesondere Produktentwicklungen, der Aufbau von Marktpositionen sowie von kostengünstig funktionierenden Leistungspotentialen in allen unternehmerischen Teilbereichen (F+E, Einkauf, Produktion, Vertrieb, Finanzen usw.).

Aufgabe der operativen Führung und Planung, d.h. der unmittelbaren Geschäftssteuerung, ist es demgegenüber, das in einer gegenwartsnahen Kalenderzeiteinheit (normalerweise das nächste Jahr) bestehende Erfolgspotential so gut wie möglich auszuschöpfen, ohne damit künftige Erfolgspotentiale zu schädigen oder zu gefährden.

Solche Schädigungen künftiger Erfolgspotentiale sind generell in folgenden Aktionsbereichen des laufenden Geschäfts möglich, wenn auch mit starken produkt- und marktspezifischen Unterschieden:

— Preispolitik, insbesondere beim Marktführer
— Produktqualität
— Produkt-Technologie (einschl. Mode, Stil usw.)
— Lieferzeit oder Produktverfügbarkeit
— Kundenbetreuung (Service)

Damit sind auch die Rückbeziehungen zwischen operativen und strategischen Zielen relativ eindeutig identifizierbar.

Vom Inhalt her sind alle strategischen Entscheidungen dadurch gekennzeichnet, daß sie Entscheidungen über Arbeitsgebiete (Produkte und Märkte) und über Marktpositionen (Marktanteile) betreffen, unter Einschluß aller dafür maßgebenden gegenwärtigen und künftigen externen und internen Bedingungen, Folgen und Wirkungen.

6. Hilfsmittel der strategischen Planung

6.1 Strategische Geschäftseinheiten

Das Erkennen und Beeinflussen von Erfolgspotentialen setzt die Abgrenzung solcher kleinsten Unternehmensaktivitäten voraus, die ein eigenständiges Erfolgspotential besitzen. Dafür gibt es eine Reihe von Kriterien, die aus Raumgründen hier nicht dargestellt werden können. Im einfachsten Falle ist ein Unternehmen oder ein

organisatorisch abgegrenzter Unternehmensteil gleich einer strategischen Geschäftseinheit. Eine organisatorische Einheit kann aber aus mehreren strategischen Geschäftseinheiten bestehen. In Grenzfällen kann in einem Großunternehmen eine
strategische Geschäftseinheit sich auch über mehrere Organisationseinheiten (Sparten, Geschäftsbereiche etc.) erstrecken.

6.2 Strategische Marktsegmente

Ebenso wichtig ist für die strategische Planung die ausreichende Abgrenzung
des strategisch relevanten Marktsegmentes, um zu den Orientierungsdaten zu kommen, die für die strategische Planung von Bedeutung sind. Die Zahlen aus den statistischen Quellen verschiedener Art geben meistens nur grobe Branchendurch-
schnitte für Marktwachstum und Marktvolumen und für die daraus ableitbaren
Marktanteile her.
Eine zu weit gefaßte Abgrenzung läßt meistens den eigenen Marktanteil zu
niedrig erscheinen, und eine zu eng gefaßte zu hoch. Kriterien für eine ausreichend
genaue Marktabgrenzung sind neben Region, Abnehmergruppe, spezifischen Abneh-
merproblemen und spezifischen Abnehmerforderungen eine eindeutige Konkurrenz-
konstellation, weiterhin, daß in diesem Marktsegment rd. 80% des eigenen Umsatzes liegen und daß es sich weitgehend mit einem produkt- und marktspezifischen
Know-How deckt, wie es in der Erfahrungskurve für eine spezifische Marktleistung
zum Ausdruck kommt.
Für praktische Zwecke hat sich eine Dreiteilung der in Bild 4 gezeigten Matrix
als zweckmäßiger erwiesen, weil viele Geschäftsgebiete in einem mittleren Bereich
liegen. Alle neun Felder sind vier strategischen Geschäftskategorien zugeordnet
(Bild 5).

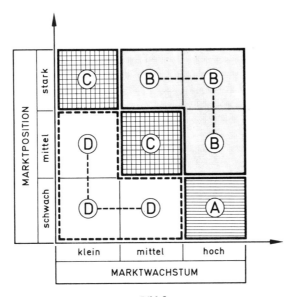

Bild 5

Mit jeder strategischen Geschäftskategorie sind eine begrenzte Anzahl von strategischen Möglichkeiten mit bestimmten Wirkungen auf die verschiedenen Funktionsbereiche und auf Finanzen und Erfolg verbunden. Das läßt sich in einer Liste sehr anschaulich darstellen. Eine Einordnung eines strategischen Geschäftsgebietes in diese Matrix läßt dann sehr schnell erkennen, welche konkreten strategischen Möglichkeiten mit welchen grundlegenden Voraussetzungen und Wirkungen in Frage kommen könnten, wobei auch die nachfolgenden qualitativen Kriterien, soweit zutreffend, einbezogen werden.

Dadurch kommt eine sehr fundierte Diskussion über die zweckmäßigsten Strategien zustande, über die jeweils notwendigen Voraussetzungen usw., bei der auch vieles sonst mehr intuitiv wirksames Führungs- und Fachwissen in den gesamten Planungsprozeß eingebracht werden kann.

6.3 Zusätzliche Kriterien

Für manche strategischen Entscheidungssituationen kommen zu den quantitativen Kriterien andere, mehr qualitative Kriterien hinzu. Dazu gehören Marktpotential, Abnehmerstruktur, Dauerhaftigkeit des Marktes, Verhaltensstabilität der Abnehmer, Abhängigkeit von der Konjunktur, Abhängigkeit von der Gesetzgebung, Anbieterstruktur, branchenübliche Erfolgsspanne, technologisches Niveau, Investitionsintensität, Erfordernisse an Distribution und Service usw.

Zusätzliche notwendige Korrekturkriterien bei der Analyse der Kosten der Konkurrenz mit Hilfe der Erfahrungskurve (Bild 3) sind oftmals Preisvorteile oder -nachteile aufgrund von Qualität, Lieferzeit, Service, Technik, Sortimentsbreite, weiterhin das Unternehmensimage und daraus resultierende Abnehmerbeziehungen sowie gewerbliche Schutzrechte, Kostenvorteile oder -nachteile aufgrund des Standortes, der Produktionsbedingungen usw.

6.4 Strategische Situationsanalyse

Die strategische Situationsanalyse läßt sich nach drei Gesichtspunkten gruppieren:
1. Gegenwärtige Bedingungskonstellation (alle relevanten quantitativen und qualitativen Kriterien).
2. In der zurückliegenden Entwicklung erkennbare Trends, insbesondere in bezug auf Marktanteilsveränderungen und die ihnen zugrundeliegenden Sachverhalte.
3. Erste Anzeichen für sich abzeichnende positive oder negative Einflüsse auf die beiden (quantitativen) Orientierungsgrößen Marktwachstum und Marktanteile (aller Konkurrenten) und, soweit relevant, auch bei den qualitativen Kriterien. Dazu gehören letztlich auch Veränderungen, die zu anderen Abgrenzungen in den strategischen Geschäftseinheiten und in den strategischen Marktsegmenten führen.

Ein Hilfsmittel für diese Analyse ist die Einteilung aller für erste Änderungssignale infrage kommenden Richtungen in verschiedene Analysefelder, z.B. Kundenprobleme, neue und potentiell neue Lösungstechnologien (Produkte und Verfahren), Gesamtwirtschaft, Branche, Konkurrenz, Konjunktur, Abnehmergruppen und ihre Probleme, Gesetzgebung, soziale Trends usw.

6.5 Weitere Hilfsmittel

Zu den Hilfsmitteln der strategischen Planung gehören auch Tabellen, Nomogramme, Graphiken usw., aus denen quantitativ oder qualitativ determinierte Wechselbeziehungen zwischen wesentlichen Orientierungsdaten leicht zu entnehmen sind, aber auch Checklisten für spezifische Problembereiche, Datenbanken, evtl. auch mathematische Planungsmodelle, wenngleich ihre Anwendung in der strategischen Planung z.Zt. erst in wenigen Fällen und meistens nur für Teilfragen möglich ist.

6.6 Planungsbericht

Ein wichtiges organisatorisches Hilfsmittel ist der Planungsbericht als eine Dokumentation des Planungsprozesses mit allen für die strategische Planung wichtigen Ausgangsdaten, Prämissen, Zielen und mit einer Festlegung der notwendigen Programme und Aktionen in den einzelnen Funktionsbereichen und der evtl. Anpassungsmöglichkeiten, falls im Zeitablauf kritische Prämissen, die der Planung zugrunde liegen, nicht eintreffen.

Literatur

Henderson, B.D.: Die Erfahrungskurve in der Unternehmensstrategie, Herder und Herder, Frankfurt-New York 1974
Gälweiler, A.: Unternehmensplanung, Herder und Herder, Frankfurt-New York, 1974
Gälweiler, A.: Determinanten des Zeithorizontes in der Unternehmungsplanung, Aufs. in Angewandte Planung, Bd. 1, 1977, S. 95–106.

Zusammenfassung

Der Beitrag von Gälweiler hat *zwei* Schwerpunkte. Er arbeitet einmal deutlich die Notwendigkeit der strategischen Planung für die Unternehmensführung heraus und weist zweitens auf den zentralen Stellenwert der „Erfahrungskurve" für die Auszeichnung von „relativem Marktanteil" und „Marktwachstum" als *Leit*größen für die strategische Planung hin.

Die strategische Planung stellt nach Gälweiler für die moderne Unternehmensführung eine ebenso notwendige Erweiterung der Erfolgsplanung dar wie diese eine notwendige Erweiterung der Finanzplanung gewesen sei. In der Erfolgsplanung würden nämlich strategische Versäumnisse auf Grund des Wandels der Umwelt erst dann sichtbar, wenn es zum „erfolgssicheren Handeln" zu spät sei. Nur die Vorschaltung von erfolgspotentialorientierten Leitgrößen (Marktanteil, Marktwachstum) vor die traditionelle erfolgs- und liquiditätsorientierten Leitgrößen (Aufwand und Ertrag bzw. Einnahmen und Ausgaben) könne dieser Gefahr vorbeugen.

Den Zusammenhang zwischen Erfahrungskurve einerseits und (relativem) Marktanteil und Marktwachstum andererseits sieht Gälweiler wie folgt. Die Erfahrungskurve sei eine „Gesetzmäßigkeit" derart, daß mit jeder Verdoppelung der kumulierten Menge eines Produktes die (inflationsbereinigten) „Wertschöpfungskosten" pro Stück potentiell um 20 bis 30% zurückgingen. Gehe man nun davon aus, daß mehrere Anbieter in einer annähernd gleichen Zeit in den Markt eingetreten seien und seitdem ein annähernd konstantes Wachstum hatten, so müssen sich ihre kumulierten Mengen wie ihre Marktanteile verhalten. Damit ergäbe sich eine funktionale Abhängigkeit der Kosten und (unter Berücksichtigung des Preises) der Erfolgspotentiale vom Marktanteil (Bild 3, S. 92). Daraus folge dann das allgemeine Ziel der strategischen Planung: „Hohe und sichere Marktpositionen anstreben, weil davon Höhe und Sicherheit der Erfolgspotentiale abhängen" (S. 92).

Über das Marktwachstum wird das Kriterium „Marktanteil" dynamisiert. Die Sicherung (Ausweitung) der strategischen Ausgangsposition erfordere relativ zum Gesamtmarkt eine gleiche (oder höhere) Wachstumsrate des Marktanteils. Die Wirkungen hoher und niedriger Wachstumsraten bei hohen und niedrigen Marktpositionen auf Erfolg und Erfolgspotential sowie Liquidität werden von Gälweiler instruktiv analysiert (Bild 4, S. 94). Der Artikel schließt mit einigen Überlegungen zu den Hilfsmitteln der strategischen Planung.

Literaturhinweise* zum 1. Kapitel

Belet, D., Planification stratégique et dimension social de l'entreprise, Revue Française de Gestion, 1977, No. 8, S. 55 ff.

Bendixen, P., Entwicklungsrichtungen betrieblicher Planungssysteme, Betriebswirtschaftliche Forschung und Praxis, 30. Jg., 1978, S. 341 ff.

Bowman, E.H., Epistemology, Corporate Strategy, and Academe, Sloan Management Review, Vol. 15, 1974, No. 2, S. 35 ff.

Chevalier, G. und *L. Godard,* Un modèle globale de planification d'entreprise, Revue Française de Gestion, 1978, No. 17, S. 92 ff.

Cohen, K.J. und *R.M. Cyert,* Strategy: Formulation, Implementation and Monitoring, The Journal of Business, Vol. 46, 1973, S. 349 ff.

Gabele, E., Neuere Entwicklungen der betriebswirtschaftlichen Planung, Die Unternehmung, 32. Jg., 1978, S. 115 ff.

Hayes. R.H. und *R.L. Nolan,* What kind of Corporate Modeling Functions Best?, Harvard Business Review, Vol. 52, 1974, No. 3, S. 102 ff.

Hax, H. und *H. Laux,* Flexible Planung-Verfahrensregeln und Entscheidungsmodelle für die Planung bei Ungewißheit, Zeitschrift für betriebswirtschaftliche Forschung, 24. Jg., 1972, S. 318 ff.

Horovitz, J., Allemagne, Grand-Bretagne, France: trois styles de management, II. La Planification, Revue Française de Gestion, 1978, No. 18, S. 75 ff.

Kirsch, W. und *J. Bamberger,* Strategische Unternehmensplanung. Rationalität und Philosophie der politischen Planung, Zeitschrift für Betriebswirtschaft, 46. Jg., 1976, S. 341 ff.

Koch, H., Die zentrale Globalplanung als Kernstück der integrierten Unternehmensplanung, Zeitschrift für betriebswirtschaftliche Forschung, 24. Jg., 1972, S. 222 ff.

Lorange, P. und *R.F. Vancil,* How to Design a Strategic Planning System, Harvard Business Review, Vol. 54, 1976, No. 5, S. 75 ff.

Mason, R.H., J. Harris und *J. Meloughin,* Corporate Strategy: A Point of View, California Management Review, Vol. 13, 1970/71, No. 3, S. 5 ff.

Miller, D. und *P.H. Friesen,* Archetypes of Strategy Formulation, Management Science, Vol. 24, 1978, S. 921 ff.

---

*Als weiterführende Literatur seien ferner die beiden Fachzeitschriften „Long Range Planning" und „Strategic Management Journal" empfohlen.

Miller, D. und *P.H. Friesen,* Strategy-Making in Context: Ten Empirical Archetypes, The Journal of Management Studies, Vol. 14, 1977, S. 253 ff.

Mintzberg, H., Patterns in Strategy Formulation, Management Science, Vol. 24, 1978, S. 934 ff.

Montanari, J.R., Strategic Choice: A Theoretical Analysis, The Journal of Management Studies, Vol. 16 1979, S. 202 ff.

Naylor, Th.H. und *D.R. Gattis,* Corporate Planning Models, California Management Review, Vol. 18, 1975/76, No. 4, S. 69 ff.

Picot, A. und *B. Lange,* Synoptische versus inkrementale Gestaltung des strategischen Planungsprozesses – Theoretische Grundlagen und Ergebnisse einer Laborstudie, Zeitschrift für betriebswirtschaftliche Forschung, 31. Jg., 1979, S. 569 ff.

Quinn, J.B., Strategic Goals: Process and Politics, Sloan Management Review, Vol. 19, 1977, No 1, S. 21 ff.

Sayles, L., Technological Innovation and the Planning Process, Organizational Dynamics, Vol. 2, 1973, No. 1, S. 67 ff.

Vance, J.O., The Anatomy of a Corporate Strategy, California Management Review, Vol. 13, 1970/71, No. 1, S. 5 ff.

Vancil, R.F., Strategy Formulation in Complex Organizations, Sloan Management Review, Vol. 17, 1976, No. 2, S. 1 ff.

2. Kapitel
Zu Grundfragen und Modellen der Unternehmensplanung

Zielsetzung und Planung – Normative Aspekte der Unternehmensplanung*

Georg Schreyögg

Jede Planung muß sich in irgendeiner Weise mit normativen Fragestellungen beschäftigen, gleichgültig ob dies explizit oder implizit geschieht. Die Planungsliteratur, insbesondere auch die Literatur zur Unternehmensplanung, hat diesem Sachverhalt lange Zeit nur wenig Aufmerksamkeit geschenkt. Seit geraumer Zeit – nicht zuletzt angeregt durch die OECD-Workshops zur Langfristplanung[1] – ist nun eine deutliche Intensivierung der Diskussion solcher Fragestellungen feststellbar. Immer häufiger tauchen in der Literatur Stichworte auf, wie: „Normativer Charakter der Planung", „normative technological forecasting", „planning is the organization of progress", „Zielplanung", „normative planning", „policy-planning" usw. Hinter diesen Stichworten verbergen sich recht unterschiedliche Sachverhalte, so daß es angezeigt erscheint, zunächst einmal die verschiedenen normativen Aspekte zu entfalten. Dabei soll dann zugleich eine Eingrenzung für die im Anschluß daran zu behandelnde (Teil-)Thematik vorgenommen werden.

Normative Aspekte in der Planung

1. Wenn von normativen Aspekten der Planung die Rede ist, so ist zunächst einmal formal die Aussagenstruktur anzusprechen. Planung setzt Kontingenz, also Indeterminiertheit und somit Gestaltbarkeit voraus. Sie stellt immer – welche der vielen Definitionen man auch zugrundelegt – auf die *Rationalisierung* von Handlungen oder Handlungssystemen ab.[2] Der Planungsprozeß umgreift immer die Festlegung von Zielen, Zielwerten oder -kriterien und die Auszeichnung (für deren Erreichung) geeigneter Mittel und Maßnahmen.[3],[4] Methodisch gesehen stellt sich Planung somit immer als ein System von *Imperativen*[5] dar, die zu bestimmten Handlungen auffordern.

---

*Bei diesem Beitrag handelt es sich um eine Erstveröffentlichung. Für zahlreiche Hinweise und Anregungen habe ich Prof. Dr. H. Steinmann zu danken.

[1] Vgl. Jantsch (1969)

[2] Vgl. hierzu auch Fester (1970), S. 44.

[3] Damit soll nicht gesagt sein, daß in Planungsprozessen immer zunächst die Ziele und dann dazu die entsprechenden Mittel bestimmt werden. Es dürfte klar sein, daß sich die hier analytisch getrennten Kategorien empirisch überlagern. Zum faktischen Verlauf der Prozesse vgl. z.B. Witte (1968)

[4] Nach Gäfgen (1968, S. 100) ist die Implementation als dritter grundlegender Bestandteil des Planungsprozesses zu betrachten. Diese Ausdehnung scheint uns jedoch wenig zweckmäßig, weil damit zwei durchaus trennbare Problembereiche zusammengekoppelt werden. Planen soll hier nur als Handlungsvorbereitung begriffen werden.

[5] Hier wird nicht auf die Unterscheidung zwischen imperativer und indikativer Planung abgestellt. Diese ist hier überflüssig, weil beide gleichermaßen normativ sind und darauf kommt es ja hier an. Vgl. dazu auch Lenk (1972a), S. 89

Wer plant, arbeitet somit zwangsläufig normativ, indem er sich oder andere dazu auffordert, bestimmte Handlungen auszuführen. Nicht-normative Planung ist daher (logisch) unmöglich; ein Widerspruch in sich selbst. Zurecht kommentiert Jantsch die von ihm gewählte Kapitelüberschrift: „The normative character of planning" mit den Worten: „The title of this section seems almost tautological"[6]. Insoweit als Planung Sollens-Aussagen und nicht Seins-Aussagen macht, ist also jede Planung normativ.

Nun dürfte die bloße Feststellung der Normativität nicht allzu strittig sein — freilich ist und war man sich über die daraus folgenden Konsequenzen häufig nicht im klaren. Insbesondere für die Wissenschaft — sofern sie inhaltliche Planungsvorschläge zum Gegenstand hat — ergibt sich nämlich somit die *Notwendigkeit,* normative Aussagen in ihren Problembereich einzubeziehen und damit stellt sich zugleich die Frage, *wie* zu normativen Problemstellungen methodisch, d.h. wissenschaftlich, argumentiert werden kann. Die häufig zu hörende Forderung, Planungswissenschaft auf das Wertfreiheitsgebot zu verpflichten, erweist sich bereits hier als methodisches Mißverständnis. Dementsprechend erweisen sich auch die einschlägigen Versuche, normative Fragestellungen aus der Planungswissenschaft zu eliminieren, als Scheinlösungen. Dies wird im folgenden gleich zu belegen sein, wenn es darum geht, die normativen Aspekte der Planung in einem engeren und inhaltlicheren Sinne auszuleuchten.

2. Zunächst sei noch einmal an den Planungsbegriff angeknüpft. Planung wurde in einem allgemeinsten Sinne als Handlungsrationalisierung bzw. als die Entwicklung und Festsetzung von Zielen und die Bestimmung von Mitteln und Maßnahmen zur Erreichung der Ziele verstanden. Jede Planung enthält also eine Beschreibung von Soll-Zuständen bzw. -zielen; jede Planung baut auf einem — wenn auch unterschiedlich präzisierten — Entwurf eines wünschenswerten zukünftigen Zustandes der zu planenden Einheiten bzw. deren Teileinheiten auf.[7] Bei einer komplexeren Planung, also einem Planungssystem, findet sich nicht nur *ein* Ziel, sondern eine Vielzahl von Zielen, die es gegeneinander abzuklären, zeitlich und hierarchisch zu ordnen gilt. Die Gestaltung dieses Ziel-Systems ist Gegenstand der sog. Zielplanung, die sowohl die Bestimmung der obersten Ziele (Zielfunktion) als auch die darauf auszurichtenden Subziele umgreift. Egal ob es sich nun um ein einfaches oder komplexes Zielsystem handelt, erhebt sich für jede inhaltliche Planungstheorie die Frage, *welche Ziele* zum Ausgangspunkt genommen werden sollen. Die Frage nach den zugrunde zu legenden Zielvorstellungen ist — bezogen auf die Unternehmensplanung — zugleich die Frage nach den Normen und Interessen, die die Aktivitäten der Unternehmung kurz- und langfristig steuern sollen. Die Beantwortung dieser Frage macht in inhaltlicher Hinsicht den zentralen normativen Aspekt der Planungsproblematik aus.

Kappler[8] weist auf einen weiteren normativen Aspekt der Zielplanung hin, wobei sich Zielplanung dort nicht auf die Bestimmung des Oberziels, sondern auf die Ableitung von Unterzielen aus dem Oberziel bezieht. Die Zielplanung ist in diesem Sinne mehr als organisatorisches Mittel zu betrachten, das es erlaubt, dezentrale

---

[6] Jantsch (1967), S. 86
[7] Vgl. Bamberger (1977), S. 92 f.
[8] Vgl. Kappler (1975); vgl. auch Luhmann (1973), S. 55 ff.

Entscheidungen, die unterschiedlichen Entscheidungsträgern zugeordnet wurden und unabhängig voneinander zu treffen sind, dennoch systematisch auf das Oberziel hin zu koordinieren.[9]

Nachdem jedoch empirisch u.a. aufgrund der Interdependenz der Entscheidungsprozesse keine exakten Zielbeziehungsfunktionen ausmachbar sind dergestalt, daß eine eindeutige Zuordnung (im kausalen Sinne) von Subzielen zu Zielen möglich wäre, entsteht ein Spielraum. Es kann sinnvoll nur noch von Ziel-Subziel-Vermutungen geredet werden und es ist darüber hinaus aufgrund der mangelnden Determiniertheit davon auszugehen, daß zwischen mehreren Ziel-Subziel-Vermutungen gewählt werden kann. Der sich dabei ergebende Spielraum hebt die Ziel-Subziel-Beziehung aus dem technologischen Bereich heraus und öffnet sie für das Einbringen individueller oder kollektiver Bewertungen und Präferenzen. In der Planung versucht man, diesen Spielraum durch die Angabe zusätzlicher (also über das Oberziel hinausgehender) Entscheidungsprämissen einzuengen, um so einer ungebührlichen Einflußentfaltung interner Instanzen und Stelleninhaber entgegenzuwirken.[10]

Für unsere Diskussion hier bleibt zunächst einmal nur festzuhalten, daß — wie es häufig zu Koordinationszwecken vorgenommen wird — die Ableitung von Subzielen aus (Ober-)Zielen nicht rein (techno-)logisch möglich ist, sondern der Heranziehung zusätzlicher Wertprämissen bedarf. Damit ist ein weiterer normativer Aspekt der Planung aufgewiesen, der nicht selten krypto-normativ bleibt, weil allzu bereitwillig einer rein technologischen Zielbeziehungsfunktion das Wort geredet wird. (Dies enthebt ja der Frage, wie diese notwendigen Wertungen zustande kommen und wie sie zustande kommen sollten!)

3. Normen fließen in die Planung aber nicht nur in Form von Zielen, sondern auch in Form von *Restriktionen* ein. Gemeint sind damit allg. Gebote oder Verbote, die die Generierung und Auswahl von Handlungsalternativen (mit-)steuern bzw. begrenzen. Restriktionen werden dabei als „Kontextwerte"[11] verstanden, die durch die zu planenden Handlungen nicht verletzt werden sollen, d.h. ihre Beeinträchtigung wird für unerwünscht erklärt. Die Managementliteratur spricht in diesem Zusammenhang meist von „policies" oder „fundamentalen Verhaltenscodices"[12] (z.B. „Keine Beschäftigung von ausländischen Arbeitnehmern", „Keine Produkte, die die Umweltverschmutzung erhöhen"). Neben diesen normativen Restriktionen sind natürlich meist noch zahlreiche faktische Restriktionen (Kapitalmarkt, Gesetze, Rohstoffe usw.) virulent, deren Nichtbeachtung zu unrealisierbaren Lösungen führen würde. Um sie geht es hier jedoch nicht. Im Gegensatz zu den faktischen Restriktionen stehen die normativen Restriktionen im Rahmen des Planungsprozesses unter der Kontrolle der Planungsträger. Über sie kann also entschieden werden, die faktischen Restriktionen sind dagegen als gegeben zu betrachten.

---

[9] Vgl. ebenda, S. 88 f., vgl. dazu auch Berthel (1973)

[10] Vgl. Luhmann (1973); die dort vorgetragenen Argumente weichen jedoch ansonsten von den hier vertretenen erheblich ab.

[11] Vgl. zu dieser Fassung Scharpf (1973), S. 50; zur entscheidungstheoretischen Ausformulierung vgl. Simon (1964)

[12] Vgl. statt anderer Steiner (1969), S. 264 ff.

Normen und Interessen finden somit im Rahmen des Planungsprozesses nicht nur in der Zielformulierung, sondern auch in den normativen Restriktionen ihren Niederschlag. Die normativen Restriktionen können im Einzelfall sehr stark formuliert sein, so daß die Zielbestimmung an Bedeutung verliert.[13] Eine normative Betrachtung der Planung hat insoweit ihr Augenmerk beiden Aspekten, der Zielformulierung und den normativen Restriktionen, gleichermaßen zu widmen.

4. Mit dem Hinweis auf den normativen Charakter der Zielbestimmung (sowie der normativen Restriktionen) wird häufig die Idee verbunden, daß nach „Abschluß" der Zielbildung oder nach „externer Vorgabe dieser Ziele und Werte der wertfreie technische Teil der Planung beginnen kann, die Maßnahmeplanung oder allgemeiner: die Wahl der geeigneten Mittel. Diese Vorstellung der neutralen Mittelwahl, die auch von den Wissenschaftlern häufig in Form der (wert-)neutralen wissenschaftlichen Beratung der Praxis aufgenommen wurde, hat sich als unhaltbar erwiesen. Und das aus mehreren Gründen:

Die Idee, daß nur die Ziele Objekte der Bewertung sind, Mittel dagegen bloß unter rein instrumentellen Gesichtspunkten betrachtet werden können, erwies sich als falsch und irreführend.[14] Der Wertübertrag vom Zweck auf das Mittel ist nicht möglich, weil die Wirkungen der Mittel nicht ausschließlich über das mit dem Zweck der Handlung antizipierte Schlußresultat erfaßbar sind. Sie haben eigene darüber hinausgehende (Neben-)Wirkungen. Die Wahl von Mitteln unterliegt daher einer gesonderten, wenngleich auch nicht völlig unabhängigen Bewertung. Myrdal schreibt: „ . . . es ist einfach nicht wahr, daß nur die Ziele Objekt der Bewertung sind und daß Mittel nur als Instrument zur Erreichung des Zieles bewertet werden. Vielmehr haben in jeder menschlichen Bewertung auch die Mittel neben ihrem instrumentalen einen davon unabhängigen Wert."[15] Die Mittelwahlen haben also auch unter normativen Gesichtspunkten eine eigenständige Bedeutung. Sie lassen sich nicht dadurch neutralisieren, daß man für ihre Bedeutung auf den Zweck verweist. Für die Frage der Normendiskussion bedeutet das, daß zwar unbeschadet dessen jedes Mittel letztendlich nur seine Rechtfertigung aus dem Ziel erfahren kann, daß aber der Zweck nicht dazu taugt, die Mittel zu „heiligen".[16]

An dieser Stelle sei nur am Rande erwähnt, daß sich auch die in diesem Zusammenhang vielfach benutzte Idee, man könnte Systeme mit nomologischem Gehalt in technologische Systeme (Zweck-Mittel-Beziehungen) „tautologisch — also ohne zusätzliche Wertung — transformieren"[17], aus den genannten (und weiteren logischen) Gründen als Illusion erwiesen hat. Eine solche „Transformation" ist — selbst

---

[13] Es ist in diesem Zusammenhang an die natürlich etwas überspitzte Bemerkung von Simon (1964) zu erinnern, daß es demjenigen, der die Nebenbedingungen formuliert, (im Extremfall) gleichgültig sein kann, wer die Zielfunktion formuliert, weil durch die Formulierung der Nebenbedingungen kein Platz mehr für eine ungelegene Zielfunktion bleibt. Vgl. hierzu auch Gümbel (1963). An dieser Stelle wird der Interessenbezug der Planung bereits sehr deutlich. Wir werden darauf im Text erst später eingehen. (Vgl. S. 111 passim)

[14] Vgl. dazu vor allem Myrdal (1933), Heinen u. Dietel (1976) und neuerdings sehr ausführlich und überzeugend Schneider (1978)

[15] Myrdal (1965), S. 80

[16] Vgl. Lorenzen (1978)

[17] Vgl. dazu vor allem Albert (1960)

dann, wenn sie zunächst nur in informativer und noch nicht unmittelbar praktischer Absicht geschieht — ohne Werturteil nicht möglich.[18]

5. Diese Normativität gilt jedoch nicht nur für die Auswahl der Mittel, sondern darüber hinaus für jedwede *Selektion* im Planungsprozeß. Bereits bei der Definition des Problems — im Prinzip aber bei allen Informationsgewinnungsakten — tritt zwangsläufig eine Selektivität zutage, die auf Wertentscheidungen beruht. (Normative) Vorentscheidungen über „Wichtiges" und „Unwichtiges", über Praktikables und Nicht-Praktikables usw. grenzen von vornherein (als Selektionsnormen) die Menge der sinnvoll zu erörternden Problembestände und Prognosen ein. Die Grenze zwischen beschreibender Bestandsaufnahme und Voraussage und normativer Diagnose und Zukunftsentwurf ist kaum zu ziehen.[19]

Für unsere Fragestellung bleibt resümierend festzuhalten, daß keineswegs nur die Zielbildung, sondern der ganze *Planungsprozeß* in mehrfacher Weise von Wertungen durchwoben ist.

Die normativen Voraussetzungen und Elemente bei Entscheidungen in Planungsprozessen sind bisher in der Planungsliteratur als solche nicht genügend beachtet und diskutiert worden, sie können aber schon allein aus dem Grunde nicht unanalysiert allen Planungen zugrunde gelegt werden, weil man sich dadurch selber konservativ der Handlungsalternativen beschränkt und künftige Systeme nur unreflektiert als Fortschreibung gegenwärtiger planen kann.[20]

6. Aus der Vielzahl der normativen Aspekte sei im folgenden der besonders bedeutsame Aspekt der Zielplanung im allgemeineren Sinne herausgegriffen, also die Bestimmung der (Ober-)Ziele, die zum Ausgangspunkt des betrieblichen Planungsprozesses — insbesondere dem unternehmenspolitischen — genommen werden. Dabei soll uns interessieren, in welcher Weise die betriebswirtschaftliche Planungsliteratur diesen Aspekt behandelt hat — und zwar sowohl inhaltlich als auch methodisch — und ferner wie die einzelnen Vorgangsweisen zu beurteilen sind. Ziel der Ausführungen ist es, eine rationale Orientierung zur Behandlung dieses Planungsaspektes zu gewinnen. Soweit die Ausführungen methodischer Natur sind, gelten sie für *alle* der oben angesprochenen normativen Aspekte der Planung gleichermaßen. Die Diskussion der Zielproblematik ist insoweit auch als exemplarisch anzusehen.

Nachdem sich die Frage der Zielsetzung nicht nur für die Planung im besonderen, sondern für die Betriebswirtschaftslehre ganz allgemein stellt, ergibt es sich aus der Natur der Sache, daß die nachfolgende Diskussion über den engeren Kreis der Planungsliteratur hinaus auch allgemeine Beiträge zur Zielfrage einzubeziehen hat.

Die klassische Lösung des Zielproblems und ihre Kritik

1. Die Zielproblematik war in der Betriebswirtschaftslehre und in der betriebswirtschaftlichen Planungsliteratur lange Zeit kein wirkliches Problem. Die Zielset-

---

[18] Vgl. im einzelnen Schneider (1978)
[19] Vgl. Lenk (1972b), S. 95; auf diesen Aspekt verweist mit Nachdruck auch Jantsch (1967), S. 29, 86
[20] Vgl. Lenk (1972b), S. 96, im Anschluß an Ozbekhan (1969), S. 45 ff.

zung „Gewinnmaximierung" wurde in der Regel aus dem übergreifenden Zusammenhang der Wirtschaftsordnung *abgeleitet;* genauer gesagt: aus der *Wirtschaftsweise,* wie sie für die geltende, also die kapitalistische Wirtschaftsordnung, *konstitutiv* ist.

Der Rationalitäts- und Legitimationsnachweis für das Ziel der Gewinnmaximierung wurde an die Nationalökonomie abgetreten. Sie hatte ja auch unter wohlfahrtstheoretischen Gesichtspunkten den Optimalitätsnachweis für die bezeichnete Wirtschaftsweise schon erbracht:[21]

Die kapitalistische Wirtschaftsordnung – oder genauer: das liberale Marktmodell – fußt bekanntlich auf der Annahme (individuell und autonom) nutzen-maximierender Wirtschaftsbürger; dies bedeutet speziell für den Produzenten, daß er die Gewinnmaximierung zur Leitmaxime seines Handelns macht. Indem jeder nach seinem Nutzen- bzw. Gewinnmaximum strebt – so die These – wird zugleich, vermittelt über den Marktmechanismus, das Optimum an gesamtgesellschaftlicher *Wohlfahrt* erreicht. Als zentraler Informationsträger steuern die Marktpreise die Ressourcen in die Richtung der angemeldeten Bedürfnisse und zwar so, daß die vorhandenen Produktionsmittel so günstig wie möglich eingesetzt werden. Die Preise stellen in dem Modell das Gleichgewicht zwischen den knappen Ressourcen und den vorhandenen Bedürfnissen her. Im Rahmen späterer Bemühungen, die liberale Marktphilosophie Smithscher Prägung zu präzisieren und das Postulat des Wohlfahrtsoptimums mathematisch unter Beweis zu stellen, geriet der rational konzipierte Wirtschaftsbürger schließlich zum homo oeconomicus, der durch in hohem Maße idealisierte Verhaltensprämissen (unendliche Reaktionsgeschwindigkeit, vollkommene Information etc.) umschrieben ist.

Das Marktmodell hat (in den kapitalistischen Ländern) im Privatrechtssystem seine Verankerung gefunden. Über das Rechtsinstitut des Privateigentums an Produktionsmitteln sollte (im Bereich der Leistungserstellung) das erwerbswirtschaftliche Prinzip, also das Streben nach maximalen Gewinnen, beständige Geltung bekommen. Die das Einflußgeschehen im Unternehmen ordnende Unternehmensverfassung weist dementsprechend die Kapitaleigner als die *allein bestimmende,* das Geschäftsgebaren steuernde Interessengruppe aus (interessenmonistische Unternehmensverfassung).[22]

2. Die Festschreibung des Zieles wirtschaftlichen Handelns in Form der Gewinnmaximierung auf dem erörterten Hintergrund hat in zahlreicher Hinsicht Kritik erfahren. Ja, man kann hier ohne weiteres von einer Art *Grundlagenkrise* sprechen; das einstmals so sicher scheinende Fundament ist zum Problem geworden.

Dabei ist zunächst zwischen *Systemkritik,* die sich gegen das Marktmodell richtet, und zwischen der Kritik zu unterscheiden, die am einzelnen *Handlungsträger* ansetzt. Die Kritik am Marktmodell, die im Detail zu wiederholen hier nicht der Ort sein kann, wird grob gesagt auf drei unterschiedlichen Ebenen formuliert: empirisch, theoretisch und normativ. Die *empirische* Kritik betont vor allem das Auseinanderklaffen von Idee und Wirklichkeit des Marktmodells und stellt dabei insbeson-

---

[21] Auf Einzelnachweise wird hier verzichtet, nachdem die darzustellenden Zusammenhänge hinlänglich bekannt sein dürften.

[22] Vgl. hierzu im einzelnen Steinmann (1969), Pross (1965), Steinmann u. Gerum (1978), S. 5 ff., Wächter (1969)

dere auf das Fehlen wesentlicher Rahmenbedingungen (Einheit von Eigentum und Verfügungsgewalt, vollkommene Konkurrenz)[23] und unrealistischer Handlungsprämissen (autonome Produktion und Konsumtion etc.)[24] ab. Die *theoretische Kritik* – prominente Vertreter sind Morgenstern[25] und Kade[26] – weist speziell bezogen auf die neoklassische Verfeinerung des Marktmodells innere Widersprüche und Tautologisierungen nach, die, ebenso wie die empirischen Einwände, für den behaupteten Zusammenhang zwischen Gewinnmaximierung und gesamtgesellschaftlicher Wohlfahrt zerstörerisch wirken.

Die *normative* Kritik schließlich legt von dem Marktmodell nicht mitgedachte Disparitäten zwischen Kapital und Arbeit offen.[27] Sie zeichnet ferner die individualistischen Basisprämissen, die das soziale und insbesondere das kommunikative Fundament menschlicher Existenz negieren, als unhaltbar aus.[28]

3. Die in der Betriebswirtschaftslehre geäußerte Kritik am liberalen Modell konzentriert sich auf die Gewinnmaximierungs-Prämisse als solche. Sie stellt auf den einzelnen *Handlungsträger,* also den Unternehmer oder die Geschäftsleitung und deren Entscheidungssituation, ab. Diese Kritik läßt sich ebenfalls in die drei Ebenen: empirisch, theoretisch und normativ untergliedern.

Die *empirische* Kritik macht zunächst einmal die Ergebnisse der empirischen Zielforschung[29] geltend, die für Unternehmungen eine Reihe von anderen Zielsetzungen (Erhaltung, Wachstum etc.) neben der Gewinnmaximierung als bedeutsam auswiesen.[30] Weitere Kritik ergibt sich aus der Erforschung *faktischer* Entscheidungsprozesse.[31] Die Modellvorstellung, daß eine Person (oder eine Interessengruppe) an der Spitze ein ihren Interessen gemäßes Ziel formuliert und durchsetzt, wurde als unrealistisch zurückgewiesen. Die Bildung von Unternehmungszielen erfolgt dieser Auffassung zufolge in *komplexen Aushandlungsprozessen*[32], in die nicht nur zahlreiche organisationsinterne (mit Macht ausgestattete) Entscheidungsträger eingreifen, sondern auch für die Unternehmung bedeutsame externe Bezugsgruppen mit unterschiedlicher Interessenorientierung, wie Kreditgeber, Lieferanten, Kunden, Vertreter der kommunalen Behörden etc. Die resultierende Zielfunktion stellt sich demzufolge als (instabiler) Kompromiß dar.[33]

Auf der *theoretischen* Ebene wird insbesondere geltend gemacht, daß Gewinnmaximierung als Entscheidungsprämisse Eindeutigkeit der Problemlösungen voraus-

---

[23] Vgl. u.a. Pross (1965), Galbraith (1968), Steinmann (1969), Wächter (1969)

[24] Vgl. zusammenfassend Vogt (1973), S. 188 ff., vgl. auch Albert (1970)

[25] Vgl. Morgenstern (1935)

[26] Vgl. Kade (1962); dort wird z.B. das Axiom der vollkommenen Information als selbstwidersprüchlich ausgewiesen, weil es in der Konsequenz seiner Logik fordert, daß alle Handlungsabläufe bestimmt sein müssen, bevor sie jedoch aufgrund einer vollzogenen Entwicklung überhaupt determiniert sein können.

[27] Hier ist vor allem die marxistische Denkschule anzuführen.

[28] Vgl. Neuendorff (1973), Steinmann (1975), S. 141

[29] Vgl. insbesondere Heinen (1966), Katona (1951), Baumol (1959)

[30] Zum Problem derartiger Untersuchungen vgl. unten S. 114 f.

[31] Vgl. insbesondere Cyert u. March (1963), im dtsch. Raum insbesondere Kirsch (1971a), Witte (1968)

[32] Zur Problematik dieser Auffassung vgl. unten S. 115 ff.

[33] Auf ideologische Aspekte dieser Forschungsrichtung macht Ortmann (1976) aufmerksam.

setze. Diese sei aber schon deshalb nicht gegeben, weil in die Zukunft gerichtete Entscheidungen immer mit Unsicherheit behaftet seien und das bedeute „ . . . no single correct reading of it (the future, G.S.) is possible".[34] Weiterhin wird der zugrundegelegte Rationalitätsbegriff als unbrauchbar zurückgewiesen. So wird etwa, was die Prämisse der „vollkommenen Information" anbelangt, die beschränkte Informationsverarbeitungskapazität der Entscheidungsträger angeführt, die den für die Maximallösung notwendigen vollkommenen Informationsstand gar nicht ermögliche.

March und Simon[33] argumentieren in diesem Zusammenhang ferner, daß die Information für die Entscheidungsträger nicht als „gegeben" angenommen werden darf. Sie ist erst unter Kosten-Nutzen-Erwägungen zu beschaffen. Handlungsalternativen werden daher nur Stück für Stück nach Bedarf entwickelt. Die Reihenfolge, in der Informationen aus der Umwelt beschafft werden, bestimmt daher zu einem wesentlichen Teil die Entscheidung, die getroffen wird. Statt maximaler Lösungen sind lediglich befriedigende Lösungen möglich. Die „synoptische" Denkweise ist durch eine „inkrementale" zu ersetzen.[36] Darüber hinaus werden zahlreiche andere Argumente mit gleicher Stoßrichtung geltend gemacht, die hier im einzelnen darzustellen nicht notwendig ist.[37]

Neben der empirischen und theoretischen Argumentation wird vereinzelt auch eine explizit *normative*[38] Kritik geübt. Kritisiert wird insbesondere die Orientierung am Gewinninteresse. Dies ermögliche kein sozial verantwortliches Handeln und führe zu einer Vernachlässigung des Faktors Mensch im Betrieb.

Diese Kritik und die damit einhergehende Grundlagenkrise führte zu unterschiedlichen Versuchen, die entstandene Lücke zu füllen. Je nachdem, in welcher Art und Weise die Zielproblematik für die Planungstheorien im besonderen oder die Betriebswirtschaftslehre im allgemeinen gelöst wurde, lassen sich im wesentlichen fünf Gruppen unterscheiden:

1. Entscheidungslogische Modelle auf der Basis subjektiver Handlungsrationalität
2. Technokratische Planungsmodelle (nach dem Prinzip der wissenschaftlichen Beratung der Politik)
3. Systemtheoretische Modelle
4. Normativ-dezisionistische Ansätze der Zielsetzung
5. Kommunikativ orientierte Ansätze

---

[34] Kaysen (1959), S. 90; vgl. zusammenfassend zu weiteren Argumenten zum Unsicherheitsphänomen Heinen (1962), S. 28 ff.

[35] Vgl. March u. Simon (1958)

[36] Zur Unterscheidung synoptischer und inkrementaler Planungstheorien vgl. Lindblom (1965), Kirch (1978), Picot und Lange (1978)

[37] Vgl. dazu den Überblick bei Heinen (1962), S. 27 ff. sowie die kurze Zusammenfassung bei Bidlingmaier (1964), S. 45 ff., zur neueren Diskussion vgl. Kirch (1978)

[38] „Explizit" deshalb, weil die meisten dieser Vertreter auf den normativen Charakter ihrer Argumentation hinweisen. Dabei darf freilich nicht übersehen werden, daß selbstverständlich auch diejenigen, die Gewinnmaximierung als Oberziel setzen und Handlungsempfehlungen dazu entwickeln, *normativ* arbeiten.

Entscheidungslogische Modelle auf der Basis subjektiver Handlungsrationalität

1. Der in der Betriebswirtschaftslehre am häufigsten vorfindbare Argumentationstyp, die (normative) Entscheidungslogik, arbeitet mit gegebenen bzw. unterstellten Zielprämissen.[39] Zum Ausgangspunkt der Überlegungen wird hier ein subjektiv rationaler Aktor (meist der Unternehmer) gemacht, für dessen Ziel(e) unter gegebenen Bedingungen die optimale (ertragreichste) Handlungsalternative ermittelt wird. Die inhaltliche Bestimmung der Handlungsziele erfolgt dabei auf der Grundlage eines Begriffes subjektiver Handlungsrationalität, für den die Nutzenmaximierung konstitutiv ist.[40] Die Frage der Planungsziele wird also im Sinne der jeweils vorfindbaren individuell verfolgten Ziele des betrachteten — idealisierten — Aktors entschieden. Die Wissenschaft macht sich diese Ziele zu eigen; sie ermittelt die nutzenreichste Handlungsweise. Das Rationalitätsverständnis ist bloß formal; nur die ertragreichste Handlungsweise (unter gegebenen Bedingungen und Zielen), nicht aber die Rationalität des Zielinhaltes steht zur Diskussion. Die Zielsetzung des Aktors wird als einer rationalen Betrachtung nicht zugänglich erachtet. Sie wird bloß emotionalen, psychologischen Prozessen oder biologischen Gegebenheiten zugeordnet,[41] also zu einer Frage der Eigenheiten des jeweiligen Aktors gemacht.

Faktische Zielbildungsprozesse im Unternehmen, der Einfluß anderer Interessengruppen und ähnliche Überlegungen bleiben als systematische Konsequenz außer Betrachtung.[42] Das Konzept subjektiver Handlungsrationalität abstrahiert also von den sozialen Prozessen und Strukturen. Der wirtschaftliche Zusammenhang konstituiert sich als ein Aggregat atomistischer Individuen.[43]

Nachdem jedoch eine je spezifische (individuelle) Zielstruktur keine systembildende Betriebswirtschaftslehre zuläßt und die Frage nach der gesamtwirtschaftlichen Rationalität einzelwirtschaftlichen Handelns letztlich doch nicht ausgeklammert werden kann, verfahren diese Ansätze häufig de facto so, daß sie als individuell verfolgtes Ziel des betrachteten Handlungsträgers fiktiv die Gewinnmaximierung (oder eng damit verwandte Maximierungs- oder Minimierungsmaximen) setzen. Letztlich wird damit doch wieder der bereits zurückgewiesene, der theoretische und legitimatorische Rahmen des liberalen Marktmodells bemüht, ohne allerdings diesen Rückgriff begründend zu untermauern.[44]

2. Gleichgültig aber, ob nun die Frage der inhaltlichen und damit auch der Systemrationalität der Ziele schlicht wegdefiniert oder doch wieder nur unter Rückgriff auf das liberale Gleichgewichtsmodell beantwortet wird, die normative Problematik kann in der Entscheidungslogik, solange diese auf dem Modell subjektiver

---

[39] Zur Normativität der Entscheidungsmodelle vgl. auch Braun (1979a), S. 94 ff.

[40] Vgl. Fester, M. (1970), S. 44 ff.

[41] Diese Auffassung vertritt besonders prägnant Koch (1975), S. 38 ff., aber auch Bidlingmaier (1964), S. 64 ff.

[42] Hier sei einmal von den wenigen Versuchen abgesehen, Modelle mit mehrdimensionalen Zielfunktionen, interessenpluralistischen Zielansätzen etc. und Modellen zur Optimierung der Zielfindung abgesehen, weil sie an dem Basisprinzip der subjektiven Handlungsrationalität nichts ändern.

[43] Vgl. Fester (1970), S. 50

[44] Auch hier ist wieder auf Koch (1975), S. 42 ff. zu verweisen.

Handlungsrationalität aufbaut, keine angemessene Behandlung erfahren. Unhinterfragte individuelle Präferenzen können keine zureichende Basis für die Bestimmung der Wertmaßstäbe der Planung sein.[45]

Das Technokratische Modell[46]

1. Eine weitere bedeutsame Strömung in der Betriebswirtschaftslehre orientiert sich in der Zielfrage am Ideal des wertneutralen Beraters. Auf dem Hintergrund der Kritik, daß der modellhafte gewinnmaximierende Unternehmer keine realitätsgerechte Prämisse für die betriebswirtschaftliche Theorienbildung sei, und in dem Bestreben, explizite Werturteile zu vermeiden, hat man hier das Zielproblem auf empirisch pragmatische Weise zu lösen versucht. Die Ziele sollen auf *empirischem* Wege der herrschenden Praxis entnommen werden.[47] Die Idee ist dabei die, daß der Wissenschaft — analog zum Modell der wissenschaftlichen Beratung der Politik[48] — die Handlungsziele extern vorgegeben werden und daß die Wissenschaft (im Rahmen ihrer praxeologischen Aufgabe) als Sachverständiger Handlungsweisen (Mittel) aufzeigt, die eine Erfüllung der ausgewiesenen Ziele ermöglichen.[49] Der normative Aspekt der Oberzielbestimmung ist damit scheinbar ausgeklammert: die Wissenschaft trifft keine wertenden Aussagen zu den Zielen, sie macht sich auch diese nicht zu eigen (im Gegensatz etwa zu den entscheidungslogischen Modellen), sondern verhält sich diesbezüglich neutral. Die Ziele werden außerhalb ihrer Sphäre im (unternehmens-)politischen Raum gebildet und sind ihr sozusagen vorgegeben. Dabei wird allerdings nicht wie bei den oben besprochenen entscheidungslogischen Modellen von den Zielen eines idealisierten, subjektiv rational handelnden Aktors ausgegangen. Die Zielfrage wird nicht subjektivistisch vorentschieden. Die Hintergrundargumentation verweist auf Max Weber, der bekanntlich (potentielle) Rationalität nur für Mittelwahlen reserviert, die Beurteilung von Werten und Zielen dagegen erklärtermaßen dem Bereich der Irrationalität zuweist.

2. Dieses Modell ist in mehrfacher Hinsicht problematisch. *Zum einen* ist die behauptete Neutralität nicht durchhaltbar. Wie oben bereits aufgezeigt, ist nicht nur die Zielbildung, sondern der gesamte Planungsprozeß normativ besetzt. Die Herausarbeitung von optimalen Handlungsweisen zur Zielerreichung bedarf zahlreicher Vorentscheidungen, was die Informationsselektion und Bewertung von Wirkungen anbelangt, die zwangsläufig eine Durchbrechung der Neutralität, also des Postulats

---

[45] Zur Kritik an dieser individualistischen Position vgl. auch Churchman (1961), eine detaillierte Diskussion findet sich bei Fester (1970), S. 44 ff.

[46] Diese Benennung lehnt sich nicht an die auf Habermas (1964) zurückgehende Klassifikation (*technokratisch*, dezisionistisch) an, sondern stellt auf die als wertneutral konzipierte Rolle des beratenden „Technokraten" — in unserem Falle die Betriebswirtschaftslehre — ab. Zum Bild des unpolitischen Technokraten vgl. Greiffenhagen (1970). Im Hinblick auf die Habermassche Unterteilung wäre diese Vorstellung primär als dezisionistisches, in der Interpretation von Kirsch und Bamberger (1976, S. 348 f.), als pragmatistisches Modell anzusprechen.

[47] Vgl. insbesondere Heinen (1962), S. 16 ff., ders. (1966), S. 17 f., ders. (1977), S. 23 f.; vgl. ähnlich Bidlingmaier (1964), S. 74 ff., ders. (1968), S. 20 ff.

[48] Vgl. z.B. Albert (1970)

[49] Vgl. Heinen (1977), S. 24

der Werturteilsfreiheit, nach sich zieht.[50] Dies gilt umso mehr, je schlechter strukturiert das zu lösende Problem ist.[51]

Zum anderen ist die Vorgehensweise, die Zielfrage im Sinne der empirisch vorfindbaren Zielfunktionen zu entscheiden, per se normativ und parteilich. Sie ergreift Partei, indem sie die vorgefundenen Ziele für sakrosankt erklärt und nur für diese geeignete Handlungsweisen aufzeigt. Sie schließt damit andere Ziele aus der Betrachtung willkürlich aus; ja mehr noch: dadurch, daß sie sich nun an den empirisch vorgefundenen Zielen orientiert, verfestigt sie zugleich die Sozial-Strukturen, die die Ziele geprägt haben. Indem sie nur die faktisch geäußerten Ziele handlungsleitend unterstützt, ergreift sie somit zugleich Partei für die politische Konstellation bzw. die Machtverteilung, die die Zielfunktion zu bestimmen vermochte.[52] Die gedachte Rollentrennung von (Unternehmens-)Politik und Wissenschaft wird zu einer gefährlichen Illusion.

3. Statt normativer Neutralität liegt der „technokratischen Variante" implizit ein normatives Prinzip zugrunde, das letztlich besagt, daß das faktisch Gewollte zugleich auch das vernünftigerweise Gesollte ist. Dieses Prinzip ist aber ersichtlicherweise unbegründbar.[53]

Darüber hinaus (wenn auch damit im Zusammenhang) gerät bei dieser Betrachtung die Verknüpfung von Einzel- und Gesamtwirtschaft außer Sichtweite. Die gesamtwirtschaftliche Legitimation einzelwirtschaftlichen Handelns blendet der empirische Zielansatz ebenso aus wie der entscheidungslogische Ansatz. Dabei gilt es jedoch zu sehen, daß „nur aus dem sozialen Zusammenhang, in dem das Wirtschaften geschieht, ... das Unternehmensziel sinnvoll abgeleitet werden (kann)."[54]

Von dem empirischen Zielforschungsansatz systematisch deutlich zu unterscheiden, wenngleich auch mit diesem häufig verknüpft, ist die systemtheoretische Betrachtungsweise, die — als weitere bedeutsame Strömung innerhalb der Betriebswirtschaftslehre — Zielbildung und Systemsteuerung in den Mittelpunkt rückt.

Das Systemtheoretische Modell[55] — Planung als politischer Prozeß

1. Der vor allem von Kirsch[56] in die Betriebswirtschaftliche Ziel- und Planungsliteratur eingebrachte systemtheoretische Ansatz[57] lenkt den Blick auf die politi-

---

[50] Auf diesen Punkt macht Heinen neuerdings selbst ausdrücklich aufmerksam, vgl. Heinen u. Dietel (1976), S. 111 ff.; vgl. auch Chmielewicz (1971), S. 90 ff.

[51] Vgl. hierzu Kirsch und Bamberger (1976), S. 349; die Kritik richtet sich dort gegen die wertneutral konzipierte Rolle des beratenden Planers im Rahmen der pragmatischen Planungsphilosophie. Siehe dazu auch FN 46 auf S. 114 dieser Arbeit.

[52] Auch hier ist wiederum darauf hinzuweisen, daß Heinen in späteren Schriften diese Problematik deutlich anspricht; vgl. Heinen und Dietel (1976), S. 23 ff.

[53] Vgl. ebenda, S. 114; sowie sehr eindringlich Apel (1973)

[54] Wächter (1969), S. 15

[55] Dieses Modell ist nicht gleichzusetzen mit dem, was in der Planungsliteratur als „Systemanalyse" oder „systemanalytisches Modell" figuriert. Die Systemanalyse als Variante der analytischen Entscheidungstheorie versucht, durch logische Strukturierung, Prämissenexplikation etc. und mit Hilfe mathematischer Verfahren eine optimale Problemlösung zu ermitteln (Systems Engineering, Operations Research).

[56] Vgl. Kirsch (1969), ders. (1971a), S. 121 ff.

schen Prozesse, die die Zielbildung konstituieren und löst damit erstmals theoretisch die Forderung ein, die Zielbildung als multipersonalen konfliktären Entwicklungsprozeß zu erklären.[58]

Ausgangspunkt der Überlegungen bildet eine — auch arbeitsteilig gedachte — Stufung des Entscheidungsfeldes der Unternehmung in drei (Sub-)Systeme: das *politische,* das *administrative* und das *operative* System. Dieser Dreiteilung liegt eine hierarchische Staffelung zugrunde in dem Sinne, daß das politische System den Rahmen für das administrative und dieses wiederum die Beschränkungen für die Entscheidungen des operativen Systems abgeben. Dem politischen System obliegt es, die allgemeinen Grundsatzentscheidungen, also insbesondere die Ziele der Unternehmung, die Strategien und Budgets festzulegen, während im administrativen System die Programmentscheidungen getroffen werden, die das operative System in Handlungsentscheidungen zur Steuerung des unmittelbaren Aufgabenvollzugs umzusetzen hat. „Die politischen Entscheidungen sind in diesem Sinne die zentralen Koordinationsentscheidungen der Organisation."[59] Zur Beschreibung und Erklärung des Zielbildungsprozesses der Unternehmung wird ausschließlich das politische System betrachtet.

Zentraler Ansatzpunkt der Analyse ist die Frage, wie es dem politischen System gelingt, in einer Umwelt zu überleben, aus der laufend Ansprüche gestellt werden, bzw. wie es in der Lage bleibt, seine hauptsächlichen Funktionen zu erfüllen.[60] Als hauptsächliche Funktion des politischen Systems wird das „Produzieren" autorisierter Basisentscheidungen angegeben. Der Entscheidungsbildungs*prozeß* wird auf der Basis eines regelkreisartig konzipierten Input-Output-Schemas beschrieben, das im Spannungsfeld von Umwelteinfluß und Umweltbeeinflussung angesiedelt ist (vgl. Abb. 1).

2. Den Ablauf des Regelkreises hat man sich so vorzustellen: Aus der Umwelt treffen bestimmte Einwirkungen (Input) auf das System, lösen in diesem bestimmte Reaktionen aus (Output), die ihrerseits wieder auf die Umwelt einwirken und dort Veränderungen hervorrufen. Als *Stellgröße* bzw. als *Sollwert* wird — wie erwähnt — das Überleben des Systems eingesetzt. Von dem (offenen) politischen System wird angenommen, daß es fähig sein muß, im Dienste der Aufrechterhaltung seiner Funktionsfähigkeit störenden Einwirkungen der Umwelt effektiv zu begegnen; entweder indem es sich anpaßt (Ziele verändert, Strukturen modifiziert) oder indem es aktiv Veränderungen in der Umwelt herbeiführt.

---

[57] Aus den vielen vorliegenden systemtheoretischen Ansätzen greift Kirsch das „Dynamic Response Model of a Political System" des amerikanischen Politologen Easton heraus. Vgl. hierzu statt anderer Easton (1965a), ders. (1965b); einen Überblick über politologische Systemtheorien geben Greven (1974), Senghaas (1968). Ein umfassendes systemtheoretisches Modell der Wirtschaftsplanung haben Kade et al. (1969) entwickelt.

[58] Diese Forderung wird im neueren Schrifttum der Betriebswirtschaftslehre mit großer Regelmäßigkeit erhoben.

[59] Kirsch (1971a), S. 121

[60] Dies stellt Kirsch nicht explizit heraus, ist aber notwendige Konsequenz der Verwendung des Eastonschen Ansatzes. Easton (1965a) formuliert die Frage wörtlich: „How can any political system ever persist the world be one of stability or of change?" (S. 79). Vgl. dazu auch die Anmerkungen bei Greven (1974), S. 70 f.

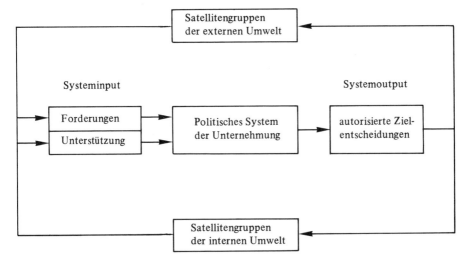

Abb. 1: Das politische System im Interaktionsgefüge
Quelle: Kirsch (1971a), S. 122 (modifiziert)

Mit „Umwelt" werden alle Interaktionspartner des politischen Systems bezeichnet, die *nicht* selbst Mitglied des Systems sind und an das System mit *Forderungen* herantreten; sie werden auch als *Satelliten* bezeichnet.[61] Mitglied des politischen Systems sind die von einer Verfassung hierfür vorgesehenen Kernorgane[62] bzw. Personen, die darin eine formale Rolle bekleiden.

Bezogen auf unsere Fragestellung heißt das, daß das politische System „Unternehmensleitung" autorisierte Entscheidungen über die Ziele (Strategien usw.) der Organisation „produziert" (Output). Es sieht sich dabei einer Vielzahl von Forderungen und Beeinflussungsversuchen der Satelliten ausgesetzt, die nicht nur untereinander, sondern auch mit den ebenfalls eingebrachten Forderungen der Systemmitglieder im Widerspruch stehen können. Die Zielbildung wird deshalb als Prozeß der wechselseitigen Abstimmung (Kompromisse, Koalitionsbildung etc.) und Konflikthandhabung beschrieben. Das Ergebnis des Zielbildungsprozesses, also die getroffenen Zielentscheidungen, bestimmt dann, inwieweit im Fortlauf (soweit nicht neue hinzukommen oder alte Forderungen aus anderweitigen Gründen aufgegeben wurden) im Falle der Nichtentsprechung „abweichende Forderungen" an das

---

[61] Vgl. Kirsch (1971a), S. 122, ebenso Heinen (1966), S. 201.
[62] Vgl. ebenda (1971b), S. 75 ff.; an anderer Stelle schlägt Kirsch (1971a, S. 123) vor, die den Kernorganen beigeordneten Stäbe ebenfalls als Mitglieder anzusprechen. Dieser Einbezug, wie auch die gesamte Grenzziehung, wirft sogleich die Frage nach ihrer Begründung und danach auf, ob damit wirklich eindeutig unterschieden werden kann, welche Aktionen innerhalb und welche außerhalb des Systems stattfinden.
Kirsch (1971b, S. 79 f.) unterscheidet ferner zwischen den *Trägern* des politischen Systems und den *Kernorganen.* Erstere sollen jene Personen der Umwelt sein, die aufgrund der Verfassung das Recht besitzen, die Kernorgane des politischen Systems zu besetzen. Damit verschwimmt jedoch — wie noch zu zeigen sein wird — die Systembestimmung ins Diffuse.

politische System herangetragen werden und inwieweit vorhandene Forderungen in „Unterstützung" transformiert werden können.

Zur Beantwortung der Frage, welchen Forderungen Rechnung getragen wird, welche Ausprägung das Zielkonzept also faktisch erhält, wird auf die bestehende Machtstruktur verwiesen.[63] „Die Machtverteilung innerhalb und außerhalb des politischen Systems bestimmt vor allem, wer sich mit seinen Forderungen durchzusetzen vermag."[64]

Bezogen auf die Unterstützung heißt dies dann, daß das politische System vorrangig den Erwartungen der Satelliten entsprechen wird, auf deren Unterstützung es angewiesen ist. „Unterstützung" – die zweite grundlegende Input-Variable – wird als notwendige Voraussetzung für das „Überleben" des Systems postuliert. Nur dann, wenn ein hinreichendes Maß an Unterstützung vorhanden ist, ist das System in der Lage, überhaupt Entscheidungen zu treffen und sie als Entscheidungsprämissen für die hierarchisch untergeordneten Systeme durchzusetzen.

Das politische System ist hierbei – so wird weiterhin angenommen – insbesondere an dem Erwerb „diffuser Unterstützung" interessiert. Diese Art der Unterstützung ist entgegen der oben geschilderten nicht von der konkreten Ausgestaltung des Output (der Ziele) abhängig; sie gründet sich insbesondere auf Persönlichkeitswirkung (Identifikation, Charisma etc.), auf akzeptierte Verfassungen, die das Autorisierungsrecht des politischen Systems legitimieren oder auch auf der Überzeugung, daß die Entscheidungsfindung des politischen Systems im Dienste des allgemeinen Interesses der Organisation steht. Mit dem Ausmaß an diffuser Unterstützung steigt der Spielraum und die Autonomie des politischen Systems (der Unternehmensleitung). Die diffuse Unterstützung wird damit auch als „lebensnotwendiger" *Systemstabilisator* betrachtet, denn nur in diesem Falle bedeutet nicht jeder Output des Systems (im Sinne einer Rückkoppelung) einen potentiellen Abzug der gewährten Unterstützung und eine potentielle Stimulierung neuer Forderungen (oder Verstärkung alter Forderungen) von seiten der bei der Entscheidungsfindung vernachlässigten Interessen.[65]

3. Was nun die konkrete Ausgestaltung der Zielfunktion, der Wertmaßstäbe der Planung, anbelangt, bleibt diese Analyse merkwürdig formal. Sie interessiert sich primär für den Konversionsprozeß, nämlich ob und wie es dem politischen System gelingt, die aus der externen und internen Umwelt kommenden Inputs und die Wirkungen des dem Konversionsprozeß entwachsenden Outputs in ein solches Verhältnis zueinander zu bringen, daß das politische System seinen Bestand erhalten kann.

Das (die) in den Planungsprozeß einfließende(n) Oberziel(e) ist das Ergebnis dieses Prozesses, wobei das (Unternehmens-)Ziel dann nichts anderes darstellt, als das an das politische System herangetragene Ziel des mächtigsten Satelliten oder

---

[63] Easton (1965b) spricht in diesem Zusammenhang von der ‚responsiveness'. . ." the authorities tend to be responsive to the political relevant members in the system" (S. 437)

[64] Kirsch (1971b), S. 76; auf den Konflikt- und Machtaspekt rekurrieren in ähnlicher Weise Bidlingmaier (1968), S. 123 ff., Schmidt (1969), S. 102 ff., Heinen (1966), S. 204 ff.

[65] Die Unterstützungsproblematik wurde in späteren Schriften erweitert um die Diskussion konsensbedürftiger und weniger konsensbedürftiger Entscheidungen, wiederum in Analogie zur politologischen Betrachtungsweise. Vgl. insbesondere Bamberger (1977), Kirsch und Bamberger (1976); von politologischer Seite vgl. insbesondere Scharpf (1973)

einen Kompromiß zwischen den Forderungen der relevanten (mächtigen) Satelliten und/oder der Mitglieder des politischen Systems.[66]

Zu fragen ist nunmehr, wie dieser Vorschlag im Hinblick auf die Behandlung des normativen Aspektes (Oberziele) zu beurteilen ist.

4. Zunächst ist festzuhalten, daß der normative Aspekt ebensowenig wertfrei abgehandelt wird, wie in den vorangegangenen Fällen. Die Zielproblematik wird – letztlich wie bei der technokratischen Variante – im Sinne des faktisch Vorfindbaren entschieden.

Nun könnte man einwenden, daß ja lediglich der Zielbildungsprozeß und die faktische Zielbildung *beschrieben* würde, ohne die Ergebnisse zu bewerten. Daß dies jedoch nicht zutrifft, erschließt sich unmittelbar, wenn man sich die *Systemreferenz* und die entsprechenden *Annahmen* ins Gedächtnis zurückruft:

Das politische System wurde unter einem ganz spezifischen Blickwinkel analysiert, nämlich unter dem seiner *Überlebensfähigkeit,* seiner eigenen Persistenz. Sowohl die Forderungen und Unterstützungen als auch der Output interessieren nur im Hinblick darauf, inwieweit es gelingt, sie auszubalancieren, um eben die Persistenz des Systems sicherzustellen (und dessen Autonomie auszudehnen).[67] Die Analyse ergreift insoweit Partei, als sie das Überleben des Systems (unhinterfragt) absolut setzt und alle Überlegungen letztlich auf diesen Wert hin zentriert. Nun ist das Streben nach Überleben eines sozialen Systems keinesfalls eine ontologische Gegebenheit, die ohne weiteres zum Ausgangspunkt genommen werden könnte, wie das bei Lebewesen der Fall ist. Wir haben es bei sozialen Systemen vielmehr immer mit interessenmäßig bestimmten Strukturen zu tun; Überleben heißt also immer, eine bestimmte historische Struktur aufrechterhalten. Wer sich also anschickt, die Zielbildung unter dem Aspekt der Systemerhaltung zu diskutieren, hat zugleich auch schon indirekt die Entscheidung getroffen, daß das politische System, um dessentwillen eine Analyse angestrebt wird, in seinen Basisstrukturen überdauern soll. Bezogen auf den normativen Aspekt heißt dies, daß jedes „produzierte" Zielsystem *legitim* ist, solange es nur seine Funktionalität für den Systemerhalt belegen kann. Dieser indirekt mitgetragene Legitimationsgedanke bedürfte aber erst selbst einer Begründung und diese wird – das läßt sich aus dem Vorhergesagten ohne weiteres erschließen – kaum zu leisten sein.

Der postulierte Wert des Überlebens wird noch einmal problematischer, wenn man bedenkt, daß die Träger des Systems, also diejenigen, die das politische System personell besetzen, nicht als Mitglieder, sondern als externe Bezugsgruppe begriffen

---

[66] Überraschenderweise löst Kirsch (1971a, S. 155 ff.) diese Konzeption im Fortlauf seiner Ausführungen auf. Er bezweifelt im Anschluß an Untersuchungen von Witte (1968), daß es überhaupt zu autorisierten Zielentscheiden (Zielsystem) kommt. Autorisierte Ziele spielten in Entwicklungsprozessen eine völlig untergeordnete Rolle; im Gegenteil, es würde sogar – taktisch klug – bewußt vermieden, die Beteiligten auf ein gemeinsames Ziel zu einigen. Verhandelt werde nur über Mittelentscheidungen, Ziele werden allenfalls nach Abschluß des Entscheidungsprozesses zur Garnierung und Vertretung nach außen nachgeschoben. Mit diesen Bemerkungen wird nun allerdings gerade das, was vorher mühevoll erklärt wurde, schlicht als irrelevant ausgewiesen; aus einer Theorie der Unternehmensziele wird – wie Ortmann (1976, S. 72 ff.) treffend anmerkt – eine „Theorie der ziellosen Unternehmung".

[67] Vgl. diesbezüglich zur Kritik am Eastonschen Ansatz Greven (1974), S. 85 f.

werden,[68] die „Störungen" in Form von Forderungen an das System heranträgt. Man hat Mühe zu verstehen, wie dann überhaupt das Interesse an der Systemerhaltung gedacht werden kann. Vermutlich liegt letztlich eine a priori gesetzte Annahme derart zugrunde, daß zwischen allen Satelliten, die Forderungen an das System richten, ein Basiskonsens über den Wert der Systemerhaltung (jetzt aber des Gesamtsystems „Unternehmung") besteht. Nachdem aber ein soziales System nicht im ontologischen Sinne „lebt" oder „stirbt", sondern jeweils erst durch Definition konstituiert wird,[69] wäre die somit implizit mitgedachte und normativ gesetzte[70] spezifische inhaltliche Identität des politischen Systems zu diskutieren,[71] für dessen Überleben die Forschung Partei ergriffen hat. Insoweit führt uns dieses Modell auf den Subjektivismus und das technokratische Modell zurück.

5. Daneben gilt es ganz allgemein zu sehen, daß eine Konzeption struktur-funktionalistischer Prägung — wie es der Ansatz von Easton darstellt — die eingangs aufgezeigte normative Problematik der Planung nicht in angemessener Weise zu diskutieren und zu lösen vermag. Dies aus mehreren Gründen:

Sie verabsolutiert den Wert der Systemerhaltung und verbaut damit den Weg, die bestehenden Strukturen und Prozesse im Lichte eines *übergeordneten Wertes* (etwa Gerechtigkeit) zu analysieren, um damit evtl. auch die Notwendigkeit ihrer *Veränderung* aufzuzeigen. Dementsprechend stellen sich auch Veränderungsmöglichkeiten dar, Veränderungen werden stets *nur* im Hinblick auf den Systembestand betrachtet, nämlich inwieweit sie eine Verbesserung (Verschlechterung) der *Bestandsbedingungen* bedeuten.[72]

Fragen nach der Legitimität der an das System herangetragenen Forderungen oder etwa danach, ob die produzierten Zielentscheidungen gesellschaftlich akzeptable Lösungen darstellen — also Probleme, die gerade für die normativen Aspekte zentrale Bedeutung haben — geraten völlig aus dem Blickfeld.

Mangelnde Artikulationsfähigkeit oder die strukturelle Behinderung von Interessengruppen, ihre Forderungen zu artikulieren, schlagen letztlich als Positivum zu Buche, weil dies eine geringere Belastung und damit weniger Stress[73] für das System bedeutet.

Greven resümiert im Hinblick auf den Eastonschen Ansatz[74] treffend: „Artikulation von Bedürfnissen und Interessen tritt nur in bezug auf die Entscheidungskapazitäten des politischen Systems in Erscheinung und wird demzufolge nicht im

---

[68] Vgl. S. 117, FN 62, dieser Arbeit.

[69] Vgl. hierzu im einzelnen Habermas (1970), S. 175 f., Luhmann (1962), S. 630; zusammenfassend Schreyögg (1978), S. 225 ff.

[70] Zu dieser zwangsläufigen Konsequenz vgl. Habermas (1970), S. 178, Braun (1975)

[71] Auf den Sachverhalt, daß mit der Rede vom Überleben eines Systems immer eine Charakterisierung ganz bestimmter interessenbedingter Ziele und Zustände (implizit) bezeichnet werden, weisen insbesondere hin: Greven (1974), S. 205 f., Mayntz (1961), S. 10 ff.; vgl. auch Schreyögg (1978), S. 227 ff.

[72] Vgl. Greven (1974), S. 95 f.

[73] Stress resultiert in dem Analyseschema in der Regel aus einem „Input-Overload"; vgl. hierzu Kirsch (1971a), S. 124 f.

. [74] Obschon die Kirschsche Konzeption in einigen Punkten von der Eastonschen abweicht, gilt dieses Resümee auch dafür gleichermaßen, weil bezüglich der hier kritisierten Basisprämissen kein Unterschied feststellbar ist.

Hinblick auf seine Legitimation aus der Sicht der Individuen, sondern nur im Hinblick auf die Belastungen für die Kapazitäten des Systems thematisiert. Die etwaige Inkongruenz zwischen den Wertzuweisungsprozessen des Systems und der Bedürfnisbefriedigung der Systemmitglieder kann unter dieser Fragestellung nicht zu einer kritischen Revision des Systems führen.[75]

Nichtsdestotrotz liefert die Thematisierung der Zielbildung als politischen Prozeß einen wichtigen Ansatzpunkt, um Zielbildungsprozesse deskriptiv zu erfassen. Freilich müssen bei ihrer Verwendung die systemtheoretischen Grundannahmen — wie gezeigt — revidiert werden, um den normativen Aspekt adäquat behandeln zu können.

Normativ-dezisionistische Ansätze der Zielsetzung

1. In ganz anderer Weise versucht eine Reihe weiterer betriebswirtschaftlicher Ansätze — sie seien hier unter das Stichwort „dezisionistische Ansätze" zusammengefaßt — die Zielproblematik zu lösen. Sie streben danach, allgemeine sittliche Orientierungen für einzelwirtschaftliches Handeln zu gewinnen und bestimmte Zielsetzungen als vorziehenswürdig auszuzeichnen. Voraus geht eine Entscheidung bzw. ein Bekenntnis für eine Basisorientierung (z.B. katholische Soziallehre).

2. Hier wäre zunächst das bekannte, von Schmalenbach[76] propagierte Prinzip der „gemeinwirtschaftlichen Wirtschaftlichkeit" anzuführen. Betriebliche Ziele sind demnach nur dann legitim und einer wissenschaftlichen Betrachtung würdig, wenn sie dem Gemeinnutzen dienlich sind. Die Begründung von Vorschlägen dieser Art führt allerdings in der Regel auf das Rechtfertigungsgefüge der mikroökonomischen Gleichgewichtstheorie zurück mit der modellhaften Lösung von einzelwirtschaftlicher Gewinnmaximierung und gesamtwirtschaftlicher Wohlfahrt.[77]

In vielen anderen Fällen bleibt es bei bloßen bekenntnishaft gesetzten Appellen, in dieser oder jener Weise zu handeln, ohne daß dies im einzelnen inhaltlich umgesetzt oder berücksichtigt würde.[78]

3. Dieser Vorwurf trifft nicht die — ansonsten von der Methodik hier wohl auch zuzuordnende — Arbeitsorientierte Einzelwirtschaftslehre, die von gewerkschaftlicher Seite in die Diskussion gebracht wurde.[79]

Die dort entwickelten Vorschläge laufen darauf hinaus, auf Unternehmensebene — analog zur paritätischen Mitbestimmung — neben den Kapitalinteressen gleichberechtigt die Interessen der abhängig Beschäftigten zu verankern. Die kapitalorientierte Rationalität (mit dem angenommenen Ziel der Gewinnmaximierung) soll erweitert oder besser gesagt: begrenzt und korrigiert werden, um die „emanzipatorische Rationalität" mit dem Ziel, die soziale Lebenslage abhängig Beschäftigter zu verbessern.[80] Zur Begründung dieser Forderung werden mehrere (nicht ganz

---

[75] Greven (1974), S. 97
[76] Vgl. Schmalenbach (1963)
[77] Vgl. Steinmann (1978)
[78] Vgl. vertiefend Wächter (1969), S. 12 ff.
[79] Vgl. Projektgruppe im WSI (1974), Koubek (1973)
[80] Vgl. Projektgruppe im WSI (1974), S. 98 ff.

miteinander verträgliche)[81] Hinweise gegeben. Ausgangspunkte bilden Kapitalismuskritik und die selbst nicht weiter begründete *Setzung* liberal-demokratischer Modelle. So heißt es etwa: „Geht man allerdings von der Tatsache aus, daß in den bestehenden industrialisierten Gesellschaften die grundlegenden Interessen des größten Teils der Bevölkerung unmittelbar durch abhängige Arbeitsverhältnisse geprägt werden, so müssen bei einer demokratisch organisierten Interessenregulierung zwischen den verschiedenen gesellschaftlichen Gruppen auch bei der Formulierung des sog. ‚gesamtgesellschaftlichen Interesses‘ die arbeitsorientierten Interessen entsprechend dominant sein".[82] Der wiederholte Hinweis auf die entsprechenden Schriften von Weisser läßt insgesamt – formal gesehen – das letztlich *bekenntnishafte Setzen* arbeitnehmerorientierter Wertvorstellungen als wesentliche Argumentationsstrategie erscheinen.[83]

4. Das bekenntnishafte Setzen von Zielen muß aber letztlich unbefriedigend bleiben, weil hier implizit die normativen Leitvorstellungen einer rationalen Diskussion entzogen bleiben. Bekenntnis wird gegen Bekenntnis gesetzt.[84] Dem Bekenntnis (oder der Entscheidung für eine Sache) haftet damit etwas Beliebiges, Willkürliches an. Der eine bekennt sich hierzu, der andere dazu, ohne daß Aussicht auf eine rationale Einigung bestünde. Eine einheitliche Willensbildung wäre damit nur auf „irrationale" Weise, also etwa durch Macht oder Charisma, herbeizuführen.

Kommunikativ-orientierte Ansätze

1. Alle bisher erörterten (postliberalistischen) Ansätze zur Behandlung der Zielproblematik haben eine Vorstellung *gemeinsam,* nämlich, daß über die Wahrheit (Gerechtheit oder Ungerechtheit) von Normen in wissenschaftlicher Weise nicht geredet werden könne, so daß diese entweder aus dem politischen Raum schlicht entnommen oder bekenntnishaft, d.h. ohne Begründungsanspruch, gesetzt werden müssen. Diese Ausgrenzung, die in der Analytischen Wissenschaftstheorie ihre Wurzel hat, wird von den diskursiv orientierten Theoretikern als willkürlich und in ihren wahrheitstheoretischen Implikationen als unhaltbar zurückgewiesen. Praktische (normative) Fragestellungen sind demnach ebenso wahrheitsfähig wie deskriptive, weil die Wahrheit von Fakten genauso ein (konsensrationaler) Entscheidungstatbestand ist wie die Wahrheit von Normen.[85]

---

[81] Dieser Eindruck drängt sich bei der Lektüre der Seiten 21 ff. ebenda auf. Die gleichzeitige Bemühung des Kritischen Rationalismus und der Weisserschen Position einerseits und der Kritischen Theorie Habermasscher Provenienz andererseits macht eine eindeutige Bestimmung des dort verwendeten Begründungskonzeptes schwierig.

[82] Projektgruppe im WSI (1974), S. 24 f.

[83] Würden die Hinweise auf Habermas stärker betont sein, müßte man zu einem anderen Ergebnis kommen.

[84] Vgl. hierzu auch Weber (1968), S. 603 f.

[85] Die Argumentation gegen das Wertfreiheitspostulat und daran anknüpfende Kontroversen sollen hier nicht im einzelnen wiedergegeben werden. Eine Zusammenfassung der wesentlichen Argumente gegen das Wertfreiheitspostulat geben Kambartel (1974), Habermas (1974), Steinmann und Braun (1976).

Zugrunde liegt dabei das Prinzip *herrschaftsfreier Diskurse* (symmetrischer Dialoge), auf dessen Basis — verkürzt gesprochen — eine *vernunftbestimmte Willensbildung* und eine Unterscheidung zwischen *gerechtfertigten* bzw. rechtfertigbaren und *ungerechtfertigten* Normen möglich wird.[86] Diese auf einen vernünftigen und nicht bloß faktischen Konsens hin bezogene Position bedeutet für die Planungstheorie eine Abkehr von dem (ohnehin nur vermeintlichen) Wert-Abstinenz-Denken und fordert sie offensiv zu einer wissenschaftlichen Auseinandersetzung mit den normativen Aspekten der Planung auf.

In die Planungstheorie hat das Dialogprinzip in unterschiedlicher Weise und in ganz unterschiedlichen Formen Eingang gefunden. Die diversen Strömungen werden hier lose unter der Klammer „kommunikativ orientierte Ansätze" zusammengefaßt.

2. Am „radikalsten" wurde mit dem Dialogprinzip in einem Teil der amerikanischen (insbesondere politologischen) Planungsliteratur verfahren. Unter Titeln wie „Transaktive Planung", „Radikale Planungstheorie" oder „Neuer Humanismus in der Planung" wird nicht nur der normative Bereich in die Diskussion mit hereingenommen, sondern es sollen damit zugleich herkömmliche Paradigmen planerischen Denkens vom Sockel gestürzt werden.[87] Hauptangriffspunkte in den traditionellen Planungsansätzen sind das — wie es dort heißt — mechanistische und zentralistische Zweck-Mittel-Denken und der (elitäre) Subjekt-Objekt-Dualismus zwischen Planungssubjekt und zu (ver-)planendem Objekt.[88] Neben humanistischen und praktisch-philosophischen spielen in diesen Ansätzen auch organisationstheoretische Überlegungen eine wichtige Rolle, und zwar insbesondere solche, die den Bezug von System und Umwelt thematisieren.[89] Eine zunehmend *turbulente* und *komplexe* Umwelt erfordere ein reagibles, lernfähiges Planungssystem. Planung wird nun nicht mehr als Akt rationaler Entscheidungsvorbereitung, sondern als *Prozeß* begriffen. Das Planungssubjekt, d.h. das Planungssystem begreift sich als konstitutiver Teil des Planungsobjektes, der zu planenden Umwelt; die Planungsobjekte, also die Betroffenen, treten selbst in die Subjektrolle ein, sollen selbst zum Steuerer des Wandels werden. Die Subjekt-Objekt-Beziehungen sind der Idee nach zugunsten einer (tendenziell) symmetrischen und kontinuierlichen Interaktion aufzugeben. (Vormalige) Experten und Klienten sollen in einen gegenseitigen Lernprozeß eintreten, der sich in kleinen, lose verknüpften, temporären, nicht-hierarchischen Arbeitsgruppen vollzieht.[90] Medium der Willensbildung soll der (symmetrische) Dialog, die diskutierende Öffentlichkeit sein.[91]

---

[86] Die Argumentation wird entfaltet auf der Basis der sogenannten Konsensustheorie der Wahrheit; vgl. hierzu Kamlah u. Lorenzen (1973), S. 117 ff., Habermas (1971a), S. 123 ff.

[87] Aus dem mittlerweile nicht mehr unbeträchtlichen Schrifttum seien genannt: Dunn (1971), Grabow u. Heskin (1973), Friedmann (1973), Friedmann u. Hudson (1974); einen informativen Überblick gibt Musto (1975), Habermas hat wesentlich früher einen damit verwandten, aber aufgeklärteren Standpunkt in Form des von ihm so genannten Pragmatischen Planungsmodells vertreten: vgl. (1964, 1966); vgl. hierzu auch Kirsch u. Bamberger (1976).

[88] Vgl. insbesondere Grabow u. Heskin (1973), S. 108 f.

[89] Häufige Referenzquellen sind die konzeptionellen Überlegungen von Emery und Trist (1965), Bennis (1966).

[90] Vgl. Musto (1975), S. 300 ff., Friedmann u. Hudson (1973), S. 7

[91] Dies bedeutet zugleich eine Renaissance des alten bürgerlichen Ideals der zum Publikum versammelten Öffentlichkeit; vgl. Habermas (1971b)

Nur durch radikale Dezentralisation und kontinuierliche Interaktion — so die These — ist die (überlebensnotwendige) innovative Anpassung an die Dynamik möglich[92] und nur so wird — als eigentliches Ziel — personales Wachstum und selbst bestimmte Reifung realisierbar. Der soziale Kontext setzt sich dann aus kleinen, sich selbst organisierenden, lernenden Systemen zusammen.[93] Die Rolle des „Planers" wandelt sich nach diesem Verständnis grundlegend. Er wird zum „Change agent", er erleichtert für die Betroffenen den Zugang zum sozialen Experimentieren. Er ist Lehrender und Lernender zugleich. Emphatisch schreiben Grabow und Heskin: „the ‚planner' is one of us, or all of us."[94]

Planung ist also nach diesem Verständnis primär *organisatorischer Wandel*[95], der Dialog das Organisationsprinzip. Die Frage nach den Zielen und Wertmaßstäben, die der Planung zugrundegelegt werden sollen, kann *so* hiernach nicht mehr gestellt werden. Planungstheorie hat nicht mehr Zielfindung und optimale Mittelwahl zum Gegenstand, sondern die Gestaltung und Intensivierung der innergesellschaftlichen Kommunikation, die Förderung selbsttragender Lernprozesse.[96] Es fragt sich, ob es zweckmäßig ist, hierfür weiterhin das Wort „Planung" zu verwenden, nachdem darunter etwas gänzlich anderes begriffen wird, als dies herkömmlicherweise der Fall ist.

3. Wie ist nun dieser Ansatz in Hinblick auf die hier interessierende Fragestellung einzuschätzen? Er zeigt uns gewiß eine wichtige Vision zukünftiger Planungsorganisation; für die Gegenwart fehlt aber der *Situationsbezug,* d.h. eine realistische Einschätzung der Bedingungen unserer historischen Situation. Dieser Mangel ist freilich nicht prinzipieller Natur, er kann durch faktische und normative Genese der je spezifisch gegebenen historischen Situation und entsprechender Reformschritte behoben werden.[97] Dazu bedarf es allerdings deskriptiver Theorien, die uns bislang vorherrschende Planungsprozesse verständlich und beurteilbar machen.[98] Insoweit, als der historisch-gesellschaftliche Bezug fehlt, muß den „radikalen" Planungstheorien der Vorwurf der Naivität, des ethischen Rigorismus gemacht werden. Aus der Konstituierung und Begründung des Dialog-Prinzips läßt sich nicht der Schluß ableiten, daß sich die Gesellschaft ab sofort in kleine Dialogeinheiten aufzulösen habe. Die ganze Problematik der vermittelnden Institutionen, der strukturellen und historisch gewachsenen Verzerrung der Dialogpositionen (gesellschaftliche Privilegierungen, Herrrschaftsstrukturen etc.) gilt es zu analysieren und in die Überlegungen einzubeziehen. Eine zu simple Umsetzung des Dialogprinzips beschwört im

---

[92] Grabow u. Heskin (1973) schreiben wörtlich: „Decentralization is ecologically sound: complex, diversified organisms survive; specialized organisms perish." (S. 109)

[93] Vgl. Friedmann u. Hudson (1974), S. 7

[94] (1973), S. 112

[95] Die Nähe zu Ansätzen der Organisationsentwicklung (Organizational development) ist unverkennbar. Eine besonders enge Verwandtschaft besteht zu dem Modell der „process consultation" (vgl. Schein 1974). Ähnliche Ideen werden — allerdings deutlicher instrumentell unter Implementationsgesichtspunkten — von den Proponenten der sogenannten dritten Generation der Systemanalyse vertreten. Vgl. z.B. Reinermann (1975)

[96] Vgl. Musto (1975), S. 305 ff.

[97] Zur Frage der Genese vgl. Blasche u. Schwemmer (1972), Habermas (1973), S. 191 f.

[98] Vgl. hierzu auch Habermas (1973), S. 192; ob diese Theorie allerdings eine Systemtheorie sein muß, wie Habermas apodiktisch fordert, sei dahingestellt.

Gegenteil gerade jene Gefahren herauf, die man zu vermeiden trachtete, eine *schlichte Fortschreibung* der faktisch vorfindbaren Verhältnisse. Bestehende Barrieren und Verzerrungen werden dann möglicherweise zugunsten eines *Pseudo-Dialogs* ignoriert, der sie nicht transzendiert, sondern perpetuiert.

Umgekehrt darf auch die *Sachverständigkeit* als notwendige Dialogvoraussetzung nicht schlicht ignoriert werden. Wer am Dialog teilhaben möchte, muß sich sachverständig gemacht haben. Um einen Dialog führen zu können, müssen alle Dialogpartner in der Lage sein, die vorgetragenen Argumente zu prüfen und ihre eigenen Begehrungen in kontrollierbarer Weise zu formulieren. Diese — gewiß nur als temporär zu betrachtende — Schranke scheinen die vorgängig dargestellten Ansätze außer acht zu lassen.

4. Diese hier vorgetragene *Kritik* korrespondiert nur in Randbereichen mit der Kritik, die häufig *allgemein* gegen das Dialog-Modell und seine planerischen Anwendungsvarianten (z.B. pragmatisches Modell der Beziehung von Planung und Politik) vorgebracht wird. So wenden Kirsch und Bamberger[99] z.B. ein, daß es keine Stoppregeln für den Abbruch des Dialogs gebe, solche seien jedoch, nachdem nur in Ausnahmefällen bis zu einem endgültigen Konsens beraten werden könne, zur Aufrechterhaltung der Handlungsfähigkeit notwendig. Des weiteren fehlten Angaben hinsichtlich der Reichweite bzw. der Grenzen des kritischen Dialoges. Dies sei schon deshalb ein Kernproblem, weil als Folge extrem hohe Konsenskosten auftreten können. Denn, je umfassender bestehende Werte und Überzeugungen kritisiert würden, umso größer wachse sich der *Konsensbedarf* für die Planung aus.

Hier wird auf zwei Probleme des pragmatischen Modells hingewiesen, die auf einer Metaebene — wie von den Autoren implizit gefordert — systematisch nicht lösbar sind. Solche Abbrüche und Beschränkungen sind immer nur *aus der konkreten Situation* heraus begründbar und sinnvoll zu treffen. Jeder Versuch, auf einer formalen Ebene hier Vorentscheidungen zu treffen, müßte zu puren *Willkürlichkeiten,* zu letztlich einer der vernunftbestimmten Willensbildung abträglichen (weil unbegründeten) Restringierung führen. Diese Einwände sind also keine prinzipiellen Mängel des Modells, sondern verweisen auf je spezifisch zu beachtende (und begründungsbedürftige) Sachzwänge.

Des weiteren wird häufig geltend gemacht[100], daß das Dialog-Modell die Faktizitäten politischer (Planungs-)Prozesse (Machtstrukturen, Manipulation, Intrigen usw.) in naivster Weise verkenne und aufgrund dieser gefährlich unrealistischen Prämissen abzulehnen sei. Abgesehen von den oben bei der Diskussion der „radikalen" Planungstheorien bereits herausgehobenen Mißverständnissen, was den Realitäts- und Situationsbezug des Dialog-Modells anbelangt, die auch hier anzuführen wären, muß jedoch diese Argumentation zwangsläufig in die Sackgasse führen; die Faktizität kann nicht vor der Normativität stehen. Soll aufgrund faktischer Gegebenheiten prinzipiell der Anspruch auf Rationalität aufgegeben werden, so bleibt nichts anderes mehr übrig, als die politischen Prozesse planerischer Willensbildung der Willkür freizugeben. Dem ist entgegenzuhalten, daß sich der Mensch — wie

---

[99] Vgl. Kirsch und Bamberger (1976, S. 349 ff.); dort wird speziell zum „pragmatischen" Modell von Habermas argumentiert

[100] Vgl. Braun (1979b), S. 481 ff., Chmielewicz (1978), S. 147 ff., Kirsch und Bamberger (1976), S. 355 f.

Lorenzen schreibt — „von einem bloßen Naturwesen zu einem Kulturwesen gebildet (hat). Dieser Bildungsprozeß ist immer schon eine Leistung der praktischen Vernunft gewesen. Seit es Philosophie gibt, also seit Sokrates, hat der Mensch begonnen, seine Meinungs- und Willensbildung, die allem Handeln vorangeht, ebenfalls aus dem Zustand bloßer Naturwüchsigkeit herauszunehmen und schon diese zu einer Kulturleistung hochzustilisieren".[101] Eine Wissenschaft, die *nur* auf die deskriptive und/oder funktionalistische Erfassung politischer Prozesse der Willensbildung abstellt, kann zwar die faktischen Prozesse technisch vervollkommnen, nicht aber einer vernünftigen (im Sinne einer gerechten) Gestaltung der Zukunft den Weg weisen.

5. Die von uns oben an den „radikalen" Planungstheorien vorgetragene Kritik richtet sich demnach nicht gegen das Dialogprinzip als solches, sondern nur gegen das Mißverständnis, dies *situationsunspezifisch* als Gestaltungsregel einsetzen zu können. Daneben gilt es, einem weiteren Mißverständnis dieses Ansatzes entgegenzutreten, nämlich daß mit der vorgeschlagenen Neuorganisation des Planungsprozesses auch das zweckrationale Planungsdenken obsolet würde.[102] Der Vorschlag stellt ja nur auf eine Ausweitung des Kreises und der Kommunikation der Planungsbeteiligten ab. Die einzelnen Planungssubsysteme haben sich aber gleichwohl nach wie vor mit der Frage auseinanderzusetzen, welche Ziele sie anstreben und welche Mittel sie dafür einsetzen wollen. Und hierfür sind Theorien rationaler Wahl zweckdienlich und hilfreich. Es ist nicht einzusehen, weshalb die diskursiv gewonnene, praktische Rationalität die technische Rationalität ausschließen sollte. Wie sonst sollte eine vernunftbestimmte Willensbildung gedeihen, wenn nicht darüber, daß sich die Beteiligten über das, *was* sie wollen, einigen wie über das, *wie* sie dies wollen.[103] Eine diskursive Willensbildung schließt also zweckrationales Planen nicht aus, sondern hat es zur Grundlage. Dabei gilt es auch zu sehen, daß Dialoge nicht schon dann zu vernünftiger Willensbildung führen, wenn möglichst viele (Interessen-)Gruppen bloß faktisch daran beteiligt werden. Was für den technischen Bereich als selbstverständlich akzeptiert wird — nämlich nur *methodisch* gebildete Argumente zuzulassen —, muß für den praktischen (im Sinne von normativ) Bereich ebenso gefordert werden. Auch die praktische Vernunft ist so zu disziplinieren, daß sie methodisch zur Rechtfertigung von Normen gelangen kann.[104] Es sind also nicht nur — wie es in den vorgängig dargestellten Ansätzen kommunikativer Planung der Fall ist — die formalen Voraussetzungen für einen freien Diskurs zu gewährleisten, sondern es müssen auch im Interesse einer vernünftigen Willensbildung Anforderungen an die Argumente, an die Begründungen für die im Dialog vorgetragenen Behauptungen oder auf Behauptungen bezogene Aussagen gestellt werden, denn nur so wird aus dem bloßen Miteinanderreden ein methodisch geordnetes, das die

---

[101] Lorenzen (1974a), S. 111

[102] Vgl. oben S. 123

[103] Vgl. hierzu etwa Lorenzen (1974b), wenn er in treffender Kürze schreibt: „Zur Praxis gehört als Vorbereitung unseres Handelns das praktische Argumentieren . . . das zur Willensbildung (dem Setzen von Zwecken) und zur Wahl von Mitteln führt. Das praktische Denken ist stets auf unsere jeweilige Situation bezogen. Bei vernünftiger Argumentation führt es zu einsichtigem Wollen und zu kluger Mittelwahl" (S. 113).

[104] Vgl. Lorenzen (1974a), S. 110

Chance für mehr Vernunft bietet. Deshalb bedarf es auch entsprechender Unterweisungen, die das vernünftige Argumentieren lehren. Das soll freilich nicht ausschließen, daß im Dialog auch Vermutungen (statt schon begründeter Behauptungen) probeweise vorgetragen werden mit der Absicht, daß andere bei der Suche nach ihrer Begründetheit helfend zur Seite stehen. Ebenso kann das nicht heißen, daß diejenigen, die ihre Bedürfnisse nicht (hinreichend) artikulieren können, im Dialog nicht berücksichtigbar sind. Hierfür ist das Institut des fiktiven Dialoges vorgesehen.

6. Wie aber, so könnte man nun fragen, kann das Dialog-Prinzip im einzelnen für die (wissenschaftliche) Diskussion der normativen Aspekte der Planung fruchtbar gemacht werden?

Das Dialog-Prinzip ist zunächst einmal — wie bereits dargelegt — ein Medium der Kritik, es fordert nämlich dazu auf, Willensbildungsprozesse unter dem Raster symmetrischer Dialoge zu diagnostizieren. Dazu ist vorab ein Verständnis der zu diagnostizierenden Situation notwendig; ein Verständnis „der den normativen Strukturen zugrundeliegenden Interessenkonstellationen."[105] Ein solches Verständnis kann nun über eine Genese der Situationsbedingungen erworben werden. Ist die Situation genetisch rekonstruiert, kann eine Beurteilung erfolgen dergestalt, daß der gebildete Willen (Normen) auf Gerechtigkeit hin geprüft wird.

Bezogen auf die Unternehmensplanung wäre also zunächst das Willensbildungszentrum genetisch zu rekonstruieren und zu beurteilen.[106] Dabei ist nun wichtig zu bedenken, daß diese Zentren nicht isoliert oder abstrakt — etwa unter bloßen Input-Output-Referenzen — zu analysieren sind, sondern daß ihr gesamtgesellschaftlicher Bezug erkannt wird. Hier ist ein grundsätzlicher Mangel in der betriebswirtschaftlichen Planungs- und Zieldiskussion erkennbar. Seit das neoklassische Paradigma fallengelassen wurde, ist zugleich das Wirtschaftsordnungsdenken verlorengegangen. Das gilt sowohl für die empirische Zielforschung (dort spiegeln sich allerdings die Imperative der Wirtschaftsordnung mit Manager-Ideologien vermischt in den protokollierten Antworten wider) wie auch für die systemtheoretische Analyse. Bei letzterer wird die Ordnung des „politischen Systems" nicht systematisch mit der Wirtschaftsordnung in Verbindung gebracht (es ist nur am Rande von auch wirksamen Rechtsvorschriften, die die Systemträgerschaft regeln, die Rede). Die Wirtschaftsordnung läßt sich nicht als Aggregat je spezifisch subjektiver Wertvorstellungen darstellen und begreifen, sondern ihr Spezifikum ist, daß sie überindividuell den Rahmen für das wirtschaftliche Handeln abgibt. Eine Diskussion der Zielfunktion kann deshalb nicht nur je spezifisch bei dem einzelnen Unternehmen ansetzen, sondern hat die — eine Wirtschaftsordnung konstituierende — Wirtschaftsweise theoretisch und empirisch einzuholen. Nur so läßt sich ein adäquates Verständnis der zu beurteilenden Ziele und Normen und der sie vermittelnden Institutionen gewinnen und nur so wird eine adäquate Ausgangsbasis für den weiteren Schritt der Neuformulierung von Zielen und Normen geschaffen. Das Dialog-Prinzip bzw. eine kommunikative Planungstheorie — wie sie hier verstanden wird —

---

[105] Habermas (1973), S. 192
[106] Vgl. dazu etwa die programmatischen Anmerkungen von Gerum (1978) sowie Steinmann (1969), S. 4 ff.

fordert also nicht nur dazu auf, die normativen Aspekte kritisch zu analysieren, sondern auch — methodisch geleitete — Vorschläge für gerechtere (Planungs-)Ziele und Normen und — damit einhergehend — für bessere Beratungsmöglichkeiten (z.B. institutionelle Vorkehrungen) zu machen. Letztgenannter Gesichtspunkt weist darauf hin, daß die Frage nach den normativen Aspekten der Planung zu einem gewichtigen Teil die Frage nach der institutionellen (Vor-)Regelung der Beratungsbedingungen darstellt.[107]

7. Systematisch gesehen ergeben sich folgende Arten von Aussagen und Aufgaben:

— *deskriptive* Aussagen über geltende Normen (Ziele), vorfindbare Beratungsprozesse und Mittelwahlen;[108]

— *präskriptive Aussagen:*

  • *Kritisch-evaluierende* Aussagen über die Rechtfertigungsfähigkeit bestehender (und vorgeschlagener) Normen (Ziele), also über die „Einlösbarkeit normativer Geltungsansprüche",[109] über die Verzerrtheit praktizierter Beratungen (und Vorschläge für Beratungsprozesse) und über getroffene Mittelwahlen.

  • *Affirmative* Aussagen über anzustrebende Normen (Ziele) wie auch entsprechende Beratungsinstitutionen und optimale Mittelwahlen.

Das Verhältnis von Planern und Beratern ist *interaktiv;* dies ergibt sich aus der Logik des Übersetzungsprozesses von technischem Wissen und praktischem Wollen; „Wie immer die angestrebte Rationalisierung in einer wechselseitigen Aufklärung von technischem Wissen und praktischem Bewußtsein die gesellschaftlichen Bedürfnisse artikuliert, das traditionell bestimmte Selbstverständnis gegebener Interessenlagen kritisiert und die Zielsetzungen nach Maßgabe der technischen Verfügungsgewalt reorientiert — stets muß sie an Interpretationen, die in einer konkreten Lage und für sie gelten, anknüpfen. Die Aufklärung eines wissenschaftlich instrumentierten politischen Willens kann nach Maßstäben rational verbindlicher Diskussion nur aus dem Horizont der miteinander sprechenden Bürger selbst hervorgehen und muß in ihn zurückführen."[110]

Literatur

Albert, H., Wissenschaft und Politik; Zum Problem der Anwendbarkeit einer wertfreien Sozialwissenschaft, in: Topitsch, E., Probleme der Wissenschaftstheorie, Festschrift für Victor Kraft, Wien 1960, S. 201–232

Albert, H., Modell-Platonismus. Der neoklassische Stil des ökonomischen Denkens in kritischer Beleuchtung, in: Topitsch, E. (Hrsg.), Logik der Sozialwissenschaften, 6. Aufl., Köln-Berlin 1970, S. 406–434

---

[107]Gleichwohl kann natürlich nicht ohne weiteres von der institutionellen Verankerung auf die faktischen Prozesse geschlossen werden. Verfassungsideal und -wirklichkeit können sich weit auseinander entwickeln. Auf diesen Punkt weist Kirsch (1971b) mit Nachdruck hin.

[108]Hier kann eng an die Darstellung der Planung resp. Zielbildung als politischer Prozeß angeschlossen werden, allerdings ohne die Referenz auf einen scheinbar absoluten (in Wirklichkeit krypto-normativen) Überlebensdrang des Systems. Zur Planung als politischen Prozeß vgl. Bamberger (1977) und die Aufsätze von Scharpf in ders. (1973)

[109]Habermas (1973), S. 192

[110]Habermas (1966), S. 143

Apel, K.O., Das Apriori der Kommunikationsgemeinschaft und die Grundlagen der Ethik, in: Apel, K.O., Transformation der Philosophie Bd. II, Das Apriori der Kommunikationsgemeinschaft, Frankfurt a.M. 1973, S. 358—435

Bamberger, J., Grundprobleme und Forschungsansätze der langfristigen Zielplanung, in: ZfO 1977, 46, S. 91—99

Baumol, W.J., Business behavior, value and growth, New York 1959

Bennis, W.G., Changing organizations, New York 1966

Berthel, J., Zielorientierte Unternehmenssteuerung, Stuttgart 1973

Bidlingmaier, J., Unternehmerziele und Unternehmensstrategien, Wiesbaden 1964

Bidlingmaier, J., Zielkonflikte und Zielkompromisse im unternehmerischen Entscheidungsprozeß, Wiesbaden 1968

Blasche, S. und Schwemmer, O., Methode und Dialektik, in: Riedel, M. (Hrsg.), Rehabilitierung der praktischen Philosophie, Bd. I Geschichte, Probleme, Anfänge, Freiburg 1972, S. 457—486

Braun, G.E., Werturteile in theoretischer und angewandter Betriebswirtschaftslehre, in: Journal für Betriebswirtschaft 1979a, 29, S. 87—104

Braun, G.E., Zum Praxisbezug in der Betriebswirtschaftslehre in wissenschaftstheoretischer Sicht, in: ZfbF 1979b, 31, S. 468—485

Braun, W., Praktische Grundlagen einer normativen Sozialwissenschaft und der Beitrag der Systemtheorie, in: Jehle, E. (Hrsg.), Systemforschung in der Betriebswirtschaftslehre, Stuttgart 1975, S. 23—34

Chmielewicz, K., Forschungskonzeptionen der Wirtschaftswissenschaft, Stuttgart 1971

Chmielewicz, K., Anmerkungen zur Konstruktiven Wissenschaftstheorie und Betriebswirtschaftslehre, in: Steinmann, H. (Hrsg.), Betriebswirtschaftslehre als normative Handlungswissenschaft, Wiesbaden 1978, S. 145—160

Churchman, G.W., Prediction and optimal decision. Philosophical issues of a science of values, Englewood/Cliffs (N.J.) 1961

Cyert, R.M. u. March, J.G., A behavioral theory of the firm, Englewood/Cliffs (N.J.), 1963

Dunn, E.S., Economic and social development: A process of social learning, Baltimore 1971

Easton, D., A framework for political analysis, Englewood/Cliffs, (N.J.) 1965a

Easton, D., A systems analysis of political life, New York u.a. 1965b

Emery, F.E. u. Trist, E.L., The causal texture of organizational environments, in: Human Relations 1965, S. 21—32

Fester, M., Vorstudien zu einer Theorie kommunikativer Planung, in: ARCH + 1970, 12, S. 43—72

Friedmann, J., Retracking America: A theory of transactive planning, Garden City (N.Y.) 1973

Friedmann, J. u. Hudson, B., Knowledge and action: A guide to planning theory, in: Journal of the American Institute of Planners 1974, 40, S. 2—16

Gäfgen, G., Theorie der wirtschaftlichen Entscheidung. Untersuchung zur Logik und Bedeutung des rationalen Handelns, Tübingen 1968

Galbraith, J.K., Die moderne Industriegesellschaft (Übers. a.d. Engl.), München 1968

Gerum, E., Überlegungen zur Rechtfertigung einzelwirtschaftlicher Institutionen, in: Steinmann, H. (Hrsg.), Betriebswirtschaftslehre als normative Handlungswissenschaft, Wiesbaden 1978, S. 103—142

Grabow, S. u. Heskin, A., Foundations for a radical concept of planning, in: Journal of the American Institute of Planners 1973, 39, S. 106—114

Greiffenhagen, M., Demokratie und Technokratie, in: Koch, C. und Senghaas, D. (Hrsg.), Texte zur Technokratiediskussion, Frankfurt a.M. 1970, S. 54—70

Greven, M.T., Systemtheorie und Gesellschaftsanalyse, Darmstadt-Neuwied 1974

Gümbel, R., Nebenbedingungen und Varianten der Gewinnmaximierung, in: ZfHF (NF) 1963, 15, S. 12—21

Habermas, J., Verwissenschaftlichte Politik und öffentliche Meinung, in: Reich, R. (Hrsg.), Humanität und politische Verantwortung, Erlenbach-Zürich 1964, S. 54—73

Habermas, J., Verwissenschaftlichte Politik in demokratischer Gesellschaft, in: Krauch, H., Kunz, W. und Rittel, H. (Hrsg.), Forschungsplanung, München-Wien 1966, S. 130—144

Habermas, J., Ein Literaturbericht: Zur Logik der Sozialwissenschaften, in: ders., Zur Logik der Sozialwissenschaften, Frankfurt a.M. 1970, S. 71–310

Habermas, J., Vorbereitende Bemerkungen zu einer Theorie der kommunikativen Kompetenz, in: Habermas, J. u. Luhmann, N., Theorie der Gesellschaft oder Sozialtechnologie, Frankfurt a.M. 1971a, S. 101–141

Habermas, J., Strukturwandel der Öffentlichkeit, 5. Aufl., Neuwied-Berlin 1971b

Habermas, J., Legitimationsprobleme im Spätkapitalismus, Frankfurt a.M. 1973

Habermas, J., Zur Logik des theoretischen und praktischen Diskurses, in: Riedel, M. (Hrsg.), Rehabilitierung der praktischen Philosophie, Bd. II, Rezeption, Argumentation, Diskussion, Freiburg 1974

Heinen, E., Die Zielfunktion der Unternehmung, in: Koch, H. (Hrsg.), Zur Theorie der Unternehmung, Festschrift zum 65. Geburtstag von Erich Gutenberg, Wiesbaden 1962, S. 9–72

Heinen, E., Das Zielsystem der Unternehmung, Wiesbaden 1966

Heinen, E., Einführung in die Betriebswirtschaftslehre, 6. Aufl., Wiesbaden 1977

Heinen, E. u. Dietel, B., Zur „Wertfreiheit" in der Betriebswirtschaftslehre, in: ZfB 1976, 46, S. 1–26; 101–122

Jantsch, E., Technological forecasting in perspective, OECD-Paris 1967

Jantsch, E. (ed.), Perspectives of planning, OECD-Paris 1969

Kade, G., Die Grundannahmen der Preistheorie. Eine Kritik an den Ausgangssätzen der mikroökonomischen Modellbildung, Berlin-Frankfurt a.M. 1962

Kade, G., Hujer, R., Ipsen, D., Kybernetik und Wirtschaftsplanung, in: Zeitschrift für die gesamte Staatswissenschaft 1969, 125, S. 17–55

Kambartel, F., Wie ist praktische Philosophie konstruktiv möglich? Über einige Mißverständnisse eines methodischen Verständnisses praktischer Diskurse, in: ders., Praktische Philosophie und konstruktive Wissenschaftstheorie, Frankfurt a.M. 1974, S. 9–33

Kamlah, W. und Lorenzen, P., Logische Propädeutik, Mannheim 1973

Kappler, E., Zielsetzungs- und Zieldurchsetzungsplanung in Betriebswirtschaften, in: Ulrich, H. (Hrsg.), Unternehmensplanung, Wiesbaden 1975, S. 87–101

Katona, G., Psychological analysis of economic behavior, New York 1951

Kaysen, C., The corporation: How much power? What scope? in: Mason, E.S. (ed.), The corporation in modern society, Cambridge/Mass., Harvard University Press 1959, S. 85–105

Kirsch, W., Die Unternehmensziele in organisationstheoretischer Sicht, in: ZfbF 1969, 19, S. 665 ff.

Kirsch, W., Entscheidungsprozesse, 3. Bd., Wiesbaden 1971a

Kirsch, W., Die Koordination von Entscheidungen in Organisationen, in: ZfbF 1971b, 23, S. 61–82

Kirsch, W., Die Handhabung von Entscheidungsproblemen, München 1978

Kirsch, W. und Bamberger, J., Strategische Unternehmensplanung, Rationalität und Philosophie der politischen Planung, in: ZfB 1976, 46, S. 341–356

Koch, H., Die Betriebswirtschaftslehre als Wissenschaft vom Handeln, Tübingen 1975

Koubek, N., Arbeitsorientierte Einzelwirtschaftslehre (AOEWL), Mitbestimmung und Gewerkschaftspolitik, in: Gewerkschaftliche Monatshefte 1973, 24, S. 687–697

Lenk, H., Bemerkungen zu einer „praktischen" Rehabilitierung der praktischen Philosophie aufgrund der Planungsdiskussion, in: ders., Erklärung, Prognose, Planung, Freiburg 1972b, S. 55–113

Lenk, H., Prolegomena zur Wissenschaftstheorie der Planung, in: ders., Erklärung, Prognose, Planung, Freiburg 1972a, S. 63–94

Lindblom, Ch.E., The intelligence of democracy, New York-London 1965

Lorenzen, P., Aufklärung und Vernunft, in: ders., Konstruktive Wissenschaftstheorie, Frankfurt a.M. 1974a, 98–112

Lorenzen, P., Konstruktivismus und Hermeneutik, in: ders.: Konstruktive Wissenschaftstheorie, Frankfurt a.M. 1974b, S. 113–118

Lorenzen, P., Das Begründungsproblem politischen Wissens, in: ders., Theorie der technischen und politischen Vernunft, Stuttgart 1978, S. 119–139

Luhmann, N., Funktion und Kausalität, in: Kölner Zeitschrift für Soziologie und Sozialpsychologie 1962, 14, S. 617–644

Luhmann, N., Zweckbegriff und Systemrationalität, Frankfurt a.M. 1973

March, J.G. u. Simon, H.A., Organizations, New York 1958

Mayntz, R., Kritische Bemerkungen zur funktionalistischen Schichtungstheorie, in: Glass, D.V. u. König, R. (Hrsg.), Soziale Schichtung und Mobilität, Sonderheft 5 der KZfSS, Köln-Opladen 1961, S. 10–28

Morgenstern, O., Vollkommene Voraussicht und wirtschaftliches Gleichgewicht, in: Zeitschrift für Nationalökonomie 1935, 6, S. 337–357

Musto, St. A., Wandlungstendenzen in der Gesellschaftsplanung, in: Soziale Welt 1975, 26, S. 293–309

Myrdal, G., Das Zweck-Mittel-Denken in der Nationalökonomie, in: Zeitschrift für Nationalökonomie 1933, 4, S. 305–329

Neuendorff, H., Der Begriff des Interesses, Frankfurt a.M. 1973

Ortmann, G., Unternehmungsziele als Ideologie, Köln 1976

Ozbekhan, H., Toward a general theory of planning, in: Jantsch, E. (ed.), Perspectives of planning, OECD - Paris 1969, S. 47–158

Picot, A. und Lange, B., Strategische Planung: Synoptisch oder Inkremental? Beiträge zur Unternehmensführung und Organisation, Universität Hannover 1978

Projektgruppe im WSI, Grundelemente einer arbeitsorientierten Einzelwirtschaftslehre, Köln 1974

Pross, H., Manager und Aktionäre in Deutschland. Untersuchungen zum Verhältnis von Eigentum und Verfügungsmacht, Frankfurt a.M. 1965

Reinermann, H., Formale Planungssysteme und Entscheidungsstrukturen in öffentlichen Organisationen, in: Ulrich, H. (Hrsg.), Unternehmensplanung, Wiesbaden 1975, S. 133–175

Scharpf, F.W., Planung als politischer Prozeß, in: ders.: Planung als politischer Prozeß, Frankfurt a.M. 1973, S. 33–72

Schein, E.U., Process consultation, Reading/Mass. 1974

Schmalenbach, E., Kostenrechnung und Preispolitik, 8. Aufl., Köln-Opladen 1963

Schmidt, R.-B., Wirtschaftslehre der Unternehmung, Bd. 1; Grundlagen, Stuttgart 1969

Schneider, D.J.G., Ziele und Mittel in der Betriebswirtschaftslehre, Wiesbaden 1978

Schreyögg, G., Umwelt, Technologie und Organisationsstruktur, Bern-Stuttgart 1978

Senghaas, D., Systembegriff und Systemanalyse. Analytische Schwerpunkte und Anwendungsbereiche in der Politikwissenschaft, in: Zeitschrift für Politik 1968, S. 50 ff.

Simon, H.A., On the concept of organizational goal, in: ASQ 1964/65, 9, S. 1–22

Steiner, G.A., Top management planning, London, 1969

Steinmann, H., Das Großunternehmen im Interessenkonflikt, Stuttgart 1969

Steinmann, H., Verbraucherschutz und Unternehmerverantwortung, in: Dichtl, E. (Hrsg.), Verbraucherschutz in der Marktwirtschaft, Berlin 1975, S. 129–146

Steinmann, H., Betriebswirtschaftslehre als normative Handlungswissenschaft, in: ders. (Hrsg.), Betriebswirtschaftslehre als normative Handlungswissenschaft, Wiesbaden 1978, S. 73–102

Steinmann, H. und Braun, W., Zum Prinzip der Wertfreiheit in der Betriebswirtschaftslehre, in: WiSt 1976, 5, S. 463–468

Steinmann, H. und Gerum, E., Zur Reform der Unternehmensverfassung, Köln u.a. 1978

Wächter, H., Unternehmungs- und Unternehmerziele im sozio-ökonomischen Feld, Göttingen 1969

Weber, M., Wissenschaft als Beruf, in: ders., Gesammelte Aufsätze zur Wissenschaftslehre, 3. Aufl., Tübingen 1968, S. 582–613

Witte, E., Phasen-Theorem und Organisation komplexer Entscheidungsverläufe, in: ZfbF 1968, 20, S. 625–647

Vogt, W., Zur Kritik der herrschenden Wirtschaftstheorie, in: ders. (Hrsg.), Seminar: Politische Ökonomie, Frankfurt a.M. 1973, S. 179–204

Zusammenfassung

Planung und Planungstheorien bauen nicht nur auf technischen, sondern immer auch auf normativen Grundlagen auf. Die Ausführungen diskutieren daher zunächst einmal ganz allgemein den normativen Aspekt der Planung. Der normative Bereich erweist sich dabei nicht — wie häufig vermutet — als lediglich auf die Frage der zugrunde zu legenden *Ziele* beschränkt, sondern als wesentlicher Bestandteil des ganzen Planungsprozesses. Neben der Nicht-Neutralität der *Mittel* wird als zentrales Argument herausgearbeitet, daß die allen Planungsvorgängen zugrundeliegenden *Selektionsprozesse normativ* gesteuert sind. Diese umfassende und einschneidende Bedeutung, die normativen Fragestellungen in Planungen (und damit auch Planungstheorien) zukommt, wird zum Anstoß genommen, eine intensive Auseinandersetzung mit diesen Problemen zu fordern, will man nicht die Planungsproblematik willkürlich halbieren. Resümierend wird festgehalten, daß die bisher häufig nur implizite Behandlung dieser Aspekte nicht nur deren Bedeutung verkennt, sondern auch den Blick für deren Problematik und Diskussionsbedürftigkeit verstellt.

Der zweite Teil der Ausführungen greift die Frage der Zielsetzung in der Unternehmensplanung als Kernfrage der normativen Problematik heraus und diskutiert sie auf dem Hintergrund betriebswirtschaftlicher Lehrmeinungen: In der Betriebswirtschaftslehre lassen sich unterschiedliche Strömungen in der Behandlung dieser Kernfrage erkennen. Bei aller Unterschiedlichkeit ist man sich freilich in der Ablehnung des mikroökonomischen Gleichgewichtsmodells einig, das mit der Gewinnmaximierung lange Zeit Ziel und Legitimationsgrundlage zugleich zu liefern vermochte. Die meisten neueren Ansätze — zu nennen sind insbesondere: Entscheidungslogik, technokratisches Modell, systemtheoretischer Ansatz und bekennend-normativer Ansatz — sind sich, so läßt sich zeigen, ferner auch darin einig, daß zur Zielsetzung als solcher nicht wissenschaftlich argumentiert werden könne. Gerade diesen Punkt versuchen die zuletzt diskutierten kommunikativ-orientierten Ansätze zu überwinden, sie rücken nicht nur die technische, sondern auch die normative Seite der Planung in den Mittelpunkt des wissenschaftlichen Interesses.

Der kommunikative Ansatz wird abschließend zum Ausgangspunkt für die Entwicklung von Perspektiven für die Behandlung der Zielproblematik in der Betriebswirtschaftslehre genommen.

Produktlebenszyklen – Instrument jeder strategischen Produktplanung*

Werner Pfeiffer und *Peter Bischof*

1. Strategische Produktplanung auf der Grundlage eines integrierten Produktlebenszyklus-Konzeptes**

1.1 Einführung

Die meisten Produkte haben eine beschränkte Lebensdauer. Bestimmte Produkte befinden sich gerade in der Markteinführungsphase, andere Produkte in der Abstiegsphase, was beispielhaft an der „Lebenskurve" von Packstoffen und Packmitteln in Westeuropa dargestellt werden kann (Bild 1). Der permanente Wandel der Umweltbedingungen bewirkt, daß Teile des Produktionsprogramms oder auch das gesamte Programm und damit auch ganze Industriezweige innerhalb eines gewissen Zeitraumes veralten [1]. Die Zentren dieser Veränderungen liegen zum einem im gesellschaftlichen Bereich, der sozialen Umwelt (z.B. Einkommensänderungen, Modewechsel, do-it-yourself-Bewegungen, Änderungen von Werthaltungen, wie z.B. verändertes Umweltbewußtsein), und im naturwissenschaftlich-technischen Bereich, der naturwissenschaftlich-technischen Umwelt (aus der naturwissenschaftlich-technischen Forschung resultierende Änderung von Produkt- und Verfahrens- bzw. Fertigungstechnologien, wie z.B. der Trend zur zunehmenden Miniaturisierung in der Elektronik [3] – vgl. Bild 2).

Obwohl bereits in älteren Publikationen [4] im Zusammenhang mit der Beobachtung des Veraltungsphänomens oft, in Analogie zum Leben biologischer Organismen, auf das „Gesetz des Werdens und Vergehens" hingewiesen wird, ist das Denken in begrenzten Zeiträumen der Existenz von Produkten, d.h. das Denken in Produktlebenszyklen, bis heute nicht durchgängig in den Mittelpunkt der Produktplanung gerückt. Wie könnte es sonst geschehen, daß selbst größere Unternehmen mit relativ umfangreichen Stäben bzw. Planungsapparaten von Umweltveränderungen in einer der beiden oder beiden Dimensionen „überrascht" wurden, die den Produkten und/oder den angewandten Produktionsverfahren „abrupt" die Lebensgrundlage entzogen, und damit die Unternehmen selbst an den Rand des Abgrundes gedrängt wurden.

So bewirkten z.B. Impulse aus der naturwissenschaftlich-technischen Umwelt eine zunehmende Miniaturisierung elektronischer Steuerelemente (Bild 2), d.h. den Übergang von der Elektronenröhre zum Transistor und den Ersatz der gedruckten Schaltung durch integrierte Halbleiterkreise. Dadurch wurde z.B. mechanischen Rechengeräten die Lebensbasis entzogen.

*Bei diesem Beitrag handelt es sich um eine Erstveröffentlichung.

**Die Verfasser sind Herrn Dipl.-Kfm. G.J. Schäffner, Assistent am Lehrstuhl für Industriebetriebslehre – Prof. Dr. W. Pfeiffer – für seine engagierte und konstruktive Mitarbeit zu großem Dank verbunden.

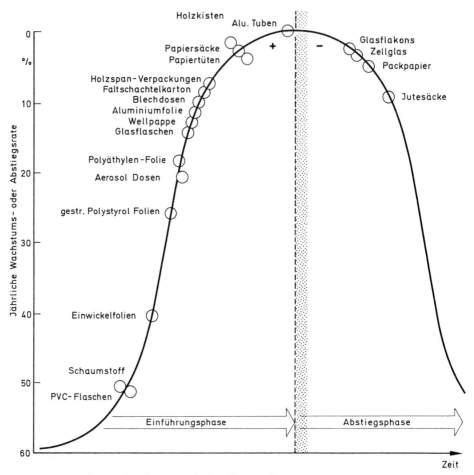

Bild 1: Lebenskurve von Packstoffen und Packmitteln in Europa
(mittlere Wachstumsrate der Jahre 1968–1973) [41]

Elektronische Rechengeräte haben den Vorteil, kleiner, schneller, geräuschlos und billiger zu sein. Jene Firmen, die sich auf mechanische Rechner spezialisiert hatten, wurden gezwungen, im Rahmen ihrer Produktplanung auf „Elektronik" umzustellen. Dies führte nicht nur zu erheblichen Konsequenzen für die Produktplanung selbst, sondern auch zu erheblichen strukturellen Umstellungen in fast allen betrieblichen Funktionsbereichen, insbesondere dem Fertigungsbereich. „An Stelle von Hunderten von Feinmechanikern, Maschinenarbeitern und Werkzeugmachern benötigt die elektronische Fertigung fast nur angelernte, meist weibliche Arbeitskräfte. Die hochwertige, teure Werkzeugmaschinenausstattung ist überflüssig geworden. Dafür müssen teure elektronisch arbeitende Prüfautomaten entwickelt und beschafft werden . . ." [5].

Ein Grund für das mangelnde Denken in Produktlebenszyklen im Rahmen der unternehmerischen Planung ist darin zu sehen, daß Planungssysteme, die in dieser Richtung sensibel sind, weitgehend fehlen. Es beginnt schon damit, daß man sich letztlich nicht im klaren ist über wesentliche Zusammenhänge, die dem „Leben" eines Produktes zugrundeliegen.

Wie die Verfasser in einer umfassenden Studie [6] zeigen, werden die Begriffe Lebenszyklus, Lebensdauer, Marktzyklus und Marktperiode häufig nicht klar voneinander abgegrenzt, teilweise synonym verwendet oder nur unter speziellen Aspekten behandelt. Entsprechend der Heterogenität der Begriffsinhalte wurden auch unterschiedliche Lebenszykluskonzepte aufgestellt. Der größte Teil der Autoren – sowohl Wissenschaftler als auch Praktiker – versteht unter dem Lebenszyklus eines Produktes nur das „Leben" des Produktes am Markt; Lebenszyklus und Marktzyklus werden also weitgehend als identisch angesehen.

Dieses Lebenszykluskonzept, genauer Marktzykluskonzept – auf das weiter unten noch ausführlich eingegangen wird –, ist jedoch für eine längerfristige Produktplanung als Planungsbasis zu eng, d.h. zu einseitig am Markt orientiert.

Um Probleme der langfristigen Produktplanung in der Praxis zu lösen, genügt es nicht, nur die zeitlichen Aspekte sowie Kosten- und Erlösaspekte auf dem Markt zu betrachten [7, 8]. Die Erträge können nur optimiert werden, wenn auch die Entstehungszeit und die Verteilung der in diesem Zeitraum entstehenden Kosten berücksichtigt werden.

Auch kann der Zeitpunkt der Markteinführung eines Produktes nur im Zusammenhang mit dem notwendigen Zeitbedarf für die Produktentstehung im Unternehmen bestimmt werden, da Produkte nicht „vom Himmel fallen", sondern in der Regel das Ergebnis einer zum Teil langwierigen Forschungs- bzw. Entwicklungstätigkeit sowie der Produktionsvorbereitung sind. Somit zeigt sich die Notwendigkeit einer integrierten Betrachtungsweise des Entstehungs- und Verwendungszusammenhangs eines Produktes.

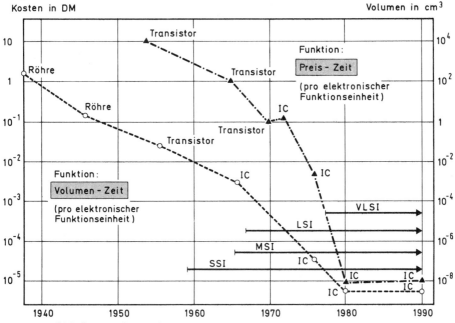

Bild 2: Preis-/Volumen-Zeit Funktion elektronischer Funktionseinheiten [2]

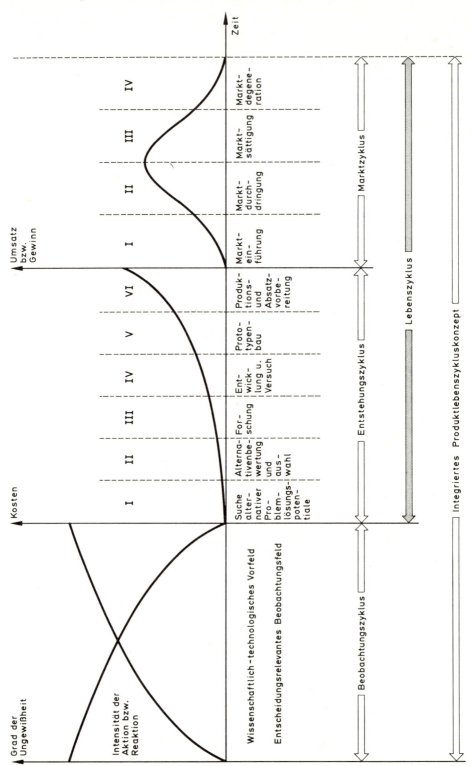

Ein Produktlebenszykluskonzept, das diesen Ansprüchen genügt, soll im folgenden entwickelt und sein Zusammenhang mit dem Prozeß der langfristigen Produktplanung beschrieben werden. Dabei wird eine Präzisierung und Differenzierung des in Literatur und Praxis verwandten begrifflichen Apparates vorgenommen, die unseres Erachtens Voraussetzung ist, daß die unternehmerische Praxis das Phänomen Lebenszyklus besser in den Griff bekommt.

1.2 Stellenwert eines integrierten Produktlebenszyklus-Konzeptes im Rahmen strategischer Produktplanung

Erfolgreiche längerfristige Produktplanung ist nur möglich im Rahmen einer strategischen Konzeption und setzt demnach eine Strategieplanung voraus. Dies ist leichter gesagt als getan. Fast alle großen Unternehmen erarbeiten heute strategische Entwicklungskonzeptionen; dabei wird jedoch vielfach versucht, die Umweltbedingungen zu stabilisieren. Eventuell notwendige Änderungen werden als unangenehm empfunden, weil die Vorstellung fehlt, in welche Richtung und auf welches Ziel hin verändert werden soll [9]. Diese Fragenkomplexe können bei einer integrierten Betrachtung von Lebenszyklus und Prozeß langfristiger Produktplanung beantwortet werden.

1.2.1. Integrierte Betrachtung von Lebenszyklus und Prozeß strategischer Produktplanung

Unter dem Aspekt der zeitlich aufeinanderfolgenden bzw. sich überlappenden Aktivitäten einer langfristigen Produktplanung müssen folgende vier Teilprozesse bzw. Aktivitäten (Phasen) unterschieden werden [6, 10]:

(1) Beobachtung des wissenschaftlich-technischen Vorfeldes bzw. der externen Inventionen. } Beobachtungszyklus

(2) Alternativensuchprozeß, d.h. Gewinnung alternativer Ideen für neue Produkte

(3) Alternativenbewertungs- und -auswahlprozeß

(4) Realisierungsprozeß als Prozeß der Produktion ausgewählter Produkte
    – Forschung
    – Entwicklung
    – Produktions- und Absatzvorbereitung

Entstehungszyklus

und der
Diffusion ausgewählter Produkte
    – Markteinführung
    – Marktdurchdringung
    – Marktsättigung
    – Marktdegeneration

Marktzyklus

Beobachtungszyklus

a) Grundgedanke:

Der Beobachtungszyklus soll der Auffindung bzw. Erwerbung relevanter strategischer Informationen aus der Unternehmensumwelt dienen, die die Zukunft des

Unternehmens beeinflussen können und für eine gezielte Initiierung eines Entscheidungsprozesses (Entstehungszyklus) für ein neuartiges bzw. neues Produkt unabdingbar notwendig sind.

Dieser Grundgedanke resultiert aus folgenden Beweggründen, die durch die Geschehnisse vornehmlich der letzten 10 Jahre auf den Märkten und in den Unternehmen (Insolvenzenwelle etc.) als quasi „empirisch" gesichert angesehen werden können:

(1)   zunehmende Bedeutung der Voraussicht und des Verständnisses für Umweltveränderungen durch das Top-Management

(2)   die Tatsache des unzureichenden Verständnisses beim Top-Management für diesen „Such-Prozeß" und die mangelnde Sensitivität für die hinter Umweltveränderungen stehenden Probleme.

Genauer betrachtet handelt es sich dabei um einen sehr schwierigen Prozeß, sowohl hinsichtlich seiner Trennung vom eigentlichen und dominierenden Entscheidungsprozeß als auch seiner Analyse, weil es sich dabei im allgemeinen um täglich ablaufende Aktivitäten handelt, die meist „unterbewußt" vollzogen werden.

Nichtsdestotrotz bleibt die Notwendigkeit, sich mit diesem Problem tiefgreifend auseinanderzusetzen, denn es ist die einzige Möglichkeit – um mit Ansoff [11] zu sprechen – auch „schwache Signale" zu erkennen, die strategische Diskontinuitäten aufzeigen. Dies ist aber nur sinnvoll, wenn die Unternehmen bereits dann zu Maßnahmen bereit sind, wenn erste, vage Informationen über mögliche Entwicklungen bzw. Umweltveränderungen vorliegen, was, wie weiter oben schon betont, ein grundsätzliches Umdenken bei den Planungskonzeptionen zwingend voraussetzt.

Die strategische Planung darf nicht erst dann ansetzen, wenn der geringste Grad der Ungewißheit erreicht ist, denn dann kann es – je nach Geschwindigkeit des Entwicklungsverlaufes der Veränderungen – zu spät sein, um ein Risiko abzuwenden bzw. eine Chance zu nützen [12].

Dementsprechend muß die Intensität der Aktion bzw. Reaktion umgekehrt proportional zum Grad der Ungewißheit verlaufen.

Alternativensuchprozeß

Leider wird noch sehr oft dieser Phase nicht gebührend Beachtung geschenkt. Bei der Suche nach alternativen Problemlösungspotentialen bzw. Produktideen spielt der Zufall noch eine große Rolle. Wenn man jedoch die Strukturierung und inhaltliche Ausfüllung des Suchfeldes einer längerfristigen Produktplanung dem Zufall überläßt, so kann dadurch der Mißerfolg von darauf aufbauenden Produktplanungsaktivitäten bereits programmiert sein. In Bild 4 ist schematisch gezeigt, daß der Zufall bei der Alternativensuche stufenweise zurückgedrängt werden kann und letztlich eine systematische Ideensuche erforderlich ist.

Ein wesentlicher Beitrag zur Strukturierung systematischer Suchprozesse nach Ideen für neue Produkte wurde von Staudt vorgelegt [14]. Staudt zeigt, wie der Suchprozeß nach alternativen Ideen für neue Produkte einerseits durch gegebene Zielsetzungen, d.h. gegebene Probleme oder Bedarfe bzw. Sachziele im Sinne von Kosiol, induziert werden kann. Diese Impulskette, die von einem Problem bzw. einem Bedarf zu Problemlösungsinformationen bzw. technologischen Potentialen führt, wird als Bedarfsinduktion [15] bezeichnet. Gesucht werden also in diesem Fall (alternative) Ideen für Produkte, die gegebene Probleme lösen bzw. gegebene Bedarfe decken können. Dieser Such- bzw. Informationsgewinnungsprozeß kann anhand eines Relevanzbaumes [14, 16] strukturiert werden.

Ein Beispiel einer praktischen Anwendung der Relevanzbaumtechnik, selbst für ein so komplexes Gebiet wie das der Weltraumfahrt, zeigt der Relevanzbaum der NASA für die Bestimmung der Apollo-Nutzlast (Bild 5).

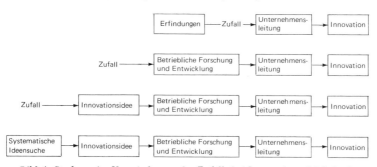

Bild 4: Stufenweise Verminderung des Zufalls bei Innovationstätigkeit [9]

Bild 5: Relevanzbaum der NASA für die Bestimmung der Apollo-Nutzlast [17]

Diese Richtung des Denkens bzw. der Ideensuche ist im wesentlichen bekannt. Staudt zeigt nun, daß die Produktplanung vermeiden sollte, sich einseitig nur an gegebenen Zielen bzw. Bedarfen zu orientieren, sondern daß ein zusätzlicher und erfolgversprechender Ansatzpunkt berücksichtigt werden muß, und zwar der Tatbestand, daß im Unternehmen selbst Potentiale vorhanden sind, die bisher nur auf einer schmalen Ebene oder gar nicht genutzt werden (z.B. bestimmte Forschungsergebnisse, bestimmte kapazitive Einrichtungen). Es gibt also eine Impulskette, die von bereits vorhandenen Problemlösungskapazitäten bzw. technologischen Potentialen zu Bedarfen bzw. Problemen führt und als autonome Induktion [15] bezeichnet wird. Gesucht wird also nach der Vermarktbarkeit bzw. den möglichen Bedarfen gegebener Potentiale bzw. Problemlösungskapazitäten [18].

Staudt zeigt, wie man mittels einer Inversion des Relevanzbaumes zum inversen Relevanzbaum [14] gelangt und damit diesen Teil des Ideensuchprozesses systematisch in den Griff bekommen kann. Dabei wird auch überzeugend nachgewiesen, daß die Erstellung sowohl des Relevanzbaumes als auch des inversen Relevanzbaumes letztlich ein kreativer Suchprozeß ist, dessen Aufbau den flankierenden und kombinierten Einsatz unter Umständen des ganzen Spektrums der zur Verfügung stehenden intuitiven und diskursiven Methoden erfordert, wie z.B. Brainstorming, Synectics, Delphi-Methode, morphologische Methode.

Alternativenbewertungs- und -auswahlprozeß

Die Notwendigkeit der Prioritätenbestimmung und Auswahl alternativer Ideen für neue Produkte zeigt sich aufgrund der beschränkten Ressourcen des Unternehmens. Der Bewertungs- und Auswahlprozeß läßt sich mittels Formalzielen im Sinne von Kosiol, wie z.B. Rentabilität, Marktanteil nur dann hinreichend steuern, wenn von den Alternativen die jeweiligen Einnahmeströme und die Ausgabenströme sowohl für die Produktverwendung als auch -entstehung und ihre zeitliche Verteilung bekannt sind; mit anderen Worten: für jede Produktalternative muß der Lebenszyklusverlauf vorausgesagt werden.

Je nach Zugänglichkeit zu bzw. Verfügbarkeit von entscheidungsrelevanten Informationen über den Lebenszyklus der jeweiligen Alternativen werden unterschiedliche Methoden im Rahmen der Bewertung und Auswahl eingesetzt. In der Literatur wird eine Anwendung von Scoring- oder Punktbewertungsmethoden (Bild 6) im allgemeinen dann empfohlen, wenn alternative Forschungs- und Entwicklungsprojekte vorliegen, bei denen eine relativ hohe Ungewißheit über die Erfolgswahrscheinlichkeit, d.h. das Forschungs- und Entwicklungsergebnis, die Zeitdauer von Forschung bzw. Entwicklung und die dabei anfallenden Kosten, besteht. Erscheint dagegen der Erfolg von Forschung und Entwicklung weitgehend sicher, so wird im allgemeinen auf jene Gruppe von Bewertungsmethoden verwiesen, die auf dem Instrumentarium der Investitionsrechnung basiert und Einnahme- sowie Ausgabeströme gegenübergestellt (z.B.: Rentabilitäts- und Amortisationsrechnungen, Kapitalwertmethode und Methode des internen Zinsfußes).

Beide Gruppen von Bewertungsmethoden stellen jedoch meist hohe Ansprüche an die Beschaffungsmöglichkeiten des Informationsinputs der Modelle. In der Regel werden kaum Hinweise gegeben, wie man als Modellanwender zu den notwendigen Informationen, insbesondere Informationen über den Lebenszyklusverlauf der Produktalternativen, gelangen könnte [20].

In der Erstellung dieses informationellen Inputs liegen beim jetzigen Stand die wesentlichen Probleme im Zusammenhang mit der Produktbewertung und -auswahl. Eine Steigerung ihrer Effizienz führt nicht über die Konstruktion weiterer Auswahlkalküle, sondern letztlich nur über eine entscheidende Verbesserung der Informationsgewinnung.

#	Kriterium										
1	Jahreshöchstumsatz	Geldeinh.	2000	5000	10000	20000	50000	100	200		170
		Punkte	30	70	100	130	170	200	230		
2	Einzelkosten (in % des Umsatzes)	%	20	30	35	40	45	50	60		25
		Punkte	35	30	25	20	15	10	0		
3	Vorhandenes Know-How in der Fertigung	%	100	90	80	60	40	20			20
		Punkte	30	25	20	15	10	0			
4	Erforderliche Investitionen (in % von 1)	%	0	20	50	75	100	150			13
		Punkte	20	17	13	10	7	0			
5	Konkurrenzaktivität (Produkte; Unternehmungen)	Keine K.	Schwache	Mäßig	Hoch						15
		20	15	10	0						
6	Käuferverhalten	Form	Hohe Aufnahmebereitschaft		Schwacher Marktwiderstand		Gemäßigter M.	Hoher M.			20
		Punkte	25		20		10	0			
7	Umsatzminderungen bei anderen Produkten der Unternehmung durch das Neuprodukt	Form	Keine	Schwache	Mäßige	Hohe	Sehr hohe				15
		Punkte	20	15	10	5	0				
8	Umsatzsteigerungen bei bisherigen Produkten (in % von 1)	%	0	10	20	50	100				5
		Punkte	0	5	10	20	30				
9	Entwicklungskosten	Geldeinh.	1000	2000	5000	10000	20000	50	100		100
		Punkte	200	170	130	100	70	30	0		
10	Erfolgswahrscheinlichkeit der F & E	P (in %)	100	80	60	40	20				60
		Punkte	70	60	50	30	0				
11	Gesamtlebensdauer des Produkts vom Bewertungszeitpunkt an (in Jahren)	5	10	15	25						100
			Punktwerte								
12	Entwicklungszeit bis zum Beginn der „Wachstumsphase" im Lebenszyklus	6 Mon.	120	140	150	160					120
		1 Jahr	110	135	145	155					
		2 Jahre	95	125	140	150					
		3 Jahre	75	[120]	135	145					
		5 Jahre	–	100	120	135					

Gesamtpunktwert				563

Punktwerte	über 600	600–550	550–500	unter 500
Projekturteil	Ausgezeichnet	Gut	Annehmbar	Unannehmbar

Bild 6: Beispiel eines Punktbewertungsmodells mit fiktiven Zahlen [9]

Realisierungsprozeß als Prozeß der Produktion und Diffusion ausgewählter Produkte

Der Produktionsprozeß umfaßt die Konkretisierung bzw. Reifung einer Produkt-idee zum verkaufsfähigen Produkt und die laufende Produktion für den Verkauf. Der Aspekt der laufenden (sich wiederholenden) Produktion mit den dabei auftre-tenden Problemen, wie z.B. Arbeitsvorbereitung, Fertigungsplanung und -steuerung, Terminplanung, soll hier nicht weiter behandelt werden und wird auch in Bild 3 ver-nachlässigt.

Der für die Transformation einer Produktidee zum verkaufsfähigen Produkt be-nötigte Teil der Entstehungszeit eines Produktes wird in der Regel in drei Phasen gegliedert (vgl. Bild 3):

Forschung: Zeitaufwand für die prinzipielle Lösung des Problems nach techni-schen Kriterien

Entwicklung: Zeitbedarf für die Anpassung der Lösung an die Anforderungen der wirtschaftlichen Praxis

Produktions- und Absatzvorbereitung: Im Rahmen einer langfristigen Produkt-planung muß auch berücksichtigt werden, daß die Phase der Produktions- und Ab-satzvorbereitung unter Umständen sehr viel Zeit in Anspruch nehmen kann, insbesondere, wenn die Fertigung eines Produktes eine gesamte Fabrikplanung und den Aufbau bzw. die Umstrukturierung des Vertriebssystems erfordert, wie vielfach in der Investitionsgüterindustrie. Im Rahmen der Absatzvorbereitung kann auf zahlreiche Methoden bzw. Modelle zurückgegriffen werden, die von einem „fertigen" Produkt ausgehen. Zu denken wäre hier an Produkt- und Markttests, Zeitplanung bzw. -optimierung bis zur Markteinführung unter Heranziehung von Netzplantechniken u.ä.

Die vorstehend skizzierten Phasen des Produktionsprozesses und die Prozesse der Alternativensuche und Alternativenbewertung bzw. -auswahl bilden zusammen den Entstehungszyklus eines Produktes.

Der in Bild 3 eingezeichnete Verlauf der Kostenkurve des Entstehungszyklus eines Produktes ist prinzipiell als ein möglicher Verlauf zu verstehen. Die Auffassungen über den jeweiligen typischen Kostenverlauf des Entstehungszyklus divergieren erheblich stärker als jene über den jeweils typischen Umsatzverlauf innerhalb des Marktzyklus (siehe weiter unten). Die Bestimmung des Kostenverlaufs des Entstehungszyklus muß als ein noch weitgehend offenes Feld in der betriebswirtschaftlichen Forschung angesehen werden [21].

Ein Beispiel mit empirischen Werten für den Verlauf der Entwicklungskosten einer Werkzeugmaschine ist in Bild 7 gegeben. Bild 8 vermittelt eine gewisse Vorstellung über die mögliche Zeitdauer der Realisierung einer neuen Werkzeugmaschine und den damit verbundenen Planungshorizont.

Der Diffusionsprozeß eines Produktes, als der sich an den Entstehungszyklus anschließende Teil des Realisierungsprozesses kann — wie in Bild 3 skizziert — gra-

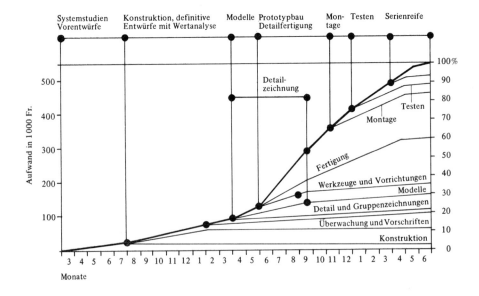

Bild 7: Entwicklungskostenverlauf einer Werkzeugmaschine [22]

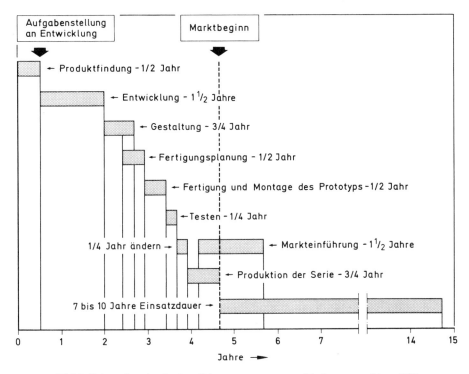

Bild 8: Zeitumfang des Rationalisierungsprozesses von Werkzeugmaschinen [23]

phisch durch den Marktzyklus des Produktes abgebildet werden. Der Marktzyklus wird in der Literatur vielfach in Form einer Normalverteilung, gemessen an Umsätzen bzw. Stückzahlen, dargestellt und im allgemeinen wie folgt untergliedert.

In der Einführungsphase steigt der Umsatz des Produktes langsam an. Mit zunehmender Marktdurchdringung steigen die Umsätze schneller an und nehmen mit zunehmender Marktsättigung wieder ab. Schließlich tritt das Produkt in ein Stadium der Degeneration.

Die Erklärung dieses meist als typisch angesehenen Marktzyklusverlaufs eines Produktes beruht auf einigen mehr oder weniger kasuistisch angeführten Hypothesen [24] und Anfangs- bzw. Randbedingungen, auf die später noch einzugehen ist. Bei genauer Analyse erweist sich dieser „typische" Marktzyklusverlauf nur als ein möglicher Verlauf.

Geht man nämlich davon aus, daß Umsätze bzw. verkaufte Stückzahlen eines Produktes als Ergebnis von Angebot und Nachfrage betrachtet werden müssen, so sind prinzipiell Datenkonstellationen denkbar, in denen auf ein Angebot eines Produktes die Nachfrage zeitlich erst später einsetzt und umgekehrt, d.h. Nachfrage vorhanden ist, aber noch keine Produkte bzw. Problemlösungen angeboten bzw. nicht mehr angeboten werden.

Theoretisch kann man also einmal eine Zeitspanne beschreiben, in der ein Unternehmen bereit und fähig ist, ein Produkt unter bestimmten Bedingungen abzugeben, den Angebotszyklus. Der zeitliche Beginn des Angebotszyklus hängt jedoch von der Zeitspanne ab, die für die Entstehung bzw. Transformation der Produktidee zum verkaufsfähigen Produkt im Unternehmen benötigt wird. Zum anderen kann eine Zeitspanne angegeben werden, in der potentielle Nachfrager eines Produktes bereit und fähig sind, dieses Produkt unter bestimmten Bedingungen zu erwerben, den sogenannten Nachfragezyklus. Dieser Sachverhalt ist in Bild 9 schematisch wiedergegeben.

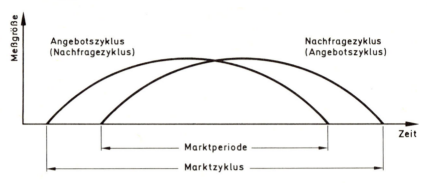

Bild 9: Zusammenhang zwischen Angebotszyklus, Nachfragezyklus und Marktzyklus bzw. Marktperiode [6]

Angebotszyklus und Nachfragezyklus bedingen sich gegenseitig und werden in der Regel zeitlich gegeneinander verschoben sein. Der Zeitraum von dem ersten Angebot (bzw. Nachfrage) bis zur letzten Nachfrage (bzw. Angebot) soll als Marktzyklus bezeichnet werden, während der Zeitraum, in dem ein Produkt Gegenstand von Angebot und Nachfrage ist, Angebotszyklus und Nachfragezyklus also zeitlich deckungsgleich sind, mit Ellinger [25] Marktperiode genannt werden soll.

Der in dem integrierten Produktlebenszykluskonzept (Bild 3) gezeichnete Verlauf des Marktzyklus gilt unter der Annahme der zeitlichen Deckungsgleichheit von Angebots- und Nachfragezyklus. Der Marktzyklus ist demnach in Bild 3 identisch mit der Marktperiode. Dieser Umsatzverlauf ist die Resultante einer ganz spezifischen Datenkonstellation, was vielfach nicht berücksichtigt wird.

Einer langfristigen Produktplanung kann nämlich nicht von vornherein der Fall der zeitlichen Identität von Angebotszyklus und Nachfragezyklus zugrunde gelegt werden. Das Ziel der Planung muß sein, den Angebotszyklus und den Nachfragezyklus eines Produktes zeitlich aufeinander abzustimmen und im Idealfall zur Deckung zu bringen. Eine zeitliche Variabilität des Angebotszyklus setzt natürlich auch eine Variabilität des Entstehungszyklus, d.h. des Zeitraumes der Realisierung eines Produktes im Unternehmen, voraus. Ist der Diffusionszeitraum bzw. der Nachfragezyklus eines Produktes relativ fest vorgegeben, so ist der Marktzyklus des Produktes im Rahmen der langfristigen Produktplanung als Datum zu betrachten. Angebotszyklus und entsprechend auch Entstehungszyklus des Produktes müssen in diesem Fall darauf abgestimmt werden.

Wurden mögliche zeitliche Verschiebungen von Angebotszyklus und Nachfragezyklus für ein Produkt im Rahmen einer langfristigen Produktplanung nicht antizipiert bzw. wurde der vorgegebene Entstehungszyklus zeitlich überschritten, so kann ex post vielfach nur festgestellt werden, mit einem neuen Produkt „zu früh" oder

„zu spät" auf den Markt gekommen zu sein, wobei die ökonomischen Folgen in beiden Fällen gleichermaßen verheerend sein können. Ayres beschreibt das Problem des „zu früh auf den Markt kommen" sehr anschaulich: „Der Pionier macht stets mehr Fehler; und er muß härter arbeiten und mehr investieren als jene, die in seine Fußstapfen folgen. Deshalb kann eine verfrühte Betätigung auf einem neuen Gebiet recht teuer zu stehen kommen. Es ist eine Tatsache, daß die Wegbereiter nicht selten keinerlei dauernden Vorteil aus ihrem Frühstart ziehen. Ein deutliches Beispiel hierfür ist Remington-Rand (heute ein Zweig der Sperry-Rand-Corp.), die als erste mit einem kommerziellen elektronischen Rechner, der Univac I, auf den Markt kam, jedoch im Rennen um die Führungsposition rasch hinter IBM zurückfiel." „In gleicher Weise kann sich natürlich ein Zuspätkommen verheerend auswirken. Das Versäumnis von RCA (General Electric) und anderen Herstellern von Elektronenröhren, die Halbleiter-Revolution vorherzusehen oder auszunutzen, bedeutet eine für immer verpaßte Chance. Die Führung in diesem Industriezweig ging an die Firmen Texas Instruments Corp., Fairchild, Transitron, Hughes Aircraft und andere über." [17]

1.2.2. *Spezifischer Informationsbedarf für die strategische Produktplanung als Resultante der integrierten Betrachtung*

Mit dem vorgestellten integrierten Produktlebenszykluskonzept ist ein wesentlicher Teil des Informationsbedarfs für strategische Produktplanung strukturiert. Im Zentrum einer langfristigen Produktplanung steht demnach die Abschätzung bzw. Voraussage des Entstehungszyklus und des Marktzyklusverlaufs eines Produktes und der Beginn des letzteren im Kalenderzeitverlauf, d.h. die Voraussage des günstig möglichen Markteinführungszeitpunktes. Der Markteinführungszeitpunkt eines Produktes als Ergebnis der zeitlichen Optimierung von Nachfrage- und Angebotszyklus ist, wie vorstehend schon erwähnt, auch bestimmend für den zulässigen Zeitumfang des Entstehungszyklus.

Aus der Definition des Marktzyklus geht hervor, daß seine Verlaufsform, ausgedrückt z.B. in Umsätzen je Zeiteinheit, und seine zeitliche Dauer durch zwei sich gegenseitig komplex bedingende Komponenten bestimmt werden, den Angebots- und den Nachfragezyklus. Demnach muß Klarheit darüber bestehen, zu welcher Zeit ein Unternehmen ein bestimmtes Produkt anbieten kann. Also müssen Informationen über den benötigten Zeitumfang der Produktrealisierung im Unternehmen beschafft werden. Wie bereits erläutert, muß je nach Konkretisierungsgrad einer Produktidee Zeit für Forschung und Entwicklung, Produktions- und Absatzvorbereitung aufgewendet werden. Die dabei anfallenden und ebenfalls abzuschätzenden Kosten hängen von der Intensität der Aktivitäten, z.B. Mann-Stunden je Zeiteinheit ab, mit denen die einzelnen Phasen bzw. Stufen im Zeitablauf realisiert werden.

Zum anderen müssen Informationen darüber beschafft werden, welche Nachfrage bzw. welcher Bedarf für dieses bestimmte Produkt zu welcher Zeit besteht. Und zwar ist für eine langfristige Produktplanung nicht nur der Gesamtbedarf von Interesse, sondern auch die Verteilung dieses Bedarfs bzw. dieser Nachfrage entlang der Zeit.

Vor allem kommt der Diffusionsgeschwindigkeit eines Produktes in der Markteinführungs- und Marktdurchdringungsphase große Bedeutung zu, da langsam ansteigende Umsätze und damit lang andauernde Einführungsphasen am Markt sich entscheidend auf die finanzielle Situation, d.h. auf die Liquidität des Unternehmens, auswirken können. Gering wachsenden Umsätzen und damit Erlösen stehen dann die Kosten des Entstehungszyklus und der laufenden Produktion bzw. Produktionsbereitschaft gegenüber.

Geht man davon aus, daß der Diffusions- bzw. Marktzyklusverlauf eines Produktes von einer Vielzahl von Faktoren beeinflußt wird [6], so müssen, um relativ geringe Diffusionsgeschwindigkeiten in der Markteinführungsphase ex ante zu vermeiden, jene Faktoren gesucht bzw. durch Voraussageprozesse antizipiert werden, die sich der Diffusion hemmend entgegenstellen können. Wie noch zu zeigen sein wird, kommt bestimmten Faktoren nur unter bestimmten Datenkonstellationen des Entscheidungsfeldes potentieller Abnehmer eine hemmende Wirkung zu. Mit Kenntnis dieser Datenkonstellation kann dann nach alternativen Zeitpunkten gesucht werden, in denen die Umweltsituation für eine Einführung eines neuen Produktes die geringsten hemmenden Einflüsse, d.h. die geringsten Abnehmer- bzw. Marktwiderstände, erwarten läßt. Die Identifizierung bzw. Antizipation von Marktwiderständen gibt jedoch im Rahmen strategischer Produktplanung nicht nur die Möglichkeit, sich zukünftigen Umweltsituationen durch Variation des Markteinführungszeitpunktes (passiv) anzupassen, sondern erlaubt auch aktiv die Umweltentwicklung mitzugestalten, indem Suchprozesse nach Möglichkeiten zum Abbau potentieller Widerstände eingeleitet werden. Mit der Antizipation von Marktwiderständen und einer Überprüfung des Herstellersystems auf immanente Widerstände ist die Möglichkeit gegeben, „rechtzeitig" Suchprozesse nach Möglichkeiten zum Abbau dieser Widerstände einzuleiten bzw. „rechtzeitig" eine Produktrealisierung abzubrechen. Bei der bestehenden Umweltdynamik ist es vielfach zu spät, solche Maßnahmen erst aufgrund einer Ursachenanalyse bei am Markt schwer verkäuflichen bzw. fehlgeschlagenen Produkten durchzuführen.

Dieser aus der integrierten Betrachtung von Lebenszyklus und Prozeß der strategischen Produktplanung abgeleitete Informationsbedarf wird im Rahmen einer strategischen Produktplanung erstmals im Stadium der Alternativenbewertung und -auswahl relevant.

2. Informationsgewinnung über den Marktzyklus

Im folgenden soll nun ein Konzept vorgestellt werden, das eine Anleitung an die Hand gibt, auf welche Weise das Unternehmen sich Informationen über den Verlauf des Marktzyklus beschaffen kann. Auch dieses Informationsgewinnungsproblem ist außerordentlich komplex. Es soll im folgenden am Beispiel des Teilbereichs „Markteinführung von Produkten", dem unseres Erachtens in der Praxis eine ganz besondere Bedeutung zukommt, diskutiert werden.

2.1. Warum neue Produkte fehlschlagen

Bekanntlich zeigt die Praxis, daß jedes zweite bzw. dritte in den Markt eingeführte Produkt fehlschlägt.

Wie sehr der Markterfolg eines neuen Produktes von der Wahl des Markteinführungszeitpunktes bzw. dem Erfolg in der Markteinführungsphase bestimmt wird,

belegt auch eine empirische Studie des Ifo-Instituts (1974), in der detaillierte statistische Werte über Ursachen von fehlgeschlagenen Neueinführungen bzw. sehr lang-
samen Diffusionsgeschwindigkeiten am Markt angegeben sind; danach wurden bei
474 eingeführten Patenten folgende Tatbestände als hemmende Faktoren der
Marktausbreitung bzw. Diffusion ermittel [26]:

Ursachen	%
Markt noch nicht aufnahmebereit	21
Produkt technisch noch nicht ausgereift	17
Umstellung der Fertigung erforderlich	16
Fertigungsverfahren technisch noch nicht ausgereift	12
Staatliche Genehmigung fehlte	2
Wirtschaftliche Voraussetzungen der Anwendung fehlten	14
Sonstige Ursachen	18
Insgesamt %	100

(absolute Anzahl: 474)

Die Art dieser hemmenden Faktoren der Marktausbreitung läßt darauf schließen,
daß der Beginn und der Verlauf des Marktzyklus der Patente in der Einführungsphase mangelhaft bzw. falsch im jeweiligen Planungszeitpunkt eingeschätzt wurde.
Auch zeigen sich Anhaltspunkte dafür, daß zu einem großen Teil an einem vorgegebenen bzw. geplanten Markteinführungszeitpunkt festgehalten wurde, obwohl
die Produkte bzw. Fertigungsverfahren bis dahin technisch noch nicht ausgereift
waren, d.h. mehr Zeit als geplant für den Entstehungszyklus nötig gewesen wäre.

Betrachten wir echt innovative Produkte [27], deren Entstehung im Unternehmen mehrere Jahre dauert, also mit einem relativ großen Zeitraum zwischen Planung und Markteinführung, so gestaltet sich die Abschätzung der Erfolgsaussichten
eines Produktes am Markt sicherlich äußerst schwierig, zumal zu erwarten ist, daß
mit zunehmender Zeitdauer die Wahrscheinlichkeit einer Veränderung der Umweltbedingungen immer größer und damit die Schätzung immer unsicherer wird. Die
extreme Schwierigkeit dieses Schätzproblems berechtigt jedoch unseres Erachtens
eine Unternehmensleitung nicht, den „Kopf vor diesem Problem in den Sand zu
stecken" und z.B. Geld zu bewilligen für die Entwicklung eines Produktes, über dessen Markterfolg kaum nachgedacht wurde bzw. von dem gehofft wird, daß das in
einigen Jahren fertige Erzeugnis von der Marketingabteilung schon irgendwie „an
den Mann gebracht" werden könne.

Vielmehr müssen geeignete Analyseinstrumente gesucht werden, die es erlauben,
trotz permanenter Veränderungen der Umweltbedingungen Informationen über den
zukünftigen Markterfolg von Produkten zu beschaffen. Die Unternehmensleitung
muß sich ein fundiertes Urteil bilden über die Marktsituation eines Produktes im
Zeitpunkt X.

Bei der Erarbeitung von Analyseinstrumenten zur Informationsgewinnung über
die Markteinführungsphase von Produkten gehen wir im folgenden davon aus, daß
das Unternehmen eine Vorstellung von dem betrachteten Produkt und seinem Entstehungszyklus hat. Welche Fragen sind nun im Zusammenhang mit der Abschätzung der zukünftigen Erfolgsaussichten des Produktes zu stellen und zu beantworten?

- Wer sind die potentiellen Abnehmer eines Produktes zu einem bestimmten Zeitpunkt der Markteinführung?
- Ist der Markt zu diesem Zeitpunkt aufnahmebereit?
- Hat die Nachfrage bzw. hat der Nachfragezyklus bereits begonnen? Wie verläuft er? Oder muß die Nachfrage prinzipiell erst „geweckt" werden?
- Wie können wir erreichen, daß Nachfragezyklus und unser geplanter Angebotszyklus deckungsgleich werden bzw. daß der Nachfragezyklus zu unseren Gunsten beeinflußt wird? (Bei der Planung des Angebotszyklus hat man in der Regel bestimmte Vorstellungen über die Auslegung der Produktionsanlagen für das Produkt, z.B. bestimmte Mindestansprüche.)
- Welche Mengen können in der Einführungsphase am Markt abgesetzt werden? Wie verteilen sich die Mengen über die Zeit? (Dieser Fragenkomplex ist unter anderem ebenfalls wichtig für eine Planung der Auslegung der Produktionskapazitäten.)
- Wie groß ist die Ausbreitungs- bzw. Diffusionsgeschwindigkeit des Produktes in der Markteinführungsphase?
- Von welchen Faktoren hängt die Marktausbreitung des Produktes ab?
- Wie können hemmende und fördernde Faktoren der Marktausbreitung eines Produktes erkannt bzw. antizipiert werden?

Bei unseren Forschungsarbeiten zur Lösung von Absatzproblemen bei hoch innovativen Investitionsgütern sind wir sowohl aufgrund theoretischer Ableitungen, die über die verhaltensorientierte Organisationstheorie gewonnen wurden, als auch aufgrund breit abgesicherter empirischer Analysen zu dem Ergebnis gekommen, daß hemmende Faktoren der Marktausbreitung nicht nur in der Systemumwelt – insbesondere nicht nur im Markt [28] – zu suchen sind, sondern im Herstellersystem selbst oft fast genauso gewichtige Hemmfaktoren für eine erfolgreiche Realisierung einer Produktinnovation liegen [28a]. Deshalb spricht einiges für die These Gassers [29], daß die Risiken aus Umweltveränderungen sich auch aus der durch sachliche und personelle Gegebenheiten des Unternehmens resultierenden Trägheit ergeben. Informationen über bestimmte Marktwiderstände und Unternehmenswiderstände haben zwar einen Eigenwert, jedoch sollten erkannte Tatbestände am Markt nicht passiv – quasi als Schicksal – hingenommen werden; vielmehr bilden sie die Grundlage zur Formulierung einer längerfristigen Strategie zu ihrer Beseitigung.

Die Beantwortung dieser zum Teil exemplarisch angesprochenen Problemkreise ist eine Voraussetzung dafür, daß hoch innovative Produkte nicht am Markt versagen. Im folgenden werden wir uns besonders mit den Ausbreitungshemmnissen am Markt während der Einführungsphase befassen, ohne jedoch mögliche Hemmnisse im Unternehmen selbst aus dem Auge zu verlieren.

Produkte, deren Entstehungszyklen relativ lang sind, erfordern nicht nur eine langfristige Produktionsvorbereitung, sondern ebenfalls eine längerfristige Absatzvorbereitung. In dieser Hinsicht sind die folgenden Zahlenangaben über den Zusammenhang zwischen der Zunahme des Verkaufserfolges und dem Ursprung der Produktideen interessant [30]: (vgl. Tab. S. 147 oben).

Diese Tabelle wird im allgemeinen als Kronzeuge dafür benutzt, daß die erfolgbringenden Ideen nur von Kunden und der Verkaufsabteilung stammen. Unsere bisherigen Ausführungen lassen jedoch auch die Interpretation zu, daß bei den von der

Ursprung der Produktidee	Zunahme des Verkaufserfolges (in %)			
	keine	geringe	mittlere	große
Kunde	33	33	13	21
Verkauf	58	14	14	14
Forschung und Entwicklung	66	17	17	–

Forschungs- und Entwicklungsabteilung angeregten – in der Regel hoch innovativen – Ideen die Widerstände im Unternehmen selbst und am Markt besonders groß sind und man es versäumte, sie im Rahmen einer längerfristigen umfassenden Produktplanung frühzeitig zu identifizieren und durch geeignete Strategien abzubauen sowie die Situation laufend zu beobachten und während der langen Entstehungszeit korrigierend einzugreifen. Es wundert dann nicht, daß bei der Markteinführung nur festgestellt werden konnte, am Markt „vorbeiproduziert" zu haben.

Gerade bei langen Entstehungszeiten ist die Gefahr groß, daß diese Aktivitäten bzw. die laufende Abschätzung der Erfolgschancen nicht bzw. nur sehr mangelhaft durchgeführt werden – vielleicht unterstützt durch das nicht selten anzutreffende Argument, daß das, was in x Jahren sein wird, sich ja sowieso nicht abschätzen ließ. Eine Abschätzung des Markterfolges innovativer Produkte im Planungszeitpunkt und deren permanente Überprüfung während des Entstehungszyklus trägt dazu bei, daß dem Unternehmen Fehlschläge erspart bleiben.

Wenn ein Unternehmen sich im Rahmen seiner Produktplanung mit diesen Fragen befassen muß, stellt sich mit Recht die Frage, welche methodischen Instrumentarien bisher zur Verfügung stehen. Deshalb sollen nun die im Rahmen des Marketing diskutierten Ansätze zur Informationsgewinnung über Produktmarktzyklen kurz einer kritischen Analyse unterzogen werden.

2.2. Ansätze zur Gewinnung von Informationen über Produktmarktzyklen

Eine Analyse der absatzwissenschaftlichen Literatur ergibt zwei unterschiedliche Wege des Vorgehens für eine Ermittlung des Marktzyklusverlaufs von (neuen) Produkten. Einmal wird empfohlen, vom sogenannten typischen Marktzyklusverlauf eines Produktes auszugehen, zum anderen die Marktzyklusfunktion über eine Parameterschätzung für den Einzelfall zu bestimmen.

Als typisches Verlaufsmuster der Ausbreitung eines (neuen) Produktes am Markt gilt im allgemeinen eine Normalverteilung bzw. eine ihr ähnliche Form (vgl. Bild 10). Dieser Ausbreitungsverlauf, der für eine große Zahl von Erzeugnissen gelten soll [31], wird in der Regel in vier oder fünf Phasen unterteilt und anhand bestimmter Meßgrößen, wie z.B. Umsatz und Deckungsbeitrag, beobachtet. Einen Überblick über die Modellprämissen des normalverteilten Produkt-Marktzyklus gibt Bild 11.

Es ist hier nicht der Platz, in aller Ausführlichkeit und Genauigkeit die Kritik an dieser Vorstellung vorzutragen [32]. Doch fühlen wir uns verpflichtet, wenigstens in aller Kürze auf die Problematik einer Anwendung des „typischen" Marktzyklusverlaufs aufmerksam zu machen.

Wenn man davon ausgeht, daß der allgemein als typisch angesehene Marktzyklusverlauf von Produkten für ein bestimmtes Produkt gelte, so unterstellt man gleichzeitig, daß während des Ausbreitungsverlaufs dieses Produktes bestimmte Faktoren

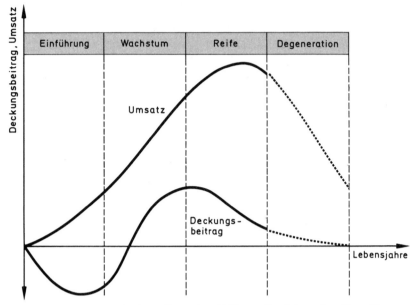

Bild 10: Schematische Darstellung eines (4-Phasen-)Produktmarktzyklus [32]

zu bestimmten Zeitpunkten in bestimmter Art und Weise Einfluß haben, überspitzt formuliert, das Marktgeschehen in gewissem Sinn programmiert ist. Und zwar nimmt man z.B. an, daß für das betrachtete Produkt das Käuferverhalten als normalverteilte Reaktionsstruktur gegeben ist. „Einige Leute wollen unmittelbar jenes Gut, das neu auf dem Markt erscheint, erwerben. Andere ziehen es vor, zunächst abzuwarten, wie sich dieser Artikel bewährt. Andere wieder müssen zunächst ihrer Trägheit Herr werden, bevor sie sich zu einem Kauf entschließen können." [33] Diese Annahme beruht auf der Beobachtung, daß potentielle Käufer des neuen Produktes aufgrund unterschiedlicher soziographischer Merkmale wie Bildungsstand, Einkommen, Gruppenzugehörigkeiten, Einstellungen zu Verhaltensänderungen nicht gleichzeitig den Kauf tätigen, sondern die Geschwindigkeit der einzelnen Reaktionen nach den Gesetzen der Wahrscheinlichkeitstheorie annähernd nach einer Normalverteilung verläuft. [33]

Ferner wird unterstellt, daß eine bestimmte Marktsättigung für das Produkt erreicht wird und erst nach der Marktsättigung sozial-gesellschaftliche und naturwissenschaftlich-technische Veränderungen auftreten. Wie bereits weiter vorne gezeigt, finden diese Veränderungen aber laufend statt, so daß womöglich eine Marktsättigung für ein bestimmtes Produkt gar nicht zustande kommt. Andere Einflußgrößen des Marktzyklus, wie z.B. Wirtschaftspolitik, Gesetzgebung, Bevölkerungsentwicklung, Sortimentseinflüsse, werden nicht berücksichtigt bzw. in ihrer Auswirkung auf den Umsatzverlauf als neutral angenommen.

Weiterhin wird unterstellt, daß der Absatzverlauf des Produktes von bestimmten Marketingaktivitäten des Produktherstellers bestimmt wird. Und zwar wird davon ausgegangen, daß mit zunehmender Verbreitung des Produktes unter Berücksichtigung der Zahl der Konkurrenzanbieter der Produkthersteller zunächst von dem Ab-

Phasen / Charakteristika	Einführung (Introduction)	Wachstum (Growth)	Reife (Maturity)	Sättigung (Saturation)	Niedergang (Decline)
MESSGRÖSSEN 1. Umsatz (Absatz)-verlauf a) *absolute* Umsatzänderung	geringes absolutes Umsatzwachstum	starkes absolutes Umsatzwachstum	zunehmende absolute Umsätze	Umsätze nehmen langsam ab	Umsatzabnahme, beschleunigt durch Substitute
b) *relative* Umsatzänderung (Änderungsrate)	hohe Zuwachsraten	Zuwachsraten erreichen ihr Maximum	schnell sinkende Zuwachsraten, Zuwachsrate Null bildet Phasengrenze zur Sättigung	Zuwachsrate ist negativ	Zuwachsrate sinkt weiter
2. Verlauf der Ertragssituation	Verlust (hohe Einführungs- und Vorbereitungskosten müssen abgedeckt werden)	Gewinnmaximum (da nur wenige Wettbewerber im schnell wachsenden Markt)	Abnehmende Gewinne. Verfallende Preise und steigende Kosten lassen den Gewinn sinken	Gewinne nehmen weiter ab. Verlustschwelle bildet Grenze zur Niedergangsphase	Verluste durch sinkende Erlöse und steigende Kosten
3. Käuferverhalten	Im Rahmen der marketingorientierten Forschung als gegeben (normalverteilt) angenommen. In neueren Publikationen Übernahme der Strukturierung des Marktzyklus in Abnehmertypen aus der Diffusionsforschung.				
a) Nachfragertypen	Innovatoren als erste Käufer	Frühe Annehmer (early adopters)	Frühe Mehrheit (early majority)	Späte Mehrheit (late majority)	Späte Abnehmer (Laggards)
b) Preiselastizität der Nachfrage	Preiselastizität der Nachfrage ist Null (Innovator ist bereit den Preis zu zahlen)	zunehmende Preiselastizität	wesentlich höhere Preiselastizität Reaktion auf alternative Preise	Preiselastizität erreicht Maximum	Preiselastizität fällt beträchtlich ab
4. Marketingaktivitäten des Produktherstellers a) Aktivitätsniveau	sehr hoch	hoch	mittel	mittel	gering
b) Preispolitik	hoher Preis	hoher Preis, geringe Preisvariation	Preisvariation	Preisvariation	fester Preis
c) Werbepolitik	sehr bedeutend	bedeutend	noch bedeutend	weniger bedeutend	unbedeutend
d) Produktpolitik	Produkt unverändert	leichte Modifikation (Behebung von technischen Mängeln)	Produktverbesserung, -differenzierung zur Abhebung von Konkurrenzprodukten	Modifizierung und Differenzierung, um Attraktivität der Produkte zu steigern	neue Produkte (Substitute) drängen auf den Markt
e) Verfolgte Strategien	Kreation eines neuen Marktes	Ausdehnung des Marktvolumens	Kampf um Marktanteile. Bildung von Markentreue beim Verbraucher	harter Kampf um Marktanteile	Aufrechterhaltung eines Rumpfmarktes
5. Veränderung der Umwelt- bzw. Marktbedingungen a) Umweltveränderungen	keine bzw. kein Einfluß	keine bzw. kein Einfluß	keine bzw. kein Einfluß	sozial-gesellschaftliche und naturwissenschaftlich-technische Veränderungen setzen ein	
b) Marktstruktur der Produktanbieter	temporäres Monopol (Quasi-Monopol)	Oligopol	Polypol	Polypol	Oligopol
c) Marktstruktur der Konkurrenten	keine K.	wenige K.	mehrere K.	viele K.	wenige K.
d) Produktherstellertypen	Pionier bringt das neue Produkt auf den Markt	Imitatoren treten als Wettbewerber auf	Es folgen die frühen Anpasser (early adapters)	späte Anpasser aus schwindenden Märkten (late adapters)	Pionier und Imitatoren scheiden als erste aus und gehen auf neue Märkte

Bild 11: Schematischer Überblick über die Modellprämissen des normalverteilten Produkt-Marktzyklus (5 Phasen) [6]

satzinstrument Werbung Gebrauch macht und sich dann im Zeitverlauf auf Preis-
bzw. Produktpolitik konzentriert.

Eng verbunden mit diesem spezifischen Herstellerverhalten im Zeitverlauf ist
auch die Annahme, daß sich die Marktstruktur für das Produkt nach einem bestimmten Muster entwickelt. Ausgehend von einem Erstanbieter (temporäres An-
gebotsmonopol) kommen mit zunehmender Verbreitung des Produktes weitere
Konkurrenten hinzu, so daß oligopolistischer Wettbewerb herrscht. Schließlich wird
angenommen, daß mit der Marktsättigung die Marktform des Polypols gegeben ist
und mit Absatzrückgang des Produktes wieder oligopolistischer Wettbewerb
herrscht.

In Anbetracht dieser relativ speziellen Voraussetzungen des „typischen" Marktzyklusverlaufs verwundert es auch nicht, daß in der Praxis Schwierigkeiten auftauchen, diese Form des Verlaufs [34] nachzuweisen. Bild 12 zeigt einige Beispiele
empirisch beobachteter Marktzyklusverläufe.

Wegen der Heterogenität der in der Praxis beobachteten Erscheinungsformen
von Produktmarktzyklen wurde deshalb auch eine Gesetzmäßigkeit der Absatzentwicklung von Produkten häufig in Frage gestellt, und damit auch der Wert dieses
Marktzyklusmodells als Grundlage zur Voraussage der zukünftigen Absatzentwicklung neuer Produkte und bereits am Markt eingeführter Produkte.

Die Unternehmensleitung, die zur Bewertung und Auswahl alternativer Produktvorschläge den jeweiligen zukünftigen Marktzyklusverlauf abschätzen muß, wird vor
die schwierige Frage gestellt, welcher Marktzyklusverlauf aus der heterogenen
Palette möglicher Verläufe der jeweiligen spezifischen Produktalternative zugrunde
gelegt werden sollte. Der amerikanische Marketingprofessor Kotler sieht diese
Schwierigkeit und empfiehlt deshalb ein differenziertes Vorgehen. Er schlägt vor,

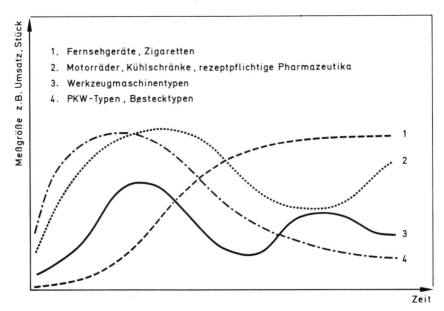

Bild 12: Schematische Darstellung von Beispielen empirisch beobachteter Marktzyklusverläufe

mit Hilfe einer Stichprobe den „typischen" Marktzyklusverlauf eines Produktbereichs einer Branche und seine „typische" zeitliche Dauer festzustellen [35].

Abgesehen von den Problemen einer Ermittlung derartiger typischer Verläufe, unter anderem der Feststellung der relevanten Randbedingungen im Beobachtungszeitraum, haben Informationen über typische Marktzyklen bestimmter Form und Länge den Charakter von Trendaussagen. Damit wird angenommen, daß der Marktzyklusverlauf des neuen geplanten Produktes von den gleichen bzw. in ihrer Wirkung ähnlichen Faktoren beeinflußt wird wie der Ausbreitungsverlauf eines Produktes in der Vergangenheit. Diese Vorgehensweise beruht auf der Hypothese, „daß die Kräfte und Mechanismen, die die Entwicklung bis zum jeweiligen Zeitpunkt prägten, auch im folgenden Prognosezeitraum Bestand haben. Damit wird vorausgesetzt, daß das betrachtete System hinreichend isoliert und abgeschlossen ist, daß also im Prognosezeitraum keine unvorhergesehenen Störungen, z.B. im Sinne von neuen Faktoren, von außerhalb des Systems eintreten können." [14] Beispielsweise wird vielfach von der Ad-hoc-Hypothese ausgegangen, daß Entwicklungen in den USA mit einer zeitlichen Verzögerung auch in Europa, insbesondere der BRD, auftreten, wobei die Identität der Bedingungen des Entwicklungsverlaufs einfach vorausgesetzt wird.

Voraussagen des Marktzyklus von Produkten auf der Basis typischer Verläufe sind also mit nicht unerheblichen Problemen behaftet. Insbesondere unter Berücksichtigung der permanenten Veränderungen der Umweltbedingungen wird die Verläßlichkeit einer Anwendung des typischen Marktzyklusverlaufs im Rahmen längerfristiger Produktplanung zur Abschätzung von Umsatzverläufen aufgrund der Gefahr möglicher Trendbrüche relativ gering.

Als zweite Richtung des Vorgehens für eine Ermittlung des Marktzyklusverlaufs eines neuen Produktes wurde die individuelle Bestimmung der Parameter der Marktzyklusfunktion genannt. Dieser Ansatz versucht, von der Programmiertheit des Marktgeschehens abzukommen, und ist offen dafür, welche Faktoren wann und in welcher Art und Weise wirken. In Verkennung der Realität wird in der absatzwissenschaftlichen Literatur jedoch vielfach davon ausgegangen, daß die Gewinnung der Informationen für diesen Ansatz unproblematisch ist. Grundvoraussetzung für diesen Informationsgewinnungsprozeß wäre jedoch eine Vorstellung davon, von welchen Faktoren der Marktzyklusverlauf des betrachteten Produktes beeinflußt wird, das heißt nichts anderes als eine Beantwortung des im vorangehenden Abschnitt aufgestellten Fragenkomplexes im Zusammenhang mit der Abschätzung der zukünftigen Erfolgsaussichten des Produktes am Markt. Um mögliche relevante Tatbestände des Markterfolges eines Produktes zu erkennen, muß also zuallererst versucht werden, den Marktzyklusverlauf allgemein zu erklären, das heißt, es muß nach den Bedingungen und Faktoren bzw. Wirkzusammenhängen gesucht werden, die den Ausbreitungsverlauf eines Produktes am Markt maßgeblich bestimmen. Eine solche Erklärung ist auch Voraussetzung für die Parameterschätzung einer Marktzyklusfunktion. Das letztliche Schätzproblem kann auch hier nicht gelöst werden, jedoch kann der unternehmerischen Praxis ein differenziertes Analyseinstrument in die Hand gegeben werden, das den Weg der Informationssuche aufzeigt.

Die Struktur eines derartigen Konzeptes für eine Informationsgewinnung über die Markteinführungsphase von Produkten auf der Grundlage eines Systems erklärender Faktoren soll im folgenden skizziert werden. Dabei wird zunächst der Ablauf der einzelnen Schritte des Konstruktionsprozesses aufgezeigt und dann eine Anwendung dieses Konzeptes zur Ermittlung potentieller Widerstände bei der Markteinführung von Investitionsgütern exemplarisch vorgeführt.

2.3. Konstruktion der Markteinführungsphase eines Produktes

2.3.1 Struktur des Konstruktionsprozesses

Ein methodischer Neuansatz zur Abschätzung der Markteinführungsphase von Produktmarktzyklen kann nur über die Annahme führen, daß der Marktzyklusverlauf eines Produktes die Resultante individueller Entscheidungs- bzw. Bewertungsprozesse der Produktabnehmer und des Produktherstellers ist (Bild 13). Da die Entscheidung potentieller Produktabnehmer über den Kauf eines bestimmten Produktes von der Bewertung der positiven und/oder negativen Konsequenzen abhängt, die sich aus dem Einsatz des Produktes im Abnehmersystem ergeben, müssen sich demnach in diesem Entscheidungszusammenhang die Faktorengruppen identifizieren lassen, die kausalrelevant für den Marktzyklusverlauf sind, d.h. diesen fördern oder als Widerstand hemmen. Aus der Sicht des Produktherstellers gewinnt also die Antizipation möglicher positiver und vor allem negativer Systemkonsequenzen eines „vorgestellten" bzw. „gedachten" Einsatzes eines Produktes im Abnehmersystem zentrale Bedeutung.

Um solche Systemkonsequenzen für den zukünftigen Markteinführungszeitpunkt eines Produktes zu antizipieren, muß nach den in diesem Zeitpunkt gegebenen spezifischen Anfangs- und Randbedingungen des Entscheidungszusammenhangs potentieller Produktabnehmer gefragt werden. Sind zusätzliche Informationen darüber vorhanden, wie Abnehmer von Produkten im allgemeinen Produktattribute in bezug auf ihr jeweiliges Systemkonzept bewerten, dann können mittels dieser „Gesetzmäßigkeiten" mögliche Systemkonsequenzen positiver und/oder negativer Art aus den Anfangs- und Randbedingungen des Entscheidungszusammenhangs eines Produktabnehmers abgeleitet werden.

Die Abschätzung der Systemkonsequenzen eines möglichen Einsatzes eines Produktes im Abnehmersystem führt also im einzelnen über folgende Planungsschritte: (Bild 14)

(1) Fixierung der grundlegenden Annahmen:
Ein Produkt (P) mit bestimmten Attributen soll zum Zeitpunkt (t_1) potentiellen Abnehmern auf bestimmte Art und Weise und unter bestimmten Bedingungen angeboten werden.

(2) Ermittlung der potentiellen Abnehmersysteme eines Produktes:
Die Probleme, die sich im Zusammenhang mit der Ermittlung ergeben, welche potentiellen Abnehmersysteme für ein bestimmtes Produkt grundsätzlich in Frage kommen, werden im allgemeinen von der Produktart und dem Neuigkeitscharakter des Produktes abhängen. Unabhängig davon ist mit der Methode des Inversen Relevanzbaumes ein allgemeiner Ansatz zur Strukturierung dieses Suchprozesses möglicher Abnehmerkreise eines Produktes gegeben.

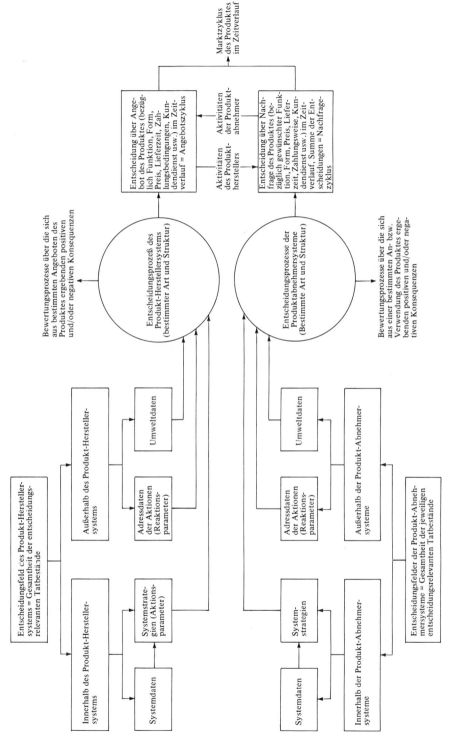

Bild 13: Erklärungsschema des Marktzyklusverlaufs von Produkten [32]

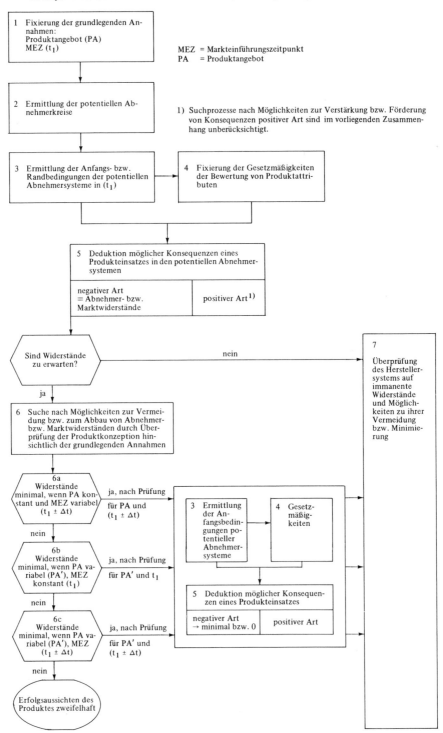

Bild 14: Schematischer Überblick über Planungsschritte und Ablauf des Konstruktionsprozesses der Markteinführungsphase von Produktmarktzyklen [37]

(3) Ermittlung der Anfangs- bzw. Randbedingungen im geplanten bzw. angenommenen Markeinführungszeitpunkt (t_1):
Bei der Ermittlung von Tatbeständen des Entscheidungszusammenhangs potentieller Produktabnehmer besteht generell das schwierige Problem, Klarheit darüber zu bekommen, welche Tatbestände für eine bestimmte Entscheidungssituation „relevant" sind. Die Differenzierung in entscheidungsrelevante und nicht relevante Tatbestände ist letztlich abhängig von der Verfügbarkeit bewährter Theorien über das Handeln des Menschen im sozialen Feld. Da es in diesem Bereich jedoch noch kaum bewährte Theorien gibt, muß sich die Analyse bzw. der Informationsgewinnungsprozeß, der in der Regel stark kreative Züge trägt, deshalb im Schwerpunkt auf Erfahrungswissen stützen.

(4) Fixierung der Gesetzmäßigkeiten der Bewertung von Produktattributen durch die Produktabnehmersysteme:
Obwohl der Bewertungsprozeß in der Regel von der Produktart (z.B. Konsumgut oder Investitionsgut) abhängig ist, kann generell festgehalten werden, daß potentielle Abnehmer im allgemeinen die Entscheidung abhängig machen von der relativen Vorteilhaftigkeit, der Kompatibilität und der Komplexität eines Produktes sowie der Möglichkeit, das Produkt probeweise anzunehmen. Diese vor allem im Rahmen der Diffusionsforschung [36] diskutierten Bewertungsrichtlinien, die zugleich Bedingungen der Marktausbreitung (Diffusion) von Produkten sind, müssen jedoch für den konkreten Anwendungsfall erheblich verfeinert werden. Diese Spezifizierung wurde für den Fall der Investitionsgüterdiffusion von den Verfassern bereits vollzogen (vgl. Abschnitt 2.3.2).

(5) Ableitung möglicher positiver und/oder negativer Konsequenzen eines Einsatzes eines Produktes (vgl. Planungsschritt 1) in potentiellen Abnehmersystemen (vgl. Schritt 2) aus den Anfangs- bzw. Randbedingungen (vgl. Schritt 3) und den Gesetzmäßigkeiten (vgl. Schritt 4).

(6) Suche nach Möglichkeiten zur Vermeidung bzw. zum Abbau von antizipierten Abnehmer- bzw. Marktwiderständen durch Überprüfung der Produktkonzeption hinsichtlich der grundlegenden Annahmen: Mit der Identifizierung von Marktwiderständen und der Suche nach Möglichkeiten zum Abbau bzw. zur Vermeidung von antizipierten Widerständen ist es möglich, unter diesem Aspekt den optimalen Markteinführungszeitpunkt eines Produktes auszuloten.

(7) Überprüfung des Herstellersystems auf immanente Widerstände
In der hier gebotenen Kürze kann die Struktur dieses Konstruktionsprozesses, dessen Ablauf in Bild 14 im Überblick gezeigt ist, nur stark vereinfacht wiedergegeben werden. Der an einer umfassenden und ausführlichen Diskussion des Konstruktionsprozesses und seiner Verankerung in der langfristigen Produktplanung interessierte Leser sei auf die Arbeit von Bischof [37] verwiesen. Abschließend soll jedoch noch eine Anwendung dieses Ansatzes für Produkte des Investitionsgüterbereichs vorgeführt werden.

2.3.2. Ermittlung von potentiellen Widerständen bei der Markteinführung von Investitionsgütern

Aus der Sicht eines Investitionsgüterherstellers ist zur Abschätzung potentieller Widerstände bei der Markteinführung eines Investitionsgutes entsprechend den angegebenen Planungsschritten vorzugehen. Im folgenden soll davon ausgegangen werden, daß die grundlegenden Annahmen fixiert (vgl. Planungsschritt 1) und die potentiellen Abnehmersysteme ermittelt sind (vgl. Schritt 2). Das heißt, ein bestimmtes Investitionsgut (z.B. eine Maschine, eine gesamte Produktionsanlage) mit bestimmten Attributen soll zum Zeitpunkt (t_1) potentiellen Investitionsgüterabnehmern auf bestimmte Art und Weise und unter bestimmten Bedingungen angeboten werden.

Für Investitionsentscheidungen sind im allgemeinen die Tatbestände eines Investitionsentscheidungsfeldes relevant; sie stellen die Anfangsbedingungen für eine Voraussage möglicher Konsequenzen des Einsatzes von Investitionsgütern in potentiellen Abnehmersystemen dar und können durch die in Bild 15 aufgezeigte Aufbaustruktur eines Investitionsentscheidungsfeldes systematisiert werden.

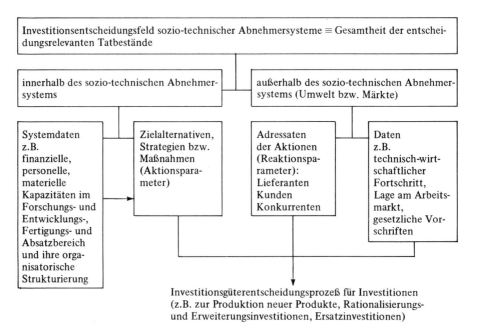

Bild 15: *Aufbaustruktur des Investitions-Entscheidungsfeldes eines sozio-technischen Abnehmersystems* [32]

In dem in Bild 15 gezeigten Investitionsentscheidungsfeld ist die Gesamtheit aller Tatbestände des Investitionsgüterverwenders abgebildet, die innerhalb seines eigenen soziotechnischen Systems und in der Umwelt, d.h. außerhalb des Systems, für eine Investitionsentscheidung relevant sind. Das sind im einzelnen für den Investitionsgüterverwender im allgemeinen nicht beeinflußbare Tatbestände, sogenannte Daten, wie z.B. staatliche Wirtschaftspolitik, gesetzliche Maßnahmen, Bestand an verfügbaren Ressourcen, z.B. Rohstoffe, Arbeitskräftepotential und technischer Stand bzw. technologisches Potential (Know-how) der Volkswirtschaft. Zum anderen sind für eine Investitionsentscheidung eines Investitionsgüterverwenders die „Zustände" bzw. Strategien der Adressaten seiner Aktionen, z.B. seiner Kunden,

Konkurrenten, Lieferanten, relevant. Nicht zuletzt hängt die Investitionsentscheidung wesentlich von den Systemstrategien des Verwenders selbst und den sich für das Verwendersystem ergebenden positiven und/oder negativen Konsequenzen einer Realisierung bzw. eines Einsatzes eines bestimmten Investitionsgutes ab.

Neben dieser Aufbaustruktur des Investitionsentscheidungsfeldes potentieller Abnehmersysteme eines bestimmten Investitionsgutes, das für den angenommenen Markeinführungszeitpunkt (t_1) zu bestimmen ist, ist als weitere Anfangs- bzw. Randbedingung die in Bild 16 vorgegebene Ablaufstruktur von institutionalisierten kollektiven Investitionsentscheidungsprozessen relevant.

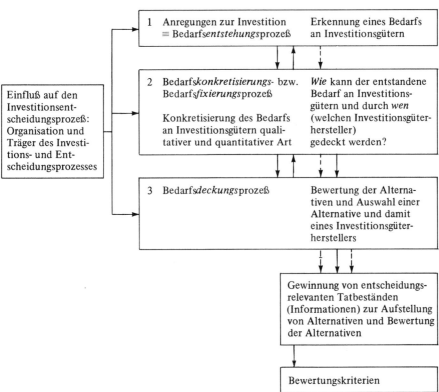

Bild 16: Ablaufstruktur institutionalisierter kollektiver Investitions-Entscheidungsprozesse [32]

Ob nun das Ergebnis des Entscheidungsprozesses potentieller Verwender eines Investitionsgutes mit Ja oder Nein ausfällt, hängt letztlich davon ab, wie der Verwender die materiellen und immateriellen Komponenten eines Investitionsgutes in bezug auf seine spezifische Situation bewertet. Der Möglichkeitsraum dieser positiven und negativen Konsequenzen des Einsatzes eines Investitionsgutes im Abnehmersystem ergibt sich aus dem in Bild 17 vorgestellten System von Kriterien sozio-

Wirtschaftliche Eignung eines Investitionsgutes = relativer Vorteil

| Kapitaleinsatz | Nutzungsdauer | Ertragserwartungen | Kostenerwartungen |

Konkurrenzangebote bezüglich wirtschaftlicher Eignung und Vertrauen

Ia Technische Eignung eines Investitionsgutes zur Lösung der Produktionsaufgabe

1. Technischer Stand im Sinne von technischer Ausgereiftheit bezüglich Arbeits-, Antriebs-, Bewegungs-, Steuerungs-, Handhabungs-, Meß- und Prüfeinrichtungen
2. Erwartungen über zukünftige technische Weiterentwicklungen in bezug auf den technischen Stand

Ib Eignung des Investitionsgutes zur Integration in das sozio-technische System (= Unternehmen) und die Umsysteme

der Struktur des Systems

der technisch-konstruktiven Struktur räumliche und zeitliche Anschlußmöglichkeit (Verkettungsfähigkeit) Betriebssicherheit Grad der Vereinheitlichung und Austauschbarkeit von Teilen und Teilaggregaten
1. Technischer Stand (wie oben)
2. Alter, Abschreibung (Restwerte): wirtschaftliche Lebensdauer (vgl. IV)

der organisatorischen Struktur Aufbau- und Ablaufstruktur

der Struktur des Personalbestandes qualitativ (Know-how) quantitativ (Schichtbetrieb)

II Eignung des Investitionsgutes zur Integration in das sozio-technische System

Grad der Konformität bei Einsatz des Investitionsgutes im sozio-technischen System mit

der Struktur des Systems

der (den) Funktion(en) des Systems (Input-Output-Zusammenhang)

Input: Rohstoffe (Mengen, Qualitäten, Preise, Arbeitskräfte (Know-how) Probleme der Verfügbarkeit

Output: Produzierte Menge pro Zeiteinheit (vgl. IV) Probleme der Verwendbarkeit

den Strukturen und Funktionen der Umsysteme

rechtliche Bestimmungen in bezug auf Arbeitskräfte, Umweltschutz, Steuern, Abschreibungen usw.

III Absatzwirtschaftliche Eignung

Grad der Entsprechung von Investitionsgut und gegenwärtiger und erwarteter Absatzlage (fertigungstechnische Elastizität) Veränderung der Absatzsituation durch den Einsatz der Anlage (Output je Zeiteinheit) (vgl. I)

IV Finanzwirtschaftliche Eignung

Grad der Entsprechung von finanziellen Möglichkeiten des Verwenders (Beschaffungskosten des Investitionsgutes einschließlich Montagekosten, Anlern- bzw. Umschulungskosten für Arbeitskräfte, kostenträchtig notwendige andere Investitionsgüter bei Einsatz des Investitionsgutes, laufende Kosten (Preise) für Rohstoffe (Bedarf an Umlaufvermögen), Instandhaltungskosten, Wiederverkaufswert) und den Konditionen des Herstellers (Zahlungsbedingungen, Abnahmemengen des Investitionsgutes usw., Möglichkeit zur Reduzierung des finanziellen Risikos des Abnehmers durch Test (Probierfähigkeit) des Investitionsgutes)

V Zeitliche Eignung

Grad der Übereinstimmung von Lieferzeit des Herstellers und zeitlicher Produktionsplanung des Verwenders

Vertrauen
I in die Fähigkeit des Herstellers, das Investitionsproblem entsprechend dem Angebot zu lösen
II in die Einhaltung der vereinbarten Zeit bezüglich Lieferung, Aufstellung und Anlauf
III in die Fähigkeit und Willigkeit des Herstellers, überraschende Störungen materiell, zeitlich, kostenmäßig (Kulanz) zu regeln

Bild 17: System von Kriterien sozio-technischer Abnehmersysteme zur Bewertung eines Investitionsgutes [32]

technischer Abnehmersysteme zur Bewertung eines Investitionsgutes im Investitionsentscheidungsprozeß. Dieses Kriteriensystem, das zusammen mit den Anfangsbzw. Randbedingungen des Investitionsentscheidungsfeldes und -entscheidungsprozesses zur Klärung von Investitionsentscheidungen und entsprechend auch ihrer Voraussage dienen kann, ist aufgrund theoretischer Vorstellungen [38] und empirischer Analysen entwickelt worden. Durch den eingehenden empirischen Test dieses Systems von Bewertungskriterien in der Werkzeug- und Textilmaschinenindustrie unter dem Aspekt hemmender Faktoren ist eine weitgehende empirische Absicherung gewährleistet [32]. Die empirische Basis wurde durch Testuntersuchungen für Handling-Automaten in mehreren Industriezweigen weiter verbreitet [39].

In dem in Bild 17 vorgegebenen Kriteriensystem der Investitionsgüterverwender zur Bewertung eines Investitionsgutes ist das übergeordnete Kriterium für die Auswahl von Investitionsalternativen ihre „wirtschaftliche Eignung". Die wirtschaftliche Eignung wird durch einen Vergleich der erwarteten Aufwendungen mit den erwarteten Erträgen festgestellt; dabei werden folgende Größen erfaßt: Kapitaleinsatz, Nutzungsdauer, Ertrags- und Kostenerwartungen. Die wirtschaftliche Eignung wird von Faktoren bestimmt, die zum Teil nur schwer quantitativ faßbar, d.h. relativ schwer monetär zu bewerten sind, zum Beispiel:

(I)   Technische Eignung eines Investitionsgutes zur Lösung der Produktionsaufgabe
(II) Eignung eines Investitionsgutes zur Integration in das sozio-technische System des Verwenders und die Umsysteme
(III) Absatzwirtschaftliche Eignung
(IV) Finanzwirtschaftliche Eignung
(V)   Zeitliche Eignung.

Um das Spektrum möglicher negativer Konsequenzen des Einsatzes eines bestimmten Investitionsgutes im sozio-technischen System des Verwenders aufzuzeigen, müssen einige Kriterien des Bewertungssystems in Bild 17 näher erläutert werden. Zur Veranschaulichung werden dabei Ergebnisse aus den empirischen Untersuchungen in der Textilmaschinenindustrie über hemmende Faktoren bzw. Widerstände bei Entscheidungsprozessen über den Einsatz von schützenlosen Webmaschinen, insbesondere Sulzer-Webmaschinen, als Beispiel herangezogen [32].

(1) Bei der Beurteilung der technischen Eignung eines Investitionsgutes zur Lösung der Produktionsaufgabe stehen unter anderem Anforderungen bezüglich der Mengen- und Qualitätsleistung des Investitionsgutes bzw. einer Maschine und Erwartungen – aus der Sicht des Maschinenverwenders – über zukünftige technische Weiterentwicklungen in bezug auf den technischen Stand im Vordergrund. In unserer Untersuchung über hemmende Faktoren bei Entscheidungsprozessen über den Einsatz von Sulzer-Webmaschinen wurde z.B. die Qualität der Leisten der auf Sulzer-Webmaschinen gewebten textilen Flächengebilde von den potentiellen Erstanwendern Mitte der 50er Jahre relativ häufig bemängelt. Die typische Sulzer-Einlegeleiste der Gewebe war am Anfang starker Kritik von seiten der Kunden der Webereien, der Ausrüster und Konfektionäre ausgesetzt, da sie für diese erhebliche produktionstechnische Schwierigkeiten aufwarf. Dieses Problem der Leistenbildung und der daraus resultierenden negativen Absatzerwartungen hielt relativ viele potentielle Abnehmer der Sulzer-Webmaschine von einem Kauf zunächst ab. Die Firma Sulzer begegnete diesem hemmenden Faktor der Marktausbreitung durch neue Lösungsprinzipien der Leistenbildung, unter anderem dem Vorschlag, die Kantenkettfäden zu verdünnen. Die Qualität der heutigen Leisten

wurde von den untersuchten Webereien nicht mehr bemängelt, im Vergleich zu anderen Webmaschinen teilweise sogar höher bewertet.

(2) Bei dem Kriterium Konformität eines Investitionsgutes mit der technisch-konstruktiven und organisatorischen Struktur [40] und der qualitativen und quantitativen Struktur des Personalbestandes wird unter anderem geprüft, ob der Einsatz des Investitionsgutes in einem sozio-technischen Abnehmersystem zu einem bestimmten Zeitpunkt eine Variation dieser Strukturen notwendig macht, insbesondere eine Variation des Wissensstandes erfordert, d.h. bisherige Kenntnisse zerstört und erworbene Erfahrungen überholt werden. Zum Beispiel erfordert der erstmalige Einsatz von Sulzer-Webmaschinen in einer Weberei nicht nur eine Umorganisation bzw. Umstrukturierung der Weberei selbst, sondern auch wesentlicher Teile des Webereivorwerks, z.B. der Kettbaumerstellung und Schußspulerei, und erfordert somit umfangreiche Folgeinvestitionen. Personelle Umstrukturierungen ergeben sich aus der Notwendigkeit der Mehrmaschinenbedienung und eines Drei-Schicht-Betriebes; zudem wird das spezifische Fachwissen des Webers, das „Fingerspitzengefühl", durch die Realisierung einer Reihe von automatischen Kontrollsystemen des Webvorganges nicht mehr benötigt. Für die Planung des erstmaligen wirtschaftlichen Einsatzes von Sulzer-Webmaschinen in einer Weberei besteht somit die Notwendigkeit einer *Systembetrachtung,* die hohe Anforderungen an die Planenden selbst stellt.

Empirische Befunde ergaben, daß vielfach die Verwender nicht in der Lage waren, dieses organisatorische Problem zu lösen.

Einige Betriebe befürchteten, daß aufgrund der notwendigen Änderungen im Gesamtsystem als Folge des Einsatzes von Sulzer-Webmaschinen die Gefahr einer Beeinträchtigung der „Betriebsharmonie" gegeben sein könnte, z.B. durch notwendige Eingriffe in bisherige Aufgaben- bzw. Verantwortungsbereiche und das Lohngefüge. Aus diesen Gründen wurde die Sulzer-Webmaschine nach diesem Kriterium der Eignung zur Integration in die Abnehmersysteme vielfach negativ beurteilt. Dies führte teilweise zu einem Aufschub der Investitionsentscheidung; einige Betriebe warteten zunächst Erfahrungswerte anderer Webereien ab, die bereits Sulzer-Webmaschinen eingesetzt hatten.

Die Firma Sulzer begegnete diesem möglichen hemmenden Faktor der Ausbreitung ihrer Webmaschinen am Markt durch entsprechende *Organisationsangebote:* Durchführung umfangreicher Systemanalysen im Verwenderbetrieb. Auf der Basis der spezifischen Systemdaten bzw. -strategien des Entscheidungsfeldes potentieller Käufer von Sulzer-Webmaschinen wird ein Konzept zur aufbau- und ablauforganisatorischen Systemoptimierung entwickelt und eine umfassende Wirtschaftlichkeitsrechnung erstellt. Auf Wunsch führt die Firma Sulzer diese Änderungen auch in allen Produktionsstufen des Abnehmers selbst durch. Um die Umstellungen personeller Art zu erleichtern, bietet die Firma Sulzer Schulungskurse an.

(3) Negativ bewertet wurden z.B. auch im Falle der Investitionsentscheidungen über Sulzer-Webmaschinen der im Vergleich zu konkurrierenden Webmaschinen hohe Preis sowie die Mindestabnahmepflicht beim Erstkauf von Sulzer-Webmaschinen. Dazu kam auch, daß der erstmalige Einsatz von Sulzer-Webmaschinen je nach technischem Stand der vorhandenen Anlagen im Abnehmerbetrieb hohe Folgeinvestitionen in den vor- und nachgelagerten Stufen des Webprozesses erforderte und sich somit die Investitionssumme im Vergleich zu konkurrierenden Webmaschinen nicht unerheblich erhöhte.

Diese skizzierten Beispiele für Ursachen hemmender Faktoren bzw. Widerstände bei Bewertungs- und Auswahlprozessen im Rahmen von Investitionsentscheidungen verdeutlichen, daß mit dem vorgestellten Kriteriensystem dem Investitionsgüterhersteller ein Instrument zur direkten Erkennung bzw. Antizipation von hemmenden Faktoren der Ausbreitung von Investitionsgütern am Markt gegeben ist, das gleichzeitig Ansatzpunkte für Maßnahmen zur Vermeidung bzw. zum Abbau möglicher Widerstände liefert.

Die Abschätzung potentieller Widerstände darf sich für die Konstruktion der Einführungsphase im Rahmen des Marktzyklusverlaufs nicht nur auf die Marktseite beschränken, sondern muß auch für das Herstellerunternehmen selbst durchgeführt werden. So ist z.b. nach der Kompatibilität des herzustellenden und abzusetzenden Investitionsgutes mit der qualitativen Struktur des Personalbestandes des Hersteller- unternehmens und den Interessenlagen der Beschäftigten in allen Funktionsberei- chen zu fragen.

Überträgt z.b. ein Werkzeugmaschinenhersteller, ohne am Prämien- oder Provi- sionssystem etwas zu ändern, der bisherigen Absatzorganisation für konventionelle Werkzeugmaschinen auch den Verkauf von relativ komplexen und erklärungsbedürf- tigen numerisch gesteuerten Werkzeugmaschinen, so induziert der Hersteller selbst Diffusionswiderstände. Einmal ist die Frage, ob die Vertreter und Verkaufsin- genieure in der Lage sind, das für den Verkaufserfolg unabdingbare komplexe Zu- satzwissen dem Kunden zu liefern. Zum anderen machten wir die Erfahrung, daß selbst bei Lernfähigkeit und -willigkeit, bei unverändertem Prämien- oder Provi- sionssystem, Verkaufsberater dazu neigen, die mit weniger Aufwand an Beratung verbundenen traditionellen Aggregate anzubieten, um kurzfristig Erfolge nachzu- weisen. Durch Einrichtung einer stärker unter Existenzdruck stehenden Verkaufs- organisation für numerisch gesteuerte Werkzeugmaschinen und eines entsprechen- den Prämiensystems kann diesem Widerstand begegnet werden.

Dies hier ist nur ein Beispiel dafür, daß gerade hoch innovative Produkte auch beim Hersteller selbst gravierende Umstellungen der Organisation, Umschichtung des Personals, und zwar nicht nur im Verkauf, sondern bis in die Produktion und Entwicklung und selbstverständlich im Management, verlangen.

Bevor hoch innovative Produkte sich am Markt durchsetzen und dort alte über- kommene Strukturen zerstören, muß sich auch das die Innovation herstellende Unternehmen in mehr oder weniger vielen Bereichen quasi selbst zerstören.

Aufgabe einer in die strategische Unternehmensplanung eingebundenen Pro- duktplanung ist es somit, diesen Prozeß der schöpferischen Zerstörung — wie ihn Schumpeter nennt — so zu steuern, daß am Ende nicht das Chaos des Versagens herrscht, sondern ein aus geordneter bzw. geplanter Metamorphose neu strukturier- tes Unternehmen mit erfolgreichen Produkten am Markt operieren kann.

Anmerkungen

[1] Zu Beispielen vgl. u.a. Kramer, F., Appelt, H.G.: Die neuen Techniken der Produktinno- vation, München 1974, S. 17; Polkowski, H.-E.: Veralterungsprozesse im Investitionsgü- terbereich, Analyse des Phänomens der Veralterung als Beitrag zur Antizipation der Degenerationsphase im Lebenszyklus industrieller Produkte, Diss. Nürnberg 1976.

[2] Vgl. Pfeiffer, W.: Überleben im gesellschaftlich-technologischen Trendbruch ist primär ein Managementproblem, insbesondere des Lebenszyklusmanagements, deshalb Plädoyer für eine konsequente Planung und Steuerung aller Unternehmensaktivitäten auf der Grundlage von Lebenszyklen; in: Schriftenreihe der Fachgemeinschaft Büro- und Infor- mationstechnik im VDMA, Heft 35, Die Industrie der Büro- und Informationstechnik im Strukturwandel der Weltwirtschaft, Bericht über die Fachtagung anläßlich der Mitglie- derversammlung der Fachgemeinschaft Büro- und Informationstechnik im VDMA am 4. November 1977 in München. Düsseldorf, Janur 1978.

[3] Vgl. Bonin, J. v.: Strukturveränderungen in der Bauelemente-Industrie, Tendenzen und Konsequenzen für die Unternehmensführung. Referat vor Studenten und Gästen des Lehrstuhls für Industriebetriebslehre Prof. Dr. W. Pfeiffer der Friedrich-Alexander-Uni- versität Erlangen-Nürnberg am 9.2.1977.

[4]   Vgl. u.a. Kuznets, S. S.: Secular Movements in Production and Prices, Boston-New York 1930, S. 63 ff.; Daeves, K.: Vorausbestimmung im Wirtschaftsleben, Essen 1951, S. 63 ff.; Schäfer, E.: Grundlagen der Marktforschung, 3. Aufl., Köln und Opladen 1953, S. 297.

[5]   Hämmerling, F.: Innovation – ein Problem für die Industrie. In: Innovation, hrsg. v. Deutsche Gesellschaft für Betriebswirtschaft, Berlin 1973, S. 130–147, insbes. S. 140.

[6]   Vgl. Pfeiffer, W., Bischof, P.: Einflußgrößen von Produkt-Marktzyklen. Gewinnung eines Systems von Einflußgrößen aus den relevanten Ansätzen der Lebenszyklus- und Diffusionsforschung und empirischer Test dieses Systems im Investitionsgüterbereich unter dem Aspekt hemmender Faktoren. Arbeitspapier Nr. 22, Universität Erlangen-Nürnberg, Mai 1974, 452 Seiten.

[7]   Vgl. Schmalenbach-Gesellschaft: Arbeitskreis „Langfristige Unternehmensplanung", Strategische Planung. In: ZfbF 29. Jg. 1977, Heft 1, S. 1–20.

[8]   Vgl. Albach, H.: Strategische Unternehmensplanung bei erhöhter Unsicherheit; in: ZfB, 48. Jg. (1978), S. 702–715.

[9]   Vgl. Szyperski, N.: Kritische Punkte der Unternehmungsentwicklung. In: ZfbF, 27, 1975, H. 6, S. 366 ff.; ders.: Das Setzen von Zielen – Primäre Aufgabe der Unternehmungsleitung. In: ZfB, 41, 1971, S. 668 ff.; ders.: Planungswissenschaft und Planungspraxis. In: ZfB, 44, 1974, H. 10, S. 667 ff.

[10]   Vgl. Pfeiffer, W., Bischof, P.: Produktlebenszyklen als Basis der Unternehmensplanung. In: ZfB, 44, 1974, H. 10, S. 635 ff.

[11]   Vgl. Ansoff, H.I.: Managing Surprise and Discontinuity – Strategic Response to Weak Signals; in: ZfB 28 (1976) 3, S. 129–152.

[12]   Vgl. Pfeiffer, W.: Chancenmanagement nicht Krisenmanagement; in: VDI-Nachrichten v. 27.10.1978, S. 30, v. 10.11.1978, S. 35.

[13]   Vgl. Geschka, H., Wiggert, H.: Suche mit System. In: Der Volkswirt, 1968, Nr. 2, S. 36 f.

[14]   Vgl. Staudt, E.: Struktur und Methoden technologischer Voraussagen. Beitrag zu einer allgemeinen Planungstheorie, Göttingen 1974, S. 38 ff.

[15]   Vgl. Pfeiffer, W.: Allgemeine Theorie der technischen Entwicklung als Grundlage einer Planung und Prognose des technischen Fortschritts, Göttingen 1971, S. 95 ff.

[16]   Vgl. Strebel, H.: Relevanzbaumanalyse als Planungsinstrument. In: BFuP, 1974, H. 1, S. 34 ff.

[17]   Ayres, R.U.: Prognose und langfristige Planung in der Technik. Deutsche Übersetzung von „Technological Forecasting and Long-Range-Planning" (1969) von D. Fischer und H.G. Hofmann, München 1971, S. 176 und 223.

[18]   Vgl. Hofstätter, H.: Die Erfassung der langfristigen Absatzmöglichkeiten mit Hilfe des Lebenszyklus eines Produktes, Würzburg-Wien 1977.

[19]   Vgl. Hart, A.: A Chart for Evaluating Product Research and Development Projects. In: Operational Research Quarterly 17 (1966) 1, S. 347–358, insbes. S. 350; Übersetzung und fiktives Beispiel in: Schmitt-Grohe, J.: Produktinnovation. Verfahren und Organisation der Neuproduktplanung, Wiesbaden 1972

[20]   Vgl. Luhmer, A.: Eine theoretische Begründung der Albach-Brockhoff-Formel des Produkt-Lebenszyklus; in: ZfB, 48. Jg. (1978), S. 666–670.

[21]   Ansätze finden sich dazu u.a. bei Norden, P.V.: Man power Utilisation Patterns in Research and Development. Diss. Columbia University 1964; Erlen, H.: Kostenprognose für Forschungs- und Entwicklungsprojekte, München-Wien 1972.

[22]   Nach Gasser, Chr.: Die industrielle Unternehmung vor den Aufgaben der Zukunft. In: Industrielle Organisation, 39, 1970, Nr. 5, S. 191 ff., insbes. S. 193 und S. 198.

[23]   Vgl. Schütze, R.: Marktorientierte Produktfindung in der Investitionsgüterindustrie. Diss. TH Aachen 1973, S. 20.

[24]   Lutschewitz, H., Kutschker, M.: Die Diffusion von innovativen Investitionsgütern, Planungs- und Organisationswissenschaftliche Schriften. Band 19. Herausgeber: Prof. Dr. W. Kirsch, München 1977.

[25]   Vgl. Ellinger, Th.: Die Marktperiode in ihrer Bedeutung für die Produktions- und Absatzplanung der Unternehmung. In: ZfhF, 1961, S. 580–597; ders.: Marktperiode. In: Hand-

wörterbuch der Absatzwirtschaft, hrsg. v. B. Tietz, Stuttgart 1974, Sp. 1395–1401.

[26] Vgl. Grefermann, K., Oppenländer, K.-H., Peffgen, E., Röthlingshöfer, K.Ch., Scholz, L.: Patentwesen und technischer Fortschritt, Teil I: Die Wirkung des Patentwesens im Innovationsprozeß. In: Schriftenreihe der Kommission für wirtschaftlichen und sozialen Wandel, Bd. 10/1, Göttingen 1974, S. 125.

[27] Berger, W., Seiter, G.: Erzeugnisplanung und Produktinnovation in der Gebrauchsgüterindustrie – ein Beispiel systemtechnischen Vorgehens. In: Systemtechnik – Grundlagen und Anwendung, hrsg. von G. Ropohl, München-Wien 1975, S. 105–126.

[28] Vgl. Nenning, M., Topritzhofer, E., Wagner, U.: Markengoodwill, Lebenszyklus und Wettbewerbsintensität: Meß- und Interpretationsprobleme empirischer Marktdiagnostik; in: ZfbF 30 (1978), Heft 8, S. 535–543. Simon, H.: Produktlebenszyklus und Preisstrategie; in: WiSt 7 (1978) 3, S. 116–123.

[28a] Pfeiffer, W., Bischof, P.: Marktwiderstände beim Absatz von Investitionsgütern. In: Die Unternehmung, Schweizerische Zeitschrift für Betriebswirtschaft (1975) 1, S. 57–71.

[29] Gasser, A.: Der Unternehmer vor neuen Aufgaben. In: Struktur von Wandlungen der Unternehmung, hrsg. von H. Ulrich und V. Ganz-Keppler, Bern-Stuttgart 1969, S. 8.

[30] Vgl. Ayres, R.U.: Technological Forecasting and Long-Range Planning, New York u.a. 1969, S. 201.

[31] Vgl. Nieschlag, R., Dichtl, E., Hörschgen, H.: Marketing, 5. Auflage, Berlin 1972, S. 170 ff.

[32] Vgl. dazu Pfeiffer, W., Bischof, P.: Einflußgrößen von Produkt-Marktzyklen, Arbeitspapier Nr. 22, Universität Erlangen-Nürnberg, Mai 1974, 452 Seiten.

[33] Tinbergen, J.: Einführung in die Ökonometrie, Wien-Stuttgart 1952, S. 83 f.

[34] Vgl. Dudek, H.: Der Einfluß von Substitutionsprodukten auf den Absatz neuer Produkte, in: Marketingforschung 1978, Heft 1, S. 21–23.

[35] Vgl. Kotler, Ph.: Marketing Management: Analysis, Planning, and Control, 2. Auflage, Englewood Cliffs, N.J. 1972, S. 430.

[36] Vgl. u.a. Rogers, E.M., Shoemaker, F.F.: Communication of Innovations: A Cross Cultural Approach, New York 1971, und die ausführliche Darstellung dieses Sachverhalts in Pfeiffer, W., Bischof, P.: Einflußgrößen von Produkt-Marktzyklen, a.a.O.

[37] Bischof, P.: Produktlebenszyklen im Investitionsgüterbereich, Produktplanung unter Berücksichtigung von Widerständen bei der Markteinführung. Bd. 2 der Reihe „Innovative Unternehmensführung", hrsg. von W. Pfeiffer, Göttingen 1976.

[38] Vgl. Pfeiffer, W.: Absatzpolitik bei Investitionsgütern der Einzelfertigung, Stuttgart 1965, S. 24 ff.; Pfeiffer, W., Bischof, P.: Investitionsgüterabsatz. In: Handwörterbuch der Absatzwirtschaft, hrsg. von B. Tietz, Stuttgart 1974, Sp. 918–938.

[39] Pfeiffer, W., Randolph, R.: Einflußgrößen und Entscheidungsrechnungen für die Einsatzplanung von Handlinggeräten – Ihre theoretische Untersuchung und empirische Erhebung zur Bildung von Indikatoren für den Marktzyklusverlauf von Technologien der Werkstückhandhabung, Arbeitspapier Nr. 36, Universität Erlangen-Nürnberg, Dezember 1976.

[40] Außerordentlich wichtig ist in diesem Zusammenhang zu wissen, daß Investitionsgüterverwender aus Gründen der Steigerung der „Integralen Qualität" ihres Betriebsmittelbestandes die Beschaffung bei nur wenigen Herstellern anstreben. Vgl. Pfeiffer, W.: Integrale Qualität und Absatzpolitik bei hochautomatisierten Fertigungsanlagen. In: ZfB, 35. Jg., Erg. H. Nov. 1965, S. 109–124.

[41] Pariat, M.: Der Lebenszyklus von Packstoffen aus Papier und Pappe, in: Europa Birkner-Marketing Report, Hamburg 1978, Seite 314 ff.

Zusammenfassung

Die Produktplanung bildet einen der wichtigsten Problemschwerpunkte der langfristigen Unternehmensplanung. Der Beitrag von Pfeiffer und Bischoff entwickelt zunächst auf der Basis eines umfassenden, den Entstehungs- wie Marktzyklus umfassenden Lebenszykluskonzeptes eines Produktes ein Phasenschema für den Prozeß der langfristigen Produktplanung mit Alternativensuch-, Alternativenbewertungs- und -auswahlprozeß sowie Realisierungsprozeß als Prozeß der Produktion und Diffusion von ausgewählten Produkten.

Aufbauend auf diesem „integrierten Produktlebenszyklus-Konzept" und nach einer Kritik bisheriger Forschungsansätze zur Gewinnung von empirisch gehaltvollen Informationen über den Marktzyklus wird ein diffusionstheoretischer Ansatz vorgeschlagen, um erklärende Faktoren des Marktzyklusverlaufs zu gewinnen. Die Idee ist dabei, daß der Verlauf der Marktdiffusion eines Produktes „die Resultante individueller Entscheidungsprozesse ist und die Erklärung des Ablaufs dieser Entscheidungsprozesse und der sie beeinflussenden Faktoren auch letztlich zur Erklärung des Diffusions- bzw. Marktzyklusverlaufs führt."

Mit diesem Ansatz wird eine Alternative zur traditionellen Lebenszyklusforschung vorgeschlagen. Ob die ihm zugrundeliegende „reduktionistische" forschungsstrategische Perspektive eine geeignetere Problemlösung ermöglicht, bleibt abzuwarten.

Integrating Forecasting and Planning*

Spyros Makridakis and *Steven Wheelwright***

INTRODUCTION

One often hears about the difficulties present when attempts are made to communicate knowledge among different disciplines. It is the specialization of the different scientific areas which inhibits or even prohibits interdisciplinary communication among diverse areas, we are told by the General System Theorists. Specialization contributes to segmentation of one field from another causing each field to
evolve its own way and to become independent of others. Such ,isolationism' is a
serious problem for several areas that should depend heavily upon the knowledge
existing in other fields, but which cannot utilize it either because they ignore its
existence or because they cannot understand fully its potential usefulness. Forecasting and Planning are two such areas, and it will be the purpose of this article to
show how planning can benefit by the proper utilization of existing knowledge in
the field of forecasting.

Planning concerns itself with future events as does forecasting. Forecasting can
provide predictions about the states of these events in such a way that the planning
concerning them can become more accurate. How one plans is an area which has
received wide attention in the management literature. Several books have dealt with
both the theory and application of strategic planning[1−4,6,9,11,12,14] and many
others are concerned with the operating aspects of planing.[5,7,8,10,11,13] All of
these works assume forecasting as given. Determining future objectives, or strategies
to achieve them, for example, has received a wide attention, but little has been said
about ways of predicting the future, determining the threats and opportunities it
holds or working within its imposed constraints. These factors are of major importance because they determine the type of objectives and the appropriate strategies
that an organization will have to develop and follow in the future in order to be
successful. Thus, the job of the planner can be much more effective if he has information about the future state of the environment, technology, economy, and
market conditions. This information can only be supplied to him by the utilization
of an appropriate forecasting method. However, for such applications he will have
to know (a) what methods are available, (b) how to choose the one which is the
most appropriate for his specific planning needs, and (c) what will be its reliability,
and/or course, (d) how much it will cost. That is, he will have to perform a kind of

---

*This paper is based on a chapter of a book by the authors entitled *Forecasting: Methods
and Applications,* Wiley/Hamilton, New York, 1978.

**Mit freundlicher Genehmigung der Verfasser entnommen aus: Long Range Planning,
Vol. 6, No. 3, September 1973, S. 53−63. Die Verfasser haben den Beitrag für den Wiederabdruck leicht überarbeitet.

cost-benefit analysis of the forecasting method. This paper will deal with the processes the planner can apply in order to make such determinations in his own situation.

METHODS OF FORECASTING
(see Table 1 for a summary)

Forecasting techniques[14,15,16] can be divided on the basis of their approach into two broad categories: quantitative and technological. The first category is mainly used for predictions within the field of business and economic forecasting while the latter deals primarily with environmental and technological predictions. As the names imply, the first utilizes data of the past as the basis to forecast the future, while the second is mostly concerned with events of the long-run, which by their nature are not easily quantified and related to extrapolations of past patterns.

Within these two categories of forecasting (quantitative and technological) we can distinguish certain groupings of techniques with similar characteristics. In the area of quantitative methods, the first such grouping consists of *smoothing techniques.* These techniques weight the past observations in order to obtain a forecast for the future. The individual techniques included here are simple moving averages, simple exponential smoothing, linear moving average, linear exponential smoothing methods such as quadratic, cubic, and exponential □ weighted smoothing techniques. The main characteristics of these methods are their low cost, their ease of computation and their simplicity.

The next group is that of *decomposition* methods which include classical decomposition, Census II, the Foran Systems and other methods which decompose the data into the three basic components: the seasonal, the trend, and the cyclical. The advantage of these methods is that they can be used to predict seasonal and cyclical variations directly and they are easy to understand.

ARMA models are based on the idea that future values of a time series can be expressed as a weighted linear function of past values (AR) or a weighted linear sum of past errors (MA), or both past values and past errors together (ARMA). The methods included in this group are the Box-Jenkins methodology and adaptive filtering.

The next group of methods is composed of simple and multiple regression, and of systems of simultaneous regression equations—Econometric Models. This is the *regression group* which is characterized by its attempt to minimize the square of the total errors through the fitting of a line, plane or hyperplane to the set of all data. This is done in such a way as to minimize the sum of squared deviations of all points from the line, plane or hyperplane. This method of estimation assumes that the pattern is always linear, or of some form which can be transformed to linear. The advantage of these methods is their flexibility. They can be utilized under varying conditions of seasonal, trend and cyclical patterns in the data.

A final *miscellaneous* group of quantitative methods can be used mainly in conjunction, or as a supplement to the main groups of quantitative techniques. For example, inventory control can be used in conjunction with sales forecasts in such a way that the range of the expected error together with its probability can be

55

Table 1

Factors			Quantitative																						Technological					
			Smoothing						Decomposition			Control			Regression			Others						Exploratory				Normative	
			Naive	Mean	Simple Moving Average	Simple Exponential Smoothing	Linear Moving Average	Linear Exponential Smoothing	Classical Decomposition	Census II	Foran System	Adaptive Filtering	BOX-JENKINS	Generalized Adaptive Filtering	Simple Regression	Multiple Regression	Econometric Models	Life Cycle Analysis	Surveys	Leading Indic. or Diffusion Indexes	Input – Output Analysis	Inventory Control	Mathematical Programming	Delphi	S-Curves	Historical Analogies	Morphological Research	Relevance Trees	System Analysis
Time Horizon of Forecasting	Immediate		x	x																										
	Less than 1 month (Short)		x	x	x	x	x	x	x	x	x	x	x	x															
	1 – 3 months (Medium)																												
	Less than 2 years		x																x		x		x	x	x	x	x	x	x
	Long														x	x	x	x		x	x	x	x	x	x	x	x	x	x
	2 years and more		x																										
Pattern (Type) of Data (Correlated)	Horizontal	Auto- / Non-	x	x	x	x			x	x	x	x	x	x	x				x		x	x	x							
	Trend	Auto / Non	x				x	x	x	x	x	x	x	x	x	x	x		x		x	x	x							
	Seasonal	Auto / Non	x						x	x	x	x	x	x						x		x								
	Cyclical	Auto- / Non-	x									x	x	x	x	x	x	x		x		x								
	Minimum data requirements	x	x	x	x	x	x	x	x	x	x	x	x	x	x	x	x	x			x				x	x	x	x	x	x
Type of Model	Time-series		x	x	x	x	x	x	x	x	x	x	x	x	x	x	x	x		x	x	x	x	x	x	x	x	x	x
	Causal		x	x					x	x	x	x	x	x	x	x	x		x	x		x	x	x	x	x	x	x	x
	Statistical		x		x	x	x	x	x	x	x	x	x	x	x	x	x				x									
	Non-statistical																		x	x	x	x	x		x	x	x	x	x	x
	Mixed		x		x	x	x	x	x	x	x	x	x	x	x	x	x	x	x	x	x	x	x	x	x	x	x	x	x
	Minimum data requirements	5	30	5–10	2	10–20	3	60	72	24	60	72	72	30	30+	Few 30+100's	15–30			Few 1000's		Few 6 0.7	5	5	5	9	8	8
Costs (Scale from zero to one, 0 smallest 1 highest)	Development	Program / Data	0 NA / 0.01 NA	0.1 0.09 / 0.1 0.03	0.1 0.09 / 0.025 0.006	0.05 0.08 / 0.006 0.005	0.15 0.13 / 0.05 0.007	0.1 0.19 / 0.009 0.005	0.4 0.19 / 0.33 0.2	0.6 0.6 / 0.33 0.65	0.6 0.5 / 0.06 0.2	0.4 0.28 / 0.33 0.3	0.8 0.9 / 0.88 0.7	0.5 0.35 / 0.33 0.70	0.17 0.34 / 0.2 0.21	0.34 0.33 / 0.33 1.0	8 0.48 / 1.0 0.7	5 0.34 / 0.08 0.2		0	10 NA / NA NA	5 5 / 0.01 0.01	6 0.7 / 1.0 NA	5	5	5	9	8	8
	Storage requirements																												
	Running																												
Accuracy (Scale from zero to one, 1 highest)	Predicting pattern	0.1	0.15	0.2	0.35	0.2	0.25	0.5	0.7	0.7	0.7	0.9	0.85	0.8	0.8	1.0	0.5		0.5	0.6			0.5	0.5	0.5	0.5	0.5	0.5
	Predicting turning points	0.3	0	0	0	0	0	0.3	0.8	0.7	0.6	0.8	0.75	0.4	0.4	0.6	0	8	0.5	0			0.7	0	0	0	0	0
Applicability or Complexity (0 smallest)	Time required to obtain forecast	0.5	0.2	0.05	0.05	0.01	0.01	0.3	0.5	0.5	0.4	0.7	0.5	0.25	0.6	0.9	0.5		0	1.0	0.1	1.0 0.5	0.7	0.6	0.7	1.0	1.0	1.0
	Easiness to understand and interpret the results	1.0	1.0	0.9	0.9	0.9	0.9	0.7	0.7	0.7	0.7	0.4	0.6	0.3	0.6	0.3	0.8	1.0	1.0	0.3	0.8	0.6	0.8	0.6	0.9	0.7	1.0	0.8

* A seasonal pattern (when applicable) of 12 months duration is assumed in deriving the minimum data requirements.

absorbed by an appropriate inventory level. Or, in the case of anticipatory surveys, 55
they can be used as a check on the forecasts dealing with the prediction of a cyclical component.

In the technological forecasting category there are two basic groups of methods:
the *exploratory* and the *normative*. The first includes intuitive approaches, such as
the Delphi method, S-curves, historical analogies, and morphological research. Their
predictions about the future are obtained by starting from the present, and then, in
some systematic manner, identifying and exploring future alternatives and their
ability to be realized. In a word, exploratory forecasting is a form of extrapolation,
but rather than accepting a small range of alternatives one is concerned with almost
everything which can happen in the future. Normative forecasting techniques, on
the other hand, start with the future and the goals or objectives that will prevail
then. It is these goals or objectives, according to normative forecasting, that will
determine the development of technologies capable of satisfying them. In this
respect, normative forecasting is the exact opposite of the exploratory methods
which assume that technological progress runs its natural course which one can
identify but cannot influence. In normative forecasting it is the goals, objectives,
or aspirations, which determine technology. The methods included in normative
forecasting are relevance-trees and system analysis.

The advantage of the methods belonging to the category of technological forecasting is that they can be applied for the distant future, when little or no data
exist. In this respect they provide a service which cannot be fulfilled by quantitative techniques which always require data and assume constancy of the basic
pattern of past behaviour. Technological methods often provide the only alternative
the planner can utilize, if he has to consider long-run aspects of the environment
or the technology. (See the Appendix for short description of each of the methods
mentioned above.)

Forecasting methods cannot be used indiscriminately when a prediction about
the future is needed. There are several factors such as (a) *the type of data* available,
(b) *the type of model* desired, (c) *the time-horizon* of the forecast, (d) *the costs* of
obtaining the prediction, (e) *its accuracy,* and finally (f) *the applicability* or acceptability of the method which must be considered before the best method available
can be determined. A thorough comparison among the forecasting techniques in
relation to each of six factors is a must in determining its 'appropriativeness' to
meet the specific needs of a planning process. It should be pointed out that the
selection of the 'right' method is more important for the successful operation of
the planning process than the technical properties of the method itself.[15] For this
reason we will discuss each of these six factors in some depth.

TYPE OF DATA

Business or Economic data usually include one or more of the following subpatterns or components in the basic pattern of past observations; (a) Trend; (b)
Horizontal; (c) Seasonal; (d) Cyclical.

A *trend* exists when there is a growth or decline in the data over the time span in
question. On the other hand, a *horizontal* (or stationary) subpattern exists when

the data are about evenly distributed over time, that is, when there is no growth or decline. In this latter case, no matter how we shift the time origin, the basic pattern will remain the same. A *seasonal* subpattern exists when the series is influenced by seasonal factors such as the seasons or months of the year, or the day of the week. Seasons can be arbitrarily defined as long as they are always of *fixed* duration. Once identified, a seasonal pattern is very easy to predict because it repeats itself at regular intervals. Finally, a *cyclical* subpattern exists when the data are influenced by longer term economic fluctuations coinciding with the ups and downs of the business cycle (periods of prosperity followed by periods of recession). Unlike the seasonal component the cyclical is of no fixed duration, so it is very hard to predict. Needless to say, the majority of real-life data usually include combinations of a number of the above described patterns.

Some forecasting methods are flexible and can deal with a variety of subpatterns while others are good for just a single one. Furthermore, some of the methods can be very successful in identifying one subpattern in one situation and a different subpattern in another situation.

The simple smoothing techniques (see Appendix for a description of the method) can deal only with horizontal subpatterns in data, the linear or higher forms of smoothing with correspondingly linear or higher forms of data. Regression, on the other hand, can deal with any subpattern, except when the data are horizontal. Finally, the decomposition and control techniques can handle any and all combinations of horizontal, trend, seasonal and/or cyclical components.

A point of interest is to know what techniques can best handle different types of data. It seems that all forecasting techniques have difficulties in dealing with the cyclical component and predicting turning points while they do much better with seasonal factors and trend or horizontal components. ARMA methods are, in general, better with seasonal data and can handle cyclical variations well as long as they move together with the seasonal. However, it is hard for them to distinguish between the two unless extra work is □ devoted to doing so. Decomposition methods, on the other hand, are stronger in dealing with the cyclical factor, and can provide more clues than any other method for the forthcoming turning points due to the cycle. Census II and the Foran System, in particular, are geared towards the task of predicting the cycle and its turns. Finally, multiple regression and econometric models can deal well with both seasonal and cyclical subpatterns. These patterns can be isolated through a causal relationship with dummy variables or GNP used as the seasonal and cyclical elements. However, unless we lag the future values of GNP we must predict when its growth will slow down or decline before we can forecast the magnitude of the cyclical component. This makes the usage of multiple regression flexible but a little restricted in its ability to forecast cyclical elements.

The dependence among successive values of a given data set ist called *autocorrelation,* and it is an important characteristic of the behaviour of historical data. This dependence will have to be considered in any selection process of the most appropriate forecasting method. There are some methods such as regression analysis which not only *cannot* handle autocorrelation, but its mere existence is a violation of a basic assumption. In other methods, such as the Box-Jenkins approach,

56

autocorrelation is utilized to a maximum level to discover the pattern of the data and to minimize the forecast errors. The mean is also not capable of handling auto-correlated data, while the decomposition techniques are neutral to its existence. Like ARMA methods, the smoothing techniques utilize the very existence of dependence in the data to obtain their forecasts. In general, we can say that the higher the degree of autocorrelation (the further its value is from zero), the better it is to use a control technique. When the data are not autocorrelated a regression method will be most appropriate.

THE TYPE OF MODEL

There are two types of models which can be used for quantitative forecasting. These are the time-series and the causal models. The first category always uses time as the independent variable, while the latter can utilize any number of non-time variables. The advantage of a time-series model is it provides forecasts for any future time period automatically, once a model has been developed. Thus, if we have the model

$$\text{Sales}_t = 30 + (2)t$$

and we want a forecast for period 20, the corresponding sales figures will be

$$\text{Sales}_{20} = 30 + 2(20) = 70 \text{ units.}$$

In causal models, on the other hand, one must specify the magnitude of each of the independent variables before he can obtain a forecast. Thus, if, say, GNP, Price, Advertising and R & D expenditures are the independent variables, we must know their values at period 20 before we can estimate the sales for that period.

Causal models can be used to determine how the sales (or any other dependent variable) are influenced by such factors as GNP, Price, Advertising, R & D, etc. . . ., which can be used consequently to influence the future course of events. If, for example, we can estimate through a regression model that for every dollar we spend on advertising the sales increase by 2 dollars, this is the sort of information we want in order to be able to influence the future level of sales and to determine an appropriate advertising budget.

All non-regression methods can be utilized only as time-series. The only exception is the Box-Jenkins which can be used as a causal model, but only through a highly complex procedure which makes its use as a causal model difficult. This points to the importance of the regression methods which can handle all types of data and both types of models, therefore, providing a flexibility not present in any other method. A problem, of course, is its inability to deal directly with autocorrelation, and the rather larger amount of data and time it requires before it can be developed into a working model capable of forecasting the future.

Another distinction we can make between forecasting techniques is whether they are statistical or non-statistical. In addition to providing a single forecast a statistical model also tells the user the range of values the forecast can take, together with the probabilities associated with these values. This range and their probabilities can be provided for any number of desired periods in the future.

Non-statistical models, on the other hand, provide a single value as a prediction, and they do not allow the user to test the significance of the results. Accuracy by itself is not a consideration in deciding between statistical and non-statistical methods. It may be that a method such as the adaptive filtering or classical decomposition can provide the same or better results than say the mean or simple regression, both of which are statistical methods. The most important part is that statistical methods can provide measures and tests of goodness of fit and ranges within which the future values of a dependent variable will fall, and this is often more important than a forecast itself because it tells the user how reliable the results are, and how much he can depend upon them in his planning activities.

THE TIME-HORIZON OF PLANNING AND FORECASTING

A forecast is needed so that both the planning of actions and their implementation will take place as effectively and efficiently as possible. However, different planning needs require varying lead-times before they can be implemented, and forecasting has to be capable of meeting those lead-time requirements. Planning the scheduling of trucks distributing finished products to customers, for example, requires knowledge of customer demand and information from the inventory or production that a certain level of orders can be filled. Accepting a forecast that x_i units will be demanded by each of several customers, and the production people will be able to provide enough finished products to fill the expected demand, is a necessary input for planning (scheduling) the number of trucks needed to deliver the finished goods. This will involve finding drivers, deciding the truck which will deliver to each of the customers, arranging loading, making sure that enough trucks will be available, etc. If, however, the production people cannot deliver the quantity demanded, or if the customers want fewer units than estimated, this will result in idle trucks and people, and higher costs. On the other hand, one could wait until all customer orders have been received, and production finished, so that the scheduling can be done under certainty. In this case, the chances of being wrong will be zero. But late transportation scheduling will result in higher levels of inventory, since the products will have to be stored until trucks are available for delivery. It may also mean unhappy customers because of longer delivery times, or it may involve lost sales. Thus, one will have to balance the cost of uncertainty against the costs related with late actions, and the consequences of an untimely planning procedure.

The same principle illustrated in the scheduling of transportation facilities holds true for almost all areas requiring planning. To go to the other extreme, plant expansion can wait until the need arrises, that is, until the point that the present facilities are utilized at 100 per cent capacity. However, since the lead-time for planning and carrying out this expansion can be years, this may result in lower sales and profits for the organization. This shows the necessity of advanced planning, even though the risks associated with it are great. (Planning requires forecasting whose inaccuracy is a function of how long into the future the predicition is ▢   57 aimed.) Thus, pragmatic reasons determine the length of time between the planning and implementation of a certain action. These reasons could or could not be under control of management, but in either case, once it is decided or determined that planning will be conducted a number of periods before it becomes effective, forecasting will have to provide predictions the same number of periods ahead of time. That is, the duration of the lead-time of forecasting will have to be determined through pragmatic reasons related to planning.

It is useful to consider four time-horizons (Immediate, Short, Medium and Long-term) whose lengths, respectively, are less than 1 month, 1–3 months, less than 2 years, and 2 years or more. This does not imply that either the number of horizons or their length is universally accepted, or that its application holds across all types of companies, divisions or departments; on the contrary, the length of time-horizon varies greatly across departments, divisions, companies, and industries. For a foreman, immediate planning, or forecasting, is related to the next hour while long-range may mean next week. For top-management the planning of a few months ahead will be the immediate future. The same is true for different companies or industries. Long-term for the aerospace industry is 20–50 years in the future, while for a cosmetic firm it will not go beyond a few years from now. It is the lead-time between planning and actualization which always determines the length of the horizon.

The division of the forecasting or planning cycle into four horizons, instead of the traditional three (short, medium, long) was done to include the very near future as part of the total planning effort which must be carried within any organization.

Immediate Forecasting
(less than 1 month)

Immediate forecasting and planning are concerned with activities related to the *operational* aspects of an organization, and are conducted mainly by middle and lower managements. They address themselves to discovering how to do things better rather than changing the course of events to come. Forecasting is simpler for the immediate horizon than for the others, because the predictions involve situations for which there is considerable knowledge. For example, the sales of the next day or week can be determined by the number of orders received; the cash inflows can be estimated by the magnitude of billing, etc. . . . This is equivalent to saying that the forecasting for the immediate run involves a large number of events whose prediction is often a trivial affair, once we decide to do it. This is why it is often handled on an informal basis. However, no matter how trivial it is, it has to be performed for a large number of situations, and it is needed as an input for planning purposes such as scheduling, assigning workers to activities, routing materials, etc. . . . There may be several cases for which the utilization of a forecasting method can be more accurate and cheaper than a human decision-maker operating on an *ad hoc* basis.

A concern for using forecasting for the immediate run is the large number of times it has to be repeated. A weekly forecast will require 52 values within 1 year, while a monthly will require 12, and a quarterly only four. This, coupled with the fact that the uncertainty involved is not great, implies that if a quantitative method is to be used it must be very cheap and easy to employ as an input to planning;

otherwise it will be of little value to the planner except for special cases involving high valued items.

The methods which can be used for the immediate run include the mean, all the smoothing techniques, and some of the decomposition and control methods. However, all others but the smoothing technique require a large number of data points before they can be used and are expensive to utilize. Thus, it seems that the smoothing techniques are the most appropriate methods when the forecasts are for a large number of items where the value of increased accuracy is low. However, when the number of items is small or when there are valuable products or materials under consideration, the possibility of utilizing decomposition or the control methods should be considered.

Immediate forecasting almost always requires the utilization of a time-series method because of the unavailability of macro-data on a basis shorter than a month. However, an exception could exist when an internal variable (orders received, or backlog) is used as a leading indicator in forecasting or when the independent variable can be generated or estimated through a sampling procedure.

The usage of quantitative methods for immediate forecasting can be helpful to the planner because it can provide timely information and serve as a control device against which actual performances can be compared. It is true that the planner cannot change the course of forecasted events for the immediate run; however, he can expect their occurrence or he may want to consider increasing the time horizon of forecasting up to the point where he will have a higher degree of control.

Short-Run Forecasting
(1–3 months)

Short-run forecasting is mainly used for *scheduling* purposes. It can be conducted on a monthly and/or quarterly basis and its main purpose is to forecast the level of demand which subsequently is translated by the planners to commit human, material or machine resources so that this demand can be met. The planner has a greater control over the course of the events forecasted than when he considers the immediate run. Here, he may decide to let them run their natural course or he may try to modify them by taking appropriate actions.

The trend element during short-term forecasts is not very important. However, the cyclical and seasonal components of the forecasted values become critical since they can cause large variations. Thus, we must utilize a forecasting method which can identify and predict seasonal and cyclical variations. In this respect the smoothing methods are not very applicable because they cannot successfully identify such patterns. Instead, decomposition, control or the multiple regression methods must be used. Short-term forecasts are less accurate than immediate run forecasts, but they allow a larger time span until the forecasted events will occur; they are needed less often; and they can be obtained using causal models since macrodata are available for monthly or quarterly lengths. The above factors increase the benefits derived from their use which compensate for the higher uncertainty involved and the fact that they are more costly than the smoothing techniques. (Smoothing techniques can be used occasionally when very inexpensive items are considered.)

Medium-Term Forecasting
(between 3 months and 2 years)

Medium-term forecasting is mainly used to determine the *allocation of resources* among competing activities. This most often takes the form of budgeting where every division, department or unit is allocated certain resources during the coming year based on forecasts about demand and competition. Medium-term forecasting is usually conducted annually and revised semi-annually. Because of the longer time span involved and the critical nature of resource allocation decisions it must correctly predict the general level of economic activity and the extrapolation of sales or services during the forthcoming year. Thus the cyclicality of the data must be identified, the occurrence of turning □ points predicted and the trend of past history understood. The seasonal factors are less important here since their variations tend to average out over the longer time span of a year or so. Also, the trend factors are not very critical since year to year increases (or decreases) due to growth factors, are not large. However, the importance of the trend element begins to play a role in determining the magnitude of the dependent variable, and by comparison is far more important here than in immediate or short-run situations.

The forecasting techniques that can be used most effectively for medium-run forecasting are the decomposition, control and regression methods. Because of the importance of medium-term forecasting and the fact that it is used only once or twice a year one can afford to spend more effort and employ more elaborate methods in order to obtain more accurate predictions about the future. Often it may be wise to utilize more than one method, thus checking the accuracy of the results through a comparison of two or more methods. Probably the major difficulty in such situations is forecasting turning points which are difficult to predict using any of the methods commonly available. Predicting such turning points requires the personal attention of the planner or of someone assigned to monitor performance of the economy. Anticipatory surveys, publications examining the outlook of the economy, the outcome of econometric models, government intentions and similar published material can be used effectively in conjunction and/or as an input to quantitative methods in predicting the general level of economic activity and the occurrence of turning points.

Long-Run Forecasting
(2 years or more)

Long-run forecasting is mainly used for *strategic planning* purposes in order to determine the level and direction of capital expenditures and to decide on future goals and ways to accomplish them. Here, the planners, usually top managers, are concerned with what the organization should be doing in the future.

The trend element dominates the long-run behaviour of the data and must be correctly predicted in order to make long-run expenditure decisions. By trend, we do not necessarily mean sheer extrapolation of past history. Such a task is important but it is much harder and more important to know when the rate of increase will slow down and when saturation points will occur. It is for such saturation points that one has to plan in order to take actions that will postpone their occurence or compensate for them by moving into other areas so that their impact on the organization will be minimal.

The facilitating factor in long-run forecasting is the time span preceding the occurrence of the events which provides the planner with ample time to determine consequences and develop strategies which can either modify the events or the timing of their occurrence. It is in this area of strategic long-range planning that the greatest value of forecasting lies. However, the uncertainties involved are also greater than in shorter term situations. Very few people could, for example, foresee the decline in the railroad growth of the last century, or the saturation of, say, the sales of the glass or aluminium industry. However, such changes have occurred with these and a myriad of other products and services. Strategic planners must identify these trends, saturations, or declines in order to make appropriate decisions about the future.

The methods most suitable for long-range forecasting are: regression, input-output analysis, life-cycle analysis, and all techniques belonging to the area of technological forecasting. It is usually a combination of quantitative and technological forecasting techniques which can most profitably be used for long-range forecasting purposes. In this respect the quantitative methods identify the basic pattern and its future extrapolation while the technological methods examine possible deviations and assess chances of occurrence. Finally, we can utilize both time series and causal models for long-range forecasts. The first type is good for extrapolating the past trend and its results are utilized to realize how the natural course of events will run if constancy is present. On the other hand, causal models can express the future as an extension of several factors such as GNP, prices, advertising, R & D expenditure, capital spending, etc. . . . some of which are controllable and whose manipulation can influence the future.

COSTS INVOLVED

There are three kinds of costs — development, storage and running — associated with the utilization of any forecasting method. Since any sizeable forecasting effort generally involves the computer, we will also be concerned about these costs as they occur in connection with running a technique in the computer.

The development cost, D_1, is associated with the writing and modifying of a general computer program needed to apply a given forecasting method. It includes the *human* cost required for the development and the cost of *computer time*. Once a program exists, a working model describing our past data must be developed. Such a task may be a few minutes affair, as is the case with a simple exponential smoothing model, or it may require up to several months as often happens with econometric models and input-output models. We will denote with D_2 the cost of developing a working model for a specific forecasting situation. As before this cost includes both human and computer time expenditures, except that now the human costs are much higher than they were in the case of D_1.

To be able to utilize a computer program in applying a forecasting method we must have the program as well as the required data stored in a memory device of the computer. Such storage implies a cost, S_1 and S_2 respectively, that we will have to consider if we are to calculate the total costs of a forecasting method. The storage cost can be computed in terms of the bytes (space), the program (S_1) and the data (S_2) taken when stored in the computer.

The third kind of cost occurs every time we run (R) the computer program to obtain a forecast or to modify the working model. This cost will be mainly associated with the C.P.U. (Central Processing Unit) time required to run the program.

If we assume that the total cost consists of fixed, semi-fixed, and variable costs, each of them will be as follows:

$$\text{Fixed Cost} = D_1/I + S_1/I + S_2$$

where I is the number of Items that are using the same program for forecasting purposes.

$$\text{Semi-fixed} = D_2$$
$$\text{Variable} = R.$$

Thus the total costs are

$$TC = \frac{D_1 + S_1}{I} + S_2 + D_2 + R.$$

It is a computation of all these costs which will give the planner a true picture as to the total expenses he will incur in utilizing a forecasting method.

THE ACCURACY OF FORECASTING

The value of a forecasting method is a function of how accurate the predictions are that it makes. There are two basic ways of measuring the accuracy of forecast values. One is to fit the optimal model, based on some method, to all data and then measure the error between the actual and predicted values. We could consequently calculate either the mean squared error: □

$$\text{MSE} = \frac{\Sigma(Y_a - Y_c)^2}{n}$$

or the mean percentage error

$$\text{MPE} = \frac{\Sigma(|Y_a - Y_c|)}{n}$$

where Y_a is the actual value
Y_c is the computed value

and $|Y_a - Y_c|$ refers to the summing of the absolute differences between Y_a and Y_c (that is, summing the errors without regard to sign).

Either the MSE or the MPE can be used to tell how well the model fits the data. If one assumes constancy of pattern this will mean that future actual values as well as predictions will be about the same as those of the past in which case the MSE or or the MPE will be similar in the future to what it has been in the past.

Another way of estimating the accuracy of a method is by fitting the model to all but the last data points. The parameters could then be estimated for the model and the MSE or the MPE calculated for the $(n-K)$ values. Forecasts could then be obtained for the last K periods and compared with the last K actual values. Since the last K values were not used to estimate the model, this would be the equivalent of an ex-post testing of the accuracy of the method. The advantage of this approach is that one can gain two measures of accuracy — one based on the past and one based on values of the future. The disadvantage, however, is that one cannot utilize the last K data points to build the model, thus depriving oneself of useful information which otherwise could have been utilized. The planner also runs the risk of making an inaccurate judgment concerning the accuracy of a certain method because by chance the points, (K), may not be very representative. Another related risk is that one of the components of the data could be more dominant during the last K periods than during earlier periods. In such a situation the method which can better identify this component will of course be more accurate than the others.

As we have indicated before, different methods exhibit varying degrees of accuracy when used to predict the continuation of some basic pattern as compared to their use in forecasting turning points in a series. Simple regression with time as the independent variable, for example, is excellent in discovering long-term growth or decline in data; however, it is completely unable to predict turning points either due to saturation of the market or cyclical factors like recessions or booms in the economy. For this reason the accuracy of a given method must be determined both in terms of its ability to predict the pattern of the data *and* its ability to determine and identify turning points.

THE APPLICABILITY OF A FORECASTING METHOD

The last factor influencing the suitability of a forecasting method for a specific application relates to the applicability or acceptability of the method in meeting specific needs of the user. These needs include consideration of the limited time span from when the need for a prediction arises until forecasts can be provided, and the desire of the planner (user) to understand the rationale of the method used. Both factors are rather simple to assess. The time span required has to be considered in relation to the total forecasting effort since when predictions for a large number of items is required this can mean a considerable time commitment for the computer system. The 'appeal' and understanding factor relates to how well the user can understand the method and how valuable its results are to him personally. Complex and highly mathematical methods appeal less to the manager/user than simpler techniques which can be better understood by him without a substantial technical background. The user has to both understand how a method works and he has to learn to rely on its results. Otherwise, no method can be accepted because of the 'resistance' from those using the results. Forecasting methods should also involve the planner and provide him with the opportunity of modifying or approving the results. The planner's distrust of both the method and the results is a major cause of the failure of forecasting methods to be applied. Finally, there are many issues and challenges that must be overcome before forecasting becomes relevant and applicable.[16]

DETERMINING PLANNING NEEDS

If we accept the definition of planning as decision-making concerning the future*, □ then planning will certainly require predictions about future events for which decisions have to be made. Forecasting must supply these necessary inputs for planning. It is not difficult to argue that all forms of planning need forecasting. The other managerial task requiring forecasting is that of control, which is related to planning and forecasting in an ex-post manner. The only decision-making which

6

5

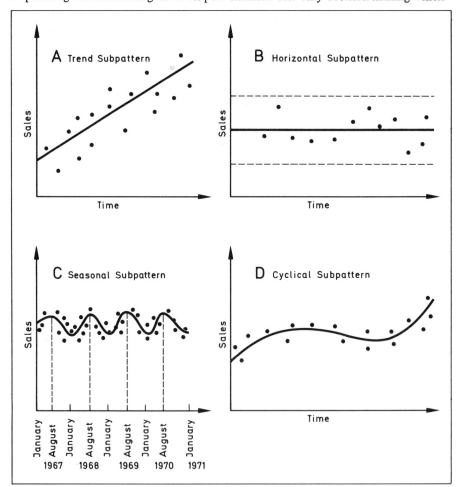

Figure 1. Common Data Patterns   □

*Peter Drucker defines planning as the conscious recognition of the futurity of present decision which is a 'nicer' but similar way of defining planning.

Table 2. Uses of Forecasting

Time Horizon	Quantitative Forecasting								Technological Forecasting				
	Business							Economic	Technology	Environment			
	Marketing	Production	Inventory	Finance	Purchasing	R & D	Top Management			Social	Political	Competition	Natural
Immediate-Term (Less than 1 month)	1.1 Sales of each product type Sales by geographical area Sales by customer Competition Prices Inventory levels	1.2 Demand of each product Plant loading	1.3 Demand of each product Production Demand for material Demand for semi-finished products Weather conditions	1.4 Sales revenue* Production costs* Inventory costs* Leading indicators* Cash-inflows Cash-outflows	1.5 Production* Cash availability* Purchasing of supplies and material	1.6	1.7 Competition* Evaluation	1.8 Leading indicators Coincidental indicators Diffusion indexes	1.9	1.10	1.11	1.12 Price, advertising campaign and selling promotion of competitors	1.13 Weather conditions
Short-Term (1–3 months)	2.1 Total sales Product categories Major products Product groups Prices*	2.2 Total demand* Demand of product categories and product groups* Scheduling employment level Costs	2.3 Demand for material* Demand for semi-finished products* Demand for products*	2.4 Total demand* Inventory levels* Short-term borrowing Prices*	2.5 Demand for products* Demand for material Lead time for purchasing	2.6	2.7 Total sales* Sales breakdowns* Pricing	2.8 Leading indicators Coincidental indicators Interest rates* Availability of money* Level of economic activity	2.9	2.10	2.11 Availability of money Interest rates	2.12 Price advertising selections Selling promotions New product Introduction	2.13 Weather conditions

Table 2 (continued)

Time Horizon	Quantitative Forecasting								Technological Forecasting				
	Business						Top Management	Economic	Technology	Environment			
	Marketing	Production	Inventory	Finance	Purchasing	R & D				Social	Political	Competition	Natural
Medium-Term (3 months to less than 2 years)	3.1 Total sales Product categories Prices General economic conditions*	3.2 Costs Budget allocations* Buying or ordering equipment and machinery Employment level	3.3	3.4 Budget allocations Cash-flows	3.5 Demand for products* Demand for raw and other materials	3.6 New product introduction	3.7 Demand for sales* Costs and other expenses* Cash-position General economic conditions* Controls Objectives	3.8 Surveys of plant and equipment Consumer's anticipation surveys Private organizations forecasts Econometric model forecasts General economic conditions Turning points in economy	3.9 R & D selections	3.10 Social attitudes	3.11 Fiscal and monetary policies	3.12 New products development	3.13 Crops
Long-Term (2 years or more)	4.1 Total sales Major product categories New product introduction* Saturation points	4.2 Costs Investments selection* Expansion of plant and equipment ordering of heavy machinery and equipment	4.3 Total sales Expansion of warehouses	4.4 Total sales Investment selections Capital expenditure Allocations of resources Cash-flows	4.5 Contracts for buying of raw material	4.6 Total sales* Technological, social, political and economic conditions of future New product development	4.7 Total sales* Costs and other expenses Social and economic trends Goals objective and strategies establishment New products	4.8 Trend extrapolation State and type of economy	4.9 Areas of technological pursue R & D selections Available alternatives	4.10 Social trends Tastes Areas of pursuance	4.11 Trends in the rate of taxation, depreciation and concept of free market	4.12 Capital investment New technologies R & D selections	4.13 General environmental constraints (Pollution level, Availability of raw material, etc.)

does not concern itself directly with the future is review of historical events to   61
determine the 'rightness' of decisions taken at some past time. Of course not all
forms of planning need formal forecasting. However, even informal planning requires predictions about the future which the planner has to provide based on
either intuition, judgment or some preconceived ideas about future conditions. It
may be that the most 'appropriate' form of forecasting is other than a formal
method in which case there is no need to employ any of the techniques outlined in
the Appendix. However, if we establish that the benefit derived from the usage of
a forecasting method will be higher than all corresponding costs associated with its
utilization, then we must be able to select the most appropriate of the existing
methods. To do so we will have to consider each of the six factors discussed previously and summarized in Table 1 to decide upon the possible benefits derived if
we were to introduce each as a formal forecasting technique in the planning process.

Determining the forecasting needs of planning is not always a trivial affair. It
requires a firm understanding of the organization we are concerned with and a
good knowledge of the planning activities performed. In Table 2 we have attempted
to identify the major planning activities of a typical business organization. These
activities are presented in terms of each of the functional areas and their lead time
requirements (elapsed time between planning and implementation). The first constraint the planner will have to face in his choice of the most appropriate forecasting method will have to be the matching of the lead time requirements of the
planning activities with the time horizon a given forecasting method can predict.
Another constraint relates to the amount and type of past data (horizontal, trend,
seasonal, or cyclical). However, it is not difficult to determine the type of data and
the degree to which successive values depend upon each other (autocorrelation).
Thus the type of data is not as limiting as the lead time requirements.

The rest of the factors (type of model, costs, accuracy and applicability) are
mainly subjective in nature. For example we can specify a level of accuracy and
then utilize a forecasting method which provides the best chances of achieving it.
Of course, this will usually mean a higher cost which in the final analysis could become a major constraint on what method to use. Table 1 presents estimates, in a
scale between 0 and 1, of cost, accuracy and applicability, so that the planner can
assess the relative advantages and drawbacks of each method. His final choice as to
what method he will use will have to depend upon all six factors presented in
Table 1, and he is the only one who can determine their relative importance and
select the method which best fits his needs.

APPENDIX
A Short Description of Various Forecasting Techniques

Naive Forecasts

One of the simplest time series methods is Naive I. This method uses the most
recently observed value as a forecast. Thus, if product demand for the coming week
were to be predicted, the observed value of demand for the most recent week

would be used as that forecast. This is equivalent to giving a weight of 1.0 to the most recent observed value and a weight of 0.0 to all other observations.

Since the data series for many items that are forecast exhibit a seasonal pattern, a somewhat more sophisticated method, Naive II, might be applied. This method uses the most recently observed value as the basis for the forecast, but adjusts it for seasonality. This is done by deseasonalizing the most recent observation and then reseasonalizing for the period that is to be forecast.

An important application of such Naive methods is to use their forecasting accuracy as a basis for comparing alternative approaches. It is not uncommon to find that one of these Naive methods may provide adequate accuracy for certain situations. It may also be the case that more sophisticated methods (which are usually much more costly) do not give sufficient improvement in accuracy over these methods to justify their use.

Moving Average

When the time horizon for forecasting is fairly short, it is usually the randomness element that is major concern. One way to minimize the impact of randomness on individual forecasts is to average several of the past values rather than using only a single value (as we did with the Naive methods). The Moving Average approach is one of the simplest ways to reduce the impact of randomness. This method consists of weighting N of the recently observed values by 1/N. (Note that the N most recent terms are thereby included in the average.)

For example, if a regional sales manager were forecasting monthly shipments to a certain geographical region, it might be appropriate to use a moving average involving 12 terms. In forecasting the expected shipments for the next month, each of the values for the past 12 months would be given a weight of 1/12th and that weighted sum would be the forecast.

As new observations become available, they can be used in the average, making it a "moving" one through time. It should be noted that when a Moving Average is chosen that has the same number of terms as a complete seasonal pattern (for example, 12 terms if the data are monthly and there is an annual seasonal pattern), the seasonality is effectively removed in the forecast since an observation for each period in the season is included in the average.

Exponential Smoothing

This approach to time series forecasting is very similar to the Moving Average approach but does not use a constant set of weights for the N most recent observations. Rather, an exponentially decreasing set of weights is used so that the more recent values receive more weight than older values. This notion of giving greater weight to more recent information is one that has strong intuitive appeal for managers and makes sense based on studies of the accuracy of exponential smoothing methods. Additionally, the computational characteristics of this method make it unnecessary to store all of the past values of the data series being forecast. The only data required are the weight that will be applied to the most recent value (often called ALPHA), the most recent forecast and the most recent actual value.

There are actually several different approaches to Exponential Smoothing that have been described in the literature. Building on the most basic approach of simply applying decreasing weights to previous values, these variations seek to make adjustments for such things as trend and seasonal patterns. When such adjustments are made, they are often referred to as higher forms of Exponential Smoothing.

Auto-Regressive Moving Average

The most sophisticated of the single time series approaches to forecasting are known as ARMA methods. These follow the same philosophy as the methods mentioned above, but use a different procedure for determining how many of the past observations should be included in preparing the forecast, and in determining the appropriate weight values to be applied to those observations. □   62

The most commonly used of this class of methods is the procedure developed by Box and Jenkins. This procedure consists of a set of rules for identifying the most appropriate ARMA model (that is, determining the number of observations to be included in the model) and specifying the weights (the parameter values) to be used in that model. The basis on which the parameters are determined is statistical and is done in such a way that the error (the difference between the actual value and the forecast value for any time period) will be a minimum. This methodology also provides statistics about the forecast as well as an expected value for the forecast.

An alternative to the Box and Jenkins methodology that would also fall into the ARMA class of methodologies is that of Filtering. These methods are much like Box-Jenkins; only the means by which the appropriate model (that is, the term to be included) and the weight values determined are different.

ARMA methodologies make a basic extension to the methods described above. In the simpler methods, only past values of the variable to be forecast are weighted in developing the forecast. For example, if a company wanted to forecast its shipments on a quarterly basis, only the past values of quarterly shipments would be included in preparing the forecast. In the terminology of ARMA methodologies such a model would be referred to as autoregressive.

However, it may be possible to obtain more accurate forecasts if past values of the forecasting errors are weighted as well. When past values of the errors are weighted to obtain a forecast, the model is referred to as a *moving average* one (not to be confused with the method, Moving Average, as described above). Thus, an ARMA model is one that includes in its weighted terms both past values of the variable to be forecast and past values of the forecast errors.

Multiple Regression

In its simplest form this forecasting methodology can be thought of as a different way to determine the weights that will be applied to the past values of a variable. However, as normally used in marketing forecasts, the models are generally Multiple Regression forms that include more than a single variable. In Multiple Regression, the forecast is based not only on past values of the item being forecast, but on other variables that are thought to have a causal relationship. For example, if a product manager wants to forecast monthly demand for his product line, he might use Multiple Regression so that his forecast would consider not only past observations of product demand but also such things as his advertising budget, and perhaps the price differential between his own product and competitors' products. In this way, Multiple Regression allows one to determine the causal relationship between several variables and the item being forecast.

Econometrics

In strict technical terms, regression equations like that described above are part of econometrics. However, when most managers and practitioners talk about econometrics they are not talking about single regression equations (either simple or multiple) but are talking rather about sets of two or more regression equations. Thus, an Econometric Model that a company might develop of its industry would include several equations to be solved simultaneously.

One of the advantages of Econometric Models is that the interrelationship among the independent variables in any single equation can be included in other equations and their values determined simultaneously. This tends to give a much better representation of reality since it begins to capture the complex interrelationships among factors. In a single equation model, values for each independent variable must be specified by the forecaster.

The complexity of econometrics add greatly to the cost of such models and makes them generally attractive only for highly aggregated data (such as company, industry or national forecasts) or for long range projections.

Other Quantitative Methods

Finally, there are a number of other methods such as (a) the method of Leading Indicators, (b) the Diffusion Indexes, (c) Input/Output Analysis, (d) Certain OR optimization methods, and (e) Life-Cycle Analysis, each of which can contribute to better predictions if they can fulfil some particular need which cannot be met by other, more common methods.

Qualitative and Technological Forecasting

Technological forecasts can be used independently or in conjunction with some quantitative method. They are primarily used to forecast the long run (2 years or more) and to provide information for long range planning and resource allocation decisions. By its nature a longer than 2-year forecast has to mainly concern itself with the environment and the technology which will exist within the time frame of prediction.

The Delphi Approach (Intuitive Thinking Subgroup)

The Delphi Approach is probably the most commonly used of all technological forecasting methods. It involves a panel of experts in a given field who respond to a series of questionnaires about situations to be forecasted. The results of the first questionnaire are analyzed and returned to the participants with a summary of their answers (the mean and the quartiles). They subsequently respond after seeing this 'feedback' on what others predicted. The results of the second questionnaire are also analyzed and summarized and sent back to the panel members, who again answer. This process continues a few times until a consensus, or near consensus is reached. (It has been demonstrated empirically that this process does converge towards a consensus.) The advantages of the Delphi technique are its relatively low cost and the elimination of the group pressure on the individual members to conform to the majority opinion, since the individuals are never brought together as a group.

S-Curves (Curve Fitting Subgroup)

S-curves are representative of the pattern followed by the life cycle of a product or the life cycle of a given technology. It is characterized by a slow start, a rather steep increase and a maturity resulting in a plateau in terms of units sold or technological innovations. The plotting of the curves can be done graphically or through regression analysis and once the shape of the curve is known it can be extrapolated to predict future states or conditions.

Historical Analogies

Historical analogies assume that future technological or environmental conditions will be similar to past ones; they can therefore be predicted by historical similarities. If, for example, we assume that fission technology is similar, in terms of patterns of development, to fossil on hydroelectric technology then several aspects of it can be forecast by simple analogies between the two types of technology.

Morphological Research

Morphological forecasting aims first at discovering all possible future technological discoveries and then systematically screening these possibilities to determine their feasibility, costs and characteristics so that predictions about forthcoming technologies can be made. The advantage of Morphological Research is that it explores all possibilities around a given technology, thus unveiling alternatives that would be impossible to discover with other methods. The problem with such an approach, however, is the time and resources which it requires before all alternatives have been identified and explored. □

63

Relevance Trees

A Relevance Tree is similar to a decision tree and is designed to present the various inputs and their perceived importance in order that a certain achievement (technological or otherwise) can be realized. Once all inputs have been identified and ranked in each level according to their importance, an overall index of importance among all inputs and levels of the decision tree can be constructed telling us the desirability of each of the inputs. According to this approach the inputs with the highest indices (most wanted) will be those in which technological or environmental factors will have to be introduced in order to achieve them. That is, according to this method, normative criteria of desirability are used to influence the introduction of new technological factors or environmental changes rather than simply extrapolating historical patterns.

System Analysis

System Analysis studies a given entity in terms of the interrelationship among its components and as a unit interacting with other units in the environment in a mutually influential manner. It then tries through a systematic step-by-step analysis to understand this pattern und assess changes in outputs through changes in the system inputs. Thus it is possible to predict future conditions by knowing the inputs entering the system. The difficulty, of course, is to understand the pattern of interaction among the elements within the system as well as between them and the environment. However, through such an approach feedback can be introduced and future influences on the system can be visualized and predicted.

There is a greater need to use a combination of technological methods for a single forecast in comparison to quantitative techniques. If the aim is, for example, to assess future technological capabilities in a certain area, then the Delphi technique can be used to identify long range technological possibilities. Morphological forecasting can be used to point out the technical breakthroughs required, and finally the Relevance Tree method can be employed to indicate the amount of resources needed and the chances that they will be mobilized to fulfil future goals.

REFERENCES

(1) R.L. Ackoff, *A Concept of Corporate Planning*. Wiley, New York (1970).
(2) R.U. Ayres, *Technological Forecasting and Long Range Planning*. McGraw-Hill, New York.
(3) M. Centrom, *Industrial Applications of Technological Forecasting*. Wiley, New York (1971).
(4) D.B. Cotton, *Company Wide Planning*. Macmillan, London (1970).
(5) D.W. Ewing, *The Practice of Planning*. Harper & Row, New York (1968).
(6) R.M. Haas *et al., Long Range Planning for Small Business*. Small Business Management Research Reports (July 1964).
(7) C. Holt, J. Muth *et al., Planning Production, Inventories and Work Force*. Prentice Hall, New Jersey (1960).
(8) D.E. Hussey, *Introducing Corporate Planning*. Pergamon Press, Oxford (1971).
(9) T.S. McAlpine, *Profit Planning and Control*. Business Books LMT, London (1969).
(10) G.A. Steiner, *Top Management Planning*. Macmillan, London (1969).
(11) G.A. Steiner (Editor), *Managerial Long Range Planning*. McGraw-Hill, New York (1963).
(12) E. Von Allman, *Putting Corporate Planning into Practice*. Industrial and Commercial Techniques, London (1969).
(13) E. Warren, *Long Range Planning: The Executive Viewpoint*. Prentice-Hall, New Jersey (1966).
(14) S. Makridakis and S. Wheelwright, *Forecasting: Methods and Applications*, Wiley/Hamilton, New York, 1978.
(15) S. Makridakis and S. Wheelwright, *Interactive Forecasting: Univariate and Multivariate Methods*, Holden-Day, San Francisco, 1978.
(16) S. Makridakis and S. Wheelwright, "Forecasting: Issues and Challenges for Marketing Management", *Journal of Marketing*, October 1977, pp. 24–38.

Zusammenfassung

Makridakis und Wheelwright behandeln in ihrem Beitrag die für die Unternehmensplanung wichtigen Prognoseverfahren. Sie wenden sich nicht an den Prognosespezialisten, sondern an den Manager, der einen leicht verständlichen Überblick sucht.

Sie stellen diejenigen Informationen zusammen, die der Unternehmensplaner für die Auswahl der für seine Zwecke geeigneten Prognoseverfahren benötigt. Nach einer Darstellung der in Frage kommenden Verfahren werden als Determinanten der zweckgerechten Auswahl genannt:
— die Art der verfügbaren Daten
— der gewünschte Modelltyp
— der Zeithorizont für die Prognose
— die Kosten der Prognose
— die Genauigkeit der Prognose und
— die Anwendungs- und Akzeptanzbedingungen.

Diese Determinanten werden näher erläutert und im Hinblick auf die Planungsbedürfnisse diskutiert.

Im Anhang werden die angesprochenen Prognoseverfahren kurz skizziert und charakterisiert.

An Optimization Model for Corporate Financial Planning*

William F. Hamilton und Michael A. Moses

677   Computer-based corporate models have generated considerable interest among management scientists and corporate planners in recent years. The number of operating corporate models is growing rapidly and represents virtually all types of industries.[11, 17] Not surprisingly, the size and complexity of corporate-level planning problems have tended to favor the development of descriptive simulation models for evaluating selected planning alternatives. Perhaps the best known corporate simulations are those described by Brown[3] and Gershefski.[10]

In contrast to the widespread use of corporate simulation models, few practical applications of corporate optimization models have been reported,[9] despite the distinct computational advantages offered by optimization methods where a large number of strategy alternatives and environmental conditions must be considered. Under such circumstances, simulation can require the evaluation of an excessive number of cases.

The mixed integer programming model presented in this paper operates in conjunction with a detailed corporate-accounting simulation model and as an integral part of the corporate planning process. A primary reason for developing this optimization model was the practical need to improve the efficiency with which alternative combinations of corporate strategies, financing mechanisms, and planning assumptions could be evaluated. The mixed integer formulation was designed to exploit the latest developments in integer-programming solution techniques and to permit realistic representation of discrete investment and financing opportunities.

Other attempts to apply mathematical-programming approaches to corporate financial planning fall into two general groups. First, a number of theoretical models have been conceptualized and discussed in the literature[1, 5, 18]; they
678   typi- □ cally imply input and computational requirements that preclude widespread practical application.[14] Second, there is a group of models solvable by standard linear programming techniques; they include a number of specialized applications — e.g., to operations planning,[8] short-term financing,[15] cash management,[13] and bank-asset management.[7] However, the simplifying assumptions required to obtain linear formulations limit the applicability of such models to more general financial-planning situations. Furthermore, only the discussions in references 7 and 8 give any indication of actual implementation.

The modeling approach described here can be applied in a wide range of planning contexts. It was developed with close management cooperation to ensure the

---

*Mit freundlicher Genehmigung der Verfasser entnommen aus: Operations Research, Vol. 21, 1973, S. 677–692

appropriateness of the assumptions, the availability of required model inputs, and the ultimate implementation of results.

On the basis of early experience with a corporate simulation model, management established the following general specifications for the financial optimization model:

1. *Corporate scope.* The model should reflect the full range of financial planning variables actually considered at the corporate level, including internal capital budgeting, acquisition and divestment, debt creation and repayment, stock issue and repurchase, and dividend payout. A five to ten-year planning horizon consisting of one-year planning periods was considered adequate.

2. *Analytical requirements.* Explicit provision should be made for evaluating discrete investments and extensive parametric variations in model inputs.

3. *On-line operation.* Direct access to the model and data base should be possible via remote terminals to allow its most effective use as a creative planning tool.

4. *Input/output flexibility.* Alternative input and output options should be provided to facilitate model implementation for standard and special planning studies in both batch and interactive models.

The corporate planning process under study is typical of those found in many large, decentralized organizations. Over fifty wholly and partially owned subsidiaries with operations in many different countries submit their plans, or strategies, for annual corporate review in light of corporate goals, available funds, and other opportunities. The corporate strategic plan is essentially a composite of approved subsidiary strategies, selected financing programs, and corporate-level strategies (e.g., portfolio investments and acquisitions). The most appropriate plan maximizes total corporate performance over the multiperiod planning horizon without violating important financial, legal, and operating constraints.

Several important issues arise in attempting to design a financial optimization model in this context: (1) selecting an appropriate measure of corporate performance, (2) defining exogenous limits on performance, and (3) developing a model structure consistent with established planning practices and perspectives. In each case, we gave primary consideration to the general applicability and effective implementation of the model, recognizing that any planning model, however sophisticated, is of value only to the extent that it is actually used in the planning process.

The primary corporate objective was defined by management as maximizing the value of the corporation to its stockholders. Translating this into a more operational objective function for planning purposes raises the problem of defining value and the factors that affect it. In the literature, the value of a corporation is often taken to be the present value of expected future returns (dividends, income, or cash flows), discounted at an 'appropriate' cost of capital rate.[5, 14, 18] In pract- □ tice, however, determination of an acceptable discount rate is a matter of 679 considerable debate. Another approach is to maximize the value of stockholders' equity during the final period of the planning horizon. This avoids the need to determine a discount rate, but implies a willingness to sacrifice current income in favor of a higher future value of stockholders' equity.[7] In the absence of an acceptable explicit functional representation of market valuation, management selected earnings per share (EPS) as the most reasonable surrogate measure of corporate performance for the planning model. Explicit representation of all earnings opportunities and constraints on the time pattern of EPS in the model ensures a realistic basis for evaluating planning strategies and financing programs. As indicated later, however, this implies a fractional objective function to reflect the effects of stock issues and repurchases. A simpler, but less desirable, alternative is to use selective reruns of the model based on a simple linear objective function, as suggested in reference 7.

The interactive, decision-aiding role of the corporate optimization model was reflected in the use of exogenous limits for a number of widely used financial ratios. No attempt was made to change the process by which these limits are set by financial management, but explicit provision has been made for parametric analysis to evaluate the effects of changes in the limits themselves. This permits use of the model to determine optimal values of the financial ratios. Given expected debt costs as a function of the corporation's debt/equity ratio, for example, relaxation of the debt/equity limit will allow comparison of the marginal returns with marginal debt costs. Future prices of common stock in the model are also determined exogenously by management. Attempts to project stock prices internally as a function of EPS and other variables would result in nonlinearities that would make the mixed integer formulation computationally intractable. Instead, parameterization of stock-price projections is used to explore the implications of possible variations.

In order to reflect the incremental nature of the existing corporate-planning process, the model distinguishes between strategies that maintain the firm's momentum in existing lines of business and strategies that represent changes in the nature or level of present activities, a structure allowing proper representation of potential expansion and divestment strategies that involve discrete overhead costs. Of course, incorporation of these opportunities as incremental strategies in a realistic model is only possible by using recently developed integer-programming solution codes.

As in the financial planning studies we have referred to, no attempt has been made to introduce uncertainty into the model formally. However, constraints on values of traditional financial ratios and on minimum corporate income permit exploration of managerial risk preferences through parameterization and examination of the relevant dual evaluators. As Carleton[5] has noted, more formal treatment of uncertainty suggests an order-of-magnitude increase in model complexity, thus severely limiting practical application.

The Corporate Model

The multiperiod mixed integer model presented in this section represents over fifty wholly and partially owned subsidiaries operating in a number of countries. □ These subsidiaries and certain corporate groups may submit plans of two general types: *momentum strategies,* which reflect continuation of present activities in current lines of business; and *development strategies,* which reflect proposed changes in the nature or level of present activities.

There is a momentum strategy associated with each existing line of business.

Although it is sometimes difficult to distinguish between strategy types, the incremental financial effects of all major shifts in the momentum business are described by development strategies. Included in this latter category are acquisitions, divestment, and market and product-line expansions. Strategy selection requires decisions of the go/no-go type, except where explicit provision is made for partial strategies.

Financing selected strategies may be arranged through a variety of fund sources at the corporate and subsidiary levels. Stock issues and both short- and long-term debt instruments must be considered. Short-term debt includes all financing whose duration is less than one year. Long-term debt may be arranged at the corporate level for internal allocation to selected strategies or at the subsidiary level for a particular strategy. In the latter case, the debt is referred to as 'tied financing,' since its use is restricted to the strategy for which it is proposed.

Each section of the corporate optimization model and the corresponding notation will be introduced in turn. The primary planning variables represent strategies and fund sources. To simplify the discussion, all strategy variables are treated as zero/one integer variables — that is, only go/no-go strategy decisions are permitted.

The Objective Function

If we let E_t be total corporate earnings in period t and hold constant the number of shares s_0 of common stock outstanding at t=0, then the multiperiod objective function may be written simply as

$$\text{max EPS} = \sum_{t=1}^{t=T} E_t/s_0 , \tag{1}$$

where EPS is total corporate earnings per share over the T periods.

In practice, of course, it is vitally important that due consideration be given to expansions and contractions of the stock base s_0; certain acquisition or expansion strategies may involve new stock issues, and analysis of corporate-financing opportunities may dictate the sale or repurchase of corporate stock. This results in a fractional objective function that can be approximated by the linear form

$$\begin{aligned}
\text{max EPS} = \sum_{t=1}^{t=T} \{ & E_t/s_0 - \sum_i \overline{\text{EPS}} \sum_{p=t}^{p=T} [u_{ip}/(u_{ip} + s_0)] X_i \\
& + (T - t) \overline{\text{EPS}} [1/(v_t + s_0)] S_t \\
& - (T - t) \overline{\text{EPS}} [1/(V_t^* + s_0)] S_t^* \} ,
\end{aligned} \tag{2}$$

where $X_i = 0, 1$ indicates the rejection or acceptance, respectively, of strategy i, $\overline{\text{EPS}}$ is an estimate of the average earnings per share EPS, u_{it} is the number of new common shares to be issued for strategy i in period t, v_t, and v_t^* are the maximum numbers of common shares that can be repurchased or sold in the market in period t, and S_t and S_t^* are decision variables that indicate the numbers of shares of common stock repurchased or sold, respectively, in period t. The negative adjustment terms in (2) reflect dilution of EPS caused by expansion of the stock base, while the positive adjustment term reflects the effects of a reduction in the number

681

of shares outstanding in period t due to treasury repurchases of outstanding common stock. Equation (2) was developed through successive expansion and linearization of terms in (1). Several iterations are typically required in solving a new problem before EPS = EPS.

Corporate earnings E_t in any period t have the general form

$$\text{earnings} = [\text{income (or loss) from strategies}] - [\text{financing costs}].$$

Computation of E_t requires the following additional variables:

X_i^* = 0, 1 indicates the rejection or acceptance, respectively, of the divestment of strategy i,

Y_{jp} = the dollar amount of long-term debt selected from source j starting in period p (this debt can be applied to any strategy i),

W_{ip} = the dollar amount of long-term debt tied to strategy i starting in period p (this debt may be utilized only if strategy i is accepted),

V_{kt} = the dollar amount of short-term debt from source k in period t,

P_p^* = the number of shares of preferred stock issued in period p, and

R_{jpq} = the dollar amount of long-term debt from source j starting in period p and voluntarily repaid in period $q > p$.

Effective tax rates vary widely among subsidiary companies and financing may be arranged at both the corporate and company levels, resulting in the following terms:

• *Income from strategies* (since all financing may be arranged at the corporate level, strategy income is computed after taxes but before interest):

$$\sum_i o_{it}[p_{it}(1 - r_{it}) + p_{it}'(1 - r_{it}')] X_i + \sum_i o_{it}\, p_{it}^*(1 - r_{it}') X_i^* , \tag{3}$$

where o_{it} is the fractional ownership associated with strategy i in period t, p_{it} and p_{it}' are the regular and capital gains incomes of strategy i in period t, r_{it} and r_{it}' are the effective income and capital-gains tax rates associated with strategy i in period t, and p_{it}^* is the capital-gains income from the divestment of strategy i in period t.

• *Cost of long-term debt at corporate level* (since strategy income is computed before interest, all interest payments must be adjusted for tax credit):

$$\sum_j \sum_{p=0}^{p=t} g_{jp}(1 - r_{ct}) [Y_{jp} - (t - p) h_{jp} Y_{jp}] , \tag{4}$$

where g_{jp} is the interest rate associated with Y_{jp}, r_{ct} is the effective corporate income tax rate in period t, and h_{jp} is the fraction of Y_{jp} required as a constant payment to principal in each period.

• *Cost of long-term debt tied to strategies* (adjusted for tax credit):

$$\sum_i g_{io}(1 - r_{it}) o_{it}[W_{io} - th_{io} W_{io}] X_i$$
$$+ \sum_i \sum_{p=1}^{p=t} g_{ip}(1 - r_{it}) o_{it}[W_{ip} - (t - p) h_{ip} W_{ip}] , \tag{5}$$

where g_{ip} is the interest rate associated with W_{ip}, W_{io} is the long-term debt outstanding at t=0, and h_{ip} is the fraction of Y_{ip} required as a constant payment to principal in each period. □

• *Cost of short-term corporate debt* (adjusted for tax credit): 682

$$\sum_k e_{kt}(1 - r_{ct}) V_{kt}, \qquad (6)$$

where e_{kt} is the interest rate associated with V_{kt}.

• *Dividend cost of preferred securities:*

$$\sum_{p=0}^{p=t} b_p P_p^*, \qquad (7)$$

where b_p is the dividend rate (dollars/share) associated with P_p^*.

• *Credit from early corporate debt repayment:*

$$\sum_j \sum_{p=0}^{p=t} \sum_{q=1}^{q=t} g_{jp}(1 - r_{cq}) R_{jpq}. \qquad (8)$$

It is assumed in (3) and throughout this section that the divestment of a momentum strategy always takes place in t=1. Furthermore, only common stock is repurchased, and early repayment is allowed only for corporate-level debt exceeding a fixed schedule of mandatory repayments.

After combining terms (3) through (8), corporate earnings in period t become E_t = (income from strategies) − (cost of corporate long-term debt) − (cost of long-term debt tied to strategies) − (cost of short-term debt) − (dividend cost of preferred securities) + (credit from early corporate-debt repayment).

Goal/Constraints

The distinction between an objective or goal and a constraint is often an arbitrary one. Most organizations have multiple objectives, any of which might be selected as the primary goal, while the others operate as constraints. Depending upon the particular analysis, the following three goal/constraints may be used in either role.

1. *Stable growth in earnings per share.* Management considers the pattern of growth in earnings per share to be an important determinant of investor confidence and, hence, of the market value of corporate stock. Where EPS_t is the earnings per share reported in period t, it was decided to limit fluctuations in EPS_t to a specified range by using constraints of the form

$$\alpha_t^+ EPS_t \gtreqqless EPS_{t+1} \gtreqqless \alpha_t^- EPS_t, \qquad (t = 1, ..., T)$$

where α_t^+ and α_t^- are fractions defining upper and lower limits on the period-to-period changes in earnings per share.

2. *Return on assets.* The return earned on assets is a common measure of corporate performance that may be treated as either an objective or a constraint. Return in this model is restricted to earnings from the sale of goods and services (E_t adjusted for earnings from capital gains). Where a_{it} is the incremental change in assets associated with strategy i occuring in period t and a_{i0} is the total assets of strategy i at the start of the planning period, return on assets in period t can be limited to some minimum value β_t by constraints of the form

$$E_t - \sum_i o_{it}(1 - r'_{it})\,(p'_{it}\,X_i + p^*_{it}\,X^*_{it}) - \beta_t\,[\,\sum_{p=0}^{p=t}\sum_i o_{pi}\,a_{ip}\,]\,X_i \geqq 0.$$

3. *Return on equity.* Return on total shareholders' equity is another useful □
683 measure of performance. As above, return is restricted to earnings from goods and services. The total equity Q_t in period t can be defined in terms of Q_0, the outstanding equity at t=0, the earnings E_t in period t and the following three factors:

• *Dollar value of the common stock issues associated with strategies:*

$$\sum_{p=1}^{p=t}\sum_i u_{ip}\,c_p\,X_i\,.$$

• *Net sales of common and preferred stock:*

$$\sum_{p=1}^{p=t} [c_p(S^*_p - S_p) + f_p\,P^*_p]\,,$$

where c_t is the average price of common stock in period t and f_t is the average price of preferred stock in period t.

• *Payment of common-stock dividends:*

$$\sum_{p=1}^{p=t}\sum_{q=p}^{q=t} d_q\,(\sum_i u_{ip}\,X_i + S^*_p - S_p + s_0)\,,$$

where d_t is the dividend rate on common stock in period t.

Thus, total equity in period t is

$$Q_t = Q_0 + \{\ \sum_{p=1}^{p=t} E_p + \sum_{p=1}^{p=t}\sum_i u_{ip}\,c_p\,X_i + \sum_{p=1}^{p=t} [c_p(S^*_p - S_p) + f_p\,P^*_p]$$

$$-\sum_{p=1}^{p=t}\sum_{q=p}^{q=t} d_q(\sum_i u_{ip}\,X_i + S^*_p - S_p + s_0)\}.$$

Return on equity in period t can therefore be limited to some minimum value γ_t by constraints of the form

$$E_t - \sum_i o_{it}(1 - r'_{it})\,(p'_{it}\,X_i + p^*_{it}\,X^*_{it}) - \gamma_t\,Q_t \geqq 0.$$

Corporate Constraints

A number of additional planning restrictions must be considered at the corporate level. These include the important flow-of-funds constraint, two constraints that enforce acceptable financial ratios, and others.

1. *Funds flow.* The funds allocated in any period will seldom balance the sum of funds generated internally plus those obtained from various funds sources. If provision is made for a cash balance at the end of period t, then the net change in cash balance during period t is the difference between the total inflow and total outflow of funds. The inflow of funds is generated by:

- *Selected strategies:*

$$\sum_t z_{it} X_i,$$

where z_{it} is the cash generation (or demand) of strategy i in period t after taxes and interest from financing tied to this strategy.

- *Divestments:*

$$\sum_i (w_{i1} - W_{i0}) X_i^*,$$

where w_{i1} is the net cash received after taxes from sale of strategy i.

- *Equity sales:*

$$c_t S_t^* + f_t P_p^*.$$

- *Net debt proceeds:*

$$\sum_k e_{kt}' V_{it} + \sum_j g_{jt}' Y_{jt} + \sum_i g_{it}' W_{it}, \qquad \square$$

where e_{kt}' is the fraction of short-term debt actually available for use, and g_{it}' is 684 the same as e_{kt}', but for long-term debt.

The outflow of funds, on the other hand, is distributed to:

- *Dividend payments:*

$$\sum_{p=1}^{p=t} \sum_i d_t [u_{ip} X_i + s_0 + (S_p^* - S_p)].$$

- *Debt expenses:*

$$\sum_k V_{k(t-1)} + \sum_k [e_{kt}(1 - r_{ct})] V_{kt} + \sum_{p=0}^{p=t} b_p P_p^*$$

$$+ \sum_j \sum_{p=0}^{p=t} \{[g_{jp} Y_{jp}(1 - r_{ct}) [1 - (t - p) h_{jp} Y_{jp}]\}$$

$$+ \sum_i \sum_{p=1}^{p=t} \{[g_{ip} W_{ip}(1 - r_{it}) [1 - (t - p) h_{ip}] - h_{ip} W_{ip}]\} o_{it}$$

$$+ \sum_i \{g_{i0} h_{i0}(1 - r_{it}) [1 - th_{i0}] X_i + th_{i0} g_{i0} X_i\} o_{it}.$$

- *Debt retirement:*

$$\sum_j \sum_{p=0}^{p=t} [-1 + (1 - r_{ct}) g_{jp}] R_{jpt} + \sum_{p=0}^{p=t} \sum_j \sum_{q=p}^{t-1} (1 - r_{it}) R_{jpq}.$$

- *Stock repurchases:*

$$c_t S_t.$$

Combining these terms, the funds-flow constraint for period t can be written as
(funds generated by selected strategies) + (funds generated by divestments)
+   (funds generated by equity sales) + (new debt proceeds)
−   (funds required for dividend payments) − (funds required by debt expenses)
−   (funds required by debt retirements) − (funds required by stock repurchases)
⩾ (net increase in the cash balance required during period t).

2. *Interest coverage.* Certain financial ratios are commonly used as measures of operating performance and financial stability. Most corporations strive to hold these ratios within 'acceptable' ranges to control operations, as well as to maintain a good image among shareholders and the financial community. One such measure, interest coverage, is defined here as the ratio of income from goods and services before interest and taxes to total interest costs in any period t. If L_t is the minimum acceptable value of the interest-coverage ratio, or the minimum number of times that interest expenses must be 'covered' by income from goods and services in period t, then this constraint takes the form

(income before interest and taxes) − L_t (total interest expense) ⩾ 0,

or

$$\sum_i o_{it} P_{it} X_i - L_t \{ \sum_j \sum_{p=0}^{p=t} g_{jp}[Y_{jp} - (t-p) h_{jp} Y_{jp}]$$

$$+ \sum_i g_{io}[W_{io} - th_{io} W_{io}] X_i$$

$$+ \sum_i \sum_{p=1}^{p=t} o_{it} g_{jp}[W_{ip} - (t-p) h_{ip} W_{ip}] + \sum_k e_{kt} V_{kt}$$

$$= \sum_{p=0}^{p=t} \sum_{q=p}^{q=1} (\sum_j q_{jp} R_{jpq})\} > 0.$$

3. *Leverage ratio.* Another financial ratio is the ratio of long-term debt to the sum of long-term debt plus total equity; it provides another indication of financial stability. Letting H_t be the maximum acceptable value of the corporate leverage ratio in period t, we have

$$\sum_j \sum_{p=0}^{p=t} [Y_{jp} - (t-p) h_{jp} Y_{jp} - \sum_{q=p}^{q=t} R_{jpq}]$$

$$+ \sum_i g_{io}(W_{io} - W_{th} W_{io}) X_i$$

$$+ \sum_i \sum_{p=1}^{p=t} g_{ip} W_{ip}[1 - (t-p) h_{ip}] + H_t/H_{t-1} \leqq 0.$$

4. *Short-term debt.* In order to limit the total amount of short-term debt undertaken in period t to an acceptable value N_t, management has imposed a set of constraints of the form

$$\sum_{k} V_{kt} \leqq N_t .$$

5. Additions to common stock. An upper limit on the net increase in outstanding common stock s_t can be imposed as a matter of management policy by a set of constraints such as

$$\sum_{i} u_{it} X_i + S_t^* - S_t \leqq s_t .$$

6. Minimum corporate income. Associated with each strategy i is an estimate of the minimum income (or maximum loss) m_{it} possible in period t. Since strategy income is at best a point estimate, a very conservative method for reducing overall corporate risk is to require total minimum strategy income to be greater than the minimum allowable corporate income level I_t established by management for period t. The parameter m_{it} can also be a percentage of p_{it} that depends on the projected variability of the industry to which that strategy is related:

$$\sum_{i} m_{it} X_i \leqq I_t .$$

Group Constraints

Where subsidiary companies are organized into groups or divisions, management may wish to establish performance requirements or to place restrictions on certain aspects of group activity. Often, the rationales behind such constraints derive from funding, business-mix, or legal considerations.

1. *Business mix.* Groups or divisions are typically composed of companies with related product lines or business operations. It is common management policy to restrict the 'mix' of corporate activities in order to retain or promote a specified corporate character or to help minimize risk. One way to accomplish this end is by limiting the total assets employed by any group g in period t:

$$\sum_{p=0}^{p=t} \sum_{i \in g} [a_{it} X_i - a_{it}^* X_t^*] \leqq A_{gt} , \qquad \sum_{p=0}^{p=t} \sum_{i \in g} [a_{it} X_i - a_{it}^* X_t^*] \geqq B_{gt} ,$$

where a_{it} and a_{it}^* are the increase and reduction in assets, respectively, associated with the adoption and divestment of strategy i in the period t, and A_{gt} and B_{gt} are the maximum and minimum limits on total assets employed by group g in period t.

2. *Strategy source/constraints.* A number of additional model constraints relate directly to the variables representing strategy and funds-source selection.

3. *Divestment.* The momentum strategy for each business line must be either accepted or divested, but not both. Thus, for all momentum strategies (i∈M), $X_{i \in M} + X_{i \in M}^* = 1$.

4. *Development/momentum strategies.* Because selection of an incremental development strategy (i∈D) has meaning if and only if the corresponding momentum strategy (i∈M) is accepted, we require for each business line that $X_{i \in M} - X_{i \in D} \geqslant 0$ for all i.

5. *Tied financing.* The amount of tied financing that can be taken out in period p is limited to some maximum value λ_{ip} associated with each strategy i. In addition, the tied financing may only be used if the corresponding strategy is accepted. Thus, we must require that $Y_{ip} - \lambda_{ip} X_i \leq 0$ für all i.

6. *Early debt repayment.* In allowing the voluntary repayment of outstanding corporate debt ahead of schedule, it is necessary to ensure that total repayments over the planning horizon do not exceed the amount of debt outstanding at the end of period T:

$$\sum_{q=1}^{q=t} R_{jpq} - Y_{jp}[1 - (T - p) h_{jp}] \leq 0. \qquad \text{(all j, p)}$$

7. *Funds-source limits.* The funds drawn from any source j in period t may be limited to some range by constraints of the form $Y_{jt}^+ \geq Y_{jt} \geq Y_{jt}^-$, where Y_{jt}^+ and Y_{jt}^- are the upper and lower limits on the funds drawn from source j in period t.

Model Extensions

This basic model formulation can be extended to include consideration of these additional factors:

(a) A more precise objective-function approximation using yearly estimates of earnings per share $\overline{EPS}_t$, and outstanding stock s_t.

(b) Strategy divestments in any period.

(c) Postponement of strategy selection.

(d) A variety of preferred securities with allowance for repurchase.

(e) Variable debt-repayment schedules and conversion of debt to common stock.

(f) Additional constraints on group and company activities similar to those at the corporate level.

(g) Stock issues by subsidiary companies.

(h) Payment of subsidiary dividends to outside minority owners.

(i) More complex financial accounting relations.

(j) Enriched tax and depreciation considerations.

(k) More complex debt agreements (such as warrants and minimum borrowing thresholds).

Implementation

The model presented here is a simplified version of the strategic planning optimization model designed and implemented in a large multinational company. The following discussion of computational considerations and results is based on solution and implementation experience with the larger, more complex model.

Computational Considerations

In its present form, the model contains approximately 1000 variables and 750 constraints, not including upper- and lower-bound constraints. There are over 200 zero/one variables, including both strategy variables and structural variables relating to definitions of subsidiary companies not described in the previous section. The remaining variables are continuous and represent the many alternative sources of funds. Constraints similar to those described here are complemented with additional restrictions on groups and subsidiary companies. □

Model solution. Two aspects of the model cause most of the computational difficulties. First, the management requirement that strategy selection be treated as a go/no-go decision creates the need for mixed-integer-solution capabilities. An extensive survey of available codes revealed that a model of this size and structure could be solved by most modern mixed integer programming algorithms (available on CDC, IBM, and Univac systems). Use of zero-one round-off routines and other approaches were also considered, but were rejected in favor of available mixed integer codes. Maximization of earnings per share implies a mixed-integer fractional objective function, and therefore also poses some computational problems. Practical experience with large-scale fractional programming problems is quite limited, and it was therefore fortunate that a linear approximation of total EPS could be developed as shown in (2). This requires an estimate of average earnings per share, $\overline{EPS}$. The initial value of $\overline{EPS}$ may be based on current projected corporate earnings for the planning horizon under consideration. Of course, $\overline{EPS}$ should equal the value computed for EPS in the subsequent model solution, but this is seldom the case. Generally, the objective-function value computed in one solution provides a reasonable estimate of $\overline{EPS}$ for the next trial. Only a few iterations are generally required to reduce the difference between the two to an acceptable value. An extension of the initial model now being implemented is substitution of yearly EPS estimates for the single average-value $\overline{EPS}$.

Postoptimal analysis. One of the major reasons for management's decision to develop a corporate financial planning optimization model was the capability it offered to test the robustness of proposed solutions and to determine optimal reallocations of corporate resources in response to changes in the planning environment. Because of the complex functional relations used to compute the matrix coefficients from data inputs, and because about one-fourth of the model variables were restricted to values of either zero or one, standard linear programming sensitivity analyses and parametric routines are of limited use. An on-line system was therefore developed to facilitate post-optimal studies of the mixed integer solution. A simplified flow chart of this system is presented in Fig. 1.

In the initial run, the data necessary for the optimization model are collected from the corporate financial, accounting, and management files. These data are then processed through the matrix generator, which computes appropriate model coefficients and structures the optimization model in a form required by the optimization program. The optimal basis is computed and saved for use in postoptimal analysis.

Following each run, the results are stored for processing by the report generator, which produced desired solution-output reports. Two levels of reports are currently available: the complete mixed integer optimal solution generated by the computer system, and a summary report tailored to management needs and designed for output via a remote terminal.

Sensitivity analysis determines the permissible changes in cost and right-hand

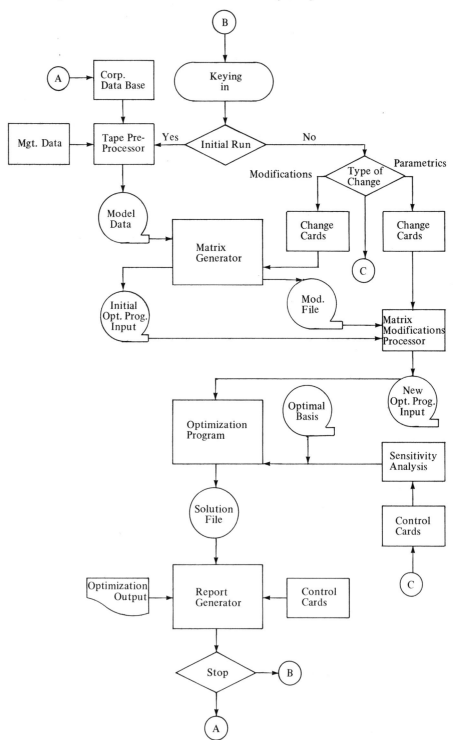

Fig. 1. A simplified flow chart for the optimization system.

side parameters that maintain the variables in the optimal basis. In a mixed-integer problem, the small variations in values of the basic variables caused by changes in the objective function (OBJ) and right-hand side (RHS) coefficients should be limited to the variables that take on continuous values. To ensure this, and yet exploit the power of available programming techniques, the strategy variables in the basis can be fixed at their optimal levels while values of the accepted □ fund- 688 source variables change. Sensitivity analysis in this case only reflects the robustness of the accepted fund sources.

Additional postoptimization procedures were desired to determine the effects of changes in corporate data on the optimal solution. These effects are determined by the upper right branch of the flow chart in Fig. 1. Two types of changes, "Parametrics" and "matrix modifications," are illustrated.

Parametrics allow OBJ and RHS coefficients to vary over predefined ranges. An optimal solution is generated at each change in the basis caused by a change in one or more coefficients. Each new optimal solutions is forced to the mixed integer optimum. One difficulty experienced in applying this procedure is that many of the corporate model coefficients have no clear financial or management interpreta- □ tion. Each matrix element computed by the matrix generator may be 689 a function of multiple data inputs. For instance, the coefficient of a single strategy variable in the earnings row may be a composite function of profits from goods and services, profits from capital gains, tax rates, tied financial costs, and others. A change in any of these may not only affect a number of OBJ coefficients, but also certain RHS coefficients. Thus, the effects of incremental changes in basic data inputs are often difficult to trace. The "modifications" option facilitates analyses of revisions in model structure and variations in specified elements of the financial, accounting, or management data bases by first processing the changes through the matrix generator, where appropriate revisions in matrix coefficients are computed. The changes are then merged with the optimization input file to produce an updated file for solution. Since most revisions are minor, the initial basis for modification runs is usually the final basis for the previous mixed integer optimal solution. The results of both parametric and modification runs are available through the report generator in either complete or abridged form.

Thus, this optimization system has all the power of the parametric and sensitivity-analysis routines found in most large-scale mathematical programming systems. It also provides capabilities that enable the planning staff to derive meaningful interpretations of changes in their data base and to perform certain additional postoptimal analyses of mixed-integer solutions with a minimum of effort.

Computational Experience

Like most integer programming routines, the computer code first solves for the optimal linear programming solution and then proceeds to the mixed integer optimum. A modified branch-and-bound search technique is employed to find the mixed integer solution. The density of the coefficient matrix is about 5 percent and the continuous solution usually requires about 10 central-processing-unit (CPU) minutes on a Univac 1108 computer system. In most runs, about ten strategies have been accepted at fractional levels. The remaining strategies were integer-valued.

The integer solution typically requires an additional 15–30 CPU minutes beyond the optimal continuous solution. Additional integer solutions initiated by the modification section of the optimization system usually required an additional minute using the previous optimal integer basis as the initial basis for the new problem. Both the continuous and the mixed solutions were validated using a corporate financial simulation to develop detailed financial statements for selected sets of strategies and fund sources.

An interesting characteristic of the mixed integer solution was that the strategies accepted were often quite different from those selected in the continuous solution. For example, two strategies that were accepted at levels of 0.89 and 0.03, respectively, in one continuous solution were accepted at levels of 0.0 and 1.0 in the final solution. Despite such shifts in variable values, however, the optimal objective-function value for the integer solution was generally within 3 percent of the continuous solution. Simply rounding off the continuous solution produced a much greater divergence in objective-function values. □

690   **Applications**

Applications of the corporate optimization model to date fall naturally into two categories: (1) evaluation of subsidiary and corporate strategies and financing alternatives proposed in the annual planning cycle, and (2) special studies of investment and financing opportunities or problems that arise during the year. These span the full range of financial decisions made at the corporate level and have shown a number of interesting results in comparison with management intuition and the financial simulation model. Several such applications involving analyses of acquisitions, divestments, and financial-ratio limits are discussed briefly in this section to illustrate the practical value of an optimization model for corporate strategic planning.

Acquisition analysis. The model assists in deciding not only what to acquire, but also how it should be financed and when during the planning period it should be undertaken. In the annual planning cycle and in special studies, acquisition candidates are generally proposed to the model with a range of pooling (common-stock financing) and purchase (equity, debt, or cash financing) options. For example, a major subsidiary proposed several small pooling acquisitions that were accepted by the model, but only as cash purchases, in view of the low projected price of common stock and the unexpected availability of cash generated by divestments. In another case, the model recommended delay of two planned subsidiary acquisitions in favor of immediate seizure of a corporate-acquisition opportunity.

In another study of common-stock financing, three major acquisitions, each in excess of $100 million, were considered both individually and in combinations. Taken one at a time, acquisition A (the smallest) showed a positive contribution to EPS over the planning horizon, acquisition B resulted in slight dilution (reduction in EPS), and acquisition C (the biggest) caused significant dilution. Traditional acquisition evaluations would have recommended accepting A and rejecting the other two. When all three were submitted for evaluation, the optimization analysis suggested acceptance for both A and B and indicated that rejection of B would have reduced the optimal EPS value by an amount nearly twenty times the expected dilution effect. Further examination revealed that the funds-balance constraint became limiting in periods 3 and 4 when acquisition B was expected to contribute substantial cash flows. Since the debt/equity constraint was also limiting in these periods, rejection of acquisition B would have forced use of expensive equity financing to meet coporate cash requirements or curtailment of promising internal investments.

In addition to its application in evaluating proposed acquisitions, the model has also been used effectively to select general profiles of desirable acquisition candidates to guide the search for promising companies. This is accomplished by presenting the model with alternative hypothetical acquisitions, each with different financial characteristics, and allowing it to evaluate these in the context of other corporate opportunities.

Divestment analysis. Group executives assist the planning staff in assigning divestment values for all existing subsidiaries. This provides complete flexibility in developing the optimal corporate plan. In contrast to previous planning, the optimization model often chose to divest existing business lines (momentum strategies) in amounts up to 40 percent of the total momentum business. The most common rationale was that divestments represented relatively inexpensive sources of funds for investment in more productive alternatives. Because management was not willing to accept the ambitious divestment programs generated by the model and because the corporate staff could not possibly cope with more than a few divestments in any single planning period, constraints were added to limit the total number of divestments in each period. By parameterizing the constraint limit, a rank-ordered listing of divestment candidates was easily generated. 691

Evaluation of policy restrictions. Theoretical considerations and management judgment combine to establish values for a number of policy parameters, including the debt/equity ratio, interest-coverage ratio, return on assets, and dividend payout. Extensive parametric analyses of these policy restrictions has allowed management to evaluate the implications of the traditional financial rules of thumb. In one study, for example, the high marginal cost associated with the interest-coverage restriction and subsequent parametric analysis revealed that the planned divestment of a subsidiary with no significant debt would prevent acceptance of a highly profitable, but debt-financed, expansion of an existing subsidiary. The result was an explicit determination of the trade-off between the policy limit and EPS. This information led to a management decision to lower the required interest coverage, subsequent completion of the planned divestment, and acceptance of the expansion strategy.

In these and other applications, the optimization model has demonstrated great power and flexibility in evaluating planning alternatives and assumptions. It should be noted, however, that approximations inherent in the formulation of such a model may produce solutions that are not valid in a strict accounting sense. Of course, this is not its primary purpose. Rather, it is to identify the combinations of alternative strategies and financing programs that best satisfy corporate objectives and constraints. Once strategic plans have been selected, more detailed analysis can be conducted using a financial-accounting simulation model or standard accounting procedures. [12]

Acknowledgments

We are grateful to James McSweeny of the International Utilities Corporation for his significant contributions to the formulation and application of the corporate model. We also wish to thank Douglas Moffit and Thomas Johnson, whose understanding and efforts made computer implementation of the model possible.

References

1. William J. Baumol and Richard E. Quandt, "Investment and Discount Rates Under Capital Rationing – A Programming Approach," *Economic J.* 75, 317–329 (1965).
2. James B. Boulden and Elwood S. Buffa, "Corporate Models: On-Line, Real-Time Systems," *Harvard Business Rev.* 48, 65–83 (July–August 1970).
3. David E. Brown, "The Xerox Planning Model," presented to the American Manage- □ ment Association Seminar on Corporate Financial Models and Management Decision Making (December 16–18, 1968).
4. Willard T. Carleton, "Linear Programming and Capital Budgeting Models: A New Interpretation," *J. of Finance* 25, 825–883 (1969).
5. –, "An Analytical Model for Long-Range Financial Planning," *J. of Finance* 25, 291–315 (1970).
6. A. Charnes, W.W. Cooper, and M.H. Miller, "Application of Linear Programming to Financial Budgeting and the Costing of Funds," *J. of Business* 32, 20–46 (1959); also reprinted in *The Management of Corporate Capital*, Ezra Solomon (ed.), pp. 229–255, The Free Press, New York, 1967.
7. Kalman J. Cohen and Frederick S. Hammer, "Linear Programming and Optimal Bank-Asset Management Decisions," *J. of Finance* 21, 147–168 (1967).
8. Jared H. Dickens, "Linear Programming in Corporate Simulation," in *Corporate Simulation Models*, Albert N. Schrieber (ed.), pp. 292–314, University of Washington, Seattle, Washington, 1970.
9. Gary W. Dickson, John J. Mauriel, and John C. Anderson, "Computer Assisted Planning Models: A Functional Analysis," in *Corporate Simulation Models*, Albert N. Schrieber (ed.), pp. 43–70, University of Washington, Seattle, Washington, 1970.
10. George W. Gershefski, "Building a Corporate Financial Model," *Harvard Business Rev.* 47, 61–72 (July–August 1969).
11. –, "Corporate Models – The State of the Art," *Management Sci.* 16, B303–B312 (1970).
12. William F. Hamilton and Michael A. Moses, "A Computer-Based Corporate Planning System," in *Model and Computer-Based Corporate Planning*, Cologne University Press, Cologne, Germany, 1973.
13. Yair E. Ogler, "An Unequal-Period Model for Cash Management Decisions," *Management Sci.* 16, B77–B92 (1969).
14. Alexander A. Robichek, Donald G. Oglivie, and John D.C. Roach, "Capital Budgeting: A Pragmatic Approach," *Financial Executive,* pp. 26–38, April 1965.
15. –, D. Teichroew, and J.M. Jones, "Optimal Short-Term Financing Decisions," *Management Sci.* 12, 1–36 (1965).
16. David P. Rutenberg, "Maneuvering Liquid Assets in a Multi-National Company," *Management Sci.* 16, B671–B684 (1970).
17. Albert N. Schrieber (ed.), *Corporate Simulation Models*, University of Washington, Seattle, Washington, 1970.
18. H. Martin Weingartner, *Mathematical Programming and the Analysis of Capital Budgeting Problems*, Prentice-Hall, Englewood Cliffs, New Jersey, 1963. □

692

Zusammenfassung

Die bisher in der Literatur vorzufindenden LP-Modelle zur strategischen Planung sind nach Ansicht der Verfasser entweder im Hinblick auf ihren Bedarf an Daten und Rechenleistung so anspruchsvoll, daß sie eine praktische Anwendung ausschließen, oder aber sie bauen auf so stark vereinfachten Annahmen auf, daß sie nur zur Lösung ganz spezieller Probleme geeignet sind.

Im Gegensatz zu den bekannten, auf der Simulation basierenden Gesamtunternehmensmodellen (vgl. die in dem Beitrag genannten Arbeiten von Brown und Gershevski) handelt es sich hier um ein Modell der gemischt-ganzzahligen Programmierung. Das Modell kommt im Rahmen bzw. als *Teil* der strategischen Planung eines multinationalen, diversifizierten Großunternehmens zum Einsatz und wurde in enger Zusammenarbeit mit den Anwendern entwickelt.

Der Zweck des Modells ist die Auswahl geeigneter Strategien unter Berücksichtigung der Finanzierungsmöglichkeiten. Grundlage der Auswahlentscheidung sind hierbei die von den etwa 50 Niederlassungen des Unternehmens eingereichten Planvorschläge, die zum einen die Fortführung des laufenden Geschäfts („momentum strategies") und zum anderen grundsätzliche Änderungen in der Geschäftstätigkeit („development strategies"), wie etwa den Erwerb von Unternehmungen, die Aufnahme neuer Produktionen usw., zum Inhalt haben.

Diese Planvorschläge als potentielle Strategien und die zugehörigen Finanzierungsalternativen repräsentieren die Entscheidungsvariablen des Modells.

Zielfunktion ist im Sinne der Aktionärsinteressen die Maximierung des Wertes der Firma, als dessen quantitatives Surrogatmaß die Verfasser den Quotienten Gewinn pro Aktie („earnings per share") wählen.

Die Nebenbedingungen legen einmal gewisse zielbezogene Forderungen des Management fest: stabiles Wachstum des Gewinns pro Aktie und ein Mindestniveau für die Gesamt- und Eigenkapitalrentabilität in jeder Periode. Hinzu kommen gesamt-unternehmensbezogene Restriktionen: Einhaltung des finanziellen Gleichgewichts, Deckung des Zinsaufwandes durch Gewinn vor Steuern und Zinsen, Sicherung eines vorgegebenen Verhältnisses von Eigen- und Fremdkapital etc. Schließlich sind noch einige Restriktionen auf Unternehmensteilgruppen bezogen: Beschränkung der Gesamtinvestitionen in einer Sparte, sinnvolle Verknüpfung von Strategiealternativen, gruppenbezogene Finanzrestriktionen usw.

Abschließend werden Erweiterungsmöglichkeiten des Modells angedeutet. Die von den Verfassern berichteten Erfahrungen bei der Implementation und die Diskussion eines Teils der Ergebnisse beziehen sich nicht auf das dargestellte, sondern auf das komplexere, in der Praxis eingesetzte Modell.

Langfristige Unternehmensplanung: Lösung durch Proxy-Kriterien*

Friedrich Hanssmann

35   Die enge Verknüpfung von Planung und Entscheidung, wie sie in der betriebswirtschaftlichen Literatur oft unterstellt wird, ist in keiner Weise selbstverständlich.
Dies gilt insbesondere für die langfristige Planung. Deutlich zeigt dies ein Blick in
die Praxis der langfristigen Unternehmensplanung.

Die Planung beginnt in der Praxis fast immer damit, daß eine erwünschte und für
möglich gehaltene Umsatzentwicklung fixiert wird. Hierbei wird oft von Wachstumsraten für den Umsatz ausgegangen, die rational nicht zu begründen sind. Mit
Hilfe von Marktanalysen versucht man dann zu prüfen, ob das Wachstumspotential
der vorhandenen oder der aus Forschung und Entwicklung zu erwartenden Produkte ausreicht, um die gewünschte Umsatzentwicklung zu realisieren. Eine mögliche Differenz zwischen gewünschtem und realisierbarem Umsatz gibt dann Anhaltspunkte für Umfang und Intensität der Investitionen für Forschung und Entwicklung.

Nachdem auf diese Weise ungefähr Klarheit über die Absatzentwicklung nach
Produkten gewonnen wurde, kann man über technologische Relationen auf eine
korrespondierende Aufwandsentwicklung schließen. Aus dieser leitet man, unter
Umständen sogar bis zu Abteilungen und Projekten, detaillierte Budgets sowie Be-
darfslisten für Personal, Produktions- und Hilfsmittel ab. Ein solches Werk pflegt
man in der Praxis als „Plan" zu bezeichnen.

Der kritische Beobachter kann sich allerdings bei einer solchen Art der Planung
des Eindrucks nicht erwehren, daß der gesamte Prozeß, selbst wenn man von der
mehr oder weniger willkürlichen Wahl der Wachstumsrate absieht, mit einer gewissen Zwangsläufigkeit abläuft. Entscheidungsprobleme werden bei einem solchen
Prozeß nirgends gelöst. Soweit Alternativen zur Wahl stehen — vielleicht bei technischen Verfahren —, wird über sie stillschweigend entschieden. Ausschließlich das
Ergebnis erscheint im Plan.

Charakteristischerweise gibt es in der Praxis auch nur *den* Plan, also nur einen
einzigen. Sollte wirklich einmal ein Alternativplan aufgestellt werden, so handelt
es sich dabei zumeist um triviale Alternativen, wie etwa schematische Budgetkür-
zungen, Quotenumverteilungen, oder um eine Verwendung alternativer Schätzungen. Unterschiede zwischen verschiedenen Unternehmensstrategien, zwischen
denen eine Entscheidung zu treffen wäre, tauchen dagegen nie auf. Ein Symptom
hierfür: Eine amerikanische Firma setzt z.B. die Begriffe „long-range-planning"
und „long-range-forecasting" gleich. Für eine langfristige Unternehmensplanung, die
nach einem solchen Schema abläuft, erweist sich dann auch die Frage geeigneter
Entscheidungskriterien als unbedeutend.

---

*Mit freundlicher Genehmigung des Verfassers entnommen aus: Wirtschaftswoche Nr. 23,
Juni 1972, S. 35–38. Die Tabelle wurde vom Verfasser für den Wiederabdruck überarbeitet.

Ein solches Vorgehen kann man nicht als ökonomisch sinnvolle Planung im Sinne von „planning as anticipatory decision making" (Ackoff) bezeichnen. D.h. also, Planen ist vorwegnehmendes Entscheiden. Die Planung wird erst aktuell, wenn die Untersuchung alternativer, sich deutlich und wesentlich unterscheidender Unternehmensstrategien in den Mittelpunkt des □ Planungsprozesses gerückt wird. Dabei kommt es darauf an, die entsprechenden (nicht trivialen) Alternativpläne bewertend zu vergleichen. Bei dieser Art der „fortschrittlichen" Planung, die sich also mit der Entscheidungsfindung zwischen strategischen Alternativen explizit befaßt, spielt das Problem geeigneter Entscheidungskriterien eine zentrale Rolle.

Dazu ein Beispiel: Der wohl wichtigste Entscheidungskomplex, mit dem sich eine nützliche Langfristplanung befassen muß, ist die Wahl von Produktarten und Märkten, auf denen das Unternehmen künftig tätig sein will. Entscheidungen in bezug auf diesen Komplex kann man kurz als „Produkt-Markt-Strategie" bezeichnen. Im Planungsprozeß muß eine Reihe von Produkt-Markt-Strategien erarbeitet werden, die sich in ihren wesentlichen Merkmalen unterscheiden. Sie müssen explizit zur Entscheidung gestellt werden.

Will man klären, nach welchen Kriterien ein Vergleich zwischen den Alternativen erfolgen soll, müßte vorab beantwortet sein:

1. Wie können diese verschiedenen Alternativen hergestellt werden?

2. Welche Zielsysteme der Unternehmung sind möglich oder empirisch erwiesen?

Zu dieser zweiten Frage existiert in der Betriebswirtschaftslehre eine umfangreiche Literatur. Die Ergebnisse dieser Arbeiten lassen sich dahingehend zusammenfassen, daß ökonomische Zielsetzungen zur Steuerung der Unternehmung vorrangig sind. Die zahlreichen nicht ökonomischen Zielsetzungen lassen sich bei einer realistischen Betrachtung wohl nur als Restriktionen berücksichtigen, die den ökonomischen Spielraum eines Unternehmens abgrenzen. Eine typische ökonomische Zielsetzung – die auch den weiteren Ausführungen zugrunde gelegt wird – ist etwa die Erreichung einer bestimmten Gesamtkapital-Rentabilität (rate of return) bei gleichzeitiger Verwirklichung einer bestimmten Größenordnung des Unternehmens.

Was sind nun die spezifischen Erfordernisse der Langfristplanung? Da kurzfristig relativ wenig an der Unternehmensstrategie geändert werden kann, ist ein Unternehmen gerade auf die langfristigen Entscheidungen als Hauptgestaltungsmöglichkeit seiner Zukunft angewiesen. Es gibt allerdings keine wesentlichen Unterschiede zwischen kurzfristig sinnvollen und langfristig sinnvollen Entscheidungskriterien. Denn die Schwierigkeit für die Spezifizierung langfristiger Entscheidungskriterien besteht darin, daß die üblichen ökonomischen Kriterien – wie Gewinnmaximierung –, mit denen kurzfristig laufend gearbeitet wird, zwar begrifflich auch für langfristige Zwecke geeignet, aber langfristig nicht mehr operational sind. Der Grund hierfür liegt in der rasch zunehmenden Unsicherheit von Zukunftserwartungen. Hierunter ist sowohl die Unsicherheit von Daten als auch die Unkenntnis etwaiger zukünftiger Handlungsalternativen zu verstehen. Deshalb betrachten auch erfahrene Führungskräfte der Praxis Gewinn- oder Rentabilitätsprojektionen oft mit großer Skepsis, wenn sie über eine relativ kurze, gut überschaubare Planungsperiode hinausgehen.

Man steht bei langfristigen Planungsüberlegungen vor dem Dilemma, eine Rentabilität erreichen oder gar maximieren zu wollen, die bezüglich der zur Verfügung stehenden alternativen Strategien nicht quantifizierbar ist. Diesem Dilemma kann man sich auf zweifache Weise entziehen: Entweder verzichtet man auf eine disziplinierte Entscheidungsfindung und entscheidet intuitiv. Oder man schafft neue Konzepte, die sowohl operational sind als auch eine systematische und disziplinierte Entscheidungsvorbereitung gestatten.

Die Unternehmensforschung hat in einer solchen Situation stets versucht, begrifflich ideale, aber nicht operationale Ziele durch sinnvolle, wenn auch nicht mehr dem perfektionistischen Ideal entsprechende, Ersatzkonzepte abzulösen. An die Stelle eines nicht quantifizierbaren Kriteriums muß daher ein sogenanntes „Proxy-Kriterium" (in der Regel sind es sogar mehrere) treten. Ihr Charakteristikum: Sie tragen zur ursprünglichen idealen Zielsetzung bei.

Im Rahmen der Produkt-Markt-Strategie mögen beispielsweise verschiedene Diversifikationsalternativen zur Debatte stehen. Für ein bestimmtes Akquisitionsprojekt sei eine langfristige Gewinnprojektion unmöglich. Bekannt sei, daß die fragliche Firma eine überdurchschnittlich hohe Investitionsrate für Forschung und Entwicklung aufweist. Die Investitionsrate ist zweifellos ein Indiz für ein hohes zukünftiges Gewinnpotential. Dieser Hinweis kann also in die Liste der Proxy-Kriterien aufgenommen werden. Dies besagt ceteris paribus nicht mehr und nicht weniger: Ein Projekt mit höherer Investitionsrate in Forschung und Entwicklung ist der ursprünglichen, aber nicht quantifizierbaren Zielsetzung dienlicher als ein anderes.

Da eine solche ceteris-paribus-Annahme praktisch nie erfüllt ist, leuchtet es ein, daß man in der Praxis stets nur mit einer größeren Anzahl von Proxy-Kriterien arbeiten kann. Allerdings muß man sich dadurch wieder mit der Problematik der Mehrfach-Kriterien auseinandersetzen.

Das angeführte Beispiel hat bereits gezeigt: Proxy-Kriterien können durchaus quantitativer Natur sein, müssen es allerdings nicht. Damit führen sie ex post eine Quantifizierung des ursprünglichen nicht quantifizierbaren Zieles herbei. Gelöst werden muß jedoch noch das Problem, konkurrierende Zielsetzungen innerhalb von Proxy-Kriterien zu bewerten.

Trotz der schwierigen methodischen Handhabung von Mehrfachkriterien dürfte kein Zweifel daran bestehen, daß die Benutzung von Proxy-Kriterien den Grundstein für eine systematische und disziplinierte Entscheidungsfindung legt. Für die Technik der Proxy-Kriterien sind zwei Punkte zu erwähnen:

1. „Ineffiziente" Strategien können außer acht gelassen werden, d.h. jene Strategien, die in allen Proxy-Kriterien von einer anderen Strategie übertroffen werden, braucht man bei der Strategienwahl nicht mehr zu berücksichtigen.

2. Dem Entscheidungsträger muß objektiv und, wenn möglich, in quantifizierter Weise bewußt gemacht werden, welche sich ausschließenden Zielerreichungsgrade in ein Gesamturteil eingehen. Das daraus resultierende Werturteil bleibt Sache des Entscheidungsträgers.

Wie sehen nun die konkreten Möglichkeiten der langfristigen Unternehmensplanung mit Hilfe der Proxy-Kriterien aus? Hierzu wieder ein Beispiel einer möglichen Produkt-Markt-Strategie:

Eine Firma möchte diversifizieren. Ein mögliche Alternative: Akquisition, d.h.

Aufkauf eines anderen Unternehmens. Ergibt sich eine Akquisitionsmöglichkeit, so kann man natürlich versuchen, zunächst konventionelle Wirtschaftlichkeitskriterien zur Bewertung des Projektes zu verwenden. Man kann etwa auf die Methoden der Unternehmensbewertung oder der Investitionsrechnung zurückgreifen.

Wie schon erwähnt, ist ein solcher Weg aber meistens zum Scheitern verurteilt. Denn die Daten, auf die sich solche Rechnungen stützen – etwa die langfristige Gewinnentwicklung –, sind in den meisten Fällen nicht vorhanden. Selbst wenn man annimmt, daß die relevanten Daten vorliegen, ergeben sich gegen ein solches Vorgehen schwerwiegende Bedenken. Denn eine solche Rechnung kann nur als ein Reagieren auf eine mehr □ oder weniger zufällig auftauchende Kaufmöglichkeit, nicht aber als Planung einer Strategie angesehen werden.

37

Sinnvollerweise kann ein solches Problem deshalb nur über langfristige Unternehmensplanung gelöst werden. Bevor konkrete Projekte in Betracht gezogen werden, muß die Planung eine Vorentscheidung über die Richtung der Diversifikation festlegen. Sie kann dann als Suchhilfe dienen, um konkrete Projekte zu ermitteln. Diese Vorentscheidung kann sich etwa auf die Branche der in Frage kommenden Unternehmen beziehen.

Nach H.I. Ansoff kommen für die Auswahl der Branche folgende Proxy-Kriterien in Frage:

- kurzfristige ökonomische Resultate;
- langfristiges Wachstum und langfristige Stabilität;
- Flexibilität;
- Eintrittsaspekte;
- Synergie.

Diese Kriterien stellen natürlich wieder nur zusammengefaßte Hauptgruppen dar (vgl. Tabelle 1). Ansoff hat die vorgeschlagenen Proxy-Kriterien so definiert, ob sich das einzelne Kriterium auf das (nicht operationale) ökonomische Gesamtziel günstig oder ungünstig auswirkt. Die Einzelkriterien selbst sind sämtlich operational. D.h. entsprechende Angaben zu diesen Kriterien können aus Branchendaten gewonnen und projiziert werden.

So ist z.B. die kurzfristig einwandfrei ermittelbare Ertragsrate nach ihren historischen, laufenden und zukünftigen Werten analysierbar, zumindest für wenige Jahre. Als wichtiges Datum für die Ertragslage tritt ferner die Streuung innerhalb der Branche hinzu, d.h. etwa die Angabe der Spanne zwischen der besten und der schlechtesten Firma der Branche.

Zur Bestimmung des langfristigen Wachstums ist die Ertragsrate nicht mehr greifbar, allenfalls noch die Umsatzwachstumsrate. An ihrer Stelle können indirekte Indizien, wie Forschungsintensität, technologische Lebensphase der Produktlinie und technologische Aussichten als Indikatoren der langfristigen Entwicklung herangezogen werden.

Aussagen über die langfristige Stabilität eines aufzukaufenden Unternehmens können etwa aus folgenden Daten abgeleitet werden: der umsatzmäßigen Abhängigkeit des Betriebes von einem einzelnen Kunden, den Umsatzschwankungen im Laufe einer Saison, dem Konjunkturzyklus oder der bisherigen Preisentwicklung bzw. der bisherigen Preisstabilität. Ergänzt werden können diese Daten durch eine

Gruppierung der Ersatzkriterien		Alternative Zielbranchen			
		Klimaanlagen	Elektronische Steuerungen	Metallurgie	Kunststoffproduktion
Ökonomische Kriterien	Kurzfristige ökonomische Resultate				
	Gesamtkapitalrentabilität historisch (10 Jahre, Durchschnitt)	10	9	9	11
	laufend	12	9	12	10
	Trend (5 Jahre)	13	10	14	11
	Streubereich (laufend)	± 1	± 3	± 2	± 1
	Langfristiges Wachstum				
	Umsatzwachstumsrate in %	9	15	8	13
	Forschung und Entwicklung in % des Umsatzes	1	3	2	4
	Lebensphase der Produktlinie*)	W/S	W	W/S	W
	Technologische Aussichten	Kältetechnik	zahlreich	keine	zahlreich
Störanfälligkeit	Langfristige Stabilität				
	Abhängigkeit von einem einzigen Kunden	± 5% öffentl. Hd.	± 30% öffentl. Hd.	± 10% chem. Ind.	± 1%
	Saisonale Stabilität (Spanne)	± 30% öffentl. Hd.	vernachlässigbar	vernachlässigbar	± 10%
	Stabilität über Konjunkturzyklus	± 7% öffentl. Hd.	± 10%	± 2%	± 5%
	Unabhängigkeit des Umsatzes**)	Investitionsgüter/Gebrauchsgüter	Investitionsgüter/Investitionsgüter	Investitionsgüter/Grundstoffe	Investitionsgüter/Grundstoffe
	Preisstabilität	hoch	mittel	niedrig	niedrig
	Externe Flexibilität				
	Technische Streubreite	Kältetechnik	Elektronik	Werkstofftechnik	Werkstofftechnik
	Streubreite der Nachfrage***)	5/70/25	30/60/10	8/92/0	0.5/99.5/0
	Interne Flexibilität				
	Liquidität (Zahlungsmittel und kurzfristige Forderungen)	6:1	3:1	7:1	8:1
	kurzfristige Verbindlichkeiten Barliquidität	2:1	2:1	4:1	3:1
	Eigenkapital/Fremdkapital	2:1	1:1	1:2	1:3
Wechselwirkung	Eintrittskosten				
	Kaufpreis/Gewinn	12:1	18:1	10:1	15:1
	kritische Eintrittsgröße	30	20	50	10
	Eintrittsmöglichkeiten				
	Gesamtumsatz der Branche	300	600	400	250
	Anzahl der Firmen	15	50	20	35
	Anzahl der fusionswilligen Firmen	3	15	2	7
	Branchenkapazität/Nachfrage	1.5	1.5	1.0	9.95
	Synergismen				
	Leitung und Finanzen Forschung und Entwicklung Marketing Produktion u.ä.	gemeinsame EDV	schneller Start in elektronischen Steuerungen für NC	Materialeinkauf	gemeinsame EDV Werkzeugmaschinen für Kunststoffverarbeitung
		gemeinsames Konstruktionsbüro Größendegression in Teilefertigung	Prozeßkontrolle	gemeinsame Werkstofforschung vertikale Integration	

*) W = Wachstum, S = Sättigung, V = Verfall
**) Relativ zur Investitionsgüterindustrie
***) Aufteilung in % auf öffentliche Hand/Industrie/Haushalte

Tabelle 1. Daten zur Beurteilung alternativer Zielbranchen

Analyse über die Unabhängigkeit der Umsätze dieser Branche von den Umsätzen der Ausgangsbranche.

Zwar lassen sich diese Angaben nicht exakt quantifizieren, d.h. man muß sich mit verbalen Angaben begnügen. Bei den technologischen Aussichten oder den Lebensphasen der Produkte ist dies selbstverständlich. Aber auch die Preisstabilität kann nur einfach als hoch, mäßig oder niedrig bezeichnet werden. Für die Unabhängigkeit der Umsätze kann etwa angeführt werden, ob es sich um zwei Investitionsgütermärkte oder um einen zusätzlichen Konsumgütermarkt handelt.

Ähnlich liegen auch die Schwierigkeiten bei der Messung der externen Flexibilität. Auskunft geben über diesen Faktor können z.B. die Streuung der Technologie oder die Streuung der Nachfrage, d.h. die Aufteilung des Umsatzes nach wichtigen Kundengruppen. Die interne Flexibilität hängt hauptsächlich von der Finanzstruktur des Unternehmens ab. Für sie können Bilanzkennzahlen als Richtgrößen dienen.

Kennzahlen für die genannten „Eintrittsaspekte" können sein: ein für die Branche typisches Verhältnis des Kaufpreises zum Unternehmensgewinn (price earnings ratio) oder die kritische Eintrittsgröße (gemessen am Umsatz). Je nach Branche gibt es charakte- □ ristische Umsatzgrößen, die zumindest erzielt werden müssen, wenn sich ein Markteintritt lohnen soll. Statistiken über Umsatzgröße der Branche, Gesamtzahl der Firmen, bekannte oder geschätzte Anzahl von Fusionsmöglichkeiten sowie das Verhältnis von Kapazität und Nachfrage in der Branche runden das Bild ab, wie leicht bzw. wie schwer es sein wird, in den betreffenden Markt einzudringen.

38

Von besonderer Bedeutung für die wirtschaftlichen Resultate nach einer etwaigen Akquisition ist die Synergie. Mit diesem Begriff werden diejenigen Vorteile umschrieben, die der neuen Firma über die einzelnen für sich betrachteten Beiträge der Partner hinaus erwachsen. Gemeint sind also Effekte, die dazu beitragen, daß das Gesamtunternehmen mehr wert ist als die Summe der Teilunternehmen („2 + 2 = 5 effect"). Diese können sein die gemeinsame Benutzung von Einrichtungen, die sonst in jeder der beiden Firmen vorhanden sein müßten, ferner Größendegressionen bei einer Zusammenlegung der Produktion oder die Erschließung eines neuen Marktes, der keiner der beiden Firmen für sich allein zugänglich wäre. Auch über diese Vorteile können meistens nur verbale Angaben gemacht werden (vgl. Tabelle 1).

Zwar kann die Aufbereitung all dieser Daten recht aufwendig werden, dennoch bildet sie die Grundlage für den weiteren Entscheidungsprozeß. Das kritische Problem ist die Zusammenfassung der Daten in eine einzige Gesamtbewertung jeder Alternative. Wie bereits erwähnt, gibt es hierfür keine objektiv richtige Methode, sondern das Ergebnis hängt von der Beurteilung des Entscheidungsträgers ab.

Der weitere Entscheidungsprozeß läßt sich wie folgt systematisieren: Zunächst wird vom Entscheidungsträger oder einem Gremium von Sachverständigen jedes einzelne Proxy-Kriterium auf einer Notenskala von 0 bis 10 bewertet. Dabei ist 10 die bestmögliche Bewertung. In einer zweiten Phase wird versucht, aus den Einzelnoten eine Gesamtnote für Teilaspekte, wie etwa die „externe Flexibilität" oder die „Eintrittsmöglichkeiten", zu entwickeln. Hierbei muß schon versucht werden, gegenläufige Kriterien zu gewichten, z.B.: Was ist im Sinne der „langfristigen Stabilität" besser – eine hohe Preisstabilität, aber eine starke Abhängigkeit von einem einzelnen Kunden, oder eine mäßige Preisstabilität, aber eine geringe Abhängigkeit von einem einzigen Kunden?

Auch für diese Debatte liegt die Vorteilhaftigkeit der Proxy-Kriterien auf der Hand. Denn durch die numerische Bewertung können Größenordnungen und Austauschrelationen verschiedener Alternativen rationaler diskutiert werden. Eine höhere oder niedrigere Gesamtbewertung eines Teilbereichs kann mit sachlichen Argumenten begründet werden, was sich auch für die Bildung einer Gruppenmeinung als vorteilhaft erweist.

Dieser Prozeß ist in ähnlicher Weise für die nächste Gruppierungsebene (etwa Flexibilität insgesamt oder Eintrittsaspekte insgesamt) zu wiederholen und schließlich mit einer Gesamtbenotung jeder Alternative abzuschließen. Alle Zwischennoten müssen sich ebenso wie die Endnote auf der einheitlichen Skala von 0 bis 10 bewegen. Hierdurch wird der Gewichtungsprozeß zumindest z.T. willkürfrei normiert. Das Ergebnis ist also eine quantitative Bewertung der Alternativen durch eine einzige Zahl. Sie erlaubt eine Rangordnung der Alternativen.

Festgehalten werden muß, daß diese Quantifizierung kein durchgehend objektiver Prozeß ist, sondern auf subjektive Gewichtungs- und Bewertungsurteile eingeht. Allerdings stützt sich dieser Prozeß auf objektive und für alle Alternativen gleich angeordnete Daten. Soweit quantitative Modelle Verwendung finden, dürfte ihre Rolle auf die Projektion von Zahlenwerten der Proxy-Kriterien beschränkt bleiben.

Fazit: Eine sinnvolle Langfristplanung muß explizit langfristige Entscheidungsalternativen betrachten. Eine quantitative Bewertung der alternativen Strategien ist anzustreben und im Prinzip möglich. Es muß aber der Weg über zahlreiche Proxy-Kriterien beschritten werden. Diese muß der Entscheidungsträger selbst durch ein gewichtendes Urteil in einer Gesamtbewertung zusammenfassen.

Neben dem angeführten Beispiel der Akquisition als Teil einer möglichen Produkt-Markt-Strategie muß die langfristige Unternehmensplanung zahlreiche weitere langfristige Entscheidungen treffen. Praktisch können diese Entscheidungen über verschiedene Alternativen nur stufenweise, d.h. also nicht simultan, sondern nur sequentiell fallen. Auf jeder dieser Stufen kann dann die geschilderte Methodik der Definition und Verwendung formaler Kriterien gute Dienste leisten.   ∎

Literatur

1) Ackoff, R.L., A Concept of Corporate Planning, Wiley 1970.
2) Ansoff, H.I., Corporate Strategy – An Analytic Approach to Business Policy for Growth and Expansion, McGraw-Hill 1965.
3) Hanssmann, F., Unternehmensforschung – Hilfsmittel moderner Unternehmensführung. USW-Schriften für Führungskräfte, Bd. 5, 1971.
4) Hanssmann, F., Operations Research Techniques for Capital Investment, Wiley 1968.
5) Drucker, P.F., "Long-Range Planning: Challenge to Management Science", Management Science 5 (1959), pp.238–249.
6) Hetrick, J.C., "A Formal Model for Long-Range Planning", in John Blood, Jr. (Ed.)., Management Science in Planning and Control, Technical Association of the Pulp and Paper Industry, New York 1969, pp. 1–38.
7) Steiner, G.A., Top Management Planning, Macmillan, New York 1969.   □

Zusammenfassung

Nach Hanssmann ist Langfristplanung in der Praxis durchaus nicht selbstverständlich. Treffe man sie aber doch an, dann gebe es meist nur *den* Plan.

Damit wird aber gerade der Idee des Planungsbegriffs — „Planung als vorwegnehmendes Entscheiden" — nicht Rechnung getragen. Will man jedoch eine Auswahl unter sich deutlich unterscheidenden strategischen Alternativen treffen, dann bedarf es dazu geeigneter Kriterien, mit deren Hilfe der Beitrag einer Strategie zur Zielerreichung wenigstens quasi-quantifizierbar gemacht werden kann.

Zu einer solchen Bewertung eignen sich Proxy-Kriterien. Hanssmann zeigt die Vorgehensweise anhand der Strategie ‚Diversifikation'. Für das Problem „Auswahl der Branche" nennt er in Anlehnung an Ansoff fünf Proxy-Kriterien, die er näher definiert.

Die Alternativenbewertung und die Urteilsfindung werden im einzelnen beschrieben, wobei die Rolle des Entscheidungsträgers besonders hervorgehoben wird.

Portfolio Analysis: Practical Experience with the Directional Policy Matrix*

D.E. Hussey

Experience with the Directional Policy Matrix

In November 1975 Shell Chemicals caused a stir of interest in the planning world when they published details of a technique of portfolio analysis called the Directional Policy Matrix. This was described more recently in an article by Robinson, Hichens and Wade which appeared in the April issue of this journal.

The original booklet included the statement that although designed for petrochemicals '. . . the general technique is applicable to almost any diversified business with separately identifiable sectors. It could for example be applied to a diversified shipping company where the separate business sectors might be different types of cargo, or to an engineering company offering a range of products and services'.

At the time I first read this booklet, early in 1976, I had just started planning assignments with both an engineering company offering a range of products and services *and* the largest transport undertaking in Europe (not quite a shipping company, but very close in many ways).

The way I was working with both of these clients in a 'process' role (see for example Young and Hussey[3]) meant that I was well situated to introduce them to the new technique, to share in the practical problems which arose (and in some of the solutions), with the added benefit that the style of working meant that the adaptation of the technique was the result of a genuine partnership with my clients, drawing heavily on their skills and efforts. The initial experiments moved in very different directions in each company.

The main thrust of this article is based on experience with Rolls Royce Motors, whose products include cars, diesel engines and shunting locomotives, and the National Freight Corporation.

The NFC has far more products than the casual observer might guess, including parcels services, tanker services, household removals, express road services, freight forwarding, warehousing, refrigerated storage and numerous others. With Rolls Royce Motors the need was to view the company from a different perspective and to ensure that the corporate plan, although strongly influenced by the Divisions, was more than a consolidation and summary of the Divisional plans.

The NFC need was much closer to the traditional reasons for applying portfolio analysis — the problem of 'sorting out' numerous subsidiaries and products from a strategic view point, in relation to development, investment, and cash flow con-

*Mit freundlicher Genehmigung des Verfassers entnommen aus: Long Range Planning, Vol. 11, August 1978, S. 2–8

tributions. DPM was examined as a potential approach to the analysis, but at that early stage the Corporation was anxious to concentrate, as a significant element of its marketing strategies, on the creation and maintenance of a low level of risk. It was therefore a first priority to develop a meaningful definition of risk in terms of its causal factors.

A method of risk analysis using a portfolio analysis philosophy and owing much to the DPM was produced. □   3

Currently the DPM is being adapted for use in the NFC, with the risk approach remaining an important adjunct to it.

At Rolls Royce Motors we used the DPM but added to it a technique developed by Harbridge House inspired by the work of Mike Sweet of the NFC in developing their approach to risk analysis. Our new technique, risk matrix (RM), effectively converts the two dimensional DPM into a three-dimensional matrix, and opens the door to a number of exciting concepts.

Parallel with this involvement, another client, Arthur Guinness Ltd., had independently begun to apply the DPM to their business which includes sweets, holidays, plastics, and retailing interests as well as lager and Guinness stout. Their experience has been made available to me for this article.

In addition we have twice used the DPM in senior management education programmes. The first was spontaneous, as a reply to a problem which developed from a marketing case study: how do you evaluate competitors? It made an interesting diversion from the traditional methods. The second programme, for an oil distributing group, dealt with top management development and included strategic planning. We adapted the questions in the DPM and used it as a classroom exercise, evaluating two of the company's products. Two noteworthy things came out of this experience: the first was the need to pay attention to the weightings of some of the sub-questions; the second was that both sessions of the course, with different participants in each, reached the same consensus view of the matrix position of the products. Both of these points will be returned to later.

Description of the DPM

A full description of the technique will be found in the Shell booklet and the article, both of which have been referenced.

In summary the DPM is a nine box matrix with two axes. One measures 'prospects for market sector profitability' and the other 'the company's competitive position'. A series of questions (Table 1) are asked about factors relevant to each axis, are scored and weighted, and the answers plotted on the matrix. The position in which the answer falls provides an indicative strategic guidance. An example of the matrix, slightly modified from the Shell original in the titling of the matrix positions, appears in Figure 1.

It is interesting that in the management programme discussed above we started with a blank sheet of paper, and asked the experienced managers present to say what they considered important in evaluating a business opportunity. We cheated only by separating the list into two groups, corresponding with the two axes. All the key items included in the Shell booklet — market growth, profitability, ease of

Market Sector prospects analysis	Companies' competitive capabilities analysis
Market growth	*Market position* Market share,
Market quality Sector profitability record? Margins maintained in over- capacity? Susceptible to commodity pricing? Customer to producer ratio?	Western Europe *Production capability* Feedstock
High added value to customer? Ultimate market limited in size? Substitutability by other products? Technology of production restricted?	Process economics Hardware
Overall market quality rating: Industry feedstock	*Product R & D* (in relation to market position)
Environmental aspects	

Table 1. Questions for the DPM

entry, stability of profits, competitive position, supply position *vis-à-vis* competitors, etc. were readily identified by the managers. This, I think, points to one of the advantages of the technique: it deals in terms and questions familiar to managers, and does not move explicitly into concepts such as product life cycles or complex mathematics as some other techniques do.

The meanings of the labels in the matrix boxes may be summarized as:

- *Distinvestment*

Products falling in this area will probably be losing money – not necessarily every year, but losses in bad years will outweigh the gains in good years. It is unlikely that any activity will surprise management by falling within this area since its poor performance should already be known.

4
- *Phased Withdrawal*

A product with an average to weak position with low unattractive market prospects, or a weak position with average market prospects is unlikely to be earning any significant amounts of cash. The indicated strategy is to realize the value of the assets on a controlled basis to make the resources available for redeployment elsewhere.

- *Cash Generator*

A typical situation in this matrix area is when the company has a product which is moving towards the end of its life cycle, and is being replaced in the market by other products. No finance should be allowed for expansion, and the business, so long as it is profitable, should be used as a source of cash for other areas.

Example of D.P.M.   3

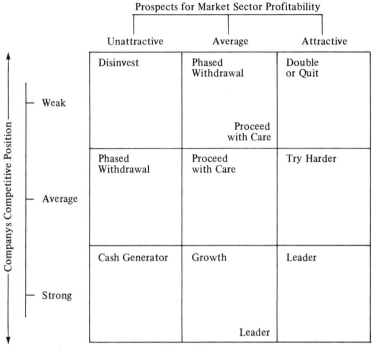

Figure 1

Every effort should be made to maximize profits since this type of activity has   4
no long term future.
- *Proceed with Care*
  In this position, some investment may be justified but major investments should
  be made with extreme caution.
- *Growth*
  Investment should be made to allow the products to grow with the market.
  Generally, the product will generate sufficient cash to be self-financing, and
  should not be making demands on other corporate cash resources.
- *Double or Quit*
  Tomorrow's breadwinners among today's R & D projects may come from this
  area. Putting the strategy simply, those with the best prospects should be select-
  ed for full backing and development. The rest should be abandoned.
- *Try Harder*
  The implication is that the product can be moved towards the leadership box
  by judicious application of resources. In these circumstances the company may
  wish to make available resources in excess of what the product can generate for
  itself.
- *Leader*
  The strategy should be to maintain this position. At certain stages this may
  imply a need for resources to expand capacity with a cash need which need not

be met entirely from funds generated by the product, although earnings should be above average.

These descriptions are close to those developed by Shell: the key-words in the centre box 'Proceed with care' equate with the terms 'Custodial' used by Shell which we found unsuitable at Rolls Royce Motors. Interestingly, Guinness also found problems with the original word, and use the term Keep/watch in their model.

Practical Problems

The questions/criteria developed by Shell for both axes presented certain problems, and in turn led to a number of other queries around the practical application of the technique. Some were answered, but others remain. Briefly the main tasks and problems found in using the technique were:

(1) The need to change the questions to suit different markets.
(2) The problem of weightings.
(3) The treatment of 'environmental' factors.
(4) How broadly to define businesses and markets.
(5) Value of the star scoring system.
(6) Market growth scores.
(7) Competitive position scores.
(8) Validity and reliability of the approach.

The Need to Change the Questions

It was immediately obvious that the concepts of market growth, quality and supply made sense to all of the businesses for which the technique was considered. Certain specific criteria were patently not valid, and there were obvious omissions of criteria critical to specific businesses. The competitive concepts of market share, supply and support raised more problems and were not universally valid.

These extracts from an internal Guinness document summarize some of the problems of adaptation:

(1)   Are there/should there be different criteria for different businesses in the portfolio?

(2)   How to decide on the criteria?
       – is one type of analysis better/more reliable than another?
       – should the analysis concentrate on a small number of parameters. . . . or a large number?
       – how is it possible to prove that the right factors have been used? How scientific can one be?

In practice it was found that the problem of different criteria could be solved by simply not scoring questions that had no relevance to the product. This seemed to work well for the market axis, but problems occurred with the competitive axis over certain types of business. For example, it is very difficult to see the relevance of most of these criteria to even a large horticultural business: strict application, of them by all the nation's farmers would mean that everybody would be guided by the matrix to get out of farming, since all producers are in a 'weak' competitive position. This is not an empty example, as many companies have interests in activities where size and market dominance are not of great significance to success. Examples include secretarial services, and consultancy.

The criteria developed for Rolls Royce Motors are:

	Market Axis	*Max. score*	
(1)	*Market growth*	4 points	
(2)	*Market quality*	4 points	
	2.1. Stable profitability		
	2.2. Margins maintained in over capacity		
	2.3. Brand loyalty		
	2.4. Customer/producer ratio		
	2.5. Degree of substitutability (of the product, not of the brand)		
	2.6. Restriction of technology		
	2.7. Generation of after sales business	□	
(3)	*Market supply*	4 points	5
	Are there major supply difficulties in the industry?		
	Competitive axis		
	1. *Market position*	4 points	
	1.1. Market share (or approx. ranking in market)		
	1.2. Captive outlets		
	1.3. Dealer network		
	1.4. After sales service network		
	2. *Production capability*	4 points	
	2.1. Production economics		
	2.2. Capacity in relation to market share		
	2.3. Component availability		
	2.4. Ability to handle product change		
	3. *Engineering and support services*	4 points	
	3.1. Capability in relation to market position		
	3.2. Production innovation ability		
	3.3. Product quality		

Guinness took a slightly different approach to the market axis:

	Market axis	*Rating points*	*Maximum rating*
(1)	*Quality of profitability*		4
	Excellent prospects (high return on capital/secure)	4	
	Good prospects (high/not so secure *or* average return/secure)	3	
	Average prospects	2	
	Poor prospects (relatively low return/insecure)	1	
	Likelihood of loss	0	

(2)	*Growth*	4

Ecellent growth prospects
(over 12 per cent per annum)   4
Good growth prospects
(8–11 per cent per annum)   3
Average growth prospects
(4–7 per cent per annum)   2
Poor growth prospects
(0–3 per cent per annum)   1
Declining market (less than 0 per cent)   0

(3)   *Supporting factors*   4
Rate each business on a scale from 4 to 0 (or negative) taking into account:

Price elasticity:	inelastic	positive
	elastic	negative
Substitutability of type of product/service:	hard to substitute	positive
	easily substituted	negative
Openness of market:	hard to enter	positive
	easy to enter	negative
Extent of government control:	not much	positive
	a lot	negative
Economic/political stability:	stable	positive
	unstable	negative

Other Factors (e.g. threat of nationalization) add to or subtract from score as relevant.

(4)   Overall rating   12

The Problems of Weightings

There are really two sets of related weighting problems. The first basic issue is whether each of the three groups of criteria in each axis should have the same weighting, as in the Shell system. Robinson, Hichens and Wade[2] give examples of situations where other weightings are determined and used. But if, in a conglomerate, you apply different weightings to every product or business area, are the resultant matrix positions comparable?

The second problem is the need for sub-weightings to assess the value of each sub-criteria. The original Shell method suggested an overall assessment taking the subfactors into account, and this is the way we used the technique at Rolls Royce Motors. I cannot claim to have reached any more objective solution than this, and am worried because of this.

The Treatment of Environmental Factors

The original Shell description provided for a fourth factor in judging the market, the environmental one, but omitted this from the worked example on the grounds that it did not apply to 'Product X' on which the illustration was based.

The Shell notes on this factor state:

Sector prospects can be influenced by the extent of restrictions on the manufacture, transportation or marketing of the product. In some cases the impact of such restrictions is already quantifiable and has been built into the forecasts of market growth. If it has not, it must be assessed if there is a strongly positive or negatively environmental or regulatory influence to be taken into account for the product.

The problem we found was the distorting effect of applying a factor on an irregular basis. Logically, if there were no environmental influences on product X, should it not receive top score, when compared with product Y on which the environmental influence was severe? These theoretical examples show the effect of a 'sometimes' rating on matrix positions.

	Product A		*Product B*	
	A 1	A 2	B 1	B 2
Market growth	4	4	2	2
Market quality	2	2	0	0
Market supply	2	2	3	3
Environment	0		4	
Total	8	8	9	5
Out of	16	12	16	12

This shows how the inclusion or exclusion of a rating on the environment can change the position of product A versus product B.

It was also apparent that the environmental factor dealt only partly with the much wider question of risk. At □ the NFC the thinking moved much more to an exploration of risk and the first attempt at analysis dealt only with this issue. At Rolls Royce Motors we decided to ignore the environmental factor in the DPM, but to use another technique to look at all environmental risk, and to use the results of this as an aid to interpreting the DPM. This gave another dimension to the use of the DPM, without the distorting effect mentioned above. (The risk matrix approach is described towards the end of this article.)

6

How Broadly to Define Business and Markets

Relevant definitions of business and markets are often harder to reach than might be imagined. At Rolls Royce Motors we used a strategic business area concept, for example, subdividing the car market into geographic dimensions. What were relevant areas were not too difficult to deduce.

Less simple, is the answer to the question what is a market? Is the market for the Rolls Royce car all motor vehicles, an upper crust of a few competing high value makes, or is the car truly unique? The answer is important, because not only does it affect market growth rates, but also the competitive rating: market share, for example, could vary from 100 per cent to a minute figure depending on the definition used.

Guinness faced similar problems. For example should they consider their main product as part of the beer market or part of the stout market?

It is probable that some of the exceptions to the DPM discussed earlier would fit if the strategic business area, market and competition could be defined narrowly enough. The right answer might be a minute geographical area, or a finely drawn market segment.

The danger is that things can change. The strategic business area for many activities was once the boundaries of a small town; for most the boundaries have enlarged to cover an entire country, and for many national borders are no longer significant. What appears 'right' today may not remain so for ever, and an important lesson of the DPM is that one major strategic task is to continually watch, and test, the definitions of business area.

There may of course be more than one strategic business area for any one product.

An added complication comes when the company has one source of supply to several strategic business areas. A matrix position suggesting divestment in one may not be a simple decision unless the capacity can be diverted to a more profitable activity.

Value of the Star Scoring System

Shell suggested a star scoring system, converted to points on the basis that one star scored 0 points, two stars 1 point, etc. Universally this practice was found to have little value in all the companies with which we were associated (and Guinness independently) and we omitted the star step and moved directly to the assignment of points.

Market Growth Scores

The scoring system for market growth used by Shell was:

0–4 per cent p.a.	0 points
5–7 per cent p.a.	1 point
8–10 per cent p.a.	2 points
11–14 per cent p.a.	3 points
15 per cent and over	4 points

This was based on chemical industry performance. Shell added the comment:

When applying this rating system to another industry it would be necessary to construct a different scale with a centre point appropriate to the average growth rate for that industry.

Guinness did adjust the scale, as was shown in the example earlier. The real problem comes when using the matrix in a true conglomerate — where portfolio analysis is most necessary — when many industries each with different growth rates are involved. Should the scale be based on the average of all industry, or of those industries in which the conglomerate operates, or of the upper quartile of industry (on the grounds that this is a desirable objective and can therefore provide a good standard for all activity). One approach which seems wrong is to use a different market scale for each strategic business area in the portfolio.

The solutions arrived at were essentially practical answers to fit the specific companies, rather than a general principle applicable to all situations. My tentative recommendation for a conglomerate is to construct a scale based on the average for all their own industries: this differs from the Shell recommendation in words, though possibly not in intent.

Competitive Position Scores

Shell, very sensibly, move from the concept of market share, to one of market leadership. The suggested ratings are:

4 points	Leader	— a company whose pre-eminent market position makes it price leader. The market share associated with this state is variable, and does not imply a majority share where there are many competitors. □
3 points	Major producer	— where no one company is a leader, but where there may be a number of major producers.
2 points	Viable producer	— a strong viable stake, but below the top league.
1 point	Minor	— less than adequate to support R&D in the long run.

This concept fits most companies very well. The problem of the farming business where the whole concept is irrelevant has already been mentioned.

The idea of relative market leadership position, rather than market share, also fits the road transport business where in most sectors there are innumerable competitors with small (and for practical purpose) immeasurable market shares. Whether we will need to adjust the definitions to fit the road transport business is still an open question.

Validity and Reliability

The ultimate aim of any new technique must be to have both validity and reliability. Validity means the ability to measure what it sets out to measure: reliability is the quality of consistency.

Probably the biggest worry any of us had in using the technique is that we could prove neither validity nor reliability.

The tests which we have been able to make provide indicative evidence only:

(a) A measure of reliability was achieved at the management programme, where different groups reached the same answer. Whether this answer was also valid is another question.

(b) In one company, after making the matrix analysis, we examined major capital expenditure proposals from each area. If the matrix position and the evaluations were reasonably efficient, we postulated that a major project for a 'try harder' product would yield a higher expected d.c.f. rate of return than that for a 'proceed with care product'. This was borne out.

(c) We compared the individual matrix positions of various products with assessments made of them from their individual plans and studies. There were no surprises (and we do not think one set of expectations biased the other assessment).

DPM as a Behavioural Technique

One way to judge the reliability of the technique is to use it as a participative management tool. If different groups of managers consistently produce similar answers this will at least demonstrate reliability.

But more than this, it will encourage thinking. There seems to me a tremendous value in using the technique firstly to help managers to think as a group about their markets, the competition and the relative strategic value of their portfolio to the company. Secondly, the portfolio approach provides a useful way of communicating strategic guidelines to different business units.

Potentially, I would set the value of the use of the technique in this way as about equal to its value as a tool of strategic analysis. Those wishing to bring more real participation to planning could do worse than to use the DPM as the medium.

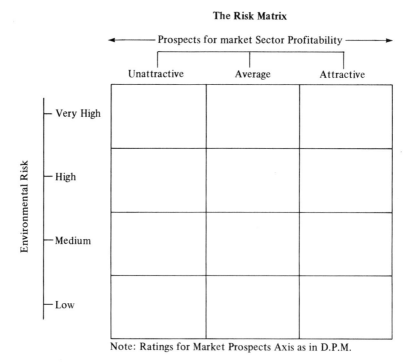

The Risk Matrix

Note: Ratings for Market Prospects Axis as in D.P.M.

Figure 2.

The Risk Matrix (RM)

The remarks about validity and reliability, and the value as a group technique, apply equally to the RM.

All businesses are subjected to influences outside the control of the company but some are more affected than others. The risk matrix attempts to examine key external influences and to evaluate the likely *adverse* significance of these on the product portfolio.

A combined rating is obtained which may be compared with market sector prospects. Figure 2 illustrates the matrix. Prospects for market sector profitability are taken direct from the DPM and need no further description.

The position on the environmental risk axes is obtained by:

- identifying the significant external factors (selection has to be made; it is impracticable to suggest that every factor should be studied). □
- assessing the impact that adverse changes could have on the product.
- assessing the probability that the change will occur.

8

Impact and probability are scored in the following manner

Impact			*Probability*	
Extremely high	6	A certainty	100 per cent	6
	5	Very likely	84 per cent	5
High	4	Quite possible	67 per cent	4
	3	As likely as not	50 per cent	3
Relatively low	2	Probably not	33 per cent	2
	1	Highly unlikely	16 per cent	1
None	0	Impossible	–	0

Scoring is impact times probability. For example:

Impact	extremely high and *probability* a certainty:	$6 \times 6 = 36$
	High	Very likely:	$4 \times 5 = 20$
	Low	Very likely:	$1 \times 6 = 6$

This exercise is carried out for each of the factors and for each product/strategic business area. Scores are totalled by product/strategic business area and normalized (to reduce the size of the numbers). The result gives a risk score for each product which is entered on the RM.

When the technique was used by Rolls Royce Motors some 15 key environmental factors were identified (not all applied to all products), examples are emissions legislation, external industrial disputes, exchange rates and shortage of key supplies.

The use of the RM in conjunction with the DPM effectively provides a third dimension to the DPM. This is an interesting concept, which opens up new areas for exploration. It is, of course, difficult to draw a usable three-dimensional matrix, although it is easy to describe the results of one in narrative terms by using subheadings.

At Rolls Royce Motors we used the risk matrix to explore this additional dimension, but presented the results as two, two-dimensional matrices, the lessons from which were intertwined in the narrative of the plan.

The possibility of building a three-dimensional matrix out of glass or plastic blocks has also exercised our minds, as a way of providing a visual view of the interaction of the two matrices. But this is for the future.

Also for the future are some additional developments of the 3-D matrix concept, to enable the company to examine its 'portfolio' against individual problems which the strategy might face: for example energy consumption, manpower needs, capital needs, proneness to inflation, and no doubt many more.

Conclusion

There is every reason to be excited over the benefits that portfolio analysis techniques can bring to the corporate planning activities of any organization of any degree of complexity. There is also a need to end on two notes of warning:

(1) They are not push button, 'black box' techniques which tell a company what to do. They should be used with commonsense and in conjunction with other methods of analysis.

(2) By their nature they tend to rule out what might be a very profitable strategy of being a minority producer in *certain* markets. What they should do is to help the company to define that this is indeed a valid strategy it wishes to follow — and not a rationalization for poor performance.

Acknowledgements — I am grateful for the help given by Bob Young and Tony McCann of Rolls Royce Motors Ltd., Dick Teager and Mike Sweet of National Freight Corporation, Mike Hatfield and Chris Trott of Arthur Guinness, Son and Co. Ltd., and John Robinson of Shell Chemicals. The article draws heavily on their knowledge and experience and without their active help in its preparation there would have been no article.

References

(1) Shell International Chemical Co., *The Directional Policy Matrix – A new aid to corporate planning.* (1975).
(2) S.J.Q. Robinson, R.E. Hickens and D. Wade, The directional policy matrix – tool for strategic planning. *Long Range Planning,* 10 (2), April (1978).
(3) R. Young and D.E. Hussey, Corporate planning at Rolls Royce Motors Ltd., *Long Range Planning.* 10 (2), April (1978). □

Zusammenfassung

In dem Beitrag wird die auf der Grundlage der strategischen Portfolio-Analyse entwickelte Marktanteils-/Marktentwicklungs-Matrix in ihrer Ausprägung als Directional-Policy-Matrix beschrieben. Der Verfasser erläutert den Einsatz der Directional-Policy-Matrix, die ursprünglich für Anwendungen der petrochemischen Industrie[1] entwickelt wurde, anhand der Erfahrungen, die verschiedene Großunter-

---

[1] Vgl. dazu auch den Beitrag von W. Stümke: Strategische Planung bei der Deutschen Shell AG, in diesem Band auf S. 331 f.

nehmen mit dem vorliegenden Planungsinstrument gemacht haben. Er geht dabei auf eine Reihe von Problemen ein und zeigt Wege zu ihrer Lösung auf.

Hussey schlägt vor, die Marktanteils-/Marktentwicklungs-Matrix um eine dritte Dimension, das Risiko, zu erweitern, um so den Aspekt der unsicheren Zukunftserwartungen in die Portfolio-Analyse einzubringen und seine adäquate Berücksichtigung zu ermöglichen.

Literaturhinweise* zum 2. Kapitel

Aharoni, Y., Z. Maimon und *E. Seger,* Performance and Autonomy in Organizations: Determining Dominant Environmental Components, Management Science, Vol. 24, 1978, S. 949 ff.

Albach, H., Strategische Unternehmensplanung bei erhöhter Unsicherheit, Zeitschrift für Betriebswirtschaft, 48. Jg., 1978, S. 702 ff.

Armstrong, J.S. und *M.C. Grohman,* A Comparative Study of Methods for Long-range Market Forecasting, Management Science, Vol. 19, 1972, S. 211 ff.

Bamberger, J. und *L. Mair,* Die Delphi-Methode in der Praxis, Management International Review, Vol. 16, No. 2, S. 81 ff.

Banks, R.L. und *St. C. Wheelwright,* Operations versus Strategy: Trading Tomorrow for Today, Harvard Business Review, Vol. 57, 1979, No. 3, S. 112 ff.

Bruno, A.V., J.D. Montgomery und *E. Capener,* Technological Forecasting in Small Companies, Sloan Management Review, Vol. 15, 1973, No. 1, S. 49 ff.

Bunn, D.W. und *M.M. Mustafaoglu,* Forecasting Political Risk, Management Science, Vol. 24, 1978, S. 1557 ff.

Cravens, D.W., Marketing Strategy Positioning, Business Horizons, Vol. 18, No. 6, S. 53 ff.

De la Vallee Possin, D.C. und *N.S. Sarofim,* Leading Indicators: A Tool for Corporate Forecasting, Sloan Management Review, Vol. 14, 1973, No. 3, S. 47 ff.

Dhalla, N.K., Forget the Product Life Cycle Concept!, Harvard Business Review, Vol. 54, 1976, No. 1, S. 102 ff.

Field, G.A., Do Products Really Have Life Cycles?, California Management Review, Vol. 14, 1971/72, No. 1, S. 92 ff.

Gerstenfeld, A., Technological Forecasting, The Journal of Business, Vol. 43, 1971, S. 10 ff.

Hartmann, R., K. Hättig und *P. Reiser,* Kontinuierliche Simulation in der Unternehmensplanung Die Unternehmung, 32. Jg., 1978, S. 355 ff.

Heckmann, N. und *F. Schemmel,* Die Anwendung der Regressionsrechnung zur Entwicklung quantitativer Prognosemodelle – ihre Möglichkeiten als Hilfsmittel der Unternehmensplanung, Zeitschrift für betriebswirtschaftliche Forschung, 23. Jg., 1971, S. 42 ff.

Hill, W., Hobbes, J.M. und *D.F. Heany,* Umweltanalyse und Unternehmensplanung, Die Unternehmung, 31. Jg., 1977, S. 289 ff.

Hobbes, J.M. und *D.F. Heany,* Coupling Strategy to Operating Plans, Harvard Business Review, Vol. 55, 1977, No. 3, S. 119 ff.

Jacob, H., Unsicherheit und Flexibilität. Zur Theorie der Planung bei Unsicherheit, Zeitschrift für Betriebswirtschaft, 44. Jg., 1974, S. 299 ff., S. 401 ff. und S. 505 ff.

Jacob, H. und *R. Karrenberg,* Die Bedeutung von Wahrscheinlichkeitsintervallen für die Planung bei Unsicherheit, Zeitschrift für Betriebswirtschaft, 47. Jg., 1977, S. 673 ff.

Jantsch, E., Forecasting and Systems Approach: A Frame of Reference, Management Scienee, Vol. 19, 1973, S. 1355 ff.

Jönck, U., Rohstoffsicherung und langfristige Unternehmensstrategie, Betriebswirtschaftliche Forschung und Praxis, 27. Jg., 1975, No. 4, S. 309 ff.

*Als weiterführende Literatur seien ferner die beiden Fachzeitschriften „Long Range Planning" und „Strategic Management Journal" empfohlen.

Koch, H., Wirtschaftsunruhe und Unternehmensplanung, Zeitschrift für betriebswirtschaftliche Forschung, 28. Jg., 1976, S. 330 ff.

Koch, H., Zum Verfahren der strategischen Programmplanung, Zeitschrift für betriebswirtschaftliche Forschung, 31. Jg., 1979, S. 145 ff.

Köhler, H., Zur Prognosegenauigkeit der Delphi-Methode, Zeitschrift für Betriebswirtschaft, 48. Jg., 1978, S. 53 ff.

Lucado, W.E., The Energy Situation: Implications for Strategic Planning, Business Horizons, Vol. 18, 1975, No. 2, S. 26 ff.

Macharzina, K., Zur Reduktion von Ungewißheit und Komplexität durch Prognose und Planung, Management International Review, Vol. 15, 1975, No. 6, S. 29 ff.

Martinet, A.Ch., Environnement et planification stratégique, Revue Française de Gestion, 1976, No. 3, S. 109 ff.

Michael, G.C., Product Petrification: A New Stage in the Life Cycle Theory, California Management Review, Vol. 14, 1971/72, No. 1, S. 88 ff.

Milburn, M.A., Sources of Bias in the Prediction of Future Events, Organizational Behavior and Human Performance, Vol. 21, 1978, S. 17 ff.

Mitroff, J.J., J.R. Emshoff und R.H. Kilmann, Assumptional Analysis: A Methodology for Strategic Problem Solving, Management Science, Vol. 25, 1979, S. 583 ff.

Partee, J.Ch., The State of Economic Forecasting, Business Horizons, Vol. 19, 1976, No. 5, S. 26 ff.

Paul, R.N., N.B. Donavan und J.W. Taylor, The Reality Gap in Strategic Planning, Harvard Business Review, Vol. 56, 1978, No. 2, S. 124 ff.

Schendel, D. und G.R. Patton, A Simultaneous Equation Model for Corporate Strategy, Management Science, Vol. 24, 1978, S. 1611 ff.

Schneider, D, Flexible Planung als Lösung der Entscheidungsprobleme bei Ungewißheit, Zeitschrift für betriebswirtschaftliche Forschung, 23. Jg., 1971, S. 831 ff.

Schöllhammer, H., Die Delphi-Methode als betriebliches Prognose- und Planungsverfahren, Zeitschrift für betriebswirtschaftliche Forschung, 22. Jg., 1970, S. 128 ff.

Schultheiss, R.R., Versuch einer Systematisierung praktikabler Prognoseverfahren, Die Unternehmung, 25. Jg., 1971, S. 159 ff.

Sethi, N.K., A Research Model to Study the Environmental Factors in Management, Management International Review, Vol. 10, 1970, No. 6, S. 75 ff.

Shocker, A.D. und S.P. Sethi, An Approach to Incorporating Societal Preferences in Developing Corporate Action Strategies, California Management Review, Vol. 15, 1972/73, No. 4, S. 97 ff.

Stoff, W.-D., Marktposition und Unternehmensstrategie, Die Unternehmung, 32. Jg., 1978, S. 1 ff.

Swager, W.L., Technological Forecasting in Planning, Business Horizons, Vol. 16, 1973, No. 1, S. 37 ff.

Szyperski, N., Planungswissenschaft und Planungspraxis. Welchen Beitrag kann die Wissenschaft zur besseren Beherrschung von Planungsproblemen leisten?, Zeitschrift für Betriebswirtschaft, 44. Jg., 1974, S. 667 ff.

Szyperski, N. und K. Welters, Grenzen und Zweckmäßigkeit der Planung, Die Unternehmung, 30. Jg., 1976, S. 265 ff.

Teichmann, H., Der optimale Planungshorizont, Zeitschrift für Betriebswirtschaft, 45. Jg., 1975, S. 295 ff.

Tersine, R.J., The Delphi-Technique: A Long-range Planning Tool, Business Horizons, Vol. 19, 1976, No. 2, S. 51 ff.

Thomas, Ph.S., Environmental Analysis for Corporate Planning, Business Horizons, Vol. 17, 1974, No. 5, S. 27 ff.

Wechsler, W., Zur Diskussion der relativen Genauigkeit der Delphi-Methode: Falsche Aussagen zum falschen Problem, Zeitschrift für Betriebswirtschaft, 48. Jg., 1978, S. 596 ff.

Wheelwright, St.C. und D.G. Clarke, Corporate Forecasting: Promise and Reality, Harvard Business Review, Vol. 54, 1976, No. 6, S. 40 ff.

3. Kapitel
Adaption, Koordination und Organisation der Unternehmensplanung

Die Bewältigung von Überraschungen und Diskontinuitäten durch die Unternehmensführung
– Strategische Reaktionen auf schwache Signale –*

H. Igor Ansoff

I. Konzeptioneller Bezugsrahmen

1. Problem

Das Paradox der militärisch-strategischen Überraschung hat die Menschheit durch ihre ganze bisher bekannte Geschichte begleitet. Vom Trojanischen Pferd über Pearl Harbour bis zum Jom Kippur-Krieg sahen sich Nationen und Armeen trotz einer Fülle von Informationen über die Absichten des Feindes immer wieder vor plötzliche Krisen gestellt.

In der industrialisierten Welt war die jüngste „Ölkrise" ein vergleichbares Ereignis: große und einflußreiche Unternehmungen standen plötzlich vor einer deutlich spürbaren Diskontinuität, obgleich hochentwickelte Prognosen über das Verhalten der arabischen Welt nicht nur öffentlich zugänglich waren, sondern am Tage der Überraschung sogar auf den Schreibtischen einiger der überraschten Manager lagen.

Da die Ölkrise kaum ein Land ungeschoren ließ, rückte die Gefahr strategischer Überraschungen auch im Unternehmensbereich in das Blickfeld. Immerhin hatten zahlreiche Unternehmungen seit Beginn der 50er Jahre Überraschungen dieser Art erlebt.

Später wurde entschuldigend darauf hingewiesen, diese Unternehmungen seien unvorbereitet gewesen, weil ihnen moderne Planungs- und Prognosesysteme gefehlt hätten. Dazu ist zu sagen, daß die meisten der von der Ölkrise betroffenen Unternehmungen in den 70er Jahren über solche Systeme verfügten. Mitte der 60er Jahre führte die Leitung eines der größten Mischkonzerne der Welt voller Stolz ihr Planungs- und Kontrollsystem vor. Aber schon eine Woche nach diesem Schritt in die Öffentlichkeit mußte die gleiche Unternehmensführung kleinlaut zwei „Überraschungen" im Wert von vielen Millionen Dollar eingestehen: eine erhebliche Überproduktion in ihrer Büromöbel-Fertigung, eine zweite in ihrer Werft.

Die US-amerikanische Autoindustrie – führend auf dem Gebiet moderner Planung und Kontrolle – war keinesfalls auf die entschiedene Haltung des Kongresses in Fragen der Sicherheit vorbereitet. Und nur vier Jahre später wurde sie wiederum „überrascht" vom Erfolg des Kompaktwagens.

---

*Mit freundlicher Genehmigung des Verfassers entnommen aus: Zeitschrift für betriebswirtschaftliche Forschung 28 (1976), S. 129–152. Deutsche Fassung: Prof. Dr. Wilhelm Schäfer, Universität Erlangen-Nürnberg.

Ereignisse dieser Art bedürfen keiner Bestätigung durch die umfangreiche Literatur über die Ergebnisse der Zukunftsforschung, wenn man zu der Voraussage kommen will, Diskontinuitäten und Überraschungen würden mit zunehmender Häufigkeit auftreten. Wenn die Erfahrung lehrt, daß die moderne Planungs-Technologie die Unternehmungen nicht gegen Überraschungen absichern kann, dann muß die Technologie in dieser Richtung erweitert werden. Im vorliegenden Aufsatz sollen Möglichkeiten einer solchen Erweiterung untersucht werden.

2. Die Eigenart der strategischen Überraschung

Das Wachstum einer Unternehmung, das sich durch eine der üblichen Kennziffern, wie Umsatz, Gewinne, ROI, messen läßt, ist in Abb. 1 gegen die Zeitachse aufgetragen. Die mittlere Kurve bildet eine einfache Extrapolation vergangener Erfahrungen in die Zukunft ab. Die beiden abzweigenden Kurvenäste, eine Bedrohung und eine Chance, stellen signifikante Abweichungen von der Vergangenheit, eine Diskontinuität, dar. Grundsätzlich lassen sich solche Diskontinuitäten mit den verfügbaren Prognose-Techniken vorausschauend ermitteln. Bei hinreichender Warnung sollte die Unternehmung die Bedrohung abwenden oder die Chance nutzen können.

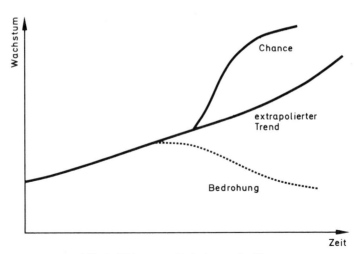

Abb. 1: Wirkung von Bedrohung oder Chance

In Wirklichkeit gelingt dies den Unternehmungen oft nicht, und sie bemerken dann plötzlich, daß ihnen eine kurzzeitig bestehende Chance entgangen ist. In der „Stunde der Wahrheit" besteht in aller Regel keine Klarheit über ihre Ursachen und die möglichen Reaktionen. Die Folge ist, daß die Unternehmung vor einem unbekannten und oft bedrohlichen Ereignis steht. Wir nennen diese Ereignisse *strategische Überraschungen:* plötzliche, unausweichliche, unbekannte Veränderungen der Unternehmungs-Perspektive, die eine große Gewinneinbuße oder den Entgang einer großen Chance nach sich ziehen können.

Eine Unternehmung, die sich gegen strategische Überraschungen wappnen möchte, hat zwei Optionen:

1. Sie muß ein leistungsfähiges *Krisenmanagement* entwickeln, d.h. eine rasch akti-
vierbare und wirksame *ex post*-Reaktionsbereitschaft gegenüber unvermutet auftretenden Diskontinuitäten. Ein brauchbarer Prototyp ist die Feuerwehr. Sie
kann das Ausbrechen von Bränden nicht vorhersagen oder beeinflussen, aber sie
bereitet sich durch ständige Praxis darauf vor, auf ein breites Spektrum unterschiedlicher Feueralarme rasch und wirksam zu reagieren.
2. Die zweite Möglichkeit besteht darin, das Problem *ex ante* zu behandeln, d.h. die
Wahrscheinlichkeit strategischer Überraschungen zu minimieren. Die Unternehmung wird Vorkehrungen treffen, einer strategischen Diskontinuität im Zeitpunkt des Auftretens den Charakter des Plötzlichen, Dringlichen und Unbekannten zu nehmen.

Die Unternehmensführung sollte ihre Aufmerksamkeit beiden Ansätzen zuwen-
den: der strategischen ex ante-Bereitschaft, weil sie die wirksamere Methode ist; der
Krisenbereitschaft, weil selbst optimale Planungsbemühungen keine Gewähr gegen
Überraschungen bieten. In einer zweiten Abhandlung haben wir uns mit der Krisenbereitschaft auseinandergesetzt.[1] Im vorliegenden Aufsatz wollen wir uns mit der
strategischen ex ante-Bereitschaft befassen.[2]

3. Schwerpunkt „Reaktionsbereitschaft"

Das gemeinsame Merkmal strategischer Überraschungen besteht darin, daß Entscheidungsträger es unterlassen, vor Eintreten eines Ereignisses auf die bereits vorliegenden Informationen angemessen zu reagieren. Wir haben daher zwischen *ver-
fügbarer* und *genutzter* Information zu unterscheiden. Eine Möglichkeit dieser Unterscheidung ist in Abb. 2 veranschaulicht, die drei Informationsebenen darstellt.
Die erste Ebene ist das „allgemeine Wissen", das in der Umwelt der Unternehmung
durch mündliche Kommunikation sowie in Form von Veröffentlichungen, Informa-
tionsanalysen und Prognosen zugänglich ist.
Ebene 2 ist die innerhalb der Unternehmung allgemein verfügbare Information.
Zum Teil hat sie die gleiche Form wie die externe Information, aber die meisten
dieser „unaufbereiteten" Daten werden in der Unternehmung doch verarbeitet zu
Analysen der Wettbewerbssituation, der Bedrohungen und Chancen, zu Umsatz-
und Gewinnprognosen, zu Planungen und Programmbudgets. Die Ölkrise ist ein Beweis dafür, daß typischerweise nur vergangenheitsbezogene, d.h. bekannte, unauf-
bereitete Daten zu inhaltlich festgelegten Handlungsprogrammen werden. Berichte
über bisher unbekannte Diskontinuitäten bleiben unaufbereitet, wenn sie überhaupt in die Unternehmung gelangen, weil es an methodischen Möglichkeiten und
Ansätzen für ihre Umsetzung in unternehmerisches Handeln fehlt.
So zeigt Abb. 2, daß zwischen den in der Umwelt verfügbaren Informationen
und den der Unternehmensführung zugänglichen, in Handlungen umsetzbaren Informationen eine Lücke besteht. Eine weitere Lücke klafft zwischen diesen Informationen und den im Prozeß der unternehmerischen Willensbildung und -durchsetzung
tatsächlich genutzten Informationen. Es ist auch hier die bekannte, mit möglichen

---

[1] Ansoff, H. Igor, Eppink, J. und Gomer, H.: Management of Surprise and Discontinuities:
Increasing Managerial Responsiveness, Brüssel 1975.
[2] a.a.O., Fußnote 1.

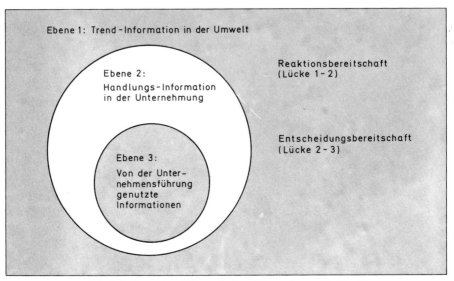

Abb. 2: Informations-Ebenen beim „Überraschungs-Problem"

Überraschungen besetzte Information, die (bis zum Augenblick der Krise) von der Unternehmensführung oft als „zu abstrakt" und damit als zu unsicher verworfen wird – mit der weiteren Begründung, sie stehe mit den Erfahrungen der Vergangenheit in keinem Zusammenhang und sie sei deshalb ohne Relevanz für die Probleme der Unternehmung.

Wer Überraschungen also ausschalten will, müßte zwei große *Lücken* schließen:
1. die *Reaktionslücke* zwischen den aus der Umwelt zufließenden Informationen und den Handlungsprogrammen der Unternehmung, und
2. die *Entscheidungslücke* zwischen den vorhandenen Plänen und der Implementierung dieser Pläne durch die Unternehmensführung.

Beide müssen analysiert und reduziert werden, wenn die Unternehmung Überraschungen aus dem Wege gehen will. Da wir Punkt 2 in einem anderen Aufsatz behandelt haben[3], konzentriert sich die vorliegende Abhandlung auf die Reaktionslücke.

4. Grenzen der Umwelt-Informationen

Wir verfügen heute über eine entwickelte Technologie unter der Bezeichnung *strategische Planung* für die Umsetzung von Umwelt-Informationen über Bedrohungen und Chancen in konkrete Handlungsprogramme und Budgets. Die Erfolge der strategischen Planung bei der Bewältigung von Überraschungen sind bis zur Gegenwart allerdings eher bescheiden. Eine Ursache ist das schwerfällige, kostenaufwendige und zeitraubende Verfahren, nach dem die meisten Unternehmungen ihre Planungen vorbereiten. Eine plötzlich auftauchende potentielle Überraschung muß schon krisenhafte Proportionen annehmen, ehe der jährliche Planungskalender unterbrochen wird. Wenn sie nicht bequem in den Planungshorizont hineinpassen,

---

[3] a.a.O., Fußnote 1.

werden die meisten strategischen Diskontinuitäten auf den nächsten Planungs-zyklus verschoben.

Indessen ist der Mangel an rascher Umstellung und Reaktion auf umweltindu-zierte Diskontinuitäten nur *ein* Problem bei der Bewältigung von Überraschungen. Ein weiteres, grundsätzlicheres Problem ist die vorgegebene Beschränkung der ver-fügbaren Informationen.

Informationen sind für die strategische Planung nur dann brauchbar, wenn sie zwei Bedingungen erfüllen. *Erstens* müssen sie weit genug in die Zukunft progno-stizierbar sein, um die rechtzeitige Vorbereitung und Reaktion auf die Bedrohung oder Chance zu ermöglichen.

Zweitens muß der Inhalt der Prognosen folgenden Zwecken genügen: Abschät-zen der Wirkungen auf die Unternehmung, Auswahl treffsicherer Reaktionen und Abschätzen der potentiellen gewinnrelevanten Wirkungen dieser Reaktionen.

Sowohl in der Literatur als auch in der Praxis der strategischen Planung wird stillschweigend unterstellt, daß beide Bedingungen erfüllbar seien, daß der Progno-stiker den Wünschen des Planers Rechnung tragen könne. Diese Annahme trifft dann zu, wenn Gegenstand der Planung entweder die einfache Extrapolation der vergangenen Entwicklung oder die „logische", stufenweise Weiterführung histori-scher Trends ist. Hat eine potentielle Überraschung dagegen ihre Ursache in einer fremden Technologie oder in einem zuvor unbekannten Konkurrenten oder in einer neuen politischen Koalition oder in einem neuen ökonomischen Phänomen – dann ist es in allen diesen Fällen oft unmöglich, den Anforderungen an Inhalt und recht-zeitige Verfügbarkeit der Informationen zu genügen. Die Unternehmung *kann* ihren Zeithorizont vergrößern, wenn sie bereit ist, eine zunehmende Unschärfe des Infor-mationsinhalts hinzunehmen, oder sie kann darauf warten, daß eine ursprünglich vage Information sich konkretisiert.

Abwarten war in der Vergangenheit die typische Verhaltensweise. Nichts war verloren, wenn bis zur Konkretisierung der Information hinreichend Zeit für eine geplante Reaktion blieb. Häufig kam die Information aber zu spät, und die Unter-nehmung stand vor einer Krise.

Die Fähigkeit des Unternehmens, rechtzeitig zu reagieren, hängt von zwei Varia-blen ab: der extern vorgegebenen Geschwindigkeit, mit der Bedrohungen und Chan-cen entstehen und vergehen, und der von der Unternehmung für die Planung und In-gangsetzung der Reaktion benötigten Zeit. Seit den 50er Jahren befinden sich diese beiden Variablen auf Kollisionskurs: die Rate der Umweltveränderungen hat sich beschleunigt, die Reaktion der Unternehmung ist mit zunehmender Größe und Komplexität langsamer geworden.

Also ein offensichtliches Dilemma: wenn die Unternehmung auf Informationen wartet, wird sie immer leichter von einer Krise überrascht werden; wenn sie sich mit vagen Informationen zufrieden gibt, dann ist der Informationsgehalt nicht konkret genug, um Wirkungen, Alternativen und Konsequenzen einzuschätzen. Ein Ausweg aus diesem Dilemma ist die Änderung des planerischen Ansatzes: es käme nicht darauf an, den Bedarf an strategischen Informationen aus einer *A-priori*-Entschei-dung abzuleiten mit dem Ziel, *wünschenswerte* Reaktionen zu ermitteln, sondern herauszufinden, welche Reaktionen auf der Grundlage der vorhandenen Informatio-nen *realisierbar* sind. Dies bedeutet, daß zu Beginn einer Bedrohung, wenn die Informationen vage sind und ihre weitere Entwicklung nicht erkennbar ist, die Reaktionen entsprechend ungezielt sind. Werden die Informationen präziser, wird auch die Reaktion der Unternehmung gezielter, so daß schließlich eine Bedrohung sofort abgewehrt oder eine Chance unmittelbar genutzt werden kann.

Man könnte diese abgestufte Reaktion „Verstärkung und Reaktion auf schwache Signale"[4] nennen – im Gegensatz zur herkömmlichen strategischen Planung, die sich auf den Empfang „starker Signale" beschränkt. Im vorliegenden Aufsatz wollen wir einen praktischen Planungsansatz für solche Reaktionen entwickeln. Unsere erste Aufgabe besteht dann darin, den Bereich „schwache Signale" abzugrenzen, die in der Regel von einer strategischen Diskontinuität ausgehen.

5. Ungewißheitsgrade

Abb. 3 veranschaulicht das Maß an Informationen über Bedrohungen, das für die strategische Planung benötigt wird. Die drei Kurven im oberen Teil stellen die alternativen Wirkungen einer Bedrohung der Gewinne der Unternehmung dar, während der untere Teil drei mögliche Reaktionen auf eine der Wirkungskurven abbildet. Auch ohne ausführliche Erklärung der mathematischen Schreibweise gibt die Vielzahl der wahrscheinlichen Kurvenverläufe einen Eindruck von den Informationen, die unvollständig und unsicher sind. Bei genauem Zusehen stellt sich jedoch heraus, daß diese Informationen zwar unsicher sind, aber einen *sehr hohen Gehalt* haben: die Bedrohung wird so gut erfaßt, daß die möglichen Auswirkungen auf die Gewinnsituation errechnet werden können, und die Reaktionen sind so klar angelegt, daß sich ihre Kosten und die Gegenwirkung auf die Bedrohung ermitteln lassen. Man darf zu Recht erwarten, daß sich mit einer Bedrohung oder Chance dieses Verständnis verbindet, das Ergebnis einer bekannten früheren Erfahrung ist. Dies ist der Fall, wenn ein Konkurrent eine neue Marketing-Strategie, ein neues Produkt, eine neue Preis-Strategie einführt. Tritt aber die Bedrohung oder Chance in diskontinuierlicher Form auf (z.B. Wirkung der Lasertechnik auf die Landvermessung oder großtechnische Verwendung elektronischer Bauteile), dann sind in den ersten Phasen ihre Eigenart und Wirkung sowie die möglichen Reaktionen nicht auszumachen. Häufig ist nicht einmal zu sehen, ob die Diskontinuität zu einer Bedrohung oder zu einer Chance wird.

So sind zwar die Informationen in Abb. 3 erwünscht, aber nicht beliebig in Form unbekannter Diskontinuitäten zu erwarten. Zu Beginn müssen wir auf sehr vage Informationen gefaßt sein, die sich im Zeitablauf zunehmend konkretisieren. Wir kennzeichnen dieses Fortschreiten durch aufeinanderfolgende *Ungewißheitsgrade*. Diese sind in Abb. 4 dargestellt, wo Stufe 5 – der Zustand mit dem größten Informationsgehalt – genau die gleiche Information wie Abb. 3 enthält. Wie die Eintragungen in der linken Spalte zeigen, reicht das Wissen aus, um sowohl die wahrscheinlichen Wirkungen der Diskontinuität als auch die der Reaktion auf die Gewinnsituation zu errechnen.

In Spalte 1 finden wir das andere Extrem, nämlich einen Zustand mit sehr vager Information, der für die Unternehmung gerade noch von Nutzen sein kann. Wie die

---

[4] Ich verdanke diese gelungene Wendung W.W. Bryant, Manager der TEO Central im Philips-Konzern.

Zahl der „Nein"-Eintragungen zeigt, wissen wir lediglich, daß sich zweifellos *einige* Bedrohungen und Chancen ergeben werden, während ihre Form, ihre Eigenart und ihre Quelle noch nicht bekannt sind. Im heutigen „politischen und ökonomischen Nebel der Unsicherheit"[5] müssen viele Unternehmungen mit einem solchen Grad der Ungewißheit fertig werden. Da die Unternehmensführungen in der jüngsten Vergangenheit schockartige Veränderungen erlebt haben, sind sie überzeugt, daß neue Diskontinuitäten auftreten werden, aber sie wissen nicht, aus welcher Richtung sie kommen.

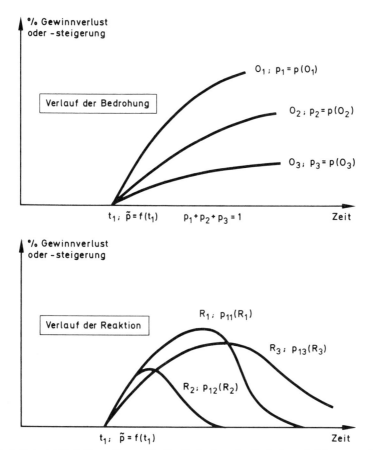

Abb. 3: Beispiel für Informationen, die für die Analyse der Bedrohung bei der strategischen Planung benötigt werden

Die Ungewißheitsgrade auf Ebene 2 *verbessern* die Situation etwas. So waren sich die Physiker in den frühen 40er Jahren im allgemeinen klar darüber, daß die Festkörperphysik der Elektronikindustrie große Möglichkeiten eröffnen könnte. Die Erfindung der konkreten Diskontinuität, nämlich des Transistors, ließ dann

---

[5] Mein Dank für diesen Ausdruck gilt Leslie Smith, Vorsitzender der BOC Limited, London.

aber noch mehrere Jahre auf sich warten. Die Quelle der Bedrohung war bekannt, nicht aber die Bedrohung selbst.

Nach der Erfindung des Transistors durch *Shockley* und seine Mitarbeiter wurde die Ungewißheit auf Stufe 3 reduziert, aber zu Beginn war nicht zu erkennen, welche Form die Verzweigungen der Erfindungen annehmen würden, und man wußte auch nichts über die defensiven und aggressiven Reaktionen, zu denen sich die verschiedenen Unternehmungen vielleicht entschließen würden.

Als die Unternehmungen die ersten Reaktionen festlegten und realisierten und die Ungewißheit auf Ebene 4 reduziert wurde, bestand noch keine Klarheit über die späteren Investitionen und Gewinne. Pionier-Unternehmungen verfügten über geringe Erfahrung, investierten aber doch mutig in die neue Technologie in der großen Hoffnung, daß ihr unternehmerisches Wagnis sich auszahlen würde.

Zustand 5 wurde erst erreicht, als das Wissen über die Leistungsfähigkeit der Halbleiter-Einkristalle und die Kosten des Fertigungsverfahrens ausreichte, um brauchbare Voraussagen über die endgültige Technologie und ihre Rentabilität zu machen.[6] Zu diesem Zeitpunkt hatten die führenden Unternehmungen aber bereits eine starke Marktstellung, so daß die Unternehmungen, die ursprünglich gezögert hatten, nun hohe Kosten für den Marktzugang in diesem Industriezweig aufzuwenden hatten.

Wie sich aus der zunehmenden Zahl der „Ja"-Eintragungen in Abb. 4 ergibt, wird mit der Entwicklung einer Bedrohung oder Chance von Zustand 1 bis hin zu Zustand 5 der Ungewißheitsgrad reduziert und die Information gehaltvoller. Die Bedrohung oder Chance entwickelt sich im Zeitablauf. Die Geschwindigkeit der Entwicklung begrenzt die Zeitspanne, die der Unternehmung für eine Reaktion verbleibt. Ein brauchbares Maß ist die Zeit, die verfügbar bleibt, bis die Wirkung der Diskontinuität auf die Unternehmung eine kritische Gewinnschwelle überschreitet. Bei einer Bedrohung ist dies die Höhe des Verlustes, die das Überleben der Unternehmung in Frage stellt: bei einer Chance ist es der Punkt, von dem ab es zu spät ist, Reaktionen einzuleiten: der für den Mitläufereffekt zu zahlende Preis ist über Gewinne nicht mehr hereinzuholen.

In Abb. 5 sind zwei hypothetische Bedrohungs-Abläufe dargestellt. Bedrohung 1 scheint sich günstig für die Unternehmung zu entwickeln. Die Information bei Zustand 5, die für die strategische Planung ausreicht, wird vor dem unannehmbaren Bedrohungs-Niveau zur verfügbaren Größe t_1, so daß Zeit für Planung und Reaktion verbleibt. Bedrohung 2 ist dagegen eine Quelle potentieller Überraschungen. Sie macht sich spät bemerkbar, und vor der Krise bleibt wenig Zeit. Das Krisen-Niveau wird in Zustand S_1 erreicht, noch ehe die Information so konkret wird, daß die strategische Planung eingeleitet werden kann.

---

[6] Es sei am Rande vermerkt, daß Informationen *bei jedem Ungewißheitsgrad* sicher, unsicher oder risikoreich im Sinne der in der statistischen Entscheidungstheorie üblichen Definitionen sein können. In der Tabelle liegt der Schwerpunkt auf der Veränderlichkeit des Informationsgehalts, nicht auf dem *Zustand der Unsicherheit*. Die Dimension der Unsicherheit läßt sich der Tabelle orthogonal leicht überlagern, so daß ein Würfel mit möglichen Informationsgraden entsteht. In diesem Würfel würden die in der statistischen Entscheidungstheorie behandelten Informationsgrade in Schicht 5 eingeschlossen sein.

Informationsgehalt \ Ungewißheitsgrade	(1) Anzeichen der Bedrohung oder Chance	(2) Ursache der Bedrohung oder Chance	(3) konkrete Bedrohung oder Chance	(4) konkrete Reaktion	(5) konkretes Ergebnis
Überzeugung, daß Diskontinuitäten bevorstehen	Ja	Ja	Ja	Ja	Ja
Bereich oder Organisation als Ursache der Diskontinuität ist bekannt	Nein	Ja	Ja	Ja	Ja
Merkmale der Bedrohung, Art der Wirkung, allgemeiner Wirkungsgrad, Zeitpunkt der Wirkung	Nein	Nein	Ja	Ja	Ja
Rekation festgelegt: Zeitpunkt, Handlung, Programme, Budgets	Nein	Nein	Nein	Ja	Ja
Wirkung auf den Gewinn und Folgen der Reaktionen sind errechenbar	Nein	Nein	Nein	Nein	Ja

Abb. 4: Ungewißheitsgrade bei Diskontinuität

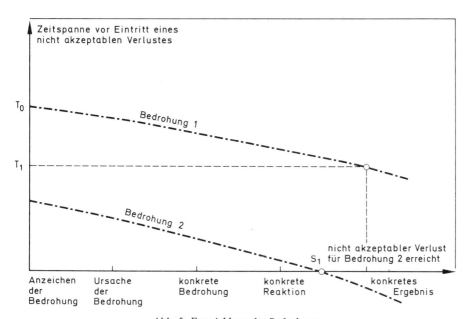

Abb. 5: Entwicklung der Bedrohung

Es leuchtet ein, daß Bedrohung 2 Störungen auslöst. Bei Bedrohung 1 ist dies nicht so eindeutig. Die Antwort hängt davon ab, ob die Zeit t_1 ausreicht, um eine strategische Planung zu entwickeln und rechtzeitig zu realisieren. Dies wiederum hängt davon ab, wie gut die Unternehmung die Zeitspanne von der Wahrnehmung der sich in t_0 abzeichnenden Bedrohung bis zum kritischen Punkt nutzt.[7] Eine Unternehmung, die vor einer Reaktion die Information aus Zustand 5 benötigt, wird bestenfalls die Entwicklung der Bedrohung im Auge behalten können. Eine Unternehmung hingegen, die bereit ist, auch auf partielle Informationen zu reagieren, kann die Zeit $t_0 - t_1$ nutzen, um die Reaktionsfähigkeit der Unternehmung so zu steigern, daß die Restzeit t_1 *ausreicht!* Wir wenden uns nun dieser Möglichkeit zu.

6. Alternative Reaktions-Strategien

Wir haben die Informationszustände definitorisch so erweitert, daß sie auch lückenhaftes Wissen einschließen. In gleicher Weise müssen wir auch die Palette der Reaktionen verbreitern, um schwächere Reaktionen zuzulassen. Diese Palette ist in Abb. 6 dargestellt. Dort sind die Optionen der Unternehmensführung in zwei Gruppen unterteilt, nämlich: 1. in Reaktionen, die die Beziehungen der Unternehmung zur *Umwelt* verändern, und 2. in Reaktionen, die die *innere Dynamik und Struktur* der Unternehmung verändern. Jeder Gruppe sind drei Kategorien von Reaktions-Strategien zugeordnet:
1. Strategien, die die Fähigkeit der Unternehmung erweitern, ihre Umwelt und ihr internes Operationsfeld wahrzunehmen;
2. Strategien, die die Fähigkeit der Unternehmung erhöhen, flexibel auf vage Bedrohungen und Chancen zu reagieren; und
3. Strategien, die die Bedrohung exakt lokalisieren und unmittelbar auf sie reagieren.

So ergeben sich aus den Eintragungen in der Tabelle insgesamt sechs Reaktions-Strategien.

Mit der *Strategie des externen Handelns* wird unmittelbar auf festgestellte Bedrohungen oder Chancen reagiert. In einem Dreierschritt wählt die Unternehmung die Angriffsstrategie aus, setzt sie in Pläne und Programme um und realisiert diese Pläne und Programme. Ergebnis ist die Abwendung der Bedrohung oder die Wahrnehmung der Chance – ein erhöhtes Potential künftiger Gewinne. Die Vorbereitung auf direktes Handeln ist Ziel der strategischen Planung. Im Rahmen der Strategie des direkten Handelns läßt sich das Spektrum konkreter Handlungen in zwei Gruppen einteilen: 1. aggressive Handlungen, die die Diskontinuität als Chance, und 2. defensive Handlungen, die sie als Bedrohung behandeln. Einige der konkreten Handlungs-Alternativen sind im oberen Teil von Abb. 7 aufgeführt.

---

[7] Über diesen Punkt hinaus besteht kein Zweifel am Inhalt der Bedrohung und der Reaktion. Wegen der zunehmenden Verringerung der Unsicherheit wird sich die Information jedoch weiter verbessern.

Reaktions- Strategien Reaktions- bereich	direkte Reaktion	Flexibilität	Wahrnehmung
Beziehung zur Umwelt	externes Handeln (strategische Planung und Implementierung)	externe Flexibilität	Umwelt-Wahrnehmung
interne Konstellation	unternehmens- interne Bereit- schaft (Eventualplanung)	interne Flexibilität	Selbstwahrnehmung

Abb. 6: Alternative Reaktions-Strategien

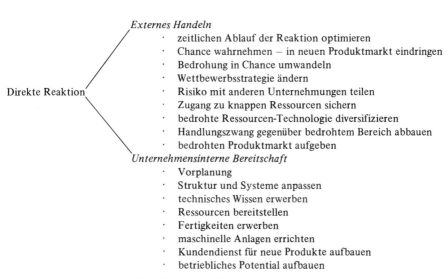

Externes Handeln
- · zeitlichen Ablauf der Reaktion optimieren
- · Chance wahrnehmen – in neuen Produktmarkt eindringen
- · Bedrohung in Chance umwandeln
- · Wettbewerbsstrategie ändern
- · Risiko mit anderen Unternehmungen teilen
- · Zugang zu knappen Ressourcen sichern
- · bedrohte Ressourcen-Technologie diversifizieren
- · Handlungszwang gegenüber bedrohtem Bereich abbauen
- · bedrohten Produktmarkt aufgeben

Unternehmensinterne Bereitschaft
- · Vorplanung
- · Struktur und Systeme anpassen
- · technisches Wissen erwerben
- · Ressourcen bereitstellen
- · Fertigkeiten erwerben
- · maschinelle Anlagen errichten
- · Kundendienst für neue Produkte aufbauen
- · betriebliches Potential aufbauen

Direkte Reaktion

Abb. 7: Maßstäbe für die Strategie direkter Reaktionen

Der untere Teil von Abb. 7 enthält Maßnahmen, die für die *Strategie der unternehmensinternen Bereitschaft* verfügbar sind. Mit ihr werden das Leistungspotential, die Struktur und die Ressourcen der Unternehmung den Erfordernissen der konkreten Bedrohung oder Chance angepaßt. Ergebnis dieser unternehmensinternen Bereitschaft ist die Bereitschaft zu externem Handeln. In der Sprache der strategischen Planung wird die unternehmensinterne Bereitschaft gewöhnlich „Strategie-Implementierung" genannt. Dadurch soll zum Ausdruck kommen, daß die Bereitschaft erst eine Folge der Auswahl adäquater Handlungsabläufe ist. Nach den Worten Chandlers:[8] „Die Struktur folgt der Strategie." Der vorgeschriebene Ablauf ist also: strategische Planung → unternehmensinterne Bereitschaft → Handlungsvollzug.

---

[8] Ansoff, H. Igor: Corporate Strategy, 1965.

Um diesen Ablauf auszulösen, muß die strategische Information im hochentwickelten Zustand 5 vorliegen. Dennoch können viele der Maßnahmen mit Erfolg in Zustand 3 ausgeführt werden, sobald sich die Bedrohung oder Chance konkretisiert und noch ehe Zustand 5 erreicht ist. Die Reaktion läßt sich daher durch Umkehrung der genannten Abfolge beschleunigen: unternehmensinterne Bereitschaft → strategische Planung → Handlungsvollzug. Die frühestmögliche Reaktion auf eine Chance oder Bedrohung ergibt sich aus der Dichotomie der *Wahrnehmungs-Strategien,* die im rechten Teil von Abb. 6 dargestellt und in Abb. 8 und 9 zu Handlungs-Alternativen aufgefächert ist. In den meisten Unternehmungen ergibt sich eine bestimmte Intensität der Umwelt-Wahrnehmungen aus ökonomischen Prognosen, aus Absatzprognosen und aus der Analyse des Wettbewerbsverhaltens. Alle diese Komponenten beruhen im wesentlichen auf der einfachen Extrapolation der Vergangenheitswerte in die Zukunft. Um auch Diskontinuitäten in den Wahrnehmungs-Horizont aufzunehmen, kann die Unternehmung zusätzlich bestimmte, in Abb. 8 aufgezählte Typen von Umweltanalysen benutzen. Ihre Prüfung zeigt, daß für die meisten von ihnen keine Informationen über konkrete Bedrohungen oder Chancen benötigt werden. Wissen auf Ungewißheits-Ebene 1, auf der sich die Bedrohung abzeichnet, reicht aus. Zustand 1 genügt auch für viele Maßnahmen der Wahrnehmungs-Strategie.

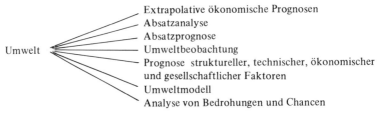

Abb. 8: Alternativen für die Wahrnehmungs-Strategie (1)

Abb. 9: Alternativen für die Wahrnehmungs-Strategie (2)

Die *Flexibilitäts-Strategie,* die in der mittleren Spalte von Abb. 6 angedeutet und in Abb. 10 und 11 entfaltet ist, weicht von den Strategien des direkten Handelns darin ab, daß ihr „Endprodukt" weniger greifbare Veränderungen der Gewinnsituation und des Wachstums sind als vielmehr ein größeres Potential für die Zukunft der Unternehmung.

Die Unterstrategie der *externen Flexibilität* zielt darauf ab, die Unternehmung in ihrer Umwelt so anzusiedeln, daß zwei Kriterien erfüllt werden: 1. die erwartete durchschnittliche Rentabilität muß langfristig angemessen sein; 2. die Unternehmung muß ausreichend diversifizieren, um *Abweichungen* vom erwarteten Mittelwert sicher auffangen zu können: Nutzung großer attraktiver Chancen und Minimierung katastrophenähnlicher Rückschläge.

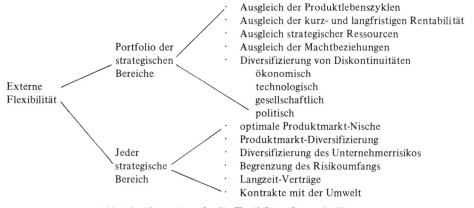

Abb. 10: Alternativen für die Flexibilitäts-Strategie (1)

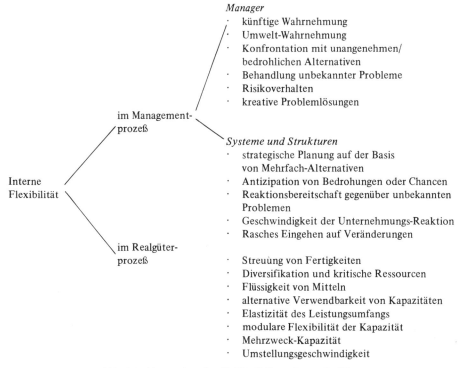

Abb. 11: Alternativen für die Flexibilitäts-Strategie (2)

Die Formulierung der Strategie der externen Flexibilität (allgemein bezeichnet als „Positions-Strategie") und der Strategie des externen Handelns („Entwicklungs-Planung") ist Teil des strategischen Planungsprozesses. In den meisten Fällen der strategischen Planung wird gewöhnlich angenommen, für beide Planungs-Aktivitäten sei der gleiche Informations-Input der Ebene 5 nötig. Dagegen zeigt die Prüfung der in Abb. 10 aufgeführten Maßnahmen, daß eine Flexibilitäts-Strategie in ihren wesentlichen Punkten geplant *und implementiert* werden kann, wenn der Ungewißheitsgrad nicht besser ist als auf Ebene 2, d.h. lange bevor Bedrohungen konkret werden.

Im Gegensatz zur externen Flexibilität befassen sich strategische Planer relativ wenig mit der internen Flexibilität. Es hat sich in der jüngsten Vergangenheit aber gezeigt, daß sie wichtiger Bestandteil der strategischen Bereitschaft ist. Im Bereich der unternehmerischen Flexibilität gilt die Vorbereitung von Managern auf die in Abb. 11 genannten Alternativen heute als unverzichtbar, wenn die Unternehmung die zunehmenden Turbulenzen in der Umwelt voraussehen und mit ihnen fertig werden soll. Ohne diese Vorbereitung stoßen Bemühungen zur Einführung der strategischen Planung allgemein auf einen stark ausgeprägten „Widerstand gegenüber der Planung".

In der Vergangenheit befaßte man sich mit der *Flexibilität des Realgüterprozesses* (unterer Teil von Abb. 11) noch weniger als mit der des Management-Prozesses. Eine Hauptursache ist darin zu sehen, daß der Begriff der Flexibilität dem fundamentalen organisatorischen Strukturprinzip des Industriezeitalters widerspricht, das besagt, daß im Wege größtmöglicher Spezialisierung im Realgüterprozeß die Rentabilität zu maximieren sei. Dies erfordert besondere Anlagen, spezialisierte Maschinen, maximale Kapazität, maximale Substitution von Arbeit durch Kapital sowie möglichst lange Produktionszyklen. In der Welt strategischer Überraschungen ist aber das Prinzip größtmöglicher Spezialisierung schon oft widerlegt worden, dann nämlich, wenn kostenintensive Kapazitäten durch unerwarteten technischen Fortschritt vorzeitig veralten oder wenn die Länge der Produktionszyklen abgekürzt wird durch schrumpfende Produkt-Lebenszyklen. Es gehört daher nicht viel zu der Voraussage, daß die Flexibilität im Realgüterprozeß in den nächsten Jahren verstärkt als Maß für strategische Bereitschaft benutzt werden wird. Wir stellen fest, daß wie im Falle der externen Flexibilität die bloße Kenntnis der Quellen von Bedrohungen oder Chancen ausreicht, um ein straff konzipiertes Programm logistischer Bereitschaft zu initiieren.

7. Realisierbare Reaktions-Strategien

Die bisherige Erörterung hat gezeigt, daß die Unternehmung weitgehend auf strategische Diskontinuitäten vorbereitet werden kann, wenn sie bereit ist, auf schwache Signale zu reagieren. Sie zeigt darüber hinaus, daß der Bereich realisierbarer Reaktionen begrenzt ist durch den Ungewißheitsgrad. Abb. 12 faßt die Beziehung zwischen den Ungewißheitsgraden und den realisierbaren Reaktionen zusammen. Wie bereits gesagt, Bedingung für die Wahrnehmung der Umwelt ist lediglich die Überzeugung, daß eine potentielle Bedrohung bereits in einer frühen Phase als ernst erkannt und auf sie reagiert werden muß. Die Prüfung der Optionen nach Abb. 8 würde verdeutlichen, daß nicht alle Reaktionen sofort realisierbar sind. Was aber sofort in Gang gesetzt werden könnte, sind Aktivitäten wie Beobachtung der Umwelt, strukturelle Prognosen sowie Analysen der kritischen Kapazitäten und der für sie benötigten Ressourcen. Mit zunehmender Konkretisierung der Umwelt-Informationen sind weitere Aktivitäten denkbar.

Ein Blick auf Abb. 11 zeigt, daß bei der Strategie der internen Flexibilität praktisch alle Maßnahmen der unternehmerischen Bereitschaft sowie eine große Anzahl logistischer Maßnahmen ebenfalls schon dann ergriffen werden können, wenn die Bedrohung nur vage wahrgenommen wird. Für die externe Flexibilität gilt dies, sobald die Quellen der Bedrohung identifizierbar sind.

Die Strategie der unmittelbaren Reaktion erfordert eine zutreffende Vorstellung der Bedrohungen, die man abwehren möchte. Aber selbst hier genügt eine hinreichend klare Vorstellung von Quelle und Form der Bedrohung, um einen großen Teil der Maßnahmen unternehmensinterner Bereitschaft einzuleiten: Aneignung des notwendigen technologischen, produktionstechnischen und Marketing-Knowhow, Entwicklung neuer Produkte, Erschließung von Bezugsquellen.

Selbst bei direktem externem Handeln braucht man nicht auf Informationen zu warten, die zuverlässige Berechnungen des Cash Flow und Profit Flow ermöglichen. *In der Praxis ist dies häufig auch nicht üblich.* So werden risikobereite Unternehmungen ihren Zutritt zu einem neuen Wirtschaftszweig auf Stufe 4 vorbereiten, ehe ausreichende Informationen über die Technologie, den Markt und die Wettbewerbsverhältnisse vorliegen, die die Durchführung dieser Berechnungen erlauben würden. Konservativer eingestellte Unternehmungen werden sich lieber zurückhalten, bis die „Spielregeln" genauer definiert sind.

Abb. 12 enthält eine *Tabelle der realisierbaren Reaktions-Strategien:* bei gegebener Kenntnis des Ungewißheitsgrades ist aus ihr der jeweils realisierbare Strategiebereich abzulesen. Allerdings hängt die Fähigkeit zum Einsatz dieser Strategien auch von der Dynamik der Situation ab: dies ist die Zeit bis zu dem Punkt, an dem die Bedrohung übermächtig wird, verglichen mit der von der Unternehmung benötigten Reaktionszeit.

8. Reaktions-Dynamik

Jede der sechs Reaktions-Strategien steigert die Fähigkeit der Unternehmung, mit strategischen Diskontinuitäten fertig zu werden. Allerdings variiert ihre Abfolge von Unternehmung zu Unternehmung. Wie im letzten Abschnitt erwähnt, legt die herkömmliche strategische Planung eine Abfolge nahe, bei der Maßnahmen der Flexibilität und der Wahrnehmung aus der Analyse der unmittelbaren Reaktion abgeleitet sind. Abb. 12 zeigt, daß die Unternehmung durch ein umgekehrtes Verfahren die Reaktion viel früher einleiten kann.

Eine solche umgekehrte Abfolge ist auf der Horizontalen in Abb. 13 dargestellt. Die Vertikale bildet die Zeit ab, die die Unternehmung bis zum Abschluß einer Reaktion auf Chance oder Bedrohung benötigt. Die beiden ausgezogenen Kurven zeigen: Je weniger die Unternehmung vorbereitet ist, um so länger ist die Reaktionszeit, die nötig ist, um bekannte Verfahren, Strukturen, Systeme oder Abläufe zu nutzen und so der Bedrohung Herr zu werden oder die Chance wahrzunehmen. Die untere ausgezogene Kurve, die „Ad-hoc-Reaktion", zeigt die Zeiteinsparungen, die erzielbar sind, wenn „alle Register gezogen werden", wenn alles nur Erdenkliche getan wird, um die Reaktion zu beschleunigen: normale Regeln und Verfahren sind außer Kraft gesetzt, andere Prioritäten treten in den Hintergrund, betriebliche Instanzen werden übergangen, Aktivitäten werden im Doppelzug angelegt, es wird Überstundenarbeit geleistet.

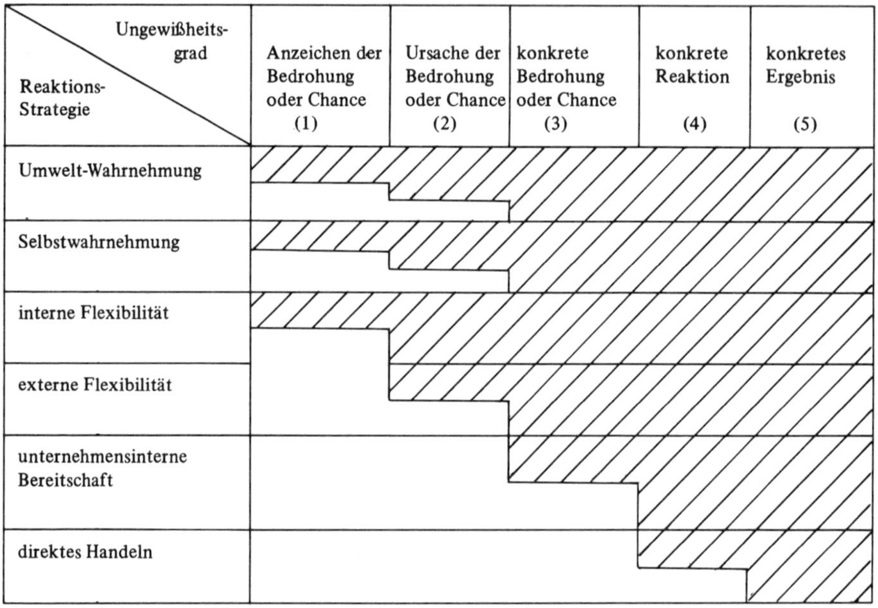

Reaktions-Strategie \ Ungewißheits-grad	Anzeichen der Bedrohung oder Chance (1)	Ursache der Bedrohung oder Chance (2)	konkrete Bedrohung oder Chance (3)	konkrete Reaktion (4)	konkretes Ergebnis (5)
Umwelt-Wahrnehmung					
Selbstwahrnehmung					
interne Flexibilität					
externe Flexibilität					
unternehmensinterne Bereitschaft					
direktes Handeln					

Abb. 12: Realisierbare Bereiche von Reaktions-Strategien

Das bloße „Vollgas" bei einer Crash-Reaktion auf eine drohende Krise ist nicht der einzige für die Unternehmung gangbare Weg. Ist trotz aller Bemühungen um die Früherkennung einer Bedrohung oder Chance damit zu rechnen, daß Bedrohungen gelegentlich sehr rasch akuter werden, dann läßt sich durch ein Ausbildungsprogramm auf dem Gebiet des *Krisenmanagement*[9] die Kurve der Ad-hoc-Crash-Reaktion auf die gestrichelte Kurve „vorgeplante Sofortreaktion" absenken und damit die Fähigkeit verbessern, rasch auftauchende Diskontinuitäten zu bewältigen.

Die durch die drei Kurven definierten Reaktionszeiten sind von Unternehmung zu Unternehmung und von Diskontinuität zu Diskontinuität natürlich nicht gleich. Die Reaktionszeiten verlängern sich durch Größe, Komplexität und Starrheit ihrer Struktur. Die Art der Bedrohung oder Chance ist ebenfalls relevant. Wichtige Faktoren sind die Größenordnung der Diskontinuität sowie der „Unbekanntheitsgrad" der Bedrohung oder Chance. Beide bestimmen die Intensität der Reaktion.

Wir zeigten in einem früheren Abschnitt, daß jede Bedrohung sich im Zeitablauf entwickelt, so daß bis zum Erreichen des kritischen Augenblicks immer weniger Zeit verbleibt, daß aber im gleichen Zeitablauf auch die Informationen über die Bedrohung oder Chance zunehmen. Abb. 12 läßt sich nutzen, um den neuen reali-

---

[9] a.a.O., Fußnote 1.

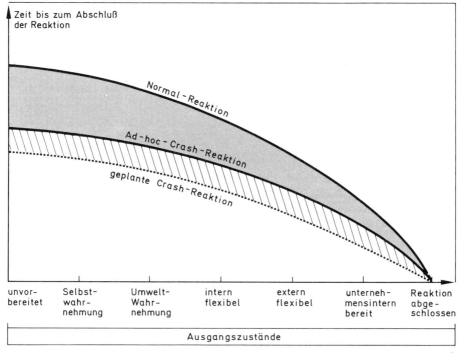

Abb. 13: Innere Dynamik der Reaktion

sierbaren Zustand der Bereitschaft zu bestimmen, während Abb. 13 Auskunft über die Zeit gibt, die von diesem Zustand aus bis zum Abschluß der Reaktion benötigt wird. Dieses relativ einfache Verfahren kann den zeitlichen Ablauf von Bedrohungen und Reaktionen in der in Abb. 14 dargestellten Weise kombinieren. Unter Verwendung der gleichen Zeiteinheiten sind auf der Ordinate erstens die notwendige Reaktionszeit (Reaktionskurven) und zweitens die verfügbare Zeit (Bedrohungskurven abgetragen. Auf der Abszisse enthält die Abbildung außerdem zwei kongruente Horizontale. Die untere veranschaulicht den Ungewißheitsgrad in den verschiedenen Phasen der Bedrohung. Auf der oberen Skala sind die Zustände der Bereitschaft dargestellt, die in den jeweiligen Zuständen der Bedrohung realisierbar sind.

Erreicht also Bedrohung 1 den Zustand 1, dann hat die Unternehmung nicht genug Zeit für eine normale Reaktion. In den ersten Phasen ist eine beschleunigte Reaktion notwendig. Aber in Punkt A der Abb. 14 hat die Reaktion die Bedrohung schließlich eingeholt. Die Unternehmensführung kann Atem holen und die weitere Reaktion über die üblichen Kanäle ablaufen lassen. Andererseits stellt sich Bedrohung 2 gemäß der früheren Annahme als „schlechte Nachricht" heraus. Gleich einem niedrig fliegenden angreifenden Flugzeug wird sie erst kurz vor dem Ziel wahrgenommen. Sie bewegt sich zu schnell, um noch abgefangen werden zu können. Sie führt unvermeidlich zu Verlusten, die höher sind, als die Unternehmung hinzunehmen bereit ist.

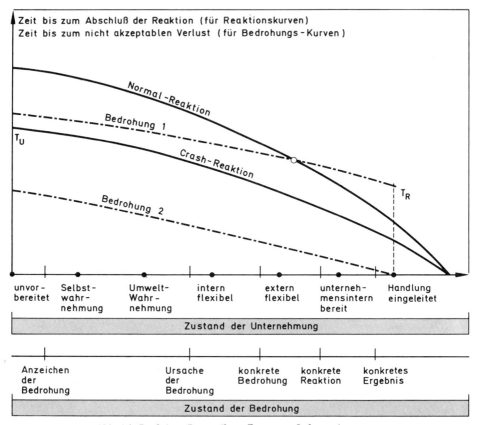

Abb. 14: Reaktions-Dynamik vs. Zugang zu Informationen

Abb. 14 verdeutlicht die Überlegenheit des Ansatzes der abgestuften Bereitschaft gegenüber der herkömmlichen strategischen Planung, wenn es um die Bewältigung rasch auftauchender Bedrohungen oder Chancen geht. Im ersten Falle kommt es bei Maßnahmen gegen Bedrohung 1 zu einem Zeitüberschuß. Dagegen bleibt die Unternehmung bei Anwendung der konventionellen strategischen Planung unvorbereitet (sie benötigt für die Reaktion die Zeit t_U), bis sich die Bedrohung voll entwickelt hat, so daß nur t_R verbleibt, eine Zeitspanne für die Reaktion, die kürzer als t_U ist! Anders ausgedrückt: die strengen Informationserfordernisse der strategischen Planung begrenzen den nutzbaren Prognosehorizont und führen zum Verlust der Vorteile, die sich aus der Frühwarnung über Chancen oder Bedrohungen ergeben. Andererseits erweitert die abgestufte Bereitschaft den nutzbaren Prognosehorizont und ermöglicht den frühzeitigen Beginn der Reaktion. Eine notwendige Folge dieser Erweiterung: die Aufmerksamkeit der Unternehmung gegenüber schwachen Signalen und Trends in der Umwelt verstärkt sich. Indem sie auf diese reagiert, schickt sie sich an, in einem Klima der Unsicherheit und Turbulenz zu leben und damit frühzeitig auf Bedrohungen oder Chancen zu reagieren, die plötzlich fühlbar werden und sich sehr rasch verstärken.

II. Praktische Anwendung

Die Erörterung der Abb. 14 schließt die Entfaltung eines konzeptionellen Bezugsrahmens ab, der die Abstimmung schwacher Reaktionen an schwache Signale ermöglicht. Die in den vorangegangenen Abbildungen dargestellten Kurven vermitteln ein deutliches Bild. Aber in den meisten konkreten Situationen reichen die verfügbaren Informationen für die Konstruktion dieser Kurven nicht aus. Wir müssen deshalb das Konzept an die Praxis anpassen, wir müssen einen stufenweisen Ansatz konstruieren, mit dem die Unternehmung auf schwache Signale reagieren kann. Notwendiger Ausgangspunkt dieses Ansatzes ist ein Umwelt-Überwachungssystem, das geeignet ist, unbestimmte Trends und Bedrohungen aufzufinden und zu interpretieren. Wir wenden uns nun einem solchen System zu.

1. Analyse von Chancen und Anfälligkeiten

Unabhängig vom Ungewißheitsgrad lassen sich bei jeder bevorstehenden strategischen Diskontinuität drei Typen von Informationen unterscheiden: 1. Zeitpunkt des wahrscheinlichen Auftretens; 2. Intensität der positiven oder negativen Wirkung auf die Unternehmung; und 3. Informationen über ihre konkreten Merkmale: wo tritt sie auf, welche Veränderungen der Produkte, der Technologie, des Marketing usw. bewirkt sie?

Ein Blick zurück auf Abb. 4 zeigt, daß die dritte Art Information auf den ersten Ungewißheitsstufen selten ist, während Schätzungen des Zeitpunktes und der Wirkung eher auf subjektivem Urteil als auf Analyse beruhen, ungenau sind und sich über eine weite Spanne von Möglichkeiten erstrecken. Dennoch können solche Schätzungen zur Grundlage für wichtiges strategisches Handeln werden.

Voraussetzung für die Erarbeitung solcher Schätzungen ist die systematische Analyse der Unternehmungs-Umwelt. In der Frühphase der strategischen Planung geschah dies durch Prüfung der strategischen Zukunft jeder selbständigen organisatorischen Einheit, in der Regel einer Division. Nach einiger Zeit wurde aber deutlich, daß die Analyse der einzelnen Einheiten ein verwirrendes Bild der Zukunft ergibt, vor allem dann, wenn eine Division eine Anzahl von Produktlinien hat und auf vielen Märkten operiert. Vor kurzem wurde ein alternativer Ansatz entwickelt, der die Umwelt der Unternehmung in relativ unabhängige *strategische Geschäftsfelder* (SGF) aufteilt — jedes definiert als Segment der Unternehmungs-Umwelt mit eigenen Trends, Bedrohungen und Chancen.[10] Abb. 15 zeigt eine solche Untergliederung, mit der eine Unternehmung vier SGF mit den jeweiligen Deckungsbeiträgen abgegrenzt hat.[11]

---

[10] Laufende strategische Änderungen der Verfügbarkeit kritischer Ressourcen sowie die zunehmende strategische Wechselwirkung zwischen Unternehmung und Gesellschaft lenken die Aufmerksamkeit auf *strategische Ressourcen-Felder* und *strategische Einflußfelder*. Daher würde eine vollständige Analyse strategischer Anfälligkeit neben strategischen Geschäftsfeldern diese beiden Bereiche einschließen. Allerdings läßt sich die Untersuchungsmethode auch ohne sie veranschaulichen.

[11] Bei einer konkreten Analyse würden sowohl die laufenden Deckungsbeiträge als auch ihre Trends untersucht. Aus Gründen der Vereinfachung beschränken wir uns auch hier auf die laufenden Gewinne.

Die Eintragungen in dieser Tabelle kennzeichnen die bevorstehenden strategischen Diskontinuitäten durch vier Dimensionen. Die erste ist der Ungewißheitsgrad in der Unternehmung. Dies wird angedeutet durch die Wahl einer entsprechenden Spalte für jedes SGF. Sodann wird jede Eintragung markiert als potentielle Bedrohung oder Chance oder als beides. Dies wird in die entsprechenden Spalten übertragen, zusammen mit den Bereichen möglicher Wirkungen auf den Unternehmensgewinn, dargestellt als Schwankungsbreite des Deckungsbeitrages des SGF $(0,2-0,5$ für $SGF_1)$. (Für die Ermittlung der Wirkung strategischer Diskontinuitäten auf den Gewinn steht eine Reihe von Methoden zur Verfügung. Die bekannteste ist die *Wirkungsanalyse*).

strategische Geschäftsfelder	Deckungsbeitrag	Ungewißheitsgrad				
		Fühlbarkeit der Bedrohung oder Chance	Ursache der Bedrohung oder Chance	konkrete Bedrohung oder Chance	konkrete Reaktion	konkretes Ergebnis
SGF_1	50 %			T 3−5 Jahre 0,2−0,5		
SGF_2	30 %	T−O 10−15 Jahre 0,0−2,0				
SGF_3	15 %					OF 1−2 Jahre 2,5−3,0
SGF_4	5 %		O 4−8 Jahre 2,0−5,0			
Status der Umwelt-Wahrnehmung		sehr schlecht	schlecht	ausgezeichnet		ausreichend

Abb. 15: Chancen/Anfälligkeits-Analyse

Wie angedeutet, wird die Schwankungsbreite der entsprechenden Schätzungen mit zunehmender Ungewißheit größer. So ist im Falle von SGF_2 nicht einmal klar, ob wir es mit einer Bedrohung oder mit einer Chance zu tun haben, aber wir wissen, daß die Wirkung wahrscheinlich sehr groß sein wird. Offensichtlich muß diese Diskontinuität genau beobachtet werden. Andererseits lassen sich die Gewinnschätzungen für die Chance in SGF_3 innerhalb eines schmalen Ereignis- und Wirkungsbereichs festlegen. So sind die Eintragungen in der Tabelle das Ergebnis unterschiedlicher Rechenansätze. Bei den höheren Ungewißheitsgraden müssen Verfahren benutzt werden, die sich auf das Urteil von Experten stützen, wie die Delphi-

Methode. Für die geringeren Ungewißheitsgrade ist der Einsatz von quantitativen Modellen und Cash Flow-Projektionen möglich.

2. Bereitschafts-Diagnose

Die nächste Stufe besteht darin, die Bereitschaft der Unternehmung zu Reaktionen zu ermitteln. Dies kann geschehen mittels einer Bereitschafts-Diagnose, die für SGF_1 in Abb. 16 dargestellt ist.

Zunächst werden realisierbare Reaktions-Strategien festgelegt unter Verwendung der Ungewißheitsgrade für jedes SGF nach Abb. 15 in Verbindung mit Abb. 12. Abb. 15 zeigt, daß in SGF_1 ein fortgeschrittener Informationszustand vorliegt. Deshalb sind alle Strategien außer der des direkten Eingriffs realisierbar.

Sodann werden unter Verwendung der Abb. 7, 8, 9, 10 und 11 als Prüflisten der jeweilige Bereitschafts-Zustand und die laufenden Projekte zur Erhöhung der Bereitschaft überprüft, um die Angemessenheit der jeweiligen Bereitschafts-Zustände zu ermitteln. Die Ergebnisse sind in Abb. 16 auf einer Skala von 0% bis 100% als dicke Punkte angegeben.

SGF_1	Realisier-barkeit	Zustand	relative Wichtigkeit	Crash		Normal	
				Zeit	Kosten	Zeit	Kosten
Selbstwahrnehmung		0 % 100 %	sehr hoch	3		6	
Umweltwahrnehmung			hoch	1		2	
interne Flexibilität			mäßig	2		4	
externe Flexibilität			gering	4		8	
Handlungsbereitschaft			mäßig	2		4	
Handlung			sehr hoch	2		4	
abgeschlossene Reaktion		0 % 100 %		4 Jahre	4,0	8 Jahre	1,0

Abb. 16: Bereitschafts-Diagnose

Der Ausdruck „relative Bedeutung" in der folgenden Spalte informiert über die Wichtigkeit der einzelnen Unterstrategien für den endgültigen Erfolg der Reaktion der Unternehmung. So erscheint in der Abbildung die externe Flexibilität nicht als Problem, und die unternehmensinterne Bereitschaft ist nur von mittlerer Bedeutung. Dies könnte bedeuten, daß ein großer Teil der gegenwärtigen Ressourcen der Unternehmung vermutlich für die Bewältigung der Diskontinuität eingesetzt werden kann.

Die letzten vier Spalten enthalten die Schätzung der Zeiten und Kosten für normale und für Crash-Reaktionen. Ein brauchbares Maß sind die Schätzkosten des gesamten Reaktions-Programms (in der letzten Zeile der Tabelle) als Bruchteil des laufenden prozentualen Deckungsbeitrages des SGF. Wenn das Crash-Programm entsprechend der Angabe in Abb. 16 zum Beispiel 4,0 kostet und wenn die Reaktion einen Verlust von 0,2 bis 0,5 dieses Gewinns verhindert, dann wird sich die „Investition" in 8 bis 20 Jahren amortisieren. Dies bedeutet, daß die Bedrohung „abgeschrieben", d.h. nichts gegen sie unternommen wird, um nicht „gutes Geld dem schlechten nachzuwerfen". Andererseits lohnt sich die (rechtzeitige) normale Reaktion mit einem Kostenaufwand von 1,0, weil die Amortisationsdauer nur 2 bis 5 Jahre beträgt.

Die Bereitschafts-Diagnose muß für jede in Abb. 15 angegebene Diskontinuität wiederholt werden, weil diese jeweils andere Merkmale aufweist und weil die Ressourcen der Unternehmung für manche Diskontinuitäten besser geeignet sind als für andere. Die präzise Ermittlung der Bereitschaft der Unternehmung hat deshalb in zwei Schritten zu erfolgen. Der erste bestünde in einer allgemeinen Analyse eines *Leistungsfähigkeits-Profils*[1,2], um Kapazitäten und sonstige Ressourcen der Unternehmung zu bestimmen. Im zweiten Schritt würden die allgemeinen Profile verglichen mit konkreten Diskontinuitäten, um die jeweiligen Kompatibilitäten oder Synergien zu ermitteln.

3. Anfälligkeits-Profil

Die Ergebnisse der Diskontinuitäts- und der Bereitschafts-Analysen werden anschließend zu einem kombinierten Anfälligkeits-Profil verdichtet, so daß ein Makrobild der Zukunftsaussichten der Unternehmung entsteht (Abb. 17).

Die verschiedenen Rechtecke schließen „Bereiche wahrscheinlicher Wirkungen" auf die zugehörigen SGF ein. Rechtecke unter der horizontalen Achse bedeuten potentielle Verluste an Rentabilität, diejenigen über der Achse bezeichnen Gewinne. Die Höhe des Rechtecks überspannt den wahrscheinlichen Bereich des Verlustes oder Gewinns, und die Grundlinie gibt die wahrscheinlichen Zeitpunkte an, in denen die Diskontinuität auf die Unternehmung einwirkt.

Die horizontal gestrichelten Linien geben die Zeitpunkte des wahrscheinlichen Endes erfolgreicher Reaktionen an. So würde die Normal-Reaktion für SGF_3 zu spät einsetzen, während die Unternehmung durch ein Crash-Programm die Chance dennoch wahrnehmen kann. SGF_2 ist „sicher": die Normal-Reaktion reicht aus, wenn die Unternehmung planmäßig operiert. SGF_1 ist in Schwierigkeiten, weil selbst eine Crash-Reaktion zu spät kommen kann. Es sieht so aus, als könnte es zu einer „Überraschung" kommen.

Auf den ersten Blick scheint die Gesamtsituation der Unternehmung nicht schlecht zu sein. In SGF_2 hat sie kurzfristig sehr erfolgversprechende Aussichten. SGF_1 und SGF_3 können sich ausgleichen. Das potentielle Problem liegt in SGF_2, wo es wegen des gegenwärtigen Ungewißheitsgrades zur Bedrohung, aber auch zur Chance kommen kann. SGF_2 muß sorgfältig überwacht werden, doch kann ein mit mehr Energie durchzuführendes Reaktions-Programm um mindestens ein Jahr aufgeschoben werden.

Die genauere Prüfung der Situation könnte vermuten lassen, daß die vier strategischen Geschäftsfelder mit ihren spezifischen Schwächen der Unternehmung langfristig nicht genug Sicherheit bieten, weil so viel von der Zukunft von SGF_2 abhängt. Kommt man zu diesem Schluß, dann ist Stärkung der externen Flexibili-

---

[1,2] Ansoff, H. Igor: Corporate Strategy, 1965.

tät durch Diversifizierung angezeigt. Aus dem Anfälligkeits-Profil läßt sich jedoch nicht nur dieser eine Hinweis entnehmen. Jedes SGF muß aufmerksam beobachtet werden, denn jedes konkurriert mit den übrigen um die Förderung durch die Unternehmensführung und um Unternehmens-Ressourcen. Wir benötigen deshalb ein systematisches Verfahren, nach dem Alternativen verglichen und Ressourcen aufgeteilt werden können.

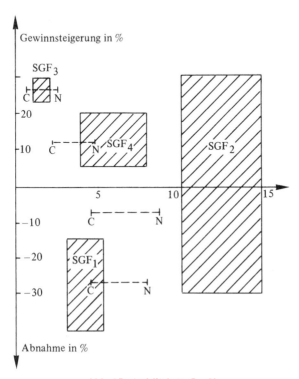

Abb. 17: Anfälligkeits-Profil

4. Analyse strategisch wichtiger Probleme

Für diesen Zweck benutzen wir eine erweiterte Version der *Analyse strategisch wichtiger Probleme* – ein Entscheidungsverfahren, das bereits in der Praxis Anwendung findet. Es wurde in den letzten Jahren entwickelt als Mittel zur Ausschaltung einer Reihe von Mängeln, die sich bei den Anwendungen der strategischen Planung ergaben. Einer dieser Mängel war die Unfähigkeit strategischer Planungssysteme, auf größere Diskontinuitäten zu reagieren, die außerhalb des Planungszyklus auftraten. Ein weiterer Mangel war eine lange Planungsverzögerung von 6 bis 9 Monaten zwischen Beginn und Abschluß der Planung, so daß die langsame Reaktion schnell auftauchenden Bedrohungen nicht gewachsen war. Ein dritter Mangel war die organisatorische Unbeweglichkeit der strategischen Planung: wenn ein Problem nicht genau einer der Planungseinheiten zugeordnet werden kann, fällt es leicht „zwischen die Stühle". Der vierte und vielleicht gravierendste Mangel ist die bekannte Schwierigkeit, Pläne in Handlungen umzusetzen.

In der Vergangenheit sind unterschiedliche Varianten der *A*nalyse *S*trategisch *W*ichtiger *P*robleme (ASWP) entwickelt worden, manchmal als Ergänzung, manchmal anstelle einer die ganze Organisation erfassenden strategischen Jahresplanung. Das Verfahren findet sowohl in Wirtschaftsunternehmen als auch in komplexen staatlichen Organisationen Anwendung. Faßt man die verschiedenen positiven Aspekte zusammen, so ergeben sich vier Hauptmerkmale:

1. ASWP erfaßt alle potentiellen Diskontinuitäten ohne Rücksicht auf ihre Quelle: Märkte der Unternehmung, Änderungen in der Zusammensetzung der Nachfrage, technologische Änderungen, Änderungen in der Verfügbarkeit von Ressourcen, Änderungen der politischen Nebenbedingungen, Änderungen der Arbeitsbedingungen. Heute würden zum Beispiel folgende Faktoren als potentielle *strategische Probleme* gelten: Wachstumsgrenzen, Erdölpolitik, Umweltverschmutzung, Wirtschaftsdemokratie, thermonukleare Fusion, Technologie der Energieerzeugung ohne Erdöl, Knappheit strategischer Ressourcen usw. Dies bedeutet, daß ASWP den weit engeren Bezugsrahmen der ökonomischen Produkt-Markt-Technologie erweitert, von der man bei typischen strategischen Planungssystemen ausgeht.

2. ASWP legt die Verantwortlichkeit für die Reaktion fest, nicht nach dem organisatorischen Aufbau der Unternehmung, sondern nach der Logik des vorliegenden Sachverhalts. Kann man sich bei der Lösung eines Problems nicht an den Instanzenzug halten, wird eine besondere Arbeitsgruppe zusammengestellt.

3. Im Gegensatz zu den meisten anderen Management-Systemen hält sich ASWP nicht an einen starren Terminplan. Vielmehr wird eine ständige Liste strategischer Probleme fortwährend verändert und auf den neuesten Stand gebracht. Je nach Dringlichkeit und Priorität werden Ad-hoc-Arbeitsgruppen gebildet.

4. Schließlich wird ASWP nicht als planungs-, sondern als *ergebnisorientierte Aktivität* behandelt. Die Aufgabe der Arbeitsgruppe ist nicht auf Planungsstudien begrenzt. Sie soll stattdessen eine Änderung der strategischen Einstellung der Unternehmung bewirken.

In Abb. 18 stellen wir den Entscheidungsfluß in einem ASWP-System dar, das ausdrücklich für die „Verstärkung schwacher Signale" ausgelegt ist. Man sieht, daß ASWP ein „Realtime"-System ist, das durch zwei Inputs ausgelöst wird: 1. fortwährende Überwachung der Umwelt mit dem Ziel der Erfassung von Voraus-Informationen über Diskontinuitäten; 2. ständige Bewertung und Neubewertung der sich ändernden Kapazitäten und Potentiale der Unternehmung.

Die externe Überwachung liefert in kurzen Abständen die neueste Liste laufender für die Unternehmung wichtiger strategischer Probleme. Der mittlere Teil der Abb. 18 zeigt, wie diese Liste in endgültige strategische Maßnahmen umgesetzt wird. Die Probleme werden auf drei hintereinander geschalteten Stufen der Analyse behandelt. Zunächst wird in der besprochenen Weise ein Vergleich der Kostenwirksamkeit in Verbindung mit Abb. 17 benutzt, um aus der laufenden Liste Probleme auszusondern, deren Kosten — als potentielle Verluste oder entgangene Gewinnchancen — nicht zu rechtfertigen wären.

Das Anfälligkeitsprofil (Abb. 17) zeigt, daß es nicht auf den Zeitpunkt der Bedrohung noch auf den Zeitpunkt der Reaktion jeweils allein ankommt, sondern auf die Kombination beider. Eine unmittelbar bevorstehende Bedrohung stellt möglicherweise keine Probleme, wenn die Unternehmung rasch reagieren kann. Andererseits könnte eine langfristige Bedrohung zu einer strategischen Krise führen, wenn die in der Unternehmung nötigen Veränderungen umfangreich und zeitraubend sind.

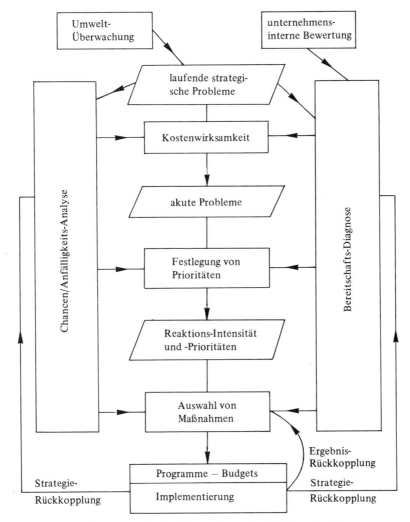

Abb. 18: Dynamische Reaktion auf strategische Diskontinuitäten

Diese Wechselwirkung zwischen dem Zeitpunkt der Bedrohung und dem Zeitpunkt der Reaktion läßt sich zusammenfassen zu einem einzigen Begriff, dem der *Dringlichkeit*, die gemessen wird durch das Überlappen der beiden Zeitspannen. Wenn wir also die für Normal-Reaktionen und für Crash-Reaktionen benötigten Zeiten mit C und N, und die frühesten und spätesten Zeitpunkt der wahrscheinlichen. Wirkung einer Diskontinuität mit E und L bezeichnen, dann läßt sich eine Dringlichkeits-Skala wie folgt definieren (Beispiele siehe Abb. 17):

1. geringe Dringlichkeit, wenn $N < E$,
2. mäßige Dringlichkeit, wenn $E < N < L$, und zunehmend, wenn N gegen L konvergiert,
3. hohe Dringlichkeit, wenn $N > L$, aber $C < E$,
4. sehr hohe Dringlichkeit, wenn $E < C < L$,
5. Dringlichkeit im Krisenmaßstab, wenn $L < C$.

Die Dringlichkeit allein würde jedoch nicht über die Priorität eines Sachverhaltes entscheiden. Gleich wichtig ist die *Kostenwirksamkeit,* die gemessen wird durch den Unterschied zwischen der Wirkung und den Kosten der Reaktion. Je nach Anzahl der strategischen Sachverhalte und dem verfügbaren Gesamtbudget schwankt die relative Kostenwirksamkeit von Unternehmung zu Unternehmung. Für die Zuordnung der relativen Prioritäten zu den akuten strategischen Problemen sowie für die Auswahl der angemessenen Reaktionsgeschwindigkeit kann eine Arbeitstabelle benutzt werden (Abb. 19).

Wenn die Prioritäten festliegen, besteht der nächste Schritt in der Auswahl konkreter Maßnahmen. Ein Input für diese Entscheidung ergibt sich aus der *Anfälligkeits-Chancen-Analyse,* die links in Abb. 18 dargestellt ist. Hauptinstrument ist die Tabelle in Abb. 12 mit den sechs realisierbaren Bereichen von Reaktions-Strategien (die ergänzt würden durch Bereiche der strategischen Ressourcen und der gesellschaftlichen Einflüsse). Diese werden mit Hilfe von Abb. 7, 8, 9, 10 und 11 in realisierbare Maßnahmen umgesetzt.

Der zweite Input ergibt sich aus der *Bereitschafts-Diagnose,* die rechts in Abb. 18 dargestellt ist. Der gegenwärtige Zustand der Bereitschaft, sich mit jedem der akuten Probleme zu befassen, sowie der Status der laufenden Projekte zur Vergrößerung der Bereitschaft lassen sich wiederum unter Benutzung der Abb. 7, 8, 9, 10 und 11 bestimmen − in diesem Falle als diagnostische Check-Listen. Als Differenz zwischen den realisierbaren und den laufenden Maßnahmen ergeben sich Maßnahmen, die nach den zuvor festgelegten Prioritäten zu planen und auszuführen sind.

5. Die Dynamik der Analyse strategisch wichtiger Probleme

Mit einer zweidimensionalen graphischen Darstellung (etwa mit Abb. 18) lassen sich die dynamischen Prozeß-Eigenschaften nicht zutreffend abbilden. Im Falle der ASWP ist die Dynamik sehr wichtig, weil sie das Abgrenzungskriterium gegenüber dem viel statischer angelegten strategischen Planungsprozeß darstellt.

Dieser ist grundsätzlich periodisch ausgerichtet, d.h. auf bestimmte Zeitabläufe festgelegt. Da die strategische Planung sich auf die gesamte Zukunft der Unternehmung erstreckt und typischerweise ein dezentralisierter Prozeß ist, erfordert sie einen hohen Zeitaufwand und ist gewöhnlich auch umständlich. Die komplexen Faktoren der Systeme, der Interdependenz-Beziehungen und der Entscheidungs-Zuständigkeiten lenken die Aufmerksamkeit auf die Dynamik des Planungssystems. Deshalb führt die vorrangige Beschäftigung mit der System-Dynamik zur Vernachlässigung der Dynamik von Bedrohungen.

Die Analyse strategisch wichtiger Probleme als Ergänzung der strategischen Planung soll diesem Mangel abhelfen. Man könnte sie eine „Realtime"-Komponente des Gesamtsystems nennen. Die externe und interne Überwachung wird ständig

zunehmende Reaktionsgeschwindigkeit

Kosten- wirksamkeit \\ Dring- lichkeit	gering	mäßig	hoch	sehr hoch	Krise
gering					
mäßig		*zunehmende Prioritäten*			
hoch					

Abb. 19: Festlegung von Prioritäten für akute strategische Probleme

durchgeführt. Sie übermittelt der Unternehmensführung neue Signale und Probleme, sobald diese am Horizont auftauchen. Die laufende Liste wird fortwährend ergänzt, und Projekte werden während des ganzen Jahres begonnen und beendet. Die Dynamik eines solchen Prozesses, zu dem die frühe Reaktion auf vage, nur unscharf erfaßte Diskontinuitäten gehört, schafft natürlich die Möglichkeit der Überreaktion – des überstürzten Handelns der Unternehmung bei der geringsten Herausforderung. Die Prüfung des auf den vorangegangenen Seiten beschriebenen Prozesses zeigt, daß diese keinesfalls grundlose Besorgnis bei der Konzipierung der ASWP bedacht wurde. Zunächst bietet die Analyse dadurch automatisch Schutz gegen eine Überreaktion, daß begrenzte Informationen auch nur Maßnahmen begrenzter Reichweite gestatten.

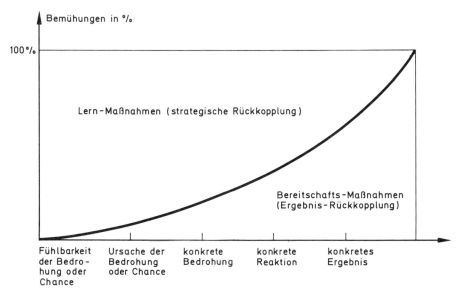

Abb. 20: Auswahl von Maßnahmen zur Verstärkung des Früh-Lernens

Zweitens sind die Strategien und Maßnahmen auf eine *abgestufte Reaktion* abgestellt, was bedeutet, daß die Reaktionsintensität der Unternehmung mit zunehmender Information stärker wird. Dennoch muß Vorsorge für einen maximalen Schutz gegen Überreaktionen getroffen werden. Der zweckmäßige Gebrauch von Rückkopplungsschleifen macht dies möglich. Im unteren Teil von Abb. 18 sind zwei von ihnen dargestellt: *Ergebnis-Rückkopplung* und *strategische Rückkopplung*. Die erste unterrichtet die Unternehmensführung über den Fortschritt ausgewählter Maßnahmen, während die zweite ihr Informationen darüber liefert, ob die verfolgte Strategie und die ausgewählten Maßnahmen angemessen sind.

Zeigt sich eine Bedrohung bei höheren Ungewißheitsgraden, dann ist das Wissen über die Angemessenheit des Vorgehens wichtiger als Ergebnisse. Aber mit weiterem Zeitablauf muß sich die Unternehmung — selbst auf die Gefahr des Irrtums hin — immer eindeutiger auf einen bestimmten Ansatz festlegen. Deshalb besteht ein weiteres notwendiges dynamisches Merkmal der ASWP, das nicht unmittelbar aus Abb. 18 ersichtlich ist, darin, Maßnahmen auszuwählen, die die gewünschte Rückkopplung liefern. Während der Dauer der Bedrohung (siehe Abb. 20) wechselt der Schwerpunkt von Maßnahmen, die eine strategische Rückkopplung erzeugen, zu Maßnahmen, die die Bereitschaft erhöhen.

6. ASWP und strategische Planung

Wie bereits erwähnt, wird die strategische Planung durch die Analyse strategisch wichtiger Probleme nicht ersetzt, sondern ergänzt. Die strategische Planung befaßt sich mit der gesamten Zukunft der Unternehmung, aber es fehlt ihr die Reaktionsfähigkeit auf schwache strategische Signale. Die ASWP ermöglicht zwar diese Reaktionsfähigkeit, aber sie ist im Grunde doch ein *opportunistischer Ansatz,* mit dem versucht wird, die Unternehmung gegen einzelne Ereignisse zu schützen und darauf vorzubereiten. Abb. 21 enthält einen Vergleich der wichtigen Merkmale beider Ansätze. Die Wahl des geeigneten Verfahrens versteht sich nach den vorangegangenen Ausführungen fast von selbst.

Strategische Planung	*Analyse strategisch wichtiger Probleme*
· Befaßt sich mit der gesamten strategischen Zukunft der Unternehmung.	· Befaßt sich mit wahrscheinlichen Diskontinuitäten.
· Konzentriert auf Produkt-Markt-Konzept	· Umfaßt Diskontinuitäten jeder Herkunft.
· Anwendbar, wenn eine größere strategische Umorientierung erwünscht ist.	· Anwendbar, wenn Sicherheit vor Überraschungen angestrebt wird.
· Reagiert auf starke Signale.	· Reagiert auf schwache Signale.
· Strategischer Informationsbedarf von Entscheidung abgeleitet.	· Realisierbare Entscheidungen durch verfügbare Informationen determiniert.
· Periodisch aufgestellt.	· Fortlaufender Vorgang.
· Auf die Organisation konzentriert	· Problemorientiert.

Abb. 21: Vergleich zwischen strategischer Planung und strategischer Analyse

1. Eine Unternehmung, die sich einer strategisch unbefriedigenden Zukunft gegenüber sieht oder eine Unternehmung, die gegenüber der Vergangenheit eine ein-

zelne Verbesserung durchzusetzen sucht, sich aber in einer von Überraschungen relativ freien Umwelt weiß, würde die strategische Planung wählen.

2. Eine Unternehmung, deren strategische Gesamttrends befriedigend erscheinen, deren Umwelt aber sehr turbulent ist, kann sich auf die ASWP beschränken.

3. Eine Unternehmung mit beiden Problemen täte gut daran, sich beider Methoden zu bedienen.

Der Einsatz der Analyse strategischer Probleme neben der strategischen Planung bietet nicht nur Sicherheit gegen Überraschungen, sondern wird bei richtiger Anwendung auch den Prozeß der strategischen Planung beschleunigen. Dies geht aus Abb. 22 hervor.

Über der horizontalen Zeitachse ist die typische Abfolge von Ereignissen dargestellt, die der strategischen Planung bedürfen. Die jährliche Umwelt-Überwachung ermittelt wichtige Trends sowie Bedrohungen und Chancen. Sie würden auf starken Signalen beruhen, während schwache Signale ausgefiltert würden. Die Informationen werden in eine Strategie umgesetzt, die als Grundlage für Pläne und Programme dient. Der erste Schritt der Implementierung besteht in der Entwicklung neuer Produkt-Markt-Konzepte, der zweite darin, die nötigen Ressourcen zu erschließen, und der dritte darin, die neuen Produkt-Markt-Konzepte durchzusetzen. Die Abfolge strategischer Handlungen ist abgeschlossen, wenn das neue Produkt in Punkt A rentabel wird.

Aus dem unteren Teil von Abb. 22 geht hervor, daß Outputs der ASWP in die entsprechenden Stufen der strategischen Planung eingefügt werden können und daß damit die gesamte Kette von Ereignissen zeitlich komprimiert und die Rentabilitätsschwelle von Zeitpunkt A auf Zeitpunkt B vorverlegt werden kann.

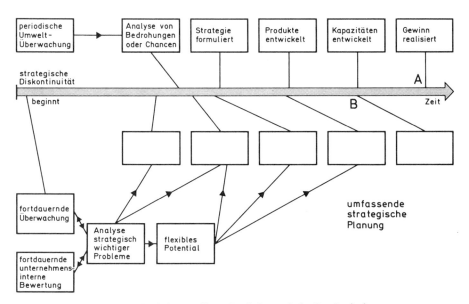

Abb. 22: Zeitliche Straffung durch Strategische Bereitschaft

7. Praktische Anwendung

Wir haben einen langen Weg zurückgelegt: zunächst entwickelten wir einen konzeptionellen Bezugsrahmen, und anschließend ein praktisches Verfahren, mit dem die Unternehmung in einer turbulenten Umwelt auf „schwache Signale" zu reagieren und Überraschungseffekte soweit wie möglich auszuschließen vermag.

Ergebnis ist ein neuer Planungsansatz, dessen Leistungsfähigkeit nur feststellbar ist, wenn in der Praxis tätige Manager ihn akzeptieren und anwenden. So logisch zwingend er auch sein mag: weder seine Annahme noch seine Anwendung dürfen für selbstverständlich gehalten werden. Täte man dies, so würde man die zahlreichen Fälle der letzten 20 Jahre außer acht lassen. Ähnlich logische Ansätze stießen auf einen „Planungswiderstand" und wurden von den sie nutzenden Organisationen entweder verworfen oder ihres Kerns beraubt.

Um dem vorliegenden Ansatz zum Durchbruch zu verhelfen, muß innerhalb der Unternehmung eine Atmosphäre der Offenheit gegenüber dem strategischen Risiko geschaffen werden, und es muß die Bereitschaft gefördert werden, sich mit bis dahin unbekannten und bedrohlichen Entwicklungen auseinanderzusetzen. Dieses Problem, im Unternehmen eine Atmosphäre strategischer Entscheidungs-Bereitschaft zu schaffen, ist mindestens ebenso wichtig und schwierig, wie dasjenige, das wir in diesem Beitrag entwickelt haben. Wir haben deshalb die Entscheidungs-Bereitschaft in einem getrennten Aufsatz untersucht.[13]

Dort gehen wir von der Annahme aus, daß die ASWP auf wenig Gegenliebe stößt, wenn es an strategischer Entscheidungs-Bereitschaft fehlt. Allerdings ist ihre Diagnose nicht einfach. Unternehmungen, die sie nicht besitzen, brauchen nicht unbedingt träge und ihrer Umwelt gegenüber inaktiv zu erscheinen. Viele von ihnen sind durchaus aktiv, aber eine gründlichere Analyse würde zeigen, daß ihre Operationen in ihrer Umwelt auf *Wettbewerb,* nicht auf *Strategie* abgestellt sind. Sie beschränken sich auf die Auseinandersetzung mit bekannten Schwankungen in der Umwelt[14] und sehen in Diskontinuitäten ungewohnte Erscheinungen. Sie sind aktiv im Marketing, in der Entwicklung neuer Produkte, in der langfristigen Prognose, selbst in der Langfrist-Planung. Aber bei all diesen Aktivitäten halten sie sich an überkommene Auffassungen von ihrer Umwelt und an die üblichen Extrapolationen dieser Umwelt. Ein Wissenschaftler hat dies so formuliert: Solche Unternehmungen verwerten Umwelt-Informationen zur Bestätigung ihrer bisherigen Modelle der Wirklichkeit, nicht aber um ihr Verständnis zu verändern und zu vertiefen. Ein schlagendes Beispiel eines solchen Verhaltens bietet die US-amerikanische Autoindustrie, die in den letzten 15 Jahren trotz einer überwältigenden Fülle konträrer Daten an der Auffassung festgehalten hat, das Herz des Kunden hinge noch immer an dem luxuriösen „benzinsaufenden Monstrum".

In vielen Fällen wird daher der Versuch der Einführung strategischer Bereitschaft auf der Grundlage schwacher Signale vermutlich entweder auf Widerstand stoßen oder rundheraus abgelehnt werden, wenn der strategische Entscheidungswille nicht erheblich gestärkt wird.

---

[13] a.a.O., Fußnote 1.
[14] Ansoff, H. Igor, R. Hayes, R. Declerck: From Strategic Planning to Strategic Management. In: From Strategic Planning to Strategic Management, London u.a., 1976.

Dies bedeutet aber nicht, daß mit der Bereitschafts-Analyse gewartet werden muß, bis einflußreiche Manager ihre Auffassung ändern. Die beiden Prozesse können parallel in Gang gesetzt werden und sich gegenseitig beeinflussen und verstärken. So wird die Steigerung der unternehmerischen Flexibilität mit dazu beitragen, die Entscheidungs-Bereitschaft zu erhöhen (siehe Abb. 11).

Benötigt wird also ein Prozeß organisatorischen Wandels mit zwei gegenläufigen Rückkopplungsschleifen, wobei sowohl die *Handlungs-Bereitschaft* als auch die *Handlungs-Fähigkeit* in einer koordinierten und gegenseitig sich stützenden Weise entwickelt werden. Die Technologie für die Ausarbeitung solcher Wandlungsprozesse steht nun zur Verfügung. Sie ist in der Praxis[15] bereits getestet und in der Literatur beschrieben worden.

Zusammenfassung

In dem Aufsatz wird eine neue Planungskonzeption entwickelt, die der Bewältigung „strategischer Diskontinuitäten" (strategic discontinuities) zu dienen bestimmt ist. Unter „strategischen Diskontinuitäten" versteht der Autor schwer vorhersehbare Ereignisse, deren Eintritt die Unternehmung zu einschneidenden Anpassungsmaßnahmen zwingt und sie darüber hinaus häufig sogar mit der Gefahr des Ruins konfrontiert. Als Beispiel wird die Ölkrise erwähnt; es wird betont, daß Ereignisse dieser Art im Leben einer Unternehmung nicht selten sind. Es braucht sich im übrigen nicht nur um Ereignisse zu handeln, die die Unternehmung bedrohen; es kann sich auch um Chancen handeln, die sich plötzlich und unvorhergesehen eröffnen und deren Ausnutzung rasches Handeln erfordert.

Der Grundgedanke der vom Autor entwickelten Planungskonzeption ist, daß „strategische Diskontinuitäten" zwar schwer vorhersehbar sind, daß sie sich aber doch durch gewisse Anzeichen, sogenannte „schwache Signale" (weak signals) ankündigen. Daraus ergibt sich das Problem, das in dem Aufsatz abgehandelt wird: Wie kann die Unternehmung „schwache Signale" erkennen und die in ihnen enthaltene Information über drohende „strategische Diskontinuitäten" sinnvoll verwerten?

Zunächst wird eine systematische Einteilung von verschiedenen Graden der Ungewißheit eingeführt. Der höchste Grad von Ungewißheit herrscht, wenn lediglich in allgemeiner Form das Bewußtsein vorhanden ist, daß mit Bedrohung oder Chancen zu rechnen ist. Ein zweiter Fall mit etwas geringerem Ungewißheitsgrad liegt vor, wenn man weiß, aus welchen Quellen oder Ursachenkomplexen sich Bedrohungen oder Chancen ergeben können. Im dritten Fall kann man schon konkret angeben, worin die Bedrohung oder Chance besteht, im vierten Fall kennt man bereits die möglichen Reaktionen auf die Bedrohung oder die Chance. Im fünften Fall schließlich, in dem der niedrigste Grad von Ungewißheit herrscht, weiß man, um welche Bedrohung oder welche Chance es sich handelt, wie man darauf reagieren kann und zu welchen Resultaten die Reaktionen führen. In der Theorie der Planung bei Ungewißheit wird im allgemeinen unterstellt, daß dieser fünfte Fall gegeben ist.

---

[15] a.a.O., Fußnote 14.

Im vorliegenden Aufsatz geht es aber gerade darum, die zweckmäßigste Strategie der Unternehmung in den Fällen mit größerer Ungewißheit zu bestimmen. Man kann davon ausgehen, daß der Grad der Ungewißheit abnimmt, je geringer der zeitliche Abstand des mit der Bedrohung oder der Chance verbundenen Ereignisse wird. Hieraus zieht der Autor die Folgerung, daß die Unternehmung mit ihren Reaktionen nicht warten soll, bis der geringste Grad von Ungewißheit erreicht ist; sie soll vielmehr bereits in einem früheren Zeitpunkt und bei größerer Ungewißheit aufgrund der dann vorliegenden „schwachen Signale" handeln.

Es wird weiter ein System von Reaktionsmöglichkeiten entwickelt und untersucht, welche Reaktionsweisen bei den verschiedenen Graden von Ungewißheit möglich sind. Es werden „schwache" und „starke" Reaktionen unterschieden, je nachdem, ob es sich bloß darum handelt, die Bedrohung zu erkennen und die notwendige Flexibilität zu erhalten oder konkrete Aktionen zu ergreifen.

Im nächsten Schritt wird der Zusammenhang zwischen Bedrohung und Reaktion im Zeitablauf untersucht. Hieraus wird das Postulat einer abgestuften strategischen Bereitschaft (graduated strategic preparedness) für Planung und Aktion abgeleitet. Dieses Postulat ist dann die Grundlage des im Teil II des Beitrags entwickelten Planungsansatzes, der als „Analyse strategisch wichtiger Sachverhalte" (Strategic Issue Analysis) charakterisiert werden kann.

In dem Aufsatz werden zwei Planungskonzeptionen einander gegenüber gestellt, die strategische Planung, die der herkömmlichen und vielfach in der Literatur dargestellten Theorie der Planung bei Ungewißheit entspricht und die neue Konzeption der Analyse strategisch wichtiger Sachverhalte. Es wird gezeigt, daß beide Ansätze nicht in Widerspruch zueinander stehen, sondern sich ergänzen. Der wesentliche Unterschied zwischen beiden Ansätzen liegt in der Art und Weise, wie Informationen verwertet werden. Die strategische Planung geht von den zu treffenden Entscheidungen aus und leitet daraus ab, welche Informationen benötigt werden. Im Gegensatz dazu geht man bei der Analyse strategisch wichtiger Sachverhalte von den verfügbaren Informationen aus und stellt die Frage, welche Entscheidungen auf dieser Grundlage getroffen werden können. Strategische Planung dient dazu, geeignete Strategien angesichts einer gut übersehbaren und von unvorhersehbaren Ereignissen weitgehend freien Zukunft zu entwickeln. Die Analyse strategisch wichtiger Sachverhalte hingegen ist dazu bestimmt, die Unternehmung gegenüber unvorhersehbaren Ereignissen anpassungsfähig zu erhalten. Unternehmungen, die sowohl mit der einen, als auch mit der anderen Planungssituation konfrontiert sind, können sich beider Ansätze bedienen.

Planungsprobleme bei unvollständigem Entscheidungsfeld
Die Problematik des Opportunitätskostenprinzips*

Helmut Koch

Einleitung

1. Die Optimierung bei unvollständigem Entscheidungsfeld ist ein Fragenkom- 353
plex, dem in der neueren Literatur viel Beachtung geschenkt worden ist. Dabei wird
ein Entscheidungsfeld dann als unvollständig bezeichnet, wenn nur eine Teilmenge
der der Unternehmensleitung bekannten Handlungsalternativen in die numerische
Optimumbestimmung einbezogen wird (sachliche Unvollständigkeit) oder wenn die
Handlungsalternativen nur für einen bestimmten Teilabschnitt definiert werden
(zeitliche Unvollständigkeit).

In der Praxis lassen sich aus hinlänglich bekannten Gründen (unvollkommene
Voraussicht, mangelnde Übersicht der Unternehmensleitung über die Vielzahl an
alternativ realisierbaren Unternehmensweisen) nur unvollständige Entscheidungsfelder bilden. Geht man gleichwohl von der Idealvorstellung aus, es gelänge der Unternehmensleitung ohne zusätzlichen Informationsaufwand, jeweils ein vollständi-
ges Entscheidungsfeld zu bilden, so mag das Unvollständigkeitsphänomen als eine
Unvollkommenheit erscheinen, die es im Rahmen des Möglichen und Sinnvollen zu
beheben gilt. Denn die Maximierung des Totalgewinns würde bei totalem Entscheidungsfeld zu absolut höheren Gewinnbeträgen führen.

Dies hat den Anlaß dazu gegeben, daß man sich bemüht hat, die aus der Unvollständigkeit des Entscheidungsfeldes resultierende Minderung der Entscheidungseffizienz zu beseitigen bzw. zu mildern. ▢

2. In der Literatur hat man bisher vorgeschlagen, die aus der Unvollständigkeit 354
des Entscheidungsfeldes resultierenden Mängel mit Hilfe des Konzepts der Faktorbewertung zu beheben: Man sucht dem bei Unvollständigkeit des Entscheidungsfeldes auftretenden Erfordernis der *expliziten Berücksichtigung von Interdependenzen* durch einen dem Totaloptimum entsprechenden Geldansatz für die jeweils eingesetzten Faktoren Rechnung zu tragen. Ihre präziseste Ausprägung hat dieses Konzept im Prinzip der, wie D. Adam es ausdrückt, *„ertragsbezogenen Faktorbewertung"* gefunden[1].

Dieses Prinzip umfaßt bekanntlich bei relativer Faktorknappheit den Ansatz
von Opportunitätskosten. Hierunter wird jener zusätzliche Gewinnbetrag verstan-

---

*Mit freundlicher Genehmigung des Verfassers entnommen aus: Zeitschrift für Betriebswirt-
schaft, 47. Jg., 1977, S. 353–384. Der Abschnitt I des Beitrags wurde vom Verfasser für den
Wiederabdruck überarbeitet und etwas gekürzt.
[1] D. Adam, Entscheidungsorientierte Kostenbewertung, Wiesbaden 1970.

den, der sich ergeben würde, wenn der im Optimum relativ verknappte Faktor (unter bestmöglicher Verwendung) um eine Einheit vermehrt würde[2].

In der älteren betriebswirtschaftlichen Literatur findet sich der Gedanke der ertragsbezogenen Faktorbewertung, insbesondere des Opportunitätskostenprinzips uneingeschränkt bejaht[3]. Die neuere Literatur aber steht diesem Prinzip relativ kritisch gegenüber – als Wendepunkt ist wohl die im Jahre 1965 erschienene grundsätzliche Untersuchung von Herbert Hax: „Kostenbewertung mit Hilfe der mathematischen Programmierung" anzusetzen[4]. Man sieht nunmehr, daß das Prinzip der ertragsbezogenen Faktorbewertung Schwächen aufweist. Es setzt die Bestimmung eines Totaloptimums voraus – dies aber ist mit der Unterstellung eines unvollständigen Entscheidungsfeldes nicht vereinbar.

Trotz dieses seit H. Hax immer wieder vorgebrachten Einwands aber hat man bisher am Konzept der Faktorbewertung festgehalten. Unterschiedlich sind lediglich die Auffassungen über die Höhe des Faktorwerts.

Einige Autoren lehnen das Opportunitätskostenprinzip als logisch falsch ab. Demgemäß verzichten sie auf eine allgemeine inhaltliche Bestimmung des auf das Totaloptimum bezogenen Faktorwerts. Sie beschränken sich einfach auf die Feststellung, daß der Faktorwert jeweils auf Grund von Pauschalannahmen oder Entscheidungshypothesen festgelegt werden müsse[5]. □

355   Andere Autoren halten am Opportunitätskostenprinzip fest. Sie beurteilen es als logisch richtig. Dem Umstand, daß sich die Opportunitätskosten nur dann ermitteln lassen, wenn zuvor ein Totaloptimum bestimmt worden ist, interpretieren sie als eine rein praktische Schwierigkeit, die sich erst bei der Anwendung des Opportunitätskostenprinzips ergäbe und irgendwie durch eine Ersatzbewertung bewältigt werden müsse[6]. So spricht man lediglich von einem *„Dilemma des Opportunitäts-*

---

[2] Einen umfassenden Überblick über die Literatur zum Opportunitätskostenprinzip bietet Reinhart Schmidt (Handwörterbuch der Betriebswirtschaft, 4. Aufl., Band I, 2, Stuttgart 1975, „Opportunitätskosten", Sp. 2834–2841).

[3] Siehe u.a. Eugen Schmalenbach, Kostenrechnung und Preispolitik, 7. Aufl., Köln und Opladen 1956; H.H. Böhm, Elastische Disposition durch ertragsabhängige Kalkulationen, in: Dynamische Betriebsführung, hrsg. von der Deutschen Gesellschaft für Betriebswirtschaft, Berlin 1959, S. 155 ff.; H.H. Böhm und F. Wille, Deckungsbeitragsrechnung und Programmoptimierung, München 1960; H. Albach, Investition und Liquidität, Wiesbaden 1962, S. 82; Wolfram Engels, Betriebswirtschaftliche Bewertungslehre, Köln und Opladen 1962, S. 169 ff.

[4] H. Hax, Kostenbewertung mit Hilfe der mathematischen Programmierung, ZfB 1965, S. 197 ff.

[5] D. Schneider, Investition und Finanzierung, 3. Aufl., Köln und Opladen 1974, S. 194, S. 275, S. 594; Arno Mahlert, Die Abschreibungen in der entscheidungsorientierten Kostenrechnung, Opladen 1976, S. 102 ff. .

[6] H. Hax, Kostenbewertung mit Hilfe der mathematischen Programmierung, ZfB 1965, S. 197 ff., insbes. S. 204 und 210; ders., Bewertungsprobleme bei der Formulierung von Zielfunktionen für Entscheidungsmodelle, ZfbF 1967, S. 749 ff., insbes. S. 755 f.; Werner Kern, Kalkulation mit Opportunitätskosten, ZfB 1965, S. 133 ff.; Hans Münstermann, Bedeutung der Opportunitätskosten für unternehmerische Entscheidungen, ZfB 1966, 1. Erg.-Heft, S. 18 ff., insbes. S. 35 f.; D. Adam, Die Bedeutung der Restwerte von Investitionsobjekten für die Investitionsplanung in Teilperioden, ZfB 1968, S. 391 ff., insbes. S. 399 f.; ders., Entscheidungsorientierte Kostenbewertung, Wiesbaden 1970, S. 61/62, S. 173 ff. und S. 179 ff.; G. Franke und H. Laux, Die Bemessung von Abschreibungen für Entscheidungsrechnungen, ZfB 1970, S. 399 ff., insbes. S. 418 ff.

kostenprinzips" und meint damit die Diskrepanz zwischen der logischen Richtigkeit dieses Prinzips und den Schwierigkeiten seiner Anwendung[7].

3. Diese Arbeit geht von folgender Ansicht aus: Das Konzept der Faktorbewertung ist zur Lösung von Optimierungsproblemen bei Unvollständigkeit des Entscheidungsfeldes weder theoretisch noch praktisch tauglich. Es ist von vornherein kein problemadäquater Lösungsansatz[8]. Und das Forschungsbemühen darüber, wie das Prinzip der Faktorbewertung im einzelnen Entscheidungsfall anzuwenden sei, hat in eine Sackgasse geführt. Der Vorschlag, über den Faktorwert Pauschalannahmen zu bilden, bietet keinerlei materielle Anhaltspunkte für die Faktorbewertung.

Unter diesen Umständen gilt es zu prüfen, ob sich die mit der Unvollständigkeit des Entscheidungsfeldes zusammenhängende Minderung der Effizienz der Unternehmenspolitik *auf prinzipiell andere Weise* beheben bzw. mildern läßt. Es ist das Anliegen dieser Untersuchung, andere Lösungen vorzuschlagen. Sie laufen, kurz angedeutet, darauf hinaus, daß eine Verbindung von Entscheidungstheorie und Organisationstheorie hergestellt wird.

4. Die folgenden Ausführungen gliedern sich in zwei Abschnitte.

Zuerst gilt es zu untersuchen, welche speziellen Entscheidungsprobleme (Probleme der Metaplanung) sich der Unternehmensleitung stellen, wenn es darum geht, die mit der unvermeidbaren Unvollständigkeit des Entscheidungsfeldes verbundene Minderung der Entscheidungseffizienz zu beheben bzw. zu mildern.

In der Literatur hat man diese Mängel lediglich in der *Nicht-Berücksichtigung irgendwelcher Interdependenzen* gesehen, und das Bemühen darauf gerichtet, □ die jeweiligen Interdependenzen im Rahmen der partiellen Optimierung zu berücksichtigen[9].   356

Diese Diagnose des Phänomens der Unvollständigkeit des Entscheidungsfeldes aber trägt, wie unten eingehender dargelegt wird, den tatsächlichen Verhältnissen nicht differenziert genug Rechnung. Im ersten Abschnitt gilt es daher, die sich in der Praxis im Zusammenhang mit der Unvollständigkeit des Entscheidungsfeldes stellenden verschiedenen Planungsprobleme herauszuarbeiten.

Im zweiten Abschnitt sei versucht, für die einzelnen „Unvollständigkeitsentscheidungen" problemadäquate Lösungsansätze zu entwickeln bzw. anzudeuten. □

I. Die spezifischen Planungsprobleme bei unvollständigem Entscheidungsfeld

1. Ein Entscheidungsfeld ist dann vollständig, wenn
– sämtliche Unternehmensvariable zugleich durch die Entscheidung erfaßt werden;
– sämtliche konkreten Ausprägungen jeder Variablen als Zeitvektoren über die *totale Unternehmensdauer* definiert sind. Zur Erläuterung sei die Variable U betrachtet. Auf eine einzige Periode bezogen, können konkrete Ausprägungen dieser Variablen sein:

---

[7] D. Adam, Entscheidungsorientierte Kostenbewertung, Wiesbaden 1968, S. 53, S. 61 f. und S. 176.

[8] Siehe auch G. Löcherbach, Bewertung von Faktoren. Ein Beitrag zur Theorie entscheidungsorientierter Kostenwerte, Wiesbaden 1975, S. 276.

[9] Siehe u.a. H. Jacob, Neuere Entwicklungen in der Investitionstheorie, ZfB 1964, S. 487 ff. und S. 551 ff.; D. Adam, Entscheidungsorientierte Kostenbewertung, S. 59 ff.

$$U_a, U_b, \ldots, U_z.$$

Die totale Unternehmensdauer betrage n Perioden. Eine vollständig definierte Alternative (= konkrete Ausprägung dieser Variablen) ist etwa der Vektor:

$$U_{a1}, U_{b2}, U_{c3}, U_{p4}, \ldots, U_{pn}$$

$1, 2, 3, \ldots, n$ = Perioden der totalen Unternehmensdauer

— von jeder Variablen, auf den jeweiligen Wissensstand des Aktors bezogen, sämtliche konkreten Ausprägungen in die Optimierung einbezogen werden.

Unvollständig ist ein Entscheidungsfeld dann, wenn eine dieser Vollständigkeitsbedingungen nicht erfüllt ist.

2. In der Praxis der Unternehmensplanung haben wir es in aller Regel mit unvollständigen Entscheidungsfeldern zu tun. Dies ist durch mangelhafte Voraussicht, mangelnde Übersicht, personelle Aufgliederung der Unternehmensleitung und anderes zwangsläufig bedingt.[10]

Dabei treten die drei genannten Arten der Unvollständigkeit (Unvollständigkeit der in die Optimierung einbezogenen Variablen, Unvollständigkeit der Planungsfrist und Unvollständigkeit der in Betracht gezogenen konkreten Ausprägungen der Variablen) in aller Regel zugleich auf.

Will nun die Unternehmensleitung aus dem Zwang zur Bildung unvollständiger Entscheidungsfelder das Beste zu machen versuchen, so hat sie wegen dieser unterschiedlichen Arten der Unvollständigkeit mehrere kategorial verschiedene Elementarprobleme der Metaplanung zu lösen. Diese Probleme seien im folgenden isoliert definiert:

a) Die Unvollständigkeit der Erfassung der Unternehmensvariablen — anders ausgedrückt: das Treffen von Partialentscheidungen — bedeutet, daß die zwischen den konkreten Ausprägungen sämtlicher Unternehmensvariablen in bezug auf das totale Unternehmensoptimum bestehenden Interdependenzen nicht voll berücksichtigt werden.[11]

Es besteht hinreichend Anlaß zu der Vermutung: Werden diese Interdependenzen überhaupt nicht berücksichtigt, so ist der aus der Gesamtheit der Partialentscheidungen resultierende Unternehmensgewinn geringer, als er sich bei vollständiger oder teilweiser Berücksichtigung der Interdependenzen ergeben würde.

Angesichts dessen stellt sich der Unternehmensleitung das Problem: Welche Maßnahmen sollen ergriffen werden, um zu erreichen, daß die Interdependenzen trotz der partiellen Optimierungen Berücksichtigung finden? Wie soll man die Partialent-

---

[10] Siehe auch K. Lüder, Entscheidungsorientierte Kostenbewertung. Einige Anmerkungen zu dem gleichnamigen Werk von Dietrich Adam, ZfB 1972, S. 71 ff., insbes. S. 75.

[11] Ihre Ursache finden diese Interdependenzen darin, daß die sämtlichen Variablen gemeinsamen Mittel (Eigenkapital, Arbeitskraft des Firmeninhabers) knapp sind und der Festlegung sämtlicher Unternehmensvariablen eine einheitliche Zielvorstellung zugrunde liegt.

Dabei lassen sich die Interdependenzen gedanklich in „sachliche" und „zeitliche" Interdependenzen aufspalten. Mit „sachlicher" Interdependenz ist die gegenseitige Abhängigkeit der konkreten Ausprägungen sämtlicher Variablen in einer Periode gemeint. Als „zeitliche" Interdependenz sei die gegenseitige Abhängigkeit der den verschiedenen Perioden zugehörigen konkreten Ausprägungen der Unternehmensvariablen angesprochen.

scheidungen zu integrieren versuchen? Wir wollen hier von dem *„Problem der Integration von Partialentscheidungen"* in der Unternehmensplanung sprechen.

b) Die zeitliche Unvollständigkeit von Entscheidungsfeldern (Treffen von Zeit-Abschnittsentscheidungen) bedeutet, daß die zwischen den konkreten Ausprägungen der Unternehmensvariablen im Planungszeitabschnitt und in der Folgezeit bestehenden Interdependenzen nicht berücksichtigt werden.[12]

Hieraus ergibt sich eine Minderung der Effizienz der Unternehmenspolitik.

Unter diesem Aspekt stellt sich bei jeder Zeit-Abschnittsentscheidung das Grundproblem, Vorsorge dafür zu treffen, daß das Unternehmen in der Folgezeit im gewünschten Umfang überhaupt weitergeführt werden kann. Mithin stellt sich der Unternehmensleitung das elementare Entscheidungsproblem: Wie soll im Optimierungskalkül hinreichend Vorsorge getroffen werden dafür, daß das Unternehmen in der Folgezeit weitergeführt werden kann? Wir wollen hier von dem *„Problem der Integration von Zeit-Abschnittsentscheidungen"* sprechen.

c) Betrachten wir schließlich die unvollständige Einbeziehung der konkreten Ausprägungen der in das Optimierungskalkül eingehenden Entscheidungsvariablen. Diese Art der Unvollständigkeit des Entscheidungsfeldes — durch sie wird die Menge der in das numerisch-exakte Optimierungskalkül eingehenden Alternativen reduziert — beschwört die Gefahr herauf, daß die Entscheidung nicht zur Realisierung der (dem Wissensstand des Aktors entsprechenden) optimalen Alternative führt. Daher muß die vorgelagerte grobe, nicht numerische Vorselektion der Alternativen unter Anwendung sinnvoller Kriterien und Methoden erfolgen. Mithin lautet hier das Problem der Metaplanung: Wie soll die Unternehmensleitung bei der nicht-numerischen Vorselektion von Alternativen vorgehen, um zu erreichen, daß die Gefahr der Fehlentscheidung aufgrund der verkürzten Erfassung von Alternativen im numerischen Optimierungskalkül nicht zu groß wird? Wir wollen hier von dem *„Vorselektions-Problem"* sprechen.

H. Hax interpretiert die unvollständige Erfassung der konkreten Ausprägungen der Entscheidungsvariablen als eine Nicht-Berücksichtigung von Interdependenzen.[13] Er erläutert dies an einem Beispiel: Der Aktor habe über die Verwendung eines gegebenen Mittelbetrages zur Einkommenserzielung zu befinden, beziehe aber lediglich die Möglichkeiten der betrieblichen Einkommenserzielung (Real-Investitionen), nicht jedoch die der „privaten" Einkommenserzielungsarten (Finanzinvestitionen) ins Optimierungskalkül ein. Hier seien die Interdependenzen zwischen Unternehmenssphäre und privater Sphäre nicht berücksichtigt.

Diese Interpretation indessen leuchtet nicht recht ein. Zwischen den verschiedenen konkreten Ausprägungen ein und derselben Unternehmensvariable bzw. Kombination von Unternehmensvariablen besteht lediglich eine *Konkurrenzbeziehung* („Alternativ-Beziehung"). Diese Konkurrenzbeziehung darf mit den zwischen den konkreten Ausprägungen mehrerer Unternehmensvariablen, die zugleich festgelegt werden müssen, bestehenden Interdependenzen nicht verwechselt werden.[14]

---

[12] Siehe u.a. H. Jacob, Neuere Entwicklungen in der Investitionsrechnung, ZfB 1964, S. 504; D. Adam, Entscheidungsorientierte Kostenbewertung, S. 60 f.

[13] H. Hax, Bewertungsprobleme, S. 754 f.

[14] Ganz anders dagegen liegen die Dinge, wenn der private Aktor bei gegebenem Gesamt-Mittelvolumen das Unternehmen (Einkommenserwerb) und den Haushalt (Konsumgüterbereit-

Soweit die Definition der verschiedenen, aus der Unvollständigkeit des Entscheidungsfeldes erwachsenen Planungsprobleme. Wichtig ist hier die Feststellung, daß es sich hierbei nicht um Fragen der „operativen" (d.h. unmittelbar zielbezogenen) Handlungsebene, sondern um Probleme der Metaplanung handelt. Es geht hier um Entscheidungen über die Methode der Entscheidung.

360

II. Das Problem der Integration von Partialentscheidungen

1. Als erstes sei auf das Integrationsproblem bei Partialentscheidungen eingegangen, wie es für eine dekomponierte Unternehmensplanung typisch ist. Wie kann man die Effizienzminderung der Unternehmenspolitik, die daraus resultiert, daß im Rahmen der partiellen Optimierungen Interdependenzen zwischen den konkreten Ausprägungen der gesondert festgelegten Variablen nicht berücksichtigt werden, mildern bzw. beseitigen? Oder, anders ausgedrückt: Wie sollen die Partialentscheidungen zu einer konsistenten Gesamtunternehmenspolitik integriert werden?

2. In der Literatur findet sich der Vorschlag verbreitet, das Integrationsproblem auf optimierungstechnischem Wege zu lösen und den Interdependenzen durch das Prinzip der „ertragsbezogenen Faktorbewertung" Rechnung zu tragen. □

361   Der Grundgedanke dieses Prinzips liegt darin: Das Ergebnis der Partialoptimierung soll mit jener konkreten Ausprägung identisch sein, welche die Entscheidungsvariable im Rahmen einer Totaloptimierung aufweisen würde. Dieses Ziel soll dadurch erreicht werden, daß für alle übrigen Variablen, die auf die betrachtete Partialentscheidung Einfluß ausüben, jene konkreten Ausprägungen angesetzt werden, die sich im Totaloptimum ergäben.

Dies sucht man dadurch zu erreichen, daß in der Partialoptimierung für die jeweils außerhalb der Partialentscheidung festgelegten Variablen „Faktorwerte" oder „Betriebswerte" angesetzt werden. Bei beliebiger Vermehrbarkeit eines Faktors wird der Faktorwert in Höhe der im Totaloptimum zu verzeichnenden Grenzkosten, bei relativer Knappheit in Höhe der im Totaloptimum vorliegenden Grenzkosten zuzüglich der Opportunitätskosten angesetzt.

Dabei ist die Funktion der Opportunitätskosten verschieden weit gefaßt je nachdem, ob die Dekomposition der Unternehmensplanung mit einer organisatorischen Dezentralisierung verbunden ist, oder ob sie im Rahmen der von ein und derselben Instanz zu treffenden Entscheidungen erfolgt. Diese beiden Fälle seien kurz betrachtet.

a) Für den Fall, daß die Teilplanungen zugleich an Unterinstanzen delegiert werden und ein gemeinsam genutzter Faktor (z.B. Finanzmittel) im Totaloptimum relativ knapp ist, werden die ertragsbezogenen Faktorwerte nicht nur als Instrument zur Berücksichtigung von Interdependenzen, sondern auch zur Steuerung von Unterinstanzen benutzt. Und zwar wird seit Eugen Schmalenbach das Prinzip der pretialen Lenkung vorgeschlagen. Hiernach gilt es, die Teilplanungen der Unterinstan-

---

stellung mit Hilfe des durch die Unternehmung erzielten Einkommens) isoliert plant. Hier werden die aufgrund der Gemeinsamkeit des Mitteleinsatzes bestehenden Interdependenzen zwischen den konkreten Ausprägungen der Variablen des Unternehmens und denen der Haushaltung in der Tat vernachlässigt.

zen dem gemeinsamen Engpaß (Finanzvolumen, begrenzter Rohstoffvorrat, knappe Kapazität) in der Weise anzupassen, daß der Unternehmensgewinn insgesamt maximiert wird. Die pretiale Lenkung läuft so ab, daß die Gesamtunternehmensleitung den Unterinstanzen für die Verwendung des Engpaßfaktors Lenkpreise vorgibt, die in deren Teiloptimierungsüberlegungen als Faktorpreise eingehen. Diese Lenkpreise werden auf Grund einer Totaloptimierung gebildet, sie werden in Höhe der im Totaloptimum vorliegenden Grenzkosten des betreffenden Faktors zuzüglich dessen Opportunitätskosten angesetzt. Dabei werden die Opportunitätskosten in Höhe des relativen Deckungsbeitrages bei der schlechtesten der noch zur Realisierung gelangenden Verwendungsart des knappen Faktors angesetzt.

Durch die Vorgabe dieser Lenkpreise soll erreicht werden, daß die partiellen Optimierungen zu der gleichen Gesamtunternehmensweise führen, wie es eine einzige totale Optimierung tun würde.

Ein knappes Wort zur Ermittlung von Lenkpreisen. Eugen Schmalenbach, der Vater des Konzepts der „ertragsbezogenen Faktorbewertung", hat für den Fall des Vorliegens *eines einzigen relativ knappen Faktors* zur Aufstellung des optimalen Totalprogramms das Rangfolgeverfahren entwickelt[15]. □

Später, nach Aufkommen der Methode der linearen und nichtlinearen Programmierung hat man sich in der Lage gesehen, Verrechnungspreise auch für den Fall des Vorliegens mehrerer relativ knapper Faktoren zu ermitteln. Die Werte der Dualvariablen des optimalen Programms werden hier als die Opportunitätskosten der bei diesem Programm relativ knappen Faktoren angesehen[16].

b) Werden die von einer einzigen Instanz (z.B. der Gesamtunternehmensleitung) zu treffenden Entscheidungen dekomponiert, so wird die ertragsbezogene Faktorbewertung lediglich als Instrument zur Integration von Partialoptimierungen ohne zusätzliche leitungsorganisatorische Funktionen behandelt. Denn hier werden die Faktorwerte nicht irgendwelchen Unterinstanzen vorgegeben, sondern lediglich in die Partialoptimierungen der gleichen Instanz eingesetzt, die die Faktorwerte ermittelt hat.

Als Beispiel sei die Planung des langfristigen Produktionsprogramms (Investitionsprogramms) und des Finanzierungsprogramms angeführt. Beide Planungen hat die Gesamtunternehmensleitung vorzunehmen.

Es sei davon ausgegangen, daß auf Grund der geringen Eigenkapitalquote nur ein begrenztes Finanzvolumen zur Verfügung steht, wie es die Abbildung 1 andeutet: Bei dem maximal verfügbaren Finanzvolumen liegt die marginale Bruttorendite der Produktionsprojekte über den marginalen Finanzierungskosten.

362

---

[15] Eugen Schmalenbach, Pretiale Wirtschaftslenkung, Band 1: Optimale Geltungszahl, Bremen 1947, S. 66 f.

[16] Zur Beziehung zwischen dem Schmalenbachschen Rangfolgeverfahren der Programmoptimierung und der linearen Programmierung siehe u.a.: H. Albach, Investition und Liquidität, S. 82; W. Kern, Kalkulation mit Opportunitätskosten, ZfB 1965, S. 133 ff.; K. Opfermann und H. Reinermann, Opportunitätskosten, Schattenpreise und optimale Geltungszahl, ZfB 1965, S. 211 ff.; D. Adam, Entscheidungsorientierte Kostenbewertung, Wiesbaden 1970. Eine abweichende Auffassung vertritt Günter Sieben, Bewertungs- und Investitionsmodelle mit und ohne Kalkulationszinsfuß. Ein Beitrag zur Theorie der Bewertung von Erfolgseinheiten, ZfB 1967, S. 126 ff., insbes. S. 147.

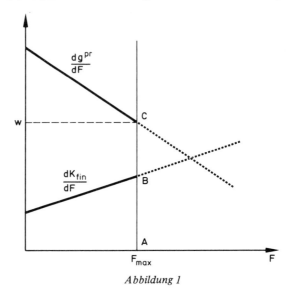

Abbildung 1

363 $\dfrac{dg^{pr}}{dF}$ = Brutto-Grenzgewinn der Produktion in Abhängigkeit vom Finanzvolumen

$\dfrac{dK_{fin}}{dF}$ = marginale Finanzierungskosten in Abhängigkeit vom Finanzvolumen

W = Faktorwert = marginale Finanzierungskosten bei dem maximalen Produktionsvolumen zuzüglich des Netto-Grenzgewinns der Produktion bei F_{max} = (Brutto-Grenzgewinn beim maximalen Finanzvolumen).

Für den Fall, daß das langfristige Produktionsprogramm isoliert optimiert wird, sieht das Prinzip der ertragsbezogenen Faktorbewertung vor, im Rahmen dieser Partialoptimierung für das Finanzvolumen einen bestimmten „Faktorwert" in Rechnung zu stellen. Und zwar sei, so wird argumentiert, der Kalkulationszinsfuß als Verrechnungspreis des Kapitals in Höhe der Rendite der besten nicht mehr verwirklichten Investitionsgelegenheit anzusetzen[17]. Dieser Kalkulationszinsfuß deckt sich mit der Summe aus den marginalen Finanzierungskosten im Totaloptimum und den Opportunitätskosten der Finanzierungsmittel.

---

[17] A. Moxter, Die Bestimmung des Kalkulationszinsfußes bei Investitionsentscheidungen. Ein Versuch zur Koordination von Investitions- und Finanzierungslehre, ZfbF 1961, S. 186 ff., insbes. S. 188 ff.; siehe auch Dieter Schneider, Investition und Finanzierung, 3. Aufl., Opladen 1974, S. 273; H. Hax, Investitionstheorie, Würzburg 1970, S. 72; G. Franke und H. Laux, Die Ermittlung der Kalkulationszinsfüße für investitionstheoretische Partialmodelle, ZfbF 1968, S. 740 ff., insbes. S. 740 f.; Hans Münstermann, Bedeutung der Opportunitätskosten für unternehmerische Entscheidungen, ZfB 1966, 1. Ergänzungsheft, S. 18 ff., insbes. S. 31 ff.; H. Hax, Bewertungsprobleme, insbes. S. 755 ff.

3. Dieser Vorschlag der ertragsbezogenen Faktorbewertung ist, wie es scheint, problematisch.

Auf die allgemeine Problematik des Opportunitätskostenprinzips ist oben bereits hingewiesen worden: Die Opportunitätskosten können erst dann ermittelt werden, nachdem das optimale Totalprogramm bestimmt worden ist. Da hier gerade auf partielle Optimierungen Bezug genommen wird, stellt das Opportunitätskostenprinzip eine probleminadäquate Lösung dar.

Hinzu kommt folgendes Bedenken: Die Opportunitätskosten können bei Vorliegen eines Faktorengpasses nicht widerspruchsfrei als empirischer Begriff, d.h. als Knappheitspreis oder Knappheitsrente interpretiert werden.

Der Begriff der Faktorknappheit ist hier ja stets im relativen Sinne gefaßt. Er besagt, daß der betreffende Faktor im Verhältnis zu den übrigen Faktoren in nur unzulänglichem Umfang verfügbar ist. Damit aber wird implizit der Tatbestand gemeint, daß die vorhandene Menge des Engpaßfaktors einerseits *voll beansprucht* ist, andererseits *nicht weiter gesteigert werden kann*. Der Engpaßfaktor ist also dadurch definiert, daß nicht weniger, aber auch nicht mehr als die maximal verfügbare Faktormenge eingesetzt wird. Aus diesem Grunde steht der Begriff „Knappheitspreis" (Dualvariable bei der Linearoptimierung) im Sinne jener Gewinnsteigerung, die aus der Erhöhung der Einsatzmenge des Engpaßfaktors um eine Einheit resultiert, zu dem ihm zugrundeliegenden Begriff der relativen Faktorknappheit im Widerspruch. □

Manche Autoren schlagen als Ausweg vor, den Begriff des Knappheitspreises 364 als jene Gewinnminderung zu definieren, die aus der Verringerung der maximal verfügbaren Einsatzmenge des Faktors um eine Einheit resultiert. Aber auch diese begriffliche Fassung verstößt gegen die Voraussetzung der relativen Faktorknappheit. Diese impliziert ja, daß der betreffende Faktor mit seiner maximalen Einsatzmenge beansprucht wird. Das Fazit: Mit Hilfe der ertragsbezogenen Faktorbewertung läßt sich das Integrationsproblem bei Partialentscheidungen nicht sinnvoll lösen.

4. Hier wird die Auffassung vertreten, daß das Integrationsproblem bei Partialentscheidungen nicht durch optimierungstechnische Manipulationen, sondern allein durch *entscheidungsorganisatorische Maßnahmen* zu lösen ist. Hierunter wird die Bildung von unternehmerischen Entscheidungsaufgaben, definiert durch Art und Umfang, Globalitätsgrad und Frist der festzulegenden Unternehmensvariablen, verstanden.

Durch die Festlegung der Struktur der Entscheidungsaufgaben werden die Bedingungen, unter denen die numerisch-exakten Partialoptimierungen durchgeführt werden, gestaltet. Dies soll unter dem Gesichtspunkt erfolgen, daß trotz der Dekomposition der Unternehmenspolitik die zwischen den konkreten Ausprägungen sämtlicher Unternehmensvariablen bestehenden Interdependenzen in hinreichendem Maße Berücksichtigung finden. Folgende entscheidungsorganisatorische Maßnahmen bieten sich vor allem an:

a) Die integrationsorientierte Strukturierung der Leitungsorganisation,

b) die Anwendung des Prinzip der hierarchischen Unternehmensplanung,

c) die integrationsorientierte Festlegung der Reihenfolge von Partialentscheidungen, die von ein und derselben Instanz zu treffen sind.

Diese Maßnahmen — sie sind allzugleich zu ergreifen — seien kurz erläutert.

5. Das Prinzip der integrationsorientierten Bildung von Leitungsbereichen spiegelt sich in dem allseits praktizierten Grundsatz wider, die Leitungsbereiche so zu bilden, daß möglichst wenig „Nahtstellen" entstehen, d.h., daß eng Zusammenhängendes möglichst von ein und derselben Instanz geregelt wird. Unter diesem Gesichtspunkt wird die Entscheidung zwischen den bekannten organisatorischen Gliederungsprinzipien (objektbezogene, funktionale, regionale Gliederung) getroffen.

Welches dieser Prinzipien in der Praxis jeweils zum Tragen kommt, hängt von den konkreten Bedingungen ab: Je stärker z.B. die Synergiebeziehungen sind, die zwischen den verschiedenen Produkten hergestellt werden, desto eher kommt die Gliederung nach Funktionen in Betracht. Je breiter hingegen das Absatzprogramm diversifiziert ist, desto näher liegt die Gliederung des Unternehmens nach Produktsparten, wenn es gilt, möglichst viele Interdependenzen zu berücksichtigen.

6. *Das Prinzip der hierarchischen Unternehmensplanung* besagt, daß die Partialentscheidungen des höchsten Detailliertheitsgrades durch die Einführung von übergeordneten Entscheidungen abgestimmt werden. Diese Abstimmung kann auf zweierlei Weise erfolgen: □

365   a) *Integration der Partialentscheidungen mit Hilfe einer zentralen Globalplanung,* durch welche die global definierten Variablen simultan optimiert werden[18].

Hier werden die detaillierten Partialentscheidungen durch übergreifende globale Entscheidungen, die im voraus zu treffen sind, gesteuert. So wird den operativen Planungen der Geschäftsbereiche die strategische Gesamtplanung des Unternehmens vorgeschaltet. Durch sie wird das Gesamtunternehmen in groben Umrissen simultan festgelegt. Auf Grund der strategischen Planung werden den einzelnen Geschäftsbereichen die von diesen durchzuführenden Strategien zugeteilt sowie die entsprechenden Jahresplangewinnziffern und Jahresplankapitalbeträge als Orientierungswerte vorgegeben.

In ähnlicher Weise dient die operative Planung des Geschäftsbereichs als Mittel der Steuerung der noch detaillierteren taktischen (kurzfristigen) Planung der Unterbereiche (Produktsparten, Funktionsabteilungen).

Ergänzt wird die hierarchisch strukturierte Planung durch das Prinzip der Rückkopplung: Stellt sich im Rahmen der detaillierteren Entscheidungsüberlegungen heraus, daß die übergeordneten Globalentscheidungen nicht durchführbar sind, so werden die letzteren revidiert.

b) *Koordination der partiellen Detailplanungen.* Dieses Prinzip bezieht sich auf Partialentscheidungen des gleichen Detailliertheitsgrades. Es besteht darin, daß verschiedene Partialentscheidungen von ihrem Träger und/oder von einer übergeordneten Instanz *nachträglich* koordiniert werden. Die Koordinationsüberlegungen werden dabei nicht numerisch exakt, sondern nur global durchgeführt — es kommt ja nur darauf an, die wichtigsten Interdependenzen in den Griff zu bekommen.

Gesichtspunkte der Koordination sind die Durchführbarkeit des Unternehmens und die Steigerung des Zielerreichungsgrades (z.B. Gewinnsteigerung). Als Beispiel

---

[18] Siehe Helmut Koch, Die zentrale Globalplanung als Kernstück der Integrierten Unternehmensplanung, ZfbF 1972, S. 222 ff.; ders., Planung, betriebswirtschaftliche, in: Handwörterbuch der Betriebswirtschaft, 3. Aufl., 2. Band, Stuttgart 1975, Sp. 3001 ff.

sei die von der Unternehmensleitung durchzuführende Koordination der partiellen Planungen des Produktions- und des Finanzierungsprogramms genannt. Hierdurch soll verhindert werden, daß bei einem geplanten Wachstum der Produktion die marginalen Finanzierungskosten den Zuwachs des Produktions-Bruttogewinns übersteigen. Auch soll vermieden werden, daß ein Produktionsprogramm geplant wird, das sich nicht finanzieren läßt.

Diese Koordination bedeutet, daß die Planung des Produktionsprogramms und die auf der Finanzbedarfsprognose beruhende Planung des Finanzierungsprogramms nur den Charakter vorläufiger Entscheidungen besitzen. Erst der sich auf Grund der Koordination ergebende Gesamtplan ist endgültig und realisierungsreif.

7. Die *integrationsorientierte Festlegung der Reihenfolge der von einer Instanz zu treffenden Partialentscheidungen* stellt ebenfalls auf die Berücksichtigung von Interdependenzen ab. Dies allerdings nur in indirekter Weise. □

Grundlegend ist hier der Gedanke: Die im Hinblick auf das Totaloptimum interdependenten Variablen weisen bei isolierter Festlegung unterschiedliche Grade der Gewinnrelevanz auf. Daher läßt sich die aus der Dekomposition der Unternehmenspolitik resultierende Minderung des maximalen Unternehmensgewinns dadurch abschwächen, daß die von einer Instanz sukzessiv zu treffenden Partialentscheidungen in eine bestimmte Reihenfolge gebracht werden: Zuerst werden die gewinnrelevantesten Variablen, dann die weniger gewinnrelevanten Variablen festgelegt usw. Da nämlich die jeweils vorhergehende Partialentscheidung Daten für die folgende Partialentscheidung setzt, werden durch diese Reihenfolge die Partialentscheidungen im Rahmen des Möglichen am weitestgehenden integriert.

Definieren läßt sich die Stärke der Gewinnrelevanz einer Variablen durch das Ausmaß der relativen Gewinnstreuung. Und zwar wird zur Ermittlung der relativen Gewinnstreuung einer Variablen so verfahren: Man unterstellt verschiedene Ausprägungen der durch die übrigen Partialentscheidungen festzulegenden Variablen. In bezug hierauf ermittelt man die den verschiedenen konkreten Ausprägungen der betrachteten Variable zugehörigen Gewinnziffern. Aus diesen Gewinnziffern wird der Mittelwert gebildet. Die prozentual ausgedrückte Abweichung der höchsten bzw. niedrigsten Gewinnziffer vom Mittelwert gibt das Maß der relativen Gewinnstreuung an.

Die Voraussetzung, daß Partialentscheidungen getroffen werden, legt es nahe, die relative Gewinnstreuung einer Variable nur mit Hilfe von stark vereinfachten Überlegungen zu bestimmen. Denn eine exakte Ermittlung käme hier einer Totaloptimierung ziemlich nahe.

In welcher Weise diese Vereinfachungen vorgenommen werden können, sei kurz an einem Beispiel gezeigt. Betrachtet seien die von der Unternehmensleitung zu treffenden partiellen Entscheidungen über Absatzprogramm und Absatzstandort. Hier wird man z.B. zur Ermittlung der relativen Gewinnstreuung beim Absatzprogramm u.U. von einem einzigen Standort ausgehen, nämlich jenem Standort, welcher für sämtliche konkreten Ausprägungen als repräsentativ gelten kann. Dabei mag z.B. Frankfurt repräsentativ sein für die Standorte: Hamburg, München, Frankfurt, Saarbrücken, Nürnberg, Köln und dgl.

Eine weitere Vereinfachung liegt darin, daß man nicht die Gewinnziffern sämtlicher Ausprägungen des Absatzprogramms zu bestimmen versucht, sondern sich auf

366

einige wenige, prima vista besonders „optimumverdächtige" Ausprägungen beschränkt.

Schließlich lassen sich u.U. die Gewinnziffern durch einfacher zu ermittelnde Ersatzmaßstäbe (z.B. Fertigungsstunden, Umsatz und dgl.) behelfsweise ausdrücken. Umgekehrt Entsprechendes gilt für die Bestimmung der relativen Gewinnstreuung beim Standort.

Ist das Maß an relativer Gewinnstreuung bei dem Absatzprogramm merklich höher als bei dem Absatzstandort, so besitzt das Absatzprogramm die höhere Gewinnrelevanz und ist als erstes festzulegen. Stellt sich jedoch heraus, daß die beiden Variablen in etwa gleichem Maße gewinnrelevant sind, so muß eine simultane Entscheidung angestrebt werden. □

367   8. Abschließend ist die Frage zu klären, wie denn bei der entscheidungsorganisatorischen Lösung des Integrationsproblems die partiellen Optimierungen durchzuführen sind. Insbesondere stellt sich das Problem, ob und wie die Gewinnwirkungen der jeweils *nicht* in die Partialentscheidung eingehenden Variablen in der partiellen Optimierung Berücksichtigung finden müssen.

Dabei wird davon ausgegangen, daß diese Variablen den gleichen Detailliertheitsgrad aufweisen, wie die Variablen der betrachteten Partialentscheidung.

Wichtig ist hier die Unterscheidung zwischen zwei Fällen:

(a) Die Partialentscheidungen werden von ein und derselben Instanz in zeitlicher Reihenfolge getroffen (sukzessive Partialentscheidungen),

(b) die Partialentscheidungen werden nebeneinander von verschiedenen gleichgeordneten Instanzen getroffen (parallele Partialentscheidungen).

Zu (a): Betrachten wir den ersten Fall. Trifft ein und dieselbe Instanz verschiedene Partialentscheidungen in zeitlicher Reihenfolge, so setzt jede vorausgehende Entscheidung die Daten für die nachfolgende Partialentscheidung. Daher brauchen die Gewinnwirkungen der Vorausentscheidungen in der Nachentscheidung nicht explizit berücksichtigt zu werden. Sie kommen in den Gewinnziffern der Alternativen der Nachentscheidung bereits implizit zum Ausdruck.

Anders bei den Vorausentscheidungen. Hier müssen die Gewinnwirkungen der Nachentscheidungen in das Optimierungskalkül einbezogen werden. Denn das Optimum der Vorausentscheidung wird auch durch die Gewinnwirkungen der Nachentscheidungen beeinflußt. Hier aber tritt die Schwierigkeit auf, daß die Gewinnwirkungen der Nachentscheidung noch nicht bekannt sind.

Dieses Problem sei an einem Beispiel erläutert. Den Gegenstand der betrachteten Partialentscheidung möge das Produktionsprogramm bilden – das Finanzierungsprogramm wird im Anschluß hieran festgesetzt. Die konkreten Ausprägungen des Finanzierungsprogramms (z.B. des Finanzierungsvolumens) aber sind von den konkreten Ausprägungen des Produktionsprogramms (z.B. des Produktionsvolumens) abhängig. Mithin müssen, will man das optimale Produktionsprogramm ermitteln, auch die von der Finanzierung ausgehenden Gewinnwirkungen erfaßt werden. Da nun aber der Finanzierungsbereich bei der partiellen Entscheidung über das Produktionsprogramm noch nicht geplant ist, entsteht hier das Problem, wie denn die Gewinnwirkungen der Finanzierung im partiellen Optimierungskalkül der Produktionsprogrammplanung zu erfassen sind. Die Antwort liegt auf der Hand. Sie lautet generell: Die Komplettierung von Partialoptimierungen im Hinblick auf die übrigen

Unternehmensbereiche besteht einfach darin, daß mit pauschalen Entgeltausgabe-
sätzen je Einheit des Umfangs der vorgelagerten Aktivitäten gerechnet wird. Der
pauschale Kostensatz (Kosten im pagatorischen Sinne) wird zweckmäßigerweise
auf Grund von Vergangenheitswerten unter Berücksichtigung der für die Zukunft
zu erwartenden allgemeinen Änderungen angesetzt.

So hat man im vorliegenden Beispiel im Rahmen der partiellen Optimierung
des Produktionsprogramms einen pauschal geschätzten Kostensatz je finanzierte
DM anzusetzen. □

Mit diesem Vorschlag wird für alle Fälle eindeutig festgelegt, welchen Charakter   368
der pauschal anzusetzende Kostenbetrag hat. Es handelt sich um *Entgeltausgaben*.
Darin unterscheidet sich die hier vorgeschlagene Lösung einerseits von dem Prinzip
der Faktorbewertung — dieses läßt offen, welchen Charakter die Faktorwerte
haben —, andererseits von dem inhaltsleeren Prinzip der Setzung von Pauschalannahmen oder Entscheidungshypothesen.

Zu erwähnen bleibt, daß die hintereinander geschalteten Partialentscheidungen
nachträglich koordiniert werden müssen. Es kann ja sein, daß die Nachentscheidung
ergibt, daß die Vorausentscheidung nicht realisierbar ist. Obendrein kann die Koordination zur Gewinnsteigerung führen.

Zu (b): Betrachtet seien nunmehr Partialentscheidungen, die von verschiedenen
nebengeordneten Instanzen getroffen werden (z.B. von verschiedenen Geschäfts-
bereichsleitungen). In den partiellen Optimierungsüberlegungen einer Instanz werden die Gewinnwirkungen der jeweils anderen Teilbereiche lediglich insoweit berücksichtigt, als es die an die übrigen Teilbereiche gelieferten oder von diesen émp-
fangenen innerbetrieblichen Leistungen betrifft. Und zwar werden für diese Leistungen via Verrechnungspreise fiktive Entgeltausgaben (Kosten im pagatorischen
Sinne) bzw. fiktive Entgelteinnahmen angesetzt. Die Verrechnungspreise haben
hierbei ausschließlich Abgrenzungsfunktionen, dagegen keine Lenkfunktionen zu
erfüllen.

Die Integration der Partialentscheidungen erfolgt nach dem Prinzip der hierarchischen Planung auf zweifachem Wege:
— Einmal durch die Steuerung auf Grund einer zentralen Globalplanung. So werden etwa den Geschäftsbereichen auf Grund der strategischen Gesamtplanung
bestimmte Strategien zugewiesen und zu deren Durchführung bestimmte Plan-
gewinn- und Plankapitalbeträge vorgegeben. Die Entscheidungen der Geschäftsbereiche bauen hierauf auf.
Obendrein ermöglicht es diese Steuerung dem einzelnen Geschäftsbereich im
Rahmen seiner partiellen Optimierungsüberlegungen in Rechnung zu stellen,
wie sich die übrigen Geschäftsbereiche entsprechend dem strategischen Gesamtplan entwickeln.
— Zum anderen durch die nachträgliche Koordination der Partialentscheidungen.

III. Das Problem der Integration von Zeitabschnittsentscheidungen

1. Nunmehr sei das Problem der *Integration von Zeitabschnittsentscheidungen*
erörtert.

Dabei wird der Planungszeitabschnitt dadurch definiert, daß für ihn, gemessen am Detailliertheitsgrad der Entscheidungsvariablen, hinreichend exakte Prognosen von künftigen Jahreseinzahlungen und -auszahlungen getroffen werden können (z.B. 5 Jahre). Jenseits dieses Horizonts exakter Prognosen lassen sich über die künftige Entwicklung der Umweltbedingungen nur so schemenhafte und groblinige Vorhersagen treffen, daß sie nicht mehr in jahresspezifischen Zahlungsziffern ausgedrückt werden können. □

369   Wie läßt sich, so sei gefragt, im Optimierungskalkül dem Umstand Rechnung tragen, daß nach Ende des Planungszeitabschnitts das Unternehmen weiter betrieben werden soll, daß also gewissermaßen nicht der Gewinn des Planungszeitabschnitts, sondern der Totalgewinn des Unternehmens zu maximieren ist?

Zur Lösung dieses Problems sind in der Literatur bisher verschiedene Konzeptionen entwickelt worden.
– Der Ansatz von Opportunitätskosten,
– das Konzept der Erhaltung des anfänglichen Eigenkapitals bzw. Ertragswertes,
– das Prinzip des Ansatzes eines entnahmeorientierten Endkapitals.
Diese Lösungsansätze seien im folgenden diskutiert.

2. Einige Autoren suchen auch dieses Problem durch eine *ertragsbezogene Faktorbewertung* (Ansatz von Opportunitätskosten) zu lösen. Dieser Vorschlag findet sich in verschiedenen Versionen.

a) Herbert Hax schlägt vor, die für die Folgezeit prognostizierten jährlichen Ein- und Auszahlungen auf den Endzeitpunkt des Planungszeitabschnittes zu diskontieren. Die Zusatzgewinne der für die Folgezeit nicht gesondert geplanten Reinvestitionen sucht er in der Weise zu erfassen, daß er den Kalkulationszinsfuß in Höhe der Opportunitätskosten ansetzt. Den auf den Zeitpunkt T_n bezogenen Barwert setzt Hax im Optimierungsmodell als einen Teil des betrieblichen Vermögens am Ende des Planungszeitabschnitts an[19].

Hax selbst gibt zu, daß der Kalkulationszinsfuß theoretisch nicht einwandfrei begründet werden könne[20]. Hilfsweise schlägt er vor, den Kalkulationszinsfuß irgendwie zu schätzen. Aber er bietet hierfür keinerlei Anhaltspunkte.

Obendrein weist diese Lösung eine Inkonsistenz auf. Einerseits wird unterstellt, der Planungszeitabschnitt sei auf einen Teil der Unternehmensdauer begrenzt. Andererseits wird vorausgesetzt, daß sich die mit den Investitionen des Planungszeitabschnitts zusammenhängenden Ein- und Auszahlungen für die Folgezeit genauso exakt prognostizieren lassen, wie für den Planungszeitabschnitt. Diese Annahme bedeutet in Konsequenz, daß auch die Planung der Reinvestitionen und etwaigen Umstellungsinvestitionen in der Folgezeit möglich sein muß. Unter diesen Umständen aber läßt sich der Planungszeitabschnitt auf die Folgezeit ausdehnen. Dies jedoch ist mit der ursprünglich getroffenen Unterscheidung von Planungszeitabschnitt und Folgezeit nicht vereinbar.

b) Dietrich Adam sucht das Problem durch eine ertragsbezogene Bewertung der am Ende des Planungszeitabschnitts „verbleibenden Produktionsfaktoren zum Grenzertrag der Totalperiode" zu lösen[21]. Demnach erstreckt sich hier der Ansatz

---

[19] H. Hax, Investitions- und Finanzplanung mit Hilfe der linearen Programmierung, ZfbF 1964, S. 430 ff.

[20] Ebenda, S. 438.

[21] D. Adam, Entscheidungsorientierte Kostenbewertung, S. 61 ff.

von Opportunitätskosten auf die vollständige Erfassung der Gewinne der Folgezeit. Adam schreibt: „Über eine ertragsbezogene Bewertung der □ Bestände sowie der zu verbrauchenden Faktormengen zu Opportunitätskosten ist es . . . theoretisch möglich, diese Interdependenzen ersatzweise über die Bewertung im Entscheidungskalkül zu berücksichtigen."[22]

370

Was die Praktizierung des Opportunitätskostenprinzips betrifft, so vertritt Adam die Meinung: Da eine exakte Bewertung wegen der Unsicherheit grundsätzlich nicht möglich sei, ergäbe sich die Notwendigkeit einer *willkürlichen Bestandsbewertung*[23]. Als willkürliche Werte kämen der Ansatz von anteiligen Anschaffungsausgaben oder von Liquidationserlösen in Betracht[24]. Dieser resignierende Vorschlag, die Faktorbestände *„willkürlich"* zu bewerten, stellt faktisch einen Verzicht auf eine rationale Lösung des Zeitabschnittsproblems dar.

Insgesamt zeigt sich auch hier die Untauglichkeit des Opportunitätskostenprinzips für die Lösung von Optimierungsproblemen: Die ertragsbezogene Bewertung der Faktorbestände setzt die Kenntnis des optimalen Unternehmensablaufs während der totalen Unternehmensdauer voraus.

Diese Bedingung aber ist mit der Annahme der unvollkommenen Voraussicht — sie liegt der Zeitabschnittsentscheidung notwendig zugrunde — nicht vereinbar.

3. Ein anderer Vorschlag zur Berücksichtigung der Gewinnerzielung in der Folgezeit ist das Erhaltungskonzept. Es tritt uns in zwei Versionen entgegen: Erhaltung des Anfangseigenkapitals und Erhaltung des Anfangsertragswertes. Dieses Konzept findet sich in der Literatur teils angedeutet, teils explizit als Lösung des Zeitabschnittsproblems vorgetragen. Im folgenden seien kurz die beiden Versionen dargestellt.

a) Das Prinzip der Erhaltung des Anfangseigenkapitals findet sich in der neueren Literatur vor allem bei Herbert Jacob vertreten[25]. Es ist eng an die Bilanzierungspraxis und das in ihr waltende Prinzip der Eigenkapitalerhaltung angelehnt. Denn es zeichnet sich dadurch aus, daß im Optimierungskalkül explizit oder implizit Abschreibungen auf die zu Beginn des Planungszeitabschnitts vorhandenen Anlagen angesetzt werden. Dabei werden hinsichtlich der Abschreibungen im Planungszeitabschnitt zwei verschiedene Wege vorgeschlagen.

— Einmal wird auf der Basis von *Anschaffungspreisen* der Gewinn des Planungszeitabschnitts in ähnlicher Weise wie der Bilanzgewinn ermittelt: Auf die zu Beginn des Planungszeitabschnitts vorhandenen und in diesem Zeitabschnitt beschafften Anlagen werden Abschreibungen berechnet. Als Zeitabschnittsgewinn wird demgemäß der Ertragsüberschuß definiert. □

Gehen wir der Einfachheit halber davon aus, daß im Planungszeitabschnitt keinerlei Anlagen beschafft oder veräußert werden, so ergibt sich der Abschnittsgewinn nach folgender Formel:

371

---

[22] Ebenda, S. 61.

[23] Ebenda, S. 62.

[24] Ebenda, S. 62, Fußnote 9.

[25] Herbert Jacob, Neuere Entwicklungen der Investitionsrechnung, ZfB 1964, S. 487 ff. und S. 551 ff., insbes. S. 552 und 557. Andeutungsweise wird dieses Prinzip auch von Dietrich Adam, (entscheidungsorientierte Kostenbewertung, Wiesbaden 1970, S. 62, FN 9) befürwortet.

$$G = \sum_{t=1}^{n} \ddot{u}_t^{lfd} - \sum_{i=1}^{m} A_{0i} \cdot \frac{n}{N_i}$$

Dabei wird unterstellt: $n \leqslant N$

$\ddot{u}_t^{lfd}$ = laufender Einnahmenüberschuß der Periode t

n = Anzahl der Jahre des Planungszeitabschnitts

N_i = Nutzungsdauer der Anlage i

A_{0i} = Anschaffungsausgabe der zu Beginn des Planungszeitabschnitts vorhandenen im Planungszeitabschnitt voll genutzten Anlage i

Daß dieser Abschnittsgewinn auf die Erhaltung des Anfangseigenkapitals abstellt, geht indirekt daraus hervor, daß der Gewinn teils durch den laufenden Ertragsüberschuß (Abschnittsumsatz ./. laufende Abschnittskosten) definiert wird und obendrein Abschreibungen für das zu Beginn des Planungszeitabschnitts vorhandene Vermögen angesetzt werden.

– Die andere Methode besteht darin, daß auf die Fortschreibung vergangener Anschaffungsausgaben verzichtet und mit zukünftigen Zahlungsbeträgen gerechnet wird.

An Stelle von Abschreibungen auf die Anschaffungsausgaben der Anlagen wird die Minderung des fiktiven Veräußerungserlöses während des Planungszeitabschnitts gesetzt. Im übrigen wird der Gewinn des Planungszeitabschnitts als Ertragsüberschuß definiert:

$$G = \sum_{t=1}^{n} \ddot{u}_t^{lfd} - V_0 + V_n$$

V_0 = fiktiver Veräußerungserlös der zu Beginn des Planungszeitabschnitts vorhandenen Anlagen

V_n = fiktiver Verkaufserlös der am Ende des Planungszeitabschnitts vorhandenen Anlagen.

Soweit die Darstellung der beiden Vorschläge zum Ansatz von Abschnittsabschreibungen auf das zu Beginn des Planungszeitabschnitts vorhandene Anlagevermögen.

Auch diesem Prinzip der Erhaltung des Anfangskapitals haften gewisse Schwächen an: □

372 – So werden Entnahmen und Reinvestitionen nicht eindeutig voneinander abgegrenzt. Bekanntlich sind die Zusatzgewinne aus Reinvestitionen in der Größe „$\ddot{u}_t^{lfd}$" enthalten, während Entnahmen sich entsprechend negativ auf diese Größe auswirken. Da über die Relation von Entnahmen und Reinvestitionen keine generelle Annahme gebildet ist, läßt sich $\ddot{u}_t^{lfd}$ nicht eindeutig ermitteln. Dementsprechend ist das Endeigenkapital – es wird ja durch Einbehaltungen und Entnahmen beeinflußt – nicht exakt definiert.

Allerdings läßt sich das so brillant entworfene Jacobsche Modell der linearen Totalplanung auch so interpretieren: Es enthält implizit die Voraussetzung, daß bei sämtlichen alternativen Programmen Entnahmen von gleicher Höhe getätigt werden sollen – in diesem Fall brauchen die Entnahmen nicht in die Zielfunktion explizit aufgenommen zu werden.

Aber diese Annahme wäre sehr unrealistisch: Beim lukrativsten wie beim schlechtesten Programm soll das Unternehmensziel auf lange Sicht in gleichem Maße realisiert werden – das kommt auf Erden nicht vor.

– Ferner: Daß Abschreibungen auf Aggregate angesetzt werden, die in der Vergangenheit beschafft worden sind (erster Lösungsvorschlag), ist in einer zukunftsgerichteten Optimierungsrechnung nicht sinnvoll. Andererseits ist auch die Annahme, daß die im Zeitpunkt T_0 vorhandenen Aggregate zu Beginn des Planungszeitabschnitts (T_0) und zum Ende des Planungszeitabschnitts (T_n) veräußert werden sollen (zweiter Lösungsvorschlag), unrealistisch.

– Weiterhin ist das Mindesteigenkapital nicht an den Bedingungen der Gewinnerzielung in der Folgezeit, sondern an der Vergangenheit orientiert.

– Schließlich wird für sämtliche alternativen Unternehmensweisen – seien sie sehr lukrativ oder gerade an der Grenze des Rentablen – das gleiche Mindesteigenkapital gefordert. Dies läßt sich nicht sinnvoll begründen.

b) Auf der Basis des Lindahlschen Einkommensbegriffs hat D. Schneider den Vorschlag unterbreitet, das Problem der Integration von Zeitabschnittsentscheidungen durch das Konzept der Ertragswerterhaltung zu lösen[26]. Schneider setzt die Bedingung, daß am Ende des Planungszeitabschnitts ein Betriebsvermögen vorhanden sein muß, dessen Höhe mit dem Ertragswert in T_0 identisch ist. Da die Entnahme als Zins auf den Ertragswert definiert wird, drückt Schneider diese Bedingung durch folgende Gleichung aus:

$$\sum R_j x_j = \frac{D}{i}.$$

R_j = „Wert eines am Planungshorizont noch nicht beendeten Investitionsvorhabens und Höhe der noch nicht getilgten Schulden eines Finanzierungsvorhabens"[27]

x_j = Anzahl der Investitions- und Finanzierungsvorhaben □

D = Entnahme einer Periode im Planungszeitabschnitt

i = vermutliche Rendite des Unternehmens nach dem Planungshorizont, angesetzt in Höhe des landesüblichen Zinsfußes

Der Ausdruck $\sum\limits_j R_j x_j$ wird als Ertragswert definiert.

Die Schwächen dieses Konzepts liegen darin, daß R_j als „Wert" definiert ist, obwohl Schneider mit monetären Größen rechnet. Die Frage bleibt offen: Was für ein Geldbetrag ist mit „Wert des am Planungshorizont noch nicht beendeten Investitionsvorhabens" gemeint? Ferner stört, daß bei sämtlichen alternativen Unternehmensweisen die erwartete Rendite des Unternehmens in gleicher Höhe (landesüblicher Zinsfuß) angesetzt wird. Und zwar z.B. ganz unabhängig davon, ob sich das Unternehmen in einem sehr wachstumsträchtigen oder in einem stagnierenden Industriezweig betätigt.

4. Im folgenden sei eine Lösung vorgetragen, die der Verfasser vorgeschlagen hat[28]. Sie baut auf dem entnahmeorientierten Gewinnbegriff auf.

373

---

[26] D. Schneider, Investition und Finanzierung, 3. Aufl., Köln und Opladen 1974, S. 236 ff., insbes. S. 241 f.

[27] Ebenda, S. 241 f.

[28] H. Koch, Grundlagen der Wirtschaftlichkeitsrechnung, Wiesbaden 1970, S. 99 ff.

a) Zunächst sei das Verfahren an Hand einer sachlichen Totalentscheidung beschrieben, weil hier der unmittelbare Bezug zum Entnahmestrom hergestellt werden kann.

Die Integration der Abschnittsentscheidungen erfolgt in der Weise, daß für das Ende des Planungszeitabschnitts ein Endkapitalbetrag angesetzt wird. Dieser repräsentiert all jene Bestände, die in T_n vorhanden sein müssen, damit auch in der Folgezeit hinreichende Entnahmen getätigt werden können. Dabei wird, was die Faktorendbestände anlangt, von fiktiven Anschaffungsausgaben des Endzeitpunkts ausgegangen – diese Fiktion ist realistischer als die oben kritisierte Annahme der fiktiven Veräußerung in T_n. Denn es ist vorausgesetzt, daß die Anlagen in der Folgezeit weitergenutzt werden sollen.

Mithin wird für jede alternative Unternehmensweise eine gespaltene Totalgewinnziffer ermittelt. Sie besteht aus der Entnahmesumme des Planungszeitabschnitts sowie aus dem dieser Alternative entsprechenden Kapital am Ende des Planungszeitabschnitts.

Vorausgesetzt wird, daß der Aktor seinen künftigen Konsumablauf plant und eine bestimmte, für sämtliche alternativen Unternehmensweisen gleiche zeitliche Struktur des totalen Entnahmestroms (Planungszeitabschnitt und Folgezeit) präferiert. Man denke z.B. an die zeitliche Struktur: 1 : 1 : 1 : 1 ... Das Eigenkapital am Ende des Planungszeitabschnitts – es bietet die Voraussetzung für die Ermöglichung von Entnahmen in der Folgezeit – muß zu der Entnahmesumme des Planungszeitabschnitts in einer bestimmten Relation stehen[29]. □

374 Diese Relation „c" muß jeweils so bemessen sein, daß die von der Unternehmensleitung präferierte zeitliche Struktur des totalen Entnahmestroms mutmaßlich realisiert wird. Grundsätzlich besitzt sie für jede Alternative eine spezifische Ausprägung.

Unter diesen Voraussetzungen ist jene Alternative optimal, welche die höchste Entnahmesumme des Planungszeitabschnitts aufweist. Mathematisch ausgedrückt:

$$\sum_{t=1}^{n} e_t \to \max$$

$$\frac{\sum_{t=1}^{n} e_t}{K_n} = c .$$

Diese Lösung zeichnet sich, wie es scheint, dadurch aus, daß sie
– für die verschiedenen Alternativen unterschiedliche Entnahmen und Endkapitalbeträge vorsieht. Die Verbindung der Entnahmesumme des Planungszeitab-

---

[29] Wohlgemerkt: Das Endkapital ist keineswegs am Anfangskapital orientiert. So muß z.B., um den gewünschten Entnahmestrom realisieren zu können, die Anzahl der Aggregate in der Folgezeit weit größer sein als im Planungszeitabschnitt, wenn für die Folgezeit Produktivitätsverschlechterungen erwartet werden. Vermutet z.B. die Unternehmensleitung, daß in der Folgezeit auf Grund gesetzgeberischer Maßnahmen keine Nachtschichten mehr gefahren werden dürfen, so müßte das Endkapital höher als das Anfangskapital angesetzt werden, weil mehr Aggregate benötigt würden.

schnitts und des Endkapitals liegt in der vom Aktor präferierten zeitlichen Struktur des totalen Entnahmestroms begründet. Die Entnahmesummen des Planungszeitabschnitts kennzeichnen den Zielerreichungsgrad der Alternativen.

– die Stufung der Prognoseexaktheit für unterschiedlich zukunftsferne Zeitabschnitte (Planungszeitabschnitt, Folgezeit) berücksichtigt,

– eine eindeutige Abgrenzung von Entnahmen und Reinvestitionen des Planungszeitabschnitts ermöglicht,

– für die Höhe des End-Eigenkapitals zukunftsbezogene Maßstäbe setzt,

– im Hinblick auf das End-Eigenkapital von den für die Realisierung des Entnahmestroms in der Folgezeit erforderlichen Anlagen ausgeht und für die in T_n bereits vorhandenen Aggregate fiktive Beschaffungspreise ansetzt.

b) Das vorstehend dargestellte Konzept ist recht kompliziert und bedarf, um praktikabel zu sein, mehrerer Vereinfachungen[30]. Vor allem läßt es sich auf Partialentscheidungen nicht anwenden. Denn es fehlt bei diesen die unmittelbare Verbindung zum Entnahmestrom – dieser ist auf das Unternehmen als ganzes bezogen. Daher sei hier auf der Basis des entnahmeorientierten Totalgewinns für die Lösung des Abschnittsproblems bei Partialentscheidungen folgendes Verfahren vorgeschlagen.

Da sich kein direkter Bezug zu einer bestimmten zeitlichen Struktur des Entnahmestroms herstellen läßt, wird unterstellt, daß die Periodenentnahme proportional dem Periodenertragsüberschuß bemessen wird. Demgemäß wird bei *mittelfristigen* Entscheidungen die Summe der periodischen Ertragsüberschüsse im Planungszeitabschnitt zur Zielgröße erhoben. □

Das Optimalitätskriterium lautet in diesem Fall: 375

$$G_{zj} = \sum_{t=1}^{z} g_{tj} \rightarrow max$$

G_{zj} = zeitmarginaler Ertragsüberschuß der Alternative j im Planungszeitabschnitt

g_{tj} = zeitmarginaler Ertragsüberschuß der Alternative j in der Periode t

Der Gesamtgewinn des Planungszeitabschnitts wird im sogenannten *Zeitstufenverfahren* ermittelt. Zuerst wird der Gewinn des ersten Jahres prognostiziert, dann der des zweiten Jahres, dann der des dritten Jahres usw.[31].

Dabei wird hinsichtlich der Verwendung des Ertragsüberschusses eines jeden Jahres eine bestimmte Relation von Gewinnsteuerzahlung, Entnahme und Reinvestition unterstellt, die in etwa den Neigungen der Unternehmensleitung entspricht:

Z.B. s : e : r = 2/3 : 1/6 : 2/6 = 3 : 1 : 2.

s   = Gewinnsteuerquote
e   = Entnahmequote
r   = Reinvestitionsquote

---

[30] Siehe H. Koch, Grundlagen der Wirtschaftlichkeitsrechnung, Wiesbaden 1970, S. 100 ff.
[31] Das Gegenstück hierzu bildet das in der Investitionstheorie übliche Zahlungsreihenverfahren.

Mit Hilfe dieser Gewinnverwendungsrelation werden im Planungszeitabschnitt die jährlichen Entnahmen und Reinvestitionen gesondert erfaßt sowie die Entnahmen des Planungszeitabschnitts von denen der Folgezeit abgegrenzt. Letzteres unter dem Gesichtspunkt, daß ein Beitrag zur Realisierung der gewünschten zeitlichen Struktur des totalen Entnahmestroms geleistet wird.

Die Ermittlung der Summe der zeitmarginalen Jahresertragsüberschüsse — in der obigen Formel sind implizit auch die aus Reinvestitionen zu erzielenden Ertragsüberschüsse enthalten — läßt sich dadurch vereinfachen, daß die Zusatzgewinne aus der Reinvestition von Gewinnanteilen früherer Perioden des Planungszeitabschnitts mit Hilfe der Globalrendite „d" angesetzt werden. „d" wird auf Grund der strategischen Rahmenplanung — diese liegt der Programmplanung zugrunde — ermittelt.

Bezieht man in die Optimierungsrechnung der Einfachheit halber lediglich die Zusatzgewinne der *primären* d.h. unmittelbar aus dem Gewinn der Erstinvestitionen getätigten Reinvestitionen ein[32], so ergibt sich folgende Näherungsformel für den Abschnittsgewinn:

$$G_z = \sum_{t=1}^{z} g_t[1 + r \cdot d(z - t)]$$

□

376

g_t = Ertragsüberschuß der Periode t

r = Reinvestitionsquote

d = Globalrendite

z = Zahl der Perioden des Planungsabschnitts

t = jeweilige Planungsperiode

Die Vorteile dieses entnahmeorientierten Einfachkriteriums für mittelfristige Partialentscheidungen liegen gegenüber den herkömmlichen investitionstheoretischen Kriterien darin, daß

— die Entnahmen und Gewinnsteuern von der Reinvestition in jeder Periode eindeutig abgegrenzt werden können,

— die Entnahmen und Reinvestitionen von Alternative zu Alternative unterschiedlich sind,

— die Abgrenzung der Gewinne des Planungszeitabschnitts und der Folgezeit mittels der Gewinnverwendungsrelation gesteuert werden kann. Über die Bemessung der Reinvestitionsquote läßt sich der Beitrag der Entscheidungsvariablen zu der gewünschten zeitlichen Struktur des totalen Entnahmestroms beeinflussen.

IV. Das Vorselektionsproblem in der Unternehmensplanung

1. Schließlich sei auf das *Vorselektionsproblem* eingegangen. Es lautet: Wie lassen sich bei einer Überzahl von Handlungsalternativen pauschale Vorselektionen sinnvoll vornehmen, so daß die numerische Optimumbestimmung auf die wichtigsten Alternativen beschränkt wird? Im einzelnen bezieht sich diese Frage auf den Genauigkeitsgrad, auf die Optimalitätskriterien und auf das Verfahren der Vorselektion.

---

[32] Sekundäre, tertiäre usw. Reinvestitionen sind dadurch definiert, daß sie aus Zusatzgewinnen einer vorausgehenden Reinvestition von Gewinnanteilen getätigt werden.

2. In der Literatur findet sich der Vorschlag verbreitet, die in die numerische Optimierung einbezogenen Alternativen mit Opportunitätskosten zu bewerten. Hierzu sei auf das von Herbert Hax gebrachte Beispiel Bezug genommen: Ein Einzelunternehmer beziehe lediglich Realinvestitionen unter zusätzlicher Einkommenserzielung aus nichtselbständiger Arbeit als Alternativen in das numerische Optimierungskalkül ein.

Hax schlägt vor, bei den alternativen Realinvestitionen Opportunitätskosten in Höhe des „kalkulatorischen Unternehmerlohns" und der „kalkulatorischen Zinsen" anzusetzen[33]. Indessen ruft dieser Vorschlag Bedenken wach[34]. Dabei □ sei nur   377
am Rande erwähnt, daß weder der „kalkulatorische Unternehmerlohn" noch der sogenannte „kalkulatorische Zins auf das durchschnittlich gebundene Gesamtkapital" als Einkommen aus dieser Finanzinvestition angesehen werden dürfen. Vielmehr wären im konkreten Entscheidungsfall anzusetzen:
— der Zinsertrag aus einer bestimmten „externen" Anlage des eigenen Vermögens,
— das Einkommen aus einer bestimmten Art der unselbständigen Tätigkeit.

In erster Linie jedoch ist hier auf die Untauglichkeit des Ansatzes von Gewinnentgangbeträgen zur Lösung des Vorselektionsproblems hinzuweisen. Der Umstand, daß mehrere alternativ mögliche Finanzinvestitionen existieren, führt dazu, daß sich der Opportunitätskostenbetrag erst dann ermitteln läßt, nachdem unter den Finanzinvestitionen das Optimum festgestellt worden ist. Dies aber bedeutet faktisch, daß eine numerische Totaloptimierung durchgeführt werden muß. Diese aber soll ja voraussetzungsgemäß ausgeschlossen sein.

3. Hier wird zur Lösung des Vorselektionsproblems der Vorschlag unterbreitet, der numerisch-exakten Optimierung eine mehr oder minder grobe Vorselektion vorzuschalten, die auf Grund einer nichtnumerischen Bewertung der Alternativen vorgenommen wird. Dabei werden bestimmte verbal definierte Mindestanforderungen aufgestellt, denen die Alternativen genügen müssen, um in die numerische Optimierung aufgenommen zu werden. Diese Aufstellung von Mindestanforderungen nebst Bewertung der Alternativen kann entweder summarisch oder analytisch erfolgen.

In der Literatur gibt es zahlreiche Beispiele für die analytische Vorselektion. Man denke etwa an die Vorselektion von Neuproduktideen (Bildung von Produktprofilen, analytische Produktbewertung, Aufstellung von Scoring-Modellen und dgl.)[35].

---

[33] H. Hax, Bewertungsprobleme bei der Formulierung von Zielfunktionen für Entscheidungsmodelle, ZfbF 1967, S. 749 ff., insbes. S. 754 f.
[34] An anderer Stelle hat der Verf. die Ansicht dargelegt, daß die Begriffe „kalkulatorischer Unternehmerlohn" und „kalkulatorischer Zins auf das Eigenkapital" als solche widersprüchlich sind (H. Koch, Grundprobleme der Kostenrechnung, Köln und Opladen 1966, S. 33 ff.).
[35] Siehe u.a. J.S. Harris, New Product Profit Chart: Selecting and Appraising New Products, in: New Products – New Profits, Hrsg. E. Marting, New York 1964, S. 113 ff.; A. Hart, A Chart for Evaluating Product Research and Development Projects, ORQ 1966, S. 347 ff.; J.T. O'Meara, Selecting Profitable Products, in: Readings in Marketing, Editors: C.J. Dirksen, A. Kroeger, L.C. Lockley, Homewood, Ill., 1968, S. 499 ff.; M.R. Hansen, Check-List zur Auswahl neuer Produkte, Absatzwirtschaft 1968, S. 26; V. Hirsch, Bewertungsprofile bei der Planung neuer Produkte, ZfbF 1968, S. 291 ff.; Ph. Kotler, Marketing Management – Analysis, Planning, and Control, Englewood Cliffs, N.J. 1967, S. 314 ff. (und die dort angegebene Literatur).

Die Vorselektion kann stufenweise mit verschieden feinen Filtern erfolgen: Zunächst unterwirft man die Alternativen einzeln oder gruppenweise einer groben Vorprüfung. Bleiben zu viele Alternativen als hinreichend qualifiziert übrig, so wird eine erneute Vorselektion mit höheren Anforderungen durchgeführt usw.

Im Prinzip ist dieses Verfahren die einzig praktikable Methode, um die Gefahr, daß die tatsächlich optimale Alternative durch globale Vorselektionen vorzeitig hinauskatapultiert wird, auf ein erträgliches Maß herabzusetzen. Wie weit dieses Ziel im Einzelfall erreicht wird, hängt jeweils von der Art und Differenziertheit der Anforderungen sowie von der Möglichkeit, geeignete Maßstäbe für die Bestimmung der Anforderungshöhe zu finden, ab. □

378   **Schluß**

1. Die vorstehenden Ausführungen mögen dargelegt haben: Die aus der Unvollständigkeit des Entscheidungsfeldes resultierenden Planungsprobleme dürfen nicht als ein einheitliches, in verschiedenen Versionen auftretendes Interdependenzproblem verstanden werden, das stets mit Hilfe des Prinzips der Faktorbewertung, insbesondere des Opportunitätskostenprinzips gelöst werden könnte. Vielmehr ergeben sich sinnvollerweise ganz unterschiedliche Probleme (der Metaplanung), die ganz verschiedenartige Lösungsansätze erforderlich machen.

All diese Lösungsansätze aber zeichnen sich dadurch aus, daß sie ohne das widerspruchsbehaftete Konzept der Faktorbewertung, insbesondere ohne den Ansatz von Opportunitätskosten auskommen.

2. Nun hat der Versuch, mit dem Konzept der ertragsbezogenen Faktorbewertung eine Einheitslösung zu finden, dazu angeregt, einen Kostenbegriff zu benutzen, dem sich der Ansatz von Opportunitätskosten subsumieren läßt. Gemeint ist der von Eugen Schmalenbach geprägte *„wertmäßige Kostenbegriff".*

Dieser Begriff stellt zwar auf eine monetäre Größe ab, aber er wird primär als *„Güterverbrauch"* verstanden. Dieser Kostenbegriff sei, so meint man, für Partialentscheidungen allein geeignet — der Ansatz von pagatorischen Kosten hingegen sei nur im Rahmen einer Totalplanung sinnvoll[36]. Denn es werde im wertmäßigen Kostenbegriff offengehalten, welcher Art die Faktorpreise sind (historischer Anschaffungspreis oder Tagesbeschaffungspreis oder Wiederbeschaffungspreis oder dgl.). Diese Festlegung müsse ohnehin dem individuellen Anwendungsfall je nach dem konkreten Zweck der Kostenrechnung vorbehalten bleiben. Obendrein könnten allein dem wertmäßigen Kostenbegriff die sogenannten „Opportunitätskosten" subsumiert werden.

Dieses Vorgehen jedoch will nicht einleuchten. Nach Ansicht des Verfassers ist der wertmäßige Kostenbegriff in sich widersprüchig und seine Anwendung verfehlt — dies hat der Verfasser vor geraumer Zeit nachzuweisen versucht[37]. Im folgenden

---

[36] Siehe hierzu u.a. H. Hax, Kostenbewertung mit Hilfe der mathematischen Programmierung, ZfB 1965, S. 197 ff.; D. Adam, Entscheidungsorientierte Kostenbewertung, S. 169; K. Lüder, Entscheidungsorientierte Kostenbewertung. Anmerkungen zu dem gleichnamigen Buch von D. Adam, ZfB 1972, S. 71 ff., insbes. S. 73.

[37] H. Koch, Grundprobleme der Kostenrechnung, Köln und Opladen 1966, S. 9 ff. und S. 48 ff.

seien die Bedenken gegen den wertmäßigen Kostenbegriff speziell im Hinblick auf die Optimierungsrechnung vorgetragen.

Zunächst ist der für die Anwendung des wertmäßigen Kostenbegriffs in der Optimierungsrechnung gebildete Terminus *„entscheidungsorientierte Kostenbewertung"* nicht sehr glücklich: Da die Kosten bereits als „Wertgröße" angesehen werden (bewerteter Güterverzehr), wird hier gewissermaßen von „Werten zum Quadrat"· gesprochen.

Was aber die Frage anlangt, ob der wertmäßige Kostenbegriff für die Optimierung bei unvollständigem Entscheidungsfeld benötigt wird, so geht aus den ▢ vorstehenden Untersuchungen hervor, daß das Opportunitätskostenprinzip wegen seiner Untauglichkeit sinnvollerweise keinen Anlaß zur Bildung des „wertmäßigen Kostenbegriffs" bieten kann. Vielmehr sind bei der entscheidungsorganisatorischen Lösung des Integrationsproblems innerhalb der partiellen Optimierungen Entgeltausgaben, d.h. Kosten im pagatorischen Sinne anzusetzen.

379

Gegen die Bildung des wertmäßigen Kostenbegriffs als solchen und seine Anwendung auf die Optimierung aber sprechen folgende Bedenken:

– Er ist untauglich für die Bildung von Optimalitätskriterien, die ja jeder Optimierungsrechnung zugrunde gelegt werden müssen,
– er führt, auf die praktische Optimierungsrechnung angewandt, u.U. zu falschen Ergebnissen.

Diese beiden Bedenken seien im folgenden erläutert:

3. Die Untauglichkeit des wertmäßigen Kostenbegriffs für die Bildung von Optimalitätskriterien hat zwei Ursachen:

a) Der Umstand, daß der wertmäßige Kostenbegriff hinsichtlich der Faktorpreise „völlig offen" gehalten ist[38], beraubt diesen Begriff seiner Anwendbarkeit.

Jede Unternehmensrechnung besteht ex definitione darin, daß bestimmte quantitative Allgemeinbegriffe (z.B. Kosten, Gewinn, Erlös) in bezug auf eine individuelle Unternehmenssituation ziffernmäßig ausgedrückt werden. Der jeweils zugrunde liegende Allgemeinbegriff aber wird nicht um seiner selbst willen gebildet, sondern dient zur Gewinnung einer Allgemeinaussage über das Unternehmen. So wird z.B. mit Hilfe des Gewinnbegriffs der Satz gebildet: „Der Unternehmer realisiert die mutmaßlich gewinnbringendste Handlungsweise" – aus diesem Satz werden für viele Entscheidungen konkreter gehaltene Optimalitätskriterien abgeleitet, so z.B. das Kriterium der Minimierung der Fertigungskosten oder das der optimalen Losgröße.

Die Bildung dieser Allgemeinsätze über die unternehmerische Handlungsweise aber macht es notwendig, daß der Allgemeinbegriff „Kosten" vollständig und exakt umrissen wird. So besäßen die allgemeinbegriffliche Analyse des Zusammenhangs zwischen Kosten und Beschäftigung, die Bildung von Aussagen über die kostenminimale Faktorkombination, über die optimale Losgröße, Bestellmenge und dgl. überhaupt keinen Informationswert, wenn nicht mit dem Allgemeinbegriff „Kosten" ein vollständig und exakt umrissener Vorstellungsinhalt verbunden wäre.

Da die entscheidungsorientierte Kostenrechnung nur den Zweck hat, Allgemeinsätze über die optimale Unternehmensweise auf konkret-individuelle Bedingungen

---

[38] D. Adam, Entscheidungsorientierte Kostenbewertung, S. 43 f.

zu übertragen, muß stets von einem exakt und vollständig definierten Allgemeinbegriff „Kosten" ausgegangen werden. Entsprechendes gilt, wie der Verfasser an
anderer Stelle ausgeführt hat, auch für die übrigen Kostenrechnungszwecke[39]. □

380 Mit einem so verschwommenen Begriff, wie ihn der wertmäßige Kostenbegriff
darstellt, ist es nicht möglich, im Rahmen der Unternehmenstheorie Allgemein-
aussagen zu bilden, um deren Konkretisierung willen Kostenrechnung betrieben
wird.

b) Der wertmäßige Kostenbegriff läßt sich nicht aus der obersten unternehmerischen Zielgröße ableiten. Als solche kommt nämlich in einer Geldverkehrs-
wirtschaft nur eine Geldgröße in Betracht. In der Tat werden auch die Kosten
nach allgemeiner Konvention und einhelliger Auffassung der Fachwelt als eine
negative Komponente des Gewinns im Sinne des *finanziellen Unternehmensergebnisses* interpretiert. Dies ganz unabhängig davon, wie der Gewinnbegriff im einzelnen definiert wird (Entnahmen oder Erlösüberschuß), wie insbesondere der Kostenbegriff gefaßt wird.

Mit diesem Gewinnbegriff aber ist der als Güterverbrauch verstandene wertmäßige Kostenbegriff nicht vereinbar. Er ist somit nicht zureichend begründet. Als
negative Komponente des finanziellen Unternehmensergebnisses kommt ausschließlich eine spezifische Ausgabenkategorie in Betracht, wie es z.B. bei dem pagatorischen Kostenbegriff (= unternehmensbedingte Entgeltausgaben) der Fall ist.

4. Nunmehr sei dargelegt, daß in Optimierungsrechnungen der Ansatz des „wertmäßigen Kostenbegriffs" u.U. zu Fehlentscheidungen führt und allein die Anwendung des pagatorischen Kostenbegriffs sinnvoll ist.

Wer die Opportunitätskosten in den Kostenbegriff integrieren will und daher
den wertmäßigen Kostenbegriff benutzt, der muß in der Optimierungsrechnung
folgerichtig jeglichen Verzehr an knappen Gütern im Unternehmen ansetzen — und
zwar auch dann, wenn damit keine Entgeltausgaben verbunden sind.

Denn der wertmäßige Kostenbegriff stellt — so ist er auch seit Schmalenbach
verstanden worden — primär auf den Güterverbrauch zur Hervorbringung von Leistungen ab. Der Ansatz von (irgendwelchen) Preisen ist lediglich als *Gleichnamig-
machung der eingesetzten Güter* gemeint[40].

Demgemäß führt die Anwendung des wertmäßigen Kostenbegriffs notwendig
dazu, daß in die Kostenziffern der Handlungsalternativen bei Einzelunternehmen
und Personengesellschaften der sogenannte „kalkulatorische Unternehmerlohn"
und bei jeder Rechtsform die „Zinsen auf das Eigenkapital" (enthalten in den
„kalkulatorischen Zinsen auf das Gesamtkapital") einbezogen werden[41].

Nun bildet aber die Grundlage aller unternehmerischen Optimierungen das
oberste Optimalitätskriterium der Unternehmenspolitik: Optimal ist bei gegebenem Mitteleinsatz (Eigenkapital, Arbeitskraft des Firmeninhabers) jene Alternative, welche unter Erfüllung der Sicherheitsbedingung (nachhaltig) den maximalen Gewinn (finanzielles Ergebnis) aus diesem Mitteleinsatz verspricht. □

---

[39] H. Koch, Grundprobleme der Kostenrechnung, S. 88 ff.
[40] Die vom Verf. an anderer Stelle angegebene umfangreiche Literatur: H. Koch, Grundprobleme der Kostenrechnung, S. 13 f., FN 14.
[41] Siehe hierzu die vom Verf. an anderer Stelle gegebenen Literaturhinweise: H. Koch,
Grundprobleme der Kostenrechnung, S. 33 f., FN 35.

Hieran gemessen wird mit dem Ansatz dieser „Kostenbeträge" u.U. das Ergeb- 381
nis der Optimierungsrechnung verfälscht.

a) Daß der Ansatz des „kalkulatorischen Unternehmerlohns" zu falschen Opti-
mierungsergebnissen führen kann, sei an folgendem Beispiel gezeigt.

Ein Wirtschafter sei gewillt, zur Einkommenserzielung als Einzelunternehmer
tätig zu sein und den Betrag von 1 Million DM als Eigenkapital einzusetzen. Er
habe eine Entscheidung zwischen folgenden zwei Alternativen zu treffen:

(1) Betätigung im Wirtschaftszweig A,

(2) Betätigung im Wirtschaftszweig B.

Bei Anwendung des *wertmäßigen Kostenbegriffs* kann der Fall eintreten, daß der
an den Geschäftsführergehältern der betreffenden Branchen orientierte „kalkulatorische Unternehmerlohn" in Branche A weit höher ist als in der Branche B und umgekehrt. Zahlenmäßig illustriert ergibt sich z.B. folgende Optimierungsrechnung:

	I Einzelunternehmen in Branche A (Kosten je Jahr Gewinn je Jahr)	II Einzelunternehmen in Branche B (Kosten je Jahr Gewinn je Jahr)
Gewinn vor kalkulatorischem Unternehmerlohn	230 000	150 000
Unternehmerlohn	200 000	100 000
Netto-Gewinn	30 000	50 000

Dieses Zahlenbeispiel zeigt: Werden für die Optimierung lediglich die nach Abzug
der wertmäßigen Kosten verbleibenden Gewinnbeträge herangezogen, so gilt die
Alternative II als optimal.

Tatsächlich aber liegt das Optimum, wenn man auf die Maximierung des finanziellen Ergebnisses aus dem gegebenen Mitteleinsatz abstellt, bei Alternative I. Zu
diesem Ergebnis aber gelangt man nur dann, wenn man mit pagatorischen Kosten
rechnet. Denn das finanzielle Unternehmensergebnis – es möge hier (der besseren
Verständlichkeit halber) als Erlösüberschuß je Jahr definiert sein – läßt sich nur
durch Ansatz von Zahlungsbeträgen (Erlösen und Kosten im pagatorischen Sinne)
ermitteln.

Mithin muß in der Optimierungsrechnung im vorliegenden Beispiel wie folgt
verfahren werden: ☐

	I Einzelunternehmen in Branche A	II Einzelunternehmen in Branche B
Erlösüberschuß je Jahr	230 000	150 000

382

Optimal ist demnach die Alternative I.

b) Der Ansatz von kalkulatorischen Zinsen auf das Gesamtkapital kann die Optimierung dann verfälschen, wenn die zu zahlenden Finanzierungskosten und die kal-

kulatorischen Zinskosten in Abhängigkeit vom Finanzvolumen unterschiedlich verlaufen. Dies sei an folgendem Beispiel demonstriert.

Betrachtet sei eine partielle Entscheidung über das Produktionsprogramm derart, daß zwischen der Betätigung in Industriezweig A und in Industriezweig B zu wählen ist. Diese Alternativen weisen einen unterschiedlichen Finanzbedarf auf und erfordern daher (bei gegebenem Eigenkapital) unterschiedlich hohes Fremdkapital.

Hier kann es verfehlt sein, bei jeder Alternative kalkulatorische Zinskosten auf das jeweilige Gesamtkapital anzusetzen. Denn es wird hier unterstellt, daß die kalkulatorischen Zinskosten proportional der Höhe des Gesamtkapitals verlaufen.

In Wirklichkeit aber können die pagatorischen Finanzierungskosten bei hohem Finanzvolumen in überproportionalem Verhältnis zum Finanzvolumen steigen. Dies würde bei einem Produktionsprogramm mit einem extrem hohen Finanzbedarf u.U. dazu führen, daß die kalkulatorischen Zinskosten bei dem geplanten Finanzvolumen niedriger sind als die zu zahlenden Zinskosten. Dies sei an folgender Abbildung kurz gezeigt:

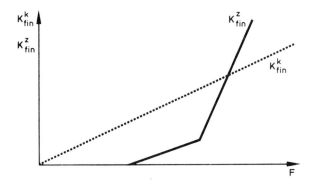

K_{fin}^{k} = kalkulatorische Zinskosten je Jahr

K_{fin}^{Z} = zu zahlende Finanzierungskosten je Jahr

F = Finanzvolumen

383 Hieraus resultiert möglicherweise, daß die Optimumbestimmung zu einem falschen Ergebnis führt.

Sieht man in dem finanziellen Unternehmensergebnis die Zielgröße, so ist allein der Ansatz von Fremdkapitalzinsen angebracht.

5. So bleibt sinnvollerweise nur der Weg, den pagatorischen Kostenbegriff in der Optimierungsrechnung anzuwenden.

Versteht man unter dem Gewinn das finanzielle Unternehmensergebnis – wie immer es im einzelnen auch definiert sein mag – und faßt man die Kosten als eine negative Erfolgskomponente auf, so sind die Kosten folgerichtig im pagatorischen Sinne zu definieren[42].

---

[42] Dabei ist festzustellen: In die Optimierungsrechnung gehören keine periodisierten Aufwands- oder Kostenbeträge – der Verf. macht zwischen Aufwand und Kosten keinen prinzipiellen Unterschied (siehe hierzu H. Koch, Grundprobleme der Kostenrechnung, S. 51, FN 7), wie es im Rahmen der vergangenheitsbezogenen Bilanzierung und Kostenrechnung der Fall ist. Vielmehr werden hier alle zukunftsbezogenen Entgeltausgaben erfaßt.

Es ist die Auffassung des Verfassers, daß allein der pagatorische Kostenbegriff widerspruchsfrei und für die Erreichung der verschiedenen, sich in der Praxis stellenden Zwecke der Kostenrechnung geeignet ist. Ein Blick in die Literatur zur Kosten-, Absatz- und Investitionstheorie zeigt auch, daß man durchweg mit dem pagatorischen Kostenbegriff arbeitet — wie sollte man sonst auch zu eindeutigen Aussagen gelangen, die sich im individuellen Entscheidungsfall rechnerisch umsetzen lassen.

Diese These, daß allein die Anwendung des pagatorischen Kostenbegriffs in der Optimierungsrechnung sinnvoll ist, gilt auch für den Fall des unvollständigen Entscheidungsfeldes, insbesondere der Partialentscheidung. Eine Begrenzung der Anwendung des pagatorischen Kostenbegriffs auf Totalentscheidungen ist zweckwidrig. Denn die Integration der Partialentscheidungen kann sinnvollerweise nur auf entscheidungsorganisatorischem Wege erfolgen. Daß aber pagatorische Kostenziffern ermittelt werden müssen, ergibt sich einfach daraus, daß als oberste Zielgröße der Gewinn im Sinne des finanziellen Unternehmensergebnisses benutzt wird[43].

Daß hierbei u.U. in der Optimierung mit Anwendungshypothesen (z.B. bei Subventionen) gerechnet werden muß, um den pagatorischen Kostenbegriff in zweckentsprechende Kostenziffern umsetzen zu können, dürfte plausibel sein. Denn die wirtschaftlichen Bedingungen sind so mannigfaltig, daß ein Allgemeinbegriff nicht immer in historisch nachweisbaren Ziffern ausgedrückt werden kann[44]. Eben das Instrument der Setzung von Anwendungshypothesen □ macht es möglich, den Allgemeinbegriff der pagatorischen Kosten (= Entgeltausgaben) zur Bildung von Kostenziffern unter allen nur denkbaren individuellen Optimierungsbedingungen zu verwenden. 384

Dabei faßt der Verfasser den pagatorischen Kostenbegriff im Sinne von *„unternehmensbedingten Entgeltausgaben"*. Aber er stellt dabei nicht, wie etwa Rieger, Fettel u.a. auf historisch angefallene Zahlungen ab. Vielmehr definiert er die Kosten als einen Allgemeinbegriff, der ganz unabhängig vom individuellen Geschehen, wie es sich in der einzelnen Kostenziffer ausdrückt, gedacht werden kann. Diese konsequente Definition des Allgemeinbegriffs „Kosten" bedeutet, daß bei der Anwendung dieses Begriffs in der Kostenrechnung die Kostenziffern je nach dem Rechnungszweck und den individuellen Bedingungen des Unternehmens auf historischer oder auf hypothetischer Basis zu ermitteln sind. □

---

[43]Nebenbei bemerkt: Es müssen die individuellen Optimierungsbedingungen, unter denen die Kostenziffern ermittelt werden, jenen Prämissen entsprechen, die dem hierbei herangezogenen Optimalitätskriterium zugrunde liegen. Im jeweiligen Rechnungszweck ist also nicht nur der allgemeine Kostenbegriff erfaßt. Vielmehr ist in ihm zugleich vorgegeben, unter welchen individuell-konkreten Bedingungen die Kostenziffer ermittelt werden muß.

[44]D. Adam vertritt die Auffassung, die Bildung von Anwendungshypothesen bedeute eine „Aufweichung des pagatorischen Kostenbegriffs" (D. Adam, Entscheidungsorientierte Kostenbewertung, S. 30). Damit jedoch negiert er den Unterschied zwischen dem Allgemeinbegriff „Kosten" und dem Individualbegriff einer Kostenziffer. Die Bildung von Anwendungshypothesen bezieht sich allein auf die Ermittlung von Kostenziffern, nicht hingegen auf den im pagatorischen Sinne verstandenen Allgemeinbegriff „Kosten".

Zusammenfassung

Koch behandelt in seinem Beitrag zentrale Planungsprobleme, wie sie sich aus der Koordination von Teilplänen im Rahmen einer integrierten Unternehmensplanung ergeben. Er knüpft an die Vorstellung des „Entscheidungsfeldes" an, dessen unvollständige Erfassung in der Planungspraxis auf drei Gründe zurückgehen kann:

(1) die zwischen allen in die Planung (einer Periode) einbezogenen Variablen bestehenden *sachlichen Interdependenzen* können nicht vollständig berücksichtigt werden. Hier stellt sich das Problem, wie eine *Integration von Partialentscheidungen* dennoch so gut wie möglich bewerkstelligt werden kann;

(2) die *zeitliche* Erstreckung des Entscheidungsfeldes läßt sich in der Planung nicht ausschöpfen, d.h. es besteht die Notwendigkeit zum „*Treffen von Zeitabschnittsentscheidungen*". Hier stellt sich das Problem, wie eine Berücksichtigung der *zeitlichen Interdependenz* zwischen den Variablen der Planungsperiode einerseits und denen der Folgezeit andererseits erreicht werden kann;

(3) die unendlich große Vielzahl der auf die konkrete Handlungsebene bezogenen Variablen muß durch *Vorselektion* reduziert werden, um handhabbare Problemgrößen zu erreichen. Damit wird die Gefahr heraufbeschworen, daß die Entscheidung die optimale Alternative verfehlt. Um diese Gefahr in kontrollierbaren Grenzen zu halten, bedarf es sinnvoller Kriterien der Vorselektion. Das Problem der Meta-Planung lautet hier: „Wie soll die Unternehmensleitung bei der nichtnumerischen Vorselektion von Alternativen vorgehen, um zu erreichen, daß die Gefahr der Fehlentscheidung auf Grund der verkürzten Erfassung von Alternativen im numerischen Optimierungskalkül nicht zu groß wird?" (S. 269).

Von der Lösung dieser drei Probleme hängt es ab, inwieweit es in einem Planungssystem gelingt, partielle Optima auf das Gesamtoptimum hin zu integrieren. Damit wird zugleich über die Qualität der Unternehmensplanung entschieden.

Der Beitrag setzt sich mit diesen drei Problembereichen auseinander und diskutiert kritisch verschiedene Lösungsvorschläge, insbesondere natürlich das Opportunitätskostenprinzip, das Koch ablehnt. Er befürwortet demgegenüber vor allem *entscheidungsorganisatorische* Maßnahmen, die in ihrer spezifischen Auswahl jeweils den genannten drei Arten der Unvollständigkeit des Entscheidungsfeldes angepaßt sein sollen.

Die Koordination der Planung im Großunternehmen*

Horst Albach

I. Problemstellung

1. Die Planungsmentalität

Als 1901 die United States Steel Corporation von John Pierpont Morgan gegrün-   790
det wurde, soll sich der Erwerb der Carnegie Steel Corporation in der folgenden
Weise vollzogen haben: Morgan erkundigte sich bei Carnegie nach dem Preis des Unternehmens. Carnegie schickte ihm ein Stück Papier, auf dem nur die Ziffer stand:
400 Millionen Dollar. Morgan schrieb unter die Ziffer „yes".

Diese Anekdote scheint mir kennzeichnend für eine Form der Unternehmensführung, die ich als „Unternehmensführung durch Einzelentschlüsse" bezeichnen
möchte. Ihr kann die „Unternehmensführung durch Planung" gegenübergestellt
werden. Die Bedeutung der Unternehmensführung durch Planung ist seit den Zeiten von Andrew Carnegie und John Pierpont Morgan beträchtlich gestiegen. Die
Entwicklung wissenschaftlicher Planungsmethoden hat dazu erheblich beigetragen.
Aber auch heute hat sich in den Großunternehmen die Unternehmensführung durch
Planung noch nicht allgemein durchgesetzt. Bei meinen Gesprächen mit leitenden
Herren deutscher Großunternehmen bin ich immer wieder auf die Planungsbarriere
hingewiesen worden, die bei vielen Unternehmen besteht. Ein Gesprächspartner
umriß das mit den Worten: „Zur langfristigen Planung hat man überhaupt keine
pragmatische Einstellung." □

Ein Leiter der Abteilung Konzernplanung stellte fest: „Die Führungskräfte   791
stehen Planungstechniken fremd gegenüber. Wir haben drei Jahre gebraucht, um die
Herren davon zu überzeugen, daß es sinnvoller ist, das Fingerspitzengefühl zu ersetzen." Wo Planungssysteme im Großunternehmen bestehen, sind diese nach meinen Erfahrungen relativ jungen Datums. In den von mir besuchten Unternehmen
waren die gegenwärtig praktizierten Planungsmethoden nicht älter als ein Jahr.

Die Planung, insbesondere die langfristige Planung, setzt eine bestimmte unternehmerische Mentalität voraus. Diese Mentalität ist nach meinen Erfahrungen in
den deutschen Großunternehmen unterschiedlich stark ausgeprägt. Die Ausbildung
der Unternehmer spielt hier offenbar eine nicht zu unterschätzende Rolle. Eine Untersuchung über die Koordination der Planung im Großunternehmen muß voraus-
setzen, daß diese unternehmerische Planungsmentalität vorhanden ist.

---

*Mit freundlicher Genehmigung des Verfassers entnommen aus: Zeitschrift für Betriebswirt-
schaft, 36. Jg., 1966, S. 790–804.

2. Der Begriff der Koordination

Unter Koordination der Planung sollen hier Methoden verstanden werden, die eingesetzt werden, um

(1) knappe gemeinsame Ressourcen nach einer einheitlichen Rangordnung auf die Teilbereiche des Planungsprozesses zu verteilen und/oder

(2) die Entscheidungskriterien der Instanzen, denen Teilbereiche des Planungsprozesses übertragen sind, auf das Gesamtziel des Unternehmens auszurichten.

II. Die Koordination der Planung im Großunternehmen

1. Grundfragen der Koordination

a) Die Anforderungen an die Koordination aus dem betrieblichen Planungssystem

Das Planungssystem des Großunternehmens stellt an die Koordination bestimmte Anforderungen. Verfolgt das Unternehmen bei der Planung das Ziel, optimale Ergebnisse zu erwirtschaften (*Optimalplanung*), sind die Anforderungen an die Koordination der Teilbereiche größer, als wenn das Unternehmen befriedigende Ergebnisse erstrebt (*Richtwertplanung*). Hält das Unternehmen an dem einmal aufgestellten Plan starr fest, und zwar selbst dann, wenn sich die Daten, die der Planaufstellung zugrunde lagen, ändern (*starre Planung*), dann sind die Anforderungen an die Koordination der Teilpläne geringer, als wenn das Unternehmen versucht, sich mit Hilfe elastischer Pläne an jede neue Umweltsituation optimal anzupassen (*Adaptivplanung*). Wir stellen also fest, daß starre Richtwertplanung im Großunternehmen geringere Anforderungen an die Koordination der Planung stellt als adaptive Optimalplanung. In der Praxis herrscht nach meinen Beobachtungen die Richtwertplanung zum Teil mit gewissen adaptiven Elementen vor. □

792   Auch aus der Fristigkeit der Pläne im Großunternehmen ergeben sich bestimmte Konsequenzen für die Koordination der Teilbereiche. Die *Koordination der kurzfristigen Planung* bedeutet Abstimmung der einzelnen Planungsbereiche über die *Verteilung knapper Ressourcen, die zentral vorhanden sind.* Bei den knappen Ressourcen handelt es sich zum Beispiel um finanzielle Mittel, Arbeitskräfte, Rohstoffe. Koordination der *langfristigen Planung* bedeutet dagegen Abstimmung der einzelnen Planungsbereiche über die *Sammlung knapper Ressourcen, die dezentral vorhanden sind.* Die knappen Ressourcen sind hier nicht mehr (oder doch nicht mehr so sehr) finanzielle Mittel, Arbeitskräfte und Rohstoffe, sondern Ideen und Phantasie. Wenn die Koordination der langfristigen Planung darin besteht, aus einer Vielzahl von Ideen die besten auszusuchen, ist die Aufgabe immer leichter, als wenn knappe Mittel verteilt werden müssen. Noch erscheint das Bild nicht falsch gezeichnet, wenn man die Koordination der langfristigen Planung als ein Sieb für Ideen darstellt. Es wird aber in der Industrie zunehmend schwerer, gute Ideen zu entwickeln. Gute Mitarbeiter sind die Voraussetzung neuer Ideen. Die heutige Personalpolitik eines Großunternehmens entscheidet daher in gewissem Maße über die Koordination der langfristigen Planung in der Zukunft.

So betrachtet, ist die Koordination der kurzfristigen mit der langfristigen Planung selbst ein Planungsproblem. Ein Unternehmen, das in der kurzfristigen Planung eine straffe Koordination der Planungsbereiche mit einer zentralen Planung durchsetzen will, kann langfristig Schwierigkeiten haben, geeignete Mitarbeiter zu gewinnen oder alle Planungsbereiche an der Entwicklung neuer Ideen zu beteiligen. Die knappen finanziellen Mittel können in der kurzfristigen Planung voll verteilt oder für zukünftige Vorhaben gebunden werden. In diesem Sinne bedeutet Koordination der kurzfristigen mit der langfristigen Planung nichts anderes als die jährliche Aufstellung von langfristigen Plänen, in denen die Planangaben für die erste Periode gleichzeitig den kurzfristigen Plan bilden oder doch die Grundlage für die kurzfristige Feinplanung sind.

b) Die Thesen des Referats

Aus der dargestellten Beziehung zwischen Planungssystem und Koordination der Planung im Großunternehmen folgen die Thesen, die ich in diesem Referat vertreten möchte:
1) Es vollzieht sich eine Wandlung von der instanzbezogenen, hierarchischen Koordination zur aufgabenbezogenen, multilateralen Koordination.
2) Es vollzieht sich eine Wandlung von der maximalen zur optimalen Koordination der Planungsbereiche im Großunternehmen.
Diese Thesen seien kurz erläutert:

Zu 1)

Bisher herrschte in den deutschen Großunternehmen noch die Koordination der Planung in den Führungsgremien vor. Auch in der betriebswirtschaftlichen □ Literatur wird übereinstimmend die Ansicht vertreten, daß die Koordination der Planungsbereiche eine reine Führungsaufgabe sei, die nur von der Unternehmensleitung durchgeführt werden könne. Der Generaldirektor erscheint als die letzte Koordinationsinstanz, die für die Einheitlichkeit der Gesamtpolitik verantwortlich ist. In dem Maße aber, in dem der Vorstand eines Großunternehmens von den leitenden Angestellten des Unternehmens dadurch abhängig wird, daß diese Berichte liefern, Planungsunterlagen erstellen und Teilentscheidungen treffen, verliert die Aufgabe des Vorstandes, die Teilpläne zu koordinieren, an sachlichem Gewicht. Andere Formen der Koordination müssen entwickelt werden.
Eine derartige neue Form der Koordination der Planung ist das Planungsmodell. Wenn ich recht sehe, vollzieht sich heute auf dem Gebiet der Planung eine ähnliche Entwicklung, wie sie sich auf dem Gebiet der laufenden Betriebskontrolle zu Beginn dieses Jahrhunderts vollzogen hat: Der Planungsprozeß wird in der *Planungsrechnung* formalisiert und rechenbar gemacht, so wie die Betriebskontrolle im Rechnungswesen ihren formalisierten und rechenhaften Ausdruck gefunden hat. *Das „Planungswesen" wird neben dem Rechnungswesen der Unternehmen zum zweiten Eckpfeiler der Koordination der betrieblichen Teilbereiche.*
Zum Teil findet diese Entwicklung ihren Ausdruck in der Schaffung von Koordinationsinstanzen unterhalb der Vorstandsebene. In einem Großunternehmen der chemischen Industrie werden die Planungen in Fachkommissionen vorbereitet, in

793

Koordinationsausschüssen aufeinander abgestimmt und in den Vorstandsausschüssen und schließlich im Vorstand selbst verabschiedet. In einem anderen Unternehmen liegt die Durchführung der Koordination der Planung bei einem Vorstandsausschuß, dem aber ein Nichtvorstandsmitglied angehört, das die Planentwürfe erstellt. In den Unternehmen, in denen Planungsmodelle ausgearbeitet werden, zeigt sich deutlich, daß die Funktion der Koordination von den Instanzen auf den Plan selbst übergegangen ist. Die Versachlichung der Koordination im Planungsmodell drückte ein Nichtvorstandsmitglied treffend mit den Worten aus: „Das Planungsmodell erspart uns langwierige unfruchtbare Diskussionen." Mit den unfruchtbaren Diskussionen waren die Vorstandssitzungen gemeint.

Zu 2)

Die Koordination der Planung ist nach dem Gesagten selbst ein Planungsproblem. Die Hoffnung auf zukünftige höhere Gewinne aus der Entwicklung neuer Ideen mag zur Folge haben, daß das Unternehmen in der kurzfristigen Planung eine Richtwertplanung einsetzt, bei der die Planungsbereiche selbständiger sind und geringere Anforderungen an die Koordination stellen als bei zentraler Optimalplanung. *Das Maß an Koordination der Planung ist also selbst ein Entscheidungsproblem.* Aus diesem Grunde spreche ich von der Wandlung von der maximalen zur optimalen Koordination. Ich nenne dasjenige Koordinationssystem optimal, bei dem zusätzliche potentielle Koordinationsgewinne gleich den zusätzlich entstehenden Koordinationskosten sind. □

794 Die potentiellen Koordinationsgewinne können in drei Komponenten aufgeteilt werden: organisationsbedingter, informationsbedingter und zielkonfliktbedingter Gewinnentgang. *Ein organisationsbedingter Gewinnentgang* entsteht dann, wenn es bei der Übertragung von Teilaufgaben der Gesamtplanung an Abteilungen des Unternehmens nicht gelingt, operationale Teilziele vorzugeben, die mit dem Gesamtziel übereinstimmen. *Ein informationsbedingter Gewinnentgang* entsteht dann, wenn jede Abteilung ihre Planung ohne genaue Information über die Daten der anderen Abteilungen vornimmt und die Annahmen nicht mit den tatsächlichen Werten übereinstimmen. Ein *zielkonfliktbedingter Gewinnentgang* entsteht dann, wenn die Abteilungen ihre Planung an Zielen orientieren, die nicht mit dem Unternehmensziel übereinstimmen.

Diese entgangenen Gewinne können durch Koordination reduziert oder ganz beseitigt werden. Wir sprechen daher bei diesen entgangenen Gewinnen von *potentiellen Koordinationsgewinnen.* Diesem Koordinationsgewinn stehen Koordinationskosten gegenüber. Zwei Arten solcher Koordinationskosten können unterschieden werden. Erstens *pagatorische Kosten,* zweitens *entgangener Gewinn.* Pagatorische Kosten entstehen als Gehaltskosten infolge längerer Dauer der Planaufstellung bzw. infolge einer personellen Verstärkung der Planungsabteilung. Es fallen ferner höhere Kosten ersparter innerbetrieblicher Kommunikation und Kosten für die Meinungsbildung und Schulung der Planungsabteilungen mit dem Ziel an, die Abteilungsziele in Übereinstimmung mit den Unternehmenszielen zu bringen.

Eine Verstärkung der Koordination führt zu einer stärkeren Unterordnung der einzelnen Abteilungen unter den Gesamtplan. Erlahmt dadurch die Initiative dieser

Abteilungen, selbständig neue Möglichkeiten der Gewinnerzielung für das Unternehmen zu entdecken, dann entgehen dem Unternehmen potentielle Gewinne aus der Verwirklichung dieser Möglichkeiten.

Beide Kostenkomponenten der Koordination werden in der Praxis der Großunternehmen sehr wohl beachtet. In einem Großunternehmen der Stahlverarbeitung betonte das kaufmännische Vorstandsmitglied: „Planung kostet sehr viel und bindet sehr gute Leute." Auf das Erlahmen von Initiative und Verantwortungsgefühl weisen Fehlmann und Bleicher hin.

2. Die Methoden der Koordination der Planung im Großunternehmen

a) Die Koordination der langfristigen Planung

a. 1) Die Koordination durch Unternehmensziele

Eines der wichtigsten Instrumente der Koordination im Großunternehmen ist die Formulierung langfristiger Unternehmensziele und die Ausarbeitung von langfristigen Strategien, die angeben, wie diese Ziele verwirklicht werden sollen. Das Unternehmensziel, von einigen Autoren auch „strategische Mission" genannt, legt fest, in welchem Geschäftszweig das Unternehmen tätig sein will. Mit der Formulierung derartiger Unternehmensziele wird die Zahl der Wahl- □ möglichkeiten zukünftiger Entwicklungsrichtungen des Unternehmens eingeschränkt. Damit wird die Ausrichtung der Partikularinteressen im Unternehmen auf diese Entwicklungsrichtungen herbeigeführt. 795

Sind die Unternehmensziele festgelegt, müssen die Strategien formuliert werden, mit denen diese Ziele verwirklicht werden sollen. Die Aufgabe einer Strategie ist es, bestimmte Methoden zur Verfolgung der erstrebten Unternehmensziele von vornherein zur Anwendung zu bringen oder, wenn die Strategie negativ formuliert wird, die Anwendung bestimmter Methoden zur Erreichung der Ziele auszuschließen.

In den von mir besuchten Großunternehmen ist die Einstellung zur Fixierung derartiger langfristiger Unternehmensziele und strategischer Konzepte uneinheitlich. In einem Unternehmen wurde die Notwendigkeit unterstrichen, die Unternehmensziele schriftlich zu fixieren. Zur Begründung wurde auf die Erfahrungen hingewiesen, die amerikanische Großunternehmen gemacht haben. Ich habe zwei Unternehmen mit schriftlichen Ausarbeitungen über die Ziele und Entwicklungsrichtungen des Unternehmens kennengelernt. In einem weiteren Unternehmen wird seit einem Jahr an der Formulierung einer „Unternehmensphilosophie" gearbeitet. Bezeichnenderweise sind alle drei Unternehmen im Bereich der chemischen Industrie tätig. In der Stahlindustrie habe ich schriftlich formulierte langfristige Konzeptionen nicht angetroffen.

Das bedeutet nicht, daß es nicht einen im Unternehmen weitverbreiteten Konsensus insbesondere über die Unternehmensstrategie gäbe. Bei meinen Gesprächen haben sich deutlich zwei Grundformen strategischer Unternehmenspolitik herausgeschält: Eine Gruppe von Großunternehmen setzt sich hohe Wachstumsziele und betreibt eine aggressive Wachstumspolitik. Sie sucht ständig nach neuen Möglichkeiten, diese Wachstumsziele zu verwirklichen. Eine zweite Gruppe von Unternehmen betreibt eine passive Wachstumspolitik. Immer dann erst, wenn der Ertrag in einem Unternehmensbereich unter die gewünschte Höhe sinkt, wird nach anderen Bereichen unternehmerischer Tätigkeit Ausschau gehalten, um die Ertragslage zu stabilisieren. In den „Richtlinien für die Suche nach neuen Produkten" eines Konzerns heißt es bezeichnenderweise: „Das Ziel der Suche nach neuen Produkten ist nicht zuletzt, einen Ersatz für auslaufende Produkte zu finden." Neu entwickelte Produkte haben also nicht zur Folge, daß alte Produkte ersetzt werden, sondern sind selbst die immer unsichere Folge des notwendigen Ersatzes alter Produkte. Es ist bezeichnend, daß diese Typen unternehmerischer Strategie nicht an Branchen gebunden sind.

a. 2) Die Koordination durch langfristige Planungsmodelle

Langfristige Planungsmodelle können als Koordinationsinstrumente nur wirken, wenn sie *Gesamtmodelle des Unternehmens* sind. Objektgebundene langfristige Investitionspläne vermögen die Aufgabe der Koordination nicht zu erfüllen, weil sie nicht alle Planungsbereiche und ihre Interdependenzen erkennen lassen. Soweit in den Großunternehmen überhaupt langfristige Pläne auf- □ gestellt werden, die diese Bezeichnung verdienen, lassen sich zwei Formen unterscheiden: 1. *Bilanzmodelle*, 2. *integrierte Kennzahlenmodelle*.

Bilanzmodelle sind eine Weiterentwicklung traditioneller Formen des Rechnungswesens und der Finanzplanung für die langfristige Planung. Die Investitionspläne und die dazugehörigen Finanzpläne werden zu Zukunftsbilanzen für jedes Jahresende zusammengefaßt. In einem Großunternehmen der stahlerzeugenden Industrie sind zur Zeit Bilanzen bis zum Jahre 1970 entwickelt. Dieses Modell dient der Koordination von Investitionsvorschlägen der verschiedenen Produktionsbereiche. Seine Koordinationsfunktion wurde von dem kaufmännischen Vorstandsmitglied mit den Worten umrissen: „Wenn man investieren will, muß man mehr verdienen. Diesen einfachen Satz mache ich den technischen Vorstandskollegen mit dem Bilanzmodell klar."

In fünf anderen Großunternehmen werden integrierte Kennzahlenmodelle aufgestellt. Zwei Gruppen solcher Modelle lassen sich unterscheiden: 1. *Umsatzbezogene Planungsmodelle*, 2. *Belegschaftsbezogene Planungsmodelle*.

In den Großunternehmen der chemischen Industrie und der Energieerzeugung herrschen nach meinen Beobachtungen umsatzbezogene Planungsmodelle vor. Der zukünftige Umsatz wird für das Gesamtunternehmen vorausgeschätzt. Über Kennzahlen, die die Abhängigkeit vom Umsatz angeben, werden dann die betrieblichen Teilbereiche geplant. Die langfristigen Planungsmodelle umfassen im allgemeinen den Umsatzplan, den Investitionsplan, den Kapitalbedarfsplan, den Forschungsplan, den Personalplan und den Rentabilitätsplan. Der Investitionsplan wird aus dem Umsatzplan mit Hilfe der Kennzahl „Investitionskoeffizient" entwickelt. Der Investitionskoeffizient ist das Verhältnis von Neuinvestitionen zu zusätzlichem Umsatz. In der Großchemie liegt der Investitionskoeffizient bei 1,1 bis 1,2. In der übigen Chemie wird mit einem Investitionskoeffizienten von 0,8 gerechnet. Der Forschungsplan wird in den integrierten Kennzahlenmodellen ebenfalls am Umsatz orientiert. In einem Unternehmen der Großchemie wird mit einem „Forschungskoeffizienten" gearbeitet. Dieser ist das Verhältnis aus zusätzlichem Umsatz zu zusätzlichem Personalaufwand für Forschung. Der Personalplan wird in einigen Unternehmen mit Hilfe der Kennzahl Arbeitsproduktivität (Umsatz je Arbeiter) aus dem Umsatz abgeleitet. In einem anderen Unternehmen wird der Personalplan aus dem Produktionsplan über eine nichtlineare Beziehung entwickelt. Der Rentabilitätsplan folgt aus dem Umsatzplan über die Kennziffer Umsatzrentabilität. Der Kapitalbedarfsplan folgt aus den anderen Plänen. Auf diese Weise kann mit Hilfe der Umsatzprognose bzw. des Umsatzzieles und der Kennzahlen ein geschlossenes, integriertes Modell der langfristigen Planung erstellt werden. In einigen Unternehmen werden Alternativpläne für verschiedene mögliche Entwicklungen des Umsatzes erarbeitet. Ein Unternehmen berechnet zusätzlich Ober- und Untergrenzen der Pläne in Abhängigkeit von Schwankungen in den Kennzahlen. Mit Hilfe eines solchen parametrischen Modells können Koordinationsprobleme besonders gut erkannt und gelöst werden. □

In einem Unternehmen der Maschinenindustrie bildet die Belegschaft den Punkt,   797 an dem sich die langfristige Planung orientiert. Ziel des Unternehmens ist es, die Belegschaft weiter zu beschäftigen. Über die Kennzahl Umsatz pro Mann wird der erforderliche Umsatz ermittelt. Die strukturelle Aufteilung dieses Umsatzzieles bildet den Schwerpunkt der langfristigen Planung. Liefert eine Prognose der Umsätze in den traditionellen Absatzsparten (z.B. Bergbau) und Absatzgebieten (z.B. Inland) des Unternehmens das Ergebnis, daß der erforderliche Umsatz dort nicht zu erzielen ist, richtet sich die Planung auf neue Absatzgebiete (z.B. Ausland, Ostgeschäft) und auf neue Produktionssparten (z.B. technische Großanlagen).

a. 3) Zusammenfassung

Die Koordination der langfristigen Planung erfolgt zentral über die Ausarbeitung von Unternehmenszielen und über die Entwicklung langfristiger Pläne. Daran sind viele Instanzen der Verwaltung des Großunternehmens beteiligt. Die Koordinationsmethoden, die in der langfristigen Planung eingesetzt werden, belegen daher die These besonders gut, daß sich eine Wandlung von der instanzbezogenen, hierarchischen Koordination zur aufgabenbezogenen, multilateralen Koordination vollzieht.

b) Die Koordination der kurzfristigen Planung

b. 1) Die Koordination der kurzfristigen Planung im zentralen Entscheidungssystem

α) Die hierarchische Koordination

Die Koordination der Planungsbereiche kann bei kurzfristiger Planung einmal durch Zusammenfassung in einem Gesamtplan erfolgen. In diesem Falle liegt ein zentrales Entscheidungssystem vor. Man kann hier von *„direkter Koordination"* sprechen. Die Koordination der Planungsbereiche kann zum anderen durch Information über bestimmte Planungsdaten erfolgen. Eine Integration dieser Teilpläne in einem Gesamtplan ist in diesem Falle nicht erforderlich. Es liegt ein dezentrales Entscheidungssystem vor. Die Abstimmung der Teilbereiche aufeinander erfolgt durch *„indirekte Koordination"*.

Die Koordination der Planung im zentralen Entscheidungssystem wird durch ein zentrales Planungsbüro auf der Grundlage der Vorschläge der Planungsbereiche vorgenommen. In sieben der von mir besuchten Unternehmen gibt es eine zentrale Planungsabteilung. Die Namen dieser Instanzen sind im allgemeinen unterschiedlicher als ihre Aufgaben. In zwei weiteren Unternehmen liegt die Aufgabe der zentralen Planung bei dem für den Finanzbereich zuständigen Vorstandsmitglied. In einem Unternehmen erstellt der Finanzprokurist den Gesamtplan und stimmt ihn mit dem Vorstandsvorsitzenden ab. Der Gesamtvorstand verabschiedet diesen Gesamtplan.

798 Bei der Koordination der Planvorschläge der Planungsbereiche durch das zentrale Planungsbüro treten zwei verschiedene Probleme auf: 1. Die Sparten- ⬚ pläne müssen koordiniert werden, 2. die Funktionspläne müssen koordiniert werden.

Die *Spartenpläne* werden über Entscheidungskriterien abgestimmt. Im allgemeinen werden Gewinnkriterien als Entscheidungskriterien verwandt. In einem Unternehmen bildet z.B. der Deckungsbeitrag als die Differenz von Nettoerlös und der Planungseinheit direkt zurechenbaren Kosten das Kriterium für die Verteilung der knappen finanziellen Mittel. In diesem Unternehmen schließt jeder Spartenplan mit der Angabe des Deckungsbeitrages ab. Die Spartenpläne werden nach der Höhe des Deckungsbeitrages geordnet. Die Verteilung der knappen Mittel erfolgt in der Reihenfolge der ausgewiesenen Deckungsbeiträge. Reichen die finanziellen Mittel nicht aus, um alle Planvorschläge der Sparten zu verwirklichen, erhält diejenige Sparte, deren Planvorschlag nicht mehr durchgeführt werden kann, ihren Plan mit der Auflage zurück, einen neuen Planvorschlag mit dem zur Verfügung stehenden Restbetrag finanzieller Mittel auszuarbeiten. Die Zahl der Sparten ist so gering, daß höchstens der Vorschlag einer Sparte nicht verwirklicht werden kann.

Die *Funktionspläne* werden im allgemeinen über Budgetregeln koordiniert. Die Funktionspläne sind z.B. Finanzen und Verwaltung, Forschung und Technik, Personal, Grundstücksverwaltung, zentrale Werbung. Einige dieser Funktionspläne sind nichts anderes als bewertete Stellenpläne. Forschungspläne und Werbepläne dagegen sind umsatzbezogen. In der Praxis werden Forschungs- bzw. Werbeerfolgsprognosen wegen der damit verbundenen großen Unsicherheit nicht vorgenommen. In der kurzfristigen Planung ist deshalb eine Einordnung dieser Funktionspläne in die Spartenpläne nach dem gleichen Entscheidungskriterium (also z.B. Deckungsbeitrag) nicht möglich. Hier werden daher Budgetregeln eingesetzt. Für die Werbung werden X Prozent, für die Forschung Y Prozent des Umsatzes ausgegeben. Diese Prozentsätze sind nur in geringen Grenzen variabel.

β) Multilaterale Koordination

In dem hier dargestellten zentralen Entscheidungssystem erfolgt die Entscheidung über den Gesamtplan in der zentralen Planungsabteilung. Die Informationsgewinnung für die Einzelpläne wird dagegen in den Planungsbereichen vorgenommen. Daraus resultieren nicht unerhebliche *organisatorische Unsicherheiten*. Immer dann, wenn die Abteilungen ihren Plan durchsetzen wollen, frisieren sie ihre Planvorschläge. Ein Vorstandsmitglied berichtete mir von den in das Rechnungswesen eingebauten Kontrollen und stellte dann fest: „Wir sind heute wenigstens so weit, daß nicht mehr schwarz gebucht wird." Ein anderer meinte: „Die betrügen einen laufend." Ein Prokurist gestand: „Wir erzählen denen etwas ganz anderes, als sie wissen wollen, um unsere Pläne durchzusetzen."

Um die nachteiligen Wirkungen dieser organisatorischen Unsicherheiten auszu-
schalten, ist das *Koordinationsinstrument der Kompetenzüberschneidung ent-* □
wickelt worden. Kompetenzüberschneidung widerspricht offenbar dem Organi- 799
sationsgrundsatz der Einheitlichkeit der Auftragserteilung. Zum ersten Male wurde
es von Taylor in seinem System der Funktionsmeister für die Betriebsführung verwirklicht. Für die Koordination der Planung hat dieses System im sogenannten
„Matrix Management" seinen Niederschlag gefunden. Unter Matrix Management
versteht man ein Organisationssystem, bei dem zwei hierarchische Systeme sich
überschneiden: Das Spartensystem und das Funktionssystem. Die Funktionen werden in Funktionsabteilungen (Linienabteilungen) verankert. Die Verantwortung für
die Planaufstellung haben *Funktionsmanager,* während die Verantwortung für die
Sparten sogenannten *Produktmanagern* übertragen wird. Dadurch entstehen Konflikte zwischen zwei verschiedenen Betrachtungsweisen des gleichen Problems.
Diese lassen einmal neue Lösungsvorschläge entstehen und führen zweitens eine
Relativierung des Urteils über einen bestimmten Planungsbereich herbei, der die Abstimmung mit den anderen Planungsbereichen erleichtert.

γ) Zusammenfassung

Im zentralen Entscheidungssystem eines Großunternehmens ist die instanz-
bezogene, hierarchische Koordination mit organisatorischen Unsicherheiten verbunden, die um so größer sind, je stärker die Abteilungsziele von dem Unternehmensziel abweichen. Soll diese organisatorische Unsicherheit eingeschränkt werden, ist es
notwendig, die hierarchische Koordination zugrunsten einer Multilateralisierung der
Koordination aufzugeben. Die Multilateralisierung der Koordination durch Kompe-
tenzüberschneidungen verwendet den *innerbetrieblichen Konflikt als Koordinationsinstrument.* Diese innerbetrieblichen Konflikte haben aber nicht nur konstruktive Seiten. Sie können auch dysfunktionale Wirkungen entfalten. Matrix Management kann daher nicht in jedem Falle als optimale Koordinationsform bezeichnet
werden.

*b. 2) Die Koordination der kurzfristigen Planung im dezentralen Entscheidungs-
system*

α) Die Koordination durch Verrechnungspreise

Es ist daher zu fragen, ob die Koordination der Planung im dezentralen Entscheidungssystem der Multilateralisierung der Koordination im zentralen Entscheidungssystem überlegen ist. Im dezentralen Entscheidungssystem werden die Entscheidungen in den einzelnen Planungsbereichen selbständig getroffen. Die Ausrichtung der
Teilbereiche auf das Ziel des Gesamtunternehmens erfolgt erstens über ein *System
von Verrechnungspreisen* und zweitens über *innerbetriebliche Information.*
Der Frage, ob es möglich ist, ein Unternehmen wie eine Marktwirtschaft über
ein System von Verrechnungspreisen optimal zu steuern, ist auch in der Praxis,
insbesondere von Großunternehmen, stets eine besondere Aufmerksamkeit geschenkt worden. Der Grundgedanke einer Koordination selbständiger Planungs- □
bereiche über innerbetriebliche Verrechnungspreise geht auf *Schmalenbach* zurück. 800

„Die pretiale Betriebslenkung will die Abteilungsleiter mit Hilfe der Betriebspreise veranlassen, so zu disponieren, daß der gesamte Betrieb davon den größten Nutzen hat." Schmalenbach hat aber die Verrechnungspreise, über die die Koordination der Planungsbereiche erfolgen soll, nicht definiert. Er hat daher auch nicht bewiesen, daß die Koordination eines dezentralen Entscheidungssystems über Verrechnungspreise zum Gesamtoptimum des Unternehmens führt.

Die Diskussion über die Koordination dezentraler Planungsbereiche über Verrechnungspreise hat durch das von *Dantzig und Wolfe* entwickelte Dekompositionsprinzip eine bedeutende Anregung erfahren. Die optimale Lösung bei Anwendung des Dekompositionsprinzips besteht aber aus einem System von Verrechnungspreisen für die knappen Ressourcen und einem von der zentralen Planungsabteilung festgelegten Produktionsprogramm. Die Koordination durch die Vorgabe von Entscheidungsfunktionen und durch ein System von Verrechnungspreisen ist also bei Anwendung des Dekompositionsprinzips nicht hinreichend dafür, daß das Gesamtoptimum verwirklicht wird. Darauf hat Dantzig selbst hingewiesen. Er spricht von „zentraler Planung mit unvollkommener Information in der Zentrale." H. Hax stellt mit Recht fest: „Das Verfahren führt also nicht dazu, daß die Teilbereiche schließlich von selbst die optimale Lösung finden. Diese wird vielmehr von der Zentrale ermittelt und den Teilbereichen vorgeschrieben."

Hax meint aber, „die Zentrale kann aber die optimale Lösung berechnen, ohne die in den Teilbereichen geltenden Nebenbedingungen im einzelnen zu kennen. Insofern wird sie durch die Entscheidungsträger in den Teilbereichen entlastet." Diese Aussage gilt jedoch nur, wenn sich die Abteilungen an die vorgegebenen Zielfunktionen halten. *Da die Unternehmensleitung nur partielle Information hat, kann sie das aber nicht nachprüfen.* Unterstellt man, daß im Großunternehmen immer mit der Möglichkeit von Abteilungsegoismen gerechnet werden muß, dann sind auch die Vorgaben von Zielfunktionen, Verrechnungspreisen und Produktionsprogrammen nicht hinreichend, um die Koordination der betrieblichen Teilbereiche zu einem optimalen Gesamtplan zu verwirklichen. Wird von den Abteilungen nur die Entscheidungsvorbereitung nach eigenen und von dem Unternehmensziel abweichenden Zielen vorgenommen, die auf Grund dieser Entscheidungsunterlagen von der Zentrale getroffenen Entscheidungen aber ausgeführt, dann können die Abteilungen Entscheidungen durchsetzen, die ihren eigenen Zielen weitgehend entsprechen, ohne daß die Unternehmensleitung merkt, daß sie den Optimalplan nicht verwirklicht. Setzen dagegen die Abteilungen ihre eigenen Planvorschläge auch tatsächlich durch, ohne sich an die Vorgaben der Unternehmensleitung zu halten, dann tritt der Konflikt offen zutage, da die Abteilungen die verfügbaren Ressourcen überschreiten. In der Praxis werden die Abteilungen allerdings für diese Planüberschreitungen andere Ausdrücke finden. Das Problem der Budgetnachforderungen spielt insbesondere bei Investitionsentscheidungen eine erhebliche Rolle. □

801   Im dezentralen Entscheidungssystem gewährleisten Verrechnungspreise allein keine Koordination der Einzelpläne. Selbst zentrale Produktionsvorgaben auf der Basis dezentraler Informationsgewinnung führen bei latentem oder offenem Zielkonflikt nicht zur maximalen Koordination. Die Beweise finden sich im ausführlichen Text des Vortrages. Im Umkehrschluß folgt daraus, daß Verrechnungspreise allein sicher keine Koordination der betrieblichen Teilbereiche zu einem optimalen

Gesamtplan gewährleisten. Der von Schmalenbach vorgeschlagene Weg der dezentralen Steuerung eines Großunternehmens ist also ein Holzweg.

β) Die Koordination durch innerbetriebliche Information

Die Informationen über die Verrechnungspreise stellen spezielle Informationen dar, die den Abteilungen gegeben werden, um sie zu veranlassen, Entscheidungen zu treffen, die im Sinne des Gesamtunternehmens optimal sind. Aus der Erkenntnis, daß diese speziellen Informationen nicht in der Lage sind, die Koordination herbeizuführen, folgt nicht, daß es nicht andere innerbetriebliche Informationen gäbe, die eine maximale Koordination der Teilbereiche herbeiführen könnten. Diesem allgemeineren Fall sind vor allem von *jüngeren Entwicklungen der Organisationstheorie* eingehende Überlegungen gewidmet worden. Dabei ist vorausgesetzt worden, daß die Abteilungen Partialziele verfolgen, die nicht im Konflikt mit dem Unternehmensziel stehen.

Radner hat bewiesen, daß die innerbetriebliche Information aller Abteilungen über alle auch für jede andere Abteilung wichtigen Daten im dezentralen Entscheidungssystem zu Entscheidungen führt, die optimal im Sinne des Unternehmens sind. Dabei hat er vorausgesetzt, daß die Informationen sich später auch als richtig erweisen.

Nimmt man an, daß die Informationen sich auch als falsch erweisen können, d.h., daß die Informationen unsicher sind, dann kann man beweisen, daß auch in diesem Falle der volle Austausch von Informationen im Unternehmen zu einer maximalen Koordination der Planung im Unternehmen führt. Voraussetzung ist aber, daß die Unternehmensleitung zunächst die optimalen Entscheidungsregeln für jede Abteilung ermittelt und sie den Abteilungen vorgibt. Diese müssen sich nach Voraussetzung an diese Regeln halten. Den Beweis habe ich in dem ausführlichen Bericht geführt. Die Unsicherheit der Informationen hat zur Folge, daß sich das Unternehmen nur unvollkommen auf die Umweltsituationen einstellen kann. Bei Unsicherheit der Information führt folglich eine vollständige innerbetriebliche Berichterstattung zur maximalen Koordination innerhalb des Unternehmens, die Pläne des Unternehmens sind aber mehr mit der Umwelt koordiniert.

Die Kosten der Koordination sind im Falle der vollständigen Information aller Abteilungen über alle notwendigen Daten besonders hoch. Im allgemeinen werden die einzelnen Abteilungen bei ihren dezentral zu treffenden Entscheidungen nur diejenigen Informationen besitzen, die sie für ihre eigene Entscheidung benötigen. Radner und Marschak haben diesen Fall als erste □ untersucht. Die Abteilungen gewinnen dabei ihre Informationen selbst und entscheiden selbständig. Ihre Entscheidungsregeln erhalten sie von der Unternehmensleitung. Radner hat optimale Entscheidungsregeln mit Hilfe der linearen Programmierung abgeleitet. Diese Entscheidungsregeln führen aber nicht zur maximalen Koordination der Teilbereiche. In einigen Situationen werden die knappen Ressourcen durch die Entscheidungen der Abteilungen überschritten. Radner rechtfertigt diese mangelnde Abstimmung der betrieblichen Teilbereiche auf die knappen Ressourcen des Unternehmens damit, daß die zusätzlichen Kosten aus der nachträglichen Beschaffung der erforderlichen Mittel geringer sein könnten als die Einsparungen an Kommunikationskosten, die sich bei partieller Information der Abteilungen ergeben. Das ist aber eine Tatfrage.

Radners Analysen beruhen auch hier auf der Annahme, daß die Informationen sicher sind und daß die Abteilungen sich genau an die vorgegebenen Entscheidungsregeln halten. Ich habe den der Wirklichkeit mehr entsprechenden Fall untersucht, daß die Abteilungen selbständig Informationen sammeln und auf Grund dieser Informationen selbständig entscheiden, dabei aber wissen, daß die Informationen ungenau sind. Jede Abteilung hat über die Informationen zu entscheiden, die sie für die Planung verwenden will. Sie muß ferner Annahmen über die Informationen machen, die die anderen Abteilungen gewinnen, aber wegen fehlender innerbetrieblicher Information nicht mitteilen.

Bei der Entscheidung darüber, wie aus den unsicheren Informationen diejenigen Werte herausgearbeitet werden sollen, an denen sich die Entscheidung orientiert, wenden die Abteilungen Entscheidungsregeln an, die der Einstellung der Abteilung gegenüber dem Risiko entsprechen. Die eine Abteilung wird risikofreudiger sein und daher die günstigen Informationen stärker gewichten als die andere Abteilung, die risikoscheu ist. Können die Abteilungen nun selbst entscheiden, wie sie die eingeholten Informationen auswerten, werden sich im allgemeinen Unterschiede in den angewandten Entscheidungsregeln ergeben. Bei unsicherer Information ist folglich der *Normalfall der, daß Zielabweichungen unter den Abteilungen und zu der Unternehmensleitung bestehen.*

Bei dieser Organisation des Planungsprozesses bildet allein der *Produktionsprozeß* das die Planung verbindende Koordinationsinstrument. Diese gemeinsame Basis des Planungsprozesses reicht aber für die Koordinierung der Teilbereiche nicht ganz aus. Die unvollständige Koordination der Abteilungen untereinander schlägt sich in Produktionsüberschüssen bzw. entgangener Nachfrage nieder. Die vorhandenen finanziellen Mittel werden überschritten. Die Gewinne vor Kommunikationskosten sind beträchtlich niedriger als im Falle eines dezentralen Entscheidungsprozesses bei voller Information. Je niedriger also die Kommunikationskosten im Unternehmen sind, um so besser ist es, alle Abteilungen über die Informationen bei den anderen Abteilungen zu unterrichten. □

803   *γ) Zusammenfassung*

Nur im dezentralen Entscheidungssystem bei voller, exakter Information und Übereinstimmung der Abteilungsziele mit dem Unternehmensziel können Entscheidungsfunktionen und Informationen der Abteilungen abgeleitet werden, die eine maximale Koordination herbeiführen. In allen anderen Fällen gibt es keine maximale Koordination der betrieblichen Teilbereiche. Die Planungsbereiche sind nicht vollständig aufeinander abgestimmt. Die mangelnde innerbetriebliche Koordination wird in Form von Produktionsüberschüssen, zuviel erzeugter Nachfrage und mangelnder Ausnutzung bzw. Überbeanspruchung der vorhandenen Produktionsfaktoren und finanziellen Mittel auf die Umwelt abgewälzt. *Mangelnde innerbetriebliche Koordination ist folglich auch mit mangelnder außerbetrieblicher Koordination verbunden.* Ein dezentrales Entscheidungssystem kann aber *optimal* koordiniert sein. Optimale Koordination liegt dann vor, wenn die Kosten einer Verbesserung der innerbetrieblichen Koordination größer sind als die zusätzlichen Gewinne, die durch die daraus resultierende bessere Ausnutzung der Umweltchancen vom Unternehmen erzielt werden können. Bei gegebenen Umweltbedingungen und gegebener Treffsicherheit in der Informationsbeschaffung kann diese optimale Koordination der Planungsbereiche aufeinander berechnet werden.

Es muß jedoch betont werden, daß die theoretische Analyse der wirtschaftlichen Wirklichkeit nicht ganz gerecht wird. In einer sich wandelnden Umwelt werden stets neue Aufgaben an das Unternehmen herangetragen. Das Unternehmen selbst sucht neue Wege, alte Aufgaben zu lösen, oder entwickelt neue Aufgabenstellungen. An diesem Prozeß sind alle Mitarbeiter des Unternehmens beteiligt. Der Planungsprozeß ist in einem solchen Zusammenhang ein schöpferischer Vorgang aller Planungsbereiche. Er muß elastisch für neue Ideen und selbständige schöpferische Initiative der Beteiligten sein. Das setzt ein organisatorisches Auseinanderrücken der Planungsbereiche voraus. *Die Einschätzung der daraus resultierenden potentiellen Gewinne durch die Unternehmensleitung wird das Maß an Straffheit der Plankoordination bestimmen.* Diese Einschätzung wird entscheidend von den langfristigen Plänen des Unternehmens beeinflußt. Je höher die Gewinnerwartungen aus der Entwicklung neuer Ideen sind und je höher die Koordinationskosten innerhalb des Unternehmens sind, um so besser ist es, die Planungsbereiche nicht maximal zu koordinieren. Je niedriger dagegen die Koordinationskosten und je vorhersehbarer die Zukunft, um so besser ist es, die Planungsbereiche in einem zentralen Entscheidungssystem straff zu koordinieren. Ich möchte behaupten, daß dank der Einführung der *elektronischen Datenverarbeitung* in den Großunternehmen die *Koordinationskosten in den letzten Jahren gesunken sind.* Das hat die Entwicklung der *zentralen Planung* begünstigt. Auf der anderen Seite sind die Erwartungen zukünftiger Gewinne aus neuen Ideen infolge der schnellen technischen Entwicklung eher gestiegen als gesunken. Daraus resultiert die Tendenz vieler Großunternehmen, die Planungsbereiche zu verselbständigen und nur über die Ergebnisverantwortlichkeit der Bereichsleiter zu kontrollieren. Ich möchte darin die Bestätigung für meine zweite These sehen. Koordi- □ nation der Planung bedeutet heute im Großunternehmen nicht mehr Unterordnung der Abteilungen unter den Zentralplan. Koordination der Planung bedeutet aber auch nicht Steuerung des Großunternehmens ähnlich dem Modell der Marktwirtschaft über ein System von Verrechnungspreisen, zu denen die verselbständigten Planungsbereiche ihre Leistungen untereinander austauschen. Koordination der Planung ist vielmehr der Versuch, kurzfristig den Planungsbereichen gerade so viel Selbständigkeit zu gewähren, daß auch langfristig die Ziele des Unternehmens am besten verwirklicht werden können.

Ich habe die Thesen vertreten, daß sich die Koordination der Planung im Großunternehmen von der hierarchischen zur aufgabenbezogenen Koordination und von der maximalen zur optimalen Koordination wandelt. Man sieht nunmehr, daß diese beiden Thesen einander bedingen: An die Stelle der Unternehmensleitung als der koordinierenden Instanz tritt nämlich nicht einfach der Zentralplan, in dem alle Planungsbereiche koordiniert werden, sondern der optimale Planungsprozeß, der ein bestimmtes Maß an Koordinationsmängeln bewußt in Kauf nimmt. □

Zusammenfassung

Albach weist zu Beginn seines Beitrages darauf hin, daß bei vielen Unternehmen noch (1966) eine „Planungsbarriere" besteht. Es entwickle sich aber allmählich eine unternehmerische Planungsmentalität, deren Vorhandensein er für seine Untersuchung voraussetzt.

Der Verfasser vertritt die zwei Thesen, daß sich eine Wandlung vollzieht von

(1) der instanzenbezogenen, hierarchischen Koordination zur aufgabenbezogenen, multilateralen Koordination und

(2) der maximalen zur optimalen Koordination der Planungsbereiche im Großunternehmen.

These (1) besagt, daß die bislang einzig von der Unternehmensleitung wahrgenommene Koordination der Planung durch eine neue Form der Koordination ersetzt werden muß, das Planungsmodell. Dabei findet der Planungsprozeß seinen formalisierten Niederschlag in der Planungsrechnung. Hier wird eine Analogie zur Formalisierung der Betriebskontrolle durch das Rechnungswesen gesehen, ein Vorgang, der sich zu Beginn dieses Jahrhunderts vollzogen hat.

These (2) umschreibt den Sachverhalt, daß das Maß an Koordination der Planung im Großunternehmen selbst ein Entscheidungsproblem ist, das optimal gelöst werden muß.

Die Stichhaltigkeit der beiden Thesen wird anhand der langfristigen und der kurzfristigen Planung geprüft. Albach kommt zu dem Schluß, daß die aufgestellten Thesen einander bedingen, da die Wandlung der Koordination der Planung zum optimalen Planungsprozeß geführt habe, „der ein bestimmtes Maß an Koordinationsmängeln bewußt in Kauf" (S. 305) nehme.

Divisional Planning: Setting Effective Direction*

Peter Lorange

Introduction

The state-of-the-art of long-range planning displays a number of strengths; not the least of these is the progress which has been made in developing effective planning systems for divisions within divisionalized corporations. Much is now known about the development of sound business plans by divisions and about the blending of these plans into one overall corporate "portfolio" plan.[1] In fact, within many corporations, one finds that the strongest planning is being done within the divisions.

Planning at the divisional level will generally be built around strategic projects such as new product introduction, R&D projects and marketing campaigns. The common approach to planning for these strategic expenditures is fairly well understood. Despite the progress made in the areas of strategic development planning and divisional planning in general, however, we find that present divisional planning practices may have shortcomings. First, we find that there is often a tendency towards planning too conservatively within each division when seen in the light of the total capacity and potentials of a large corporation. Second, divisions frequently □ encounter difficulties in developing a business strategy for setting priorities among business lines and among strategic projects.

This article discusses these potential problem areas of effective direction-setting in divisional planning. We believe such a discussion is merited, not only because we have observed these problems in a number of divisional planning settings but also because they represent a "stumbling block" to further progress in divisional planning. Furthermore, these pitfalls often go unrecognized or unacknowledged within actual divisions. In order to put these planning problems in perspective, we shall begin with a brief review of the major aspects of divisional long-range planning and then focus on each of the problem areas more specifically.

Common Practices of Divisional Planning

In order for a division to ensure that strategic projects will be consistent with the overall strategy of the division and of the firm, and to maintain congruence

---

*Mit freundlicher Genehmigung des Verfassers entnommen aus: Sloan Management Review, Fall 1975, Vol. 17, No. 1, S. 77–91.

[1] See Vancil and Lorange [12]. In this article we shall follow Vancil and Lorange's terminology: at the corporate level – corporate or portfolio strategy and planning; at the divisional level – business strategy and planning; and at the functional level – project strategy and programming.

between the desired and actual impact of strategic projects, three planning measures are commonly undertaken. These are (1) identifying a business project's fit as part of a business strategy, (2) programming across functions while budgeting for each function, and (3) planning the stages of new business projects in accordance with several specific characteristics of the strategic business project management task.

Identifying a Business Project's Fit as Part of a Business Strategy

It is of primary importance that the selection of strategic business projects be closely aligned to the long-range planning process. Because a division will be largely responsible for its long-term success within its business area, a significant portion of the responsibility for strategic business project development should also rest on each division. Through research, development and market analysis, a division should provide the new products and maintain the existing business lines necessary to hold or expand its position within the business. Clearly, strategic business project development plays a vital role in the implementation of the overall strategy of a division.

Since strategic business project selection will be determined primarily by a division's objectives and strategies, it becomes particularly important that these objectives and strategies be stated in sufficiently operational terms to provide meaningful guidance. The common method of defining business line strategy in operational terms is to specify it in a two-dimensional classification; each division's major product segments are located according to the general atttractiveness of its business (i.e., market growth) and its competitive strength in that business (i.e., market share).[2] This □ two-dimensional classification results in a matrix of possible product typologies, each with distinctly different prospects for profitability, capacity for funds generation or requirements for funds consumption. Figure 1 gives an example of such a two-dimensional matrix for strategic positioning of a business line.

Product A is an example of a product which would require a "build" strategy, that is an attempt to improve competitive strength. This strategy will generally require a net outflow of funds. Product B is in a "hold" strategy position. Here the objective would be to protect the position "as is"; consequently, inflows of funds to the line should be in approximate balance with outflows. Product C is an example of a product which would require a "harvest" strategy; such a strategy involves intentionally allowing one's competitive strength to gradually diminish with the likely result of a net funds inflow contribution from the product.

This type of analysis, which is now universally practiced, helps to determine what might be an appropriate strategy to follow for a new or existing product line. In summary, a division's business plans should emphasize specifically the types of product lines that will be most desirable. Such specification should include a delineation of product line strategies and individual strategic projects.

---

[2] See Henderson [6] and [7]; Schoeffler, Buzzell and Heany [10]; or Buzzell, Gale and Sultan [2]. For an article concerning reservations about going uncritically after market share, see Fruhan, Jr. [4].

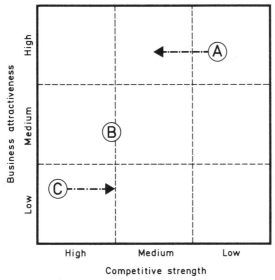

Figure 1 Business Line Strategic Posture Matrix □

Programming Across Functions While Budgeting for Each Function 80

The second measure which is commonly taken to maintain control of the strategic program process is a response to the danger that separate planning for each function might fragment the overall business project selection. This measure requires that the functional departments first construct plans for the project in cooperation *across* organizational lines and then develop budgets *for each* organizational unit across business project segments. As indicated in Figure 2, step one is programming to ensure the strategic direction; step two is budgeting to ensure that each department's resources are adequate to carry out its share of the program activities.[3]

Planning the Strategic Business Project Stages

The task of managing business projects involves certain elements which merit specialized planning procedures. First, management must acknowledge the fact that specialized functional skills will be needed to carry out each of the tasks associated with the development of a new project. Examples of such functional skills are research, development and marketing activities. Second, because these functional departments are more or less limited in their ability to adjust their capacity for processing work, at least in the short run, it is necessary that the work loads of each functional department be carefully balanced. An important related divisional planning task will be to plan the capacity of the functional departments in such a way that the "capacity profile" remains relatively even. Figure 3 gives examples of two strategic project organizations which are not in balance. It would be the task of the

---

[3] See Vancil [11]. His Exhibit V is altered slightly and reproduced here as Figure 2.

management of these two organizations to "flatten" their capacity profiles over time.

A third characteristic of the strategic project process which must be considered by divisional planners is the issue of whether and when to transfer a given project from one functional stage to the next. This decision-making procedure should be based to a large extent on management's best subjective estimate of the probability of final success for the project in the marketplace, and should not merely consider whether the project is physically ready to be moved from one stage to another.

81

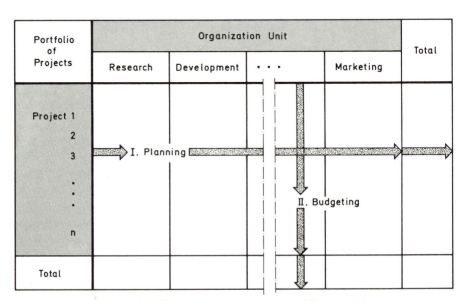

Figre 2 The Planning/Budgeting Sequence of Functional Departments

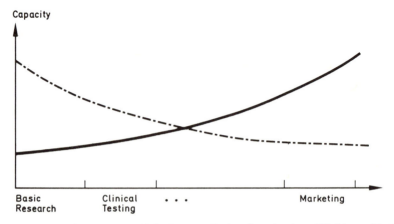

Figure 3 Profiles of the Capacity of the Strategic Project Organization of Divisions with Scarce Capacity in Basic Research (Solid Line) and in Marketing (Dashed Line)   □

As we stated earlier, many corporations have divisional business planning   80
systems which incorporate variations of the three classes of procedures discussed
in this section. The particular design considerations should be to a large degree
a function of the situational setting of the organization in question. Thus, there will
be no single right way of incorporating the planning procedures, given that all
corporations are more or less unique. It should be emphasized that all three aspects
must be taken into account in order for a division to plan properly. If any one issue
is neglected, the overall effectiveness of the division's planning will be substantially
diminished even if the other aspects of the planning are very well executed. ▫

Still divisions which do a reasonably balanced job of planning may yet face two   82
additional problems; there may still exist a lack of proper divisional risk-handling
and/or inappropriate strategic business attractiveness/strength analysis. In discussing
these two classes of problems, we shall suggest that they might be highly interrelated and that they might be avoided by more properly structured divisional
planning systems.

Problems of Risk-Handling

We have observed that the long-term success of a company's businesses depends
to a large extent on the ability of the divisions to generate sufficient strategic
business projects. It should be noted that new strategic business project developments are by nature uncertain and that the more uncertain projects typically have
higher potential rewards associated with them. Now, consider a corporation with
two divisions, each one in the process of finalizing its business plans regarding
which strategic business projects to emphasize. The first division is faced with
setting priorities among ten projects and the second division has fifteen projects
to consider. Each division will weigh the probability of success of each project
and its resulting payoff against the probability of failure and its cost and set its
priorities accordingly. In the end, each division will probably give priority to some
"safe" and some "risky but promising" projects among their ten and fifteen projects respectively. If on the other hand, we hypothetically assume that the two
divisions have been merged into one, the task would be to set priorities among
twenty-five projects. In this case, there is a greater likelihood that high risk projects
would be chosen, since they would be "averaged out" against a larger number of
safe projects. Thus, in this situation we might well include a project that both
divisions independently would have deemed too risky because of their smaller
number of options.

For the company as a whole, the overall riskiness of its business project portfolio, given that the portfolio is of some size, will not increase significantly with
the undertaking of a very risky but potentially promising new project, because the
risk will "average out" over the entire portfolio. A division with its smaller portfolio has fewer projects among which to average out a risky project. Consequently,
a division manager will be more reluctant to take on risky but potentially promising
projects[4] because his/her division normally will be held accountable for performance and incentive compensation is based on this.

---

[4] Several research studies have documented a tendency toward risk aversion in research project selection in large divisionalized firms. For further details, see Hamberg [5].

Where the divisions construct their strategic project portfolios in total independence of one another, the corporate project portfolio, with its implicit risk characteristics, can be found by adding together the division portfolios. We can assume that this corporate strategic project portfolio □ will have more conservative risk characteristics than if the corporate portfolio had been chosen directly by top management. Thus, by delegating the responsibility for choosing the divisional portfolio, the company as a whole may move in a more conservative direction.[5]

The traditional scheme for business planning, then, would seem to promote plans that tend to view the company as a collection of independent companies. In terms of risk-taking, the advantages of being big are not realized. There still remains the question of what can be done to modify business planning so that " . . . the large organization . . . can do things the small organization cannot do. It can commit resources for a much longer time, for instance, to long-term research projects that are beyond the staying power of the small business."[6]

We shall offer a suggestion for at least partially overcoming this. The corporate level may play a more active role by attempting to assess overall corporate risk-taking and, if necessary, "upgrading" some of the divisional business project portfolios toward greater "riskiness." This implies that the division will have to undertake its business strategy analysis in a different way than is now being done so that the corporate/divisional interaction on risk-taking can be an orderly part of the planning review procedures.

Business Strategy Analysis

We have suggested that the issues involved in arriving at more appropriate corporate risk-taking may be a function of better business strategy analysis. This may be done in part by incorporating proper business strategy analysis into a formal planning system. Another issue, however, focuses on what might be the most appropriate measures for "business attractiveness" and "business strength" in various situations. An emerging consideration deals with a division's evaluation of business lines together and with corporate evaluation of a portfolio of divisional plans.

Measurement of the Strategic Dimensions

Business Attractiveness. The factors governing the attractiveness of the business should be seen as given and beyond the control of the company, at least in the short run. This does not imply, however, that a division will have no power to bring a product out of a relatively unattractive business and into a more attractive

---

[5] In the above, we have assumed, of course, that the attitudes towards risk-taking will be determined as a consequence of portfolio size variations. Nevertheless, we might encounter a very conservative corporate management which is more cautious than its young, aggressive division managers. In such a situation, a conservative attitude might more than counterbalance the risk-taking advantages due to project portfolio size. We shall, however, not discuss this situation here.

[6] See Drucker [3].

business. For instance, it might attempt to □ resegment a product so that it ends up 84
in a higher growth segment. Several measures of business attractiveness are listed
below.

1. Market growth rate. Traditionally, this has been the most frequently used
measure of business attractiveness, and was originally suggested by the Boston
Consulting Group who have pioneered business strategy analysis.[7]

2. Frequently vs. infrequently purchased products. Data collected by the
Marketing Science Institute through their PIMS project indicated that business with
infrequently purchased products seem to enjoy a slightly higher return on investment than business with frequently purchased products when normalized for
market share.[8] As a result, businesses with infrequently purchased products seem
more attractive.

3. Concentrated vs. fragmented customers. The PIMS study found the same
effect to hold for businesses facing fragmented customers as contrasted with businesses facing a concentrated set of customers.[9] Thus, businesses with fragmented
customers seem more attractive.

4. Barriers to new competition. Another factor which often affects the attractiveness of the business is how easy or difficult it will be for competitors to enter the
business. This is determined by such considerations as the investment intensity
required, patent protection, and know-how advantages.[10]

5. Structure of competition. The final factor to be mentioned relates to the
nature of the competition. Are there many competitors? What is the degree of
concentration? These factors will affect the degree of freedom one will have regarding pricing. The more freedom one has in pricing, the more attractive the business.[11]

6. Size of market. The absolute size of a market will be a major influence on
the long-term economic potential for a business line.

Each of the above factors is likely to play an important role in judging the
attractiveness of a business. It would, however, be utopian to assume that there
exists one universal ranking of these factors as to their relative effect on business
attractiveness. The choice of relevant factors for measuring the attractiveness of
competing business lines should therefore be situational, and each division must
develop its own ranking system. It will thus be an important task in planning
systems design to come up with the list of ranked factors that is most relevant for
a given division. It follows that the factors might differ from one division to
another within the same company as well as among divisions of different corporations. An attempt should be made to hold the variables list, including its implied □
ranking, relatively constant over time in order to minimize potential "gaming" in 85
planning as well as to facilitate communication and review.

---

[7] See Henderson [6] and [7].

[8] PIMS is an abbreviation for "Profit Import of Market Share." See Schoeffler, Buzzell and
Heany [10], and Buzzell, Gale and Sultan [2].

[9] See Buzzell, Gale and Sultan [2].

[10] See Bain [1].

[11] Economic theories of the firm have been very preoccupied with this issue. For a survey,
see Maxwell [8].

Relative Competitive Strength. Unlike business attractiveness, competitive strength can be influenced by the organization. Policy choices on the divisional and corporate levels significantly affect this dimension. The following is a list of factors commonly used to measure competitive strength.

1. Market share. This is the most common measure of competitive strength — the higher the market share the stronger the competitive strength. The PIMS study has found clear positive correlation between market share and returns on investment.[1,2]

One should distinguish between absolute and relative measures for market share. Normally market share will have to be measured relative to one or more competitors. This implies that there will often be the difficult task of measuring competitors' market share. After having obtained a market share picture, however, one might merely want to compare one's own absolute sales against past sales, a considerably simpler procedure. It should also be noted that considerable emphasis should be put on what might be a reasonable definition of what constitutes the market. How broadly the market should be defined will propably differ from case to case.

2. Strategic expenditure level. Another indication of competitive strength might be the level of strategic discretionary expenditures, such as R&D expenditures and marketing expenditures. This measure assumes that each of the dollar expenditures to be compared is spent with approximately equal effectiveness. Unwise strategic expenditures, of course, will add little, if any, to competitive strength.

3. Product quality. High product quality may significantly enhance competitive strength.

4. Capacity utilization. High capacity utilization may also contribute to competitive strength since it means wider absorption of fixed investment costs. This factor is more important for capital intensive industries.

It should be reiterated that these are not necessarily the only factors which may affect a given division's competitive strength. Furthermore, as was the case with business attractiveness, the relative importance of each factor may vary from division and thus we do not offer a general ranking. The key question for determining the balance between factors will be "which factor is the one which the division wants to influence through its policy?" Or to phrase the question slightly differently, "which factor does a particular division want to build, hold or harvest?" It should be emphasized that the situational choices of business strength variables should be seen as part of the planning system design task, and should not be left to each business manager to choose according to his preference (and possible advantage). □

86   Let us conclude our discussion of the measurement of the strategic dimensions of business line strategy analysis by suggesting the importance of two issues which often are overlooked. First, the actual choice of variables with regard to both business strength and business attractiveness is a vital aspect of the *design* of a division's planning system and second, it should be remembered that these design choices ought to be done on a contingency basis.

[1,2] See Buzzell, Gale and Sultan [2].

Consolidation of Product Line Strategy Analyses

Product line strategy is an important building block in the business plans of both the division and the corporation as a whole. After the product line strategy has been completed, a number of analytical tasks still must be performed. One will concern the consolidation of the business project or line strategies into an overall business strategy for the divisions. A second task will be to evaluate these business strategies at the corporate level in order to arrive at a sound corporate strategy. In the discussion which follows, we shall see that a third dimension of analysis is required to effectuate these two consolidations properly.

Consolidation into a Division Strategy. Viewed in isolation a business line or project is valued according to its position with regard to business attractiveness and competitive strength. Within this limited framework, a strategy which emphasizes high market share/market growth potential (assuming appropriate measures of these dimensions have been stressed) is likely to imply a set of cash flows which, when discounted to net present value, will have a higher net worth than cash flows generated by strategic projects which rank less advantageously on these dimensions. Thus, a business project "cost/benefit" analysis is undertaken, and the projects are ranked according to this. When considering strategic line analysis in its context as part of a formal corporate long-range planning system, however, it turns out that this ranking based on a two-dimensional approach is inadequate. A third dimension should come into play when more than one business strategy is being put together into a broader planning portfolio, namely, a measure of how well the total "package" of business projects or line strategies fit together. We shall call this third dimension the *consolidation attractiveness dimension.* As we shall explain below, this dimension should focus primarily on cash flow and synergy-potentials considerations. Figure 4 summarizes the business line strategy matrix in its revised version.

The following factors might be used to measure the consolidation dimension.

1. Shape of cash flow. For the division as a whole it is not sufficient to set priorities among business lines according to net present value of expected cash flows. The timing of these cash flows must be considered as well. The balance of cash flows should be positive over time if the division wishes to avoid the need for additional outside liquidity. □

2. Size of cash flow. It may be important that a balance be maintained among expected cash flows from all projects. Division management will often prefer an evenly distributed set of cash flows from projects rather than the more exposed position which may arise when cash flows are largely dependent on one business line.

3. Risk of cash flow. Another important consideration for division management is the riskiness of the expected cash flows from the product lines. High risk/ high potential payoff projects must be traded off against safer but less glamorous ones. Thus it is the job of division management to plan its business lines in such a way that the riskiness of the division's overall expected cash flow does not become too large.

87

BUSINESS ATTRACTIVENESS
- Market Growth Rate
- Purchase Frequency of Product
- Degree of Customer Concentration
- Barriers to New Competition
- Structure of New Competition
- Size of Market

COMPETITIVE STRENGTH IN BUSINESS
- Market Share
- Strategic Expenditure Level
- Product Quality
- Capacity Utilization

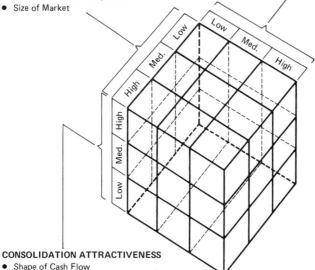

CONSOLIDATION ATTRACTIVENESS
- Shape of Cash Flow
- Size of Cash Flow
- Risk of Cash Flow
- Covariance of Cash Flows
- Production Synergy Effects
- Marketing Synergy Effects
- R&D Synergy Effects
- Substitution Opportunity

Figure 4 Matrix for Determination and Evaluation of Business Line Product Strategy □

88   4. Covariance of cash flows. Division management must also consider the extent to which business cash flows will be expected to fluctuate along the same or different patterns. The less the covariance among the business line cash flows, the better.

5. Production synergy effects. There may be instances where several products originate from the same production process thereby enabling division management to take advantage of economies of scale. An example of this is the silicones industrial chemistry industry where highly integrated production leads to a wide variety of product line options.

6. Marketing synergy effects. Often existing marketing capabilities, such as a sales force, can be utilized to promote an additional product. New projects should relate to existing products in such a way that they may be promoted through existing marketing facilities.

7. R&D synergy effects. Large R&D expenditure savings may be possible if general research capabilities and know-how can be applied to new projects.

8. Substitution opportunity. Last but not least, comes an often overlooked factor that relates to whether it will be easy or difficult, risky or not risky to de-emphasize one existing business line in favor of a new one. Because it is easier to

give up competitive advantage than to develop it, we need a measure which indicates the consequences of shifts in emphasis in a business project portfolio.

We see that the strategic planning task of the division will be to systematically evaluate the business line or project strategies and to construct a comprehensive business plan from these "building blocks." It should be stressed that the divisional business strategy should not be based on a business attractiveness/business strength analysis for the division as a whole, but should result from an aggregation of seaparate attractiveness/strength analyses for each of the division's product lines. It will be a primary task of the formal planning system to facilitate the derivation of the divisional business plans through a proper aggregation procedure. Again it will largely be a situational question to determine which factors to put primary emphasis on along the consolidation dimension. At one extreme, a division that operates within a single business line will have no consolidation □ problem. At the other extreme, a division which operates in a large number of business lines will probably consider all the consolidation factors relevant.

Consolidation into a Corporate Strategy. It is outside the scope of this article to review the entire divisional-corporate planning interface through which the divisional plans become consolidated into an overall corporate portfolio plan.[13] We shall, however, discuss the effects such a consolidation may have on product-line strategies. Two sets of considerations will be relevant in this respect.

1. Assessment of overall corporate risk-taking exposure. As we discussed in the section on risk-handling, there is a tendency towards an overly conservative risk-taking profile when business line priorities are set by the divisions entirely on their own. A proper evaluation of the implicit risk exposure of the proposed divisional plans can only be accomplished through a divisional-corporate interface. Consequently, information on risk dimensions must be readily available from the divisional proposals themselves. The planning system should ensure such communication in order to facilitate adjustment of divisional plans to take advantage of the risk-absorption capacity of the corporation as a whole.

2. Proper assessment of divisions' proposals. Once the potentials of divisional business lines have been assessed, corporate performance targets should be set at levels consistent with the divisional business strategies. While this may seem elementary, it is actually quite difficult unless the planning system is carefully designed to provide sufficient information about business line strategies which can be used in target setting. The consequences of failure to collect and utilize such information are illustrated in the following recent example.

A large U.S.-based multinational corporation embarked on a major diversification effort in the 1950s and 1960s. The company was well-known for its rigorous management systems, centered around a detailed planning and control system which was implemented across the company. Typical of the way the system worked was a tight linkage between planning and control and heavy pressure on subsidiary managements to fulfill ambitious, centrally-set performance targets as exemplified by the agreed upon budgets. Plans and budgets were determined at negotiations meetings where subsidiary managements met with corporate and European area managements over extended periods of time and where the atmosphere was one of

---

[13] See Vancil and Lorange [12].

"no-nonsense pressure" on the subsidiaries. Each subsidiary was held to specific targets in five key areas: sales, net income, total assets, total employees and capital expenditures. No attempt was made at evaluating the divisions' business strategies directly by addressing the nature of the underlying business line or project strategies. As a result, divisions were virtually forced to let their market shares erode in order to satisfy corporate performance requirements in the short run. The long-term □ profitability prospects were seriously jeopardized because of these market share sacrifices. This has become painfully evident in the ensuing years.

90

An important adjunct to this discussion is the acknowledgment of the fact that incentive compensation for division managers should recognize that the criteria for division success are more complex than profits alone. Overly simplistic incentive compensation measures should be avoided but instead long-term track records should be developed for the division managers over the broader set of relevant dimensions. There should be an audit procedure for business project failure to identify what dimensions of the project have been fulfilled and what portions have failed. In total, the incentive compensation system should be consistent with the relevant set of variables as indicated by Figure 4. If it is not, it will probably become dysfunctional for desired risk-taking.[14]

Conclusions

Long-range planning at the divisional level is, in many respects, the "backbone" of the overall long-range planning activities of the firm. Luckily, much is now known about sound divisional planning practices and a set of useful business planning tools has evolved. In this article, we have briefly reviewed the more commonly used tools, and have identified two interrelated deficiencies which frequently appear when examining long-range planning activities within divisions. First, we pointed out that while the divisionalized structure offers important advantages, implicit in its makeup is the threat that divisions will encounter risk considerations as if they were independent companies. Such individual planning by divisions forfeits certain benefits which may be accrued if the corporation as a whole interjects its larger perspective. The second problem we identified dealt with the way in which strategic business analysis is performed. We pointed out that not only will many divisions define business strength and business attractiveness inappropriately for their given situations but also that divisions have a tendency to overlook a third dimension of overall corporate fit when constructing their business plans. The absence of this third dimension, which we called the consolidation attractiveness dimension, makes it exceedingly difficult for corporate management to interact with the divisions. It is this dimension which enables corporate management to evaluate business plans in terms of risk and to judge the degree of fit among divisional plans.

It will be the responsibility of the planning system to facilitate effective incorporation of risk-handling through a proper identification of the dimensions of the business plans. A planning system which is designed with these problems in mind should be able to keep the difficulties we have pointed out to a minimum. □

---

[14] See Newman [9].

References

[1] Bain, J.S. *Barriers to New Competition.* Cambridge, Mass.: Harvard University Press, 1956.

[2] Buzzell, R.D.; Gale, B.T.; and Sultan, R.G.M. "Market Share – A Key ro Profitability." *Harvard Business Review,* January-February 1975.

[3] Drucker, P.F. *Management: Tasks, Responsibilities, Practices.* New York: Harper & Row, 1974.

[4] Fruhan, W.E., Jr. "Pyrrhic Victories in Fight for Market Share." *Harvard Business Review,* September-October 1972.

[5] Hamberg, D. "Invention in the Industrial Laboratory." *Journal of Political Economy,* April 1963.

[6] Henderson, B.D. "Perspectives on Experience." *The Boston Consulting Group,* 1968.

[7] Henderson, B.D. "The Experience Curve Reviewed." *The Boston Consulting Group,* 1970.

[8] Maxwell, W.D. *Price Theory and Aplications in Business Administration.* Pasadena. Calif.: Goodyear Publishing, 1970.

[9] Newman, W.H. *Constructive Control.* New York: Prentice Hall, 1975.

[10] Schoeffler, S.; Buzzell, R.D.; and Heany, D.F. "Impact of Strategic Planning on Profit Performance." *Harvard Business Review,* March-April 1974.

[11] Vancil, R.F. "Better Management of Corporate Development." *Harvard Business Review,* September-October 1972.

[12] Vancil, R.F., and Lorange, P. "Strategic Planning in Diversified Companies." *Harvard Business Review,* January-February 1975. □

Zusammenfassung

Bei einer divisionalen Organisationsstruktur ergeben sich in der Praxis nach Ansicht von Lorange zwei spezielle Probleme im Zusammenhang mit der Abstimmung der strategischen Geschäftsbereichspläne auf das „Gesamtinteresse" der ganzen Unternehmung: (1) Die Geschäftsbereiche tendieren dazu, die Auswahl von neuen Projekten unter Bezugnahme ausschließlich auf ihre eigenen Aktivitäten und damit zu risikoscheu vorzunehmen; als Folge davon gehen der Unternehmung Gewinnpotentiale verloren, die im Lichte der Risikoverteilung über das *gesamte* Portfolio aller (neuen) Projekte der Gesamt-Unternehmung u.U. akzeptabel gewesen wären. (2) Bei der Selektion neuer Projekte stellen die Geschäftsbereiche oft nur auf die Kriterien des „Marktwachstums" (als Maß der Attraktivität des Marktes) und des „Marktanteils" (als Maß der eigenen Wettbewerbsstärke) ab und vernachlässigen die Frage, inwieweit neue Projekte unter dem Gesichtspunkt des "cash flows" und der „synergetischen Effekte" in eine übergreifende Gesamtunternehmensstruktur hineinpassen.

Nach einer Darstellung der herkömmlichen Planungspraxis macht Lorange Vorschläge, wie durch eine entsprechende Gestaltung des formalen Planungsprozesses beide Probleme besser gelöst werden können. Es werden zwei zusätzliche Bewertungsschritte innerhalb des Planungsprozesses vorgeschlagen, die eine Abstimmung auf *divisionaler* Ebene und danach eine Abstimmung auf *Gesamtunternehmensebene* bezwecken. Entsprechende (situationsbezogen anzuwendende) Kriterien werden ebenfalls andiskutiert.[1]

---

[1] Als Ergänzungslektüre empfiehlt sich der Artikel von Vancil und Lorange "Strategic Planning in Diversified Companies", in: Harvard Business Review, Januar-Februar 1975, S. 81 ff.

Planning in the IBM Corporation*

Abraham Katz

I. Overview

Nature of Business

The IBM Corporation develops, manufactures, markets and services a wide variety of information-handling products. Most of these products fall into three business areas: Data Processing (DP), the products making up the larger scale data processing systems such as the System/370; General Systems (GS), those for the smaller scale data processing system such as the System/3, as well as sensor-based systems such as the System/7; and Office Products (OP), including typewriters, copiers and other products used in the office. The remaining IBM activities deal with advanced technology and special systems; with disk packs, data modules and supplies used in information-handling systems; and with educational materials and services for schools and industry.

IBM does about half of its business outside the United States. The scale of our operations worldwide is reflected in these 1976 data:

Gross income from sales, rentals and services	$16·3 billion
Total assets	17·7 billion
Number of employees	292 thousand

Organizational Philosophy and Structure

IBM's philosophy of organization may be summarized as follows:

(a) IBM activities are grouped into a number of operating units which, where feasible, have profit/loss responsibility. These units are differentiated by business area and geographic region, and have the range of functions needed to conduct their assigned missions as autonomously as practical. As shown in Figure 1, the Data Processing Complex, Americas/Far East and the Office Products Division are examples of IBM operating units. The first is a grouping of five functional divisions in the U.S.; the second, a grouping of multi-functional units in the large countries and regional areas of the Western Hemisphere outside the U.S. and the Far East; the last, a multifunctional division operating in the U.S.

(b) Operating unit management is responsible for development and implementation of its plans. Prior to implementation, plans are reviewed and approved by Corporate management. Performance against plan is measured and controlled by operating unit management. Periodically, the results of operations are reviewed with Corporate management.

*Mit freundlicher Genehmigung des Verfassers entnommen aus: Long Range Planning, Vol. 11, June 1978, S. 2–7.

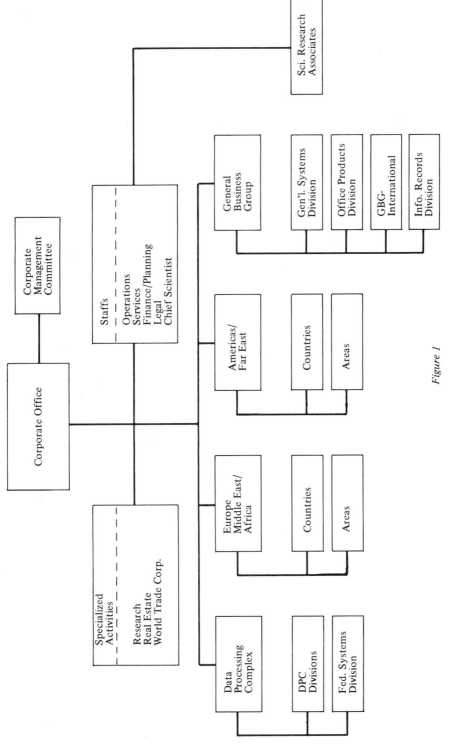

Figure 1

2 (c) Business policies are controlled at the Corporate level, and provide the broad framework within which all operating units function.

(d) In its review and assessment of the operating units' plans and performance, Corporate management is assisted by the Corporate staff which provides counsel and performs certain centralized services. Referring again to Figure 1, we note that the Corporate Operations staffs include the four basic functions involved in the delivery of IBM offerings—Development, Manufacturing, Marketing and Service. The Corporate Services staffs include the Personnel, Communications, and Commercial and Industry Relations functions. The Corporate Finance and Planning staffs include Business Plans, Controller, Treasurer, Secretary and Economics functions. The functions of the remaining staffs are

3 clear from their titles. □

As noted earlier, most of IBM's products fall into three business areas – DP, GS and OP. The system for managing these is best visualized in terms of a matrix of six operating units shown in Figure 2. These six units have been assigned missions which are differentiated by business area and geographic region as follows:

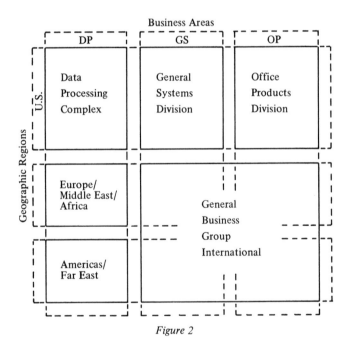

Figure 2

(a) Data Processing Complex (DPC) – For the DP business area, DPC has responsibility for world-wide co-ordination of market requirements and development of products, and for U.S. manufacturing, marketing and service.

(b) General Systems Division (GSD) and Office Products Division (OPD) – For the GS and OP business areas respectively, GSD and OPD have responsibilities worldwide and within the U.S. which are analogous to those of the DPC.

(c) Europe/Middle East/Africa (EMEA) and Americas/Far East (AFE) – For the DP business area, EMEA and AFE have responsibility for manufacturing, marketing and service within their respective geographic regions. For the GS and OP business areas, they have responsibility for marketing and service in the smaller countries.

(d) General Business Group International (GBGI) – For the GS and OP business areas, GBGI has responsibility for giving functional guidance for manufacturing, marketing and service within the larger countries outside the U.S.

There are strong dependencies among these six units and some degree of overlap among the three business areas. Consistent with our philosophy of decentralized management of operations, the planning and control system requires the designated units to develop and □ implement their separate but co-ordinated plans within an   4
integrated Corporate framework.

2. The Basic Planning Process

Dealing with Change

Information handling products are used across the entire spectrum of human activity and in every part of the world. The number and scope of product applications continue to expand rapidly, being limited only by the creativity which the users and firms like our own bring to bear on solving information problems.

Continuing and rapid change is, therefore, inherent in our business: technology is advancing rapidly; competition is intense; the world economy is in flux; governmental actions often affect the business environment; and societies everywhere are moving through an 'age of discontinuity'. Many companies like IBM, expecting change and recognizing that it may take many forms, scan the environment through two organizational mechanisms – one being the operating units and the second, the Corporate staff.

The management of each operating unit maintains an awareness of emerging problems or opportunities which may affect its business. Concurrently, within their respective areas of functional expertise, the various Corporate staffs are also monitoring change. When an event or trend of potential significance is detected (e.g. slackening of economic conditions in a country we serve), the operating unit affected will alert Corporate management as to the magnitude and timing of the expected effects. In some cases, the unit is joined by the Corporate staff in developing and recommending a course of action. Once accepted, these recommendations are then built into the unit's plan by its management. Where a problem is of major and continuing importance (e.g. energy conservation or environmental protection), a joint council involving affected units and staffs will be created to monitor and recommend on a regular basis.

Organizing for Planning

The planning and control system serves as a primary communication link between Corporate and operating unit management for establishing unit objectives and strategic direction, negotiating plan commitments and measuring performance against plan. The bulk of the planning done within IBM is not only decentralized into the several operating units, but within any given unit, planning is further decentralized to the country, plant and laboratory levels.

As indicated at the outset, the development and implementation of unit plans are line management responsibilities. Planning staffs to support line management may exist at several levels — Corporate, operating unit (and where these units are large, at the division or country) and plant/laboratory levels. The size and functional mix of these staffs depend on the specific responsibilites of the line managers they support. At the operating unit level, the executive will normally have finance and planning, as well as those functional skills needed to develop a properly balanced business plan. For example, his development staff will review and assist in integrating the various product plans into the overall unit plan. The unit executive then makes his judgments as to business volumes to be achieved, resources required and risks to be accepted.

At the Corporate level, the line executives also have finance, planning and other functional staffs to assist them. For example, among the responsibilities of the Corporate Business Plans staff are designing the IBM planning system, establishing plan guidance and data requirements, managing the plan schedule, recommending targets for the various operating units, and reviewing and assessing unit strategies and plans.

Program and Period Planning

There are two distinct but interactive kinds of planning within the IBM system, as shown in Figure 3:

(a) Program planning (i.e. planning of programs to develop a product or improve the productivity of a function) is characterized by the following: The program plan generally has a single objective, but may involve several functional elements. Its time horizon is determined by the nature of the specific program objective and the work processes required to achieve it; its cycle for review and decision-making, by the inherent dynamics of the program. At any point in the time, each operating unit has a large portfolio of product and functional programs in various stages of planning and implementation.

(b) Period planning complements program planning and is characterized by the following: The period plans balance among multiple program and other objectives to achieve the approved targets. Its time horizons are fixed by Corporate mangement, being 2 years for the operating plan and 5 years for the strategic plan. The cycle for review and decision-making is tied to the calendar to assure the availability of an operating budget for each unit at the beginning of each year.

Clearly, decisions made as part of the period planning process affect the program plans — accelerating some, terminating others and so on. The converse is also true — some program decisions may require changes in the period plan. Operating unit management is responsible for establishing and maintaining the balance among its objectives and resources so as to achieve its targets.

3. Program Planning

To illustrate the program process, we consider the planning associated with a product program. Such planning generally proceeds in two distinct stages; defining the market requirements and translating them into products.

Referring to Figure 4, we see the flow of funds associated with the life cycle of a typical product — from the decision to initiate the study of its market requirements to □ the point in time when it ceases to generate revenues for IBM. The 'one-   5

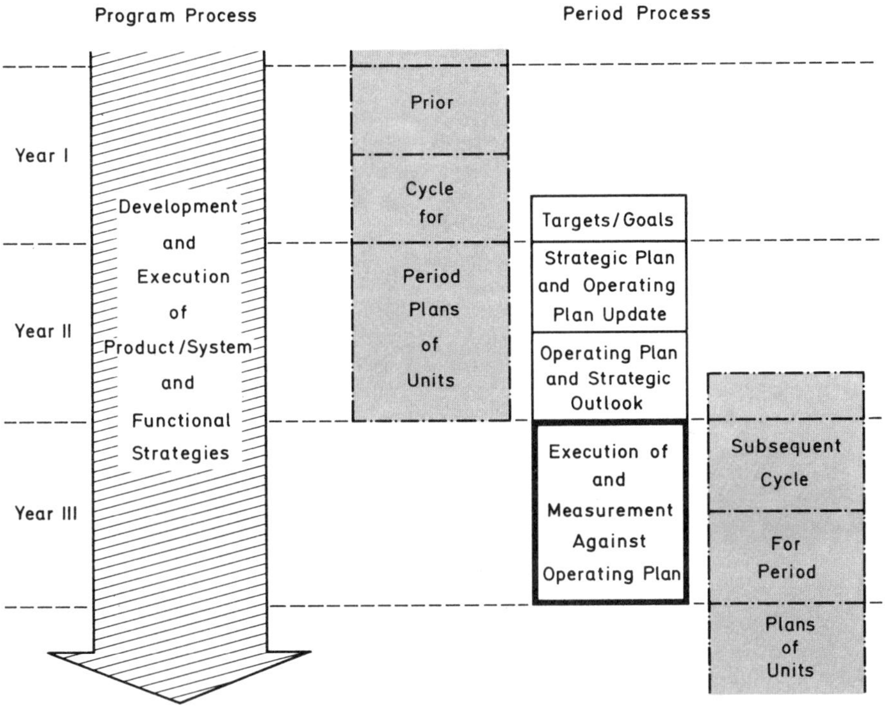

Figure 3

time' costs/expenses include development, training and facilitation; the recurring costs/expenses, those of manufacturing, marketing and service. The roman numerals indicate the management reviews conducted as the program passes through its various phases. For example, the Phase III review is conducted prior to announcement of the product.

Market Requirements

In most cases, the market requirements relate to an existing IBM product, one for which there has been a continuing need. Each product manager within a unit will periodically measure the performance versus program plan for the product he currently has in the field.

Concurrently, he will be proceeding with the development of advanced techniques and devices for the next generation product. Depending on the sales performance of the current product and the availability of new technology, he will recommend to his management whether and how to enhance or replace that product. Since many of our products work together within a system, the recommendations usually must be considered within the total systems framework — systems integrity must be maintained.

In some cases, a customer's needs may be basically new. Product planners will then use case studies, interviews and questionnaires to determine the users' requirements, the functional characteristics of the new product and its expected mode of

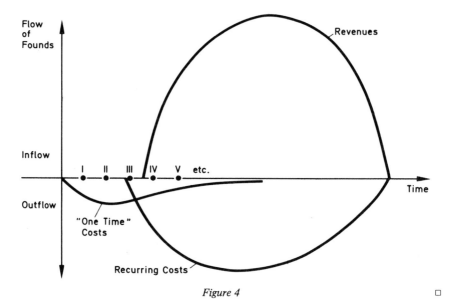

Figure 4

6   use. Depending on the prospects for an economically sound program, the product manager will make his recommendations as to proceeding with it.

Product Development

At its discretion, operating unit management initiates programs which fall within its missions, strategies and organizational budgets. Periodically, the product manager reviews all aspects of the program with unit management, and with all functions and operating units having an interest in the program. There must be agreement as to program soundness, and commitment from each organization to do its part. After announcement, there are periodic reviews of performance against plan, with corrective action taken as necessary.

Forecasting: Econometric and Product

IBM relies on in-house econometric models to forecast the U.S. and other major economies. Economists in the major countries work with the Corporate Economics

Department to assure proper reflection of the local situations. The company uses two national income and expenditure models in its forecasts of the U.S. economic picture. The quarterly model products forecasts for use with the company's 2-year operating plan; the annual model produces forecasts for use with the strategic plan. IBM also uses an input/output model to project industry supply and demand patterns. The first two models each contain about 50 behaviour equations, each one relating to economic variables such as the consumption function of durables.

Using these economic forecasts as an input, the product forecasters in each operating unit then apply a wide range of forecasting methods including analyses of growth and replacement patterns for new products or systems; extrapolation from a sample of case studies selected to represent industry, size or application distribution; interviews or questionnaires; and projections based on sales or backlog analyses. Through the use of typical system configuration ratios, systems forecasts are converted into forecasts of the individual products comprising them.

4. Period Planning

A period planning system is also necessary to meet the business needs of the Corporation and its operating units. Each IBM operating unit annually performs both strategic and operating planning. The purpose of strategic planning by a unit is to establish its business direction; that of operating planning, to implement the direction within budgeting requirements and commit the unit to achieving planned results.

Strategic Planning

As shown in Figure 3, we note that the key elements in strategic planning are Corporate targets, operating unit goals, product/system and functional strategies, and a strategic plan. The 5-year time horizon for strategic planning includes and lies sufficiently beyond the 2-year operating plan period so that sound and timely decisions on business direction can be made. The strategic process is as follows:

(a) *Corporate Targets and Operating Unit Goals.* For each operating unit, Corporate management approves targets relating to the outermost plan year. In response, each operating unit management develops and assigns goals to its product/system and functional management to guide their strategy development. These goals are tuned to the functions making up the unit, and are typically expressed in terms of levels of activity and productivity.

(b) *Strategies.* Strategies are formulated as part of the program planning process. Operating units with development responsibilites prepare and maintain product/ system strategies to serve as the foundation for their marketplace offerings. All units prepare functional strategies to assure that the most effective organization and business approaches are used to achieve increasing productivity of resources. As part of its marketing strategy, a unit may also assign goals and develop strategies to meet the needs unique to specific customer sets (e.g. retail trade or banking).

(c) *Strategic Plan.* Figure 5 shows the typical sequence of activities during a cycle to develop a strategic (or operating) plan for a unit. The differing purposes of these two types of plans is reflected in horizons, levels of detail and management focuses.

The strategic plan integrates the several product/system and functional strategies of the unit, presents the projected financial results over the plan period and compares these against Corporate targets. This plan (and selected strategies) is sub-

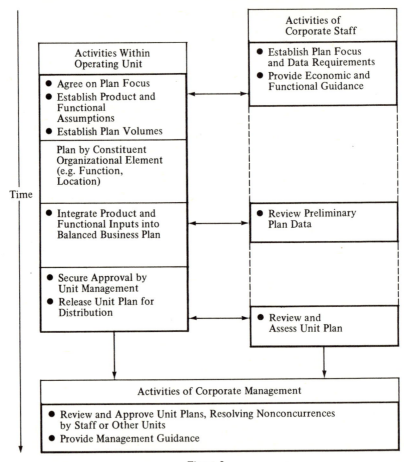

Figure 5   □

7 mitted to the Corporate Management Committee (CMC) by the operating unit executive. The plans are reviewed by the Corporate staff and, prior to CMC review, their assessments are forwarded to the CMC and the operating unit. Among the bases for these assessments are:

Consistency with approved strategic direction;

Balance between objectives sought and resources required;

Relationships to plans of other operating units; and

Excellence in each functional area.

Certain staffs also write short critiques as to the strengths, weaknesses or risks associated with the individual plans. On the basis of these staff inputs and the

operating unit presentation, the CMC approves the unit's proposed business direction, resolves nonconcurrences and reevaluates its targets.

To support this planning work, operating units develop product assumptions; Corporate Economics provides the economic and environmental assumptions; and the various Corporate staffs issue functional guidance as necessary. Qualitative factors and trends are analyzed to determine their possible implications on the unit plan (e.g. environmental protection, consumerism, privacy and data security, or international political and economic relationships).

Using the product and economic assumptions, the forecasting department of each operating unit produces an overall set of business volumes. Management then applies judgment to take into consideration qualitative factors, and distributes the adjusted business volumes to the various functions to serve as the basis for their plans. Based on historical experience, each function uses its own planning factors and models to translate these volumes into workload, resources and cost/expense. To facilitate both planning and operations, computer models are widely used at both the operating unit and Corporate levels. Finally, the unit staff integrates the several functional inputs into a balanced business plan; the unit executive approves the plan and submits it to Corporate management.

As an example of an approach for dealing with the problems of uncertainty, Corporate management may request contingency analyses to test the effect of more pessimistic (or optimistic) economic assumptions on unit plans. Corporate Economics will then issue two outlooks — one being the base case and the second, the contingency case. Operating units will then develop a base plan plus the incremental effects of the contingent outlook, and review them with Corporate management. This approach has proven very successful in improving the speed and flexibility of our response to unanticipated conditions.

5. Operating Plan

Based on the business direction in the approved strategic plan and including changes as necessary, the unit then develops an operating plan which focusses on implementation over the current year plus two. This plan contains detailed business volumes and workload forecasts as well as functional resource and financial plan commitments. These data are developed through planning processes similar to those for the strategic plan described above. The operating plan is used to establish budgets and other objectives for the next year. Certain units provide selected revenue and resource items in a long-range outlook at the time of the plan submission to show the probable extended effects, risks and exposures of the proposed plan. After approval by the operating unit executive, the plan is submitted for Corporate review and assessment (as for the strategic plan). The CMC resolves nonconcurrences and approves the unit plan, which then becomes the 'plan of record'.

6. Performing Against Plan

The first year of the plan of record is now exploded by month and by function down to the laboratory, plant and branch office levels. The resulting objectives and budgets (e.g. at a departmental level within a plant) provide the basis for measuring actual performance through the year. The plan of record is viewed, in effect, as a contract between the various levels of management.

Actual results are reviewed regularly, compared to plan, and corrective action taken to stay on plan. When significant deviations at a unit level occur in actual results versus plan, the unit may request approval for changes in its operating plan. All requests are co-ordinated by the IBM Director of Budgets (and, indeed, may be initiated by him); those requiring CMC approval are reviewed and assessed by appropriate Corporate staffs. □

Zusammenfassung

Nach einer kurzen Charakterisierung der weltweiten Geschäftstätigkeit der IBM-Corporation, ihrer Unternehmensphilosophie und ihrer Organisationsstruktur geht der Verfasser ausführlich auf die Organisation des Planungsprozesses sowie auf die Elemente des Planungssystems ein.

Der Planungsprozeß bei IBM ist stark dezentralisiert, und zwar bis hinunter auf die Ebene von Ländern, Produktionsstätten und Laboratorien. Während die Verantwortung sowohl für die Erstellung wie auch für die Ausführung der Pläne beim Linienmanagement liegt, haben die Planungsstäbe, die auf unterschiedlichen Ebenen angesiedelt sind, lediglich beratende und unterstützende Funktion.

Eckpfeiler des Planungssystems sind die Programmplanung und die Periodenplanung. Die Programmplanung, die etwa die Entwicklung eines neuen Produkts oder die Erhöhung der Produktivität zum Inhalt haben kann, verfolgt grundsätzlich nur ein Ziel; dabei kann der Planungshorizont in Abhängigkeit von der Eigenart des verfolgten Zieles variieren. Die Periodenplanung ergänzt und überlagert die Programmplanung, indem sie die einzelnen Programme zeitlich aufeinander abstimmt. Ferner hat sie die Aufgabe, strategische Pläne mit einem Planungshorizont von fünf Jahren mit den jeweils für zwei Jahre erstellten operativen Plänen in Einklang zu bringen.

Strategische Planung bei der Deutschen Shell AG*

Wilhelm Stümke

„Die Analyse der Erfolgsquellen und die Entwicklung langfristig angelegter Konzepte zur Zukunftssicherung der Unternehmung stehen im Mittelpunkt und bilden im Kern den Bereich der strategischen Planung."[1] „Unter strategischer Unternehmensplanung versteht man das systematische Herausfinden und Entscheiden über die Arbeitsgebiete (Produkte, Leistungen und Märkte) und über die Marktpositionen, die die besten Voraussetzungen für eine langfristige Sicherung der Überlebensfähigkeit des Unternehmens bieten."[2]

Sicher ließen sich noch weitere Definitionen des Begriffes „Strategische Planung" finden, aber sie werden mit ziemlicher Sicherheit alle in der Kernaussage übereinstimmen, daß durch die strategische langfristige Planung letztlich die Sicherung des Unternehmens angestrebt wird. Unterschiedlich können allerdings die Wege und Methoden sein, durch die das Ziel erreicht werden soll. Haben Besonderheiten in der Energiewirtschaft und ggf. speziell in der Mineralölwirtschaft einen differenzierenden Einfluß, und, wenn ja, welchen? Es ist deshalb zweckmäßig, sich einleitend mit den Besonderheiten dieser Branche zu befassen, bevor auf die Planung bei der Deutschen Shell eingegangen wird.

1. Besonderheiten der Energiewirtschaft und speziell der Mineralölwirtschaft

Eine ganze Reihe von Besonderheiten kennzeichnet die Energiewirtschaft, von denen hauptsächlich die folgenden für die strategische Planung bedeutungsvoll sind:
– Energie dient nie direkt der Befriedigung von Konsumentenbedürfnissen, sondern tut dies immer nur indirekt. Wenn ein Konsument das Bedürfnis hat, in Urlaub zu fahren oder eine warme Wohnung haben will, benötigt er primär ein Beförderungsmittel bzw. ein Heizaggregat und erst sekundär die zum Betreiben erforderlichen Energieträger.
– Energie deckt in erster Linie Grundbedürfnisse ab und unterliegt daher nur begrenzten Schwankungen im Konsumverhalten. Es gibt keinen „Lebenszyklus" wie in der Konsumgüterindustrie.
– Somit ist auch der Innovationsspielraum begrenzt, und die Frage nach alternativen Energieträgern stellt sich nicht, weil der Kunde ein neues Produkt wünscht,

---

*Bei diesem Beitrag handelt es sich um eine Erstveröffentlichung.
[1] Arbeitskreis „Langfristige Unternehmensplanung" der Schmalenbach-Gesellschaft, Strategische Planung, in: ZfbF, 1977, S. 1 ff., in diesem Band S. 23 ff.
[2] Aloys Gälweiler, „Strategische Unternehmensplanung", in: Fortschrittliche Betriebsführung und Industrial Engineering, 1976, Heft 2, S. 67 ff., in diesem Band, S. 84 ff.

sondern wegen der Endlichkeit der Rohstoffe (Kohle, Öl, Uran) oder aus anderen beispielsweise ökologischen und wirtschaftspolitischen Gründen.

— Diese relativ lange Lebensdauer des Produktes „Energieträger" ist ein wesentlicher Vorteil für die Energiewirtschaft, denn ein entscheidender Faktor dieser Branche ist die Zeit. Maßnahmen zur Bereitstellung von Energien müssen sehr langfristig getroffen werden, denn die Vorlaufzeiten für die Realisierung eines Projektes sind sehr lang und die Lebensdauer der Anlagen ebenfalls. Folgendes Schaubild verdeutlicht dies:[3]

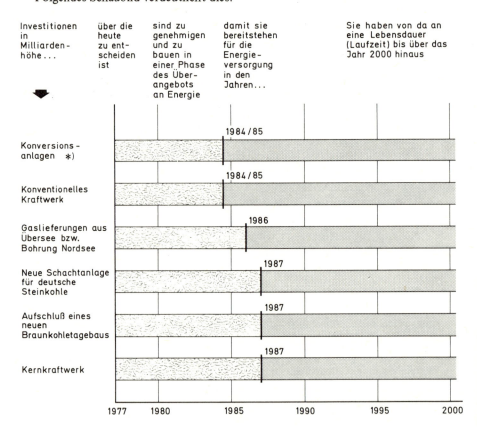

*) Konversionsanlagen: Anlagen zur Umwandlung von schweren Produkten (z.B. Heizöl) in leichte Produkte (z.B. Benzin)

Bereitstellungszeiten von Energieinvestitionen

— Ein weiterer gravierender Tatbestand der Energiewirtschaft — und hier insbesondere der Mineralölwirtschaft — ist heute, daß der Ursprungsort der Rohmaterialien und der Bedarf an Produkten regional weit auseinander liegen. Dies führt auf der Ebene der Unternehmen zwangsläufig zu einer starken internationalen Verflechtung und setzt multinationale Unternehmen voraus. Die so bedingte Tätig-

---

[3] Geschäftsbericht/Sozialbilanz der DSAG 1976, S. 10.

keit multinationaler Unternehmen in vielen Ländern der Erde mit unterschiedlichen Staatsformen, unterschiedlichen Wirtschaftssystemen und unterschiedlichen Mentalitäten führt natürlich zu einem erhöhten wirtschaftlichen und politischen Risiko, das nur große und komplexe Unternehmen tragen können.

— Der in der Energiewirtschaft charakteristische hohe Kapitalbedarf macht die langfristige strategische Planung zu einem außerordentlich wichtigen Aufgabengebiet.

Somit bestimmen Besonderheiten dieser und ähnlicher Art Inhalt und Aufbau der strategischen Planung in der Energiewirtschaft.

2. Die determinierenden Einflußgrößen für den Energiebedarf

Wie bereits ausgeführt, richtet sich der Energiebedarf nicht primär auf den Energieträger, sondern auf eine Bedürfnisbefriedigung, die nur unter Verwendung von Energie erreicht werden kann. Deshalb muß der Ausgangspunkt jeder strategischen Planung auf diesem Gebiet die Schätzung der Entwicklung und die Ermittlung des spezifischen Energieverbrauchs der Industrie, der Haushalte und des Verkehrs sein. Einige beispielhafte Schaubilder sollen determinierende Einflußgrößen verdeutlichen.

Einen Gesamtüberblick über das methodische Vorgehen gibt folgendes globales Flußbild, das zeigt, welche Parameter und Subparameter Einfluß haben:
(siehe Tabellen auf den Seiten 334, 335 und 336).

Betrachtet man beispielhaft den Sektor Haushalte und Kleinverbraucher, dann sieht man, wie entscheidend „Geräte" den Energiebedarf bestimmen.

Auch die für Mineralöl typischen Produkte, nämlich Vergaserkraftstoff und Dieselkraftstoff, haben viele Subparameter.

3. Perspektiven und Grundinhalte von strategischen Plänen

Unsere bisherigen Darstellungen beschäftigten sich mit der Energie und den Bestimmungsfaktoren für den Energiebedarf. Sie bilden somit die Basis, von der aus die einzelnen Unternehmen ihre individuellen Strategien und Taktiken entwickeln können.

Die Strategie kann nun in zwei Richtungen zielen, wenn man unter Berücksichtigung der sich abzeichnenden Strukturveränderungen ein Energieunternehmen bleiben will

— entweder in die Domäne anderer Energien einzudringen (Kernkraft gegen Kohle, Gas gegen Heizöl) oder

— innerhalb des gleichen Energieträgers die Marktstellung zu behaupten oder zu verändern.

Hierbei ist allerdings das Eindringen in Bereiche konkurrierender Energieträger kurz- und mittelfristig nur sehr begrenzt möglich. Um ein Beispiel zu nennen: Eine Ölheizung wird nur dann durch eine Heizung mit einem anderen Energieträger ersetzt (Gas oder Kohle), wenn dies rentabel ist, durch andere Gegebenheiten (z.B.

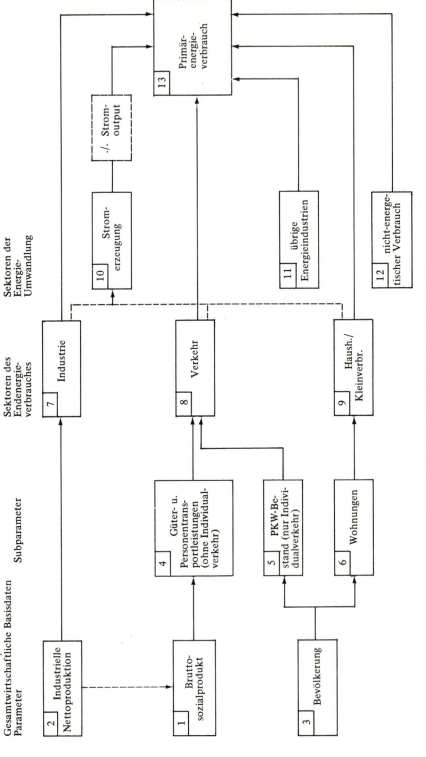

Globales Flußbild zur Methodik langfristiger Energieprognosen

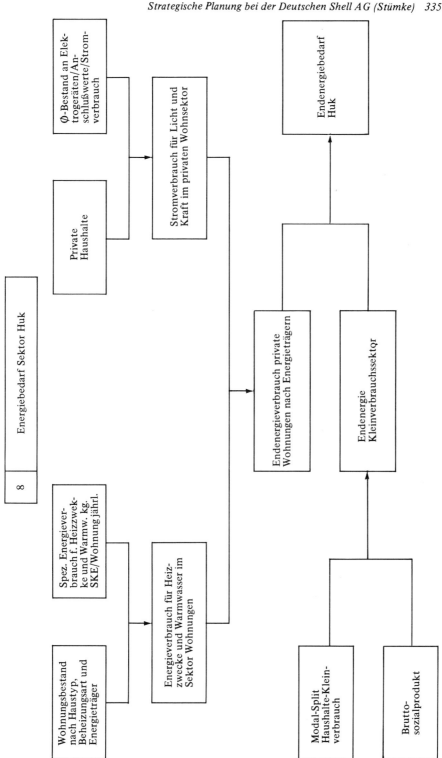

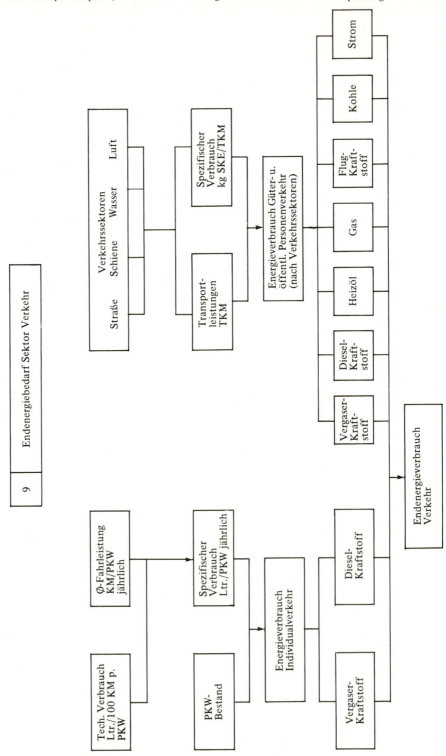

Alter der Anlage) ohnehin eine Entscheidung notwendig ist oder aus anderen Gründen (staatliche Unterstützung, sichere Versorgung, Bedienungsvorteile, Umweltfreundlichkeit) gerade „in Mode" ist. Die Reizschwelle zur Umrüstung liegt erfahrungsgemäß sehr hoch.

Darüber hinaus sind oftmals die Verteilungswege sehr unflexibel. So sind beispielsweise örtliche Gas- und Elektrizitätsversorgungsunternehmen verpflichtet, Tarifkunden zu beliefern, d.h., sie müssen ein Versorgungsnetz vorhalten und genießen deshalb Konzessionsschutz. In Neubaugebieten ist dies häufig mit einem Anschlußzwang (z.B. an Erdgasheizung) verbunden.

In manchen Einsatzbereichen sind bestimmte Energieträger volkswirtschaftlich oder gesellschaftspolitisch unerwünscht. In der Bundesrepublik Deutschland ist der Bau neuer Öl- und Gaskraftwerke praktisch verboten (Verstromungsgesetze). Der Staat setzt in solchen Fällen Daten, die keinen strategischen Spielraum lassen. Ist die staatliche Einflußnahme und Intention bekannt und beständig, kann dies in der Planung berücksichtigt werden. Werden solche Daten jedoch kurzfristig gesetzt oder geändert, hat dies Umstrukturierungen und oftmals Überkapazitäten zur Folge, die erheblichen brancheninternen Wettbewerb auslösen und Anpassungsprobleme mit sich bringen.

4. Die Scenarienmethode

Faßt man die Besonderheiten der Energiewirtschaft zusammen, so stellt man fest:
— Das Produkt als solches wird nur sekundär benötigt. Eine direkte Beeinflussung des Bedarfs durch den Energielieferanten ist kaum möglich.
— Durch die zu betreibenden Aggregate ist die Energieart weitgehend und auf längere Zeit vorbestimmt. Die Reizschwelle zur Umrüstung ist sehr hoch.
— Umstellungen von einer Energieart auf eine andere werden oftmals politisch beeinflußt.
— Angesichts der langfristig angelegten Investitionen kommt es bei Fehleinschätzungen des Marktes oder bei kurzfristigen Veränderungen der wirtschaftspolitischen Rahmenbedingungen zu einem verstärkten Wettbewerb in der Branche.

Aus diesen Gründen ist es nicht verwunderlich, daß die langfristige strategische Planung in der Deutschen Shell AG die Ungewißheit und die Unsicherheit als einen wesentlichen Planungsfaktor beachten muß. Dabei kann davon ausgegangen werden, daß Einflüsse politischer, sozialer oder gesamtwirtschaftlicher Natur diese Unsicherheiten hervorrufen. Aber solche Faktoren können selbst durch die besten Planungstechniken nicht eliminiert werden.

Deshalb ist es notwendig, Pläne zu entwickeln, die eine bestimmte Bindung mit einer gewissen Flexibilität koppeln. Diese Pläne müssen in der Festlegung/Verpflichtung ein Überleben in allen Situationen gewährleisten. Andererseits muß der Plan so viel Flexibilität lassen, daß bestimmte Chancen genutzt, entstehende Risiken/gravierende Verluste in möglichst allen Fällen jedoch vermieden werden können.

Um solche flexiblen Pläne zu erstellen, ist es erforderlich, sich Gedanken darüber zu machen, welche äußeren Faktoren die wirtschaftliche Entwicklung beeinflussen könnten und wie dann die Realität aussehen würde. Diese verschiedenen Zukunftsbilder bezeichnen wir als Scenarien. Dabei definieren wir ein Scenario wie folgt:

"A scenario is a self-consistent and interacting sociopolitical, and economic development, describing a feasible course of events leading into the future. They are thus possibilities for the future in terms of 'what could happen'; they are not estimates of 'what will happen'. Their main purpose is to provide an understanding of external forces of importance to decision making and to development of strategies."[4]

Die Anzahl von Scenarien, die man bei der Planung berücksichtigen soll, ist ein Kompromiß zwischen der großen Zahl denkbarer Entwicklungen und dem Arbeitsaufwand bei der Planung für jedes Scenario. Zu viele Scenarien würden auch an die Grenzen der Denk- und Entscheidungs-Kapazität vieler Menschen führen. Nach unserer Erfahrung sind zwei bis drei Scenarien das Optimum.

Es wäre eine Sünde wider den Geist, mehrere Scenarien zu entwickeln, um anschließend aus Arbeitsgründen die Planung auf ein oder zwei „wahrscheinliche" Scenarien zu beschränken. Es muß die Möglichkeit bestehen, jeden Plan und jede Strategie gegen alle Scenarien zu testen, um deren Robustheit festzustellen. Gute Pläne und gute Scenarien sind solche, bei denen die vorhandene Flexibilität genügend Spielraum läßt, wenn in vernünftigen Grenzen andere als die vorhergesehenen äußeren Umstände oder Entwicklungen eintreten.

Entwicklung und Auswahl relevanter Scenarien sind für die Erstellung entsprechender Pläne und erfolgreicher Planung wesentliche Voraussetzung. Aufbau, Inhalt und Unsicherheiten der Scenarien sind dabei auch abhängig vom Planungshorizont.

Kurzfristige Entwicklungen, die man im allgemeinen noch nicht Scenarien nennt, sind geprägt durch wirtschaftliche, konjunkturelle, saisonale und modische Schwankungen und umfassen max. 2 Jahre.

Mittelfristige Scenarien berücksichtigen wirtschaftliche Zyklen, politische Trends, Staatseinfluß, nehmen aber beispielsweise die bestehende Infrastruktur als fix an. Sie decken im allgemeinen Zeiträume von etwa 5 Jahren ab.

Langfristige Scenarien, die Perioden von 5−20 Jahren abdecken, sollten dagegen globale Aspekte kennen, Ressourcen, technischen Fortschritt und soziologische Trends berücksichtigen. Hier ist die Notwendigkeit, in Scenarien zu denken und zu arbeiten, offensichtlich.

In unserem Hause variieren die verschiedenen mittelfristigen Scenarien im wesentlichen Angebotsmenge und -preis von Rohöl mit den daraus erwarteten Anpassungen/Umstrukturierungen von Angebot und Nachfrage von/nach alternativen Energien.

Langfristig arbeiten wir z.Z. mit den beiden Scenarien „Evolution" und „Disharmonien", die hinsichtlich der Variablen wie folgt gekennzeichnet sind:
(siehe Tabelle Seite 339)

Versucht man die qualitativen Einflußfaktoren grafisch darzustellen, kann man feststellen:

Sättigungserscheinungen, Bevölkerungsrückgang sowie Knappheit und damit

---

[4] Beck, P.W., Strategic Planning in the Royal Dutch/Shell Group, London 1977, S. 10.

Zeiträume / Einflußfaktoren	Letztes Jahrzehnt	Mittelfr. Entwicklung 1979–1984	Alternativ-Scenarien 1985–1990–1995–2000 I. Evolution	II. Disharmonien
Bevölkerungsentwicklung				
— Konsumenten	zunehmend	abnehmend	abnehmend	abnehmend
— Erwerbspersonen	zunehmend	zunehmend	abnehmend	abnehmend
— Arbeitslose	zunehmend	zunehmend	abnehmend ab 1989	nicht abnehmend
Umweltentwicklung				
— Rohstoff-Angebot	reichlich	reichlich	Verknappung	ausreichend
— Umwelteinflüsse	Umweltverschmutzung	Umweltbewußtsein	Umweltbeeinflussung	Umweltbeobachtung
— Städtebau	Bauboom bis 1973	Eigenheimbau, Zersiedelung	Belebung der Städte (Ausbau, Neubau)	Erhaltung
— Technologie	Computer	Mikroprozessoren, Recycling, Telekomm.	zusätzliche Innovationen	Moratorium
— Industrie	Exportwirtschaft	Importkonkurrenz, Spitzentechnologie	Spitzentechnologie, Dienstleistgn.	staatliche Interventionen
Internat. Beziehungen				
— EG	Erweiterung, Protektionismus Konsolidierung, Preispolitik	Erweiterung Preissteigerungen	Integration ausgewogene Preissteigerungen	Föderalismus Konfrontation
— OPEC/Rohstoffkartelle		China-Handel Preissteigerungen, Rohstoffabkommen	Handel	Spannungen Protektionismus
— Ost-West	Entspannung, Tauschgeschäft Differenzierung, Technologietransfer		Arbeitsteilung	
— Nord-Süd				
Politische Entwicklung				
— Sozialpolitik	Bildung	Vermind. Arbeitslos. Verbess. Grundversorg.	Humanisierung d. Arbeit	Verkürzung d. Arbeitszeit
— Verteilungspolitik	Vermögensbildung	Steuerreform	Steuerreform Strukturhilfen	Transfers Investitionslenkung
— Wirtschaftspolitik	soziale Marktwirtschaft	Reaktiv. d. Marktwi. Kohle-Option, rat.	Umstrukturierung, rat. Energieeinsatz	Energieeinsparung
— Energiepolitik	Importabhängigkeit	Energieeinsatz		
Gesellschaftl. Entwicklung				
— Traditionen	abnehmend	verharrend, Minoritäten Mitbestimmung, Abkehr v.	abnehmend	zunehmend Selbstverwaltung,
— Beeinflussung/Motivation	Prestige	Prestige	Mitverantwortung	Individualismus
— Freizeit	Urlaubsgestaltung	Urlaubsverlängerung, Arbeitszeitverkürzung	flexible Jahresarbeitszeit	Teilzeitarbeit

ZPW Bu 20.12.1978

Basisannahmen und Beschreibung der Scenarien

Preis der Rohstoffe werden das Wirtschaftswachstum in den nächsten Jahren in jedem Falle beeinflussen.

Variable Faktoren können jedoch dennoch zu unterschiedlichen Entwicklungstrends führen, wie folgende Grafik zeigt:

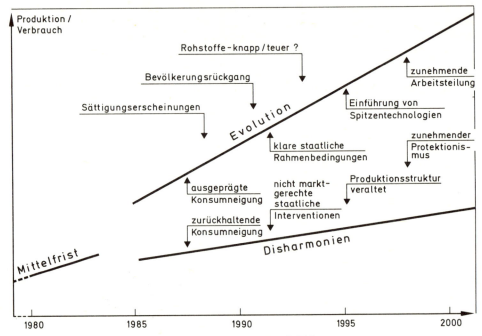

Scenarien: Qualitative Einflußfaktoren

— Im *Scenario „Evolution"* nimmt die Nachfrage kontinuierlich zu durch Investitionen, Konsumanstieg infolge zusätzlicher Freizeit und ungebrochener Nachfrage des Auslands nach neuen Qualitätsprodukten. Der private Verbrauch trägt das Wirtschaftswachstum. In dieser positiven Atmosphäre kann keine Investitionsschwäche entstehen und der Staat verbessert diese Grundstimmung noch, indem er die Forschung fördert. Die Wirtschaftsstruktur bleibt somit anpassungsfähig, neue Arbeitsplätze werden geschaffen und die Arbeitslosigkeit läßt nach. Wir haben den idealen Fall des Wachstums durch Marktwirtschaft.

— Im *Scenario „Disharmonien"* führen negatives Konsumverhalten und verzögerte Investitionsbereitschaft zu einer unzureichenden Konsumgüter- und Investitionsnachfrage. Daher wird die Ausfuhr subventioniert und die Einfuhr von Fertigprodukten gebremst. Es ergeben sich überalterte Produktionsstrukturen, begleitet von Staatseingriffen zur Rettung gefährdeter Branchen. Dadurch verschlechtert sich die Anpassungsfähigkeit der Wirtschaft. Trotz Rückganges der Anzahl Erwerbspersonen entsteht durch Abbau von Arbeitsplätzen eine sehr hohe Arbeitslosigkeit. Jedoch kommt es noch zu einem gewissen Wachstum trotz Schwierigkeiten für die Marktwirtschaft.

Bei der Entwicklung von Scenarien ist es erforderlich, die eigenen Kenntnisse über Branche und Markt mit externem Wissen über erwartete weltweite Entwicklungstrends anzureichern. Hier bieten verschiedene Institute ihre Hilfe an. Ein multinationaler Konzern kann in diesem Zusammenhang jedoch auch die vorhandenen weltweiten Kenntnisse und den Erfahrungsaustausch auf internationaler Ebene gut nutzen.

Die Einführung und Anwendung einer Scenarienplanung ist nicht ganz einfach. Sie erfordert viel mehr Abstimmung und Gespräche innerhalb und außerhalb des Unternehmens als eine Planung unter festgelegten Prämissen und ist daher auch aufwendiger. Andererseits kann man davon ausgehen, daß das Erkennen der wirklich relevanten Faktoren für einen Plan oder eine Strategie den Mehraufwand rechtfertigen. Allein die Disziplin für die Organisation, sich der Tatsache der Ungewißheit bewußt zu werden und diese unterschiedlichen Entwicklungsmöglichkeiten auch bei der eigenen Arbeit zu beachten, ist ein spürbarer Vorteil. Auch auf kurzfristige, unausbleibliche Überraschungen kann dadurch schneller und besser reagiert werden.

5. Der Planungsablauf

Die strategische Planung ist im Hause Deutsche Shell AG Ausgangspunkt und Ergebnis einer umfassenden/abgestuften Planungshierarchie. Bedingt durch die Höhe notwendiger Investitionen und die damit verbundenen langen Vorlaufzeiten unterscheiden wir folgende Planungsperioden:
— Strategische Langfristplanung. Diese erstreckt sich über etwa 20 Jahre — z.Z. ist das Endjahr das Jahr 2000 — und hat die Aufgabe, langfristige Strategien und Pläne zu entwickeln.
— Die mittelfristige Investitionsplanung, die einen Zeitraum von 5 Jahren abdeckt. Sie geht aus von den entwickelten Strategien und resultiert in der Ermittlung des Finanzbedarfes.
— Die mittelfristige Absatz- und Versorgungsplanung, die einen Zeitraum von 2 Jahren abdeckt.
— Die kurzfristige operationelle Planung mit einem Zeithorizont von 2 Monaten bis zu einem Jahr und
— die kurzfristige Programmierung des Absatzes, der Logistik und der Beschaffung für den jeweiligen Folgemonat.

Konzentrieren wir uns auf die strategische Langfristplanung, so ist der Ausgangspunkt für diese Überlegungen eine Formulierung der langfristigen Unternehmensziele durch die Unternehmensleitung. Hier müssen grundsätzliche geschäftspolitische Richtlinien über die zukünftige Entwicklung des Geschäfts gegeben werden, beispielsweise Hinweise auf gewünschte Diversifizierung, anzustrebende Verschiebungen im Portfolio und ähnliches.

Parallel hierzu werden die Scenarien entwickelt. Zur Ausweitung des Blickfeldes können die einzelnen Betriebsgesellschaften der Royal Dutch/Shell Gruppe — von denen die Deutsche Shell AG eine ist — von einer zentralen Beratungsgesellschaft der Shell Unterlagen erwerben, in denen weltweite Scenarien beschrieben werden. Diese Art der Zusammenarbeit stellt sicher, daß eine angemessene Berücksichtigung weltweiter Entwicklungen gewährleistet ist, eine Überbetonung nationaler Sonderentwicklungen vermieden wird und, im Gegensatz zu allgemeinen Beratern, der Bezug zur Energieszene zentrales Anliegen bleibt. Es ist Aufgabe einer jeden Betriebsgesellschaft, anhand der weltweiten Scenarien eigene lokale Scenarien zu entwickeln. Die Erfahrung zeigt, daß häufig die Auswirkung einer globalen Entwicklung auf ein Land von nationalen und internationalen Mitarbeitern unterschiedlich gesehen wird. Deshalb kann ein lokales Scenario im Endeffekt nur von den nationalen Gesellschaften entwickelt werden.

Im Rahmen der vom Vorstand verabschiedeten qualitativ beschriebenen lokalen Scenarien werden anschließend die spezifischen volkswirtschaftlichen Prognosedaten für jedes zu untersuchende Scenario ermittelt. Hierbei wenden wir die sektorale Prognose an und leiten aus den unter 2. bereits aufgeführten determinierenden Einflußgrößen allgemeine volkswirtschaftliche Entwicklungen sowie den Primärenergieverbrauch je Sektor und je Energieträger ab.

Anhand der so geschaffenen volkswirtschaftlichen Basisdaten je Scenario erfolgt die Ausarbeitung und Analyse sowie Festlegung der unternehmensspezifischen Strategien und die Bewertung derselben. Auch hier ist der Planungszeitraum für die Art der Planung und das Verhältnis von qualitativen Strategien und quantitativen Vorgaben/Zielen/Budgets entscheidend.

Für die langfristige Planung ist die qualitative Bewertung bedeutsamer. Die Auswertung der Basisdaten soll die Möglichkeiten, Chancen und Risiken zukünftiger Strategien ermitteln. Hierbei bedienen wir uns in geringem Umfang der Directional Policy Matrix (DPM). Dieses Hilfsmittel erleichtert die Identifizierung des eigenen Standortes im Markt und veranschaulicht die angestrebte Entwicklungsrichtung. Das folgende Schaubild zeigt eine solche Matrix, wie sie in unserem Unternehmensverband Anwendung findet.[5]

Prospects for Commercial Enterprise

	Unattractive	Uncertain	Attractive
Weak	Disinvest	Phased Withdrawal Custodial	Double or Quit
Own Competitive Average Position	Phased Withdrawal	Custodial Growth	Try Harder
Strong	Cash Generator	Growth Leader	Leader

---

[5] Beck, P.W., a.a.O., S. 15.

Es bedarf keiner Betonung, daß dieses Instrument keine Antworten auf Fragen geben kann, daß aber die notwendigen Diskussionen im Verfolgen der gewünschten Ziele und das erforderliche ständige Hinterfragen der Strategien und ihrer Wirkungen sowie das kritische Analysieren der Gründe für die eigene Stellung mit Hilfe der DPM formalisiert werden können.

Im Vergleich zum qualitativen Teil der strategischen Planung muß die quantitative langfristige Cash-Schätzung mit großem Vorbehalt betrachtet werden. Man sollte sich von vornherein darüber im klaren sein, daß solche quantitativen Bewertungen nicht mehr geben können als eine Indikation der Liquidität. Somit zeigen sie Grenzen der qualitativen Planung auf oder geben Hinweise darauf, daß u.U. zusätzliche Anlagepläne entwickelt werden müssen, falls Liquiditätserwartungen sich realisieren. Gleichzeitig wäre eine Wechselwirkung zur DPM gegeben; denn hohe Cash-Verfügbarkeit würde das Vorhandensein von "Cash-Kühen" bedingen, während umgekehrt in einer Phase der Expansion in zu entwickelnde Sektoren die Cash-Verfügbarkeit eingeschränkt sein würde.

Die Ermittlung von Cash Flows, die Fortschreibung des Anlagevermögens unter Berücksichtigung der geplanten Investitionen und die Betrachtung des Portfolio wird von dem Controller durchgeführt und der Zentralen Planung als begleitende Information zur Verfügung gestellt. Bei den kurzfristigen Plänen (bis zu 2 Jahren) ist das Verfahren genau umgekehrt. Die zahlenmäßige Darstellung und die Festlegung quantifizierter Ziele haben hier den Vorrang und die verbale Beschreibung sowie die volkswirtschaftlichen Basisdaten bilden den Rahmen. Deshalb fungiert bei diesen Plänen der Controller-Bereich als Koordinationsstelle und die Zentrale Planung übernimmt eine Zubringer-Funktion.

Das Ergebnis der strategischen Planung sollte sein:
— Die Entwicklung von Strategien für bestehende Geschäftszweige;
— die Ausarbeitung von Strategien für den Eintritt in neue Geschäftszweige;
— eine Abschätzung der Ressourcen (Rohstoffe, Kapital, Know-how, Personal, Management), die zur Realisierung der Strategien erforderlich und vorhanden oder zu beschaffen sind.
— ein Rahmenplan für die Detaillierung von Investitionsvorhaben im Rahmen der mittelfristigen Investitionsplanung sowie ggf. andere Aktionspläne.

Die Planung in Scenarien eröffnet den Vorteil, daß geprüft werden kann, ob eine Strategie auch unter verschiedenen Scenarien durchführbar ist bzw. wie sie modifiziert werden müßte, falls die äußeren Gegebenheiten sich ändern. Langfristige strategische Planung erfordert im Regelfall keine unmittelbare, unwiderrufliche Entscheidung, sondern kann durchaus mehrere Varianten in verschiedenen Scenarien aufzeigen. Kritischer wird dieser Punkt bei der mittelfristigen 5-jährigen Investitionsplanung, bei der das „Ja" oder „Nein" für eine Investition im Regelfall definitiv fallen muß, es sei denn, man *entscheidet* bewußt, den Beschluß über eine Investition zurückzustellen. Aber auch für diese Planung bewährt sich das Scenarien-Vorgehen. Es sorgt dafür, daß in den Entscheidungsprozeß für eine Investition die Chancen und Risiken bei unterschiedlicher Scenarien-Entwicklung einbezogen werden.

Ein Scenario war definiert worden als ein in sich geschlossenes Bild einer möglichen wirtschaftlichen und sozialen Zukunftsentwicklung. Innerhalb eines solchen

Trends gibt es natürlich auch noch Faktoren, die variieren können, ohne damit das Scenario als solches zu gefährden, z.B. in einem Wachstumsscenario die möglichen Rohölpreise. Auswirkungen durch Abweichungen dieser Art bezeichnen wir als Sensitivities. Sensitivities werden zusätzlich zu der scenarienmäßigen Darstellung der Entwicklung bei der mittelfristigen Investitionsplanung, aber in gewissem Umfange auch im Langfristbereich betrachtet. In diesen Fällen genügt es meistens, den Punkt zu identifizieren, bei dem eine Entscheidung allerdings dann wirtschaftlich kritisch werden könnte, um anschließend die Wahrscheinlichkeit einer solchen Entwicklung abzuschätzen.

Die kürzerfristigen obengenannten Planungen können nicht mehr als strategische Planungen im engeren Sinne angesehen werden. Sie zeigen die Auswirkungen bereits getroffener Entscheidungen und optimieren innerhalb des gegebenen Rahmens die Geschäftstätigkeit. Insofern sollen sie im Rahmen dieses Beitrages nicht behandelt werden.

6. Organisation der Planung

Konzeptionell ist die Planung der Deutschen Shell AG eingebunden in das System einer weltweiten Konzernplanung. Diese Einbindung bezieht sich jedoch in erster Linie auf den rein zeitlichen Ablauf der Planungsaktivitäten, die ja letzten Endes in eine Zusammenfassung der Plandaten für die Konzernspitze einmünden sollen. Auch hinsichtlich der Methoden und Formalitäten, nach denen die Pläne aufgestellt werden, herrscht eine weitgehende Übereinstimmung.

Inhaltlich ist eine Einbindung nur insoweit gegeben, als der Ausgangspunkt die schon beschriebenen weltweiten Scenarien des Konzerns sind. Diese entstehen, indem zentrale Planungsstäbe die von den Betriebsgesellschaften — von denen die Deutsche Shell AG eine ist — gelieferten Informationen auswerten und Modelle der Zukunftsentwicklung erarbeiten.

Bei der Deutschen Shell werden diese Daten mit evtl. inzwischen neueren nationalen Prognosedaten (vom BMWi, Instituten und Verbänden) zusammengeführt, um daraus Schätzungen über den Gesamtbedarf an Primärenergie sowie an Öl und Erdgas abzuleiten.

Wenn bei dieser Umsetzung in nationale Scenarien bei den zugrundeliegenden Basisannahmen, z.B. Wachstum des Bruttosozialproduktes oder Inflationsentwicklung Abweichungen auftreten, sind diese erfahrungsgemäß so klein (Abweichungen in der Dezimalstelle), daß sie den Vergleich und die Zusammenfassung der individuellen Pläne zum Konzernplan nicht stören.

Es bleibt festzuhalten, daß dieses Verfahren keine verbindlichen Vorgaben für die Ausgestaltung der strategischen Pläne kennt. Diese sind ausschließlich in die Verantwortung der nationalen Unternehmensleitung gestellt und bilden die Grundlage für die Steuerung, die einzuschlagenden Strategien und die notwendigen Investitionen. Eine solche nationale Verantwortung schließt nicht aus, daß auf allen Ebenen, z.B. bei der Planung und Durchführung von Investitionsvorhaben, Gebrauch von dem fachlichen und regional weit gefächerten zentralen Beratungsangebot und der dahinter stehenden Expertise gemacht wird.[6]

---

[6] Vgl. Broschüre „Die Deutsche Shell innerhalb einer weltweiten Unternehmensgruppe", S. 30 ff.

Für die strategische Planung im Hause der Deutschen Shell AG ist der Direktionsbereich „Zentrale Planung" zuständig. Diese Einheit ist direkt dem Vorstandsvorsitzenden unterstellt. Gleichzeitig fungiert der Bereichsleiter als Sekretär des Gesamtvorstandes. Diese Kombination hat sich bewährt, da so die Verknüpfung von aktuellem Tagesgeschehen zu strategischer Planung sichergestellt werden kann.

Organisatorisch gehören zum Bereich „Zentrale Planung" die Einheiten „Zentrale Planung Wirtschaft/Energie", „Zentrale Planung Entwicklung/Koordination" und „Zentrale Planung Operations Research" sowie „Organisation/Produktivität". Der Planungsablauf beginnt mit der Entwicklung der nationalen Scenarien und der Erstellung von Wirtschaftsprognosen, insbesondere auf dem Energiesektor, die von der Abteilung „Wirtschaft/Energie" vorbereitet und dem Vorstand zur Diskussion/ Verabschiedung vorgelegt werden. Auf Basis dieser grundlegenden Annahmen übernimmt dann die Einheit „Entwicklung/Koordination" die Aufgabe der Auslösung, Abstimmung und Zusammenführung dezentraler Schätzungen.

Um sicherzustellen, daß die Linienfunktionen sich auch mit den mittelfristigen und langfristigen Schätzungen identifizieren, werden die Pläne dezentral erstellt. Das folgende Organigramm zeigt, wie die Planungseinheiten der verschiedenen Funktionen unter dem Vorsitz der Zentralen Planung in Planungskreisen unterschiedlicher Zusammensetzung gemeinsam die Pläne entwickeln.

Aufgabe des Koordinators ist es, Anregungen zu geben, als Katalysator zu wirken und dafür zu sorgen, daß bestehende Interdependenzen beachtet werden. Bei besonders komplexen Verknüpfungen von Sachverhalten, wie z.B. bei Standort-, Kapazitäts-, Logistik- und Fabrikationsfragen wird regelmäßig die „Operations Research"-Einheit hinzugezogen. Mit aus diesem Grunde ist sie der Zentralen Planung angegliedert.

Zur Aufgabe der Zentralen Planung gehört nicht die zahlenmäßige Untermauerung der Planung. Diese Aufgabe übernimmt der Controller, der in dieser Funktion auch Mitglied der verschiedenen Planungskreise ist. Diese Aufgabenteilung hat sich als zweckmäßig erwiesen, weil
— die Duplikation der Expertise vermieden wird und
— so sichergestellt ist, daß die in der Ausgestaltung flexiblere Planungsdokumentation stets eintretenden Änderungen der Effektivberichterstattung angepaßt werden kann. Dies ist besonders für die kurzfristigen Planungen notwendig, bei denen auch die Koordination auf den Controller-Bereich übergeht.

Ebenso wie im Planungsablauf die operationelle Planung der Investitionsplanung nachgeordnet ist, ist auch organisatorisch die Zentrale Planung für die Durchführungsplanung (Absatzplanung, Kostenplanung etc.) nicht federführend. Hier werden die Aktionen durch entsprechende, kurzfristig einberufene Steuerungsgremien wahrgenommen, die vorwiegend die Linienfunktionen umfassen. Um die Verbindung zur Langfristplanung sicherzustellen, hat die „Zentrale Planung" in diesen Gremien jedoch Sitz und Stimme.

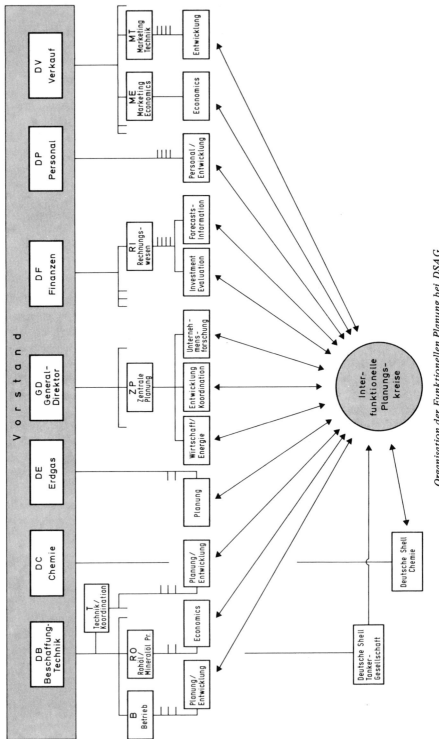

Organisation der Funktionellen Planung bei DSAG

7. Zusammenfassung

Zusammenfassend läßt sich sagen, daß die strategische Planung in unserem Hause wegen der besonderen Gegebenheiten bei Energieversorgungsunternehmen eine sehr lange Periode von bis zu 20 Jahren umfaßt. Es werden für diese Zeiträume unterschiedliche Scenarien erstellt und daraus abgeleitete Sensitivities betrachtet. Ausgangspunkt und Koordinationsstelle der Planung ist eine zentrale Planungseinheit. Die Pläne selbst werden dezentral von den Linienfunktionen entwickelt. Auswirkungen auf das finanzielle Unternehmensergebnis und auf die Finanzplanung werden vom Controller Bereich ermittelt. Der Planungsvorgang ist über die verschiedenen Planungsperioden ein verzahnter Prozeß, der revolvierend abläuft. Zur Erhöhung der Transparenz des Planungs- und Steuerungsgeschehens werden Abstimmungsgremien und Komitees zwischengeschaltet. Die bisherigen Erfahrungen waren trotz nicht planbarer „Überraschungen" durchaus ermutigend. Denn schon vor Jahren wurde als Ergebnis solcher Planungen darauf hingewiesen, daß angesichts des wachsenden Energiebedarfs der Welt steigende Energiepreise unabdingbar sind, um die Erschließung zusätzlicher, aufwendigerer Ressourcen zu initiieren. Daß politische Faktoren/Entwicklungen in den Jahren 1973 und 1978 diesen Prozeß drastisch beschleunigten, hat die Planung zwar zeitlich überrollt, aber nicht die entwickelten langfristigen Vorstellungen und die daraus abgeleiteten Strategien wertlos gemacht.

Zusammenfassung

Einleitend charakterisiert der Verfasser die für die Mineralölwirtschaft typischen Besonderheiten und arbeitet die gerade in dieser Branche augenfällige Notwendigkeit einer langfristig angelegten, strategischen Planung heraus, die durch die große zeitliche Reichweite der Erschließung von Energiereserven und des Baues von Anlagen zur Verarbeitung der Rohstoffe begründet ist.

Anschließend wird gezeigt, wie die Einflußgrößen für den Energiebedarf ihren Niederschlag in der inhaltlichen Ausgestaltung der strategischen Pläne finden. Als Techniken zur Erstellung der strategischen Pläne kommen bei der Deutschen Shell AG die Scenarienmethode und eine modifizierte Version der Portfolio-Analyse zum Einsatz. Die Anwendung beider Methoden wird im einzelnen beschrieben.[7]

Der Beitrag endet mit einer ausführlichen Darstellung der Shell-spezifischen Interaktionen zwischen nationaler Tochter- und internationaler Muttergesellschaft im Rahmen der konzernweiten Planungsorganisation.

---

[7] Vgl. dazu auch den Beitrag von Hussey: Portfolio-Analysis: Practical Experience with the Directional Policy Matrix, in diesem Band S. 216 ff.

Planung, Kontrolle und Management-Informations-Systeme*

Peter Mertens

1. Definition

Unter einem Management-Informations-System (MIS) versteht man in der deutschen Literatur üblicherweise ein computerunterstütztes System, mit dem Daten so aufbereitet werden, daß sie ohne wesentliche menschliche Manipulationen unmittelbar als Entscheidungs- und Planungshilfe für Führungskräfte dienen können. (Hingegen wird in den USA in der Regel der Begriff weiter abgesteckt: Dort rechnet man auch Elemente eines integrierten Datenverarbeitungssystems, die lediglich die operierende Ebene unterstützen, wie z.B. eine Stücklistenauflösung, zum MIS.)

2. Typen von Management-Informations-Systemen

Nach der Funktion kann man unterscheiden in:

(1) Reine Informationssysteme; z.B. wird über die Entwicklung der Lieferbereitschaft berichtet.

(2) Informationssysteme, die auch Anregungen zu Entscheidungen geben; z.B. wird in Anbetracht einer wachsenden Zahl von Fällen, in denen man nicht lieferbereit war, emfpohlen, den Sicherheitsbestand um eine bestimmte Menge zu erhöhen.

(3) Entscheidungssysteme; in diesem Fall sorgt das elektronische System selbsttätig für die Regulierung des Sicherheitsbestandes.

Diese Typisierung läßt sich wie folgt modifizieren: (siehe Tabelle Seite 349).

Nach der methodischen Verfeinerung lassen sich folgende Stufen unterscheiden:

(1) Reine Berjchtssysteme; hierbei werden Daten periodisch ausgegeben.

(2) Berichtssysteme mit Ausnahmemeldungen; neben den Massen- und Routinedaten werden Abweichungen von Plan-, Soll-, Vergangenheits- oder anderen Vergleichswerten über eine bestimmte Toleranz (Schwellenwert) hinaus besonders gekennzeichnet.

(3) Reine Ausnahme-Berichtssysteme; Berichte werden nicht periodisch ausgegeben, sondern nur dann, wenn Abweichungen auftreten.

(4) Abfrage- bzw. Auskunftssysteme mit Standard-Abfragen; Managern wird die Möglichkeit gegeben, aus einer Datenbank bestimmte Informationen abzufragen,

---

*Dieser Beitrag wurde vom Verfasser für den Reader geschrieben, wobei jedoch mehrere Passagen dem Buch: Mertens, P. und Griese, J., Industrielle Datenverarbeitung, Band 2: Informations- und Planungssysteme, 2. Aufl., Wiesbaden 1979, und dem Aufsatz: Mertens, P., Computergestützte Unternehmensplanung, Informatik Spektrum 2 (1979), S. 86 ff. entnommen sind.

Aufgabenumfang des Systems	Beispiel
Information	Information, daß der Lieferbereitschaftsgrad auf g % zurückgegangen ist.
Information + Diagnose	Die mangelhafte Lieferbereitschaft wird auf zu niedrige Sicherheitsbestände zurückgeführt.
Information + Diagnose + Empfehlung	Das System empfiehlt aufgrund einer Optimierungsrechnung, den Sicherheitsbestand um n Stück zu erhöhen.
Information + Diagnose + Empfehlung + Prognose	Das System prognostiziert, daß die Erhöhung des Sicherheitsbestandes um n Stück den Lieferbereitschaftsgrad auf g'% erhöhen wird.

wobei jede Abfrage standardisiert und vorprogrammiert ist, was letztlich bedeutet, daß zumindest der Typ der Abfrage bereits bei der Systemplanung bekannt sein muß.

(5) Abfragesysteme mit freien Abfragen; im Gegensatz zu (4) fallen die Standardisierungsbeschränkungen weg, und der Manager kann seinen Informationswunsch dadurch zum Ausdruck bringen, daß er bei der individuellen Recherche angibt, welche Merkmale (Deskriptoren) die gesuchte Information auf sich vereinigen soll.

(6) Dialogsysteme ohne Entscheidungsmodell; anders als bei (4) und (5) beschränkt sich die Suche in der Datenbank nicht auf eine Frage und eine Antwort. Vielmehr findet eine Recherche im Wege der Mensch-Maschine-Kommunikation statt. Dabei wirkt aber auf seiten der Elektronik kein Dispositions- oder Optimierungsmodell mit.

(7) Dialogsysteme mit funktionalem Entscheidungsmodell – Herrensystem; hier sucht der Manager im Zusammenwirken mit einem elektronischen Programm, das auch ein Dispositions- oder Optimierungsmodell enthält, nach einer günstigen Entscheidung. Das Modell umfaßt nur einen betrieblichen Funktionalbereich (vgl. im Gegensatz dazu unten Punkt (9)). Der Begriff „Herrensystem" besagt, daß der Mensch den Prozeß führt („Herr des Prozesses ist"). Er bestimmt den Ablauf des Dialoges und schaltet die Elektronik ein, wenn er Daten aus der Datenbank benötigt oder arithmetische bzw. logische Operationen an die EDV-Anlage delegieren will.

(8) Dialogsysteme mit funktionalem Entscheidungsmodell – Sklavensystem; diese Verfeinerungsstufe ergibt sich aus der gemäß Punkt (7), wenn das elektronische System die Prozeßführung übernimmt und den Dialogablauf bestimmt. Der Mensch wird eingeschaltet, wenn die Elektronik Daten benötigt, die bisher nicht gespeichert sind, wenn Zwischenergebnisse beurteilt werden müssen, wenn nicht programmierte Fälle eintreten, wenn besondere Konstellationen auftauchen bzw. Zwischenstationen erreicht werden, bei denen der Mensch unterrichtet werden will.

(9) Dialogsysteme mit einem Unternehmens-Gesamtmodell; im Gegensatz zu den Verfeinerungsstufen (7) und (8) beschränkt sich das Entscheidungsmodell

jetzt nicht mehr auf einen Teilbereich des Unternehmens, sondern bildet das Gesamtunternehmen ab. Derartige Systeme dienen vor allem dazu, die Auswirkungen von Entscheidungen in diesem Funktionalbereich auf andere Funktionalbereiche zu studieren[1].

Fragt man nach dem Nutzeffekt und gleichzeitig nach den Realisierungschancen der einzelnen Verfeinerungsstufen, so sind die folgenden Aussagen zu treffen:

(1) Mit Systemen der Stufe (2) wird man relativ einfach einen großen Teil des Informationsbedarfs abdecken können, insbesondere was weite Bereiche der mittleren Führungsebenen angeht[2]. Inwieweit man auch das Top-Management zufriedenstellen kann, hängt nicht zuletzt von der Führungstechnik ab. Bei ausgeprägtem „Management by Objectives" dienen die Computer-Berichte dazu, den Grad der Zielerreichung aufzuzeigen. Erst recht helfen Berichte, die nach dem Prinzip des „Information by Exception" gestaltet sind, bei einer Führungstechnik des „Management by Exception".

Die Auffassung in Literatur und Praxis über die Ausnahmeberichtssysteme sind geteilt. Köhler und Heinzelbecker haben in einer Felderhebung festgestellt, daß in der Bundesrepublik 1975 im Vergleich zu 1970 eine Reihe von Unternehmen diesen Berichtstyp realisiert haben, andere seine Einführung forcieren wollen, wieder andere jedoch von diesbezüglichen Plänen abgekommen sind[3]. Szyperski merkt an, daß Schwellenwerte nicht absolut, sondern nur relativ zueinander gesehen werden können. Er schreibt: „Festgeschriebene Schwellenwerte, verbunden mit der Management-by-Exception-Fiktion, sind daher gefährlich. Das Management sollte neugierig sein, d.h. neue Informationsverknüpfungen suchen . . . und nicht nur wie eine ‚Kontrollperson' auf einer Schaltbühne aufmerksam dösen"[4]. Dieser Auffassung ist zuzustimmen; allerdings stellt sich in der Praxis oft nicht die Alternative zwischen einem Ausnahme-Berichtssystem und einem perfekten Entscheidungshilfsmittel, sondern die Wahl liegt zwischen einem Berichtssystem, das die Aufmerksamkeit der Führungskräfte auf Daten lenkt, die eine gefährliche Entwicklung anzeigen könnten, und einem weitgehend unbeachteten „Zahlenfriedhof".

(2) Systeme der Stufe (3) erscheinen uns nicht unproblematisch, weil das reine Aufzeigen von Abweichungen führungspsychologisch umstritten ist und weil nach dem Erkennen von Abweichungen meist doch nach den übrigen Routinedaten gefragt wird, um die Abweichungsanalyse und -ursachenforschung einzuleiten.

(3) Systeme der Stufe (4) bringen in vielen Situationen keinen ausreichenden Grenznutzen, um den für ihre Realisierung in der Regel notwendigen zusätzlichen Hardware-Aufwand zu rechtfertigen. Wie bei Systemen der Stufe (2) muß auch hier

---

[1] Weitere Typologien von Informations- und Planungssystemen findet man bei: Kirsch, W. und Klein, H.K., Management-Informations-Systeme I, Stuttgart u.a. 1977.

[2] Zur Frage, inwieweit ein periodisches Berichtssystem überhaupt sinnvoll ist, vgl. auch die Überlegungen von J.F. Kelly (Computerized Management Information Systems, London 1970, S. 218); vgl. hierzu auch die provokanten Thesen von Ackoff, R.L., Management Misinformation Systems, Management Science 14 (1967), S. B-147 ff.

[3] Köhler, R. und Heinzelbecker, K., Informationssysteme für die Unternehmensführung, Die Betriebswirtschaft 37 (1977), S. 267 ff., hier S. 275.

[4] Szyperski, N., Realisierung von Informationssystemen in deutschen Unternehmungen, in: Müller-Merbach, H. (Hrsg.), Quantitative Ansätze in der Betriebswirtschaftslehre, München 1978, S. 67 ff., hier S. 77.

der Informationsbedarf des Managements vorgegeben werden, so daß insoweit die gleichen Probleme auftreten. Der Vorteil von Abfragesystemen, insbesondere wenn sie mit On-line-real-time-Installationen verbunden sind, liegt darin, daß vor jeder Entscheidung aktuelle Daten zur Verfügung stehen und andererseits nicht dann Berichte geliefert werden, wenn man sie gerade nicht benötigt. Jedoch ist zu bedenken, daß die Datenbasis möglicherweise auch nicht vollkommen aktuell ist bzw. daß die Gewährleistung dieser Aktualität zusätzlichen Aufwand erfordert. Beispielsweise wird die Ad-hoc-Abfrage von Erfolgsrechnungsdaten mitten im Monat wenig Sinn haben, wenn die Periodenabgrenzungsbuchungen nur zum Monatswechsel erfolgen.

(4) Systeme der Stufe (5) und (6) vermeiden den Nachteil, daß der Informationsbedarf genau vorhergesehen werden muß, sie sind jedoch bedeutend aufwendiger. Die Verfeinerungsstufen (4) und (5) können in technischer Hinsicht sowohl mit einem Off-line- als auch mit einem On-line-Betrieb dargestellt werden (im Gegensatz zu den Stufen (6) bis (9), für die in der Regel ein On-line-Betrieb Voraussetzung ist). In diesem Zusammenhang stellt sich die Frage, inwieweit überhaupt in Zukunft dem Manager der Zugang zu einem On-line-System ermöglicht werden soll. In der populärwissenschaftlichen Literatur findet man verbreitet die Zukunftsvision, daß jeder Manager auf seinem Schreibtisch ein Bildschirmterminal haben wird, mit dessen Hilfe er die Datenbank abfragen kann. Von wissenschaftlicher Seite werden dagegen starke Bedenken vorgetragen[5]. Canning hat darauf hingewiesen, daß die On-line-Abfrage nur nutzbringend ist, wenn die Fragestellung aufgrund einer zunächst vom Computer erhaltenen Antwort durch Zusatzfragen systematisch detailliert werden kann[6]. An anderer Stelle vertritt er die Ansicht, daß die nächste Generation von Top-Managern vielleicht eine größere Bereitschaft zum Umgang mit Real-time-Systemen aufbringen wird, weil sie schon auf einem niedrigen Organisationslevel damit in Berührung gekommen ist[7]. Auch die bisherigen praktischen Erfahrungen führen zu widersprüchlichen Ergebnissen. Holzwarth berichtet über Schwierigkeiten, die sich beim Einsatz von On-line-Abfragesystemen in der Praxis ergeben[8]. Dunlop schildert einen gescheiterten Versuch der IBM-Konzernverwaltung, bei dem Führungskräfte die in ihren Büros aufgestellten Terminals nicht annahmen und zum Teil in die Räume ihrer Mitarbeiter umsetzen ließen[9]. Zani hat in einer ausführlichen Feldstudie, die allerdings stark auf die operative Ebene bezogen ist, gezeigt, wie schwer es ist, Echtzeitsysteme wirksam für das Management zu nutzen[10]. Schimmelbusch berichtet über die Nutzung eines interaktiven Unternehmensmodells in einem größeren Bergbauunternehmen, das zum Metallgesellschaft-

---

[5] Vgl. z.B. Dearden, J., The Myth of Real-time Management Information, Harvard Business Review 44 (1966) 3, S. 123 ff., deutsche Übersetzung: Echtzeit-Information für die Unternehmensleitung – ein Mythos, Fortschrittliche Betriebsführung 18 (1969), S. 54 ff.; vgl. auch Kennevan, W.J., MIS Universe Systems, Data Management 8 (1970) 9, S. 62 ff.

[6] Canning, R.G. (Hrsg.), What's the Status of MIS, EDP Analyzer 7 (1969) 10, S. 7 ff.

[7] Canning, R.G. (Hrsg.), Technical Support for an MIS, EDP Analyzer 7 (1969) 11, S. 8 ff.

[8] Holzwarth, F., MIS in USA, Bürotechnik und Automation 12 (1971) 12, S. 38 ff.

[9] Dunlop, R.A., Some Empirical Observations on the Man-Machine Interface Question, in: Kriebel, C.H., van Horn, R.L. und Heames, J.T. (Hrsg.), Management Information Systems: Progress and Perspectives, Pittsburgh 1971, S. 219 ff.

[10] Zani, W.M., Real-Time Information Systems: A comparative economic Analysis, Management Science 16 (1970), S. B-350 ff.

Konzern gehört[11]: „Der Anwender, der das Modell im Dialog wöchentlich eigenhändig betreibt, ist als Vice president finance and administration mittlerweile schneller am Terminal als seine Sekretärin". Bei einem umfassenden Experiment der Boeing Company hat sich herausgestellt, daß auch höhere Führungskräfte Bildschirme zur Datenbankabfrage benutzen, wenn die Bedienung hinreichend einfach ist. Bei Boeing ist man allerdings der Meinung, daß weitergehende Analysen, die dann bereits zum Mensch-Maschine-Dialog führen, nur von Spezialisten durchgeführt werden sollen[12]. Dem steht die Erfahrung, die man bei der Firma Lockheed und im US-amerikanischen Patentamt gemacht hat, gegenüber: Die präzise Weitergabe einer Suchanfrage an eine Zwischenperson ist nicht unproblematisch, weil diese die Abfrage vielleicht nicht mit der gleichen Sorgfalt betreibt wie ein in der Bedienung eines On-line-Systems genauso geschulter „Endbenutzer" der Information[13]. Alter schreibt, nachdem er in einer Untersuchung gefunden hatte, daß die Gefahr des Mißbrauchs von Dialogsystemen groß ist, wenn sie nicht von einer Person mit Kenntnis der technischen Details benutzt werden: „ . . . it seems to me that direct use of decision support systems by nonexperts should be discouraged rather than encouraged"[14]. Hedberg hat im Rahmen einer intensiven Studie[15] unter den Experimentbedingungen eines Unternehmensplanspiels Managern die Möglichkeit geboten, sich bei ihren Entscheidungen

(a) eines Off-line-Berichtssystems,

(b) eines Bildschirmdialogsystems ohne Entscheidungsmodell oder

(c) eines Bildschirmdialogsystems mit Entscheidungsmodell

zu bedienen. Der gesamte Ablauf des Entscheidungsprozesses wurde dabei in die Phasen Intelligence (Überlegung), Design (Ausarbeitung), Choice (Auswahl) eingeteilt. Aus der Fülle der Ergebnisse des Experimentes sind in diesem Zusammenhang die folgenden interessant:

— Bei der Verwendung von (b) und (c) war der Anteil der Intelligence-Phase größer.

— Die Intensität des Entscheidungsprozesses (gemessen an der Anzahl der durchgespielten Phasen pro Zeiteinheit) nahm bei Verwendung von (b) und (c) zu.

— Die Benutzung des Bildschirmdialogsystems in den Formen (b) und (c) führte dazu, daß die Entscheider oft zwischen den Phasen des Entscheidungsablaufs hin- und hersprangen.

— Die Anzahl der pro Zeiteinheit getroffenen Entscheidungen war bei Benutzung von (b) und (c) größer.

---

[11] Schimmelbusch, H., Grenzen der Anwendung computergestützter Verfahren im Prozeß der strategischen Unternehmensplanung, in: Plötzeneder, H.D. (Hrsg.), Computergestützte Unternehmensplanung, Stuttgart u.a. 1977, S. 181 ff., hier S. 189.

[12] Johnson, G.P., Boeing: Feasibility Study for a Computer Graphics Installation, in: Green, R.E. und Parslow, R.D. (Hrsg.), Computer Graphics in Management, Princeton u.a. 1970, S. 97 ff.

[13] Canning, R.G. (Hrsg.), Progress in Information Retrieval, EDP-Analyzer 8 (1970) 1, S. 12.

[14] Alter, S., Why is Man-Computer Interaction important for Decision Support Systems?, Interfaces 7 (1977) 2, S. 109 ff., hier S. 111.

[15] Hedberg, B., On Man-Computer Interaction in Organizational Decision Making, A Behavioral Approach, BAS ek. för., Göteborg 1970.

Ähnliche Ergebnisse werden auch von Morton[16] vorgelegt.

(5) Zu den Möglichkeiten, die die Systeme der Stufe (7) und (8) bieten, wollen wir folgende Aussagen treffen[17]:

Die Organisation des Mensch-Maschine-Dialoges bzw. der Mensch-Maschine-Kommunikation (MMK) erlaubt es, die Vorzüge des Menschen und des Computers gleichzeitig zur Geltung zu bringen, wobei sowohl der Partner Mensch als auch der Partner Computer am Dialog jeweils die Aufgaben übernimmt, für die er relativ besser geeignet ist.

Die Elektronik ist im Vorteil durch ihre hohe Verarbeitungsgeschwindigkeit und -sicherheit und durch die Möglichkeit, eine große Menge von quantitativen Daten zu speichern.

Der Mensch ist überlegen durch seine Kreativität, durch seine Lernfähigkeit, durch seine Möglichkeit, Muster zu erkennen (pattern recognition), durch seine Fähigkeit, relevante Informationen durch Assoziation aufzufinden, und durch die Eigenschaft, Unsicherheiten und Risiken relativ gut abwägen und in Wahrscheinlichkeitszahlen umdeuten zu können.

Aufgrund dieser Eigenschaften scheinen MMK-Modelle vor allem für die folgenden Typen von Planungsproblemen geeignet:

(1) Die Input-Daten für ein Planungsmodell stehen nicht von vornherein fest, sondern werden erst im Dialog erarbeitet.

(2) Das Modell selbst wird im Dialog entwickelt. Der Mensch baut in einem Dialog ein erstes Modell auf, testet dessen Reaktion auf verschiedene Veränderungen der Eingabedaten und Parameter und zieht daraus Schlüsse, ob das Modell richtig ist oder weiterentwickelt werden muß. Interessanterweise kann ein solcher Dialog auch dazu dienen, daß die Manager ihre eigenen Hypothesen über bestimmte Datenentwicklungen und Zusammenhänge überprüfen. Der Dialog mit dem Computer zwingt sie, ihre Vorstellungen zu formalisieren und sie dabei zu vertiefen und zu präzisieren. Reagiert das so zustande gekommene Modell, wenn man es mit Daten der Wirklichkeit versorgt, anders als die Realität, so ist dies ein Anlaß, bisherige Hypothesen (die die Führungskraft vielleicht bis dahin unbewußt ihrem Handeln und Planen zugrunde gelegt hat) in Frage zu stellen[18]. Darüber hinaus stellt sich zuweilen bei derartigen Arbeiten mit Modellen heraus, daß bestimmte Lücken im Informationsstand existieren, so daß ein Anstoß zur Verbesserung des Informationssystems gegeben wird.

(3) Ein Planungsprozeß ist so schlecht strukturiert, daß er nur mit Hilfe eines verhältnismäßig unsystematischen Probierverfahrens bewältigt werden kann, das im wesentlichen aus der Gegenüberstellung verschiedener Daten aus der Datenbasis besteht. Die Daten beschafft sich der Planer immer wieder auf eine andere Art und Weise.

---

[16] Morton, M.S.S., Management-Entscheidungen im Bildschirmdialog, Essen 1972, S. 109 ff.

[17] Siehe dazu: Mertens, P. und Kress, H., Mensch-Maschinen-Kommunikation als Hilfe bei der Entscheidungsvorbereitung und Planung, Zeitschrift für betriebswirtschaftliche Forschung 22 (1970), S. 1 ff.

[18] Vgl. zu dieser Problematik die Abhandlung von J.D.C. Little (Models and Managers: The Concept of a Decision Calculus, Management Science 16 (1970), S. B-466 ff.); vgl. auch Montgomery, D.B. und Urban, G.L., Management Science in Marketing, Englewood Cliffs 1969, S. 366.

(4) Das Planungsproblem tritt jedesmal in einer anderen Variante auf, so daß sich seine Formalisierung in Gestalt eines fertigen (und möglicherweise auch im Off-line-Betrieb nutzbaren) Programms nicht lohnt.

(5) Bestimmte Entscheidungen werden in Konferenzen diskutiert, vorbereitet und/oder getroffen. Dabei ist es erforderlich, für einzelne Diskussionsbeiträge zusätzliche Daten zu beschaffen bzw. die Konsequenzen bestimmter Vorschläge sofort mit Hilfe von Simulationsmodellen abzuschätzen.

(6) Unternehmens-Gesamtmodelle (Verfeinerungsstufe (9)) befinden sich derzeit in einer Reihe von Unternehmen in Vorbereitung oder konnten bereits realisiert werden, wobei der Trend in Richtung auf MMK-Verfahren unter Verwendung von Simulationsmodellen zu gehen scheint, die das Gesamtunternehmen aus der Sicht des Rechnungswesens und der Finanzierung behandeln. Der Eigenart von Finanzierungsmodellen entsprechend werden dabei deterministische Modelle stochastischen vorgezogen.

3. Elemente eines modernen Management-Informations-Systems

3.1. Datenbank und Informationserschließung

Eine Datenbank ist mehr als eine strukturierte Sammlung von Daten. Vielmehr enthält sie auch programmiertechnische Hilfsmittel zum Aufbau und zur Pflege der Dateien sowie zur Durchführung der Zugriffe und zur Abfrage, ferner besondere Vorrichtungen zur Organisation des Datenverkehrs zwischen Datenbank und Benutzer (z.B. Schutz der Datenbestände vor unberechtigtem Zugriff und unberechtigter Veränderung, Kommunikation zwischen einem Datenendgerät und der Datenbank, Regelung der Priorität von Anfragen), zur Sicherung der Datenbestände gegen Systemausfall oder -zerstörung und zur Protokollierung der Benutzung des Datenbanksystems.

In enger Verbindung mit der Datenbank muß die computergestützte Informationserschließung (Information Retrieval) gesehen werden. Während bei den Datenbanksystemen im engeren Sinn mit sogenannten formatierten Daten gearbeitet wird, bei denen die Datenbanksätze nach einem fest vorgegebenen Format ausgerichtet sind und bei denen man zu jedem Feld den möglichen Zeichenvorrat kennt, operieren Informationserschließungssysteme mit unformatierten Datenbeständen, in denen die Datenelemente meist Texte sind, die aus Worten einer Sprache und nach den Regeln dieser Sprache gebildet wurden.

Einige der bisher erwähnten Bestandteile einer formatierten Datenbank haben auch für nichtformatierte Datenbanken Bedeutung: Es sind Speicherungs- und Verarbeitungsformen für die Schlüsselworte auszuwählen, der Suchprozeß wird mit einer möglichst benutzerfreundlichen Abfragesprache durchgeführt, die Datenbankbenutzung ist zu organisieren, und es sind Vorkehrungen zur Sicherung der Datenbestände zu treffen. Daneben gibt es aber noch Besonderheiten, die mit der Aufbereitung nicht-formatierter Datenbestände für einen Suchprozeß zusammenhängen. Der Suchprozeß orientiert sich meist an der Anzahl und dem Zusammenhang von Schlüsselwörtern (Deskriptoren) eines Textes. Hierzu muß ein Deskriptorensystem aufgebaut und gewartet werden.

Ein interessanter Bestandteil eines Informations-Erschließungs-Systems ist auch die *selektive Informationsverteilung* (Selective Dissemination of Information, SDI). Dabei melden die Führungskräfte ihre speziellen Informationswünsche in Gestalt einer „permanenten Anfrage" („Dauerauftrag") an das elektronische System, wobei diese Anfrage in der gleichen Form, also z.B. in Gestalt von Deskriptorenkombinationen, abgefaßt wird wie bei den gewöhnlichen Recherchen. Beispiel: Der Leiter der Abteilung „Steuern" wünscht über alle neu eintreffenden Veröffentlichungen unterrichtet zu werden, die mit den Deskriptoren „Ertragssteuern", „Geldentwertung", „Abschreibungen" gekennzeichnet wurden. Bei jeder Neueinspeicherung eines Dokumentes wird geprüft, ob für die diesem Dokument beigegebene Deskriptorenkombination ein innerbetrieblicher Interessent existiert. Wenn ja, so erhält dieser Mitarbeiter einen Hinweis auf das neu eingespeicherte Dokument ausgedruckt.

Im Industriebetrieb bilden die sogenannten *Stammsätze* den Kern der für das MIS benötigten Daten. Eine gängige Untergliederung der Stammsätze ist die folgende:

Betriebsmittel
Teile
Erzeugnisstrukturen
Fertigungsvorschriften
Personalkapazitäten und Mitarbeiter
Kostenstellen
Kunden
Lieferanten
Projekte.

Ein weiterer wichtiger inhaltlicher Bestandteil von Datenbanken neben den Stammdaten sind die *Vormerkspeicher*. Während Stammdaten auf Dauer angelegt werden, ist die Lebensdauer des einzelnen Vormerkspeichers von vornherein begrenzt. Es existiert ein geplanter Zeitpunkt oder ein zu erwartender Vorgang, bei dessen Eintreffen die Vormerkbestände gelöscht werden. Beispielsweise wird der Vormerkspeicher „Offene Bestellungen bei Lieferanten" gelöscht, sobald die Lieferantenrechnung geprüft und zur Zahlung freigegeben ist. Die wichtigsten Vormerkbestände im Industriebetrieb sind:

— Eröffnete Angebote,
— Erfaßte, aber noch nicht abgerechnete Kundenaufträge,
— Offene Posten Debitoren,
— Offene Posten Kreditoren,
— Veranlaßte, aber noch nicht gemeldete Inventuren,
— Veranlaßte, aber noch nicht abgeschlossene Fertigungs- und Instandhaltungsaufträge,
— Abgesandte Lagerüberweisungen, für die der Eingang im empfangenden Lager noch nicht gemeldet wurde,
— Wareneingänge, für die noch die Lieferantenrechnung aussteht und
— Offene Bestellungen an Lieferanten.

3.2. Methodenbank

Unter Methodenbanken versteht man geschlossene Systeme, die die Nutzung der Methoden auch Personen zugänglich machen, die nicht EDV-Spezialisten sind und in vielen Fällen auch die Methoden selbst nicht vollständig beherrschen. Man kann die Methodenbank als das Parallelinstrument zur Datenbank auffassen, jedoch sind Forschung und Entwicklung auf dem Sektor der Methodenbanken in den vergangenen Jahren nicht in gleicher Weise vorangetrieben worden, wie das bei den Datenbanken der Fall war.

Ein modernes Methodenbanksystem sollte vor allem die folgenden Eigenschaften haben[19]:

1. Über den Inhalt der Methodensammlung müssen maschinell Dokumentationen erstellt werden können.

2. Die elektronische Rechenanlage sollte im Sinne eines Herrensystems (siehe oben) selbsttätig Methoden anbieten, die zum Problem, das der Benutzer bearbeiten will, und zu den verfügbaren Daten passen.

Beispiel

Bei der Auswertung einer Marktforschungsdatenbank, die vorwiegend Paneldaten enthält, möchte der Produktmanager die Merkmale „Alter der Trägerin" und „Farbe der gekauften Bluse" korrelieren; das System muß ein Verfahren anbieten, das ein metrisch-skaliertes und ein nominal-skaliertes Merkmal verarbeiten kann, z.B. den „Coefficient of Differentiation" von Freeman, umgekehrt muß das System verhindern, daß der Benutzer mit dem Pearsonschen Korrelationskoeffizienten arbeitet, weil dieser zwei metrisch skalierte Merkmale voraussetzt.

3. Es muß eine leichte Verknüpfung von Methoden zu Modellen möglich sein (beispielsweise im Rahmen einer Käuferwanderungsanalyse eines statistischen Tests, eines Sortiervorgangs, eines Mischvorgangs, einer Regressionsanalyse und einer Trendextrapolation).

4. Wünschenswert sind Interpretationshilfen. Für den Fall, daß der Benutzer sich mit der Kendallschen Rang-Korrelation und ihren Ergebnissen nicht gut auskennt, sollte eine solche Interpretationshilfe z.B. aussagen, bei welchem Wert von Kendall/ TAU eine hohe Korrelation angenommen werden darf.

5. Zu den einzelnen Methoden sollten Beispiele vorhanden sein, die der Benutzer zu Lern- und Übungszwecken im Dialog mit dem Computer nachvollziehen kann.

6. An Stellen der Methodenbenutzung, an denen der Mensch nicht mehr weiter weiß, soll er mit einem sogenannten HILFE-Befehl die Unterstützung des Systems anfordern können, beispielsweise indem die Erklärung eines dem Benutzer nicht bekannten Begriffes in einem Lexikon aufgesucht wird.

---

[19] Eine ausführlichere Darstellung des Anforderungsprofils enthält: Mertens, P. und Bodendorf, F., Interaktiv nutzbare Methodenbanken — Entwurfskriterien und Stand der Verwirklichung, Angewandte Informatik 21 (1979) 12, S. 533 ff.; vgl. auch Mertens, P., Neuwirth, W. und Schmitt, W., Verknüpfung von Daten- und Methodenbanken, dargestellt am Beispiel der Analyse von Marktforschungsdaten, in: Plötzeneder, H.D. (Hrsg.), Computergestützte Unternehmensplanung, a.a.O., S. 291 ff.

3.3. Bezug von maschinenlesbaren Daten

Je mehr das MIS für die Entscheidungsfindung auf den höheren Führungsebenen und für die strategische Planung benutzt wird, desto weniger kommt man allein mit Daten aus, die als Nebenprodukt anderer Datenverarbeitungsvorgänge im Unternehmen anfallen, und desto mehr benötigt man Daten von außen, wie z.B. Marktforschungsergebnisse oder Daten zur volkswirtschaftlichen Entwicklung. Es ist wünschenswert, daß diese Daten bereits in maschinenlesbarer Form bezogen werden können. Beispielsweise liefern heute Marktforschungsinstitute ihren großen Kunden die — teilweise bereits für die Zwecke des Kunden aufbereiteten — Ergebnisse ihrer Erhebungen auf Magnetband[20].

3.4. Programmiertechnische Hilfsmittel

An programmiertechnischen Hilfsmitteln gehören zu einem modernen Management-Informations-System vor allem Berichtsgeneratoren und Planungssprachen. Die Berichtsgeneratoren erlauben es, mit wenigen Befehlen Inhalt und Form von Berichten zu definieren, in denen Daten aus der Datenbank in geeigneter Verdichtung angeschrieben sind. Verfeinerte Berichtsgeneratoren beinhalten auch einfachere Rechenmethoden, wie z.B. das Bilden von prozentualen Relationen. Planungssprachen umfassen über Berichtsgeneratoren hinaus leistungsfähigere Methoden und können als mittlerer Weg zwischen Berichtsgeneratoren und Methodenbanken angesehen werden. Beispielsweise wird es mit ihnen durch Eingabe weniger Befehle möglich, Matrizen zu generieren, finanzmathematische Berechnungen durchzuführen oder aus umfassenden Datenbeständen kleinere, verdichtete und für die Zwecke von Führungsentscheidungen aufbereitete Spezialdateien herzustellen.

3.5. Innerbetriebliche Datenverarbeitungsnetze

Die gerätetechnische Entwicklung hat teilweise schon Systeme wirtschaftlich werden lassen, bei denen die einzelnen Rechenanlagen und Datenendgeräte eines größeren Unternehmens in der Weise miteinander vernetzt sind, daß von jedem Datenendgerät zu jeder Rechenanlage und damit zu jeder Datenbasis zugegriffen werden kann. Eventuell wird sich daran eine stärkere Verbindung der betrieblichen Datenverarbeitung mit der sonstigen innerbetrieblichen Kommunikation anschließen, etwa dergestalt, daß ein Entscheidungsprozeß auf der mittleren Führungsebene, wie z.B. der, der mit der Abwicklung eines komplizierten Kundenauftrages zusammenhängt, von einer elektronischen Rechenanlage koordiniert wird. Die Rechenanlage stellt die Teilentscheidungen — ggf. unter Berücksichtigung einer Prioritätsziffer — in „Warteschlangen" vor die Bildschirme der Führungskräfte. Der Manager trifft die Entscheidung, ggf. im Dialog mit der Rechenanlage und unter Hinzuziehung der Daten- und Methodenbank, tastet seine Entscheidung in das Datenendgerät ein, woraufhin die Elektronik sie dem nächsten Manager zur Kenntnis

---

[20] Einen Einblick in den gegenwärtigen Stand auf diesem Gebiet in den USA geben: Darrow, J.W. und Belilove, J.R., The Growth of Databank Sharing, Harvard Business Review 56 (1978) 6, S. 180 ff.

gibt und dessen Entscheidung anfordert. Derartige Systeme befinden sich aber im Augenblick nur in einigen Unternehmen im Versuchsstadium[21].

3.6. Verbindung zu Dokumenten- und Bildspeichern

Es ist anzunehmen, daß der Gedanke der „aktenlosen Verwaltung" auch auf die Unterstützung der Management-Tätigkeit ausstrahlt. Unter aktenloser Verwaltung versteht man Bestrebungen, auf den Bildschirmen von Sachbearbeitern nicht nur Daten aus einer elektronischen Datenbasis abzubilden, sondern unter Verwendung der Mikrofilm- und Fernsehtechnik auch den Inhalt von Dokumenten und Bildträgern, wie z.B. Geschäftskorrespondenz oder technische Zeichnungen.

Denkt man dieses Konzept weiter, so gelangt man zu „Management Control Centers", in denen der Output aller verfügbaren Kommunikationseinrichtungen vereint wird[22].

4. Akzeptanz und Scheitern von Management-Informations-Systemen

Bei Administrations- und Dispositionssystemen *muß* der Sachbearbeiter in der Regel das EDV-System benutzen, weil er keine Alternative hat. Beispielsweise kann ein Materialdisponent in einem Unternehmen mit On-line-Materialdisposition kaum seine eigenen Strichlisten in Papierform wieder aufleben und an die Stelle des elektronischen Systems treten lassen. Im Gegensatz dazu steht es dem Manager in den meisten Fällen frei, ob er sich eines für ihn gedachten Informationssystems bedient oder nicht. Infolgedessen kann ein bereits programmtechnisch ausgetestetes und eingeführtes System scheitern, es wird nicht angenommen und gegebenenfalls wieder stillgelegt.

J.B. Boulden, der eine größere Zahl von computerunterstützten Informations- und Planungssystemen implementiert hat, schätzt aufgrund seiner Erfahrung, daß ein Drittel der Systeme in den ersten beiden Jahren nach ihrer Einführung scheitert und ein weiteres Drittel nicht zur Zufriedenheit arbeitet[23]. Im Anschluß an derartige Betrachtungen ist die sogenannte Akzeptanzforschung, ein Teilbereich der Forschung in Management-Informations-Systemen[24] entstanden, die gegenwärtig stark gepflegt wird und fast eine möglicherweise modische Überhöhung erlebt. Im folgenden sollen ihre Aussagen zusammengefaßt werden.

Die Gründe für das Versagen der computergestützten Entscheidungs- und Planungshilfen lassen sich in drei Arten unterteilen:

---

[21] Ein ausführliches Konzept für die Flugzeugindustrie enthält: Kendler, H., Mensch-Computer-Dialoge zur Erstellung technischer Grunddaten in der Flugzeugindustrie, Dissertation, Nürnberg 1979.

[22] Vgl. z.B.: Thierauf, R.J., Systems Analysis and Design of Real-time Management Information System, Englewood Cliffs 1975, S. 173 ff.

[23] Boulden, J.B., Computer-assisted Planning Systems, New York u.a. 1975.

[24] Zusammenfassende Übersichten zur Akzeptanzforschung findet man z.B. bei: Dickson, G.W., Senn, J.A., Chervany, N.L., Research in Management Information Systems, The Minnesota Experiments, Management Science 23 (1977), S. 913 ff.; Kirsch, W., Klein, H.K., Management-Informations-Systeme, Stuttgart u.a. 1977.

1. Die Systeme funktionierten im technischen Sinne nicht genügend gut. Hierin gehören die Fälle, in denen − insbesondere in größeren Konzernen − die Datenerfassungsprobleme nicht zu lösen waren, beispielsweise weil die Datenerhebungs- und Abgrenzungstechniken nicht vereinheitlicht werden konnten. Auch wenn die Sitzung eines mit höheren Führungskräften besetzten Planungsgremiums erstmals mit einem Dialogsystem unterstützt werden sollte und dieses System gleich während dieser Sitzung ausfiel, entstand in der Regel ein so großer Widerstand, daß diese Hilfe für lange Zeit abgelehnt wurde. Zu den Systemen, die sich aus technischen Gründen als nicht realisierbar erwiesen, kann man auch jene rechnen, bei denen eine Art „Solution Constraint" wirksam wurde, weil man um der komfortablen Lösung willen ein Problem zu stark vereinfachte. Beispielsweise wurden sprungfixe Kostenverläufe in Richtung auf lineare „vergewaltigt".

Lucas, der die bisher wohl gründlichste Untersuchung über das Scheitern von Informationssystemen vorgelegt hat[25], fand unter seinen Hypothesen jene, die einen Zusammenhang zwischen der technischen Qualität des Systems und seiner Annahme durch die Benutzer postulierten, mit am stärksten unterstützt.

2. Eine zweite Gruppe von Gründen für das Scheitern von Management-Informations-Systemen läßt sich mit dem Stichwort „mangelnde Wirtschaftlichkeit" klassifizieren, hierher gehören vor allem auch jene Fälle, in denen sich die Aufwand-Nutzen-Relation zur Anpassung des Systems als zu ungünstig erwies, wenn Änderungen in der Grundorganisation (z.B. Zukauf eines Unternehmens, Modifikation des Organisationsplanes) eintraten. Das Unternehmensplanungsmodell des SUN OIL-Konzerns, das in der Literatur vielfach als besonders fortschrittlich Erwähnung fand[26], fiel z.B. einer Veränderung der Konzernorganisation zum Opfer und wurde nicht mehr neu implementiert.

3. Der dritten Kategorie wollen wir Akzeptanzprobleme zuweisen, die in der Grundorganisation, in der Systemgestaltung, im Planungsverhalten der Manager und in der Führungspsychologie begründet sind. Hier können wir eine Reihe von Einzelursachen aufführen: Oft genug ist schon der Entscheidungs- und Planungsprozeß in der Unternehmung nicht formalisiert genug, als daß er die Basis für ein computergestütztes System abgeben könnte. Viele Führungskräfte vernachlässigen die systematische Planung zugunsten des Tagesgeschäftes; erst recht machen sie sich nicht die Mühe, eine Reihe von Alternativen durchzusimulieren und damit die besonderen Vorzüge der computerunterstützten Planung zu nutzen. Boulden karikiert diese Situation mit dem Satz: „The model keeper is sitting there begging for someone to ask a ‚what-if-question"[27].

In Beobachtungen und Meinungsäußerungen wie denen von Boulden spiegelt sich auch die Gefahr, daß die Systemplaner den Nutzen und die Akzeptanz der von ihnen konzipierten Modelle falsch einschätzen, weil sie selbst Informationen anders zu verarbeiten und zu bewerten pflegen als Führungskräfte. In der Akzeptanzforschung hat man versucht, dem durch Bilden von Persönlichkeitstypen Rechnung

---

[25] Lucas, H.C., Why Information Systems fail, New York-London 1975.

[26] Gershefski, G.W., Building a Corporate Financial Model, Harvard Business Review 47 (1969) 4, S. 61 ff.

[27] Boulden, J.B., a.a.O., S. 261.

zu tragen[28]. Beispielsweise gelangt man hinsichtlich Informationsaufnahme und -bewertung zu einem heuristischen und zu einem analytischen Typ[29]. Ersterer lernt eher durch Versuch und Irrtum als durch Analysieren, er setzt „gesunden Menschenverstand" und Intuition ein, sieht mehr das Ganze als Strukturen aus Details. Der Analytiker vertraut stärker auf formale, insbesondere auch quantitative Problemlösungsmethoden, hinterfragt ursächliche Zusammenhänge von Beobachtungen und operiert gerne mit Vergleichen.

Die Konstrukteure von Planungssystemen sind nun oft stärker dem Analytikertyp, die Führungskräfte dem heuristischen Typ zuzuordnen, womit sich die beobachteten Fehleinschätzungen erklären lassen.

Aus der Tatsache, daß das Verhalten bei der Beschaffung und Auswertung von Informationen stark unterschiedlich ist, kann man zum einen den Schluß ziehen, daß während des Entwurfs des MIS eine besonders enge Zusammenarbeit zwischen den EDV-Fachleuten und den späteren Nutzern anzustreben ist[30].

Zum anderen kann man folgern, daß man den Unterschieden im Informations- und Planungsverhalten durch unterschiedliche Aufbereitung der Informationen Rechnung tragen sollte. Die Forderungen reichen bis dahin, daß den Führungskräften Informationen ähnlich wie in einer „Story" darzubieten seien, beispielsweise bewußter Verwendung einer gewissen Redundanz[31]. Eine derartige Forderung erscheint uns zumindest für die Gegenwart als wenig realistisch, doch darf man erwarten, daß mehrere Entwicklungen in der Informatik, so etwa immer flexibler nutzbare Daten- und Methodenbanken, leistungsfähige Planungssprachen, die Bereitstellung unterschiedlicher Modi bei Mensch-Computer-Dialogen[32] und auch der Trend zum Computer am Arbeitsplatz, es in Zukunft erleichtern werden, Informationssysteme führungspsychologischen Unterschieden anzupassen.

Viele Führungskräfte sind nicht genügend ausgebildet, um die verfeinerten computerunterstützten Systeme zu nutzen, besonders fehlt es an Kenntnissen der Simulation, der Vorhersagemethoden und im elementaren Umgang mit stochastischen Daten. Beispielsweise hat Conrath in Experimenten gefunden, daß die Entschei-

---

[28] Mason, R.O., Mitroff, I.I., A Program for Research on Management Information Systems, Management Science 19 (1973) S. 475 ff.; McKenney, J.L., Keen, P.G.W., How Managers' Minds Work, Harvard Business Review 52 (1974) 3, S. 79 ff.

[29] Barkin, S.R., Dickson, G.W., An Investigation of Information System Utilization, Information and Management 1 (1977), S. 35 ff.

[30] Alter, S.L., How effective Managers use Information Systems, Harvard Business Review 54 (1976) 6, S. 97 ff.; DeBrabander, B., Edström, A.N., Successful Information Systems Development Projects, Management Science 24 (1977), S. 191 ff.; Heinzelbecker, K., MIS: Schlagwort oder Realität? Online 6 (1978), S. 490 ff.; Igersheim, R.H., Managerial Response to an Information System, in: Proc. AFIPS National Computer Conference 45, Montvale 1976; S. 877 ff.; Naylor, T.H., Schauland, H., A Survey of Users of Corporate Planning Models, Management Science 22 (1976), S. 927 ff.; Swanson, E.B., Management Information Systems: Appreciation and Involvement, Management Science 21 (1974), S. 178 ff.

[31] Mitroff, I.I., Nelson, J., Mason, R.O., On Management Myth Information Systems, Management Science 21 (1974), S. 371 ff.

[32] Mertens, P., Die technische Gestaltung von Bildschirm-Dialogen, Online 9 (1977), S. 670 ff.

dungsträger Schwierigkeiten mit Wahrscheinlichkeitsverteilungen haben und daher einwertige Schätzungen klar bevorzugen[33].

Diese Situation wird man auch kaum mit derselben Geschwindigkeit ändern können, mit der man die computergestützten Planungssysteme im technischen Sinne verfeinern könnte; vielmehr wird man warten müssen, bis eine Generation in die höheren Führungsebenen eingerückt sein wird, die den Umgang mit den entsprechenden Entscheidungshilfen im Dialog mit einer elektronischen Rechenanlage schon an der Universität üben konnte. Zu diesem Zweck wurde an der Universität Erlangen-Nürnberg das Computerunterstützte Entscheidungstraining entwickelt und eingeführt[34].

Unternehmens-Gesamtmodelle überschreiten unternehmensintern Abteilungsgrenzen und damit auch „politische" Einflußbereiche. Daraus ergeben sich wieder politische Konflikte und Kompetenzkämpfe, die dem System schaden. Psychologische Barrieren gegen computergestützte Systeme können auch entstehen, wenn der Eindruck aufkommt, daß sie von einzelnen Gruppen in unseriöser Weise genutzt werden. So beschreibt Hall[35] einen Fall, bei dem ein deterministisches Investitionsmodell von einer Beurteilungsgruppe als „Waffe" benutzt wurde, um Antragsteller von Projekten abzuraten, die der Gruppe nicht wünschenswert erschienen. Ein Mitglied der Gruppe soll gesagt haben: „Wir haben das Modell und sie nicht; wir werden es benutzen, bis sie herausbekommen, was wir tun, dann werden wir etwas anderes entwickeln (z.B. ein Risiko-Analyse-Modell)".

So sehr es wünschenswert ist, durch Akzeptanzforschung Hindernisse für die Annahme nützlicher Management-Informations-Systeme aufzuspüren und überwinden zu helfen, so muß doch davor gewarnt werden, die Bemühungen zu übertreiben und nach psychologischen „Verkaufstricks" zu suchen, die letztlich dazu führen, daß Systeme mit niedrigerem Nutzeffekt eingeführt werden. Anders formuliert: Ein technisch gelungenes und betriebswirtschaftlich wirklich hilfreiches System sollte eigentlich keiner besonderen Verkaufsanstrengungen bedürfen, sondern sich „von selbst aufdrängen"[36].

5. Zum Vorgehen bei der Entwicklung von Management-Informations-Systemen

Analysiert man die Vorgehensweise beim Aufbau von MIS in der Praxis, so lassen sich folgende Ansätze unterscheiden, die sich allerdings teilweise überschneiden:

1. Man beginnt mit der Sammlung von Daten und dem Aufbau von Datenbanken, ohne bereits genaue Vorstellungen von den Informations- und Planungssystemen zu haben („Data-collection-approach"). Zugunsten dieser Vorgehensweise wird ins Feld geführt, daß es die bereits weitgehend vervollständigte Datenbank später

---

[33] Conrath, D.W., From Statistical Decision Theory to Practice: Some Problems with the Transition, Management Science 19 (1973), S. 873 ff.

[34] Mertens, P., Endres-Holub, G., Österle, H., Rackelmann, G., Reitbauer, F., Das Computerunterstützte Entscheidungstraining, Zeitschrift für Betriebswirtschaft 45 (1975), S. 793 ff.

[35] Hall, W.K., Strategic Planning Models: Are Top Managers really finding them useful? Journal of Business Policy 3 (1973) 2, S. 30 ff., hier S. 35.

[36] Szyperski, N., a.a.O.; S. 84.

erlaube, sehr detaillierte Datenanalysen anzustellen und mit diesen Analysen die Konzeption von Planungsmodellen wohl zu fundieren, was nicht im gleichen Maße möglich ist, wenn man während der Modellkonzeption immer wieder gesonderte Datenerhebungen durchführen muß. Eine Gefahr dieses Ansatzes liegt darin, daß die Datensammlung zu ziellos erfolgt und infolgedessen oft Daten erfaßt und aufbewahrt werden, die man später nicht benötigt.

2. Man strebt bewußt ein möglichst integriertes System auf der administrativen Ebene an und verschiebt die genaue Konzeption des MIS eher in die Zukunft, weil beabsichtigt ist, die Informationen systematisch von der administrativen Ebene nach oben zu akkumulieren („Bottom-up-approach"). Unter den möglichen Teilsystemen realisiert man zunächst diejenigen für die unteren Führungsebenen, zuletzt die für die Unternehmensleitung. Problematisch daran ist, daß die Unternehmensleitung zu lange auf das MIS warten muß. Nach der empirischen Untersuchung von Köhler und Heinzelbecker[37] dominiert dieser Ansatz in deutschen Unternehmungen.

3. Man strebt an, die für die Unternehmensführung wichtigsten Informations- und Planungssysteme möglichst rasch zu realisieren, selbst wenn ein großer Teil der dazu benötigten Daten nicht aus der administrativen Ebene verdichtet werden kann, sondern eigens erhoben und eingegeben werden muß. Meist werden dann diese Daten in einer sehr stark verdichteten Form erfaßt und eingegeben, da eine starke Detaillierung für Modelle, die für die höhere Management-Ebene bestimmt sind, nicht erforderlich ist. Diese Vorgehensweise wird auch als „Top-down-approach" bezeichnet. Gershefski fand in einer Untersuchung[38], daß vor 1970 65% der US-amerikanischen Unternehmen so vorgingen.

4. Man entwirft — meist nach exakter Aufnahme des Ist-Zustandes — vorweg eine geschlossene Konzeption, in die die administrativen und dispositiven Systeme ebenso eingehen wie die Informations- und Planungssysteme, und entscheidet nach vorliegender Gesamtkonzeption über die Reihenfolge der Implementierung einzelner Systemteile („Total-systems-approach"). Diese Vorgehensweise ist theoretisch reizvoll, und ihre Befürworter meinen, daß nur sie die Entwicklung perfekter Systeme erlaube. Ihre Problematik sehen wir darin, daß während der langen (und kostspieligen) Systemplanungsphase zuviele Veränderungen (Fluktuation der an der Planung beteiligten Mitarbeiter, Änderung der Voraussetzungen bei der Hardware und Software, Umstrukturierung der Führung des Unternehmens) eintreten und ein großer Aufwand getrieben werden muß, um die Konzeption den neuesten Entwicklungen anzupassen, noch lange bevor ihre Realisierung überhaupt in die Wege geleitet ist. Darüber hinaus lehrt die Erfahrung, daß die Unternehmensleitungen, besonders in Rezessionsphasen, dazu neigen, größere Systemplanungsgruppen zu verkleinern oder gar ganz aufzulösen, wenn die Ergebnisse der Arbeiten und die daraus fließenden Nutzeffekte noch in zu weiter Ferne liegen. Andererseits ist die Gefahr groß, daß die Mitarbeiter der Planungsgruppen bei zu langfristig angelegten Konzepten „verspielt" werden. Ferner ist beim heutigen Stand der Datenverar-

---

[37] Köhler, R. und Heinzelbecker, K., a.a.O., S. 273; vgl. auch Szyperski, N., a.a.O., S. 75.

[38] Gershefski, G.W., Corporate Models — the State of the Art, Management Science 16 (1970), S. B-303 ff.

beitung davon auszugehen, daß man nur in den seltensten Fällen ein Management-Informations-System „auf die grüne Wiese" bauen kann. Vielmehr wird man bereits ein mehr oder weniger weit gediehenes System der integrierten Datenverarbeitung auf der operativen Ebene antreffen. Schließlich ist zu bedenken, daß ein in einem einmaligen Anlauf und nicht allmählich in einem Lernprozeß entwickeltes Konzept katastrophale Folgen haben muß, wenn es unvollständig oder falsch ist. Dahms und Haberlandt schreiben[39]: „Gegen neuartige und weitreichende MIS-Vorschläge müssen auch betriebswirtschaftliche Gründe ins Feld geführt werden, denn Experimente mit dem Führungssystem einer Unternehmung sind schließlich nicht beliebig wiederholbar." Nach Köhler und Heinzelbecker wird der Totalansatz in der Bundesrepublik kaum noch vertreten[40].

5. Boulden[41] favorisiert den sogenannten Inside-out-approach. Dabei beginnt man mit einfachen Planungsmodellen, ohne daß auf die Verbindung zu der administrativen Datenverarbeitung besonderer Wert gelegt wird (insoweit erkennt man die Verwandtschaft zum Top-down-Ansatz). Wichtig ist jedoch, daß die computergestützte Planungsprozedur dem traditionellen Vorgehen möglichst gleicht, um die Akzeptanzchance zu verbessern. Man wartet dann ab, ob die Benutzer von sich aus „Anbauten", Verfeinerungen oder einen höheren Automationsgrad fordern. Verwandt ist der sogenannte Prototyp-Ansatz[42]. Hierbei wird zunächst eine sehr vereinfachte Version des Systems entworfen und eingeführt. Aufbauend auf die Erfahrungen mit dieser Version wird ein zweiter Prototyp geschaffen usw. und stets geprüft, ob die Grenzkosten der Verbesserung durch zusätzliche Nutzeffekte gerechtfertigt sind. Bally, Brittan und Wagner werten es als Vorzug dieser Strategie, daß die Benutzer sich allmählich an das neue System gewöhnen und es zuerst „probieren" können. (Hingegen vergleichen sie die Strategie, gleich die Verwirklichung des Konzeptes eines vollentwickelten Systems in Aussicht zu stellen, wie folgt: „It is rather like asking him to agree to having a new and exotic breakfast every day, on the basis of paper studies, but without having tasted it"[43].)

Bei Informations- und Planungssystemen ist es in viel höherem Maße als bei Administrations- und Dispositionssystemen erforderlich, daß von der Unternehmensleitung die entscheidenden Impulse ausgehen[44], denn man hat oft mit dem folgenden führungspsychologischen Problem zu rechnen: Die Systemplaner sind

---

[39] Dahms, H.J. und Haberlandt, K., Erfahrungen und Grundsätze beim Aufbau eines automatisierten MIS, Industrielle Organisation 39 (1970), S. 449 ff., hier S. 453.

[40] Köhler, R. und Heinzelbecker, K., a.a.O., S. 270 f.; vgl. auch Rölle, H., Man Machine Decision System statt MIS, adl-Nachrichten 16 (1971) 66, S. 10 ff.; Brooker, W.M.A., The Total Systems MYTH, in: Smith, S.V., Brien, R.H. und Stafford, J.E. (Hrsg.), Readings in Marketing Information Systems, Boston u.a. 1968, S. 330 ff.

[41] Boulden, J.B., a.a.O.; vgl. auch die ähnliche Auffassung von W.K. Hall, a.a.O., S. 33 ff., insbes. S. 40.

[42] Bally, L., Brittan, J. und Wagner, K.H., A Prototype Approach to Information System Design and Development, Information and Management 1 (1977) 1, S. 21 ff.

[43] Ebenda, S. 25.

[44] Naylor und Schauland schreiben als Erkenntnis aus einer weltweiten Erhebung: „Crucial to the successful implementation of any corporate simulation model is the political support of top management" (Naylor, T.H. und Schauland, H., a.a.O., S. 935).

seit Jahren an der Arbeit, die administrativen Systeme einzuführen und laufend zu verfeinern. Sie kennen sich auf diesem Gebiet sehr gut aus und brauchen daher kaum zu fürchten, daß sie von den Führungskräften in fachlicher Hinsicht Vorwürfe ernten, weil sie bei allen einschlägigen Diskussionen überlegen bleiben werden. Anders hingegen bei Informations- und Planungssystemen: Diese bedeuten für die Systemplaner, die selbst selten ausgesprochene Führungspositionen bekleidet haben, Neuland, auf dem sie gegenüber den Managern nicht über den gleichen Kompetenzvorsprung verfügen wie bei den operativen Systemen und die sie daher unter Umständen nur sehr zögernd in Angriff nehmen.

Andererseits sind die Systemplaner bei Management-Informations-Systemen auch in viel stärkerer Weise auf die Unterstützung und Kooperation des Managements angewiesen, insbesondere bei der Ermittlung des Informationsbedarfs, oft aber auch bei der Ausgestaltung des Systems und vor allem bei Nutzeffektschätzungen (den Rationalisierungsvorteil einer elektronischen Gehaltsabrechnung gegenüber einer manuellen kann auch der Systemplaner ermitteln, nicht dagegen den Nutzeffekt bestimmter Entscheidungs- und Planungshilfsmittel für Management-Entscheidungen[45]).

Mit wenigen Ausnahmen[46] wird daher in der Literatur empfohlen, in das Team, das das Informations- und Planungssystem konzipiert, Benutzer aufzunehmen[47]. Lucas empfiehlt, nach den sogenannten „opinion leaders", das sind fachlich besonders anerkannte Betriebsangehörige, zu forschen und sie für die Mitarbeit im „design team" zu gewinnen[48]. Wie auch eine Untersuchung von Blanning[49] gezeigt hat, werden die Akzeptanzchancen eines computergestützten Planungssystems wesentlich verbessert, wenn man auf ein in einem vergleichbaren Unternehmen existierendes System verweisen kann; es ist deshalb für die Systemplaner wichtig, sich über den Stand der Realisierung von Informations- und Planungssystemen auf dem laufenden zu halten.

6. Auswirkungen des Management-Informations-Systems auf die Unternehmensführung, Planung und Kontrolle

Es können langfristig die folgenden Auswirkungen moderner MIS auf die Führungsentscheidungen erwartet werden:

1. Die Entscheidungen erfolgen bei einem verbesserten Informationsstand der Entscheidenden, weil das Datenmaterial sorgfältiger analysiert werden kann und die Informationen früher als bei manueller Berichterstellung vorgelegt werden können.

---

[45] Vgl. dazu McKinsey & Co., Unlocking the Computer's Profit Potential, Computers & Automation 18 (1969) 4, S. 24 ff.

[46] Zum Beispiel Powers, R.F. und Dickson, G.W., MIS Project Management: Myths, Opinions, and Reality, California Management Review 15 (1973), S. 147 ff.

[47] Die Bedeutung dieser organisatorischen Maßnahme geht insbesondere auch aus der gründlichen Studie von Lucas hervor (Lucas, H.C., Why Informations Systems fail, a.a.O.).

[48] Lucas, H.C., The Use of an Interactive Information Storage and Retrieval System in Medical Research, Communications of ACM 21 (1978), S. 197 ff., hier S. 205.

[49] Blanning, R.W., The Decision to develop mode-based Planning Systems, Arbeitspapier des Decision Sciences Department der University of Pennsylvania o.J.

2. Komplexe Entscheidungen werden verbessert. Bei einer Reihe von Entscheidungen ist die Zahl der zu verarbeitenden Daten und Bedingungen so groß, daß sie keinesfalls in einem nicht-computerunterstützten Entscheidungsprozeß gleichzeitig berücksichtigt werden können. Die DV-Anlage kann hier die Entscheidung durch verbesserte Informationen und durch den Einsatz eines Optimierungsmodells verbessern.

3. Es ergibt sich ein verstärkter Trend zur rationalen Entscheidung. Dies kommt darin zum Ausdruck, daß „Gefühlsentscheidungen" durch die Bereitstellung von detaillierten Daten und durch Dispositions- und Optimierungsrechnungen verdrängt werden sowie daß die automatische Führungsinformation die Konsequenzen nicht rationaler Entscheidungen rasch aufzeigt, zum Beispiel wenn ein Unternehmer ein Produkt, das früher ein großer Erfolgsträger war, nun aber einen negativen Deckungsbeitrag erbringt, nicht aus dem Programm nimmt. Soweit Planungs- und Entscheidungskonferenzen mit Dialogsystemen unterstützt werden, dürften die sachlich besten Vorschläge eine relativ bessere Chance haben (während sich in konventionellen Ausschüssen oft derjenige durchsetzt, der am eloquentesten ist), weil die Tragfähigkeit der Vorschläge sofort mit Hilfe eines Modells abgestützt werden kann („Was-geschieht-wenn" bzw. „what-if"-Simulationen).

4. Die Entscheidungen der einzelnen Entscheidenden werden stärker mit den Unternehmenszielen konform. Bisher wurden z.B. vielfach Vertriebsentscheidungen Umsatzziele statt Gewinn- bzw. Deckungsbeitragsziele zugrunde gelegt (obwohl letztere i.d.R. eher mit den wichtigsten Unternehmenszielen korrespondieren), weil die ausreichend exakte Ermittlung der Deckungsbeiträge zu schwierig war. Computergestützte Systeme erlauben es, mit vertretbarem Verfahrensaufwand differenzierte Deckungsbeiträge zu ermitteln.

5. Es wird leichter, eine große Zahl von Planungs- und Entscheidungsalternativen durchzuarbeiten und ihre wahrscheinlichen Konsequenzen (insbesondere in Risikoanalysen auf der Basis des Simulationsverfahrens) zu schätzen. In diesem Zusammenhang erscheint es uns vor allem wichtig, daß ein gewisser Zwang entsteht, sich auch die Folgen einer ungünstigen Konstellation der Zukunftsdaten vor Augen zu führen.

Die Kontrollfunktion wird durch Management-Informations-Systeme vor allem aus zwei Gründen beeinflußt:

1. Da der Computer die beachtenswerten Soll-Ist- bzw. Plan-Ist-Abweichungen aus den Daten herausfiltert, wird ein Teil der Routinekontrollen automatisiert. Zumindest wird darauf aufmerksam gemacht, wo besondere Kontrollen notwendig erscheinen, so daß die Kontrolltätigkeit sinnvoll konzentriert werden kann. Dies gilt insbesondere für die Typen (2) (Berichtssysteme mit Ausnahmemeldungen) und (3) (Reine Ausnahme-Berichtssysteme) gemäß Abschnitt 2. dieses Beitrages.

2. Die Rechenanlage kann Stichprobenprüfungen wirksam unterstützen. Ein eindrucksvolles Beispiel sind Verfahren der Wareneingangsprüfung und Lieferantenbeurteilung, bei denen ein adaptives elektronisches System das Stichprobennetz um so engmaschiger (weitmaschiger) knüpft, je schlechter (besser) die bisherigen Erfahrungen mit der Qualität der bezogenen Ware bzw. mit dem Qualitätsverhalten des Lieferanten sind[50].

Andererseits sollten folgende Nachteile moderner Informationssysteme gesehen werden:

1. Es besteht die Gefahr einer Überbetonung der quantitativen Daten, weil die elektronische Datenverarbeitung stärker auf die quantitativen Daten als auf qualitative Informationen abstellt.

2. Es besteht die Gefahr einer Überbetonung interner Daten. Die internen Daten fallen weitgehend als Nebenprodukt der Massendatenverarbeitung an, so daß man geneigt ist, sie stärker als Informationen aus dem externen Raum in das MIS einzuarbeiten.

Man sollte allerdings die Auswirkungen der heute schon eingeführten Management-Informations-Systeme auf die Entscheidungsvorbereitung und die Kontrolle nicht überbewerten. Auch in Feldstudien sind bisher nur wenig derartige Effekte diagnostiziert worden[51].

Zusammenfassung

Management-Informations-Systeme (MIS) sind computergestützte Systeme, „mit denen Daten so aufbereitet werden, daß sie ohne wesentliche menschliche Manipulationen unmittelbar als Entscheidungs- und Planungshilfe für Führungskräfte dienen können" (S. 348).

Sie lassen sich nach ihrer Funktion in reine Informationssysteme, Informationssysteme mit Entscheidungshilfen und Entscheidungssysteme einteilen. Eine Typisierung nach dem Grad der methodischen Verfeinerung erstreckt sich von Berichtssystemen über Abfragesysteme bis hin zu Dialogsystemen, wobei diese drei Stufen der Verfeinerung noch einmal in sich gegliedert sind. Nach einer Charakterisierung unterwirft Mertens die einzelnen Systeme einer ausführlichen Würdigung bezüglich ihrer Nutzeffekte und zeigt Probleme auf, die sich im Zusammenhang mit dem Einsatz der Systeme ergeben.

Als Grundlage von Management-Informations-Systemen werden die Datenbank und die Methodenbank genannt und beschrieben; weitere Elemente sind maschinenlesbare Daten, programmiertechnische Hilfsmittel, innerbetriebliche Datenverarbeitungsnetze sowie Dokumenten- und Bildspeicher. Im Anschluß an die Darstellung dieser technischen Eigenschaften von Management-Informations-Systemen wendet sich der Verfasser dem Problem der Akzeptanz solcher Systeme zu. Er zitiert hierzu Beobachtungen von Boulden, wonach „ein Drittel der Systeme in den ersten beiden Jahren nach ihrer Einführung scheitert und ein weiteres Drittel nicht zur Zufriedenheit arbeitet" (S. 358). Mögliche Gründe für die hohe Versagensquote der Systeme sind

– mangelhafte Funktionsfähigkeit im technischen Sinn,
– mangelnde Wirtschaftlichkeit und
– Akzeptanzprobleme.

---

[50] Vgl. die Beschreibung einer praktischen Realisierung bei: IBM (Hrsg.), GAP On-line-Qualitätssicherungssystem, Anwendungsbeschreibung, IBM Form GE12–1291–D, München 1974, und Finck, W.D., Konzept eines Informations- und Datenverarbeitungssystems in der Qualitätssicherung, IBM Form 81579, o.J.

[51] Vgl. Lucas, H.C., Whg Information Systems fail, a.a.O., S. 13.

Die mangelhafte Funktionsfähigkeit der Systeme kann auf einer zu starken Vereinfachung von Problemen, wie etwa der gewaltsamen Linearisierung von Kostenverläufen, beruhen, nur um eine möglichst elegante Lösung zu erreichen, die aber dann entsprechend unrealistisch ist. Mangelnde Wirtschaftlichkeit der Systeme kann insbesondere im Zuge von Änderungen in der Grundorganisation auftreten, wenn sich die Aufwand-Nutzen-Relation bei der Systemanpassung als ungünstig erweist. Akzeptanzprobleme sind in der „Grundorganisation, in der Systemgestaltung, im Planungsverhalten der Manager und in der Führungspsychologie" begründet. Sie entstehen vielfach dadurch, daß die Konstrukteure von Planungssystemen meist dem Typ des Analytikers, die Führungskräfte dagegen eher dem Typ des Heuristikers zuzuordnen sind, der sich lieber auf „gesunden Menschenverstand" und Intuition als auf quantitative Problemlösungsmethoden verläßt. Möglichkeiten zur Lösung dieses Konflikts liegen einmal in einer stärkeren Zusammenarbeit von EDV-Fachleuten und späteren Systembenutzern während der Konzeptionsphase und zum anderen in einer Aufbereitung der Informationen, die den Präferenzen der Entscheidungsträger Rechnung trägt. Mit einer raschen Änderung der vorzufindenden Situation ist aber kaum zu rechnen: „Vielmehr wird man abwarten müssen, bis eine Generation in die höheren Führungsebenen eingerückt sein wird, die den Umgang mit den entsprechenden Entscheidungshilfen . . . schon an der Universität üben konnte" (S. 361).

Nach einer ausführlichen Darstellung der Vorgehensweise bei der Entwicklung von Management-Informations-Systemen werden die Auswirkungen dieser Systeme auf die Unternehmensführung, insbesondere die Planung und Kontrolle, analysiert. Danach ist langfristig erstens mit einer Verbesserung des Informationsstandes der Entscheidenden und zweitens mit einer höheren Qualität komplexer Entscheidungen zu rechnen. Drittens dürften „Gefühlsentscheidungen" zunehmend zugunsten rationaler Entscheidungen in den Hintergrund treten, weil die Qualität und Tragfähigkeit von Vorschlägen mit Hilfe eines Modells abgesichert werden kann. Viertens kann eine höhere Konformität einzelner Entscheidungen mit den Unternehmenszielen erwartet werden und schließlich eröffnet sich die Möglichkeit, eine große Zahl von Alternativen im Hinblick auf ihre wahrscheinlichen Handlungskonsequenzen zu analysieren.

Die Unterstützung der Kontrollfunktion besteht vor allem in der Automatisierung von Routinekontrollen und in der Durchführung von Stichprobenprüfungen. Wenn auch die Vorteile moderner Management-Informations-Systeme überwiegen dürften, so gibt es doch auch Nachteile: die Gefahr einer Überbetonung quantitativer Daten, da die EDV stärker auf rechenbare Größen abstellt, und eine mögliche Überbetonung interner Daten, da diese ohnehin als Nebenprodukt der Massendatenverarbeitung anfallen. Externe Informationen könnten dadurch leicht vernachlässigt werden.

Abschließend warnt Mertens vor einer Überbewertung der Auswirkungen von Management-Informations-Systemen auf die Entscheidungsvorbereitung und die Kontrolle und weist darauf hin, daß derartige Effekte auch in empirischen Untersuchungen bislang kaum diagnostiziert werden konnten.

Literaturhinweise* zum 3. Kapitel

Aghte, K., Aktuelle Planungsprobleme eines internationalen Unternehmens, Zeitschrift für betriebswirtschaftliche Forschung, 28. Jg., 1976, S. 352 ff.

Ansoff, H.J., Managing Strategic Surprise by Response to Weak Signals, California Management Review, Vol. 18, 1975/76, No. 2, S. 21 ff.

Arbeitskreis „Diversifizierung" der Schmalenbach-Gesellschaft, Diversifizierungsprojekte. Betriebswirtschaftliche Probleme ihrer Planung, Organisation und Kontrolle, Zeitschrift für betriebswirtschaftliche Forschung, 25. Jg., 1973, S. 293 ff.

Bloom, P.N., Strategies for High Market Share Companies, Harvard Business Review, Vol. 53, 1975, No. 6, S. 63 ff.

Borschberg E., Diversifikation – Risikoreiche Wachstumsstrategie?, Die Unternehmung, 31. Jg., 1977, S. 21 ff.

Brockhoff, K., Planung in mittelgroßen Industrieunternehmen, Die Unternehmung, 29. Jg., 1975. S. 303 ff.

Cleland, D.J. und *W.R. King,* Organizing for Long-range Planning, Business Horizons, Vol. 17, 1974, No. 4, S. 25 ff.

Cooper, A. und *D. Schendel,* Strategic Responses to Technological Threats, Business Horizons, Vol. 19, 1976, No. 1, S. 61 ff.

de Carbonnel, F.E. und *R.G. Dorrance,* Information Sources for Planning Decisions, California Management Review, Vol. 15, 1972/73, No. 4, S. 42 ff.

Denning B.W. und *M.E. Lehr,* The Extent and Nature of Corporate Long-range Planning in the United Kingdom, The Journal of Management Studies, Vol. 8, 1971, S. 145 ff. u. Vol. 9, 1972 S. 1 ff.

Emshoff, J.R. Planning the Process of Improving the Planning Process: A Case Study in Metaplanning, Management Science, Vol. 24, 1978, S. 1095 ff.

Ghertman, M., Comment maîtriser le processus de decision stratégique? Revue Française de Gestion, 1976, No. 4 S. 109 ff.

Götzen, G., und *W. Kirsch,* Problemfelder und Entwicklungstendenzen in der Planungspraxis, Zeitschrift für betriebswirtschaftliche Forschung, 31. Jg., 1979, S. 162 ff.

Grochla. E., Auswirkungen der automatisierten Datenverarbeitung auf die Unternehmensplanung, Zeitschrift für betriebswirtschaftliche Forschung, 23. Jg., 1971, S. 719 ff.

Grünewald, H.G., Erfahrungen beim Einsatz strategischer Analysehilfen in der Unternehmenspraxis, Die Betriebswirtschaft, 39. Jg., 1979, S. 107 ff.

Hamermesh, R.G., M.J. Anderson und *J.E. Harris,* Strategies for Low Market Share Businesses, Harvard Business Review, Vol. 56, 1978, No. 3, S. 95 ff.

Hansen, K., Strategie, Planung und Organisation, Zeitschrift für betriebswirtschaftliche Forschung, 22. Jg., 1970, S. 439 ff.

Henzel, F., Planung bei Konjunkturschwankungen und Inflation. Ergebnisse empirischer Forschung, Zeitschrift für Betriebswirtschaft, 45. Jg., 1975, S. 689 ff.

Horovitz, J., Allemagne, Grand-Bretagne, France: Trois styles de management, I. Les structures, Revue Française de Gestion, 1975, No. 17, S. 8 ff.

Horváth, P., Controlling – Entwicklung und Stand einer Konzeption zur Lösung der Adaptations- und Koordinationsprobleme der Führung, Zeitschrift für Betriebswirtschaft, 48. Jg., 1978, S. 194 ff.

King, W.R. und *D.J. Cleland,* A New Method for Strategic Systems Planning, Business Horizons, Vol. 18, 1975, No. 4, S. 55 ff.

King, W.R. und *D.J. Cleland,* Decision and Information Systems for Strategic Planning, Business Horizons, Vol. 16, 1973, No. 2, S. 29 ff.

Koontz, H., Making Strategic Planning Work, Business Horizons, Vol. 19, 1976, No. 2, S. 37 ff.

Krulis-Randa. J.S., Absatzstrategien multinationaler Unternehmungen, Die Unternehmung, 30. Jg., 1976, S. 153 ff.

---

*Als weiterführende Literatur seien ferner die beiden Fachzeitschriften „Long Range Planning" und „Strategic Management Journal" empfohlen.

Louis, G.; Comment introduire le risque dans la planification? Le cas d'Air Liquide, Revue Française de Gestion 1978, No. 16, S. 59 ff.

Mark, M., Organizational Adjustment to Uncertainty, The Journal of Management Studies, Vol. 14 1977, S. 1 ff.

Meador, Ch.L., Decision Support Systems: An Application to Corporate Planning, Sloan Management Review, Vol. 15, 1974, No. 2, S. 51 ff.

Miller, D., Strategy, Structure and Environment: Context Influences upon some Bivariate Associations, The Journal of Management Studies, Vol. 16, 1979, S. 294 ff.

Mintzberg, H., Planning on the Left Side and Managing on the Right, Harvard Business Review, Vol. 54, 1976, No. 4, S. 49 ff.

Montgomery, D.B., A.H. Peters und *Ch.B. Weinberg,* The Freedom of Information Act: Strategic Opportunities and Threats, Sloan Management Review, Vol. 19, 1978, No. 2, S. 1 ff.

Murray, E.A., Strategic Choice as a Negotiated Outcome, Management Science, Vol. 24, 1978, S. 960 ff.

Naylor, Th.H. und *H. Schauland,* A Survey of Users of Corporate Planning Models, Management Science, Vol. 22, 1976, S. 927 ff.

Oesterwind, D., Kooperative Planungsmodelle für die Energiewirtschaft und Energieversorgungsunternehmen, Zeitschrift für Betriebswirtschaft, 49. Jg., 1979, S. 493 ff.

Paine, F.T. und *C.R. Anderson,* Contingencies Affecting Strategy Formulation and Effectiveness, The Journal of Management Studies, Vol. 14, 1977, S. 147 ff.

Prahalad, C.K., Strategy Choices in Diversified MNC's, Harvard Business Review, Vol. 54, 1976, No. 4, S. 67 ff.

Reisl, A. und *B. Lüttge,* Konzeption und Organisation der Unternehmensplanung der Siemens AG, Zeitschrift für betriebswirtschaftliche Forschung, 27. Jg., 1975, S. 349 ff.

Schmidt, R. und *W. Janowski,* Zur Gestaltung computergestützter Planungssysteme, Zeitschrift für Betriebswirtschaft, 47. Jg., 1977, S. 417 ff.

Schöllhammer, H., Corporate Planning in France, The Journal of Management Studies, Vol. 7, 1970, S. 60 ff.

Shank, K.J., E.G. Niblock und *W.T. Sandalls,* Balance 'Creativity' and 'Practicality' in Formal Planning, Harvard Business Review, Vol. 51, 1973, No. 1, S. 87 ff.

Srinivasan, C. und *H. Schoenfeld,* Corporate Wide Information Systems, Management International Review, Vol. 18, 1978, No. 2, S. 15 ff.

Steiner, F. und *M. Arnet,* Unternehmensplanung bei den PTT-Betrieben, Die Unternehmung, 31. Jg., 1977, S. 31 ff.

Stevenson, H.H., Defining Corporate Strengths and Weaknesses, Sloan Management Review, Vol. 17, 1976, No. 3, S. 51 ff.

Teller, E., Aufgaben und Organisation der langfristigen Unternehmensplanung, Betriebswirtschaftliche Forschung und Praxis, 22. Jg., 1970, No. 4, S. 209 ff. und No. 5, S. 272 ff.

Trux W. und *W. Kirsch,* Strategisches Management oder: Die Möglichkeit einer „wissenschaftlichen" Unternehmensführung. Anmerkungen aus Anlaß eines Kooperationsprojektes zwischen Wissenschaft und Praxis, Die Betriebswirtschaft, 39. Jg., 1979, S. 215 ff.

Wheelwright, St.C. und *R.L. Banks,* Involving Operating Managers in Planning Process Evolution, Sloan Management Review, Vol. 20, 1979, No. 4, S. 43 ff.

Wheelwright, St.S., Strategic Planning in the Small Business, Business Horizons, Vol. 14, No. 4, S. 51 ff.

Woodward, H.N., Management Strategy for Small Companies, Harvard Business Review, Vol. 54, 1976, No. 1, S. 113 ff.

4. Kapitel
Über Bereiche und Verfahren der Unternehmenskontrolle

Controls, Control and Management*

Peter F. Drucker

Section I

In the grammar of social institutions the word *"controls"* is not the plural of the word "control." Not only do more "controls" not necessarily give more "control" — the two words, in the context of social institutions have different meanings altogether. The synonyms for "controls" are measurement and information. The synonym for "control" is direction. "Controls" pertain to means, "control" to an end. "Controls" deal with facts, that is with events of the past. "Control" deals with expectations, that is with the future. "Controls" are analytical and operational, concerned with what was and is. "Control" is normative, concerned with what ought to be, with significance rather than with meaning.

We are rapidly acquiring great capacity to design "controls" in social institutions, based on a great improvement in techniques, especially in the application of logical and mathematical tools to events of this social universe, and in the ability to process and analyze large masses of data very fast. What does this mean for "control?" Specifically what are the requirements for these greatly improved "controls" to give better "control" to management? For, in the task of a manager, "controls" are purely a means to an end; the end is "control."

That here is a problem, ordinary language and its use makes abundantly clear. The man in a business who is charged with producing the "controls" is the "controller." But most, if not all executives, including most controllers themselves, would consider it gross misuse and abuse of controllership were this "controller" to use his "controls" to exercise "control" in the business. This, they would argue would actually make the business be "out of control" altogether.

The reasons for this apparent paradox lie in the complexity, both of human beings and of the social task. I do not intend to go into metaphysics, nor is this necessary. I am willing to grant that both, the human being and society are actually completely determined. But there are so many determinants, and their form and impact are so varied, that, at least on the microcosmic level on which we operate — and on which even the basic policy decisions of great powers are □ being made — there is so much complexity as to result in a genuine "uncertainty principle" insofar as the relationship between "controls" and "control" is concerned. A genuine feed-back is not possible.

If we deal with a human being in a social institution, "controls" must become personal motivation to lead to "control." Instead of a mechanical system, the

---

*Mit freundlicher Genehmigung des Verfassers entnommen aus: Bonini, Ch.P., R.K. Jaedicke und H.M. Wagner (Hrsg.): Management Controls, New York u.a. 1964, S. 286–296.

control in a human-social situation is a volitional system. That we know very little about the will is not even the central point. A translation is required before the information by the "controls" can become ground of action – the translation of one kind of information into another which we call *perception.*

In the social institution itself there is a second complexity, a second "uncertainty principle." It is almost impossible to pre-figure the responses appropriate to a certain event in a social situation. We can, and do, build a control into a machine which slows down the turning speed whenever it exceeds a certain figure. And we can do this either by mechanical means or by instrumentation which shows a human operator what the turning speed is, and which gives him the specific, unambiguous instruction to turn the speed down when the indicator reaches a certain point. But a control reading "profits are falling" does not indicate, with any degree of probability, the response "raise prices" let alone by how much; the control – reading "sales are falling" does not indicate the response "cut prices," and so on. There is not only a large – a very large – number of other equally probable responses – so large that it is usually not even possible to identify them in advance. There is no indication in the event itself which of these responses is even possible, let alone appropriate, not to mention its being right. The event itself may not even be meaningful. But even if it is, it is by no means certain what it means. And the probability of its being meaningful is a much more important datum than the event itself – and one which is almost never to be discerned by analyzing the event.

In other words what is needed in the social situation is a decision based on assumptions – and essentially assumptions not in respect to the recorded event but in respect to the future, that is expectations which know no probability but can only be judged according to plausibility. For there are no "facts" in the future in a social universe in which periodicity – at least on our minuscule scale – cannot be assumed, must indeed rather be considered quite unlikely.

There are at least parts of such a situation which resemble the phenomena of the physical universe. We can in other words "simulate," that is, pretend that we deal with physical events rather than with social events. And such "simulation" is indeed highly fruitful as we have learned these last ten years or so. But we should never forget the fact that this is "simulation" – and therefore something completely different from the symbolic representation of reality which the physicist's formula represents. It is always based on as- □ sumptions regarding volition, perception and expectations which need constant re-appraisal.

288

Section II

Does this mean that "controls" are unimportant? Does it mean that they are misleading? The opposite actually follows. Precisely because we deal with such a complex subject, we need control very badly. And precisely because we find ourselves in constant uncertainty as managers in such a situation, "controls" tend to have tremendous impact. In fact both the need and the impact are so great that the wrong "controls" can be exceedingly misleading and dangerous. It is, therefore, important today when our capacity to design and to manipulate controls is increasing so fast, to think through what controls in a social institution and in particular in the business enterprise have to be and have to do, and also what they cannot be and must not attempt to do.

There are four major characteristics of "controls" in business enterprise – two pertain to all social institutions and reflect the fact that business enterprise is a social institution. One of these characteristics pertains to institutions within a society of which business enterprise is one. And the fourth and last one is specifically a characteristic of business enterprise as an economic institution.

1. When we measure the rate of fall of a stone, we are totally outside the event itself. By measuring we do not change the event; and measuring the event does not change us, the observers.

Measuring is both objective and neutral.

In a wide range of natural phenomena, however, especially on the microcosmic level, the act of measuring interferes with the event measured – whether the events are nuclear, microbiological or psychological. The observer in these events becomes a part of the situation. Measurement is still objective but no longer neutral.

In a perceptual situation of complexity, that is in any social situation of the kind we deal with in business enterprise, the act of measurement is, however, neither objective nor neutral. It is subjective and of necessity biased. It changes both the event and the observer. For it changes the perception of the observer – if it does not altogether create his perception. Events in the social situation acquire value by the fact that they are being singled out for the attention of being measured. No matter how "scientific" we are, the fact that this or that set of phenomena is singled out for being "controlled," signals that it is being considered to be important. Everybody who ever watched the introduction of a budget system has seen this happen. For a long time – in many companies forever – realizing the budget figures becomes more important than what the budget is supposed to □ measure, namely economic performance. This goes often so far that managers, upon their first exposure to a budget system, deliberately hold back sales and cut back profits rather than be guilty of "not making the budget." It takes years of experience and a very intelligent budget director to restore the balance. And there is any number of otherwise perfectly normal research directors who act on the conviction that it is a greater crime to get research results for less than the budgeted amount than not getting any research results at all while spending all the "proper" budget money.

"Controls" in a social institution, in other words, are goal-setting and value-setting. They are not "objective." They are of necessity moral. The only way to avoid this is to flood the executive with so many "controls" that the entire system becomes meaningless, becomes mere "noise." From that point of view maybe the gross abuse of our new data processing capacity, namely as a tool for grinding out huge quantities of totally meaningless data – the abuse of which every early computer user is guilty – is a blessing after all. But it is hardly the right way to use our capacity to provide "controls." This must start out with the realization that "controls" create vision. That is they both affect the events measured and the observer. They endow events not only with meaning but with value.

And this means that the basic question is not "how do we control?" but "What do we measure in our control system." That we can quantify something is no reason at all for measuring it. The question is: "is this what a manager should consider important?" "Is this what a manager's attention should be focused on?" "Is this a true statement of the basic realities of the enterprise?" "Is this the proper focus for "control," that is for effective direction with maximum economy of effort?"

If these questions are not being asked in designing "controls," we will end up by making business essentially uncontrolled – for then we will simply have no remedy except to proliferate control information to the point where it does not register at all.

2. Because "controls" have such an impact it is not only important that we select the right ones. To enable controls to give right vision and to become the ground for effective action, the measurement must also be appropriate. That is it must present the events measured in structurally true form. Formal validity is not enough.

Grievances coming out of a work force are commonly reported as "five grievances per thousand employees per month." This is formally valid. But is it structurally valid? Or is it misdirection?

The impression this report conveys is first that grievances are distributed throughout the work force in a random matter. They follow, the report seems to say, a U-shaped Gaussian distribution. And secondly – a conclusion from the first impression – they are a minor problem especially if we deal with five grievances per thousand employees per month. □

290   It is almost certain, however, that this, while formally valid, completely misrepresents and mis-informs, let alone mis-directs. Grievances are a social event. Physical nature knows no such phenomena. And social events are almost never distributed in the "normal distribution" we find in the physical world. The "normal distribution" of social events is almost always exponential – with the hyperbola the typical curve. In other words, the great majority of departments in the plant, employing ninety-five per cent of the work force, normally does not even have a single grievance during one year. But in one department, employing only a handful of men, we have a heavy incidence of grievances – so that the "five per thousand" may well mean (and in the actual example from which I took these figures, did mean) a major grievance per man per year. If this department is then the final assembly through which all the production has to pass, and if the workers in this department go out on strike when their grievances are being neglected by a management which has been misled by its own "controls," the impact can be shattering. In the case I quoted it bankrupted the company which is no longer in existence.

Similarly 90 per cent of the volume of a business is usually represented by 2 to 5 per cent of the number of its products. But 90 per cent of the orders by number cover, typically, only 4 or 5 per cent of the volume – but account for 90 per cent and more of the costs. And so it goes. A modern strategic bomber may have a million parts. But 90 per cent of its cost is represented by a very small number of parts, maybe fifty or so – and so is 90 per cent of the upkeep it need though, unfortunately, the 90 per cent of the dollars and the 90 per cent of the upkeep-needs rarely comprise the same parts.

Practically all the innovations in a research laboratory, no matter how large, come out of the work of a very small percentage of the research people. And invariably, 80 per cent of a company's distributors move, at best, 20 per cent of its output, while 10 per cent or fewer of the distributors move two-thirds to three quarters of total sales.

This, unfortunately, very few managers know. The traditional information systems, especially accounting, conceal rather than highlight this fact. (In particular the allocation of overhead tends to obscure the "normal distribution" of economic and social phenomena).

At the same time knowledge of this fact and understanding of it are pre-requisites for effective control. For control is above all a principle of economy. It means allocation of efforts where they can produce the most results with the minimum of energy. This means allocation of efforts to the small number of phenomena which in any social situation account for the great bulk of results.

Without controls that bring out sharply what the real structure of events is, the manager not only lacks knowledge. He cannot, normally □ expect to do the right 291 thing. On the contrary, all the weight of the daily work pushes him towards allocating energies and resources in proportion to the *number* of events. There is a constant drift towards putting energies and resources where they can have the least results, that is on the vast number of phenomena which, together, account for practically no effects.

Any sales organization I have ever seen, has the bulk of its salesmen — and especially the good men — working on the 90 per cent of the customers who, together, buy 10 per cent of the output, or on the 90 per cent of products by number which, together produce 10 per cent of the company's revenue and markets, and so on. Any technical service force — one of the most expensive and most valuable resources of a company — in the absence of the right information regarding market structure and customers, will put its best men on the smallest and least valuable accounts, if only because these are the people who have the least technical competence themselves and therefore seem to need technical help the most. In fact this constant drift towards the irrelevant and unproductive is so great, and the weight behind it so heavy, that a "controls" system which did nothing but focus attention on the central events — the events which under normal probability statistics are not seen at all — would give any manager a great deal more control and very much better performance and results than the most elaborate simulation and quantification can possibly produce.

To bring out the structure of economic and social events should be a major contribution of our new approaches to "controls." We now have the logical and mathematic tools available for the job. Indeed it is in this area that the new methods have been most productive. Of course not everything there is to be measured, conforms to the "normal distribution" of social events. After all we also deal with physical events in business enterprise. And one of the most important and least understood areas of operation are those where events following the "normal distribution" of the physical universe have to be coupled with events following the "normal distribution" of the social universe, for instance, where we have to bring together the physical flow of materials through a plant with an order pattern.

Here in other words is an area of very great contribution. But the new tools and methods will not make this contribution, will indeed miss their greatest opportunity, unless it is realized that how we measure is as important as what we measure – and that the question: "What is the proper measurement and the proper scale" is infinitely more important in social events than it is in the physical universe – precisely because perception is an integral part of the events themselves.

3. The third characteristic important for the design and use of controls in business enterprise is that business is an institution of society. It exists to contribute to economy, society and individual. □ In consequence *results* in business exist only on the outside – in economy, in society and with the customer. It is the customer only who creates a "profit". Everything inside a business, manufacturing, marketing, research and so on, creates only costs, is only a "cost center."

In other words the "managerial" area is concerned with costs alone. *Results are always entrepreneurial.*

Yet we do not have adequate, let alone reliable information regarding the "outside." They are not only by far the hardest to get – to the point where no organization for the acquisition and collection of meaningful outside information could really be set up – the job is much too big. Above all we simply lack the necessary entrepreneurial concepts. The job itself has never been thought through – at least not so far. And the century of patient analysis of managerial, inside phenomena, events and data, the century of patient, skillful work on the individual operations and tasks within the business, has no counterpart in respect to the entrepreneurial job.

To put it differently, we can easily record and therefore quantify efficiency, that is, efforts. We have very few instruments to record and quantify effects, that is, the outside. But even the most efficient buggy whip manufacturer would no longer be in business. It is of little value to have the most efficient engineering department if it designs the wrong product. The Cuban subsidiaries of U.S. companies were by far the best run and, apparently, the most profitable – let alone the least "troublesome" – of all U.S. operations in Latin America. And it mattered little, I daresay, during the period of IBM's great expansion in the last ten or fifteen years how "efficient" its operations were; it's basic entrepreneurial idea was the right, the effective one.

It is not only that the outside, the area of results, is much less accessible than the inside. It is at the same time much more remote as well. The central problem of the executive in the large organization is his – necessary – insulation from the outside. This applies to the President of the United States as well as to the President of United States Steel. What today's organization therefore needs, above all, are synthetic sense organs for the outside. If modern "controls" are to make a contribution, it would be above all here.

Yet this is exactly the area where we do not put to work the new technology of control. We tend – as people with a new tool kit always do – to go to work where it is easy. These are the inside, the managerial events. We should, however, go to work where we can make the greatest contribution. On the outside, we cannot indeed hope to come up with anything of such beautiful precision as a Queuing Theory inventory system. But we may come up with something which (unlike some fancy inventory systems I have seen) is actually useful and may even

be used. In other words a new approach, a new □ technology, a new set of tools   293
should always be put to work on the difficult rather than the easy, on the things
the old tools could not do at all rather than on the things they did passably well.
It should give new power rather than be frittered away on improvements. And unless we use the new approaches for an understanding and ordering of the outside,
the entrepreneurial world of business enterprise — even though all we can produce
there for the time being are insights rather than quantitative statements — we are
not going to make the new technology truly useful. We are going to abuse it for the
gratification of the technician's virtuosity rather than for the satisfaction of an
urgent need of business and society.

4. Finally, in terms of specifications for effective quantitative controls, we
should look at business enterprise as something separate, that is as business as a
meaningful sphere of human action by itself. As such it presents a unique appear-
ance to people interested in controls and control. Business, unlike all natural and
mechanical systems, exhibits a wide range of events and results that are of profound
importance and yet cannot easily be quantified within any meaningful system of
measurement. But business, also, unlike any other social system, has a wide range of
events and results which can be quantified. Business is the only system we know
which has both quantifiable and non-quantifiable results and events, both equally
important.

This gives business a unique opportunity for controls, but also a unique problem.

Any experienced executive knows companies or industries which are bound for
extinction because they cannot attract or hold able people. This, every experienced
executive also knows, is a more important fact about a company or an industry
than last year's profit statement. Any logical positivist who were to tell an executive that this statement, being incapable of unambiguous definition is a "non-state-
ment" dealing with a "non-problem," would be quickly — and correctly — dis-
missed as an ass. Yet the statement cannot be defined clearly let alone "quantified." It is anything but "intangible;" it is very "tangible" indeed (as anyone ever
having to do with such a business quickly finds out.) It is just "non-measurable."
And the results, while exceedingly measurable, will not show up for a decade.

But business also has measurable and quantifiable results of true meaning and
significance. These are all those that have to do with past economic performance.
For these can be expressed in terms of the very peculiar measurement of the economic sphere, money.

This does not mean that these are "tangibles." Indeed most of the things we can
measure by money are so totally "intangible" — take depreciation for instance —
that they outdo any Platonic Idea in that nothing corresponds to them in any
reality whatever. But they are measurable. □

That they are abstractions the "management scientist" with his background in   294
physics or engineering often has to learn the hard way. Far too few management
scientists for instance realize that practically every single definition of accounting
is based on assumptions of high metaphysical content — and that any accountant
worth his salt, can convert any profit figure into a loss figure, or vice versa, if given
control of the accounting definitions, all unquestionably, "within the limits of
proper accounting practice."

This does not alter the fact that there are important measurable events. And then, to say it again, there are equally important events that cannot be measured.

To this comes the fact that the measurable results are things that happened, they are in the past. There are no "facts" about the future. To this comes secondly that the measurable events are primarily inside events rather than outside events. The important developments on the outside, the things which determine that the buggy whip industry disappears and that IBM becomes a big business – let alone that Cuban subsidiaries of American companies are confiscated – are not measurable until it is too late to have "control."

A balance between the measurable and the non-measurable is therefore a central and constant problem of management. In many ways it is *the problem* of management and the true decision area.

Measurements which do not spell out the assumptions in respect to the non-measurable that are being made – as parameters if you please or in any other form – misdirect therefore. They actually misinform. Yet the more we can quantify the truly measurable areas, the greater the temptation to put all our emphasis on those – the greater, therefore, the danger that what looks like better "controls" will actually mean less "control" if not a business out of control altogether.

Section III

There is one more important thing to be said. There is a fundamental, incurable, basic limitation to "controls" in a "social institution." This lies in the fact that a "social institution" is both a true entity and a complete fiction. As an entity it has purposes of its own, a performance of its own, results of its own – and a survival of its own. These are the areas of which we have been speaking so far. But a social institution is comprised of persons, each with his own purpose, his own ambitions, his own ideas, his own needs. No matter how "totalitarian" the institution, it has to satisfy the ambitions and needs of its members, and do so in their capacity as individuals but through institutional rewards and punishments, incentives and deterrents. The expression of this may be quantifiable – such as a raise in salary. But the system itself is not quantitative in character and cannot be quantified. □

295   Yet here is the real "control" of the institution, that is the ground of behavior and the cause of action. People act as they are being rewarded or punished. For this, to them, rightly, is the true expression of the values of the institution and of its true, as against its professed, purpose and role. Employment selection and promotion decisions are the real "controls." In the employment selection an institution decides what kind of people it wants altogether. In the promotion decisions it makes operational its true and actual values and its real performance standards. A company that tells its foremen that the job is human relations but which then promotes the foreman who best does his paper work, makes it very clear to even the dumbest man in the shop that it wants paper work rather than human relations. And it will get paper work.

A system of "controls" which is not in conformity with this true, this only effective, this ultimate "control" of the organization which lies in its people-decisions, will therefore at best be ineffectual – as most are. At worst it will cause never-ending conflict and will push the organization out of control. Unfortunately this is only too often the situation where economically focused controls are imposed upon a research organization which professes dedication to "scientific values." Either promotions are then being made according to economic criteria – which violates the profession of the research group. Or promotions are being made according to scientific criteria – which destroys the credibility and acceptance of the economic "controls."

In designing "controls" for a business one therefore has to understand and analyze the actual "control" of the business, its personnel decisions especially in respect to promotion. Otherwise one designs a system of "controls" which does not lead to "control." One secondly has to think through the actual "control" system, the personnel decisions, to see whether it really is in agreement with the true needs of the business. Otherwise there is no economic performance.

But finally one has to realize that even the most powerful "instrument board" complete with Computers, Operations Research, and Simulations is secondary to the invisible, qualitative control of any human organization, its systems of rewards and punishments, of values and taboos – as it expresses itself in the ultimate decision, the personnel decision.

The new controls technology has tremendous scope and power. There is tremendous need for new and better controls, and especially for controls that are quantitative and therefore not just matters of "opinion." But the new "controls" have this power and satisfy this need, precisely because they are not "objective," are not "neutral," precisely because they change both the events they record and observe and the men to whom they report and whom they inform. What is needed therefore for those who are the designers of these "con- □ trols" is an attitude very   296 different from that of the physical scientist or the instrument maker. Theirs is much greater power- but also much greater limitation. They have to know that they can do much less – and have to know what they cannot do. But they also have to know that what they can do means much more – and have to impose on themselves the responsibility appropriate to this power. □

Zusammenfassung

Drucker arbeitet im *ersten* Abschnitt seines Beitrages den Unterschied zwischen den Begriffen „control" und „controls" heraus. Der Begriff „controls" bezieht sich danach eher auf die *Kontrollmittel* bzw. -instrumente zur (messenden) Erfassung von vergangenheits- und gegenwartsbezogenen Informationen; hier stehe das passive Registrieren von operational gefaßten Größen im Vordergrund. Das Synonym für den Begriff „control" sei dagegen der Begriff „direction" (Leitung), der auf eine aktive, zukunftsorientierte und zielbezogene *Einflußausübung* auf das Verhalten anderer abstelle und deshalb stark normativ orientiert sei. Für den Manager seien „controls" Mittel zum Zweck, der Zweck sei die Erreichung und Sicherung von „control". Die Verbindung zwischen beiden Begriffen entstehe in sozialen (im Gegensatz zu mechanischen) Systemen durch die Tatsache, daß mit (instrumentellen) Kontrollen *motivationale* Wirkungen einhergingen, die als Verhaltensbeeinflussungen funktionale oder dysfunktionale Effekte bezüglich der Ziele der Leitung haben könnten.

Im *zweiten* Abschnitt spricht Drucker sodann vier Aspekte von Kontrollen an, die für die Unternehmungen relevant seien:

(1) Kontrollen in sozialen Institutionen sind (im Gegensatz zu Messungen vieler Naturphänomene) weder objektiv noch neutral, weil sie einmal die Perzeption des Beobachters bezüglich des Kontrolltatbestandes verändern (oder auch erst schaffen) und zum anderen den Kontrolltatbestand selbst in dem Sinne beeinflussen, daß er durch die Kontrolle überhaupt erst als für die soziale Institution bedeutsam ausgezeichnet wird. Kontrollen seien „ziel- und wertsetzend."

(2) Kontrollen müssen mit inhaltlich (und nicht nur formal) validen Maßstäben arbeiten, d.h. solchen Maßstäben, die das zu messende Ereignis in seiner Bedeutung für Maßnahmen der Unternehmensführung strukturell richtig (wahr) erfassen. Durchschnittswerte entsprächen in sozialen Systemen in der Regel nicht diesem Erfordernis, weil sie die Normalverteilung unterstellten, für soziale Phänomene aber meistens die Exponentialverteilung typisch sei. Drucker erläutert diesen Punkt an einer Reihe von betriebswirtschaftlichen Beispielen.

(3) Traditionelle Kontrollsysteme stellen nach Ansicht von Drucker zu ausschließlich auf die Kontrolle der „internen" Operationen der Unternehmung ab. Der „außengerichtete", eigentlich unternehmerische Aspekt, inwieweit die Unternehmung einen Beitrag zur Befriedigung von individuellen und gesellschaftlichen Bedürfnissen leiste, komme zu kurz. Zukünftige Anstrengungen zur Entwicklung und Verbesserung von Kontrollsystemen sollten verstärkt diesen „externen" Aspekt unternehmerischer Tätigkeit im Auge behalten.

(4) Bezüglich der Unternehmung habe man es neben quantifizierbaren auch mit nicht oder nur schwer quantifizierbaren Tatbeständen und Ergebnissen zu tun; letztere seien im Gegensatz zu ersteren häufig zukunftsbezogen und außengerichtet und nicht zuletzt deshalb von besonderer Bedeutung für das Überleben und die Effizienz einer Unternehmung. Das zentrale und permanente Problem der Unternehmensführung bestehe geradezu darin, ein „Gleichgewicht" zwischen dem Meßbaren und dem Nichtmeßbaren in der Unternehmung herzustellen. Kontrollsysteme würden deshalb zu Fehlentscheidungen führen, wenn die Annahmen im Hinblick auf die nichtßmeßbaren Tatbestände nicht explizit deutlich gemacht würden. Je mehr bei Kontrollsystemen die Tendenz zu quantifizierten Informationen bestehe, umso größer werde die Gefahr, daß die nicht-quantifizierten Informationen aus dem Blickfeld gerieten.

Der *dritte* Abschnitt weist schließlich auf eine wesentliche Beschränkung beim Entwurf von Kontrollsystemen für Unternehmungen hin, die Drucker in der Existenz von Belohnungs- und Bestrafungsmustern in sozialen Organisationen sieht. Kontrollsysteme müssen in derartige „Muster" eingebettet und auf diese abgestimmt werden, in dem Sinne, daß gleichgerichtete (und nicht gegengerichtete) Verhaltenswirkungen entstehen. Werden etwa ökonomische Effizienzkriterien als Kontrollmaßstäbe an eine Forschungs- und Entwicklungsabteilung der Unternehmung angelegt, die sich im übrigen rein wissenschaftlichen Werten und Standards verbunden fühlen soll (und verbunden fühlt), so seien Konflikte unvermeidbar. Diese Abstimmungsnotwendigkeit ergibt sich bereits aus den motivationalen Wirkungen von Kontrollsystemen.

Zur Kontrolle strategischer Pläne*

Alois Gälweiler

I. Allgemeine Beziehungen zwischen Planung und Kontrolle

1. Soll/Ist-Vergleich

Unter Kontrolle versteht man üblicherweise den Soll/Ist-Vergleich. Mit ihm wird festgestellt, ob und inwieweit in der Ausführungsphase das zuvor geplante, angestrebte oder gewollte Ziel tatsächlich erreicht wird. Sobald dabei Abweichungen auftreten, die bestimmte Grenzwerte überschreiten, werden anhand von Abweichungsanalysen die Ursachen ermittelt und Korrektur-Maßnahmen ausgelöst.

Soll/Ist-Abweichungen positiver oder negativer Art können prinzipiell zwei verschiedene Quellen haben:

a) Es kann an den Plansätzen liegen; sie können zu hoch oder zu niedrig sein.

b) Es kann an spezifischen Bedingungen (Störgrößen) oder Verhaltensweisen in der Ausführungsphase liegen.

In beiden Fällen löst der Soll/Ist-Vergleich um so schneller korrigierende Rückkopplungsaktionen aus, je schneller sich die entsprechenden Fehler und Ursachen beseitigen lassen. Die Hauptdomäne des Soll/Ist-Vergleiches als Kontrolle der Planung liegt daher dort, wo sich festgestellte Abweichungen sehr schnell, das heißt kurzfristig beheben lassen.

Strategische Pläne beziehen sich demgegenüber im Normalfalle auf Sachverhalte, die nicht kurzfristig gestaltbar sind. Ihr Zustandekommen erfordert stets eine lange Zeit. Wegen des ihnen eigenen langfristigen Wirkungsgefüges sollten sie überdies prinzipiell nicht von kurzfristigen Abweichungen oder von Kurzzeit-Erscheinungen her gestaltet und beeinflußt werden, weil diese aufgrund ihrer kurzlebigen Existenz nur selten zuverlässige Grundlagen für langfristig gebotene Entscheidungsnotwendigkeiten sein können.

Strategische Planungen lassen sich daher prinzipiell nicht anhand von Soll/Ist-Abweichungen aus dem Vergleich mit den Daten des laufenden Geschäftsgeschehens unmittelbar steuern und korrigieren. Das wird zwar häufig versucht. Ein solches Verhalten ist aber geradezu ein deutliches Kennzeichen für ein ausgesprochen nicht-strategisch orientiertes Denken, Entscheiden und Handeln. Es führt daher auch meistens zu langfristig falschen Entscheidungen. Normalerweise zeigt sich das aber erst viel später an den erst dann erkennbaren und im vorhinein auch keineswegs gewollten negativen Entscheidungsfolgen. Eine Korrektur der Entscheidung ist aber dann nicht nur sehr schwierig. Fast immer ist es dann dafür viel zu spät. Die tieferen Ursachen dafür liegen in den Langzeit-Eigenschaften, die typisch sind für all das, was zum Aufgabengebiet der strategischen Führung und Planung gehört.

---

*Bei diesem Beitrag handelt es sich um eine Erstveröffentlichung.

2. Planung und Steuerung

Der eigentliche Zweck jeder Planung besteht nicht darin, Abweichungen feststellen zu können, sondern alle Ausführungsabläufe so steuern zu können, das heißt permanent unter Kontrolle halten zu können, daß möglichst keine Abweichungen entstehen und daß am Ende weitgehend das herauskommt, was man am Anfang gewollt hat, und zwar technisch, wirtschaftlich und terminlich. Das läßt sich stets um so leichter erreichen, je mehr ein beliebiges Endziel im vorhinein anhand aller für seine Realisierung maßgebenden Bedingungen in alle seine einzelnen Elemente und Teilschritte so weit zerlegt (strukturiert) ist und diese Elemente und Teilschritte sachlich und zeitlich so eindeutig definiert sind, daß das Endziel während der gesamten Ausführungsphase permanent mit einer möglichst hohen Realisierungswahrscheinlichkeit angesteuert werden kann. Je präziser und realistischer in einer Planung das Ziel, seine Voraussetzungen und seine Realisierungsschritte strukturiert sind, um so besser können eventuell auftretende *Abweichungsursachen* im frühesten Zeitpunkt ihrer Entstehung erkannt und die möglichen *Abweichungswirkungen* – ohne erst ihr Eintreffen oder das Ende abzuwarten – weitgehend durch ein entsprechendes Gegensteuern vermieden werden. Musterbeispiele für diesen eigentlichen Planungszweck sind jede funktionierende Konstruktion und Fertigungsvorbereitung und insbesondere jeder für ein konkretes Projekt aufgestellte Netzplan. Die von Anfang an zielorientierte Steuerung (Kontrolle) der Ausführung eines Vorhabens ist überhaupt der eigentliche Zweck eines jeden Netzplanes. Dessen materieller Inhalt ist stets durch zwei Wissenskategorien gekennzeichnet. Unabhängig vom Vorhandensein eines Netzplanes bilden diese beiden Wissenskategorien auch die Grundlagen und das Grundwissen für jegliche Art von Planungsaufgabe:

(1) Welche Voraussetzungen müssen im Zuge der Realisierung eines konkreten Vorhabens von Anfang an bestehen, um die jeweils nächstfolgenden Schritte bis zur Zielerreichung tun zu können?

(2) Wieviel Zeit ist jeweils im Mindestfalle für die einzelnen Voraussetzungen, Schritte, Vorgänge oder Ereignisse notwendig?

Aus der Vielfalt der daraus bei einem konkreten Vorhaben faktisch gegebenen Verknüpfungen resultiert letztlich die sichtbare Komplexität des jeweiligen Netzplanes.

Auch bei der strategischen Planung spielt ein jeweils problem- und sachbezogenes Grundwissen dieser beiden Kategorien die entscheidende und tragende Rolle. Bei ihr sind allerdings die langzeitig relevanten Verknüpfungen der einzelnen sich gegenseitig bedingenden Voraussetzungen im allgemeinen erheblich schwieriger erkennbar und bei den dabei gegebenen dynamischen Zielkonfigurationen ebenso schwieriger in ihren jeweiligen vorgangsspezifischen „Zeitkonstanten" erfaßbar. Die für jede strategische Planung charakteristischen Eigenschaften führen dazu, daß der Schwerpunkt der Kontrolle der strategischen Planung nicht im üblichen Soll/Ist-Vergleich mit den Zahlen des laufenden Geschäfts liegen kann, sondern mehr durch den eigentlichen netzplan-analogen Steuerungszweck der Planung bestimmt ist. Eine Kontrolle der strategischen Planung im Sinne des üblichen Soll/Ist-Vergleiches anhand einer Überwachung der späteren Zielerreichung nützt normalerweise nicht mehr viel. Sie bringt nur späte Erkenntnisse, wie man vorher hätte entscheiden und handeln müssen. Diese Erkenntnisse lassen sich aber normalerweise nicht mehr zur Behebung der Abweichung nützen. Es lassen sich zwar stets Abweichungen feststellen und auch stets ausreichende Gründe und Ursachen dafür finden. Die fehlgegangene Strategie läßt sich aber nur in äußerst seltenen Fällen noch korrigieren. Der tiefere Grund dafür liegt in den Zeitbedingungen, die mit der spezifischen Aufgabenstellung der strategischen Planung verbunden sind. Diese Zeitbedingungen bestehen darin, daß zum Zustandekommen strategisch günstiger, d.h. nachhaltiger Erfolgs-Voraussetzungen stets eine relativ lange Zeit gebraucht wird und daß sich deshalb auch die Fehlwirkungen aus einem erst in der Realisierungsphase als falsch erkannten strategischen Handeln überhaupt nicht mehr oder nur sehr schwierig beseitigen lassen.

In diesen spezifischen Zeitbedingungen liegt ja auch die eigentliche Ursache und Notwendigkeit für eine eigenständige strategische Führungsaufgabe und die damit verbundene Planung, die zusätzlich zur operativen Führungsaufgabe und der damit verbundenen Planung entstanden ist, und zwar gerade deshalb, weil man mit Hilfe operativer Daten nicht mit hinreichender Effizienz strategisch, das heißt langfristig führen kann. Der Schwerpunkt der operativen Führung und Planung liegt im laufenden Geschäft. Dort steht die unmittelbare Gewinnerzielung im Mittelpunkt. Die eigentliche Aufgabe der strategischen Führung und Planung ist demgegenüber von anderer Art und Charakteristik. Das zeigt sich auch besonders deutlich in den für beide Aufgabenbereiche unterschiedlichen Orientierungsgrundlagen und unterschiedlichen unmittelbaren Ziel- bzw. Steuerungsgrößen.

Deshalb gibt es auch keine Aufgaben-Überschneidungen und Zuständigkeitskonflikte zwischen der üblichen operativ orientierten Controlling-Aufgabe und der Kontrolle bei der strategischen Führung und Planung.

II. Zur Strukturierung der Kontrollaufgaben bei der strategischen Planung

Die im Vergleich zur operativen Führung und Planung höhere Komplexität der strategischen Planung findet naturgemäß auch ihren Niederschlag in einer dementsprechend vielseitigeren Struktur der damit verbundenen Kontrollaufgaben. Maßgebend für Art und Umfang der Kontrolle ist dabei vor allem die grundlegende Tatsache, daß Fehler oder Versäumnisse in der strategischen Planung dann normalerweise nicht mehr auf wirtschaftlich vertretbare Weise korrigiert oder nachgeholt werden können, wenn ihre negativen Wirkungen bereits im laufenden Geschäftsvollzug spürbar oder erkennbar werden.

Deshalb muß die Kontrolle alle unternehmensexternen und internen Faktoren und Sachverhalte abdecken, die für die Erfüllung der strategischen Planungsaufgabe und für die Erreichung der strategischen Ziele wesentlich sind oder von denen eventuelle Gefährdungen kommen können.

Von dieser umfassenden Aufgabenstellung her gliedert sich die Gesamtaufgabe der Kontrolle in eine Reihe deutlich voneinander unterscheidbarer Teilaufgaben auf. Sie ergeben sich in einem konkreten Fall um so deutlicher, je mehr die strategische Planung selbst hinreichend strukturiert ist, um alle strategisch relevanten

Probleme im frühesten Stadium ihrer Entstehung erfassen und erkennen zu können. Aus den einzelnen Teilaufgaben der Kontrolle ergeben sich leicht von selbst alle organisatorischen und sachlichen Voraussetzungen, die für einen wirksamen Vollzug dieser Kontrollaufgaben notwendig sind, auch inwieweit sie delegiert werden können. Diese einzelnen Kontrollaufgaben beziehen sich auf die folgenden unterschiedlichen Problemkreise:

1. Die Prüfung strategischer Pläne in bezug auf ihre Vollständigkeit und auf ihre formelle und materielle Konsistenz.
2. Die laufende Überwachung der den strategischen Plänen zugrundeliegenden „kritischen" internen und externen Prämissen.
3. Die terminliche Überwachung strategisch relevanter Entscheidungen.
4. Die terminliche Überwachung wichtiger Etappenziele bei der Realisierung strategisch relevanter Voraussetzungen.
5. Die laufende Überwachung operativer Verhaltensweisen in bezug auf mögliche strategisch schädliche Neben- und Folgewirkungen.
6. Die regelmäßig oder in jeweils individuell festgelegten Zeitabständen vorzunehmende gesamthafte Überprüfung der strategischen Geschäftssituation anhand einer eigenständigen und eingehenden strategischen Analyse.
7. Die periodische Überprüfung der Abgrenzung der strategischen Geschäftseinheiten sowie der dafür jeweils geltenden Kriterien.
8. Die periodische Überprüfung der für strategische Entscheidungen maßgebenden geschäftspolitischen Verhaltensgrundsätze.

1. Die Prüfung strategischer Pläne in bezug auf ihre Vollständigkeit und ihre formelle und materielle Konsistenz

Diese Kontrollaufgabe nimmt offensichtlich vom Inhalt und vom Umfang her eine Schlüsselstellung ein. Die Prüfung strategischer Pläne in bezug auf ihre Vollständigkeit und Konsistenz muß notwendigerweise alle im jeweiligen Einzelfall strategisch relevanten externen und internen Gegebenheiten einbeziehen. Sie muß letzten Endes die Frage, ob ein konkret vorliegender strategischer Plan in jeglicher Hinsicht ausreichend fundiert und realistisch ist, eindeutig beantworten können.

Ein weitgehend objektivierbarer und diskutierbarer Vollzug dieser Kontrollaufgabe setzt voraus, daß für die Unternehmung eine allgemein anwendbare Grundsystematik für die Erarbeitung strategischer Pläne vorliegt. Eine solche Grundsystematik gestattet es, die Ableitung und Begründung strategischer Planungsüberlegungen beliebig nachvollziehen, das heißt prüfen zu können. Ein Beispiel für eine solche allgemeingültige Grundsystematik gibt das folgende Flußdiagramm (Bild 1). Es enthält alle für die strategische Planung wesentlichen Problemfelder in einer Anordnung, wie sie weitgehend den zeitlich und sachlich bedingten Verknüpfungen des für strategische Entscheidungen relevanten Wirkungsgefüges entspricht.

Die Prüfung oder Kontrolle bezieht sich dabei auf folgende Punkte:
(1) Auf die Vollständigkeit der erfaßten und behandelten Problemfelder. Sie erstrecken sich von der präzisen Definition des Kundenproblems über die potentiell neuen Technologien bis zur langfristigen Entwicklung des Netto-Cash-Flow, der mit der Schaffung und Erhaltung eines bestimmten Erfolgspotentials verbunden ist.

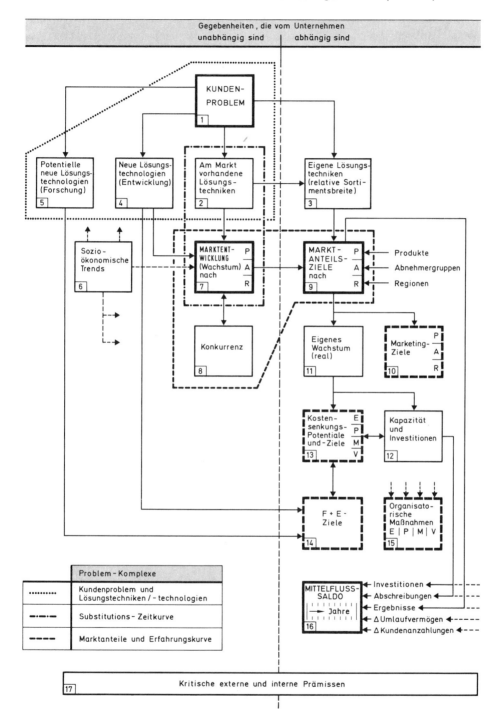

Bild 1

(2) Auf die Übereinstimmung aller dabei genannten Daten und Sachverhalte mit den sonstigen Wissens- und Datenquellen über die gleichen Sachverhalte.

(3) Auf die sachlogisch zutreffende und quantitativ richtige Verknüpfung der einzelnen Problemfelder und ihrer für die strategischen Zielvorstellungen relevanten Daten.

(4) Auf die hinreichende Konsistenz aller sich aus dem strategischen Ziel ergebenden internen Konsequenzen.

(5) Ob die mit einer strategischen Planung verbundenen langfristigen Konsequenzen, soweit sie die Ressourcen und Leistungspotentiale der Unternehmung betreffen, sich im Rahmen der stets begrenzt verfügbaren Mittel bewegen, und zwar nicht allein bezogen auf den jeweiligen Zeitpunkt oder eine kurzfristige Nahperiode, sondern über den gesamten strategisch einbezogenen oder absehbaren Zeithorizont hinweg. Das betrifft langfristig insbesondere die finanziellen Ressourcen. Ihre Beanspruchung kommt im Mittelfluß-Saldo Feld 16/Bild 1 zum Ausdruck. Für die kurzfristige Realisierung strategisch relevanter Zielvoraussetzungen können dabei auch die in den einzelnen Funktionsbereichen (F + E, Produktion, Marketing, usw.) jeweils verfügbaren sachlichen und personellen Kapazitäten (Leistungspotentiale) eine restriktive Rolle spielen.

(6) Die Prüfung der Realisierbarkeit der strategischen Ziele in bezug auf die zu erwartenden Verhaltensweisen und Reaktionen der Konkurrenten. Zum Beispiel gegen welche Konkurrenten sollen wo und wie Marktpositionen errungen oder behauptet werden?

(7) Inwieweit haben die erarbeiteten strategischen Ziele anhand bekannter strategischer Gesetzmäßigkeiten überhaupt auf längere Sicht eine hinreichend realistische Erfolgswahrscheinlichkeit?

(8) Sind die der strategischen Planung zugrundeliegenden kritischen Prämissen (Technologische Entwicklung, Markt, Gesetzgebung, Konkurrenz usw.) hinreichend deutlich herausgestellt? Ist die Überwachung ihrer weiteren Entwicklung ausreichend festgelegt? Sind hinreichend tragfähige Alternativen für den Fall gegeben, daß eine „kritische Prämisse" nicht eintritt?

(9) Liegt das strategische Ziel im Rahmen der bestehenden geschäftspolitischen Verhaltensgrundsätze?

Hilfsmittel für diese Kontrollaufgabe wie auch für die Planung selbst sind in der Regel allgemeine oder geschäftsgebietsspezifische Check-Listen. Sie enthalten eine weitergehende Aufgliederung der im Flußdiagramm (Bild 1) dargestellten Problemfelder bzw. ihre konkrete Spezifizierung für eine bestimmte strategische Geschäftseinheit. Dabei kann eine hinreichende materielle Kontrolle der darin angesprochenen Einzelpunkte oft nur von entsprechend qualifizierten Experten erfolgen. Deshalb ist dieser Teil der Kontrolle auch in vielen Fällen weitgehend in den Planungsprozeß integriert, d.h. die erforderlichen Experten werden zum Zwecke einer kritischen Stellungnahme hinzugezogen.

Einen konkreten Aufriß über alle für diese Kontrolle infrage kommenden Punkte gibt die folgende Check-Liste. Sie ist angelehnt an die im Bild 1 dargestellten Problemfelder 1—16.

1. Zum Kundenproblem

1.1 Lösungsinvariante Definition des Kundenproblems
1.2 Differenzierte Ausprägungen des Kundenproblems nach
  – Anwendergruppen
  – Marktregionen
1.3 Evtl. darin beruhende Segmentierungspotentiale
1.4 Dauerhaftigkeit des Kundenproblems
  – ist es ein bleibendes oder ein weginnovierbares oder wegrationalisierbares Kundenproblem
1.5 – Wahrscheinlichkeit für potentielle Gefährdungen eines abgeleiteten Kundenproblems

2. Am Markt vorhandene Lösungstechniken

2.1 Am Gesamtmarkt vorhandene Lösungstechniken (auch aus anderen Branchen)
2.2 Schwerpunkte einzelner Lösungstechniken in bestimmten Märkten
  – nach Anwendergruppen
  – nach Marktregionen

3. Eigene Lösungstechniken, Sortiment

3.1 Relative Sortimentsbreite und Sortimentsschwerpunkte
  – bei uns
  – bei den wichtigsten Konkurrenten
3.2 Wachstum der für unsere Lösungstechniken wesentlichen Märkte
  im Vergleich
  – zum Gesamtmarkt
  – zu anderen Lösungstechniken, die wir nicht haben
3.3 Eventuelle Konsequenzen für die eigene Sortimentspolitik

4. Neue Lösungstechniken bzw. -technologien (Entwicklung)

4.1 Im Gang bzw. im Vorbereitungsstadium befindliche Entwicklungsvorhaben
  – bei uns
  – bei der Konkurrenz im In- und Ausland
  – in anderen Branchen im In- und Ausland
4.2 Zeitpunkt ihrer voraussichtlichen Markteinführung
4.3 Auswirkungen dieser neuen Lösungen
  – auf unsere derzeitigen Produkte und Leistungen
  – auf unsere bestehenden Fertigungs- und Engineering-Kapazitäten

5. Potentielle neue Lösungstechniken bzw. -technologien (Forschung)

5.1 Im Gang bzw. im Vorbereitungsstadium befindliche Forschungsvorhaben
  – bei uns
  – bei der Konkurrenz im In- und Ausland
  – in anderen Branchen im In- und Ausland
  – in Forschungsinstituten im In- und Ausland
5.2 Erfolgswahrscheinlichkeiten und potentielle Marktbedeutung der einzelnen Forschungsvorhaben
5.3 Eventuelle Konsequenzen:
  Für den Geschäftsbereich besonders wichtige bzw. notwendige Forschungsprojekte
  – für die Erhaltung bestehender Marktanteilspositionen
  – für den Ausbau bestehender Marktanteilspositionen
  – für den Aufbau neuer Marktanteilspositionen

6. Sozio-ökonomische Trends

6.1 Auswirkungen genereller sozio-ökonomischer Trends auf die Geschäftsentwicklung (spezifische Chancen und Risiken) in den einzelnen Schwerpunktländern aus Veränderungen der
- sozialen
- politischen
- gesetzlichen, rechtlichen
- ökonomischen
Rahmenbedingungen

6.2 Gesamtwirtschaftliche Ausgangsdaten, deren Entwicklungstrends, und ihre branchenspezifischen Auswirkungen

7. Marktentwicklung

7.1 Strategisch relevante Märkte (= Schwerpunktmärkte) nach
- Produkten/Leistungen
- Anwendergruppen bzw. Vertriebswegen
- Marktregionen
und deren voraussichtliche Wachstumstrends in % p.a.

7.2 Veränderungen in den Anteilen der am Markt vorhandenen Lösungstechniken

7.3 Erwartete Substitution durch neue Lösungstechniken

7.4 Voraussichtliche Dauer der Substitution

7.5 Unterschiede in den Substitutionsverläufen nach
- Anwendergruppen
- Marktregionen

7.6 Sind konkrete Risiken für unsere Produkte erkennbar aufgrund von technologischen Veränderungen, die das bisherige Kundenproblem wegrationalisieren oder weginnovieren?

7.7 Möglichkeiten zur Erschließung neuer Anwender für unsere derzeitigen Lösungstechniken bzw. unser spezifisches Know-how

7.8 Sind unsere Märkte bedroht durch eine evtl. Änderung der Fertigungstiefe bei den Abnehmern?

7.9 Erwarteter Marktpreistrend
- im Inlandsmarkt
- in den Schwerpunktmärkten des Auslandsgeschäftes
  (1) Welcher Kostenrückgang ist lt. Erfahrungskurve aufgrund der Marktmengenentwicklung (Marktwachstum) als durchschnittliche Trendrate in % p.a. zu erwarten (= Kostensenkungspotential im Branchendurchschnitt)
  (2) Wie hoch ist die durchschnittliche Preissteigerung in den Stückkosten (= Kosteninflation im Branchendurchschnitt)?
  (3) Längerfristiger Preistrend = Differenz (2)−(1)
  (4) Wie war demgegenüber die Entwicklung in der Vergangenheit?
  (5) Enthält das derzeitige Preisniveau evtl. einen Vorgriff oder einen Nachholbedarf in bezug auf den längerfristigen durchschnittlichen Preistrend?

7.10 Bedeutung ausländischer Zulieferungen bzw. Fertigungsstätten
- für die Konkurrenzfähigkeit schlechthin
- für den Marktzugang im Auslandsgeschäft

8. Konkurrenzsituation

8.1 Situation unserer Lösungstechniken (bzw. Produkte) im Vergleich zur Konkurrenz in bezug auf
- Preise und Konditionen
- Stand der Technik
- Qualität
- Lieferzeiten
- Service (Vorakquisition, Anwendungsberatung, Kundendienst usw.)

8.2 (Potentielle) Kostensituation im Vergleich zu den wichtigsten Konkurrenten (= Ermittlung der Gesamt-Volumen-Relation)

8.3 Sonstige Unterschiede in der Kostensituation, z.B. aufgrund von Zulieferungen aus Niedrig-Lohn-Ländern

8.4 Gründe für eventuelle weitere Vor- bzw. Nachteile gegenüber unseren Konkurrenten

8.5 Unterschiede zwischen uns und der Konkurrenz in bezug auf die Marktschwerpunkte und ggf. Ursachen für signifikante Veränderungen in den letzten Jahren

8.6 Geschäftsstrategien der wichtigsten Konkurrenten in bezug auf
   – evtl. neue Marktschwerpunkte (Aufbau von Marktanteilspositionen)
   – Einschränkung bzw. Aufgabe bestehender Marktaktivitäten

8.7 Sind neue Konkurrenten zu erwarten (ggf. auch durch Vorwärts-Integration heutiger Zulieferer)?

8.8 Zu erwartende Veränderungen in der internationalen Konkurrenzsituation

9. Marktanteilsziele

9.1 Strategisch relevante Marktabgrenzungen

9.2 Bestehende Marktanteilspositionen und Marktanteilsziele in den strategisch relevanten Märkten (Vergleich mit den jeweils wichtigsten 3 Konkurrenten)

9.3 Erwartete Veränderungen der Marktanteile aufgrund
   – bereits im Gang befindlicher Substitutionen
   – im Entwicklungsstadium befindlicher Substitutionsprodukte

9.4 Beabsichtigte Veränderungen der Sortimentsbreite und der Sortimentsschwerpunkte

9.5 Beabsichtigte Marktausweitung
   – in neue Anwendergruppen
   – in neue Marktregionen

9.6 Bei Marktanteilssteigerungen
   – Welchen Konkurrenten sollen Marktanteile abgenommen werden?
   – Wo und wie soll das geschehen?
   – Erwartete Reaktionen der Konkurrenten und dafür vorgesehene Maßnahmen

9.7 Inwieweit werden derzeit befriedigende Marktanteilspositionen bzw. ihre Aufrechterhaltung durch die Strategie der Konkurrenten gefährdet?

9.8 Wo sollen Marktanteile verringert oder ganz abgebaut werden?

9.9 Welche Verbesserungen des Erfolgspotentials (in % vom Umsatz) werden mit den beabsichtigen Marktanteilsveränderungen angesteuert?

10. Konsequenzen aus den Marktanteilszielen für das Marketing

10.1 Zur Sicherung der Marktanteilsziele erforderliche Marketing-Aktionen und -Maßnahmen, z.B. in bezug auf
   – Vertriebsorganisation und/oder Akquisitionspersonal
   – Vorakquisition im Anlagengeschäft
   – Service, Beratung und Schulung im Inland sowie in den Auslandsmärkten
   – Werbemaßnahmen

10.2 Welche Vorleistungen sind hierfür ggf. erforderlich (in Mio DM p.a.)

11. Eigenes Wachstum (real)

Zur Realisierung der Marktanteilsziele erforderliches eigenes Mengen- oder Real-Wachstum in % p.a.
   – nach Produkten
   – nach Ländern

12. Konsequenzen aus den Marktanteilszielen für die Produktions- bzw. Engineering-Kapazität

12.1 Kapazitäts- und Investitionserfordernisse für dieses Mengenwachstum (lt. 11.)

12.2 Eigener Kapazitätszuwachs aufgrund der laufenden Rationalisierung in % p.a.

– durch Änderungen der Produktkonstruktionen
– durch rationellere Anlagen (Werkzeuge, Maschinen, Einrichtungen)
– durch Änderungen der Arbeitsabläufe

12.3 Über die normalen Erneuerungs- und Rationalisierungsinvestitionen hinaus erforderliche Erweiterung der Fertigungs- und Engineering-Kapazitäten

12.4 Ggf. aufgrund der Markt- und Konkurrenzentwicklung bei unseren Fertigungs- und Engineerings-Kapazitäten erforderliche Rückschnitte bzw. Umschichtungen und/oder Verlagerungen ins Ausland

12.5 Gesamt-Investitionserfordernisse in Mio DM p.a.
– in den nächsten 5 Jahren
– in den darauffolgenden 5 Jahren
– für Erneuerung
– Rationalisierung
– Erweiterung der Endkapazität
– Erweiterung der Fertigungstiefe

13. Konsequenzen aus den Marktanteilszielen für die Kostensenkung

13.1 Ermittlung des geschäftsspezifischen Kostensenkungspotentials lt. Erfahrungskurve =
    (1) Wachstumsabhängiges Kostensenkungspotential lt. Tabelle
    (2) Anteil der einer Senkung zugänglichen Kosten in % der gesamten Kosten pro Stück bzw. Leistungseinheit
    (3) Zugängliches Kostensenkungspotential in % der Gesamtkosten und in Mio DM in den letzten und nächsten 5 Jahren (berechnet aus (1) x (2)
    (4) Tatsächliche Kostensenkung in den letzten 5 Jahren
    (5) Evtl. gegebene Nachholnotwendigkeit

13.2 Kostensenkungsziele und vorgesehene Aktionen
– in der Entwicklung und Konstruktion (Methoden, Produkte)
– in der Fertigung
– in der Fertigungssteuerung (Informationsfluß)
– in der Marketingfunktion
– in den Verwaltungsfunktionen
– im Einkauf, evtl. zusammen mit den Lieferanten

13.3 Kostensenkungen pro Funktionsbereich und Jahr lt. Liste der vorgesehenen Aktionen

13.4 Konsequenzen der angestrebten Kostensenkung in bezug auf
– die Fertigungstiefe
– den Personalbedarf in den einzelnen Funktionsbereichen
   – nach Qualifikation (Struktur)
   – nach Anzahl der Beschäftigten
– die Produktivität (Wertschöpfung/Kopf bzw. Ergebnis/Kopf)

14. Konsequenzen aus den Marktanteilszielen für die Entwicklung

14.1 Welche Entwicklungskosten in % vom Umsatz sind im längerfristigen Durchschnitt erforderlich, um den Stand der Technik zu halten?
Wie liegen die Entwicklungskosten im Vergleich zum Branchendurchschnitt?

14.2 Ist unsere Entwicklungskapazität ausreichend?

14.3 Wo liegen mit welchen Vorhaben die Schwerpunkte der eigenen Entwicklung für die kommenden Jahre?

14.4 Wie liegen wir mit unseren Entwicklungsvorhaben zeitlich im Vergleich zur Konkurrenz?

14.5 Welche grundlegenden Neu-Entwicklungen/Innovationen sind geplant?

14.6 Inwieweit sind diese Entwicklungsvorhaben wichtige Voraussetzungen
– für die Marktziele?
– für die Ergebnisziele (Kostensenkung)?

15. Finanzielle Bewertung der Marktanteilsziele

15.1 Welcher Mittelfluß-Saldo ist in den nächsten 5 Jahren aufgrund der gegebenen Ausgangssituation sowie der angestrebten Marktanteilsziele und des Marktwachstums zu erwarten?

15.2 Sind für die darauffolgenden 5 Jahre grundlegende Veränderungen im Mittelfluß-Saldo zu erwarten?

15.3 Sind in den nächsten 10 Jahren außerordentliche Belastungen des Mittelfluß-Saldos zu erwarten (z.B. wegen größerer Bau-Vorhaben)?

16. Kritische externe und interne Prämissen

16.1 Für die Erreichung der Marktanteilsziele kritische externe und interne Prämissen

16.2 Vorgesehene Kontrolltermine

16.3 Welche strategische Anpassungsalternative gibt es, falls diese Prämissen nicht eintreffen?

2. Die laufende Überwachung der den strategischen Plänen zugrunde liegenden kritischen Prämissen

Eine wesentliche Voraussetzung für diese Kontroll-Aufgabe ist eine hinreichend genaue Dokumentation der strategischen Pläne, wie sie in Form eines sog. Planungsberichtes üblich geworden ist.

Zu dieser Dokumentation gehören u.a. auch

(1) Die Herausstellung der kritischen Prämissen und ihrer evtl. abweichenden Entwicklungsmöglichkeiten. Kritische Prämissen sind solche, die im Falle ihres Nichteintretens eine grundlegende Änderung der strategischen Pläne erfordern. Dazu können z.B. gehören:

— Bestehende Gesetze oder zu erwartende Gesetzesänderungen im Inland und im Ausland

— Erreichung sachlicher und/oder terminlicher Ziele bei externen oder internen Forschungs- oder Entwicklungsprojekten

— Der Ausgang eines Erprobungsvorganges

— Der Erhalt eines grundlegenden Großauftrages

— Ein spezifisches Konkurrenzverhalten

— Die ggf. noch ausstehende Beschaffung der notwendigen Finanzmittel

— Eine notwendige behördliche Genehmigung

— Eine noch nicht abgeschlossene Kooperation oder Akquisition

— Spezifische Anfangserfolge am Markt

— Eine bestimmte Marktentwicklung im Inland oder Ausland, die durch ähnliche kritische Prämissen bei den Marktpartnern geprägt sein kann.

(2) Die Festlegung der Kontrollsequenz. Das kann z.B. sein:

— Eine laufend notwendige Beobachtung eines kritisch eingestuften Sachverhaltes

— Eine in periodischen Zeitabständen oder zu einem bestimmten Termin festgelegte Überprüfung

— Eine Überprüfung anläßlich weiterer Entscheidungsschritte, die im Zuge der Strategie-Realisierung später fällig werden, wie z.B. Aufnahme der Entwicklung, Entscheidung über Fabrikauslegung und Investitionen, Grundstückserwerbe, Einstellung von Personal, Eröffnung einer Niederlassung, Aufnahme von Kooperations- oder Akquisitionsgesprächen usw.

3. Die terminliche Überwachung strategisch relevanter Entscheidungen

Die Notwendigkeit für diese Kontrollaufgaben besteht darin, daß
- strategisch wichtige Entscheidungen sich allzu leicht von dringlicher erscheinenden Tagesproblemen verdrängen lassen
- jede strategische Gesamtentscheidung zwar alle davon ausgehenden Konsequenzen und Folgen einbeziehen muß. Sie kommen aber nicht von selbst, sondern erfordern im Zeitablauf eine .Kette von Folgeentscheidungen über alle intern zu schaffenden Voraussetzungen, die für die Realisierung der strategischen Ziele notwendig sind. Auch sie liegen meistens außerhalb der vom laufenden Tagesgeschäft erzwungenen Entscheidungen. Dazu gehören alle Ausführungsentscheidungen, die anhand der strategisch gegebenen Zeitzwänge nicht beliebig aufschiebbar sind, und bei denen ein zu spätes Entscheiden bei ansonsten aussichtsreichen strategischen Chancen zu einer wesentlichen Gefährdung strategischer Ziele oder Zielmöglichkeiten führen kann. Das kann z.B. der Fall sein bei Entscheidungen über
- Entwicklungsprojekte
- Grundstückserwerbe
- Investitionen
- Einstellung von nicht beliebig verfügbarem qualifizierten Personal
- Lizenznahmen
- Abschluß von Akquisitions- oder Kooperationsverhandlungen usw.
- Bereitstellung finanzieller Mittel

Solche Entscheidungen können daher intern zu schaffende Voraussetzungen verschiedener Art in allen Funktionsbereichen betreffen.

Gegenstand dieser Termin-Kontrolle sind dabei häufig nicht nur die Entscheidungen selbst, sondern auch wichtige Grundlagen, die im jeweiligen Entscheidungsprozeß eine Rolle spielen, wie z.B. Studien und Expertisen über
- technische oder technologische Entwicklungstrends auf einem bestimmten Gebiet
- technisch mögliche Lösungsalternativen
- Standorte
- alternative Produktionsverfahren
- Marktentwicklungstrends
- Konkurrenzvergleiche
- langfristig erforderliche Finanzmittel usw.

Diese Kontrollaufgabe umfaßt daher

(1) Die Vorbereitungsphase für alle Entscheidungen über strategische Ziele sowie über daraus resultierende Folgeentscheidungen.

(2) Entscheidungen über strategische Ziele selbst, sowie über die einzelnen Voraussetzungen, die im Zeitablauf für strategische Ziele zu schaffen sind.

4. Die terminliche Überwachung wichtiger Etappenziele bei der Realisierung strategisch relevanter Voraussetzungen

Diese terminliche Kontrollaufgabe betrifft die Ausführung der im vorangehenden Abschnitt 3. behandelten Entscheidungen. Im Mittelpunkt dieser Kontrollaufgabe stehen daher in erster Linie alle Etappenziele, deren terminliche Einhaltung eine wesentliche Voraussetzung für die Realisierung strategischer Langfristziele ist. Das können Entwicklungs- und Investitionsvorhaben sein, personelle und organisatorische Voraussetzungen im Unternehmen und in den Marktregionen usw.

Dazu können daher zum Beispiel gehören
— Einstellung qualifizierten Personals
— Erwerb bestimmter Grundstücke
— Erwerb oder Vergabe von Lizenzen
— Fortschrittskontrolle wichtiger
    — Entwicklungsvorhaben
    — Investitionen
    — Marktanteilsentwicklungen.

Auch diese Kontroll-Aufgabe setzt die eindeutige Erarbeitung und Dokumentation der sachlich und terminlich unter Kontrolle zu haltenden strategischen Vorhaben voraus, wie auch die vorherige Festlegung der Prüfzeitpunkte und des dabei zu kontrollierenden Etappenzieles. Versäumnisse in dieser Hinsicht werden vom Controlling für das laufende Geschäft nicht nur nicht erfaßt. Oftmals werden sie wegen ihrer positiven Wirkung auf das laufende Geschäftsergebnis begünstigt.

5. Die Überwachung operativen Verhaltens in bezug auf strategisch schädliche Folgewirkungen

Diese Überwachung betrifft im operativen Geschäft insbesondere diejenigen unternehmerischen Aktionsfelder, in denen es besonders leicht vorkommen kann, daß im kurzfristig orientierten Bestreben nach einem gewinnoptimalen oder gewinnmaximalen Verhalten das künftige Erfolgspotential in Form rückläufiger Marktanteile geschädigt oder gar zerstört wird.

Grundsätzlich gehören zu diesen kritischen Aktionsfeldern
(1) die Preispolitik, insbesondere beim Marktführer, hohe Preise (und Gewinnspannen) lassen potentielle Konkurrenten leicht zu aktuellen werden.

Preiserhöhungen haben auf die potentiellen Gewinnspannen (Erfolgspotentiale) der nachgeordneten Anbieter stets eine relativ stärkere Steigerungswirkung als beim Marktführer.

(2) die Qualitätspolitik
(3) der Stand der Produktetechnik
(4) die Lieferzeit und Produkteverfügbarkeit
(5) die Kundenbetreuung (vor und nach dem Verkauf, d.h. Werbung, Kundenberatung, Kundendienst usw.)

Naturgemäß sind nicht alle diese Aktionsfelder bei allen Produkten und Märkten gleich wichtig. Bei manchen Standardprodukten (z.B. Zucker) gibt es weder das Problem fortschreitender Produktetechnik noch eines Kundendienstes, wie es z.B. bei langlebigen Haushaltgeräten der Fall ist.

In ähnlicher Weise kann eine ausschließlich am kurzfristigen Erfolg orientierte Geschäftsführung auch zu einer Beeinträchtigung derjenigen internen Leistungspotentiale führen, die zwar für die laufende Erfolgsrealisierung nicht erforderlich sind, aber eine unabdingbare interne Voraussetzung sind für die Sicherung der zeitlich weiter entfernten Erfolgpotentiale.

Dazu gehören insbesondere
- das Forschungs- und Entwicklungspotential
- die Ausbildung hochqualifizierter Nachwuchskräfte in allen Funktionsbereichen usw.

Allgemein formuliert sind es alle diejenigen Leistungspotentiale bzw. Schlüsselkomponenten von Leistungspotentialen, die ohne spürbaren Schaden nicht in kurzer Zeit abgebaut und wieder aufgebaut oder überhaupt nicht kurzfristig aufgebaut werden können.

Operationale Ansatzpunkte für eine organisierbare Handhabung dieser Kontrollaufgabe gibt es noch kaum.

6. Die regelmäßige oder in individuell festgelegten Zeitabständen vorzunehmende gesamthafte Überprüfung der strategischen Geschäftssituation

Die Notwendigkeit der gesamthaften Überprüfung strategischer Geschäftssituationen oder laufender Pläne hängt weitgehend von der produkt- und marktspezifischen Dynamik ab. Eine Überholung in kürzeren Intervallen ist z.B. notwendig bei sehr hohen Marktwachstumsraten und starker technologischer Dynamik. In gesättigten Märkten mit mehr oder weniger fest etablierten Marktanteilspositionen und noch nicht einmal am Horizont erkennbaren Substitutionstechnologien reichen auch längere Intervalle aus.

Die Festlegung geschäftsspezifischer Zeitabstände empfiehlt sich um so mehr, je mehr in einer stark diversifizierten Unternehmung Aktivitäten mit solchen strategisch unterschiedlichen Bedingungskonstellationen vorhanden sind. Eine in gleich langen Zeitabständen − z.B. jährlich − stattfindende gleichmäßige strategische Überprüfung aller Geschäftsgebiete würde den strategisch unterschiedlichen Gegebenheiten zu wenig Rechnung tragen.

Demgegenüber läßt eine laufende Beobachtung der ersten Anzeichen für sich anbahnende strategische Probleme auch eine fortgesetzt an den faktischen Notwendigkeiten orientierte Priorisierung der Überprüfung der strategischen Pläne und Situationen zu.

7. Die periodische Überprüfung der Abgrenzung der strategischen Geschäftseinheiten sowie der dafür geltenden Kriterien und Grundsätze

Die strategischen Geschäftseinheiten spielen in der strategischen Planung eine grundlegende Rolle. Unter strategischen Geschäftseinheiten versteht man diejenigen unternehmerischen Aktivitätsbereiche (Produkte/Märkte), die anhand der bei ihnen gegebenen externen Bedingungen und der daraus resultierenden Erfolgspotentiale
- als Ganzes Gegenstand grundlegender strategischer Entscheidungen (aufgeben, reduzieren, spezialisieren, halten, forciert ausbauen usw.) sind und dementsprechend
- im langfristigen Aktivitäten-Portfolio der Unternehmung eine eigenständige Position einnehmen, weil mit solchen Entscheidungsalternativen unterschiedliche Inanspruchnahmen der langfristig jeder Unternehmung nur begrenzt zur Verfügung stehenden finanziellen und auch sonstigen Ressourcen verbunden sind.

Solche Probleme gibt es allerdings nur in denjenigen Unternehmungen, die auf mehr als einem einzigen strategisch relevanten Geschäftsgebiet tätig sind. Aber mehr oder weniger tendieren alle Märkte langfristig auch zu einer strategisch relevanten Segmentierung, die auf der Anbieterseite eine Konzentration auf bestimmte Segmente und eine entsprechende arbeitsteilige Spezialisierung auslöst mit unterschiedlichen langfristigen Chancen und Risiken für die einzelnen Anbieter.

In sehr differenzierten Unternehmungen stellt sich daneben auch das Problem der hierarchischen Gruppierung solcher kleinsten strategischen Geschäftseinheiten zu strategischen Geschäftssparten und dieser zu strategischen Geschäftsgruppen. Auch dabei können im Zeitablauf Änderungen aufgrund von Veränderungen im Markt oder in der Technologie notwendig werden.

8. Die periodische Überprüfung der für strategische Entscheidungen maßgebenden geschäftspolitischen Verhaltensgrundsätze

Von ihrer Funktion her sollen geschäftspolitische Verhaltensgrundsätze stets einen sachlich breiteren und zeitlich längeren Wirkungshorizont haben als die einzelnen handlungsauslösenden Entscheidungen, bei denen sie beachtet werden sollen. Wegen des ohnehin langen und nach vorn prinzipiell offenen, das heißt unbegrenzten Zeithorizontes strategischer Entscheidungen führt das nicht selten zu Schwierigkeiten, weil grundlegende strategische Entscheidungen nicht allzu häufig, sondern oft auch nur in längeren Zeitabständen vorkommen. Eine Schwierigkeit ergibt sich vor allem dann, wenn ein strategisches Vorhaben sehr erfolgversprechend ist und allen sonstigen Kontrollkriterien positiv genügt, aber gegen bestehende und bislang eingehaltene und vom Ansatz her auch wohl begründete geschäftspolitische Grundsätze verstößt. Es tritt dann oftmals eine ähnliche Wirkung ein wie zwischen den kurzfristigen Dringlichkeiten des laufenden (operativen) Geschäfts und den langfristigen (strategischen) Notwendigkeiten:

Das unmittelbar dringlich Erscheinende verdrängt das nachhaltig Notwendigere. Praktisch geschieht das nicht selten in der Form, daß dann der bisher bestehende Grundsatz so verändert wird, daß die anstehende strategische Entscheidung damit übereinstimmt. Aber dahinter steht offensichtlich die Gefahr, daß die Grundsätze mit jeder anstehenden Entscheidung geändert werden und damit ihre eigentliche, übergeordnete und aus übergeordneten Gesichtspunkten abgeleitete Funktion einbüßen.

Andererseits verlangen aber auch strategische Verhaltensgrundsätze gerade in einer sich schnell verändernden Umwelt eine in periodischen Abständen vorzunehmende gründliche Überprüfung. Das sollte aber nach Möglichkeit unbeeinflußt von einer gerade anstehenden strategischen Entscheidung geschehen. Diese Überprüfung kann sich im Einzelfall auch auf die laufende Kontrolle der für die Verhaltensgrundsätze maßgebenden Prämissen erstrecken, falls diese Prämissen mehr oder weniger veränderungsanfällig sind.

III. Schlußbemerkung

Die Entwicklung der strategischen Führung und Planung im letzten Jahrzehnt hat zu einer erheblichen Erweiterung der bisherigen betriebswirtschaftlichen Denkkategorien und des damit verbundenen betriebswirtschaftlichen Begriffssystems geführt. Insgesamt hat die bei strategischen Plänen anzuwendende Vorgehensweise noch nicht den Reifegrad erreicht, den eine eigenständig fundierte und auch in bezug auf den schließlich gewollten Effekt voll steuerungswirksame strategische Führung und Planung erfordert. Das erschwert eine objektive Kontrolle in einem erheblichen Maße.

Eine solche Situation stellt der Kontrolle der strategischen Planung daher in erster Linie die Aufgabe, durch ständige methodische Verbesserungen zu einem Stand zu kommen, der einerseits eine notwendige Voraussetzung für die angestrebte Qualität strategischer Pläne und Entscheidungen ist und andererseits auch erst eine wirksame und objektivierbare Kontrolle möglich macht.

Diese Objektivierbarkeit strategischer Pläne, die einerseits bei strategischen Entscheidungen besonders notwendig, andererseits aber auch besonders schwierig ist, läßt sich mit der inzwischen verfügbaren und als prinzipiell abgeschlossen anzusehenden Grundsystematik in einem hohen Maße erreichen. Sie erlaubt es, strategische Situationen und die dafür relevanten Steuerungsgrößen mit einer relativ gleich hohen Genauigkeit quantifizieren, strukturieren, beurteilen und steuern zu können, wie man es mit Hilfe der Buchhaltung und der Erfolgsrechnungsbegriffe für operative Situationen und für den Erfolg als die dominierende operative Steuerungsgröße kennen und vollziehen gelernt hat, wenn auch in einem relativ langen historischen Entwicklungsprozeß.

Die Kenntnis dieser Grundsystematik ist zwar notwendig, aber nicht ausreichend. Ebenso wie das Grundsystem der doppelten Buchhaltung und die Anwendung aller für die Erfolgssteuerung daraus hervorgegangenen Erfolgskriterien, Berechnungsmethoden und Begriffe ihre unternehmungsspezifische bzw. geschäftsspezifisch organisatorische Ausprägung in formeller und inhaltlicher Hinsicht erfordern, gilt das auch für die einer ähnlichen Aufgabenstellung dienende Grundsystematik der Unternehmungsstrategie.

Je besser diese Aufgabe gelöst ist, um so leichter und effizienter lassen sich die mit der strategischen Führung und Planung verbundenen Kontrollprobleme lösen. Die entsprechende Analogie mit dem „Controlling" des laufenden Geschäftserfolges ist auch hier leicht erkennbar.

Zusammenfassung

Gälweiler skizziert zunächst den für die Kontrolle operativer Planungen typischen Soll/Ist-Vergleich und zieht die Folgerung, daß die Korrektur von strategischen Planungen nicht anhand von Soll/Ist-Abweichungen auf der Grundlage des Vergleichs mit den Daten des laufenden Geschäftsgeschehens erfolgen kann. Die Begründung liegt in den Langzeiteigenschaften, die für das Aufgabengebiet strategischer Führung und Planung kennzeichnend sind.

In Analogie zu einem Netzplan werden zwei Wissenskategorien als Grundlage jeder Planungsaufgabe formuliert (S. 384):

1) Welche Voraussetzungen müssen im Zuge der Realisierung eines konkreten Vorhabens von Anfang an bestehen, um die jeweils nächstfolgenden Schritte bis zur Zielerreichung tun zu können?

2) Wieviel Zeit ist jeweils im Mindestfalle für die einzelnen Voraussetzungen, Schritte, Vorgänge oder Ereignisse notwendig?

Darauf aufbauend werden der Wesensgehalt strategischer Planungen herausgearbeitet und daraus die Erfordernisse für strategiespezifische Kontrollen abgeleitet.

Der Erschließung der Kontrollinhalte dient eine umfangreiche Check-Liste, mit deren Hilfe die Durchführung der strategischen Kontrollaufgabe beschrieben wird. Der Beitrag schließt mit der Feststellung, daß die Kontrolle strategischer Pläne den historischen Entwicklungsprozeß von Methoden zur Unternehmenssteuerung fortsetzt und insoweit eine Analogie zum Controlling des laufenden Geschäftserfolges unverkennbar ist.

Kritische Anmerkungen zur Steuerung divisional organisierter Unternehmen mit Hilfe des Return-on-Investment-Konzeptes*

Klaus Lüder

Kennzeichnung der divisionalen Organisationsform und des Return-on-Investment-Konzeptes

Die divisionale Organisationsform ist in den USA insbesondere bei Großunternehmen weit verbreitet, deren Produktions- und Absatzprogramm Produktgruppen aufweist, die fertigungstechnisch und absatzmäßig weitgehend unabhängig voneinander sind. Als Folge des Wachstums der Unternehmen und zunehmender Diversifizierung erfreut sich diese, in den USA schon traditionelle Organisationsform (1), auch bei deutschen Unternehmen immer größerer Beliebtheit, wie etwa die Beispiele BASF, DEGUSSA, FARBWERKE HOECHST, HENKEL, VW zeigen. Diese Unternehmen sind erst in jüngster Zeit von einer funktionsorientierten zu einer divisionalen Organisationsstruktur übergegangen.

Die divisionale Organisationsform weist folgende Kennzeichen auf (2)
- das Unternehmen ist in mehrere produktgruppen-orientierte Teilbereiche (Divisions) gegliedert;
- jede Division umfaßt mindestens die Funktionen „Fertigung" und „Vertrieb" für die ihr zugeordneten Produktgruppen;
- die Division ist ein teilautonomer Bereich im Unternehmen, d.h. dem Division-Management wird von der Unternehmensleitung eine Reihe von Entscheidungsbefugnissen übertragen;
- das Division-Management ist der Unternehmensleitung für den Erfolg oder Mißerfolg der getroffenen Entscheidungen verantwortlich.

Zur Kontrolle des Erfolges der Divisions hat sich das auf I.E. Du Pont de Nemour & Co. (etwa 1920) zurückgehende Return-on-Investment-Konzept (ROI-Konzept) in der Praxis weitgehend durchgesetzt. Eine umfassende empirische Studie der Amerikaner Mauriel und Anthony (3) aus dem Jahre 1966 zeigt, daß von 2658 auf eine Umfrage antwortenden amerikanischen Großunternehmen 1503 ≈ 70% die „rate of return on investment" (= Rentabilität) als Beurteilungsmaßstab für die Division verwenden. Andere Untersuchungen führten zu ähnlichen Ergebnissen (4).

Das ROI-Konzept kann grob wie folgt gekennzeichnet werden:
- Beurteilungsmaßstab für das Division-Management ist die von der Division erzielte Rentabilität:

---

*Mit freundlicher Genehmigung des Verfassers entnommen aus: Wirtschaftswoche, Nr. 46, November 1971, S. 41–46. Die hier abgedruckte Fassung basiert auf dem Originalmanuskript des Verfassers und unterscheidet sich geringfügig von dem Text des Beitrags in der „Wirtschaftswoche".

$$R = \frac{G}{V} \cdot 100 \qquad = \frac{G}{U} \cdot 100 \qquad x \quad \frac{U}{V}$$

Rentabilität = Umsatzrentabilität x Umschlagshäufigkeit des Vermögens

G: Gewinn [DM/Jahr]
V: eingesetztes Vermögen [DM]
U: Umsatzerlöse (einschl. Innenlieferungen) [DM/Jahr]

- die Rentabilität und einige wichtige Bestimmungsgrößen der Rentabilität werden für jede Division in der Regel für ein Jahr im voraus geplant. Um welche Bestimmungsgrößen es sich dabei handelt, zeigt z.B. die Du Pont Formula Chart (5)
- in festgelegten Zeitabständen (sie sind i.a. geringer als ein Jahr) werden Plan-Ist-Vergleiche durchgeführt und Abweichungsanalysen erstellt;
- das Division-Management ist gehalten, das Rentabilitätsziel zu erreichen oder zu übertreffen. Wie dies geschehen soll, ist der Entscheidung des Division-Managements insoweit überlassen, als es dafür die Kompetenz besitzt. Insbesondere bestimmte strategische Entscheidungen bleiben jedoch gewöhnlich der Unternehmensleitung vorbehalten;
- die Unternehmensleitung greift in den Entscheidungsspielraum des Division-Managements nur dann ein, wenn die Plan-Ist-Abweichung der Rentabilität eine vorgegebene Bandbreite überschreitet.

Mit der Anwendung des ROI-Konzeptes bei divisionaler Organisation werden ein Informationszweck und ein Motivationszweck verfolgt. Die in einer Division erzielte Rentabilität (Ist-Rentabilität) soll der Unternehmensleitung als Grundlage für strategische Entscheidungen, insbesondere Investitions- und Desinvestitionsentscheidungen dienen. Der Vergleich der Ist-Rentabilität einer Division mit der Planrentabilität soll der Unternehmensleitung eine Beurteilung der Leistung des Division-Managements erlauben und anzeigen, ob eine Ausnahmesituation im Sinne des Management by Exception gegeben ist. Darüber hinaus soll die Vorgabe einer Plan-Rentabilität das Division-Management in der Weite motivieren, daß es die unter Berücksichtigung der Gesamtsituation des Unternehmens und seiner Zielsetzung zweckmäßigen Entscheidungen trifft.

Gründe für die unzureichende Eignung des ROI-Konzeptes

Wie die folgenden Überlegungen zeigen, ist das ROI-Konzept jedoch nur unzureichend geeignet, die genannten Zwecke zu erfüllen:

1. Die Rentabilität einer Division wird in der Weise errechnet, daß der Jahresgewinn zum eingesetzten Vermögen ins Verhältnis gesetzt wird. Problematisch daran ist sowohl die Ermittlung des Gewinnes als auch die Ermittlung des eingesetzten Vermögens. Sollen beispielsweise bei der Gewinnermittlung die von der Division kontrollierbaren Aufwendungen (z.B. Materialkosten) oder die direkt zurechenbaren Aufwendungen (z.B. Abschreibungen auf direkt zurechenbare Anlagevermögensteile, aber auch Materialkosten) oder die direkt zurechenbaren Aufwendungen

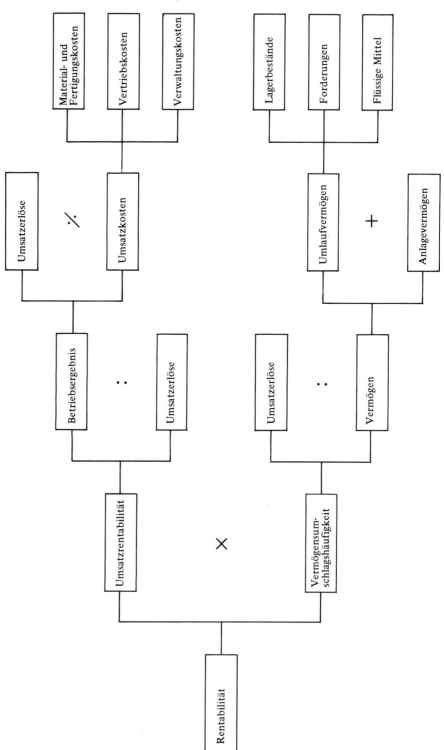

zuzüglich eines durch Umlage ermittelten Anteils an den nicht direkt zurechenbaren Aufwendungen (z.B. Aufwendungen für die zentralen Einrichtungen des Unternehmens) berücksichtigt werden? Ähnliche Überlegungen sind für die Vermögensteile anzustellen. Darüber hinaus ist festzulegen, mit welchen Werten die Vermögensteile anzusetzen sind. In der Praxis ist es üblich, die Gegenstände des Umlaufvermögens entsprechend den Vorschriften für die Handelsbilanz zu bewerten und das Anlagevermögen zu Anschaffungswerten oder zu Buchwerten anzusetzen.

Unabhängig davon, wie die Rentabilität im einzelnen ermittelt wird, ist sie nicht geeignet, der Unternehmensleitung als zuverlässige Information für Investitions- oder Desinvestitionsentscheidungen in einer Division zu dienen. Dies insbesondere deshalb, weil sie vergangenheitsorientiert ist, weil in die Rentabilität Größen eingehen, die für Investitionsentscheidungen unerheblich, ja irreführend sind (z.B. Abschreibungen, Anschaffungswerte oder Buchwerte des Anlagevermögens) und weil sie außerdem im allgemeinen zu global ist.

2. Die Beurteilung der Leistung des Division-Managements mit Hilfe der Rentabilität setzt voraus, daß die Auswirkungen der Entscheidungen des Division-Managements für einen bestimmten Zeitraum, aber auch nur diese, durch die entsprechende Perioden-Rentabilität vollständig erfaßt werden. Diese Voraussetzung ist jedoch nicht erfüllt: Einerseits gehen in die Rentabilität Auswirkungen divisionsfremder Entscheidungen (z.B. Bestimmung von Umlageschlüsseln für nicht direkt zurechenbare Aufwendungen durch die Unternehmensleitung, Auswirkungen von Investitionsentscheidungen der Unternehmensleitung) und periodenfremder Entscheidungen (Entscheidungen der Vorperioden) ein, die nachträglich nicht mehr vollständig eliminiert werden können. Andererseits werden u.U. in der betrachteten Periode vom Division-Management Entscheidungen getroffen, deren Rentabilitätswirkung sich erst in späteren Perioden zeigt.

3. In engem Zusammenhang mit der Leistungsbeurteilung steht die Frage, ob das Division-Management durch Vorgabe einer Plan-Rentabilität derart motiviert werden kann, daß es gesamtoptimale Entscheidungen trifft.

Wenn das Division-Management weiß, daß seine Leistung um so höher bewertet wird, je günstiger das Verhältnis von Planrentabilität zu Istrentabilität ausfällt, wird es seine Entscheidungen entsprechend treffen. Daß diese Entscheidungen für das Unternehmen als Ganzes nicht immer zweckmäßig sein müssen, zeigen die folgenden Beispiele (6):

— Ein Investitionsvorschlag, für den ein Interner Zinssatz von 20% nach Steuern errechnet wurde und der damit erheblich über den Mindestanforderungen der Unternehmenszentrale liegt, wird von der Division nicht zur Genehmigung an die Zentrale weitergeleitet. Grund: die Realisierung des Projektes würde in den ersten beiden Jahren zu einer Senkung der Rentabilität der Division führen. Bezeichnend sind in diesem Zusammenhang auch die Überlegungen des Division-Leiters: It's fine to talk about the long-run, but I won't be here in the long-run if I don't do something about the short-run.

— Ein Division-Leiter kämpft um sein „Überleben" in dieser Position. Er will möglichst umgehend die Rentabilität der Division verbessern. Deshalb ergreift er unter der Überschrift „Kosteneinsparungen" eine Reihe von Maßnahmen, die sich allerdings langfristig gegen das Unternehmensinteresse richten: er verschiebt vorbeugende Instandhaltungsmaßnahmen; er reduziert das Personal-Ausbildungs-programm; er reduziert die Forschungsaufwendungen dadurch, daß er alle Projekte streicht, die sich nicht innerhalb von zwei Jahren amortisieren.

— Ein Division-Leiter verschrottete mehrere Anlagen, die im Augenblick nicht benötigt wurden, um den Wert des Vermögens zu vermindern und damit eine Rentabilitätssteigerung zu erreichen. Als diese Maschinen später wieder benötigt wurden, mußten sie neu gekauft werden.

Entwicklung eines zweckmäßigeren Ansatzes zur Steuerung divisional organisierter Unternehmen

Daß das ROI-Konzept trotz der genannten Nachteile eine relativ weite Verbreitung gefunden hat, mag darauf zurückzuführen sein, daß eine divisionale Organisation mit Hilfe einer einzigen, zusammenfassenden Größe, nämlich der Rentabilität, relativ einfach (wenn auch nicht immer richtig) zu steuern ist. Ferner spielt zweifellos die Tatsache eine Rolle, daß die ROI-Rechnung ohne weiteres auf die Zahlen des traditionellen Rechnungswesens zurückgreifen kann.

Die offenkundigen Mängel des ROI-Konzeptes machen es jedoch erforderlich, nach Verfahren zu suchen, die wenigstens einige der Nachteile des ROI-Konzeptes vermeiden. Wenn ein solches neu zu entwickelndes Verfahren den oben angegebenen Informations- und Motivationszweck erfüllen soll, dann muß von einer Beurteilung der Division anhand einer einzigen, zusammenfassenden Größe abgegangen werden. Insbesondere müssen die Auswirkungen kurzfristig wirkender (operativer) Entscheidungen und die Auswirkungen langfristig wirkender (strategischer) Entscheidungen gesondert erfaßt werden.

Im folgenden wird ein Verfahren skizziert, das aus drei Komponenten besteht:

1. *Einnahmen-Ausgaben-Planung und -Kontrolle* zur Überprüfung der kurzfristig wirkenden Entscheidungen.

2. *Projektplanung und -kontrolle* zur Überprüfung der langfristig wirkenden Entscheidungen.

3. *Rentabilitätsanalyse* zur Ermittlung der Verzinsung des investierten Kapitals als Information für strategische Entscheidungen der Unternehmensleitung.

Einnahmen-Ausgaben-Planung und -Kontrolle: Der Einnahmen-Ausgaben-Plan umfaßt den Zeitraum von einem Jahr. Er setzt sich zusammen aus dem *Budget der laufenden Operationen* und dem *Projektbudget.* Das Budget der laufenden Operationen enthält alle bei gegebener Kapazität, gegebenen Verfahren und gegebenem Produktions- und Absatzprogramm zu erwartenden Einnahmen und Ausgaben (z.B. Umsatzerlöse, Erlöse aus Innenlieferungen, Ausgaben für Material, Löhne, Gehälter, Mieten). Hinzu kommen Ausgaben für Kleinprojekte, die nicht einzeln geplant werden (z.B. Ausgaben für sogenannte Kleininvestitionen). Das Projektbudget enthält alle Ausgaben, die in der betrachteten Periode infolge der Durchführung genehmigter Projekte erwartet werden (z.B. Anschaffungs- oder Herstellungsausgaben für Investitions- oder Forschungsprojekte, Ausgaben für Marketingprojekte) sowie Einnahmen aus Desinvestitionen (z.B. Liquidationserlöse).

Die kurzfristig wirkenden *Entscheidungen* des Division-Managements *bei der Durchführung der laufenden Operationen und der Realisation von Projekten* werden mit Hilfe eines Plan-Ist-Vergleiches und einer *Abweichungsanalyse* überprüft und beurteilt. Solche Vergleiche und Analysen führt man zweckmäßig *für das Budget der laufenden Operationen und das Projektbudget getrennt* durch, um verzerrende Kompensationseffekte zu vermeiden. Aus dem gleichen Grunde ist es wünschenswert, wenn auch verhältnismäßig aufwendig, die Plan-Ist-Vergleiche nicht nur für die Budgets insgesamt, sondern auch für Einzelpositionen durchzuführen (z.B. für Personalausgaben, Materialausgaben, Erlöse je Produktgruppe). Die Qualität der kurzfristigen Entscheidungen des Division-Managements wird aufgrund der Plan-Ist-Abweichungen und der für diese Abweichungen ermittelten Gründe beurteilt. Von den Divisions ist eine möglichst weitgehende Übereinstimmung von Plan- und Istwerten anzustreben oder der Nachweis zu führen, daß entstandene Abweichungen unvermeidlich oder im Interesse des Gesamtunternehmens waren.

Die Einnahmen-Ausgaben-Differenz wurde dem Deckungsbeitrag (= Erlös ./. Variable Kosten) als Beurteilungsmaßstab deshalb vorgezogen, weil das Division-Management nicht nur für die Einhaltung der geplanten variablen Kosten, sondern auch für die Einhaltung ausgabengleicher fixer Kosten (z.B. Gehälter) verantwortlich ist. Dadurch wird außerdem erreicht, daß sich z.B. eine Erhöhung der Bestände an Halb- und Fertigfabrikaten als Folge eines nicht planmäßigen Absatzrückganges beim Plan-Ist-Vergleich deutlich zeigt. Entsprechendes gilt, wenn durch eine Entscheidung des Division-Managements die Materiallagerbestände außergewöhnlich erhöht werden.

Projektplanung und -kontrolle: Projekte sind dadurch gekennzeichnet, daß ihre Auswirkungen langfristig sind, daß sie einzeln auf ihre Wirtschaftlichkeit und Zweckmäßigkeit überprüft werden können und daß sie „erhebliche" Ausgaben erfordern, aufgrund deren spätere Einnahmen erwartet werden.

Langfristige Entscheidungen schlagen sich im wesentlichen in Projekten nieder. Durch eine Kontrolle der Planwerte für die einzelnen Projekte ist deshalb auch eine Beurteilung der Zweckmäßigkeit langfristiger Entscheidungen möglich. *Diese Kontrolle sollte sich in erster Linie auf die Schätzgenauigkeit* (z.B. Zentralität und Streuung der Schätzwerte) *der Planwerte erstrecken, da angenommen werden kann, daß die Divisions wesentlich an ihrer Ermittlung beteiligt sind.* Man kann dabei so vorgehen, daß man jährlich für alle realisierten Projekte die prozentuale Abweichung des Planwertes des Wirtschaftlichkeitskriteriums vom Istwert im Kontrollzeitraum feststellt und aufgrund dessen im Rahmen einer summarischen Auswertung die Zentralität und die Streuung der Abweichungen bestimmt (7). Kriterium für die Beurteilung der Qualität der langfristigen Entscheidungen ist hier die Entwicklung von Zentralität und Streuung der Abweichungen im Zeitablauf. Anzustreben ist von den Divisions eine zufriedenstellende Zentralität der Abweichungen (als Kriterium dafür, daß bei der Schätzung nicht manipuliert wurde) und eine stetige Verringerung oder zumindest Aufrechterhaltung der Streuung der Abweichungen (als Kriterium für die Verbesserung bzw. Aufrechterhaltung der Schätzgenauigkeit).

Darüber hinaus hat das Division-Management die Leistung derjenigen Projekte im einzelnen zu verantworten, deren Genehmigung in seine Entscheidungskompetenz fällt.

Rentabilitätsanalyse: die Rentabilitätsanalyse ist eine Ergänzungsrechnung, die für jede Division jährlich durchgeführt wird, um die Unternehmensleitung über die

Verzinsung des investierten Kapitals zu informieren. Im einfachsten Fall wird diese Rechnung so durchgeführt, daß man den Jahresgewinn der Division zum eingesetzten Vermögen, bewertet zu Tageswerten, ins Verhältnis setzt. Der Wert des Vermögens zu Tageswerten ist eine gute Näherung (im Gegensatz zum Wert zu Anschaffungs- oder Buchwerten) für das in der Division gebundene Kapital. Einen besseren und genaueren Einblick in die zu erwartende Verzinsung läßt eine andere Art der Rechnung zu: man bestimmt den internen Zinssatz der Division auf der Grundlage des Kapitaleinsatzes = Vermögen bewertet zu Tageswerten und der Rückflußschätzungen bis zum ökonomischen Horizont. Durch einen Zeitvergleich der Rentabilitäten bzw. der internen Zinssätze lassen sich Informationen über die Entwicklung und die Zukunftsaussichten der Division gewinnen. Diese Informationen sind wiederum zumindest als Auslöser für Spezialstudien zur Vorbereitung von strategischen Entscheidungen der Unternehmensleitung (z.B. über Ausbau oder Einstellung bestimmter Produktionszweige) geeignet.

Das vorgeschlagene Konzept zur Steuerung divisional organisierter Unternehmen weist gegenüber dem ROI-Konzept eine Reihe von Vorteilen auf – auch dieses Konzept ist aber selbstverständlich nicht ohne Probleme und Schwächen. Als Vorteile gegenüber dem ROI-Konzept sind in erster Linie zu nennen:

1. Die Einnahmen-Ausgaben-Planung und -Kontrolle vermittelt der Unternehmensleitung ein zuverlässigeres Bild der kurzfristigen Leistung des Division-Management als das ROI-Konzept. Verzerrungen, wie sie sich bei der Rentabilität beispielsweise als Folge der Abschreibungspolitik oder als Folge von Umlagen nicht direkt zurechenbarer Aufwendungen ergeben können, treten nicht auf.

2. Die Projektplanung und -kontrolle, gegebenenfalls noch ergänzt durch die Ergebnisse der Rentabilitätsanalyse, liefern der Unternehmensleitung ein Bild der langfristigen Leistung des Division-Managements. Bei Anwendung des ROI-Konzeptes muß die Unternehmensleitung auf derartige Informationen verzichten.

3. Es entfällt die Notwendigkeit, das im Rahmen des ROI-Konzeptes nicht sinnvoll lösbare Problem der Zerlegung der Aufwendungen und des Vermögens in durch die Division kontrollierbare und nicht kontrollierbare Bestandteile irgendwie lösen zu müssen. Das Division-Management ist grundsätzlich für alle Plan-Ist-Abweichungen verantwortlich, die sich bei der Kontrolle der jährlichen Einnahme-Ausgaben-Planung ergeben. Es ist ferner verantwortlich für die Güte der Schätzungen bei Projekten und für das langfristige Ergebnis der Projekte, sofern diese nicht von vornherein aus der Verantwortlichkeit des Division-Managements herausgenommen werden (z.B. weil die Unternehmensleitung das Projekt endgültig genehmigt hat).

4. Die Ergebnisse der Rentabilitätsanalyse sind als Grundlage für strategische Entscheidungen der Unternehmensleitung brauchbarer als die Ergebnisse des Return-on-Investment-Konzeptes.

5. Durch die getrennte Beurteilung der kurzfristigen und der langfristigen Entscheidungen des Division-Managements wird im Gegensatz zum ROI-Konzept kein Anlaß gegeben, langfristig sinnvolle Investitionen zu unterlassen (nur weil sich dies nachteilig auf das kurzfristige Beurteilungskriterium auswirkt) oder langfristig unzweckmäßige Desinvestitionen vorzunehmen (nur weil sich dies vorteilhaft auf das kurzfristige Beurteilungskriterium auswirkt).

Folgende Probleme dürfen allerdings bei der Anwendung des hier vorgeschlagenen Konzeptes nicht übersehen werden:

1. Die erfolgreiche Anwendung erfordert das Vorhandensein zentraler Stabsabteilungen, die die Planung der Divisions unterstützen, überprüfen und gemeinsam mit den Divisions Abweichungsanalysen durchführen oder sie zumindest überwachen. Die Projektplanung und -kontrolle bedeutet für ein Unternehmen dann keine wesentliche zusätzliche Belastung, wenn es bereits über eine systematische Investitionsplanung und Investitionskontrolle verfügt.

2. Da ein einheitliches Beurteilungskriterium nicht existiert, läßt das Konzept die Frage offen, wie die Unternehmensleitung zu einem zusammenfassenden Urteil über die Gesamtleistung von Personen des Division-Managements kommen kann.

3. Die problematischste Komponente des Konzeptes dürfte die Rentabilitätsanalyse sein. Dies wegen

— der Schwierigkeit der Errechnung des Kapitaleinsatzes = Vermögen zu Tageswerten

— der Annahme zukünftig gleichbleibender Gewinne und gleichbleibenden Kapitaleinsatzes bei Errechnung der Rentabilität

— der Schwierigkeit der Bestimmung der Rückflüsse bis zum ökonomischen Horizont bei Errechnung des internen Zinssatzes, ohne daß das künftige Investitions-, Produktions- und Absatzprogramm schon im einzelnen festliegt.

Abschließend soll noch kurz auf die Beziehungen zwischen dem hier entwickelten Konzept und zwei Ansätzen eingegangen werden, die in den letzten Jahren in der amerikanischen Literatur veröffentlicht wurden. Ähnliche Überlegungen, wie sie hier geäußert wurden, liegen auch den Vorschlägen von J. Dearden zugrunde, der sich in einer Reihe von Arbeiten mit der divisionalen Organisation und dem ROI-Konzept auseinandersetzte. Allerdings liegt der Schwerpunkt seiner Betrachtungen bisher auf der Konzipierung eines zweckmäßigen Verfahrens zur Überprüfung der kurzfristig wirkenden Entscheidungen (es entspricht etwa der Einnahmen-Ausgaben-Planung und -Kontrolle) (8). Er sieht zwar ebenfalls die Notwendigkeit auch einer gesonderten Überprüfung der langfristig wirkenden Entscheidungen, ohne dazu jedoch detaillierte Vorschläge zu unterbreiten (9). Eine Rentabilitätsanalyse enthält sein Verfahren nicht. Demgegenüber hat A. Rappaport einen Ansatz gewählt, dessen Schwerpunkt die Rentabilitätsanalyse bildet (10). Nach seinem Verfahren wird jährlich der interne Zinssatz für jede Division (TAROR = *TIME AD-JUSTED RATE OF RETURN*) bestimmt; darüber hinaus wird eine Überprüfung der kurzfristig wirkenden Entscheidungen mit Hilfe einer Einnahmen-Ausgaben-Planung und -Kontrolle durchgeführt. Dieser Ansatz führt zwar zu einer zufriedenstellenden Überprüfung der kurzfristigen Entscheidungen, er ist jedoch mit allen bereits oben genannten Mängeln der Rentabilitätsanalyse behaftet, deren Ergebnisse eine sinnvolle Überprüfung der langfristig wirkenden Entscheidungen nicht erlauben. Die Rentabilitätsanalyse kann eine Projektplanung und -kontrolle nicht ersetzen.

Nachdem die Mängel des ROI-Konzeptes erkannt und weniger mangelhafte Konzepte entwickelt worden sind, ergibt sich jetzt die Notwendigkeit, diese Konzepte in der Anwendung zu testen. Die Tests müssen zeigen, ob mit diesen Konzepten zufriedenstellend gearbeitet werden kann, ob sie noch verbesserungsbedürftig und verbesserungsfähig sind oder ob man sich bemühen muß, gänzlich andere Verfahren zu entwickeln. Soviel läßt sich aber sicher schon heute sagen: ebenso wie im Rahmen der Investitionsrechnung die interne Zinssatzrechnung oder die Kapitalwertrechnung auf Kosten der statischen Rentabilitätsrechnung eine immer stärkere Verbreitung findet, wird in Zukunft auch das ROI-Konzept durch weniger mangelhafte Verfahren zur Steuerung divisional organisierter Unternehmen abgelöst werden.

Anmerkungen

(1) Vgl. z.B. Mauriel, J.J./Anthony, R.N., Misevaluation of Investment Center Performance, in: Harvard Business Review 44 (1966) 2, S. 98 ff.; Solomons, D., Divisional Performance: Measurement and Control, Homewood, Ill. 1965;

(2) Vgl. z.B. Solomons, D., a.a.O., S. 4; National Industrial Conference Board (Hrsg.), Top Management Organization in Divisionalized Companies, Studies in . . .

(3) Vgl. Mauriel, J.J./Anthony, R.N., a.a.O., S. 98 ff.;

(4) Vgl. z.B. Solomons, D., a.a.O., S. 123; N.A.A. (Hrsg.), Return on Capital as a Guide to Managerial Decisions, New York 1959, S. 24; Dearden, H., The Case against ROI control, in: Harvard Business Review, 47 (1969) 3, S. 124; Lüder, K., Investitionskontrolle, Wiesbaden 1969, S. 32 ff.;

(5) Vgl. E.I. Du Pont de Nemours & Co., Treasurer's Department (Hrsg.), Executive Committee Control Charts, Wilmington 1959, S. 6;

(6) Vgl. Henderson, B.D./Dearden, J., New System for Divisional Control, in: Harvard Business Review 44 (1966) 5, S. 149 f.; Rappaport, A., Divisional Planning and Control, in: Financial Executive, (1968) 10, S. 56;

(7) Zu Einzelheiten des Verfahrens vgl. auch Lüder, K., a.a.O., S. 150 ff.;

(8) Vgl. Henderson, B.D./Dearden, J., a.a.O., S. 150 ff.;

(9) Vgl. Dearden, J., a.a.O., S. 134;

(10) Vgl. Rappaport, A., a.a.O., S. 47 ff.

Zusammenfassung

Zur Steuerung divisional organisierter Unternehmen wird heute weitgehend das Return-on-Investment-Konzept (ROI-Konzept) angewandt, das nicht nur die von der Division tatsächlich erzielte Rentabilität ermittelt, sondern ebenso zur Planung der Rentabilität herangezogen wird.

Mit der Anwendung des ROI-Konzeptes werden zwei Ziele verfolgt: Aufgrund der erzielten Rentabilität sollen Investitions- und Desinvestitionsentscheidungen getroffen werden, und das Division-Management soll durch Vorgabe einer Plan-Rentabilität unter Berücksichtigung der Gesamtsituation des Unternehmens zweckmäßige Entscheidungen treffen.

Diese Ziele werden jedoch mit dem ROI-Konzept nicht erreicht. Es ist nämlich nicht geklärt, welche Aufwendungen bei der Gewinnermittlung berücksichtigt und mit welchen Werten die Vermögensteile angesetzt werden sollen. Die Perioden-Rentabilität kann nicht exakt ermittelt werden, da divisions- und periodenfremde Entscheidungen auf die Rentabilität einwirken.

Es wird vorgeschlagen, das ROI-Konzept durch ein dreiteiliges Verfahren, das die Wirkung kurzfristiger und langfristiger Entscheidungen gesondert erfaßt, zu ersetzen: Die Einnahmen-Ausgaben-Planung enthält das Budget der laufenden Operationen und das Projektbudget. Die Entscheidungen des Division-Managements werden mit Hilfe eines Plan-Ist-Vergleichs und einer Abweichungsanalyse überprüft und beurteilt.

Die Projektplanung und -kontrolle soll die Qualität der langfristigen Entscheidungen gewährleisten.

Die Rentabilitätsanalyse informiert die Unternehmensleitung über die Verzinsung des in der Division eingesetzten Kapitals.

Kennzahlensysteme als Niederschlag interdependenter Unternehmungsplanung*

Werner Kern

1. Verwendungszwecke von Kennzahlen

701 Kennzahlen zur Analyse betrieblicher Strukturen und zur Abbildung und Überwachung ökonomischen Geschehens sind ein unentbehrliches Instrumentarium unternehmerischer Betätigung. So wird allein schon der Erfolg einer Unternehmung, sei er Gewinn oder Verlust, als ein Maßstab für deren Wirtschaftlichkeit angesehen, aber er ist es nicht allein. Es muß vielmehr immer wieder mit Hilfe ergänzender Kennziffern das einwandfreie Arbeiten dieses Maßstabes überwacht werden[1]. Dieser Kenntnis entsprechend erfreuen sich Kennzahlen und Kennzahlenkollektionen einer beachtenswerten Beliebtheit in der betrieblichen Praxis[2]. Auch die betriebswirtschaftliche Literatur, insbesondere die der 50er Jahre, weist eine Vielzahl von Publikationen auf, die sich mit der Darstellung und Erläuterung vielfältigster Kennzahlen befassen[3]. Im nachfolgenden Jahrzehnt fand die einschlägige Literatur über dieses Gebiet noch weitere Bereicherungen[4]. Bei allen diesen Anwendungen und Veröffentlichungen liegen die Akzente aber wie z.B. bei Betriebs- □ analysen

702 und Betriebsvergleichen mit wenigen Ausnahmen auf einer retrospektiven Betrachtung, nämlich einer Darstellung abgeschlossenen Geschehens oder gegebener Strukturen. Prospektive Bedeutung erlangen die Kennzahlen dann nur insofern, als aus

---

*Mit freundlicher Genehmigung des Verfassers entnommen aus: Zeitschrift für betriebswirtschaftliche Forschung, 23. Jg., 1971, S. 701–718.

[1] Vgl. hierzu *Hax, K.*, Betriebswirtschaftlicher Erfolg und Wirtschaftlichkeitsmessung, WPg, 1. Jg. 1948, H.1, S. 5 u. 8.

[2] „In den Vereinigten Staaten ist . . . eine sehr aufgeschlossene Einstellung der Praxis zu den Kennzahlen festzustellen. Kennzahlen erfreuen sich in allen Zweigen der amerikanischen Betriebswirtschaft einer außerordentlichen Beliebtheit und nehmen einen festen Platz im täglichen Denken und Handeln der amerikanischen Unternehmer ein." (*Klinger, K.*, Zur Kennzahl „Return on Investment", DB, 19. Jg. 1966, S. 233).

[3] Z.B. *Antoine, H.*, Kennzahlen-Richtzahlen-Planungszahlen, Wiesbaden 1956 (2. Aufl. 1958); *Graf, A., Hunziker, A., Scheerer, F.*, Betriebsstatistik und Betriebsüberwachung, Stuttgart 1958 (2. Aufl. 1961); *Nowak, P.*, Betriebswirtschaftliche Kennzahlen, HdW, Bd. 1: Betriebswirtschaft, Köln-Opladen 1958, S. 729 ff. (2. Aufl. 1966, S. 701 ff.); *Schnettler, A.*, Betriebsvergleich, 2. Aufl., Stuttgart 1951 (3. Aufl. 1961); *ders.*, Betriebsanalyse, Stuttgart 1958 (2. Aufl. 1960); *Schulz-Mehrin, O.*, Betriebswirtschaftliche Kennzahlen als Mittel zur Betriebskontrolle und Betriebsführung, Berlin 1954; *Viel, J.*, Betriebsanalyse, Zürich 1950 (2. Aufl. 1958).

[4] *Scheuing, E.E.*, Unternehmungsführung mit Kennzahlen, Baden-Baden–Bad Homburg 1967; *Staehle, W.H.*, Kennzahlen und Kennzahlensysteme als Mittel der Organisation und Führung von Unternehmen, Wiesbaden 1969; *Schott, E.*, Kennzahlen, Instrument der Unternehmensführung, 3. Aufl., Stuttgart 1970; *Wissenbach, H.*, Betriebliche Kennzahlen und ihre Bedeutung im Rahmen der Unternehmerentscheidung, Berlin 1967.

den vergangenheitsbezogenen Informationen Schlüsse für künftiges Verhalten gezogen werden können oder sollen.

Eine den Kennzahlen gleichermaßen eigene Eigenschaft, nämlich ihre Verwendungsfähigkeit als zukunftsbezogene, betriebliche Normen begründende Richt- und Planungszahlen, die ihren Ursprung in den verschiedenen Stufen und Bereichen der Unternehmungsplanung finden, ist bisher noch viel zu wenig beachtet worden, und zwar wenigstens insoweit, als sie weniger zur Beurteilung von Sachverhalten bei externen Analysen, sondern gerade zur innerbetrieblichen Lenkung und Steuerung aller betrieblichen Bereiche, ggf. differenziert bis in letzte Details, einzusetzen sind[5]. Dazu ist es erforderlich, daß die anzuwendenden Kennzahlen nicht unabhängig voneinander kreiert und quantifiziert werden; sie müssen vielmehr aus einer betrieblichen Gesamtschau heraus entstehen und in ihrer Gesamtheit ein System bilden, so wie die Symbole, Maß- und Toleranzangaben in technischen Zeichnungen als Vorgabeinformationen für den Fertigungsbereich von Maschinenfabriken u.ä. ein System unmißverständlicher Anweisungen sind, die die Gestalt eines Erzeugnisses eindeutig determinieren.

Betriebliche Kennzahlen sind numerische Informationen, welche die Struktur einer Unternehmung oder ihrer Teile sowie die sich in ihnen vollziehenden Prozesse und Veränderungen ex post beschreiben[6] oder ex ante determinieren. Sie können Sachverhalte als Grundzahlen, d.h. in absoluten Größen wie z.B. in Mengen- oder Wertangaben, aber auch als Verhältniszahlen, d.h. in relativen Größen, kennzeichnen. Der letztgenannte Fall der Gliederungs-, Meß- (Index-, Veränderungs-) und Beziehungszahlen (umfassend Verursachungs- und Entsprechungszahlen) umschließt denjenigen Kennzahlenkomplex, der von den meisten Autoren als Kennzahlen i.e.S. angesprochen wird. Absolute Zahlen (primary dates) liefern nämlich nur Informationen, deren Bedeutung nicht ohne weiteres zu erkennen ist. Erst wenn diese isolierten, beziehungslosen Zahlen, die irgendwelche Sachverhalte beschreiben, mit anderen Zahlen, welche die Ursachen, Grundlagen o.ä. für das Zustandekommen der erstgenannten Zahlen darstellen und insofern deren Maßstab sein können, – sinnvoll – verglichen werden, d.h. zu diesen ins Verhältnis gesetzt werden, erhalten sie Bedeutung für eine Unternehmungsführung[7]. Solcherart gebildete Kennzahlen bringen Zusammenhänge zum Ausdruck, die durch das übliche Rechnungswesen einer Unternehmung nicht unmittelbar verdeutlicht werden, aber deren Erfolg entscheidend beeinflussen können. „Bei der Ermittlung von aussagekräftigen Kennzahlen kommt es immer auf die innere Verbundenheit der Zahlen untereinander und auf ihren sachlichen Zusammenhang mit den lebenswichtigen Funktionen der Unternehmung an."[8]

Diese innere Verbundenheit darf aber nicht nur ausschließlich in der Relativierung von ▭ jeweils zwei absoluten Größen zum Ausdruck kommen. Einzeln, isoliert betrachtete Kennzahlen sagen zu wenig. Die innere Verbundenheit muß sich vielmehr auch in der Weise äußern, daß solche Kennzahlen ihrerseits in den Rahmen weiterer Kennzahlen eingebettet werden, und zwar so, daß sie Auskunft über das Zustandekommen anderer maßgebender Kennzahlen zu geben vermögen oder auch umgekehrt von anderen interpretiert werden können. Betriebliche Kennzahlen sollen interdependente Vorgänge und aus diesen resultierende Strukturen einer Betriebswirtschaft abbilden und müssen deshalb auch untereinander interdependent sein. Jede Beurteilung eines solchen Abbildes, aber auch jeder Entwurf derartig bildhafter Vorstellungen vergangener und künftiger Vorgänge und Strukturen müssen von einer Gesamtschau, der Schau eines Betriebssystems und damit eines Kennzahlen*systems,* ausgehen. Ein System ist eine Gesamtheit von geordneten – konkreten oder abstrakten – Elementen, die Eigenschaften besitzen und durch Relationen verknüpft sind. Es weist somit eine Struktur auf[9]. Insofern bedarf die Konzeption von Kennzahlensystemen, insbesondere solcher, die Vorgabewerte für künftiges Handeln umfassen, neben der Definition der in dem System zu erfassenden Kennzahlen eine Abgrenzung des durch das System zu beschreibenden Bereichs, einer Erfassung der im Ursystem[10] herrschenden Verknüpfungen und einer Bestimmung des angestrebten Detaillierungs-,,Grades" der Systemelemente. Der zweite Aspekt, der in der Folge nun näher zu beleuchten ist, umschließt seinerseits drei Komplexe, nämlich die Interdependenzen des Zielsystems der Unternehmung, diejenigen der Organisationsstruktur[11] und die des betrieblichen Planungssystems.

2. Die Strukturierung von Kennzahlensystemen

a) Der Einfluß des Zielsystems der Unternehmung

Kennzahlen oder Kennzahlensysteme sollen der Betriebskontrolle oder gar der Leistungsvorgabe in einer Unternehmung, d.h. der Unternehmungsführung dienen. Sie wird als eine Abfolge von Entscheidungsprozessen interpretiert, durch die Informationen in Aktionen umgesetzt werden[12]. Deshalb müssen Kennzahlensysteme sowohl hinsichtlich ihrer Strukturierung als auch hinsichtlich der Quantifizierung ihrer Elemente ein Spiegelbild oder unmittelbarer Ausdruck der quantifizierten

---

[5] Die ausdrückliche Betonung der Kennzahlen als innerbetriebliche Führungshilfe fehlt mit wenigen Ausnahmen in fast allen einschlägigen Veröffentlichungen. Expressis verbis herausgestellt wird sie von *Staehle, W.H.,* a.a.O., insbes. S. 59 u. 90 f.

[6] „Die betriebswirtschaftlichen Kennzahlen sollen . . . zeigen, ob und in welchem Maße die Aufgaben des Betriebes (der Unternehmung) erfüllt wurden, kurz: der Betriebskontrolle dienen und darüber hinaus die Ansatzpunkte für die zu treffenden Betriebsdispositionen und für Neuplanungen liefern." (*Nowak, P.,* a.a.O., 2. Aufl., S. 704).

[7] Vgl. *Tucker, Sp. A.,* Successful Managerial Control by Ratio-Analysis, New York, Toronto, London 1961, S. 28.

[8] *Klinger, K.,* a.a.O., S. 233.

[9] Vgl. *Kosiol, E., Szyperski, N., Chmielewicz, K.,* Zum Standort der Systemforschung im Rahmen der Wissenschaften, ZfbF, 17. Jg. 1965, S. 338 f. Vgl. auch *Brunnberg, J., Kiehne, R.,* Systeme – Eine Begriffsanalyse, ZfB, 39. Jg. 1969, S. 605 ff.; *Fuchs, H.,* Systemtheorie, HdO, Stuttgart 1969, Sp. 1619 ff.; *Köhler, R.,* Informationssysteme für die Unternehmensführung, ZfB, 41. Jg. 1971, S. 36 f.; *Krupp, H.-J.,* Der Systemcharakter der Wirtschaft und die Notwendigkeit des Methodenpluralismus, Diss. Darmstadt 1961, S. 32; *Schiemenz, B.,* Die mathematische Systemtheorie als Hilfe bei der Bildung betriebswirtschaftlicher Modelle, ZfB, 40. Jg. 1970, S. 771.

[10] Als Ursystem wird hier dasjenige System bezeichnet, das durch das Kennzahlensystem (isomorph) abgebildet werden soll.

[11] Unter der Bezeichnung Organisationsstruktur werden die von *Staehle, W.H.,* (a.a.O., S. 115 ff.) getrennt untersuchten Komplexe „Entscheidungshierarchie", „Kommunikationssystem" und „Kontrollsystem" zusammengefaßt.

[12] Vgl. *Forrester, J.W.,* Industrial Dynamics, Cambridge/Mass. 1961, S. 93.

Ziele bzw. des quantifizierten Zielsystems eben dieser Unternehmung sein. „Unter einem Zielsystem ist eine strukturierte Menge vom Unternehmer für eine oder mehrere Wirtschaftsperioden simultan verfolgter ▫ Ziele zu verstehen."[13] Die Diskussion über Strukturen mehrfacher Unternehmungsziele erstreckt sich weitgehend in zwei Richtungen. Zum einen befaßt sie sich, da ein Betrieb keine monolithische Entscheidungseinheit ist[14], mit den Möglichkeiten einer Sublimation multivariabler, nämlich komplementärer, konkurrierender und indifferenter Zielsetzungen, wie sie oft bei interpersonell abweichenden Interessenlagen mehrerer Entscheidungsträger in einer Unternehmung, z.B. innerhalb einer Unternehmungsspitze, aber auch zwischen über- und untergeordneten Organen, auf Grund individueller Zielvorstellungen im Rahmen einer kollektiven Zielbildung auftreten. Für das hier verfolgte Anliegen ist dieser Aspekt weniger relevant als der andere, nämlich die Gruppierung mehrfacher Unternehmungsziele in Ober-, Mittel- (Zwischen-) und Unterziele. In der Folge soll deshalb von der Prämisse ausgegangen werden, daß vor der Planung eines Kennzahlensystems — und zwar hinsichtlich Struktur und Quantifizierung seiner Elemente — der generelle Ziel*bildungs*prozeß (Fixierung der horizontalen Zielstruktur) in der maßgebenden Unternehmung durch Erkennen von Zieldominanzen, durch Zielkompromisse u.ä. abgeschlossen sei[15] und sich in einem für einen gewissen Zeitraum gültigen Zielsystem niedergeschlagen habe.

Die Hierarchisierung von Zielen (Fixierung der vertikalen Zielstruktur) muß an den Mittel-Zweck-Beziehungen anknüpfen[16]. Läßt sich ein einzelnes Ziel Z_u aus einer Menge vorerst noch unstrukturierter Ziele einem anderen Ziel Z_o aus derselben Menge derart zuordnen, daß sich Z_u als Mittel zur Erfüllung von Z_o erweist, so gilt $Z_o > Z_u$ oder in Worten: Z_o ist Z_u übergeordnet bzw. Z_o ist gegenüber dem Unterziel Z_u ein Oberziel. Ergebnis einer solchen Ordnung von Zielen zu einer hierarchisierten Zielstruktur ist in der Regel eine Zielpyramide. Ihre Elemente (Teilziele) können im Zuge fortschreitender Detaillierung durch Subordination weiterer, bisher noch nicht erfaßter Mittel zur Zielerfüllung, die ihrerseits wieder Zielcharakter erhalten, und durch Angabe von Nebenbedingungen, unter deren Beachtung die Erreichung der Ziele anzustreben ist, ergänzt werden. Für eine Gesamtunternehmung wird an der Spitze in der Regel als oberstes Ziel ein abstraktes Formalziel[17] auszuweisen sein. Es wird auf der nächst niedrigeren Stufe oder noch niedrigeren Stufen bis hin zur Basis der Pyramide durch ihm entsprechende materielle Ziele (Sachziele) mit zunehmender Operationalität jeweils als Mittel ergänzt. So er-

---

[13] *Schmidt-Sudhoff,* [*U.*], Unternehmerziele und unternehmerisches Zielsystem, Wiesbaden 1967, S. 22; vgl. auch *Heinen, E.,* Das Zielsystem der Unternehmung, Wiesbaden 1966, S. 23 f.

[14] *Busse von Colbe, W.,* Entwicklungstendenzen in der Theorie der Unternehmung, ZfB, 34. Jg. 1964, S. 616.

[15] Zum Komplex der Zielbildung in Unternehmungen s. neben *Heinen, E.,* a.a.O., S. 202 ff. u.a. auch *Bidlingmaier, J.,* Zielkonflikte und Zielkompromisse im unternehmerischen Entscheidungsprozeß, Wiesbaden 1968; *Chmielewicz, K.,* Die Formalstruktur der Entscheidung, ZfB, 40. Jg. 1970, S. 239 ff.; *Strasser, H.,* Zielbildung und Steuerung der Unternehmung, Wiesbaden 1966.

[16] Vgl. *Heinen, E.,* a.a.O., S. 102 ff.

[17] Vgl. *Kosiol, E.,* Erkenntnisgegenstand und methodologischer Standort der Betriebswirtschaftslehre, ZfB, 31. Jg. 1961, S. 130 f.

fahren die formalen Ziele einer Gewinnmaximierung unter gewissen Nebenbedingungen (Nebenziele), z.B. eine Maximierung des Marktanteils (Umsatz) bei Erwartung eines Mindestgewinnes oder eine Maximierung des Unternehmungswachstums (Kapital) bei Erzielung einer Mindestrendite, ihre Konkretisierung in der Vorgabe von Absatz-, Erzeugungs-, Beschaffungs- und Finanzierungsprogrammen, in denen Geldwerte und Mengen derivate Imperative für die jeweils ausführenden Organe darstellen.

Auf dem „Wege" zu diesen materiellen Zielvorgaben vollzieht sich die Differenzierung des obersten Zieles in der Regel über eine Mehrzahl von Mittel- oder Zwischenzielen. □

705

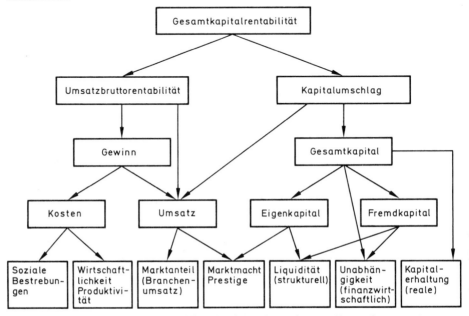

Abb. 1: Deduktiv orientiertes Mittel-Zweck-Schema der wichtigsten Unternehmungsziele
(nach E. Heinen)

Unter der Annahme, daß die Maximierung der Gesamtkapitalrentabilität (Gewinn zuzüglich Fremdkapitalkosten bezogen auf das Gesamtkapital) oder deren Erreichung in einer bestimmten Höhe oberstes Ziel sei — an ihr läßt sich der Prozeß der Derivation besonders anschaulich demonstrieren —, gibt das in Abb. 1 gezeigte, noch vorwiegend auf den finanzwirtschaftlichen Bereich einer Unternehmung beschränkte, „deduktiv orientierte Mittel-Zweck-Schema der wichtigsten Unternehmungsziele"[18] den hier beschriebenen Sachverhalt beispielhaft und anschaulich wieder. Seiner Struktur muß das zu entwickelnde Kennzahlensystem adäquat sein, sofern es sowohl für Kontroll- als auch für Vorgabe- □ zwecke hinreichend effizient sein soll. Es wird eine andere Struktur erhalten müssen, wenn im konkreten Einzelfall die Struktur des Zielsystems der Unternehmung von derjenigen abweichen sollte, die Abb. 1 zeigt.

706

---

[18] *Heinen, E.*, a.a.O., S. 128 u. 215 f.

Ähnliche Überlegungen, denen andere Über- und Unterordnungskriterien als die Mittel-Zweck-Beziehungen zugrunde liegen, führen zur Aufstellung anderer Zielpyramiden. So versucht z.b. *Schmidt-Sudhoff,* acht Einteilungsmöglichkeiten in einem Schema (vgl. Abb. 2) zu vereinen[19]. Dieses vorwiegend auf Betriebsfunktionen ausgerichtete Ziel-„System" erfaßt aber bereits Aspekte, die als Einflüsse der Organisationsstruktur und des Planungssystems gesonderter Betrachtung bedürfen.

705

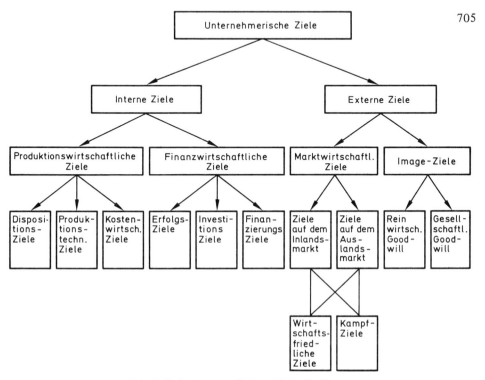

Abb. 2: Zielsystem von U. Schmidt-Sudhoff

b) Der Einfluß der Organisationsstruktur 706

Die für eine Unternehmung maßgebenden Ziele sind, unabhängig davon, ob sie Ober-, Mittel- oder Unterziele sind, bei den vielfältigsten Entscheidungsprozessen in einer Betriebswirtschaft und während des Betriebsablaufs in der Terminologie der Kybernetik sog. Führungsgrößen. Sie werden in den Reglern (untergeordnete Instanzen) in Stellgrößen (Anweisungen) transformiert. Diese stellen für die Regelstrecken (ausführende Organe) Zielvorgaben in Form konkreter Verhaltensweisen dar, mit denen die Aktivitäten in der Regelstrecke beeinflußt werden. Der Regler erhält alsdann neben den Führungsgrößen ◻ noch Informationen über die tatsäch- 707 lichen Leistungsergebnisse der Regelstrecke, vergleicht diese mit den Leistungsvorgaben und korrigiert entsprechend die von ihm veranlaßten Stellgrößen. Solche

[19] Vgl. *Schmidt-Sudhoff,* [*U.*], a.a.O., S. 100, vgl. ferner auch *Zangemeister, Ch.,* Nutzwertanalyse in der Systemtechnik, 2. Aufl., München 1971, S. 89 ff.

Regelkreise sind in Betriebswirtschaften in den unterschiedlichsten Ausprägungsformen festzustellen. Sie sind – unabhängig von ihrer Reaktionsfähigkeit und Wirksamkeit – Bestandteil jeder Organisationsstruktur und lasssen sich, da fast jeder betriebliche Entscheidungsprozeß in Teilentscheidungen aufgelöst wird, die im Zuge der arbeitsteiligen Spezialisierung diversen Instanzen in beliebiger Über- und Unterordnung zugewiesen werden können, ihrerseits gliedern in Ober- und Untersysteme. Dabei kann die Regelstrecke eines Regelkreises höherer Ordnung ein oder mehrere Teilregler für Regelkreise niedriger Ordnung umfassen (vgl. Abb. 3). Die Interdependenz betrieblicher Entscheidungs-, Informations- und Kontrollprozesse als hier relevante Teile einer Organisationsstruktur läßt sich somit formal in einer Vielzahl stufenweise verbundener Regelkreise darstellen.

In fast jeder Betriebswirtschaft gibt es mehrere Entscheidungsebenen. Ihre Gesamtheit bildet jeweils eine hierarchisch-strukturierte Organisations- oder Entschei-

706

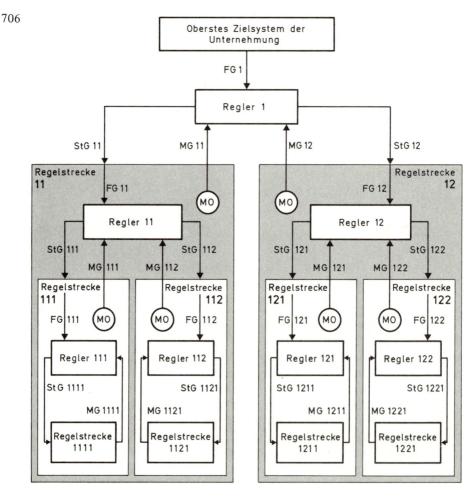

Abb. 3: System hierarchisch verketteter Regelkreise
(Abkürzungen: FG: = Führungsgröße; StG = Stellgröße; MG = Meßgröße; MO = Meßort)

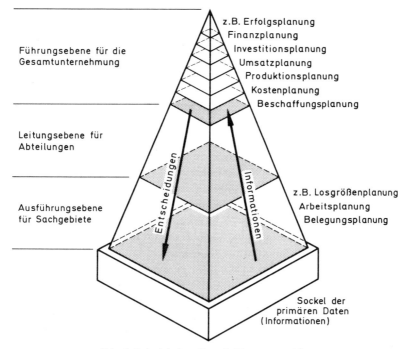

Führungsebene für die
Gesamtunternehmung

z.B. Erfolgsplanung
Finanzplanung
Investitionsplanung
Umsatzplanung
Produktionsplanung
Kostenplanung
Beschaffungsplanung

Leitungsebene für
Abteilungen

Ausführungsebene
für Sachgebiete

z.B. Losgrößenplanung
Arbeitsplanung
Belegungsplanung

Entscheidungen

Informationen

Sockel der
primären Daten
(Informationen)

Abb. 4: Beispiel einer Entscheidungspyramide

dungspyramide (Abb. 4). Je nach den individuellen Gegebenheiten werden diese Ebenen als obere, mittlere und untere oder politische, strategische (administrative) und taktische (operative) Ebene bzw. als Führungs-, Leitungs- und Ausführungsebene bezeichnet. Die Stufung kommt auch in Bezeichnungen wie Gesamtunternehmungsleitung, Sparten-, Ressort-, Abteilungs- und Sachgebiets-Management zum Ausdruck.

Es liegt nun nahe, eine solchermaßen systematisierte Organisationsstruktur, die den Leitungszusammenhang[20] einer Unternehmung begründet, mit der Zielhierarchie in Zusammenhang zu bringen. Dabei wäre der Führungsebene das Setzen der Oberziele zuzuordnen, während die daraus abgeleiteten Zwischen- und Unterziele für die Leitungs- und Ausführungsebenen relevant werden[21]. Allein schon das in Abb. 1 gezeigte Zielsystem läßt erkennen, daß dies keineswegs ohne weiteres möglich ist. Fast alle Ziele dieses □ Zielsystems eignen sich nämlich meist nicht, als verselbständigte Ziele für einzelne Abteilungen oder Ressorts zu fungieren. Die Harmonisierung von Zielsystemen und entscheidungsorientierter Organisationsstruktur erscheint aber als nötig, wenn ein Kennzahlensystem geplant werden soll, das sowohl den Zwecken einer Leistungsvorgabe als auch denen einer Betriebskontrolle zu dienen vermag.

Eine Lösung des Problems bietet sich aber, wenn jeder Entscheidungsebene und dort jedem Entscheidungsbereich ein eigenes Zielsystem, bestehend aus Ober-,

708

[20] Vgl. *Kosiol, E.*, Organisation der Unternehmung, Wiesbaden 1962, S. 100 ff.
[21] Vgl. hierzu *Staehle, W.H.*, a.a.O., S. 111.

Mittel- und Unterzielen, zugeordnet werden kann. Dabei wäre die Formulierung der Ziele nach Art und Größe für eine niedrigere Entscheidungsebene aus dem Zielsystem der ihr nächst höheren Stufe abzuleiten oder mit diesem zumindest zu koordinieren. So kann beispielsweise das Abteilungs-Management eines Erzeugungsbereichs das Element „Kosten" in Abb. 1 zu seinem Oberziel wählen und dieses durch weitere Subziele (z.B. Vorgabe von Erzeugungsmengen und Sollkosten für einzelne Kostenstellen oder gar -plätze, Minimierung der Verschnittmengen bei Rohstoffen, Erstellung leistungskonformer Wartungs- und Instandhaltungspläne) ergänzen. Insofern würden die Berücksichtigung der Organisationsstruktur und ihrer vorwiegend vertikal ausgerichteten Interdependenzen zwecks Fixierung des für ein Kennzahlensystem maßgebenden Ursystems zu einer Fortsetzung des — ursprünglich finanzwirtschaftlich ausgerichteten – Zielsystems auf eine stärkere Detaillierung und Konkretisierung hin bis zum Fuß der Organisationspyramide führen.

Ein solches Vorgehen knüpft jedoch stillschweigend an einer nach funktionalen Aspekten gegliederten Organisation an, und dies impliziert weitere Abstimmungsprobleme zwischen den einzelnen Funktionsbereichen, auf die unten noch näher einzugehen ist. Weitaus augenscheinlicher wird die Zergliederung eines Zielsystems mit Ober- und Unterzielen, sobald es mit einer — institutional gegliederten – Spartenorganisation in Zusammenhang gebracht wird und insbesondere dann, wenn die Sparten so weit verselbständigt werden, daß sog. Profit Centers entstehen. Hier ist deutlich zu erkennen, daß das Zielsystem einer Gesamtunternehmungsleitung weitgehend strukturgleich in den Leitungsebenen ihrer Profit Centers wiederkehren und dort diesen entsprechende Größen der Elemente aufweisen wird. Für eine Matrix-Organisation gelten die Ausführungen über die funktionale und die institutionelle Organisation sinngemäß gleichzeitig. Einzig das Problem der Zielabstimmung wird bei ihr noch deutlicher zum Ausdruck kommen, weil eine funktional ausgerichtete Zielpyramide ihre Entsprechung in der zugleich zu erstellenden institutionalen Zielpyramide finden muß.

Bei der Sparten- und Matrix-Organisation ist im Gegensatz zur funktionalen Organisation allerdings noch etwas weiteres zu beachten: Entsprechend dem Eigenständigkeitsaspekt bei divisionaler resp. institutionaler Ausrichtung einer Organisation werden die Zielvorhaben weniger stark auf dem Wege einer Zergliederung von oben nach unten entstehen, sondern vielmehr von unten nach oben zustande kommen, indem die Sparten zunächst ihre eigenen Zielkonzeptionen entwickeln und diese im Zuge einer Zielsynthese und Koordinierung mit den Zielen der anderen Sparten der Unternehmung fixieren. Das erfordert aber in der Regel einen iterativen Angleichungsprozeß.

c) Der Einfluß der Planungsinterdependenzen

Die Zielkoordinierung ist eine Folge der Interdependenzen, die zwischen den verschiedenen betrieblichen Teilbereichen (Sparten oder Funktionsbereichen) einer ein Gesamtsystem bildenden Unternehmung bestehen. Da es für die Führung einer Unternehmung □ nicht genügt, die Ziele nur hinsichtlich ihrer Art zu bestimmen, sondern vielmehr auch nötig ist, diese quantitativ festzulegen, zeigt sich die Notwendigkeit, dem Zielsystem und der Organisationsstruktur den Aspekt betrieblicher

709

Planungsinterdependenzen beizuordnen, um in dieser Triade das vollständige Ursystem zur Entwicklung von Kennzahlensystemen zu finden.

Die gegenseitigen Abhängigkeiten, die zwischen verschiedenen betrieblichen Teilbereichen sowohl bei der — kurzfristigen — Planung als auch in ihrem Leistungsvoll-
zug und damit ihren Leistungsergebnissen bestehen, müssen das erweiterte Zielsystem überlagern, das durch die Zuordnung von speziellen — abgeleiteten — Zielsystemen unterschiedlicher Ordnung in einer Entscheidungspyramide entsteht. Die
gegenseitigen Abhängigkeiten müssen dann zwischen den einzelnen, bislang ausschließlich hierarchisch geordneten Zielelementen eines solchen Systems die nötigen
Querverbindungen begründen, die sich in konkurrierenden oder komplementären
Beziehungen äußern. So kann z.B. die Verfolgung bestimmter Investitionsvorhaben
zusätzliche Aktivitäten im Forschungs- und Entwicklungsbereich behindern, weil
beide mit Rücksicht auf die Liquidität die knappen Ressourcen des Kapitalfonds
der Unternehmung beanspruchen müssen. Anderseits werden Ausweitungen des Ab-
satzvolumens zwangsläufig entsprechende Vermehrungen im Erzeugungs- und im
Beschaffungsprogramm implizieren. Analog zu diesen Vorgängen werden auch diese
und andere Kennzahlen miteinander in Verbindung gebracht werden müssen.

An Versuchen, die Interdependenzen aufzuzeigen, die zwischen den einzelnen
Planungsbereichen einer Unternehmung bestehen, hat es in der betriebswirtschaftlichen Literatur der letzten beiden Jahrzehnte nicht gefehlt. Eines der wohl über-
sichtlichsten und einprägsamsten, zugleich auch für die hier verfolgten Zwecke am
geeignetsten erscheinende Systeme findet sich in dem Aufsatz von *K. Hax* über
„Planung und Organisation als Instrumente der Unternehmungsführung"[22]. Es liegt
dem in Abb. 5 wiedergegebenen □ Schema zugrunde, in dem es gewisse Erweiterun-   710
gen erfuhr. Andere Schemata[23] bringen in abweichenden Grundkonzeptionen, aber
vorwiegend in der Form von Netzwerken mit ungerichteten Graphen und mehr oder
minder starken Detaillierungsgraden letztlich die gleichen Sachverhalte zum Ausdruck, während diese in systematisch gegliederten Planrahmen[24], die Über- und
Unterordnungen einzelner Pläne zu erkennen geben, nicht sichtbar gemacht werden
können.

---

[22] *Hax, K.,* Planung und Organisation als Instrumente der Unternehmungsführung, ZfhF
N.F., 11. Jg. 1959, S. 609.
[23] Vgl. z.B. *Adamowsky, S.,* Langfristige und kurzfristige Planung, in: Agthe, K., Schnaufer, E. (Hrsg.), Unternehmensplanung, Baden-Baden 1963, S. 42 u. 45; *Gau, E.,* Handbuch der
praktischen Betriebsabrechnung, Stuttgart 1965, S. 259; *Grob, E.,* Zum organisatorischen Vorgehen bei der Planung eines MIS, Ind. Org., 39. Jg. 1970, S. 362; *Grochla, E.,* Die Integration
der Datenverarbeitung, BTA, 9. Jg. 1968, H. 3, S. 14; *ders.,* Modelle als Instrumente der Unternehmungsführung, ZfbF, 21. Jg. 1969, S. 396 f.; *ders.,* Das Grundmodell eines integrierten In-
formationsverarbeitungssystems (Kölner Integrationsmodell) und seine Bedeutung für die Wirt-
schaftsprüfung, WPg, 24. Jg. 1971, Beilage zu Heft 1, S. 1 ff.; *Hartmann, P.,* Vorschaurechnun-
gen als Entscheidungshilfe des Unternehmers, in: Busse von Colbe, W. (Hrsg.), Das Rechnungswesen als Instrument der Unternehmungsführung, Bielefeld 1969, S. 31; *Mellerowicz, K.,* Planung und Plankostenrechnung, Bd. 1: Betriebliche Planung, 2. Aufl., Freiburg 1970, S. 180.
[24] Vgl. *Bleicher, K.,* Der Planrahmen — Ein Mittel zur Steuerung von Unternehmungen,
ZfB, 30. Jg. 1960, S. 619 ff.; *ders.,* Organisation der Unternehmensplanung, in: Agthe, K.,
Schnaufer, E. (Hrsg.), a.a.O., S. 125 ff.; *Hahn, D.,* Planung als Instrument der Unternehmensführung, in: Stöhr, R.W. (Hrsg.), Unternehmensführung auf neuen Wegen, Wiesbaden 1967,
S. 198 ff.

709

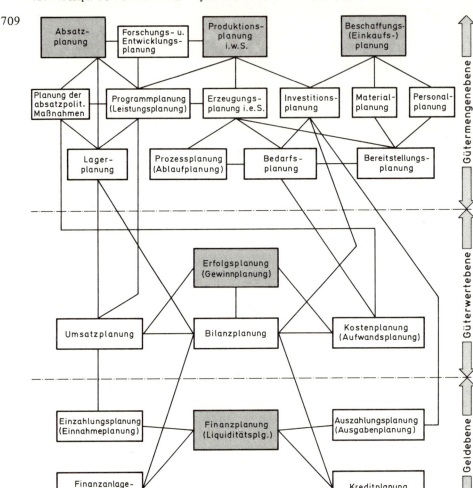

Abb. 5: Die Interdependenzen zwischen betrieblichen Planungsbereichen

710   Soll nun ein Kennzahlensystem entworfen werden, so zeigt sich, daß dies generell nicht möglich ist und auch nicht möglich sein kann. Ein solches Vorhaben muß nämlich auf dem für den Einzelfall maßgebenden Zielsystem der verbindlichen Organisationsstruktur und denjenigen Interdependenzen aufbauen, die beim Planungsvollzug zwischen den einzelnen Planungsbereichen auf Grund der Eigenheiten der Betriebsaufgabe, der Planungsintensität und des angestrebten Grades an Vollkommenheit der Planung sowie der Konstanz oder Variabilität der Planungsparameter im Zeitablauf maßgebend sind. Sind diese Voraussetzungen im konkreten Einzelfall erfüllt und die Minimumsektoren im Planungsgefüge erkannt, von denen eine betriebliche Planung meist ihren Ausgang nehmen wird, so dürften für die Entwicklung eines Kennzahlensystems hinsichtlich seiner Struktur keine methodischen Hindernisse mehr im Wege stehen.

Bei der Bemessung der Elemente eines solchen Systems ist, sofern diese nicht gelegentlich unbestimmt bleiben und den durch sie Verpflichteten nur eine allgemeine Leitlinie geben sollen wie z.B. im Fall der Anweisung „Kostenminimierung", allerdings auf die Schwierigkeiten zu verweisen, die die o.a. Interdependenzen bereiten werden. Unabhängig davon, ob die Bemessung der Elemente im Wege ihrer Ableitung aus der obersten Zielsetzung oder bei divisionaler Selbständigkeit im Wege der Synthese von der Basis her erfolgen soll, müssen diese interaktionalen Beziehungen im Hinblick auf ihre Wirksamkeit erfaßt und möglichst quantifiziert werden[25]. Dabei sind auch zeitliche Verzögerungen der Wirksamkeiten (time lags) – z.B. zwischen dem Absatz- und dem Finanzbereich in Form liquiditätsorientierter Verweilzeitverteilungen[26] – zu berücksichtigen, und gleichermaßen sind □ die Einflüsse von möglichen Störungen im System sowie von unvollkommenen Informationen aus dem sog. Umsystem[27] heraus zu erfassen.

711

Es bedarf keiner näheren Ausführungen, daß hiermit das in der Betriebswirtschaftslehre höchst aktuelle, aber immer noch nicht gelöste Problem einer simultanen Totalplanung angesprochen wird. Solange solche Aufgaben infolge ihrer Komplexität nicht befriedigend gelöst werden können, müssen sich die Planungen vorerst noch auf Teilbereiche beschränken. Die Planabstimmung muß danach durch iterative Sukzessivplanungen angestrebt werden. Mit dieser Feststellung wird aber nur die Qualität der zu quantifizierenden Systemelemente tangiert, nicht aber die Strukturierung einzelbetrieblicher Kennzahlensysteme.

3. Existente Kennzahlensysteme

a) Vorbemerkungen

Eine Überprüfung der in Literatur und Praxis anzutreffenden Kennzahlenkollektionen sowohl daraufhin, ob sie den Anspruch erheben können, als System und nicht nur als eine Sammlung angesprochen zu werden, als daraufhin, ob sie den vorstehend genannten Bedingungen hinsichtlich einer zweckentsprechenden Isomorphie mit Zielsystem, Organisationsstruktur und Planungsinterdependenzen genügen, führt zu dem Ergebnis, daß die bisher bekannten Kollektionen noch zahlreiche Un-

---

[25] *Staehle, W.H.* (a.a.O., S. 114), fordert „ein umfassendes Informations- und Kontrollsystem (etwa ein Kennzahlensystem) . . ., das die Interdependenzen zwischen verschiedenen Abteilungen und die Konsequenzen alternativer Entscheidungen erkennen läßt." Für ex-post-Analysen trifft diese Aussage wohl zu, nicht aber für ex ante orientierte Kennzahlensysteme. Hier sind die Kennzahlen Folge der zuvor zu quantifizierenden Interdependenzen.

[26] Vgl. *Edin, R., Schmitt, H.J.*, Verweilzeitverteilungen und Prognose – Einige empirische Ergebnisse, ZfbF, 21. Jg. 1969, S. 484; *Edin, R.*, Übergangsfunktionen in betriebswirtschaftlichen Systemen, ZfB, 39. Jg. 1969, S. 569 ff.; *Kockelkorn, G.*, Verweilzeitverteilungen und Prognose im betrieblichen Produktionsbereich, ZfbF, 23. Jg. 1971, S. 83 ff.; *Kossbiel, H.*, Die Umsatzeinnahmen als Gegenstand der unternehmerischen Liquiditätsplanung und Liquiditätspolitik, Berlin 1968; *Langen, H.*, Betriebliche Zahlungsströme und ihre Planung in dynamischer Sicht, ZfB, 35. Jg. 1965, S. 261 ff.

[27] Als Umsystem wird die Umgebung eines Systems bezeichnet, die im Zeitablauf auf das betrachtete System über bestimmte Eingänge (Inputs) einwirkt und die ihrerseits auch vom System über bestimmte Ausgänge (Outputs) beeinflußt werden kann (vgl. *Schiemenz, B.*, a.a.O., S. 171).

vollkommenheiten aufweisen. Dies gilt insbesondere bei denjenigen Vorschlägen, die zu Systemen allgemeingültiger Art vordringen wollen. „Man kann . . . feststellen, daß die Entwicklung eines generellen optimalen Kennzahlensystems bislang nicht gelungen ist. Optimal heißt, zielentsprechend hierarchisch geordnet."[28] Eine solche Entwicklung dürfte kaum gelingen, da die obersten Zielsetzungen, die Zielsysteme. die Organisationsstrukturen und die Planungsinterdependenzen von Unternehmung zu Unternehmung divergieren. Gerade die bunte Vielfalt ökonomischen Geschehens verursacht den besonderen Reiz wirtschaftlicher Betätigung, und wie chancenlos muß eine Wirtschaft sein, in der alle Sachverhalte in das starre Korsett allgemeinverbindlicher Strukturen gepreßt werden. So ist es wohl auch zu verstehen, daß branchenspezifische oder gar unternehmungsindividuelle Kennzahlensysteme bis heute vielfach über theoretische Lösungsansätze dominieren. Von diesen seien hier die entscheidungstheoretisch orientierte Gliederung von Kennzahlen bei *Graf-Hunziker-Scheerer*[29], das durch Kennzahlen zu substituierende Mittel-Zweck-Schema von *Heinen* (vgl. Abb. 1) und das in seinem Umfang recht begrenzte Modell von *Staehle*[30] nur erwähnt.

712   Die in der betriebswirtschaftlichen Praxis anzutreffenden Konzeptionen lassen sich drei Kategorien zuweisen, nämlich einer Gruppe von Kennzahlensystemen, und dies ist wohl □ die wesentlichste, die primär auf Verhältniszahlen ausgerichtet sind und gewisse Konformitäten mit den oben entwickelten Anforderungskriterien erkennen lassen, des weiteren einer Gruppe von Systemen relativer Kennzahlen, bei denen die geforderte Konformität nicht offenkundig ist, und schließlich einer Gruppe von Systemen, die fast ausschließlich absolute Größen umfassen. Dieser letzten Gruppe, deren Kennzahlencharakter wegen des Fehlens von Beziehungen, die in einer Kennzahl unmittelbar zum Ausdruck kommen sollen, fraglich ist, wären insbesondere die − strukturierten − Ergebnisse des betrieblichen Rechnungswesens ganz allgemein, insbesondere aber die Bilanz, die Gewinn- und Verlust-Rechnung, die Kapitalflußrechnung und das Zahlenwerk einer Istkosten-Rechnung (Betriebsabrechnungsbogen) bei ex post-Analysen und die Planbilanz mit Plan-Gewinn- und Verlust-Rechnung, der Finanzplan und das Zahlenwerk einer Plankostenrechnung als ex ante-orientierte Systeme zuzuweisen. In allen diesen „Systemen" sollten sich das Zielsystem, die Organisationsstruktur und die Planungsinterdependenzen einer Unternehmung widerspiegeln, da zumindest interne Abschlüsse oder Zielvorgaben dieser Art bei größeren Unternehmungen nach Bereichen gegliedert aufgestellt werden.

b) Kennzahlensysteme der Betriebspraxis

Eines der von ihrer Struktur her anschaulichsten Kennzahlensysteme ist das unternehmungsindividuelle „DuPont System of Financial Control"[31] (Abb. 6). Es

---

[28] *Heinen, E.*, Betriebliche Kennzahlen, a.a.O., S. 231.

[29] Vgl. *Graf, A., Hunziker, A., Scheerer, F.*, a.a.O., (2. Aufl.), S. 82 ff.

[30] Vgl. *Staehle, W.H.*, a.a.O., S. 98.

[31] O.V., Executive Committee Control Charts, A Description of the DuPont-Chart System for Appraising Operating Performance, Wilmington/Delaware 1959, zit. nach *Staehle, W.H.*, a.a.O., S. 69; vgl. auch *Heinen, E.*, Betriebliche Kennzahlen, a.a.O., S. 231.

zeigt eine gewisse Verwandtschaft zu dem Mittel-Zweck-Schema der Abb. 1 (S. 414) und ist fast ausschließlich auf den Finanzbereich einer Unternehmung be-

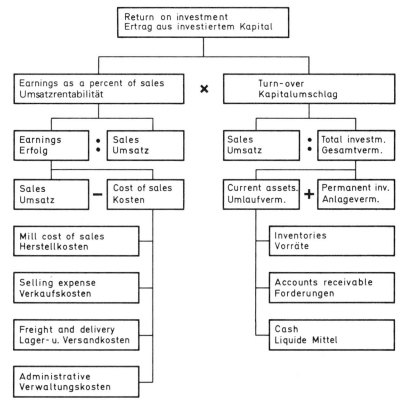

Abb. 6: Das DuPont System of Financial Control (nach Staehle, W.H., a.a.O., S. 70 sowie mit Änderungen nach Weston, J.F., Brigham, E.F., Essentials of Managerial Finance, New York-Chicago u.a. 1968, S. 60)

grenzt. Es wird aus dem Return on Investment als oberster Zielsetzung der Unternehmung durch sukzessive systematische □ „Spaltungen" dieser und der sich dabei ergebenden Kennzahlen abgeleitet, um so die Möglichkeit einer systematischen Schwachstellenforschung zu schaffen. Bereits nach der zweiten Ableitungsstufe treten in dem DuPont-System nur noch absolute Größen als Kennzahlen auf. Zum Zweck der Betriebskontrolle werden für jedes Department (Ressort, Sparte, Abteilung, Division) der Unternehmung ein System von Control-Charts erstellt, die schaubildhaft die Entwicklung einer Kennzahl im Zeitablauf aufzeigen, ihrerseits in einer Gesamt-Control-Chart (Summary DuPont Set of Charts) monatlich konsolidiert werden.

Eine Modifizierung des DuPont-Systems erfolgte seitens des British Institute of Management. Ausgangselement ist bei diesem Pyramid-Structure of Ratios[32] ge-

713

---

[32] Vgl. *Ingham, H., Harrington, L.T.*, Pyramide Structure, A Pattern for Comparative Measurements, The Manager, Vol. 24 (1956), S. 657 ff., zit. nach Staehle, W.H., a.a.O., S. 64.

nannten System wiederum der Return on Investment. Die darauf erfolgende schrittweise Analyse dieser Kennzahlen erfolgt durch eine Art von logisch aufgebautem Frage- und Antwort-„Spiel", bei dem jede Antwort zu einer neuen Kennzahl führt[33].

Während in diesen beiden Kennzahlensystemen wohl die Berücksichtigung einer Zielhierarchie und zum Teil auch gewisse Organisationsstrukturen zu erkennen sind, lassen sie doch die Interdependenzen vermissen, die zwischen den Planungsbereichen bestehen. Dieser letztgenannte Aspekt kommt in einem − allerdings nur auf den Finanzbereich beschränkten − Planungssystem zum Ausdruck, das von der kanadischen Beratungsfirma Gamma Engineering Ltd. für privatwirtschaftliche Unternehmungen entwickelt und ihren Klienten anempfohlen wird[34]. Es gibt das Zusammenspiel maßgebender Kennzahlen absoluter und relativer Art zu erkennen, läßt aber dafür jeden Bezug zu einem Zielsystem und zu einer Organisationsstruktur vermissen. Als Input und somit als Ausgangsbasis für alle nach diesem Schema sich vollziehenden Planungen wird nur ein nicht näher konkretisiertes „Programm" für den Kapitaleinsatz und die Erträge angenommen.

Aber nicht nur im anglo-amerikanischen Sprachbereich sind Bemühungen um operationale und zugleich dem Ursystem konforme Kennzahlensysteme festzustellen. Auch in Frankreich[35] und in Deutschland gewinnen Kennzahlen an Bedeutung und finden Eingang in entsprechend strukturierte Systeme. Es sei hier zunächst auf die in jüngster Zeit stark diskutierten Management-Informations-Systeme (MIS) als spezifische organisatorische Konzeption der betrieblichen Informationsflüsse verwiesen. Diese sollen den aktuellen Bedarf betrieblicher Leitungsinstanzen an Leitungsinformationen als Vorgabe- und Kontrollinformationen befriedigen, wobei in der Regel EDV-Anlagen zwecks Informationsspeicherung, -verarbeitung und -bereitstellung eingesetzt werden. Alle diese Publikationen[36] lassen irgendwie er-

---

[33] Nähere Einzelheiten dieses Systems und seine Kennzahlenpyramide finden sich bei *Staehle, W.H.*, a.a.O., S. 74 ff.

[34] Da dieses Schema sehr umfangreich ist und die Firma Gamma Engineering Ltd. Montreal-Edmonton-Calgary-Wien-London Vorbehaltsrechte auf seine Veröffentlichung geltend macht, wird auf seine Wiedergabe verzichtet. Es ist enthalten in dem von der Firma nicht veröffentlichten Manuskript „Computerization of Significant Financial Measures and Their Computation of Price Regulation, Management Policy Decision and Fiscal Monetary Purposes for a Government owned Public Utility", Nov. 1967.

[35] Vgl. hierzu z.B. die Kennzahlenpyramide von Lauzel-Cibert bei *Staehle, W.H.*, a.a.O., S. 79 ff.

[36] Aus der recht zahlreichen Literatur über MIS seien hier nur genannt: *Blumenthal, S.*, Management Information Systems, Englewood Cliffs 1969; *Dahms, H.J., Haberland, K.*, Erfahrungen und Grundsätze beim Aufbau eines automatisierten MIS, Ind. Org., 39. Jg. 1969, S. 449 ff.; *dies.*, Begriff und Elemente automatisierter Management-Informations-Systeme, Ind. Org., 39. Jg. 1970, S. 455 ff.; *Grob, E.*, Zum organisatorischen Vorgehen bei der Planung eines MIS, Ind. Org., 39. Jg. 1970, S. 360 ff.; *Haberlandt, K.*, Zur Planung automatisierter Management-Informations-Systeme, in: Koller, H., Kicherer, H.-P. (Hrsg.), Probleme der Unternehmensführung, Festschrift für E. Sieber, München 1971, S. 103 ff.; *Kirsch, W.*, Entscheidungsprozesse, Bd. III, S. 49 ff.; *Köhler, R.*, Informationssysteme für die Unternehmensführung, ZfB, 41. Jg. 1971, S. 27 ff.; *Koreimann, D.*, Management-Informations-Systeme, NB, 22. Jg. 1969, H. 1, S. 7 ff.; *Lutz, Th., Beutler, H., Klimesch, H., Miottke, P.*, „Management Information Systems" (MIS), IBM-Nachrichten, Jg. 1968/69, I: H. 191, S. 367 ff., II: H. 192, S. 457 ff., III:

kennen, daß wirklich Integrierte Management-Informations- □ Systeme (IMIS) und   714
darauf fußend Computerorientierte Management-Informations-Systeme (CMIS)
bisher noch nicht erreicht worden sind und zumindest vorerst noch ein Wunschbild
darstellen[37]. Als Gründe hierfür dürften u.a. auch diejenigen maßgebend sein, die
für die Unvollkommenheit bisher entwickelter Kennzahlensysteme gelten, weil
diese ja in ihrer Substanz ein Kernstück von IMIS oder CMIS bilden müssen.

Als Muster eines in Deutschland erst jüngst bekanntgewordenen Kennzahlensystems, das den gestellten Anforderungen noch am weitesten gerecht zu werden
scheint, sei das branchenspezifische Kennzahlensystem des Zentralverbandes der
Elektrotechnischen Industrie (ZVEI) genannt[38] (verkürzte Darstellung in Abb. 7).
Es stellt an die Spitze der Kennzahlenpyramide ähnlich den beiden zuvor genannten
amerikanischen Systemen die Rentabilität des Eigenkapitals und spaltet diese Kennzahl in eine Vielzahl von – ausschließlich relativen – Kennzahlen auf, mit denen
das Zustandekommen der jeweils übergeordneten Kennzahl interpretiert werden
soll. Wenn auch dieses Schema in seiner formalen Darstellung noch die Berücksichtigung von Planungsinterdependenzen kaum zu erkennen gibt, so stellt es doch von
den bisher bekannten Systemen das wohl differenzierteste und nur Kennzahlen
i.e.S. umfassende System dar.

Noch weiter differenzierter als das ZVEI-Kennzahlensystem ist das sich ebenfalls
graphischer Darstellungen von Kennzahlenentwicklungen bedienende Managerial-
Control-System (MC-System) von *Sp. A. Tucker*[39]. Dieses System verfolgt nicht
den bisher weitgehend beschrittenen Weg einer Zerlegung von Kennzahlen, die an
die oberste Zielsetzung einer Unternehmung anknüpfen, sondern geht vielmehr von
den in einer Unternehmung differenziert anfallenden ursprünglichen (absoluten)
Daten (primary dates) aus. Diese werden zunächst relativiert und bilden dann allgemeine Kennzahlen (elementary ratios) für die drei betrieblichen Funktionsbereiche Fertigung, Vertrieb und Finanzwirtschaft. Zwecks Informationsverdichtung für
höhere Instanzen schlägt Tucker darüber hinaus verdichtete Kennzahlen (advanced
ratios) und stark verdichtete Kennzahlen (tertiary ratios) vor.

Gegen ein solches Vorgehen bestehen an sich keine Bedenken, weil solche „ag-
glomerierten" Kennzahlen in der Betriebswirtschaftslehre durchaus bekannt sind.
Es sei nur an den Return on Investment erinnert, der sich als Produkt von Umsatz-
rentabilität und Umschlagshäufigkeit des Kapitals zeigt. In gleichem Sinne können
Rentabilitätsgrade als Produkte eines Wirtschaftlichkeitsquotienten, der Kapital-
umschlagshäufigkeit und eines Kapitalanpassungsquotienten gedeutet werden[40].
Durch solche Verknüpfungen einzelner Kennzahlen zu neuen Kennzahlen höherer
Ordnung wird – nur aus umgekehrter Sicht wie bisher, und zwar nunmehr von der
Basis aus – an Stelle eines analytischen Vorgehens □ im Wege einer Synthese ein   715

H. 193, S. 534 ff.; *Lutz, Th.,* Formale Aspekte des Informationssystems und Schlußfolgerungen für ein MIS, Manuskript 1970; *Reintges, H.,* Management-Informations-Systeme (MIS) in
der Unternehmenspraxis, Rationalisierung, 21. Jg. 1970, S. 296 ff.

[37] Vgl. *Lutz, Th.,* Formale Aspekte . . ., a.a.O., S. 7 f.

[38] Zentralverband der Elektrotechnischen Industrie e.V., ZVEI, Frankfurt/M., Kennzahlensystem, Betriebswirtschaftliche Schriftenreihe des ZVEI, Frankfurt/M. 1970.

[39] *Tucker, Sp. A.,* a.a.O.

[40] Vgl. *Kern, W.,* Rentabilitätsanalyse, ZfhF N.F., 12. Jg. 1960, S. 22 ff.

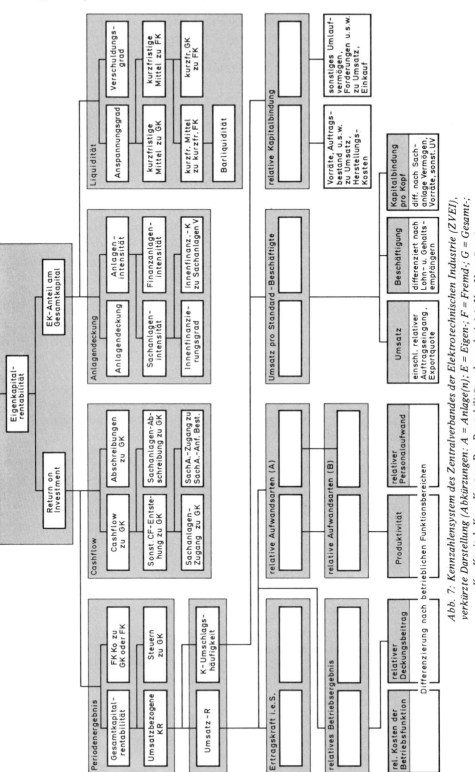

Abb. 7: Kennzahlensystem des Zentralverbandes der Elektrotechnischen Industrie (ZVEI),
verkürzte Darstellung (Abkürzungen: A = Anlage(n); E = Eigen-; F = Fremd-; G = Gesamt-;
K = Kapital; Ko = Kosten; R = Rentabilität, rel. = relativ(e); V = Vermögen)

Verdichtungseffekt erzielt, bei dem sich Wirkungen von zwei oder mehr Kennzahlen kompensieren (z.B. hinsichtlich des Einflusses der Kapitalanspannung auf die Rentabilität) oder auch verstärken (z.B. durch Addition von Intensitätsgraden, die die gleiche Bezugsbasis haben).

Wenn auch das Ziel einer sich parallel zur Entscheidungshierarchie nach oben hin verjüngenden Kennzahlenverdichtung sehr zu begrüßen ist, so ist es doch unverständlich, wenn Tucker — offensichtlich im Streben, sich anbahnende Trends im Zeitvergleich von Kennzahlen für übergeordnete Instanzen besonders zu betonen und diese in Schaubildern auch noch zu visualisieren — neben logisch strukturierten Kennzahlen auch willkürliche Verknüpfungen von Kennzahlen durch Addieren, Subtrahieren, Multiplizieren und Dividieren vorsieht und diese Kennzahlen damit rechtfertigt, daß sein System bei den mehr als 200 Firmen mit 250 Tsd. $ bis 80 Mio. $ Umsatz, in denen es angewandt wird, nachhaltige Erfolge gezeigt habe. So schlägt er Einfachkombinationen vor wie beispielsweise das Produkt aus dem Quotienten „effektiv gebrauchte Zeit für Akkordarbeit zu gesamte □ Fertigungslohnstunden" und dem Quotienten „Umsatz zu gesamter Bruttolohnzeit"[41]. Noch seltsamer sind entsprechende Mehrfachkombinationen, und zwar wiederum mittels Summation oder Produktbildung oder gar mittels Summation, Produkt- und Quotientenbildung. Als Beispiel sei hier nur folgende Kennzahl genannt[42]:

716

$$\left[\frac{UV}{kV} + \frac{G}{FK}\right] : \left[\frac{kV}{EK}\left(\frac{AV}{EK} + \frac{IV}{WC}\right)\right]$$

UV = Umlaufvermögen, AV = Anlagevermögen, FK = Fremdkapital, EK = Eigenkapital, WC = Working Capital, G = Gewinn, kV = kurzfristige und lV = langfristige Verbindlichkeiten. Ohne diese Ansätze von Pseudosynthesen hier weiter zu verfolgen, lassen sie bereits erkennen, daß ein solcherart strukturiertes Kennzahlensystem nicht nur der mathematischen und statistischen Logik entbehrt, sondern auch keinen Zusammenhang mit einem Ursystem der o.a. Art besitzen kann. Es ist dann auch nur ein schwacher Trost, wenn bei der Beurteilung dieses Systems und ggf. ähnlicher Systeme einschränkend vermerkt wird, daß sie primär nur der Betriebskontrolle dienen sollen und nicht für sich in Anspruch nehmen, Vorgabewerte zu kreieren.

4. Kennzahlensysteme zur Betriebssteuerung

Schon mehrfach wurde darauf verwiesen, daß die ursprünglich nur zu Analyse- oder Kontrollzwecken geschaffenen Kennzahlen ebensogut Vorgabeinformationen darstellen können, wenn ihre quantitative Größe aus dem Zielsystem der Unternehmung unter Berücksichtigung der Organisationsstruktur und der Planungsinterdependenzen abgeleitet wird. „Solchermaßen entwickelte Kennzahlen sind dann aus der Sicht des Managements Zielvorgaben und damit Subkriterien für unternehmerische Oberziele. Aus der Sicht untergeordneter Instanzen sind es quantitative

---

[41] *Tucker, Sp. A.,* a.a.O., S. 65 f.
[42] Ebenda, S. 345 u. 347.

Normen. Ihre Einhaltung bildet die Voraussetzung für die Erfüllung übergeordneter Zielsetzungen."[43] Sie sind damit, insbesondere in ihrer zunehmenden Aufgliederung und Maßgeblichkeit für betriebliche Teilregler, zentrale Bestandteile eines jeden Führungssystems mit Zielvorgaben (management by objectives).

Zielvorgaben (Perspektiven) bedürfen aber zwecks rationaler Wirtschaftsführung ihrer ständigen Überprüfung dahingehend, ob sie durch das tatsächliche Geschehen erreicht, eingehalten, unter- oder überschritten werden. Es sei in diesem Zusammenhang nur auf das Vorgehen der Plankostenrechnung und die zu ihr gehörenden Soll-Ist-Vergleiche verwiesen. Ein gleiches ist auch für Führungssysteme mit Zielvorgaben in Form relativer Kennzahlen zu fordern. Dabei ist es selbstverständlich, daß der Aufbau der Kennzahlenpyramide für die Istgrößen, also für die ursprüngliche Form einer Kennzahlenermittlung, die nur auf das Erkennen von Entwicklungen der Vergangenheit und dadurch implizierte Rückschlüsse ausgerichtet war, mit dem Soll-Kennzahlensystem absolut strukturgleich sein muß, wenn im Kontrollprozeß aussagefähige, zukunftsrelevante Informationen gewonnen werden sollen. Gleichzeitig wird damit aber auch die Frage der Erfassung der benötigten quantitativen Kontrollinformationen, und zwar sowohl generell als auch unter dem Aspekt der Wirtschaftlichkeit, tangiert. Die Art und der Umfang eines möglichen und □ ökonomisch zu vertretenden Führungssystems mittels Ergebnisüberwachung (management by control) beeinflussen deshalb auch umgekehrt die Strukturbildung der aus dem Zielsystem abgeleiteten und ihr adäquaten Soll-Kennzahlenpyramide.

717

Was nun für den Bereich der Planung ganz allgemein gilt, das gilt auch für eine Unternehmungsführung mit Soll-Kennzahlensystemen speziell: Die hier relevanten Vorgabewerte bilden im Gegensatz zu den einleitend erwähnten Maß- und Toleranzangaben in technischen Zeichnungen „keineswegs eine Zwangsjacke, ein starres und unveränderliches Soll, das in jedem Falle zu erfüllen ist. Man könnte überspitzt sagen, daß es bei einer Unternehmensplanung nicht auf die Planerfüllung ankommt, sondern auf die Erfassung der Abweichungen"[44]. Die Abweichungen können nämlich, und darin liegt der Hauptzweck ihrer Ermittlung, zwei verschiedenartige Wirkungen induzieren. Zum einen können und sollen sie die maßgeblichen Instanzen (Regler) veranlassen, in ihrem Regelkreis die Stellgrößen ggf. zu korrigieren und das Geschehen im Betrieb (Regelstrecke) auf die Einhaltung der Zielvorgaben (Führungsgrößen) auszurichten. Zum anderen können sie aber auch eine Prüfung dahingehend anregen, ob die Zielvorgaben quantitativ sinnvoll dimensioniert sind oder ob auch sie ggf. einer auf das Erreichbare oder Zweckmäßige ausgerichteten Korrektur bedürfen (Planrevision); ein solches Vorgehen löst deshalb in dem übergeordneten Regelkreis eine Korrektur der Stellgröße, einen Systemsprung[45], aus.

Diese Überlegungen lassen wieder erkennen, daß Soll-Kennzahlen keineswegs Größen sind, die nur einmal fixiert zu werden brauchen und dann für längere Zeit Gültigkeit besitzen. Kennzahlen als Vorgabeinformationen müssen vielmehr fortwährend einer Überprüfung hinsichtlich ihrer Konformität mit der — sich gelegent-

---

[43] *Heinen, E.*, Betriebliche Kennzahlen, a.a.O., S. 230.

[44] *Hax, K.*, Planung als Kontrollinstrument in Unternehmungswirtschaft und Gesamtwirtschaft, in: Engeleiter, H.-J. (Hrsg.), Gegenwartsfragen der Unternehmensführung, Festschrift für W. Hasenack, Herne-Berlin 1966, S. 193 f.

[45] *Köhler, R.*, a.a.O., S. 36.

lich auch wandelnden – obersten Zielsetzung der Unternehmungsführung unterworfen werden. Sie und mit ihnen die Kennzahlensysteme besitzen deshalb – indirekt über die Wandlungen der betrieblichen Gegebenheiten und des Umsystems – zeitabhängigen Charakter. Die Häufigkeit solcher Änderungen im Zeitablauf und deren Ausmaß werden u.a. durch die Gegebenheiten der jeweils maßgebenden Betriebswirtschaft, der Branche, der Volkswirtschaft und der herrschenden Konjunkturlage geprägt; sie hängen folglich vom Einzelfall ab.

Um die Stabilität eines Betriebssystems nun nicht durch allzu häufige, aber zugleich nur geringfügige Korrekturen von Vorgabeinformationen zu gefährden und anderseits die maßgebenden Instanzen im Betrieb nicht durch Informationsfluten und Zahlenfriedhöfe unnötig zu belasten, bietet sich eine Verknüpfung vorstehender Überlegungen mit einem Führungssystem auf Grund von Ausnahmen (management by exception) an. Ebenso wie für die mechanische Fertigung die Abmessungsangaben in technischen Zeichnungen – sofern nötig – um Toleranzangaben ergänzt werden, welche das Feld noch gerade zulässiger Abweichungen von Sollabmessungen nach oben und unten abgrenzen, wäre es wünschenswert, die maßgebenden Elemente eines betrieblichen Zielsystems und des ihm entsprechenden Kennzahlensystems um entsprechende Toleranzangaben zu ergänzen. Im Rahmen des betrieblichen Informationssystems wäre dann dafür Sorge zu tragen, daß Meldungen über Abweichungen, die sich bei einem Soll-Ist-Vergleich zeigen, erst dann zu dem maßgebenden Regler gelangen oder von ihm zur Kenntnis genommen werden, wenn sie die zuvor fixierten „Interventionspunkte" überschreiten[46]. □

Das Ausmaß der jeweils zu tolerierenden Abweichungen (exception indicators), das u.U. zeitabhängig sein kann, müßte im Hinblick auf die oberste Zielsetzung der Unternehmung und unter Berücksichtigung der Interdependenzwirkungen innerhalb des Planungssystems sowie unter Beachtung der Wirtschaftlichkeit eines solchen Kontrollsystems bestimmt werden. Bis heute sind aber diesbezügliche Methoden noch nicht entwickelt oder noch nicht bekanntgeworden. Es bleibt deshalb vorerst zunächst nur die Alternative, die Interventionspunkte (Kontrollgrenzen) jeweils individuell und intuitiv (z.B. ±5%) zu schätzen. Unter Umständen könnte der letztgenannte Vorschlag eine Modifizierung und Versachlichung dadurch erfahren, daß das Ausmaß von Toleranzfeldern abhängig gemacht wird von der Gestalt der Verteilungsfunktion und der Streuung, die sich aus den Ist-Kennzahlen für mehrere aufeinanderfolgende Perioden oder Zeitpunkte ableiten lassen, oder von den relativen Abweichungen, die im Zeitablauf die Ist-Kennzahlen von den ihnen jeweils adäquaten Soll-Kennzahlen aufweisen. Diesbezügliche Analogien finden sich im Rahmen der statistischen Qualitätskontrolle, speziell bei der Fixierung der Kontrollgrenzen im Zusammenhang mit dem Kontrollkartenverfahren (fortschreitende Reihenkontrolle)[47]. Ohne die sich hier bietenden Möglichkeiten für eine Rationalisierung betrieblicher Informations- und Entscheidungsprozesse näher zu eruieren, sind noch einige generelle Aspekte hinsichtlich einer Unternehmungsführung mit Kennzahlensystemen zu vermerken. Die Planung von Kennzahlensystemen für die

718

---

[46] Vgl. hierzu auch die entsprechenden Empfehlungen zur Plankostenrechnung von *Agthe, K.*, Die Abweichungen in der Plankostenrechnung, Freiburg/Brsg. 1958, S. 116.
[47] Vgl. hierzu z.B. *Strauch, H.*, Statistische Güteüberwachung, München 1956, S. 86 f.

vorstehend genannten Zwecke darf nicht nur die Fixierung von deren Struktur und Umfang (Zahl der Elemente) zu ihrem Anliegen machen. Nicht minder wichtig sind auch die Festlegung der Häufigkeiten, mit der — regelmäßig oder unregelmäßig — die zu kontrollierenden Daten erhoben, und eine Fixierung der Schnelligkeit, mit der diese verdichtet und den maßgebenden Instanzen zugeleitet werden sollen. Gerade mit Rücksicht auf diesbezügliche Interessen erfahren gegenwärtig die Computerorientierten Management-Informations-Systeme (CMIS) eine rasche Entwicklung. Bei ihnen werden relevante Daten — möglichst automatisch — in Datenbanken gespeichert, damit sie jederzeit tagfertig zum Abruf durch die maßgebenden Instanzen bereitstehen. Deren Zugriffsmöglichkeit kann durch einen bestimmten Code auf die für sie wesentlichen Sachgebiete beschränkt werden.

Ebenso wichtig wie die Aspekte der Reagibilität, d.h. der Häufigkeit und Schnelligkeit der Informationsvermittlung, ist der Aspekt der Genauigkeit, mit der die Primärdaten erfaßt werden sollen. Er wird aber wie alle diese auf weitgehende Vollkommenheit ausgerichteten Gesichtspunkte überdeckt von der Notwendigkeit, auch auf die Wirtschaftlichkeit solcher Informationssysteme zu achten. Ihnen kommt letzten Endes ja nur eine Hilfsfunktion im Rahmen der primären betrieblichen Aufgaben zu, deren Erfüllung mit geeigneten Informationen mehr oder weniger erfolgreich sein kann. Die Konzeption von Kennzahlensystemen, die der Unternehmungsführung dienen sollen, muß von den Interdependenzen im Ursystem ausgehen. Sie hat dabei jedoch diejenigen Interdependenzen zu beachten, die zwischen den Forderungen nach Reagibilität, Genauigkeit und Wirtschaftlichkeit bestehen. □

Zusammenfassung

Kennzahlensysteme sind in der Praxis seit langem als Kontrollinstrumente bekannt. Kern hebt in seinem Beitrag zwar besonders auf „Kennzahlensysteme als Niederschlag interdependenter Unternehmens*planung*" ab; gleichwohl sind seine Überlegungen über Einflußfaktoren bei der Gestaltung von Kennzahlensystemen und seine Präsentation und Kritik bestehender Systeme in der Praxis auch unter Kontrollgesichtspunkten relevant.

Kern hebt *drei* für die Gestaltung von Kennzahlensystemen zentrale (und interdependente) Einflußfaktoren hervor: Zielsystem und Organisationsstruktur der Unternehmung sowie die Interdependenzen zwischen den betrieblichen Teilplänen.

Wenn Kennzahlen der Unternehmensführung — von Kern verstanden als „eine Abfolge von Entscheidungsprozessen, durch die Informationen in Aktionen umgesetzt werden" (S. 412) — dienen sollen, müssen sie nach Ansicht des Verfassers hinsichtlich ihrer Struktur wie der Quantifizierung ihrer Elemente unmittelbarer Ausdruck der quantifizierten *Unternehmensziele* (bzw. des unternehmerischen Zielsystems) sein. Die Planung eines Kennzahlensystems setzt deshalb den Abschluß des Zielbildungsprozesses in der Unternehmung voraus. Die anschließende Strukturierung eines (deduktiven) Zielsystems, an dem sich das Kennzahlensystem zu orientieren hätte, wird an Hand zweier Beispiele gezeigt.

Die Abstimmung von entscheidungsorientierter *Organisationsstruktur* und Zielsystem hält Kern für erforderlich, wenn ein Kennzahlensystem geplant werden soll, das der Leistungsvorgabe und der Betriebskontrolle zu dienen vermag. Zur Lösung dieses Problems wird für funktionale Organisationen vorgeschlagen, jeder Entscheidungsebene ein ihrem Tätigkeitsbereich *inhaltlich adäquates* Ziel-System zuzuordnen, wobei die Ziele der niedrigeren Entscheidungsebenen aus dem Zielsystem der nächst höheren Stufe abgeleitet oder doch mit diesen koordiniert werden sollen. Auf Modifikationen bei der Sparten- und Matrixorganisation wird hingewiesen.

Zwischen derart hierarchisch strukturierten Zielsystemen bestehen nun aber Querverbindungen auf Grund vorhandener Planinterdependenzen zwischen betrieblichen Teilbereichen, wobei diese selbst wiederum verschiedene Ursachen haben können (Knappheit der Ressourcen, arbeitsorganisatorische Verbundenheit etc.). Derartige Querverbindungen, die eine Konkurrenz oder Komplementarität zwischen Zielen begründen, gilt es zu berücksichtigen, wenn das hierarchische Zielsystem *quantitativ* ausgefüllt wird. Hieraus folgt unmittelbar die Bedeutung der Planinterdependenz für die Konstruktion von Kennzahlensystemen.

Der Beitrag stellt nach diesen theoretischen Grundlegungen einige praktisch bedeutsame Kennzahlen-Systeme vor, wobei das DuPont-System und das Kennzahlensystem des Zentralverbandes der Elektrotechnischen Industrie im Mittelpunkt stehen. Den Abschluß bilden Ausführungen über die Bedeutung von Kennzahlensystemen für die Betriebssteuerung, speziell im Rahmen des „management by exception".

Kritische Würdigung der Entscheidungsmodelle
zur Auswertung von Plan-Ist-Abweichungen*

Lothar Streitferdt

Gliederung

1. Problemstellung

In der Kontrollphase betrieblicher Planungs- und Kontrollprozesse stellt sich für die Führungsinstanz die Frage, welche Konsequenzen aus den beobachteten Plan-Ist-Abweichungen gezogen werden sollen. Solche Konsequenzen können beispielsweise darin bestehen, daß die verwendeten Prognoseverfahren überprüft und verbessert werden, daß das Planungssystem geändert wird, daß Folgepläne korrigiert werden und daß wirtschaftlich vorteilhaftere Fertigungsverfahren entdeckt werden. Im Grenzfall kann es sich als notwendig erweisen, einzelne Mitarbeiter zur Verant-

174 wortung zu ziehen und personelle Veränderun- ▢ gen vorzunehmen. Die Entscheidungen über die Konsequenzen, die aus den beobachteten Plan-Ist-Abweichungen gezogen werden sollen, basieren in jedem Fall auf Vermutungen über die Abweichungsursachen. Dabei müssen zwei grundsätzlich unterschiedliche Arten von Abweichungsursachen auseinandergehalten werden:

a) Kontrollierbare Abweichungsursachen: Als kontrollierbar bezeichnet man eine Abweichungsursache dann, wenn die Abweichungen, die auf eine solche Ursache zurückzuführen sind, durch den Entscheidungsträger hätten vermieden werden können, weil er die Ursachen beeinflussen, kontrollieren kann. Kontrollierbare Abweichungen ziehen — wenn sie entdeckt werden — Konsequenzen nach sich. Als Beispiel für eine kontrollierbare Abweichungsursache sei genannt: Eine Fertigungsanlage wird nicht mit ihrer optimalen Intensität eingesetzt.

b) Nicht kontrollierbare Abweichungsursachen: Abweichungen, die auf nicht kontrollierbaren Ursachen beruhen, sind für den Entscheidungsträger nicht vermeidbar. Typische Beispiele hierfür sind die Fälle höherer Gewalt, wie etwa ungünstige Witterung, Putsch in einem Exportland oder ein Embargo wie 1973 beim Erdöl. Ein

*Mit freundlicher Genehmigung des Verfassers entnommen aus: Müller-Merbach, H. (Hrsg.): Quantitative Ansätze in der Betriebswirtschaftslehre, München 1978, S. 173–187.

besonders wichtiger, in den Modellen vielbeachteter Fall sind zufällige Abweichungen, weil man davon ausgeht, daß sie auf vielen unterschiedlichen Ursachen beruhen, von denen jede einzelne für sich allein genommen unwesentlich wäre.

Die Bezeichnung dieser beiden Arten von Abweichungen als kontrollierbare und nicht kontrollierbare ist aus der englischen Sprache in die deutsche Sprache übernommen worden. Sie führt häufig zu Mißverständnissen, weil im Deutschen kontrollierbar primär als überwachbar und nur in einem weiteren Sinne als beeinflußbar, steuerbar verstanden wird. Da diese Bezeichnung sich trotz dieses Mangels durchgesetzt hat, soll sie jedoch auch hier verwendet werden.

Ob eine Abweichungsursache als kontrollierbar oder nicht kontrollierbar anzusehen ist, läßt sich grundsätzlich nicht absolut und allgemein feststellen, sondern ist selbst wieder Gegenstand einer Festlegungsentscheidung, einer Definition. So kann z.B. der Warenschwund in einem Kaufhaus aufgrund von Zweckmäßigkeitsüberlegungen als kontrollierbare oder als nicht kontrollierbare Abweichungsursache definiert werden.

Durch die Auswertung beobachteter Plan-Ist-Abweichungen sollen die kontrollierbaren Abweichungsursachen möglichst genau und zuverlässig ermittelt werden. Die Entscheidung darüber, ob eine beobachtete Abweichung ausgewertet werden soll oder nicht, wird grundsätzlich durch die mit der Auswertung verbundenen Aufwendungen und Erträge determiniert. Der Auswertungsaufwand (Aa) entsteht durch die Produktionsfaktoren wie menschliche Arbeitskraft, Stoffe und Betriebsmittel, die zur Auswertung eingesetzt werden müssen. Der Auswertungsertrag (Ae) besteht in dem Wertzuwachs, der sich durch verbesserte Prognose- und Planungsverfahren, durch Plankorrekturen und durch aufgedeckte Manipulationen ergibt. Darüber hinaus gibt es sicherlich auch eine gewisse Präventivwirkung der Auswertung. Denn wenn in einem Unternehmen bekannt ist, daß die Plan-Ist-Abweichungen grundsätzlich nicht ausgewertet werden, dann kann das einen Anreiz zu Manipulationen bewirken (vgl. Lüder 1969, S. 63).

2. Systematische Übersicht über die Entscheidungsmodelle zur Auswertung von Plan-Ist-Abweichungen

In der betriebswirtschaftlichen und statistischen Literatur der letzten 20 Jahre ist eine Reihe von Entscheidungsmodellen zur Auswertung von Plan-Ist-Abweichungen vorge- □ stellt und diskutiert worden. Bei den meisten Modellen gehen die Autoren davon aus, daß über die Auswertung der Abweichung einer Kostengröße zu entscheiden ist. Das ist verständlich, wenn man bedenkt, daß die Möglichkeiten zur Ermittlung kontrollierbarer Abweichungsursachen im Produktionsbereich sicherlich grundsätzlich größer sind als im Absatzbereich. Die Abb. 1 zeigt eine systematische Übersicht der wichtigsten, mir bisher bekannt gewordenen Modelle. Ich habe die Modelle dabei nach den folgenden vier Kriterien systematisiert:

a) Als oberstes Kriterium wird die *Anzahl der* bei der Planung *simultan berücksichtigten Abweichungen* verwendet. Dadurch wird das Modell von Ozan und Dyckman (1971) zur simultanen Planung der Auswertungspolitik für mehrere Abweichungen von den anderen Modellen, die jeweils nur die Entscheidung über die Auswertung einer einzelnen Abweichung zum Inhalt haben, getrennt.

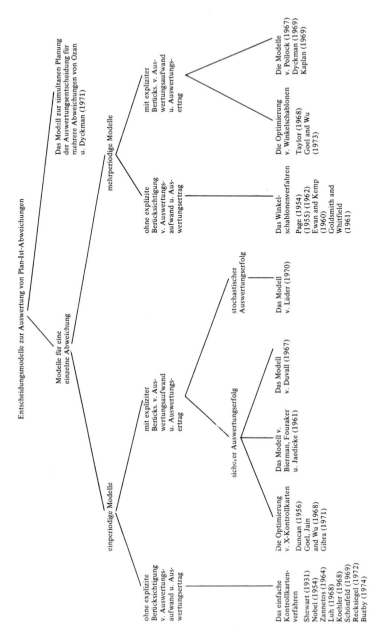

Abb. 1: Systematische Übersicht über die Entscheidungsmodelle
zur Auswertung von Plan-Ist-Abweichungen

b) Das zweite Systematisierungskriterium ist die *Informationsgrundlage für die* 176
Auswertungsentscheidung. Dabei werden Modelle, bei denen die Auswertungsentscheidung aufgrund einer einzelnen, isolierten Beobachtung getroffen wird, von solchen unterschieden, bei denen die Entscheidung auf mehrperiodigen Beobachtungen beruht.

c) Drittes Systematisierungskriterium ist die *Art der Einbeziehung von Auswertungsertrag und Auswertungsaufwand.* Ansätze, bei denen der Auswertungsertrag
und der Auswertungsaufwand explizit Berücksichtigung finden, werden von solchen
unterschieden, bei denen dies nicht der Fall ist.

d) Schließlich wird bei einigen Modellen, die den Auswertungsaufwand und den
Auswertungsertrag explizit berücksichtigen, danach unterschieden, ob diese Größen
als *deterministische* oder als *stochastische* Variable in das Modell eingehen.

Bei der folgenden kritischen Würdigung der in der Übersicht aufgeführten
Modelle gehe ich aus Zeitgründen nicht auf jedes einzelne Modell ausführlich ein.
Ich konzentriere mich vielmehr auf einige wenige, meines Erachtens besonders
wichtige Modelle und beziehe die übrigen durch die Erörterung charakteristischer
Merkmale in die kritische Würdigung mit ein.

3. Kritische Würdigung der Entscheidungsmodelle für eine einzelne Abweichung

3.1. Einperiodige Modelle

Bei den einperiodigen Modellen zur Planung der Auswertungsentscheidung wird
an Hand einer einzelnen Beobachtung über die Auswertung oder Nichtauswertung
entschieden. Im einfachsten Fall geht man beim Kontrollkartenverfahren davon aus,
daß alle nicht zufälligen Abweichungen ausgewertet werden sollen. Für die zufälligen Abweichungen wird angenommen, daß sie normalverteilt sind mit dem Erwartungswert Null und bekannter Standardabweichung σ. Der Entscheidungsträger legt
eine Irrtumswahrscheinlichkeit α fest, mit der er zuläßt, daß eine Abweichung ausgewertet wird, obwohl sie eine zufällige Abweichung ist. Bei bekannter Normalverteilung der nicht kontrollierbaren Abweichungen wird durch α eine obere und eine
untere Kontrollgrenze für die Abweichungen festgelegt. Liegt eine beobachtete Abweichung innerhalb der Kontrollgrenzen, dann wird sie nicht ausgewertet, liegt sie
außerhalb der Kontrollgrenzen, dann wird die Abweichung ausgewertet. Die Abb. 2
zeigt eine solche Kontrollkarte und veranschaulicht das Verfahren.

In der Literatur sind mehrere Varianten dieses Verfahrens beschrieben worden,
bei denen zum Teil — wie bei Zannetos (1964) und Buzby (1974) — angenommen
wird, daß die Wahrscheinlichkeitsverteilung der nicht kontrollierbaren Abweichungen nicht bekannt ist oder, wie bei Luh (1968), davon ausgegangen wird, daß diese
Wahrscheinlichkeitsverteilung eine nichtparametrische Verteilung ist.

Während bei dem einfachen Kontrollkartenmodell die Verfahrensparameter ohne
explizite Berücksichtigung von Auswertungsaufwand und Auswertungsertrag festgelegt wer- ▢ den, besteht das Anliegen der Modelle zur Optimierung von $\overline{X}$-Kon- 177
trollkarten darin, die Verfahrensparamter so zu berechnen, daß die Kosten der Auswertungspolitik minimal sind. Um die kostenminimale Auswertungspolitik berechnen zu können, müssen in diesen Modellen über den zu überwachenden Zufalls-

prozeß spezifische Annahmen gemacht werden. So gehen die Autoren davon aus, daß es nur *eine* kontrollierbare Abweichungsursache gibt, bei deren Wirksamwerden sich der Mittelwert der zu überwachenden Größe um einen bekannten Betrag δ · σ verändert, während die Standardabweichung σ konstant bleibt. Darüber hinaus nimmt z.B. Gibra (1971) an, daß der Zeitpunkt für das Auftreten der kontrollierbaren Abweichungsursache exponentialverteilt ist mit bekanntem Verteilungsparameter. Für die Zeit, die zur Bestimmung des Ist-Wertes, d.h. das Ziehen und Untersuchen der Stichprobe zur Berechnung und Überprüfung des beobachteten X̄-Wertes und für die Suche nach und die Beseitigung der kontrollierbaren Abweichungsursache erforderlich ist, wird angenommen, daß diese Zeit eine erlang-verteilte Zufallsvariable ist und daß in dieser Zeit die Abweichungsursache mit Sicherheit gefunden und beseitigt wird. Die Parameter der Erlang-Verteilung müssen ebenfalls bekannt sein. Durch diese spezifischen Annahmen über die Wahrscheinlichkeitsverteilungen der im Modell berücksichtigten Zufallsvariablen wird der Anwendungsbereich dieser Modelle von vornherein stark eingeschränkt, und zwar im wesentlichen auf den Bereich der Qualitätskontrolle in der Fertigung.

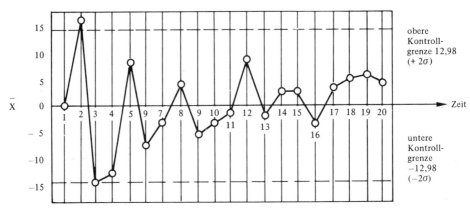

Abb. 2: Kontrollkarte mit α = 4,55 % für eine Größe X̄, deren zufällige Abweichungen N(0; 6,49) verteilt sind.

Der Vorteil gegenüber dem einfachen Kontrollkartenverfahren, durch die Berücksichtigung von Auswertungsaufwand und Auswertungsertrag eine optimale Auswertungspolitik berechnen zu können, muß bei diesen Modellen durch spezifische Annahmen über den zugrundeliegenden Zufallsprozeß erkauft werden. Diesen Nachteil der Verfahren zur Optimierung von X̄-Kontrollkarten hat das von Bierman, Fouraker und Jaedicke (1961) vorgeschlagene Entscheidungsmodell nicht. Bei dem sehr allgemeinen Modell dieser drei Autoren gilt die einleuchtende Entscheidungsregel, daß immer dann ausgewertet werden soll, wenn der Erwartungswert des Auswertungsaufwandes kleiner ist als der Erwartungswert des Auswertungsertrages.

$$Aa < (1 - p) \cdot Ae(A) \tag{3.1}$$

Darin ist $Aa > 0$ der Auswertungsaufwand und es ist $Ae(A) > 0$ der von der beobachteten Abweichung A abhängige Auswertungsertrag, der sich ergibt, wenn die

Abweichung A auf kontrollierbare Ursachen zurückzuführen ist. Schließlich ist p die Wahrscheinlichkeit □ dafür, daß die beobachtete Abweichung A durch nicht kontrollierbare Ursachen bewirkt wurde. Bierman, Fouraker und Jaedicke berechnen als Kriterium für die Auswertungsentscheidung die kritische Wahrscheinlichkeit p_c als: 178

$$p_c = 1 - \frac{Aa}{Ae(A)} \; ; Ae(A) > 0 \; ; Aa > 0 \qquad (3.2)$$

Zeichnet man die Funktion p_c (A) in ein Diagramm entsprechend der Abb. 3 ein, dann ist eine Abweichung immer dann auszuwerten, wenn der Entscheidungsträger die Wahrscheinlichkeit dafür, daß die beobachtete Abweichung auf nicht kontrollierbaren Ursachen beruht, kleiner schätzt, als es die zugehörige kritische Wahrscheinlichkeit ist.

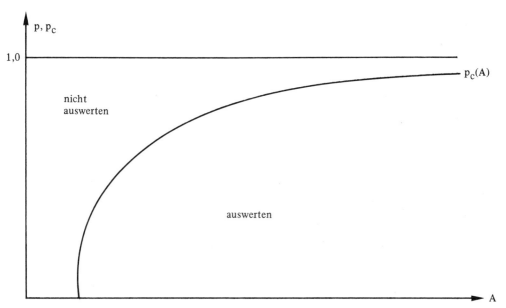

Abb. 3: Die kritische Wahrscheinlichkeit in Abhängigkeit von der beobachteten Abweichung A.

Die Schwierigkeiten dieses Modells liegen in der Ermittlung der Funktion Ae(A) und in der Schätzung der Wahrscheinlichkeit p. Für den Auswertungsertrag wird man davon ausgehen müssen, daß er zum Teil aus zukünftigen Kostenersparnissen besteht. Diese werden aber ganz wesentlich durch die Auswertungspolitik bestimmt, welche wiederum von Ae(A) abhängt.

Bezüglich der Schätzung von p erscheint es mir problematisch, daß eine Abweichung hier in voller Höhe entweder auf kontrollierbaren oder auf nicht kontrollierbaren Ursachen beruhen muß. In vielen Fällen wird es so sein, daß eine Abweichung zum Teil auf kontrollierbaren und zum Teil auf nicht kontrollierbaren Ursachen beruht. Wenn man diesen Tatbestand in dem Modell berücksichtigen will, ist man gezwungen, spezifische Annahmen über die Wahrscheinlichkeitsverteilungen der kontrollierbaren und der nicht kontrollierbaren Abweichungen zu machen. Ein solches Modell, das sowohl von seiner Konzeption her, als auch von seinem Ergebnis her interessant ist, wurde 1967 von Duvall veröffentlicht. Duvall nimmt an, daß die zufälligen, nicht kontrollierbaren Abweichungen AZ normalverteilt sind mit dem Erwartungswert $\mu(AZ) = 0$ und der bekannten Standardabweichung $\sigma(AZ)$. Die Abweichungen, die auf kontrollierbaren Ursachen beruhen, sollen ebenfalls normalverteilt sein mit den bekannten Parametern $\mu(AK)$ und $\sigma(AK)$. Unter der□ weiteren Annahme, daß die beiden Zufallsvariablen voneinander stochastisch unabhängig sein sollen, berechnet Duvall für den Erwartungswert und die Standardabweichung der kontrollierbaren Abweichungen unter der Bedingung, daß die Abweichung A beobachtet wurde:

$$\mu(AK|A) = \mu(AK) \cdot (1 - r^2(AK, A)) + r^2(AK, A) \cdot A \qquad (3.3)$$

$$\sigma(AK|A) = \sigma(AK) \cdot \sqrt{1 - e^2(AK, A)} \qquad (3.4)$$

Für den Auswertungsertrag nimmt Duvall die Funktion

$$Ae(AK) = \begin{cases} b \cdot AK : AK \geqslant 0 \\ -d \cdot AK : AK < 0 \end{cases} \qquad (3.5)$$

an. Der Auswertungsaufwand soll eine von der Höhe der Abweichung unabhängige, konstante Größe besitzen. Unter diesen Annahmen ergibt sich für den Erwartungswert des Auswertungserfolges unter der Bedingung, daß die Abweichung A beobachtet wurde:

$$\mu(AE|A) = (d + b) \cdot (\sigma(AK|A) \cdot f(Z) - \mu(AK|A) \cdot F(Z)) + \\ + b \cdot \mu(AK|A) - Aa \qquad (3.6)$$

Darin ist

$$Z = -\frac{\mu(AK|A)}{\sigma(AK|A)},$$

und es sind $f(Z)$ und $F(Z)$ die Dichtefunktion beziehungsweise die Verteilungsfunktion von Z. Die Abb. 4 zeigt für ein Beispiel den Verlauf der Funktion (3.6). Man ersieht aus der Abb. 4, daß die Auswertung vorteilhaft ist, wenn die beobachtete Abweichung kleiner ist als A_u und größer als A_o.

Eine andere Erweiterung des Modelles von Bierman, Fouraker und Jaedicke ist von Lüder (1970) vorgenommen worden. Lüder nimmt an, daß der Auswertungsaufwand und der Auswertungsertrag normalverteilte Zufallsvariable sind mit den Verteilungsparametern $\mu(Aa); \sigma(Aa)$ und $\mu(Ae); \sigma(Ae)$. Außerdem soll die Kovarianz dieser beiden Zufallsvariablen bekannt sein. Als Entscheidungsregel gilt, daß eine beobachtete Abweichung A ausgewertet werden soll, wenn der Auswertungserfolg mit einer vorgegebenen Sicherheitswahrscheinlichkeit α größer als Null ist. In Abhängigkeit von α kann analog zu dem Vorgehen bei Bierman, Fouraker und Jaedicke eine kritische Wahrscheinlichkeit berechnet werden, die als Kriterium für die Auswertungsentscheidung dient.

Meine Kritik an den hier skizzierten 5 Modelltypen konzentriert sich auf die 3 folgenden Punkte:

1. Bei dem einfachen Kontrollkartenverfahren, bei der Optimierung von $\overline{\text{X}}$-Kontrollkarten und bei dem Modell von Duvall wird angenommen, daß die Wahrscheinlichkeitsverteilung der normalverteilten, zufälligen, nicht kontrollierbaren Abweichungen bekannt ist. Die Schätzung der Parameter μ und σ dieser Wahrscheinlichkeitsverteilung ist äußerst schwierig. Denn man muß dazu, wie Duvall ausführt, den zu überwachenden Prozeß eine Zeit lang unter der Voraussetzung beobachten, daß nur zufällige Abweichungen auftreten. Man kann aber einem Prozeß nicht ohne weiteres ansehen, ob er nur zufällige oder auch nicht zufällige Abweichungen ergibt.

2. Bei den Modellen mit expliziter Berücksichtigung von Auswertungsaufwand und Auswertungsertrag stößt die Schätzung des Auswertungsertrages auf große Schwierigkeiten, weil dieser zumindest zum Teil durch die Auswertungspolitik bestimmt werden kann, die er selbst determinieren soll. Der Grund für diese Schwierigkeit ist darin zu sehen, daß die dynamische Struktur des Problems bei den hier erörterten einperiodigen Modellen nicht adäquat abgebildet wird.

3. Da die in diesem Abschnitt behandelten Modelle alle einperiodig sind, werden die Informationen, die in Form der früheren Beobachtungswerte vorhanden sind, nicht ausgenützt.

179

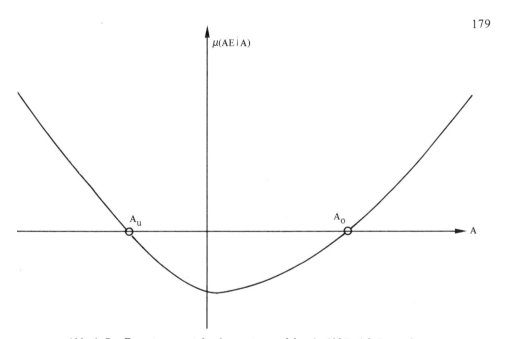

Abb. 4: Der Erwartungswert des Auswertungserfolges in Abhängigkeit von der beobachteten Abweichung A. □

180

3.2. Mehrperiodige Modelle

Das von Page (1954) angegebene Verfahren der kumulativen Summen beseitigt den Nachteil, daß die Beobachtungsreihenfolge bei der Entscheidung über die Auswertung nicht berücksichtigt wird. Es ermöglicht durch die Berücksichtigung der früheren Beobachtungen die raschere Erkennung einer Verschiebung der Wahrscheinlichkeitsverteilung der Abweichungen. Als Indikatoren für eine solche Verschiebung werden die Teilsummen der beobachteten Abweichungen verwendet. Ist A_i $(i = 1, 2, \ldots, t)$ die Abweichung, die im Zeitintervall i beobachtet wurde, dann gilt für die Teilsumme S_t:

$$S_t = \sum_{j=1}^{t} A_i \qquad\qquad (3.7)$$

Wenn der Erwartungswert der zu kontrollierenden Größe sich nicht verändert, dann müssen diese Teilsummen um den Mittelwert Null zufällig schwanken. Die Überprüfung der Zufälligkeit der beobachteten Schwankungen erfolgt bei diesem Verfahren mit Hilfe einer Winkelschablone. Wie in Abb. 5 gezeigt, werden die Teilsummen in eine Kontrollkarte eingetragen, und es wird an den letzten Beobachtungswert im Abstand d eine Winkelschablone mit dem Winkel β angelegt. Liegt eine der früheren Teilsummen außerhalb des Winkels, dann wird ausgewertet, sonst nicht. □

181

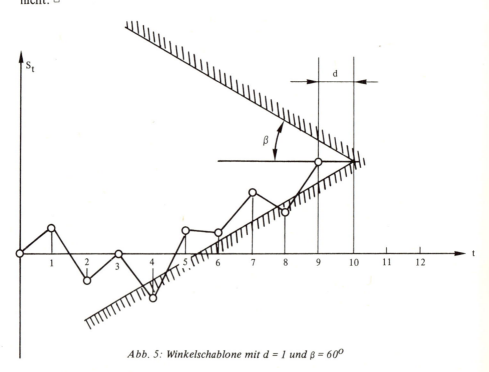

Abb. 5: Winkelschablone mit d = 1 und $\beta = 60^o$

Goldsmith und Whitfield (1961) zeigen, wie die Parameter der Winkelschablone optimiert werden können. In der Praxis werden diese Parameter häufig dadurch ermittelt, daß man mit unterschiedlichen Werten für d und β an längeren Beobachtungsreihen aus der Vergangenheit experimentiert.

Analog zu der Berechnung kostenminimaler $\overline{X}$-Kontrollkarten sind von Taylor (1968) und Goel und Wu (1973) Modelle formuliert worden, mit denen kostenminimale Winkelschablonen berechnet werden können. Beide Arbeiten gehen im wesentlichen von derselben sehr spezifischen Problemstellung aus, wie sie bei den Modellen zur Optimierung von $\overline{X}$-Kontrollkarten geschildert wurde. Die Konstruktion eines, durch die explizite Berücksichtigung von Auswertungsertrag und Auswertungsaufwand detaillierteren Modells muß auch hier durch zusätzliche Annahmen über den zugrundeliegenden stochastischen Prozeß erkauft werden. Als Nachteil dieser Modelle bleibt trotz der durch die Mehrperiodigkeit verbesserten Informationsbasis bestehen, daß sie an das Winkelschablonen-Konzept gebunden sind. Ferner sind diese Modelle nur anwendbar, wenn für die zu kontrollierende Größe eine ausreichend lange Beobachtungsfolge vorliegt. Durch diese Voraussetzungen werden die alternativ möglichen Auswertungspolitiken eingeengt. Entsprechend dem Vorgehen, nach dem man bei der Beschaffungsplanung eine optimale, zyklische Bestellpolitik berechnet, ohne zu wissen, ob die optimale Bestellpolitik eine zyklische Politik ist, optimiert man hier die Parameter der Winkelschablone, ohne zu wissen, ob die optimale Auswertungspolitik eine Winkelschablonen-Politik ist (vgl. Kaplan 1975, S. 320).

Der zuletzt genannte Kritikpunkt gilt nicht für die Modelle von Pollock (1967), Dyckman (1969) und Kaplan (1969). Die Modelle von Pollock und Dyckman haben konzeptionelle Fehler, auf die ich hier nicht eingehen will. Kaplan betrachtet einen Zwei-Zustands-Markoff-Prozeß, bei dem die Zustände □

Z_1: Es sind nur nicht kontrollierbare Abweichungsursachen wirksam   182

und

Z_2: Kontrollierbare Abweichungsursachen sind wirksam

entsprechend der Matrix der Übergangswahrscheinlichkeiten

$$P = \begin{pmatrix} g & 1-g \\ o & 1 \end{pmatrix}$$

ineinander übergehen. Liegt der Zustand 1 vor, dann gilt für die Abweichungen die Dichtefunktion $f_1(A)$ mit dem Erwartungswert $\mu_1 = O$, und liegt der Zustand 2 vor, dann gilt für die Abweichungen die Dichtefunktion $f_2(A)$.

Wie man aus der Matrix P ersieht, geht der Zustand 1 mit der Wahrscheinlichkeit $1-g$ in den Zustand 2 über und der Zustand 2 bleibt, wenn er einmal eingetreten ist, mit Sicherheit bestehen, bis er durch eine Auswertung entdeckt wird. Bei der Auswertung einer Abweichung wird der jeweils gegebene Zustand mit Sicherheit festgestellt, und durch die Korrekturmaßnahmen wird der Zustand 2 wieder in den Zustand 1 überführt.

Sind seit der letzten Auswertung t Abweichungen beobachtet worden, dann kann man mit Hilfe des Bayes'schen Theorems nach der Gleichung (3.8) die Wahrscheinlichkeit dafür berechnen, daß im Zeitintervall t+1 der Zustand Z_1 vorliegt.

$$q_t(Z_1 | A_1, A_2, ..., A_t) = \frac{g \cdot f_1(A_t) \cdot q_{t-1}}{f_1(A_t) \cdot q_{t-1} + f_2(A_t) \cdot (1 - q_{t-1})}$$
$$= : v(A_t) \cdot q_{t-1} \tag{3.8}$$

Die Wahrscheinlichkeit q_t ist das Kriterium für die Auswertungsentscheidung. Die optimale Auswertungspolitik wird durch eine kritische Wahrscheinlichkeit q^*

bestimmt und besteht in der Regel, daß im Zeitintervall t ausgewertet werden soll, wenn $q_t < q^*$ ist. Die Abbildung 6 veranschaulicht diesen Zusammenhang.

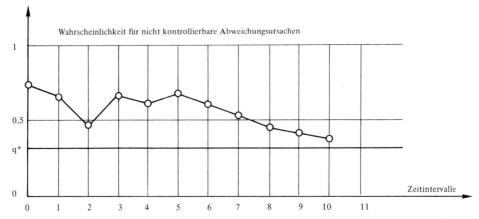

Abb. 6: Kontrollkarte für die Auswertungsentscheidung

Gesucht wird jene kritische Wahrscheinlichkeit q^*, bei welcher der Erwartungswert des Barwertes der Kosten minimal ist. Als rekursive Kostenfunktion erhält man: □

183

$$K_{T-(t-1)}(q_t) =$$

$$= \text{Min} \left\{ Aa + \int_{-\infty}^{+\infty} \left[A_t + \frac{1}{1+i} \cdot K_{T-t}(v(A_t) \cdot g) \right] \cdot f_g(A_t) \, dA_t ; \right. \tag{3.9}$$

$$\left. \int_{-\infty}^{+\infty} \left[A_t + \frac{1}{1+i} K_{T-t}(v(A_t) \cdot q_t) \right] \cdot f_{qt}(A_t) \, dA_t \right\}$$

Darin ist:

$K_m(q.)$: Der minimale Erwartungswert des Barwertes der Kosten für einen Zeitraum von m Zeiteinheiten, wenn zu Beginn dieses Zeitraumes der Zustand 1 mit der Wahrscheinlichkeit $q.$ gegeben ist.

i : Der Kalkulationszinssatz

$f_g(A_t)$: $f_1(A_t) \cdot g + f_2(A_t) \cdot (1-g)$

$f_{q_1}(A_t)$: $f_1(A_t) \cdot q_t + f_2(A_t) \cdot (1-q_t)$

Im stationären Zustand erhält man:

$$K(q) = \begin{cases} Aa + \int_{-\infty}^{+\infty} \left[A + \frac{1}{1+i} \cdot K(v(A) \cdot g) \right] \cdot f_g(A) \, dA : 1 \leqslant q^* \\[3mm] \int_{-\infty}^{+\infty} \left[A + \frac{1}{1+i} \cdot K(v(A) \cdot q) \right] \cdot f_q(A) \, dA : q > q^* \end{cases} \tag{3.10}$$

Die kostenminimale Auswertungspolitik q^* ist dadurch charakterisiert, daß in (3.10) die beiden Kostenfunktionen denselben Wert annehmen. Man erkennt, daß

eine Auswertung immer dann vorteilhaft wird, wenn die Verminderung der Folge-
kosten durch die Änderung der Zustandswahrscheinlichkeit q in g den Auswertungsaufwand aufwiegt.

Dieses Modell ist als Grundmodell aufzufassen, welches eine große Anzahl von
Erweiterungsmöglichkeiten zuläßt. Die aus betriebswirtschaftlicher Sicht besonders
wünschenswerten Erweiterungen auf mehr als zwei Zustände und zeitabhängige
Übergangswahrscheinlichkeiten stoßen jedoch rasch an die Grenzen der Lösbarkeit
solcher Optimierungsansätze. Man sieht aber aus der Modellformulierung m.E. auch
hier sehr deutlich, daß eine detaillierte Planung der Auswertungspolitik nur möglich
ist, wenn man auch detaillierte Kenntnisse über den zugrundeliegenden stochastischen Prozeß besitzt.

4. Kritische Würdigung des Modells von Ozan und Dyckman zur simultanen Planung der Auswertung mehrerer Abweichungen

Ozan und Dyckman gehen bei ihrem Modell von folgender Problemstellung aus:
In einer Kostenstelle werden mit m (k=1, 2, . . . , m) Produktionsfaktoren
n(j=1, 2, . . ., n) Zwischen- und Endprodukte hergestellt. Für die Plankosten der
Kostenart des Produktionsfaktors k soll gelten:

$$^pK_k = \sum_{j=1}^{n} {}^pa_{kj} \cdot {}^pw_{kj} \cdot {}^ix_j ; \qquad k = 1, 2, ..., m \qquad (4.1)$$

Darin ist:

$^pa_{kj}$: der geplante technische Koeffizient der Produktion. □

^ix_j : die im Kontrollzeitraum tatsächlich hergestellte Menge des End- bzw. 184
Zwischenproduktes j. (Eine Beschäftigungsabweichung im Sinne der Plankostenrechnung kann hier nicht auftreten.)

$^pw_{kj}$: der geplante Stückpreis bzw. die geplanten Stückkosten für eine Einheit
des Produktionsfaktors k, der zur Produktion des Produktes j eingesetzt
wird.

Für die Istkosten desselben Zeitintervalles soll gelten:

$$^iK_k = \sum_{j=1}^{n} ({}^pa_{kj} + {}^aa_{kj}) \cdot ({}^pw_{kj} + {}^aw_{kj}) \cdot {}^ix_j ; \qquad k = 1, 2, ..., m \qquad (4.2)$$

Die hier zusätzlich auftretenden Größen $^aa_{kj}$ und $^aw_{kj}$ geben die eingetretene
Abweichung für den technischen Koeffizienten bzw. die beim Faktorpreis eingetretene Abweichung an. Damit ergibt sich für die Gesamtabweichung der Kostenart k in dem betrachteten Zeitintervall:

$$A_k = {}^iK_k - {}^pK_k = \sum_{j=1}^{n} {}^aa_{kj} \cdot {}^pw_{kj} \cdot {}^ix_j$$

$$+ \sum_{j=1}^{n} {}^pa_{kj} \cdot {}^aw_{kj} \cdot {}^ix_j \qquad (4.3)$$

$$+ \sum_{j=1}^{n} {}^aa_{kj} \cdot {}^aw_{kj} \cdot {}^ix_j ; \quad k = 1, 2, ..., m$$

Der Entscheidungsträger kennt nur die Größe A_k, und er muß an Hand dieser Größe über die Auswertung oder Nichtauswertung entscheiden. Das ist nur möglich, wenn Informationen über die möglichen Abweichungsursachen vorliegen, bzw. es müssen im Modell über die möglichen Abweichungsursachen Annahmen gemacht werden. Ozan und Dyckman nehmen an, daß es zwei nicht kontrollierbare Abweichungsursachen gibt und daß alle anderen Abweichungsursachen kontrollierbar sind. Die nicht kontrollierbaren Abweichungen vom Typ I sollen zufällige Abweichungen sein. Die nicht kontrollierbare Abweichungsursache vom Typ II soll eine bekannte Ursache sein, die zu einer Kostenerhöhung führt und mit bekannten Wahrscheinlichkeiten im Planungszeitraum 1, 2 oder mehrmals auftritt. Unter spezifischen Annahmen für die Wahrscheinlichkeitsverteilungen der kontrollierbaren Abweichungen und unter der weiteren Annahme, daß diese Zufallsvariablen voneinander alle stochastisch unabhängig sein sollen, berechnen die Autoren die Erwartungswerte und die Varianzen der kontrollierbaren Abweichungen für alle m verschiedenen Kostenarten unter der Bedingung, daß m bestimmte Abweichungen A_k (k=1, 2, . . . , m) beobachtet wurden. Zur Berechnung der optimalen Auswertungspolitik formulieren sie das folgende, lineare Programm:

$$\text{Maximiere } \Psi(z) = \sum_{k=1}^{m} z_k \cdot (\mu(A\,E_K) - \alpha \cdot f(\sigma(A\,E_k))) \qquad (4.4)$$

unter den Nebendingungen

$$(1) \quad \sum_{k=1}^{m} A\,a_k \cdot z_k \leqslant E \qquad\qquad [\Gamma]$$

$$(2) \quad \sum_{k=1}^{m} d_k \cdot z_k \leqslant D \qquad\qquad [\nu] \qquad\qquad (4.5)$$

$$(3) \quad z_k \leqslant 1 \,; \qquad k = 1, 2, ..., m \qquad [\epsilon_k]$$

$$(4) \quad z_k \geqslant 0 \,; \qquad k = 1, 2, ..., m$$

$\square$

185   Darin sind:

z_k : die Entscheidungsvariablen. $z_k = 1$ bedeutet, daß die Abweichung A_k ausgewertet werden soll. Entsprechend soll bei $z_k = 0$ die Abweichung A_k nicht ausgewertet werden. Da die z_k nicht als Binärvariable definiert sind, können sie auch Werte zwischen Null und eins annehmen. Andere Werte sind wegen der Nebenbedingungen (3) und (4) nicht möglich.

$\mu(AE_k)$: der Erwartungswert des Auswertungserfolges bei der Kostenart k

$f(\sigma(AE_k))$: eine beliebige, monoton nicht fallende Funktion der Standardabweichung des Auswertungsertrages. Sie ist unabhängig von der Kostenart. Ihr Funktionswert läßt sich als das Risiko der Auswertung der Kostenart k interpretieren.

α : der Risikoaversionskoeffizient

Aa_k : der Auswertungsaufwand für die Kostenart k

E : das Aufwandbudget, das für die Auswertung der Abweichungen zur Verfügung steht.

d_k : die Mannstunden, die erforderlich sind, um die Abweichung A_k auszu-
               werten.

D   : die zur Auswertung der m Abweichungen zur Verfügung stehende Ge-
               samtzahl von Mannstunden.

Γ, ν und ϵ_k : die Dualvariablen für die zugehörigen Nebenbedingungen.

Problematisch ist m.E. an der Zielfunktion (4.4), daß die Funktion $f(\sigma(AE_k))$
eine Funktion der Standardabweichungen der verschiedenen Kostenarten ist. Sie
müßte nach meiner Meinung eine Funktion der Standardabweichung des Auswertungserfolges des Auswertungsprogrammes sein.

Mit Hilfe des zu (4.4) und (4.5) dualen Programmes findet man aufgrund der
Eigenschaften von komplementären Schlupfvariablen, daß die Abweichung einer
bestimmten Kostenart k' ausgewertet werden soll, wenn gilt:

$$\mu(A\,E_{k'}) \geqslant A\,a_{k'} \cdot \Gamma^* + d_{k'} \cdot \nu^* + \alpha \cdot f(\sigma(A\,E_{k'})) \qquad (4.6)$$

In (4.6) gibt der erste Ausdruck auf der rechten Seite die wertmäßigen Kosten
des Budgets an, der zweite Ausdruck die wertmäßigen Kosten der zur Auswertung
erforderlichen Arbeitszeit und der dritte die sogenannte Risikoprämie. Die Ungleichung besagt also, daß die Abweichungen auszuwerten sind, bei denen der Erwartungswert des Auswertungserfolges größer ist als die Summe aus den wertmäßigen
Kosten für das Budget und für die Arbeitskräfte und die Risikoprämie. Ist das
Budget und sind die Arbeitskräfte nicht beschränkend, dann ist $\Gamma^* = \nu^* = 0$ und die
Ungleichung (4.6) besagt, daß alle Abweichungen auszuwerten sind, bei denen der
Erwartungswert des Auswertungserfolges größer ist als die Risikoprämie. Ist für
einen risikoneutralen Entscheidungsträger auch $\alpha = 0$, dann besagt die Ungleichung
(4.6), daß alle Abweichungen mit einem positiven Erwartungswert des Auswertungserfolges auszuwerten sind. Dieses Kriterium wurde bei den weiter oben diskutierten Modellen häufig verwendet.

Bei dem geschilderten Modell sind meines Erachtens vor allem die 3 folgenden
Punkte zu kritisieren:

1. Es ist ein einperiodiges Modell, und es ergibt sich deshalb auch hier das Problem der Schätzung des Auswertungsertrages, der zum einen durch die Auswertungspolitik beein- □ flußt werden kann, zum anderen aber selbst die Auswertungs-   186
politik bestimmt (vgl. Abschnitt 3.1.).

2. Bei dem Modell wird davon ausgegangen, daß die Auswertungsaufwendungen
und die Auswertungserträge in ihrer Höhe alle voneinander unabhängig sind. Dadurch bleibt aber m.E. ein sehr wichtiger Vorteil, den die simultane Planung der
Auswertungsentscheidung besitzen könnte, unberücksichtigt. Denn man wird in der
Regel davon ausgehen können, daß der Aufwand für die gemeinsame Auswertung
mehrerer Abweichungen kleiner ist als die Summe der Aufwendungen, die erforderlich wären, wenn jede dieser Abweichungen alleine ausgewertet werden würde. Es
gibt hier einen Degressionseffekt, der berücksichtigt werden sollte. Analog wird
der Ertrag, der sich durch die gemeinsame Auswertung mehrerer Abweichungen ergibt, nicht unbedingt gleich sein der Summe der Erträge, die sich bei getrennter
Auswertung der betroffenen Abweichungen ergeben.

3. Problematisch ist an dem Modell ferner, daß davon ausgegangen wird, daß alle Abweichungen, die weder auf die nicht kontrollierbare Ursache I (Zufall), noch auf die nicht kontrollierbare Ursache II (z.B. schlechte Witterung) zurückzuführen sind, kontrollierbare Abweichungen sind.

5. Ergebnis

An der Universität Hamburg wird von Herrn Prof. Lüder zur Zeit eine empirische Untersuchung über die Erfolgskontrolle in deutschen und amerikanischen Unternehmen durchgeführt. Im Rahmen dieser Untersuchung hat sich gezeigt, daß die Führungskräfte in steigendem Maße über die Fülle der Kontrollinformationen klagen, mit denen sie sich befassen müssen, die sie zu verarbeiten haben. Durch die Delegation der Auswertungsentscheidung an nachgeordnete Stellen, die durch den Einsatz von Entscheidungsmodellen zur Auswertung von Plan-Istabweichungen erleichtert, wenn nicht gar erst möglich gemacht wird, könnte hier Abhilfe geschaffen werden.

Das Ergebnis meiner kritischen Würdigung dieser Entscheidungsmodelle läßt sich in bezug auf deren praktische Anwendung in den beiden folgenden Thesen zusammenfassen:

1. In den einfachen Modellen zur Planung der Auswertungsentscheidung, wie z.B. dem einfachen Kontrollkartenverfahren oder dem Modell von Bierman, Fouraker und Jaedicke, werden die Probleme, die bei der Auswertungsentscheidung grundsätzlich zu lösen sind, in einzelne Modellparameter, wie die Irrtumswahrscheinlichkeit oder den Auswertungsertrag verdrängt. Die Anwendbarkeit solcher Modelle hängt deshalb primär davon ab, ob es in einem konkreten Fall möglich ist, die jeweils erforderlichen Größen zu ermitteln.

2. Eine detaillierte Planung der Auswertungsentscheidung ist nur möglich, wenn man detaillierte Kenntnisse über den zu überwachenden stochastischen Prozeß besitzt. Das hat sich bei den Verfahren zur Optimierung von $\bar{X}$-Kontrollkarten, bei den Verfahren zur Berechnung optimaler Winkelschablonen, bei dem Modell von Kaplan und bei dem Modell von Ozan und Dyckman gezeigt. Um eine detaillierte Planung der Auswertungsentscheidung zu ermöglichen, ist es beim gegenwärtigen Stand der Entwicklung dringend erforderlich, mehr Erkenntnisse darüber zu gewinnen, welche stochastischen Bedingungen bei den betrieblichen Planungs- und Kontrollprozessen typischerweise gegeben sind. □

187   ## 6. Literatur

Bierman, Harold, Lawrence E. Fouraker und Robert K. Jaedicke (1961): A Use of Probability and Statistics in Performance Evaluation. In: The Accounting Review 36, S. 409–417.

Buzby, S.L. (1974): Extending the Applicability of Probabilistic Management Planning and Control Systems. In: The Accounting Review 49, January, S. 42–49.

Duncan, Acheson J. (1956): The Economic Design of $\bar{X}$ Charts Used to Maintain Current Control of a Process. In: Journal of the American Statistical Association 51, June, S. 228–242.

Duvall, Richard M. (1967): Rules for Investigating Cost Variances. In: Management Science 13, H. 10, S. B-631–B-641.

Dyckman, T.R. (1969): The Investigation of Cost Variances. In: Journal of Accounting Research 7, Autumn, S. 215–244.

Ewan, W.D., und K.W. Kemp (1960): Sampling Inspection of Continuous Processes with No Autocorrelation Between Successive Results. In: Biometrica 47, S. 363–380.

Gibra, Isaac N. (1971): Economically Optimal Determination of the Parameters of $\bar{X}$-Control Charts. In: Management Science 17, H. 9, S. 635–646.

Goel, A.L., S.C. Jain und S.M. Wu (1968): An Algorithm for the Determination of the Economic Design of $\bar{X}$-Charts Based on Duncan's Model. In: Journal of the American Statistical Association 63, S. 304–320.

Goel, A.L., und S.M. Wu (1973): Economically Optimum Design of Cusum Charts. In: Management Science 19, H. 11, S. 1271–1282.

Goldsmith, P.L., und H. Whitfield (1961): Average Run Lengths in Cumulative Chart Quality Control Schemes. In: Technometrics 3, February, S. 11–20.

Kaplan, R.S. (1969): Optimal Investigation Strategies with Imperfect Information. In: Journal of Accounting Research 7, Spring, S. 32–43.

Kaplan, R.S. (1975): The Significance and Investigation of Cost Variances: Survey and Extensions. In: Journal of Accounting Research 13, Autumn, S. 311–337.

Koehler, Robert W. (1968): The Relevance of Probability Statistics to Accounting Variance Control. In: Management Accounting 5, S. 35–41.

Lüder, Klaus (1969): Investitionskontrolle, Wiesbaden.

Lüder, Klaus (1970): Ein entscheidungstheoretischer Ansatz zur Bestimmung auszuwertender Plan-Ist-Abweichungen. In: Zeitschrift für betriebswirtschaftliche Forschung 22, H. 10, S. 632–649.

Luh, F.S. (1968): Controlled Costs: An Operational Concept and Statistical Approach to Standard Costing. In: The Accounting Review 43, S. 123–132.

Noble, C.E. (1954): Calculating Control Limits for Cost Control Data. In: National Association of Accountants Bulletin 35, S. 1309–1317.

Ozan, R., und T. Dyckman (1971): A Normative Model for Investigation Decisions Involving Multiorigin Cost Variances. In: Journal of Accounting Research 9, H. 1, S. 88–115.

Page, E.S. (1954): Continuous Inspection Schemes. In: Biometrika 41, S. 100–115.

Pollock, Stephen M. (1967): Minimum-Cost Checking Using Imperfect Information. In: Management Science 13, H. 7, S. 454–465.

Recksiegel, Wolf-Rüdiger (1972): Die Anwendung der Regressions- und Korrelationsanalyse in der Kostenrechnung (Dissertation). Münster.

Schönfeld, Hans-Martin (1969): Die Anwendung statistischer Methoden in der Kostenrechnung (II). In: Kostenrechnungspraxis, S. 19–24.

Shewhart, W.A. (1931): The Economic Control of the Quality of Manufactured Profit. New York (Macmillan).

Streitferdt, Lothar (1976): Die Ermittlung und Auswertung von Plan-Ist-Abweichungen im Rahmen der Unternehmensführung. Hamburg (Habilitationsschrift; erscheint Ende 1978 im Physica Verlag, Würzburg-Wien).

Taylor, H.M. (1968): The Economic Design of Cumulative Sum Control Charts for Variables. In: Technometrics 10, August, S. 479–488.

Zannetos, Z.A. (1964): Standard Cost as a First Step to Probabilistic Control: A Theoretical Justification, An Extension and Implications. In: The Accounting Review 39, S. 296–304. □

Zusammenfassung

In den letzten 20 Jahren ist eine Reihe von Entscheidungsmodellen zur Auswertung von Plan-Ist-Abweichungen formuliert und diskutiert worden. Die Abb. 1 zeigt eine systematische Übersicht über die m.E. wichtigsten dieser Modelle. Ihre kritische Würdigung in bezug auf eine Anwendung in der betrieblichen Praxis führt zu dem Ergebnis, daß bei den einfachen Modellen zur Planung der Auswertungsentscheidung, wie z.B. dem einfachen Kontrollkartenverfahren oder dem Modell von Bierman, Fouraker und Jaedicke, die Probleme, die bei der Auswertungsentscheidung grundsätzlich zu lösen sind, in einzelne Modellparameter verdrängt werden. Eine detaillierte Planung der Auswertungsentscheidung ist dagegen nur möglich, wenn man detaillierte Kenntnisse über den zu überwachenden stochastischen Prozeß besitzt. Das zeigen u.a. die Modelle zur Optimierung von $\overline{X}$-Kontrollkarten, die Modelle zur Berechnung optimaler Winkelschablonen, das Modell von Kaplan und das Modell von Ozan und Dyckman. Es ist deshalb beim gegenwärtigen Stand der Entwicklung besonders wichtig, mehr Erkenntnisse darüber zu gewinnen, welche stochastischen Bedingungen bei den betrieblichen Planungs- und Kontrollprozessen typischerweise gegeben sind.

Literaturhinweise* zum 4. Kapitel

Baetge, J., Erfolgskontrolle mit Kennzahlen (1), Fortschrittliche Betriebsführung und Industrial Engineering 28. Jg., 1979, S. 375 ff.

Berg, C.C., Die Unternehmenskrise – Organisatorische Probleme und Ansätze zu ihrer Lösung, Zeitschrift für Betriebswirtschaft, 49. Jg., 1979, S. 459 ff.

Bivet, J.-P. und J.-C. Ettinger, Le contrôle de gestion de la recherche, Revue Française de Gestion 1977, No. 10, S. 55 ff.

Bowman, E.H., Strategy Annual Reports and Alchemy, California Management Review, Vol. 20 1977/78, No. 3, S. 64 ff.

Burt, J.M., Planning and Dynamic Control of Projects under Uncertainty, Management Science, Vol. 24, 1977, S. 249 ff.

Coenenberg, A.G., Zur Aussagefähigkeit des Return on Investment für betriebliche Planungs- und Kontrollrechnungen, Management International Review, Vol. 12, 1972, No. 2–3, S. 35 ff.

Danert, G., Information und Kontrolle, Zeitschrift für betriebswirtschaftliche Forschung, 22. Jg., 1970, S. 447 ff.

de Longeaux, D., Le contrôle de gestion en periode incertaine, Revue Française de Gestion, 1977, No 9, S. 14 ff.

Dew, B.R. und K.P. Gee, Management Control Information – the Problem of Choice, Management International Review, Vol. 10, 1970, No. 6, S. 63 ff.

Dew, B.R. und K.P. Gee, The Choice of Management Control Information – Further Findings, Management International Review, Vol. 13, 1973, No. 1, S. 47 ff.

Ein Dor, Ph. und E. Seger, Strategic Planning for Management Information Systems, Management Science, Vol. 24, 1978, S. 1631 ff.

Eisenhofer, A., Zielvereinbarung in der Unternehmensplanung, Ein Kennziffernmodell, Zeitschrift für Betriebswirtschaft, 42. Jg., 1972, S. 619 ff.

Eloit, S., Le Contrôle budgetaire en période de crise: Le cas d'une filiale de Saint-Gobain-Pont-à-Mousson, Revue Française de Gestion, 1978, No. 17, S. 45 ff.

Gälweiler, A., Unternehmenssicherung und strategische Planung, Zeitschrift für betriebswirtschaftliche Forschung, 28. Jg., 1976, S. 362 ff.

Hayhurst, G., A Proposal for a Corporate Control System, Management International Review, Vol. 16, 1976, No. 2, S. 93 ff.

Horovitz, J., Allemagne, Grand-Bretagne, France: trois styles de management, Ill. Le conrôle, Revue Française de Gestion, 1978, No. 19, S. 50 ff.

*Als weiterführende Literatur seien ferner die beiden Fachzeitschriften „Long Range Planning" und „Strategic Management Journal" empfohlen.

Hummel, Th., K. Kurras und *K. Niemeyer,* Kennzahlensysteme zur Unternehmensplanung, Zeitschrift für Organisation, 49. Jg., 1980, S. 94 ff.

Kennedy M.H. und *S. Mahapatra,* Information Analysis for Effective Planning and Control, Sloan Management Review, Vol. 16, 1975, No. 2, S. 71 ff.

Köhler, R., Die Kontrolle strategischer Pläne als betriebswirtschaftliches Problem, Zeitschrift für Betriebswirtschaft, 46. Jg., 1976, S. 301 ff.

Krüger, W., Controlling: Gegenstandsbereich, Wirkungsweise und Funktionen im Rahmen der Unternehmenspolitik, Betriebswirtschaftliche Forschung und Praxis, 31. Jg., 1979, No. 2, S. 158 ff.

Kühn, R. und *M. Walliser,* Problementdeckungssystem mit Frühwarneigenschaften, Die Unternehmung, 32. Jg., 1978, S. 223 ff.

Lorange P. und *M.S. Scott,* A Framework for Management Control Systems, Sloan Management Review, Vol. 16, 1974, No. 1, S. 41 ff.

Lowe E.A., On the Idea of a Management Control Systems: Integrating Accounting and Management Control, The Journal of Management Studies, Vol. 8, 1971, S. 1 ff.

Lüder, K. Entscheidungstheoretischer Ansatz zur Bestimmung auszuwertender Plan/Ist-Abweichungen, Zeitschrift für betriebswirtschaftliche Forschung, 22. Jg., 1970, S. 632 ff.

Lüder, K. und *L. Streitferdt,* Die kurzfristige Erfolgsrechnung als Kontrollinstrument der Unternehmensführung, Betriebswirtschaftliche Forschung und Praxis, 30. Jg., 1978, No. 6, S. 545 ff.

Machin, J.L.J., A Contingent Methodology for Management Control, The Journal of Management Studies, Vol. 16, 1979, S. 1 ff.

Mills, A.E., Management Control and Integration at the Conceptual Level, The Journal of Management Studies, Vol. 7, 1970, S. 364 ff.

Nelson, E.G. und *J.L.J. Machin,* Management Control: Systems Thinking Applied to the Development of a Framework for Empirical Studies, The Journal of Management Studies, Vol. 13, 1976, S. 274 ff.

Oesterer, D., Risikoüberwachung und Fortschrittskontrolle bei Großprojekten, Zeitschrift für Betriebswirtschaft, 49. Jg., 1979, S. 485 ff.

Reichmann, Th., Planung, Steuerung und Kontrolle mit Hilfe von Kennzahlen, Zeitschrift für betriebswirtschaftliche Forschung, 28. Jg., 1976, S. 705 ff.

Rieser, J., Frühwarnsysteme, Die Unternehmung, 32. Jg., 1978, S. 51 ff.

Shull, F.A. und *R.J. Judd,* Matrix Organizations and Control Systems, Management International Review, Vol. 11, 1971, No. 6, S. 65 ff.

Sihler, W.W., Toward Better Management Control Systems, California Management Review, Vol. 14, 1971/72, No. 2, S. 33 ff.

Staehle, W.H., Kennzahlensysteme als Instrumente der Unternehmensführung, Wirtschaftswissenschaftliches Studium, 2. Jg., 1973, S. 222 ff.

Swanson, C.V., Information and Control for Corporate Growth, Sloan Management Review, Vol. 12, 1971, No. 3, S. 43 ff.

Todd, J., Management Control: A Zero-Sum Game?, Management International Review, Vol. 18, 1978, No. 4, S. 73 ff.

Vancil, R.F., What Kind of Management Control Do You Need?, Harvard Business Review, Vol. 51, 1973, No. 2, S. 75 ff.

Wittmann, W., Das Planning-Programming-Budgeting-System (PPBS), Wirtschaftswissenschaftliches Studium, 4. Jg., 1975, S. 169 ff.

Zwicker, E., Möglichkeiten und Grenzen der betrieblichen Planung mit Hilfe von Kennzahlen, Zeitschrift für Betriebswirtschaft, 46. Jg., 1976, S. 225 ff.

5. Kapital
Unternehmenskontrolle und Verhalten

Die Bedeutung verhaltenstheoretischer Aussagen für kosten- und leistungsorientierte Planungs- und Kontrollrechnungen*

Klaus Macharzina

I. Die Einbeziehung verhaltenswissenschaftlicher Erkenntnisse in die Theorie   324
   der Kosten- und Leistungsrechnung

1. Begründung und Notwendigkeit

Die Einbeziehung verhaltenswissenschaftlicher Erkenntnisse in die Theorie der Unternehmensrechnung, insbesondere der entscheidungsbezogenen Kosten- und Leistungsrechnung, wird in der neueren betriebswirtschaftlichen Literatur zunehmend gefordert. Offenbar reicht das Instrumentarium der betriebswirtschaftlichen Entscheidungslogik mit ihrem Ausgangspunkt in der mathematisch-statistischen Entscheidungstheorie und der mikroökonomischen Fiktion vom rational entscheidenden homo oeconomicus nicht aus, realitätsnahe Erklärungs- und Entscheidungsmodelle bereitzustellen. Dies ist vor allem darin begründet, daß sich der Entscheider auch im wirtschaftlichen bzw. betriebswirtschaftlichen Bereich nicht rational sondern *psychologisch* verhält[1]. Da die seinen Entscheidungen zugrundeliegenden Informationsverarbeitungsprozesse eine Vielfalt von Verhaltensimplikationen aufweisen, ist es erforderlich, das Informationsverhalten der Entscheider transparent zu machen, um realitätsnahe Aussagen über das Zustandekommen betriebswirtschaftlicher Entscheidungen gewinnen zu können. Dies trifft im besonderen auf die als Entscheidungsrechnung (Informationsverarbeitungsrechnung) typisierbare kosten- und leistungsorientierte Planungs- und Kontrollrechnung[2] zu, die dazu dient, die Unternehmensprozesse durch eine zukunftsbezogene Ausrichtung der Entscheidungen entsprechend den verfolgten Zielen zu steuern (*Leistungsanreizfunktion*) und die aus diesen Entscheidungen hervorgehenden Leistungen durch Vergleich der Planwerte mit den Istwerten zu messen (*Leistungsbewertungsfunktion*). Die im Plan- und Kontrollkalkül enthaltenen Kosteninformationen können nur dann befriedigend zielwirksam werden, wenn neben den kostenmäßigen Konsequenzen des Faktoreinsatzes und -verzehrs bei ihrer Ermittlung, Aufbereitung und Weitergabe auch die Voraus- ◻ setzungen und Konsequenzen des Informationsverhaltens der   325
Entscheider berücksichtigt werden. Die Tatsache, daß die Verhaltenswirkungen

*Mit freundlicher Genehmigung des Verfassers entnommen aus: Coenenberg, A.G. (Hrsg.): Unternehmensrechnung, München 1976, S. 324–344.
    [1] Vgl. Florence (1927); Schmölders (1953) 203 ff.; Caplan (1966), (1971), (1973); Heinen (1971) 21 ff.; Weick (1972) 258; Kappler (1972) 57; Birnberg (1973) 73.
    [2] Vgl. Coenenberg (1969) 44 ff.; ders. (1970 b) 1416; Bussmann (1963) 45 ff.; Münstermann (1969) 157 ff.; Illetschko (1970) 865; Wild (1970) 1414 f. Der vorliegende Beitrag bezieht sich nur auf die im internen Rechnungswesen verankerte Planungs- und Kontrollrechnung.

ebenfalls zu Kostenänderungen führen können, verstärkt die Notwendigkeit, im Erklärungs- und Entscheidungszusammenhang der kosten- und leistungsorientierten Planungs- und Kontrollrechnung neben produktions- und kostentheoretischen[3] verhaltenstheoretische Modelle heranzuziehen[4]. Dies ist aber in der Literatur bisher nur vereinzelt geschehen.

2. Verhaltens- und kosten-/leistungsbezogene Ansatzpunkte

Der Verhaltensaspekt der Planungs- und Kontrollrechnung berührt in erster Linie die Frage, wie die in den Kalkül eingehenden Kosteninformationen beschaffen sein müssen, um die beabsichtigte Wirkung und das erwünschte Verhalten beim Informationsadressaten zu erzeugen. Das Wesensmerkmal der Informationsbeziehung zwischen dem Informationsproduzenten (Kostenrechner) und dem Informationsempfänger (Vollzugsorgan) ist das der Beeinflussung. Die durch Rückkopplungskontrollinformationen umgekehrt hervorgerufene Verhaltenswirkung beim Sender läßt die Gegenseitigkeit dieser Einflußbeziehung deutlich werden.

Menschliches Verhalten ist das Ergebnis eines komplexen Zusammenspiels von Motiven (*Motivation*), Fähigkeiten und Fertigkeiten sowie den Gegebenheiten und Reizkonstellationen der Umweltsituation einer Person. Die Umwelt vermag die Motive langfristig und kurzfristig zu beeinflussen. Ersteres geschieht durch eine Überformung der Motivstruktur über Lernvorgänge, letzteres durch Aktivierung von Motiven über Anreize[5]. In beiderlei Hinsicht können somit die im Plan- und Kontrollkalkül enthaltenen Kosteninformationen verhaltenswirksam werden. Die Informationswahrnehmung (Perzeption) und -verarbeitung (Denken, Lernen, Problemlösen) erfolgt in *kognitiven* Prozessen, deren Ergebnis im Langzeitgedächtnis in Form der sog. kognitiven Persönlichkeit (Begriffe, Werthaltungen, Attitüden, kognitive Programme) und kurzfristig im Arbeitsgedächtnis gespeichert werden, das die Verhaltensreaktionen auf Umweltanreize bewirkt. Durch die Informationsverarbeitung im Kurz- und Langzeitgedächtnis bildet eine Person ihr kognitives Modell der Situation, welches das Insgesamt ihrer Verhaltenserwartungen einschließlich der Bereitschaft, auf den informationellen Anreiz zu handeln, beinhaltet[6]. Die durch die Informationsbeziehung zustandekommende gegenseitige Beeinflussung zwischen Informationssender und -empfänger erfolgt auf dem Weg kommunikativer *Interaktionen,* die mittelbare oder unmittelbare Kontaktnahmen zwischen diesen Personen darstellen. Dem Interaktionsphänomen kommt angesichts der Schlechtstrukturiertheit gerade der Planungs- und Kontrollrechnungsprobleme besondere Bedeutung zu, die aufgrund dieser Eigenschaft oft nur mit Hilfe von wechselseitigen Durchsetzungsstrategien und Aushandlungsprozessen unter zusätzlichem Einsatz persuasiver Informationen gelöst werden können[7]. Dasselbe gilt für die Handhabung von Konflikten, die durch die Kosteninformationen zwischen diesen Personen und zwischen den Vollzugsorganen in vertikaler und horizontaler Richtung entstehen können.

---

[3] Vgl. Gutenberg (1973) 314 ff.
[4] Vgl. Coenenberg (1970 a) 1138.
[5] Vgl. Rosenstiel (1972) 39.
[6] Vgl. Kirsch (1971) 89 ff.; Kappler (1972) 82 f.
[7] Vgl. Macharzina (1970) passim.

Die verhaltenstheoretische Analyse der Planungs- und Kontrollrechnungsprobleme kann wegen deren Schlechtstrukturiertheit auf eine Einbeziehung der motivationalen, kognitiven und interaktionalen Erwartungshaltungen der Person nicht verzichten, sollen normativen Zwecken genügende Aussagen über die Beschaffenheit von Kosteninformationen zur Bewirkung eines bestimmten Entscheidungsverhaltens bereitgestellt werden. Grob vereinfachend ließen sich die im Plan- und Kontrollkalkül enthaltenen Kostenin- □ formationen als Surrogat der *Leistungs*erwartungen der Unternehmung bezeichnen, denen die *Zufriedenheits*erwartungen der Entscheider gegenüber stehen. Erstere müssen letzteren entsprechen, wenn die Kosteninformationen zielwirksam sein sollen. Das Problem besteht also nicht nur in der Erklärung der Erwartungsbildung sondern auch der Surrogatbildung, damit eine Operationalisierung für den Kalkül möglich wird.

326

II. Einige Entwicklungsrichtungen im Überblick

1. Schwerpunkte der bisherigen Forschung

Die Einbeziehung verhaltenswissenschaftlicher Erkenntnisse in die Theorie der Kosten- und Leistungsrechnung fand ihren Niederschlag in der Literatur erst in den späten fünfziger und den sechziger Jahren, wenn man von Vorläufern[8] in den dreißiger Jahren und Wegbereitern[9] in den frühen fünfziger Jahren einmal absieht. Die betreffenden Quellen sind fast ausschließlich angloamerikanischen Ursprungs und befassen sich, wenn auch in nicht sehr systematischer Weise, fast ausschließlich mit Problemen der Planungs- und Kontrollrechnung. Die nachfolgende Literaturauswertung stellt nur auf die Schwerpunkte in diesem Bereich ab und erhebt somit keineswegs Vollständigkeitsanspruch[10].

a) Leistungswirkung von Planungs- und Kontrollrechnungsinformationen

Argyris hat als erster die Auswirkungen von Planungs- und Kontrollrechnungsinformationen auf das Verhalten der Person genauer untersucht[11]. Da er zum Teil von ihm ursprünglich nicht angestrebte Ergebnisse erzielte, werden seine Untersuchungen oft als „Hawthorne-Studien" des Rechnungswesens bezeichnet[12]. Folgt man seinen Aussagen, dann wirken sich Planungs- und Kontrollrechnungsinformationen im allgemeinen negativ auf die Leistung aus. Sie führen wegen der i.d.R. zu hoch angesetzten Vorgabekosten zu einem Leistungsdruckempfinden und zu leistungsmindernden Spannungszuständen bei den Vollzugsorganen. Werden diese über Plan-Istabweichungen nur informiert und nicht über mögliche Ursachen der Varianzen aufgeklärt, so entsteht Unzufriedenheit. Ähnliches gilt, wenn Partizipation bei der Vorgabekostenermittlung nur zum Schein (Pseudopartizipation) ermöglicht und

---

[8] Etwa Ferguson (1920) 82; NICB (1931) 52.

[9] Argyris (1952); ders. (1953); Simon, Kozmetsky, Tyndall (1954).

[10] Vgl. auch zum Stand der Forschung bis 1966 Birnberg, Nath (1967) in: Bruns, DeCoster (1969) 7–22; bis 1970 Dopuch, Revsine (1973) 93 ff.

[11] Vgl. Argyris (1952) passim.

[12] So bei Hofstede (1968) 42.

dies auch erkannt wird. Die von Argyris in einem solchen Fall beobachtete Reaktion waren Manipulationsversuche der Kostenstellenleiter, um die als zu niedrig empfundenen Kostenstandards künstlich zu erhöhen. Dies stellt die Wirksamkeit der Mitbestimmungsmöglichkeit bei der Kostenwertermittlung ebenso wie die Anreizwirkung von Kostenstandards und die Beurteilungswirkung des Plan-Istvergleichs infrage. Obwohl spätere Untersuchungen zum Teil Zweifel an der Richtigkeit der Ergebnisse Argyris' aufkommen lassen und diese vor allem auch aus methodischen Gründen kritisiert wurden[13], kann seine Studie zumindest als wegweisend für die Problemorientierung nachfolgender Untersuchungen und damit als heuristisch wertvoll bezeichnet werden.

Stedrys Untersuchung[14] über die Auswirkungen der Vorgabehöhe in Planungs- und Kontrollrechnungen auf die Leistung ist eine Pionierarbeit hinsichtlich der Anwendung □ motivationspsychologischer Aussagen zur Erklärung der Budgetrechnungspraxis. Unter Rückgriff auf die Anspruchsniveautheorie[15] findet er in Experimenten mit Universitätsstudenten seine Auffassung bestätigt, daß sinkende Vorgabekosten zu höheren Leistungszielen (Anspruchsniveaus) führen und die Vorgabehöhe, um leistungsmotivierend zu wirken, erreichbar sein muß, aber nicht zu niedrig. In einem Feldexperiment zusammen mit Kay[16], bei dem die Leistungswirkung mehrerer Sollstandards (normal und schwierig) überprüft wurde, stellte sich heraus, daß schwierig zu erreichende Kostenvorgaben entweder zu sehr guten oder sehr schlechten Leistungen führen. Die positiven Ergebnisse scheinen auf der Internalisierung der Kostenziele zu eigenen Leistungszielen und deren herausfordernder Wirkung, die schlechten Leistungen auf Frustration wegen vorheriger Nichterreichung der für manche zu schwierigen Vorgaben zu beruhen.

Obwohl die Untersuchungsergebnisse insbesondere aus methodischen und auch konzeptionellen Gründen kritisiert wurden[17], haben spätere Studien bis auf Differenzierungen keine gegenteiligen Erkenntnisse erbracht.

b) Leistungs- und Zufriedenheitswirkung von Planungs- und Kontrollrechnungsinformationen

Eine der Studien, die Stedrys Aussagen prinzipiell bestätigt, andererseits aber einen weitaus breiteren Rahmen dadurch umfaßt, daß sie neben der Leistungs- die Zufriedenheitswirkung *explizit* einbezieht, ist die empirisch fundierte Untersuchung Hofstedes. Dieses Verdienst wird von den sich auf ihn beziehenden Vertretern in der Literatur oft nicht gewürdigt. Angesichts des weiten Untersuchungsziels beinhaltet die Arbeit Hofstedes wesentlich mehr Aspekte des Budgetierungsprozesses als die früheren Studien. Neben dem Anspruchsniveauproblem werden die Probleme

---

[13] Vgl. Anthony (1960) 68.
[14] Vgl. Stedry (1960).
[15] Vgl. Hoppe (1930) 1–62.
[16] Vgl. Stedry, Kay (1964).
[17] Vor allem bei Becker, Green (1962) in: Bruns, DeCoster (1969) 339; dies. (1964) in: Bruns, DeCoster (1969) 353–356; Birnberg, Nath (1967) 9; Hofstede (1968) 44, der auch Stedrys und Kays Ergebnisse wegen nicht ausreichender statistischer Signifikanz kritisiert. Vgl. jedoch auch die Verteidigung Stedrys (1964) in: Bruns, DeCoster (1969) 343–352; vgl. auch Coenenberg (1970 a) 1139 ff.

der Input- und Outputinformation von Planungs- und Kontrollrechnungen, die Wirkung der Partizipation bei der Kostenwertermittlung, der Einfluß von unterschiedlichen Methoden der Ausgestaltung von Rechnungssystemen, Kommunikationsprobleme entlang den vertikalen und horizontalen Organisationsebenen und Umwelteinflüsse soziokultureller, technologischer und wirtschaftlicher Art einbezogen. Aufgrund empirischer Bestätigungen zieht Hofstede Schlußfolgerungen für die praktische Gestaltung des Budgetprozesses, in den er neben den direkt betroffenen Stab- und Linienstellen auch die mittelbar beeinflußten oberen und unteren Instanzen einbezieht. Die wesentlichen Ergebnisse Hofstedes können wie folgt zusammengefaßt werden[18]:

1. — Leistungsmotivation hängt zumindest teilweise von der Internalisierung der Kostenvorgaben als eigene Leistungsziele ab.
   — Kostenvorgaben können durch Internalisierung zu persönlichen Leistungszielen werden; dies hängt jedoch nicht nur von unterschiedlichen Verhaltensprämissen der Person sondern auch von unternehmensinternen und -externen situationalen Faktoren ab. Durch zusätzliche Kommunikationsprozesse wie Gespräche zwischen den Kostenstellenleitern und ihren Untergebenen können Internalisierungsprozesse unterstützt werden.
   — Grundsätzlich werden niedrigere, nicht so leicht erreichbare Kostenvorgaben eine höhere Leistungsmotivation bewirken, dies allerdings nur bis zu einer gewissen Anspannungsgrenze, nach deren Überschreiten die Motivationswirkung abnehmen kann. □
   — Die Erwartung auf Verbesserung vergangener Schlechtleistungen (Nichterreichung der Vorgaben) führt zu steigender Leistungsmotivation (goal difference-Problem). 328
2. Partizipation der betroffenen Linieninstanzen bei der Vorgabekostenermittlung kann steigende Leistungsmotivation zur Folge haben, wobei die frühere Erfahrung von Partizipation und andere personale (Alter, Relevanz-, Attitüdenkomponente) und situationale Faktoren eine Rolle spielen.
3. Es besteht offenbar weder zwischen der Vorgabekostenhöhe noch zwischen dem Partizipationsgrad und der Arbeitszufriedenheit der Betroffenen eine direkte Korrelation.

Folgt man diesem Ergebnis, so bewirken Standards weder Leistungsdruckempfinden noch führt Partizipation grundsätzlich zu größerer Zufriedenheit. Hofstede vermutet, daß solche Folgen erst durch die Art und Weise der Ausübung persönlicher Kommunikation hervorgerufen werden[19].

Das letztgenannte Ergebnis scheint zunächst zu überraschen, wird jedoch im Licht weiter unten diskutierter Studien verständlich. Ein tragender Gedanke Hofstedes ist, den Budgetprozeß als „Spiel" zwischen Wettbewerbern zu betrachten, in dem eine Art Teamgeist zur *positiven* Motivation der Beteiligten führt, den Gegner (die Planungs- und Kontrollrechnung) zu schlagen. Dies steht im Gegensatz zu der negativen Motivation, in welcher das System bzw. das Unternehmen als Gegner betrachtet wird.

---

[18] Vgl. Hofstede (1968) 160 f.; 190 f.
[19] Vgl. ebd. 160; übrigens sieht auch Stedry (1964) in: Bruns, DeCoster (1969) 348 f. keinen Zusammenhang zwischen Partizipation und Zufriedenheit.

2. Einzelprobleme der Verhaltenswirkungen von Planungs- und Kontrollrechnungsinformationen

Neben den grundlegenden Studien haben eine Reihe von Vertretern in der Literatur spezielle Voraussetzungen der Verhaltenswirkungen von Planungs- und Kontrollrechnungen theoretisch diskutiert und empirisch untersucht. Diese Arbeiten erbringen teils abweichende, teils aber auch bestätigende und erweiternde Ergebnisse. Schwerpunkte bilden dabei die Anspruchsniveau- und Partizipationsproblematik, die Verhaltenswirkungen des Leistungsdrucks (budget pressure) und der Rückinformation über den Leistungserfolg.

Zum *Anspruchsniveau*problem haben vor allem Becker und Green, Coenenberg und Sawatsky Stellung genommen. Becker und Green[20] bezweifeln die Aussagekraft der Ergebnisse Stedrys wegen des von ihm verwandten Anspruchsniveaubegriffs (= Leistungserwartung), dem sie die Eignung als exaktes Maß der Leistungsziele von Versuchspersonen absprechen[21].

Selbst verwenden sie die „tatsächlich unternommenen Schritte zur Zielerreichung" als Maß des Anspruchsniveaus und sehen die Stärke der Gruppenkohäsion bei den Vollzugsorganen in direkter Verbindung zu Anspruchsniveausteigerungen oder -senkungen. Dazu messen sie dem Wissen um Erfolg (Mißerfolg) in vergangenen Leistungen Bedeutung hinsichtlich einer Steigerung (Senkung) des Anspruchsniveaus bei. Neben der Tatsache, daß zu beiden Anspruchsniveaudefinitionen in der Literatur keine einhellige Meinung besteht[22], auf der anderen Seite das von Becker und Green vorgeschlagene Maß aber methodisch unoperational zu sein scheint, fällt es schwer, deren kritischem Urteil an Stedry in diesem Punkt zu folgen. Auch Coenenberg schließt sich im wesentlichen den Ergebnissen Stedrys an und greift insbesondere dessen Forderung nach Trennung der Rechnungssysteme zum Zweck der Verhaltenssteuerung der Vollzugsorgane und der Kostenkontrolle auf. Er stellt die Normalkostenvorgabe wegen der Möglichkeit des □ ausbleibenden Leistungsimpulses infolge fehlenden Risikos infrage und nimmt an, daß die Senkung der Kostenvorgaben nur bis zu individuell bestimmbaren Reizschwellen erfolgen sollte, um ihre Leistungswirksamkeit zu erhalten. Zur Begründung dieser Aussagen greift Coenenberg auch auf lerntheoretische Modelle zurück. Er sieht allerdings die empirische Datenbasis als noch nicht ausreichend an, um das Wissen auf diesem Stand als bestätigt beurteilen zu können, und betont die Notwendigkeit einer stärkeren empirischen Fundierung der Aussagen über die Beziehungen zwischen Kostenvorgaben, Leistungsziel und Leistungsergebnis[23]. Sawatsky[24] entwirft unter Einbeziehung der Motivationstheorien von Maslow und Herzberg und Mitarbeitern ein Anreizsystem, das höhere Anspruchsniveaus, höhere Zufriedenheit und höhere Leistungen bewirken soll. Sein Modell vermittelt jedoch eher den Eindruck eines pragmatischen als eines theoretisch fundierten Versuchs.

329

---

[20] Vgl. Becker, Green (1962) in: Bruns, DeCoster (1969) 327–341.

[21] Vgl. ebd. 335 f.

[22] Vgl. Stedry (1964) in: Bruns, DeCoster (1969) 349 f.

[23] Vgl. Coenenberg (1970 a) 1137–1141; ders. (1970 b) 114 f.; Coenenberg, Frese (1970) 1038 f.

[24] Vgl. Sawatsky (1967) in: Bruns, DeCoster (1969) 311–317.

Becker und Green[25] haben neben anderen, unter denen vor allem Wallace, Schiff und Lewin, Dunbar sowie Searfoss und Monczka zu nennen sind, auch die Wirkung der *Partizipation* von Vollzugsorganen bei der Vorgabekostenermittlung diskutiert. Sie stellen fest, daß die Mitbestimmungsmöglichkeit, abhängig vom Führungsstil, entweder zu steigender oder sinkender Leistung führen kann, daß aber „echte" Partizipation i.d.R. zu positiver Motivation führen wird. Negative Leistungswirkungen seien insbesondere bei Ausübung eines autoritären Führungsstils und hoher Gruppenkohäsion bei den nachgeordneten Linieninstanzen zu erwarten. Während Wallace[26] durch seine Unterscheidung in Mitbestimmung bei der Budgetplanung und bei der Budgetkontrolle zwar differenzierte, im ganzen aber positive Wirkungen der Partizipation auf die Leistung feststellt, weisen Schiff und Lewin[27] empirisch nach, daß das Mitbestimmungsrecht — wie dies auch schon Argyris behauptet hatte — zur Informationsmanipulation genutzt wird. Aus dem von ihnen festgestellten Verhalten der Kostenstellenleiter, in „guten" Jahren Erlöse unter- und Kosten überzubewerten, um sich Polster für die Einhaltung künftiger Kostenstandards zu schaffen, kann eine Tendenz zur negativen Leistungsnivellierung geschlossen werden.

Um eine Verzerrung der Untersuchungsergebnisse durch eine nicht exakt erfaßbare Scheinpartizipation zu vermeiden, wird in neueren Untersuchungen oft die wirklich „erfahrene Partizipation" (Perceived participation[28]) verwendet. Dies geschieht auch bei Searfoss und Monczka[29], die eine von Dunbar[30] vermutete Verstärkerwirkung der Autoritätsgläubigkeit oder der Unabhängigkeitsneigung einer Person in der Beziehung zwischen Partizipation bei der Kostenwertermittlung und Leistung in einer Feldstudie überprüften. Diese Wirkung konnten sie nicht statistisch signifikant nachweisen, obwohl eine positive Korrelation zwischen erfahrener Partizipation und Leistungsmotivation bestand. Aus der Interpretation ihrer Ergebnisse läßt sich jedoch schließen, daß diese Beziehung nicht direkt, sondern über intervenierende Variable zu erklären ist. Um welche es sich dabei handelt, bleibt jedoch offen.

Die empirischen Studien von Bonini, DeCoster und Fertakis sowie Hopwood[31] geben weiteren Aufschluß über die von Argyris und Hofstede gefundenen unterschiedlichen ▢ Beziehungen zwischen *Leistungsdruck* und Leistung bzw. Zufriedenheit. Bonini[32] fand in Simulationsexperimenten bestätigt, daß veränderliche situationale Bedingungen, simuliert durch das LIFO-Verfahren, einen höheren Leistungsdruck als eine stabile Situation, simuliert durch das FIFO-Verfahren, hervor-

330

---

[25] Vgl. Becker, Green (1962) in: Bruns, DeCoster (1969) 327–341.

[26] Vgl. Wallace (1966) in: Bruns, DeCoster (1969) 319–325.

[27] Vgl. Schiff, Lewin (1968) in: dies. (1974) 132–141 und in: DeCoster, Ramanathan, Sundern (1974) 364–374; dies. (1970) 259–268; kritisch Green (1973) 104.

[28] Vgl. auch „psychological participation" bei Vroom (1959) 322.

[29] Vgl. Searfoss, Monczka (1973) 541–554.

[30] Vgl. Dunbar (1971) 92.

[31] Auf die Diskussion der Untersuchungen von Churchill, Cooper (1965) 767–781 und dies. mit Sainsbury (1964) in: Bruns, DeCoster (1969) 245–257, darf wegen der Trivialität ihrer Ergebnisse und statistischer Mängel verzichtet werden. Vgl. kritisch Becker (1971) 73 f.; ders. (1973) 115.

[32] Vgl. Bonini (1964) in: Bruns, DeCoster (1969) 191–199.

rufen. Außerdem stellte sich heraus, daß eine Leistungssteigerung (Kostensenkung) infolge des durch Kosteninformationen erzielten Leistungsdrucks nur bei der Übertragung (contagion) dieses Drucks auf nachgelagerte hierarchische Ebenen stattfand. Die dabei festgestellte Wirkung war im Fall nur weniger Hierarchieebenen stärker als bei einem tiefgegliederten Instanzenzug. Bei der Würdigung dieser Ergebnisse ist zu beachten, daß sie eine strikte Funktion des von Bonini als Ausgangsbasis verwendeten quantitativen Entscheidungsmodells sind, das — soweit dem Verfasser bekannt — bisher noch nicht bestätigt wurde[33].

DeCoster und Fertakis[34], die den Zusammenhang zwischen Vorgabekosten, Leistungsdruck und Führungsstil untersuchten, fanden, daß der auf diese Weise erzeugte Leistungsdruck sowohl zu aufgabenorientiertem als auch zu mitarbeiterorientiertem Führungsverhalten bei den Vollzugsorganen führen kann. Dieses Ergebnis ist angesichts der Tatsache, daß beide Ausprägungen des Führungsverhaltens statistisch voneinander unabhängig sind[35], nicht überraschend. Die von DeCoster und Fertakis daraus geschlossene positive Wirkung des Leistungsdrucks auf die Leistung und der praktische Hinweis, daß Planungs- und Kontrollrechnungssysteme u.U. so ausgestaltet werden müßten, daß der Vorgesetzte zur hauptsächlichen Quelle des Drucks wird, scheint wegen einiger theoretischer und methodischer Mängel ihrer Studie jedoch mit Vorsicht zu behandeln zu sein. So unterliegen DeCoster und Fertakis offenbar dem Irrtum, daß mitarbeiterorientiertes Führungsverhalten mit Partizipation gleichzusetzen sei[36]; dies muß in der Realität jedoch keineswegs der Fall sein. Neben einigen Unklarheiten in der statistischen Interpretation[37] besteht ein grundsätzliches Messungsproblem darin, daß sie das Führungsverhalten durch die Untergebenen skalieren ließen. Hierdurch können aber Korrelationsfehler auftreten[38]. Auch Revsine zeigt unter Berufung auf die von Schroder, Driver und Streufert[39] gefundenen Beziehungen zwischen Situationsstruktur und Verzweigungsgrad der Informationsverarbeitungskapazität von Personen, daß die oben beschriebenen Folgen des Leistungsdrucks möglicherweise nur durch eine schwächere Wahrnehmung desselben hervorgerufen wurden, und diese bei Empfinden eines härteren Drucks u.U. nur aufgabenorientiert geführt hätten[40]. Diese Aussagen bedürfen jedoch ebenso wie diejenigen von DeCoster und Fertakis der empirischen Überprüfung auf breiterer Basis.

Eine ausgedehnte Studie dieser Art, die jedoch nur auf die Produktionsabteilung eines amerikanischen Großunternehmens mit ca. 20000 Beschäftigten beschränkt war, hat Hopwood vorgelegt[41]. Die Ergebnisse dieser Untersuchung verweisen stärker als alle anderen bisher durchgeführten, und zum Teil erheblich von diesen, insbesondere aber der von Hofstede abweichend, auf die ungeheuer starke psycholo-

---

[33] Vgl. auch Dopuch (1973) 110.
[34] Vgl. DeCoster, Fertakis (1968) in: Bruns, DeCoster (1969) 357—367.
[35] Vgl. Rosenstiel, Molt, Rüttinger (1972) 117.
[36] Vgl. DeCoster, Fertakis (1968) in: Bruns, DeCoster (1969) 366.
[37] Vgl. zur Kritik Becker (1973) 115.
[38] Vgl. Rosenstiel, Molt, Rüttinger (1972) 117; Brandstätter (1970).
[39] Vgl. Schroder, Driver, Streufert (1967).
[40] Vgl. Revsine (1970) 290—292.
[41] Vgl. Hopwood (1973 a); ders. (1974).

gische Belastung und Anspannung der Vollzugsorgane infolge des durch Planungs-
und Kontrollrechnungsinformationen erzeugten Leistungsdrucks, die im Vergleich
zu anderen rechnerischen und nicht-rechnerischen Steuerungs- und Kontrolltechniken in dieser Wirkung weitaus am □ ungünstigsten abschnitten. Sie erzeugten zwar – 331
wie kann es auch anders sein – ein starkes Kostenbewußtsein bei den Vollzugsorganen, führten jedoch zur ausgeweiteten Anwendung von Informationsmanipulation und -verzerrung und zu äußerst schlechten interpersonellen Beziehungen in vertikaler und horizontaler Richtung. Besonders auffallend war das isolierte Handeln
der Kostenstellenleiter, die in einer Art Scheuklappenmanier, und ohne auf die
durch den Produktionsprozeß bedingten Interdependenzen zwischen den Kostenstellen Rücksicht zu nehmen, nur das eigene Kostenziel einzuhalten bzw. zu minimieren versuchten. Obwohl Hopwood sich wegen der durch Budgetmanipulation
und Informationsverzerrung gegebenen teilweisen Unbrauchbarkeit der ihm vorliegenden Berichtszahlen der Kostenstellen nicht imstande sieht, die Auswirkungen
der von ihm vorgefundenen Verhältnisse auf die Leistung zu überprüfen[42], läßt
sich eine positive Wirkung auf die Leistung wohl kaum vermuten. Bezöge man zusätzlich noch die infolge der hohen Unzufriedenheitsrate verursachten sozialen oder
psychologischen „Kosten" in den Kalkül ein, würde das Urteil eindeutig ausfallen.
Ohne die Arbeit Hopwoods schmälern zu wollen, muß jedoch vor einer Generalisierung seiner Ergebnisse gewarnt werden, da diese nicht nur auf dem unsicheren
Boden der von ihm als Ausgangsbasis benutzten Hypothesen Argyris' und DeCosters
und Fertakis' beruhen, sondern auch auf dem empirisch sehr engen Fundament
einer Abteilung *eines* Unternehmens. Der von Kosteninformationen ausgehende Leistungsdruck kann jedoch, je nach dem Gewicht, das der Planungs- und Kontrollrechnung beigemessen wird, nicht nur von Unternehmen zu Unternehmen sondern
auch von Abteilung zu Abteilung verschieden sein.

Die Auswirkungen von *Rückinformationen* über die erbrachte auf die zukünftige
Leistung unter Verwendung von Kontrollrechnungen wurde explizit bisher nur vereinzelt untersucht. Hierzu gehören vor allem die empirischen Arbeiten von Cook
sowie Lowe und Shaw. Erkenntnisse der experimentellen Psychologie[43] besagen,
daß Feedbackwissen über vergangene Leistungen i.d.R. die Motivation und das
Lernverhalten der Person positiv beeinflussen (Ammons) und daß Wissen um Erfolg
allgemein zur Erhöhung, Informationen über Mißerfolge jedoch unterschiedliche
Wirkungen der Leistung aufweisen können (Child und Whiting).

Basierend auf diesen Aussagen führte Cook[44] Experimente mit Studenten durch,
in denen die Wirkungen der *Feedbackhäufigkeit* auf die Leistung getestet wurden.
Es zeigte sich, daß bei Vorliegen *nur einer* Informationsquelle, die in simulierten
Kontrollrechnungen bestand, häufigere Rückmeldungen günstigere Leistungsergebnisse bewirken als weniger häufige. Bei der Beurteilung dieser Untersuchungsergebnisse ist jedoch zu berücksichtigen, daß die Vollzugsorgane in der Praxis oft über
mehr als nur eine Rückinformationsquelle verfügen und u.U. deswegen und auch

---

[42] Vgl. ders. (1973 b) 88.
[43] Vgl. z.B. Elwell, Grindley (1938) 53; Child, Whiting (1954) 496; Ammons (1956) 283–
290.
[44] Vgl. Cook (1968) in: Bruns, DeCoster (1969) 233–244.

grundsätzlich anders reagieren als Studenten in der experimentellen Situation. Zum anderen geben methodische Probleme hinsichtlich des von Cook verwandten Leistungsmaßes, die Einstellung — bestimmt durch Interesse an und Zufriedenheit mit der Aufgabe, Vertrauen in die Qualität der Rückinformationen und Zufriedenheit mit dem Leistungserfolg —, Anlaß zu Bedenken[45].

Die Feldstudie Lowes und Shaws[46] bezieht sich hingegen direkt auf die reale Budgetsituation. Ihre Stichprobe umfaßte 650 Einzelplanungsrechnungen aus dem Verkaufsbereich, die über zwei Rechnungsjahre hinweg von den neun verschiedenen Verkaufsbereichsleitern einer aus mehreren hundert Zweigbetrieben bestehenden Einzelhandelsket- □ te erstellt wurden. Die Fragebogen- und Interviewaktion erstreckte sich auf diese Bereichsleiter, ihre Vorgesetzten und deren Vorgesetzte, die an der Erstellung der Planungsrechnung mitwirkten. Durch diese Anlage der Studie ist es möglich, organisationale Parameter explizit in die Untersuchungsergebnisse einzubeziehen. Lowe und Shaw versuchten zu zeigen, wie sich Kontrollrechnungsinformationen über erbrachte auf zukünftige Leistungen, gemessen an den Vorgabewerten in der Planungsrechnung, auswirken. Es stellte sich heraus, daß die Vollzugsorgane eine Strategie der Informationsverzerrung in einer Richtung verfolgten, die ihnen den nach ihrer Auffassung größten persönlichen Nutzen versprach[47]. Rückinformationen über Leistungserfolge führten tendenziell zur Bildung niedrigerer Anspruchsnormen hinsichtlich der zukünftigen Leistung, Rückinformationen über Mißerfolge bewirkten eine Erhöhung des Anspruchsniveaus[48]. Als Nebenprodukte des hier erörterten Zusammenhangs ergibt sich eine weitere Bestätigung der bereits oben untersuchten Hypothese, daß Partizipation zur Manipulation von Planungs- und Kontrollrechnungsinformationen genutzt wird, und dies nicht nur bei „Pseudopartizipation".

Die Organisationsvariable des von Lowe und Shaw in der Praxis vorgefundenen Planungs- und Kontrollrechnungssystems ist offensichtlich der wesentliche Einflußfaktor auf das Verhalten der Vollzugsorgane. Sie besteht aus den Faktoren Sollzielleistung aufgrund der (aggregierten) Anspruchsniveaus der Betroffenen, Wettbewerbssituation zwischen den Betroffenen um Aufstieg oder Anteil am Budget, und wirkt somit als Belohnungs- und Bestrafungssystem in Form von Akzeptierungskriterien, die ein zusätzliches Element der Kontrollrechnung darstellen. Dies hat ein Verhalten zur Folge, das auf Anerkennung der Leistung („approval-seeking behavior"[49]) gerichtet ist und Istwerte entsprechend verzerrt. Die bei der Studie vorgefundene, raschen Veränderungen unterworfene Umweltsituation schien den Verzerrungseffekt zu erhöhen. Damit ergibt sich ein weiterer Hinweis darauf, daß die Informationswirkungen von Planungs- und Kontrollrechnungen neben der internen Unternehmenssituation auch von der externen Umweltsituation abhängig sind. Ähnliche Untersuchungen sind notwendig, um die empirische Datenbasis zu verbreitern und über weitere Einflußfaktoren zuverlässige Aussagen treffen zu können.

---

[45] Vgl. zur Kritik Becker (1968) in: Bruns, DeCoster (1969) 417—420.

[46] Vgl. Lowe, Shaw (1968); dies. (1970).

[47] Vgl. dies. (1968) 314.

[48] Vgl. dies. (1970) 276. Gegenaktionen („counterbias"), die durch die von den jeweils übergeordneten Instanzen im voraus als Mittel zur Neutralisierung der ihnen bewußten Manipulationsversuche vorgenommen wurden, hatten nur begrenzte Wirkung.

[49] Dies. (1968) 314.

3. Analyse des Entwicklungsstands

Die Untersuchung der bisher vorhandenen verhaltenswissenschaftlichen Aussagen in der Theorie der Planungs- und Kontrollrechnung läßt erkennen, daß der Wissenstand noch rudimentär ist. Vor allem fehlt es an einem theoretischen Rahmen, der die Integration des bisherigen Einzelwissens und damit dessen weiterer Ausbau zu einem geschlossenen Theoriegebäude ermöglicht, das der Praxis zuverlässige Entscheidungsmodelle zur Entwicklung geeigneter Planungs- und Kontrollrechnungssysteme liefern kann. Was ist als vorläufig bestätigtes Wissen in den relevanten Problembereichen anzusehen und was nicht?

a) Leistungswirkung

Man kann davon ausgehen, daß die in Planungs- und Kontrollrechnungen enthaltenen Informationen allgemein in viererlei Dimensionen auf das Leistungsverhalten der Informationsanwender wirken können. Sie informieren über erwartete und erbrachte □ Leistungen (*Informationswirkung*), sie signalisieren die Akzeptierung/ Nichtakzeptierung der erbrachten Leistung verbunden mit Belohnungs- und Bestrafungsmechanismen (*Lernwirkung*), sie regen zu Leistungen an (*Motivationswirkung*) und sie bewirken eine Verhaltensreaktion in sozialer Sicht, d.h. im Kontakt zwischen den Informationsanwendern sowie zwischen diesen und den Informationsproduzenten (*Interaktionswirkung*). Die Art und Weise dieser Wirkprozesse, insbesondere aber ihre komplexe Verknüpfung, ist in vielerlei Hinsicht noch ungeklärt. Sie ist jeweils durch die Persönlichkeitsstruktur der Betroffenen und die Struktur der gegebenen (Umwelt-)Situation bestimmt.

Der Leistungsanreiz hängt bis zu einem gewissen Grad davon ab, ob die Vorgabe- und die Istinformationen den Informationserwartungen der Informationsempfänger entsprechen, und inwieweit es möglich ist, bestehende Unterschiede durch Veränderung der unabhängigen Variablen zu beseitigen. Die Förderung der Internalisierung von Kostenwerten zu eigenen Leistungszielen (Anspruchsniveaus) der Person scheint hierbei eine wesentliche Rolle zu spielen. Die Variation der Planwerte bis zu einer gewissen Anspannungsgrenze kann zur Anspruchsniveausteigerung, bei Überschreiten dieser Grenze jedoch zu Anspruchsniveausenkungen führen.

Kontroll- bzw. Istinformationen können über Lern- und/oder Motivationsprozesse als Sekundärverstärker Leistungssteigerungen aber auch -senkungen bewirken[30]. Hierbei ist neben den Erwartungshaltungen der Person auf Verbesserung vergangener Schlechtleistungen und Mißerfolge die Struktur der Umweltsituation von entscheidender Bedeutung. Wichtig erscheint zur Stützung der Lern- und der Motivationswirkung dabei nicht nur die Information über die Istwerte sondern auch deren Interpretation. Hierdurch wird auch das Vertrauen in die Information („konfidenzieller Aspekt"[51]) erhöht. Informationen über Erfolge führen grundsätzlich zu gesteigerter Leistungsmotivation; diese Wirkung kann jedoch bei Vorliegen bestimmter situationaler Gegebenheiten (über)kompensiert werden. Eine empirisch aufgefundene Situation dieser Art ist die Mitbestimmungsmöglichkeit über Plan-

---

[50] Vgl. Coenenberg, Frese (1970) 1039; vgl. zum Zusammenhang auch Steiner (1974) 109 ff.
[51] Szyperski (1970) 1516.

werte seitens der betroffenen Vollzugsorgane und das Vorhandensein eines auf Akzeptierung abgestimmten Planungs- und Kontrollrechnungssystems, das im allgemeinen Interessen- und Wettbewerbskonflikte erzeugt. Das Vorhandensein einer instabilen Umweltsituation kann diese Wirkung verstärken. Diese Konstellation ist auch einer der empirisch nachgewiesenen Fälle, in denen Mißerfolgsinformationen zu Leistungssteigerungen führen. Ansonsten ist die Reaktionsvariabilität bei negativen Rückmeldungen sehr hoch und damit weniger genau vorhersagbar. Mißerfolgsmeldungen können u.a. bei Routineaufgaben, bei anhaltenden Erfolgserfahrungen und bei hoher Erfolgsmotivation leistungsfördernd wirken, während bei Vorliegen komplexer Aufgaben, bei Personen mit hohen Ängstlichkeitswerten und bei wiederholtem Mißerfolg umgekehrte Effekte hervorgerufen werden[52].

Diese Auswirkungen sind jedoch empirisch und insbesondere im vorliegenden Anwendungsbereich noch nicht hinreichend überprüft. Ebensowenig kann als gesichert gelten, daß die Häufigkeit von Istmeldungen mit Leistungssteigerungen korreliert. Lernpsychologische Studien stützen diese Auffassung zwar allgemein, jedoch nicht notwendigerweise im hier erörterten Zusammenhang. So läßt sich nur sagen, daß häufigere Feedbackinformationen positiv mit der Leistung korrelieren, wenn die Häufigkeit mit den Informationserwartungen des Empfängers übereinstimmt und die situationalen Voraussetzungen hierfür günstig sind. Wann dies jedoch der Fall ist, kann vorerst noch nicht genau gesagt werden.

Inwieweit die Informationen der Planungs- und Kontrollrechnung zum einen Leistungsdruckempfinden erzeugen und zum anderen das Leistungsverhalten in einer be- ▢ stimmten Richtung verändern, läßt sich ebensowenig beantworten, da die bisherigen empirischen Aussagen noch unzureichend sind. Es bestehen zumindest zwei konträre Auffassungen zu der Frage, ob Plan- und Istwerte an sich Leistungsdruck erzeugen. Diese Wirkung wird zum einen bestätigt, zum anderen verneint mit dem Hinweis, daß lediglich die Art der Kommunikation dieser Informationen an die Vollzugsorgane, somit also die eingesetzten Zieldurchsetzungsmechanismen, diesen Druck hervorzurufen vermögen. Dies aber berührt die Interaktionswirkung der Rechnungsinformationen. Die hierzu vorliegenden Aussagen, welche die Vermutung stützen, daß die Übertragung des Leistungsdrucks über mehrere Organisationsebenen hinweg im allgemeinen zu einer Leistungssteigerung führt, dies aber noch von weiteren Faktoren abhängt, können nicht als empirisch einwandfrei abgesichert gelten. Der Leistungsdruck, der im horizontalen Interaktionszusammenhang in Form von Interessen- und Wettbewerbskonflikten zwischen den Vollzugsorganen entsteht, führt zu abweichenden Verhaltensreaktionen, die aber wiederum zusätzlich von der Umweltsituation bestimmt sind. Die Mitbestimmungsmöglichkeit bei der Ermittlung der Planwerte durch die Vollzugsorgane kann Leistungssteigerungen, aber auch sinkende Leistungen bewirken. Die positive Wirkung tritt offenbar dann ein, wenn echte und nicht vorgetäuschte Partizipation geübt wird. Daneben ist der vorherrschende Führungsstil zu berücksichtigen, der bei (jedoch nicht zu extremer) Aufgabenorientierung leistungsfördernd wirkt und bei Mitarbeiterorientierung die Leistung günstig beeinflussen kann[53], wenn die oben genannten Voraussetzungen

334

---

[52] Vgl. Neuberger (1973) 168 ff.
[53] Vgl. Rosenstiel (1972) 85 ff.

gegeben sind. Fehlen diese jedoch und sind im Rechnungssystem und in der Umweltsituation ungünstige Voraussetzungen z.B. in Form des Akzeptierungsprinzips und durch hohe Veränderlichkeit gegeben, so kann Partizipation zu Manipulationszwecken genutzt werden und Leistungsminderungen nach sich ziehen. Diese können aber auch bei Koppelung der Mitentscheidungsmöglichkeit mit mitarbeiterorientiertem Führungsstil eintreten. Über Wirkungen in einer stabilen Umweltsituation liegen jedoch noch keine fundierten Aussagen vor.

b) Zufriedenheitswirkung

Der Auffassung, daß Kosteninformationen an sich keine (Un)Zufriedenheitswirkungen auslösen, sondern lediglich die Art und Weise ihrer Übermittlung, steht die umgekehrte Meinung entgegen. Obwohl beide sich auf empirische Beobachtungen berufen, scheint die zuletzt genannte nicht unplausibel. Nach dem Prinzip des Lernverhaltens der Konditionierung lassen sich das wiederholte Auftreten der Kosteninformationen und die dadurch bei den betroffenen Personen verursachten psychologischen Spannungszustände durchaus als Unzufriedenheitsursache begreifen. So darf angenommen werden, daß die einen bevorstehenden Leistungsdruck signalisierenden Kosteninformationen Unzufriedenheit der Informationsempfänger zur Folge haben; diese Wirkung kann sich bei Einsatz zusätzlicher Durchsetzungsmechanismen noch verstärken. Dasselbe Prinzip gilt für wiederholte Mißerfolgsmeldungen, während von Erfolgsmeldungen in aller Regel eine Zufriedenheitswirkung ausgehen wird. Die Mitbestimmungsmöglichkeit bei der Kostenwertermittlung löst Zufriedenheitswirkungen offenbar nur dann aus, wenn sie aufgrund der Persönlichkeitsstruktur und -geschichte erwartet wird und nicht vorgetäuscht ist.

Beachtet man die Rückwirkung der Zufriedenheit auf die Leistung, so ist davon auszugehen, daß diese jene fördern kann, aber nicht muß[54]. Die Interpretationsweise dieser Aussage verdeutlicht den Stand der Forschung auf diesem Gebiet. □

c) Zusammenfassende Kritik

335

Die relative Unsicherheit der bestehenden Aussagen zur Verhaltenswirkung von Planungs- und Kontrollrechnungsinformationen ist zum einen im fehlenden theoretischen Gesamtzusammenhang und zum anderen in der unzureichenden empirischen Absicherung der Einzelaussagen begründet. Hinzu kommen methodologische Schwierigkeiten, wie sie in allen Gebieten, auf denen interdisziplinäre Forschung betrieben wird, bestehen[55]. Die empirische Fundierung der bisherigen Erkenntnisse bereitet nicht nur wegen einer noch unzureichenden Datenbasis Probleme, sondern auch wegen einiger Unzulänglichkeiten in der statistischen Repräsentanz der ausgewählten Stichproben, in der Interpretation und Auswertung des Datenmaterials und in der Aufbereitung der experimentellen Untersuchungen[56]. Wie oben gesehen wurde, sind viele Experimente mit Studenten durchgeführt worden, die jedoch an-

---

[54] Vgl. ebd.; ders. (1974); Macharzina (1974) 132.

[55] Vgl. zu diesem Problem grundsätzlich Macharzina (1970) 19 ff.; speziell zum vorliegenden Zusammenhang Green (1973).

[56] Vgl. kritisch Green (1973); Becker (1971); ders. (1973).

ders reagieren können als die Vollzugsorgane in der betrieblichen Praxis. So hat Hofstedt nachgewiesen, daß sich das Entscheidungsverhalten von Führungskräften, Kostenstellenleitern etc. in betrieblichen Situationen von demjenigen in anderen Situationen unterscheidet, und daß Manager sich in der Laborsituation anders verhalten als Studenten[57]. Birnberg, Levey und Rossell haben andererseits Unterschiede im Laborverhalten zwischen Führungskräften und zufällig ausgewählten Studenten, jedoch Ähnlichkeiten zwischen den Verhaltensreaktionen von Managern und besonders qualifizierten Studenten nachgewiesen[58]. Obwohl das forschungsmethodische Instrumentarium bereit steht, bedürfen die Instrumente selbst noch der Verfeinerung.

Obwohl der Wissenstand noch fragmentarisch ist, hat es den Anschein, daß sich die Theoriebildung zu konsolidieren beginnt. Folgt man dem forschungsprogrammatischen Vorschlag Birnbergs[59], so läßt sich sagen, daß von den Phasen

(I) Nachweis der Existenzberechtigung des Wissenszweigs,

(II) Bereitstellung des forschungsmethodischen Instrumentariums,

(III) Synthese des bisherigen Einzelwissens,

(IV) Untersuchung komplexer Phänomene und Entwicklung von Methoden zur realen Problemfindung und

(V) Entwicklung von Theorien, die eine systematische Betrachtung erlauben,

zumindest die ersten beiden bewältigt sind.

Zur Bearbeitung der nachfolgenden Stufen bedarf es allerdings umfassender, zunächst deskriptiver Modelle, welche die Integration des bisherigen Wissens erlauben, die Abteilung empirisch prüfbarer Hypothesen ermöglichen und somit einer umfassenden Theoriebildung dienen.

III. Integrationsansätze eines verhaltensbezogenen Modells der Planungs- und Kontrollrechnung

Hinsichtlich der integrativen Fundierung verhaltensorientierter Beiträge in die Theorie der Kosten- und Leistungsrechnung kann bisher nur auf zwei Vorschläge zurückgegriffen werden, das entscheidungsorientierte „Methoden-Wahl" Modell und der paradigmatische Ansatz zum „Person-Situations" Modell der Unternehmensrechnung. □

336 **1. Das „Methoden-Wahl" Modell**

Ijiri, Jaedicke und Knight[60] haben den Versuch unternommen, das Informationsverhalten von Entscheidern bei Vorliegen unterschiedlicher Rechnungsinformationen zu erklären, und damit einen wichtigen Beitrag zur Integration des bisherigen Einzelwissens geleistet sowie einen Rahmen zur Entwicklung empirisch überprüfbarer Hypothesen geliefert. Mit Bezug auf die Verhaltensannahmen der Carnegie-

---

[57] Vgl. Hofstedt (1972 a) 285–315; ders. (1972 b) 679–692.

[58] Vgl. Birnberg, Levey, Rossell (1973); Birnberg (1973 a) 76.

[59] Vgl. ders. (1973 b) 129. Vgl. einen anderen Vorschlag z.B. bei Hofstedt, Kinard (1970).

[60] Vgl. Ijiri, Jaedicke, Knight (1966) 186–199.

Schule[61] und unter Betonung der Bedeutung der Surrogatbildung für tatsächlich angefallene durch „berichtete" Kosten (deskriptives Surrogat) und zukünftige durch „gegenwärtige" Kosten (präskriptives Surrogat) im Entscheidungsprozeß untersuchten sie das Informationsverhalten der Entscheider bei Anwendung alternativer Rechnungsmethoden und unterschiedlicher Umweltkonstellationen. Ihr wesentliches Ergebnis besteht in der Aussage, daß der Entscheider aufgrund eines Mangels an Feedbackinformationen und bei Vorliegen einer funktionalen Gebundenheit hinsichtlich früher angewandter Methoden Kosteninformationen fehlinterpretiert. Diese Wirkung konnte jedoch nur für den Fall eines schlecht-strukturierten Entscheidungsfelds bestätigt werden[62].

In lerntheoretischer Sicht läßt sich dieses Informationsverhalten aus einer nicht vollzogenen Anpassung des Entscheiders an Veränderungen im Entscheidungsfeld erklären, da er diese nicht erkannt hat. Aufgrund des Ausbleibens von Feedbackinformationen gelingt es ihm nicht, die funktionale Verfestigung seiner Lernhaltung bezüglich der vorher angewandten Methoden zu überwinden. Deshalb orientiert er sich, um die Unsicherheit in der veränderlichen Umweltsituation zu reduzieren, an seinen früheren Erfahrungen. Bei Vorliegen von Rückkopplungsinformationen und einer Beseitigung funktionaler Verfestigungen vollzieht der Entscheider die Anpassung an geänderte Rechnungsmethoden.

Sollte diese Theorie zutreffen, die im Gegensatz zu den experimentellen Untersuchungsergebnissen von Dyckman und Bruns[63] steht, so ist die Methodenkomponente in der Planungs- und Kontrollrechnung zukünftig stärker auf die Erwartungshaltungen der Informationsadressaten abzustimmen. Der notwendige Ausbau des Ansatzes von Ijiri, Jaedicke und Knight ist bis auf die Studien von Livingstone[64] und Culpepper[65] nicht weiter verfolgt worden. Diese stellen Erweiterungen der von Ijiri, Jaedicke und Knight getroffenen Aussagen dar. Livingstones Untersuchungsergebnisse lassen den Schluß zu, daß die funktionale Gebundenheit durch Lernhaltungen und Lernprozesse hinsichtlich der Wirkungen unterschiedlicher Rechnungsmethoden neutralisiert werden könnte. Culpeppers Studie verweist auf die Möglichkeit, daß die Wahl unterschiedlicher Rechnungsmethoden auch bei wohl-strukturierten Entscheidungssituationen die Entscheidungsfindung beeinflussen könnte, wobei weniger die funktionale Gebundenheit als vielmehr das zugrunde liegende System der Maßgrößenermittlung (accounting process) von Bedeutung zu sein scheinen. Keine der beiden Untersuchungen läßt jedoch allgemeine Schlußfolgerungen zu. Hierzu bedarf es ebenso wie zur Generalisierung des Methoden-Wahl-Modells empirischer Untersuchungen auf breiter Basis. Das Forschungsinteresse scheint sich jedoch erneut, diesmal allerdings einer vertieften Untersuchung von Einzelproblemen zuzuwenden, die in früheren Studien nicht befriedigend gelöst wurden. Als Beispiele hierfür können die experimentellen Untersuchungen von McDonald sowie Sterling und Radosevich über die Informationswirkung unter-

---

[61] Vgl. vor allem March, Simon (1958); später von Caplan (1966) 496–509, auf die Kosten- und Leistungsrechnung angewandt.
[62] Vgl. Ijiri, Jaedicke, Knight (1966) 197 f.
[63] Vgl. Dyckman (1964) 91–107; Bruns (1965) 345–357.
[64] Vgl. Livingstone (1967) 544 ff.
[65] Vgl. Culpepper (1970) 322 ff.

337 schiedlicher Maßgrößen[66] □ genannt werden. Obwohl diese den früheren Studien über die Verhaltenswirkungen unterschiedlicher Bewertungsverfahren methodisch weit überlegen sind, dienen sie jedoch nicht der Fundierung des Gesamtzusammenhangs.

2. Das „Person-Situations" Modell

Der paradigmatische Vorschlag zu einem umfassenden „Person-Situations" Modell der Unternehmensrechnung[67] läßt sich auf den engeren Zusammenhang der Kosten- und Leistungsrechnung übertragen. In ihm wird versucht, die Bedingungen und den Prozeß der Verarbeitung von Informationen des Rechnungswesens durch den Entscheider in Abhängigkeit bestimmter Umweltkonstellationen zu beschreiben. Auf dieser Basis können person- und situationsabhängige Ursache-Wirkbeziehungen zwischen den Rechnungsinformationen und ihren Empfängern erklärt und nach empirischer Prüfung der Hypothesen in Entscheidungsmodelle transformiert werden.

Das Grundmodell berücksichtigt jeweils zwei Merkmalsausprägungen der kognitiven, motivationalen und interaktiven Dimension des Entscheidungsverhaltens und jeweils drei Ausprägungen der Situationsmerkmale Aufgabenstellung, Organisations- und Entscheidungsstruktur: Informationstechnologie, interpersonales Klima und externe Umwelt, die jedoch aus methodischen Gründen auf zwei, nämlich Innen- und Außensituation komprimiert werden. Auf diese Weise ergeben sich acht Verhaltens- und neun Situationstypen. Die Untersuchung der Zusammenhänge erfolgt in vier Stufen. Nach Auffindung der relevanten Verhaltenstypen (1) und der relevanten Situationstypen (2) werden die Zusammenhänge zwischen Verhaltens- und Situationstyp (3) und schließlich die Verhaltenswirkungen der Rechnungsinformationen bei unterschiedlichen Verhaltens- und Situationstypenkombinationen (4) beschrieben und erklärt. Auf diese Weise kann ein empirisch testbares Hypothesensystem bereitgestellt werden, aus dem hervorgeht, inwieweit und warum bestimmte Berichtsinformationen, die z.B. in den Dimensionen Inhalt, Umfang, Technik, Sprache und Terminierung variierbar sind, in bestimmten Situationslagen beim Informationsempfänger das gewünschte Verhalten hervorrufen. Die Einbeziehung der interaktiven Dimension gestattet im Gegensatz zu früheren Ansätzen die explizite Berücksichtigung des organisationalen Zusammenhangs und damit neben der Analyse der Entscheidungsbildung auch die der Entscheidungsdurchsetzung. Die Konstruktion des Hypothesensystems erfolgt im Rahmen einer problemorientierten Vorgehensweise auf empirisch-induktivem Weg. Die Hypothesenbildung wird nicht in der nomologischen Form strengster Allgemeinheit, sondern in Wenn-Dann-Sätzen mit raum-zeitlicher Beschränkung in der Wenn-Komponente vorgenommen, um einen möglichst hohen Informationsgehalt der Aussagen hinsichtlich des personalen und strukturellen Bedingungsrahmens der Entscheidungssituation sicherzustellen.

Mit Hilfe des Modells lassen sich vorhandene Einzelaussagen koordinieren und in einen umfassenden theoretischen Rahmen einbauen, der gleichzeitig als Grund-

---

[66] Vgl. McDonald (1968) 38−49; Sterling, Radosevich (1969) 90−95.
[67] Vgl. Macharzina (1973) 3−14.

lage für die weitere Forschung auf diesem Gebiet dienen kann. Das Fernziel ist die Bereitstellung von Entscheidungsmodellen, deren Aussagen aus einem geschlossenen, in sich konsistenten und empirisch abgesicherten Erklärungsmodell abgeleitet sind. Hierdurch könnte es möglich werden, die Kosteninformationen unter Berücksichtigung situativer Gegebenheiten weitgehend an das Verhaltenspotential der Informationsadressaten anzupassen und dadurch eine höhere Effizienz der Entscheidungsfindung auf der Basis von Planungs- und Kontrollrechnungen zu erreichen. Inzwischen können verhaltenstheoretische Beiträge bei der Gestaltung von Planungs- und Kontrollrechnungssystemen nur als Heuristiken[68] und nicht als gesicherte Entscheidungsregeln aufgefaßt werden. □

IV. Verhaltensorientierte Heuristiken der Planungs- und Kontrollrechnung   338

1. Die Konzeption des Rechnungssystems

Die Konzipierung eines unter betriebswirtschaftlichen und verhaltensorientierten Kriterien nützlichen Rechnungssystems beinhaltet die grundlegende Entscheidung zwischen Kosten- und Erfolgsverantwortungsbereichen sowie zwischen einer integrierten oder getrennten Lenkungs- und Kontrollrechnung.

Verhaltenstheoretische Aussagen verweisen trotz der für die Anwender und Betroffenen komplizierten Struktur auf die Vorteile eines nach dem Erfolgsverantwortungsprinzip organisierten Rechnungssystems gegenüber einer Kostenverantwortungsstruktur[69]. Dies gilt insbesondere unter Berücksichtigung der Leistungs- und Zufriedenheitswirkung der Planungs- und Kontrollrechnung. Trotz des Vorteils der vergleichsweise einfacheren Handhabung eines Kostenverantwortungssystems kann dieses zu erheblichen Konflikt- und Spannungsproblemen für die Vollzugsorgane führen. Die Konfliktursache kann z.B. in der Unvereinbarkeit des Kostenminimierungsziels auf der Grundlage von (technischen) Zeit- und Mengengrößen und einer bestimmten Vorgabekostenhöhe bestehen. Die Spannungsursache kann in dem ständig vorhandenen Leistungs- und allgemeinen psychologischen Druck der Einhaltung bestimmter Kostenziele gegenüber der größeren Autonomie und längerfristigen Dispositionsmöglichkeit im Erfolgsverantwortungsbereich gegeben sein, die einen höheren Leistungsanreiz beinhalten kann als die enge und kurzfristige Orientierung des Kostenziels[70].

Die verhaltenstheoretische Implikation der Kostenbereichsverantwortung ist die Forderung nach Einhaltung einer gewissen Flexibilität, die einen Konfliktausgleich zwischen Vorgabekostenhöhe und produktionstechnischer Zielsetzung ermöglicht; diejenige der Erfolgsbereichsverantwortung verweist auf die Notwendigkeit zusätzlicher Lernprozesse durch schriftliche Information, Weiterbildungskurse für die Vollzugsorgane sowie zusätzliche Möglichkeiten zur interpersonalen (Zweiweg-) Kommunikation zwischen diesen und den Informationsproduzenten. Dazu kommt

---

[68] Vorläufige Entscheidungsregeln, die sich von theoretisch fundierten Entscheidungsmodellen vor allem durch ihre Bezugnahme auf Vermutungen, unbestätigte Hypothesen, Induktionsschlüsse unterscheiden. Vgl. z.B. Ansoff (1965).
[69] Vgl. Hofstede (1968) 204 f.; Boeckel, Höpfner (1972) 155.
[70] Vgl. Hofstede (1968) 205.

das Erfordernis, in der Erfolgsbereichskonzeption negative Ergebniskomponenten in Form mehrdimensional aufbereiteter Kosteninformationen vorzusehen[71], die bisher in systematischer und quantitativer Form im allgemeinen noch keinen Eingang in Erfolgsverantwortungssysteme gefunden haben.

Die Überlegung, daß Maßstabs- und Anreizfunktion der Vorgabekostenrechnung nicht zwangsläufig miteinander vereinbar sind, hat zu dem oben bereits erwähnten Vorschlag[72] zur Trennung von Lenkungs- und Kontrollrechnung geführt, in der die Leistungsanreizfunktion durch die Kostenstandards der Planungsrechnung, die Leistungsbewertungsfunktion durch die Sollkosten der Kontrollrechnung repräsentiert sind. Dabei wird gefordert, daß die Sollziele der letzteren den Vollzugsorganen nicht bekanntgegeben werden dürfen[73]. Diese Maßnahme hätte den Vorteil, daß die in der Standardkostenrechnung unter Optimalitätskriterien ermittelten Kostenziele, die wegen ihrer in der Realität gegebenen Nichterreichbarkeit entweder von den Kostenstellenleitern als unrealistisch angesehen werden und, weil diese den in ihnen enthaltenen Freiheitsgrad nicht genau abzuschätzen vermögen, auch unoperational sind bzw. diese zumindest unsicher macht, nicht zur Frustration der Vollzugsorgane führen. Damit wäre auch dem konfidenziellen Aspekt[74] der Kosteninformation gedient, das Vertrauen in die □ Information gestärkt, die Lernmöglichkeit erhöht und Leistungsdruckempfinden vermieden. Auf der anderen Seite ist dieses Verfahren eine klare Manipulation der Vollzugsorgane durch Scheinvorgaben[75], die bei deren partizipativer Einschaltung in den Feedbackprozeß zu all den oben berichteten negativen Konsequenzen der Scheinziele (phony goals) und damit nicht nur zur Leistungsminderung sondern auch zu Unzufriedenheit führen kann; hinzu kommt, daß die für einen wirksamen Feedbackprozeß notwendige Voraussetzung der Interpretation der Ergebnisse und der weitgehenden Aufklärung der Kontrollrechnung fehlt. Diese Problematik bedarf allerdings noch der weiteren Erhellung, vor allem im Licht zusätzlicher empirischer Studien.

2. Kosten- und Leistungsvorgaben

a) Kostenwertermittlung

Das wesentliche Element im Leistungsanreiz der Kostenvorgaben ist die Relevanzkomponente, die den vom Empfänger der Kosteninformation beeinflußbaren Teil der Kosten darstellt. Die Berücksichtigung der Verhaltenserwartungen der Zielperson kann erst als Sekundärverstärker des Leistungsanreizes in positiver oder negativer Hinsicht wirken[76]. Die Eliminierung der nicht „relevanten" Kosteneinflußgrößen ist mit Hilfe produktions- und kostentheoretischer Modelle auf dem Weg der Kostenspaltung möglich, bringt jedoch wegen der Tatsache, daß in unterschiedlichen Entscheidungssituationen unterschiedliche Kosten relevant sind, Schwierig-

---

[71] Vgl. Höpfner (1973) 52.

[72] Vgl. S. 329.

[73] Vgl. Stedry (1960) passim; Coenenberg (1970 a) 1138.

[74] Vgl. S. 333.

[75] Vgl. Argyris (1952); zur Kritik auch Becker, Green (1962) in: Bruns, DeCoster (1969) 340; Steiner (1974) 113.

[76] Vgl. Hofstede (1968) 3.

keiten mit sich. Die verhaltenstheoretischen Modelle nehmen somit eine Sekundärfunktion bei der Ermittlung der Vorgabekosten ein, auf deren Einbeziehung jedoch, wie oben gezeigt wurde, nicht verzichtet werden kann.

Die Vorgabekostenermittlung kann grundsätzlich durch Aggregation von Kosteninformationen der verschiedenen hierarchischen Ebenen von unten nach oben oder auf dem Weg der Ableitung aus der Gesamtzielfunktion des Unternehmens erfolgen. Die Anwendung der Aggregationsmethode, welche i.d.R. die Partizipation der Vollzugsorgane bei der Kostenzielfindung mit sich bringt, scheint nur dann empfehlenswert zu sein, wenn die interne und externe Umweltsituation hierfür „nicht ungünstig" ist. Wird der Mitbestimmungsmöglichkeit trotz ungünstiger Voraussetzungen dieser Art der Vorzug gegeben, scheint die Heranziehung „neutraler", unabhängiger Informationen zur Vorgabekostenermittlung angebracht zu sein, damit mögliche Informationsverzerrungen durch Manipulation von seiten der Vollzugsorgane vermieden werden können. Nützlich ist in einem solchen Fall die Einrichtung von Projektgruppen wie Planungsrechnungskomitees sowie die mehrmalige Revision und Anpassung der Vorgabekostenhöhen in einer Rechnungsperiode. Außerdem scheint es nützlich zu sein, aggregierte Werte in bezug auf bestimmte hierarchische Ebenen aufzulösen, um damit einer Aggregierung auch der Informationsverzerrung entgegen zu wirken. Durch häufiger stattfindende Vorgänge der Sollkostenermittlung und dadurch möglich werdende Lernprozesse für die Kostenrechner erhöht sich die Gegenwirkung für Informationsverzerrungsversuche der Vollzugsorgane.

Werden die Vorgabekosten durch Disaggregierung entlang der Organisationshierarchie nach unten ermittelt, empfiehlt es sich, diese nicht zu niedrig anzusetzen[77], aber auch Verhaltenswirkungen von Anspannungsgrenzen zu berücksichtigen. Diese betreffen vor allem die untere und obere Motivationsgrenze, die Berücksichtigung der Unzufrieden- ▫ heitswirkung ständigen und zu starken Leistungsdrucks, die Beachtung der Vorteile einer schrittweisen und nicht zu abrupten Steigerung der Planwerthöhe[78].

    340

b) Kostenwertkommunikation

Der Kommunikation der Vorgabekosten kommt unter Beachtung der Verhaltenserwartung der Informationsempfänger neben der Informations- und Lernfunktion insbesondere die Aufgabe zu, Vertrauen gegenüber den Vorgabekosten zu erzeugen (Konfidenzfunktion). Grundsätzlich kann erwartet werden, daß eine Steigerung der Leistung und die Erzeugung von Zufriedenheit nur dann eintreten, wenn die Kommunikationsinhalte verstanden und nach weiteren Dimensionen interpretiert werden. Informieren allein reicht nicht aus[79]. Bei der Aufbereitung der Kosteninformationen ist zu beachten, daß eine möglichst unkomplizierte und ver-

---

[77] Generell wird das gerade noch erreichbare Maß empfohlen. Vgl. etwa Choran (1969) 38 ff.; Coenenberg (1970 a) 1141; Shillinglaw (1970) 351.

[78] Vor Strapazierung des Gleitprinzips (vgl. z.B. Steiner (1974) 117) in Form einer laufenden Erhöhung der Standards sei jedoch gewärnt, da dies zu Mißtrauen der Vollzugsorgane gegenüber dem Rechnungssystem und auch der Unternehmensführung führen kann. Vgl. Boeckel, Höpfner (1972) 165.

[79] Vgl. Rosenstiel (1972) 91 f.

ständliche „Sprache" und Form und die zumindest annähernde Berücksichtigung auch der kognitiven Kapazität der Zielpersonen die Informationswirkung im allgemeinen erhöhen. So werden absolute numerische Werte den Verhältniszahlen i.d.R. überlegen sein, und wo es erforderlich scheint, sollte auf ergänzende qualitative Informationen nicht verzichtet werden. Die Interpretation der Kostenvorgaben berührt vor allem den Konfidenzaspekt und kann durch interpersonelle Kommunikation, die den Betroffenen neben der Lernmöglichkeit zur Überwindung eines eventuell vorhandenen Mißtrauens gegenüber den Vorgabekosten verhilft, verbessert werden.

c) Kostenbereichskonflikte

Die mit der Kosten- und Leistungsvorgabe zusammenhängende Form der Sanktion bei Erreichen oder Nichterreichen der Kostenziele kann zu erheblichen Konflikten zwischen den Kostenstellen führen. Ein strikt auf Akzeptierung aufbauendes System zieht unvermeidlich Interessen- und Wettbewerbskonflikte nach sich, die den Aufstieg in der Instanzenhierarchie, den Wettbewerb um Anteil am Finanzbudget und um sonstige Ressourcen oder einfach das Interesse an einer gerechten Kostenallokation[80] zum Gegenstand haben. Während in der Literatur oft auf eine positive Leistungswirkung des innerbetrieblichen Wettbewerbs hingewiesen wird — letztlich ist die Konzeption des Erfolgsverantwortungsbereichs auf dieser Meinung begründet —, haben einige der oben diskutierten neueren Untersuchungen auf die negative Wettbewerbs- und Konfliktwirkung auf die Leistung verwiesen. Es bestehen jedoch noch keine praktisch verwertbaren Vorschläge, dieses Problem zu lösen. Allein die Beachtung dieser Auswirkungen bei der Aufbereitung der Kosten- und Leistungsvorgabe ist jedoch bereits ein wichtiger Schritt. Eine Möglichkeit besteht in der von Miles und Vergin geforderten Ausgestaltung der Plan- und Kontrollwerte in einer Form, welche die Möglichkeit des Mißerfolgs („freedom to fail"[81]) legitimiert. Eine wichtige Rolle bei der Weiterverfolgung dieses Ansatzes dürften die Bemühungen um die Einbeziehung weiterer negativer und bisher noch nicht quantifizierter Erfolgskomponenten in die Kosten- und Leistungsvorgabe spielen.

3. Plan-Ist-Vergleich

Die bisherigen Untersuchungsergebnisse der Verhaltensimplikationen von Plan-Ist-Vergleichen beinhalten nur wenig gesicherte Anhaltspunkte für eine praktische Ausgestaltung. Ein wesentlicher Grund hierfür scheint die Komplexität von Informations-, □ Lern-, Motivations- und Interaktionswirkung zu sein, die sich — wie oben gezeigt wurde — gegenseitig ergänzen und damit verstärken, aber auch gegenseitig aufheben können. Ein Beispiel für jene Wirkung ist die Verstärkung der Motivation durch Informations- und Lerneffekte, ein Beispiel für die konkurrierenden Folgen die Tatsache, daß häufige Feedbackinformationen, die zwar die Lernwirkung fördern, Frustrationserscheinungen bei den Informationsempfängern hervorrufen können und damit demotivieren.

341

---

[80] Vgl. Birnberg, Dopuch (1969) 257.
[81] Miles, Vergin (1966) in: Bruns, DeCoster (1969) 373.

In diesem Licht sind Empfehlungen[82] für die Ausgestaltung von Plan-Ist-Vergleichen zu beurteilen. So ist die pauschale Forderung nach möglichst häufiger, detaillierter und differenzierter sowie möglichst unmittelbar an die Abrechnungsperiode anknüpfender Feedbackinformation[83] nur mit Einschränkungen und eigentlich nur im Hinblick auf die Lernwirkung zulässig. Dabei läßt sich jedoch die angeblich positive Wirkung einer starken Informationsdetaillierung auf die Lernwirkung durchaus infrage stellen. Die Differenzierungsmöglichkeit ist mit dem grundsätzlichen Problem der periodischen und kostenartenmäßigen Abgrenzung verbunden, hat aber, wenn sie durch ständig neue Planwerte erweitert wird, ihre Grenze dort, wo der hierdurch mögliche Vertrauensschwund der Vollzugsorgane in das Kontrollrechnungssystem beginnt.

Hinsichtlich der Partizipation der Vollzugsorgane und der Interpretation der Leistungsergebnisse gelten dieselben Prinzipien, die bereits im Zusammenhang mit der Kostenvorgabe erörtert wurden. Hinzu kommt das Meßproblem der Ist-Kosten, das in der mangelnden Quantifizierbarkeit aller Zielbeiträge eines Vollzugsorgans besteht, vom Problem der Messung der Zufriedenheitswirkung einmal ganz abgesehen.

Geht man von dieser „Mikrobetrachtung" der Einzelleistungen auf die Beurteilung der Gesamtleistung eines Unternehmens über, so ist zu beachten, daß Leistungsausgleichs- oder -nivellierungsprozesse in bereichsmäßiger und auch zeitmäßiger Hinsicht vorkommen können[84]. Dieser Faktor ist vor allem aus der Sicht der Gesamtplanung von Bedeutung.

Die versuchsweise Zusammenstellung der für Entscheidungsmodelle der Planungs- und Kontrollrechnung bisher vorhandenen „heuristischen" Aussagen zeigt, daß die Forderung nach intensiver theoretischer und empirischer Bearbeitung des hier erörterten Wissensgebietes begründet ist.

Literaturverzeichnis

Ammons, R.B.: Effects of Knowledge of Performance: A Survey and Tentative Theoretical Information, Journal of General Psychology, Vol. 54, 1956, S. 283–290.

Ansoff, H.I.: Corporate Strategy, An Analytical Approach to Business Policy for Crowth and Expansion, New York u.a. 1965.

Anthony, R.A.: Distinguishing Good from Not-so-good Accounting Research, Proceedings of the 22nd Institute on Accounting, Ohio State University, Columbus, May 1960, S. 65–75.

Argyris, Ch.: The Impact of Budgets on People, New York 1952.

ders.: Human Problems with Budgets, Harvard Business Review, Vol. 31, No. 1, Jan./Febr. 1953, S. 97–110.

Becker, S.W.: Discussion of the Effect of Frequency of Feedback on Attitudes and Performance, 1968, in: Bruns, DeCoster (1969), S. 417–420.

ders.: The Behavior of ‚Behavioral' Accountants, in: Sterling, Bentz (1971), S. 69–78.

ders.: Evaluation of Behavioral Research in Accounting, in: Dopuch, Revsine (1973), S. 112–115.

---

[82] Vgl. Boeckel, Höpfner (1972) 168 ff.

[83] Vgl. ebd.

[84] Vgl. Bonini (1964) in: Bruns, DeCoster (1969) 198; Lowe, Shaw (1968) 314 f.; dies. (1970) 286 ff.

ders., Green, D. Jr.: Budgeting and Employee Behavior, 1962, in: Bruns, DeCoster (1969), S. 327–341.

dies.: Budgeting and Employee Behavior, 1964, in: Bruns, DeCoster (1969), S. 353–356.

Birnberg, J.G.: Empirical Research in Behavioral Accounting, Management International Review, Vol. 13, 2–3, 1973 (a), S. 71–77.

ders.: Comments on a Paper by David Green, in: Dopuch, Revsine (1973) (b), S. 126–132.

ders., Dopuch, N.: Cost Accounting: Data for Management Decisions, New York u.a. 1969.   □

342   *Birnberg, J.G., Levey, J., Rossell, J.H.:* Some Effects of Subject Selection and Other Variables on Behavioral Accounting Experiments, unveröff. Manuskript, University of Pittsburgh, 1973.

Birnberg, J.G., Nath, R.: Implications of Behavioral Science for Managerial Accounting, 1967, in: Bruns, DeCoster (1969), S. 7–22.

Boeckel, J., Höpfner, F.G.: Moderne Kostenrechnung, Stuttgart u.a. 1972.

Bonini, Ch.P.: Simulation of Organizational Behavior, 1964, in: Bruns, DeCoster (1969), S. 191–199.

Brand, H. (Ed.): The Study of Personality, New York 1954.

Brandstätter, H.: Die Beurteilung von Mitarbeitern, in: Mayer, Herwig (1970), S. 668–734.

Bruns, W.J. Jr.: Inventory Valuation and Management Decisions, The Accounting Review, Vol. 40, 2, 1965, S. 345–357.

Bruns, W.J. Jr., DeCoster, D.T., (Ed.): Accounting and its Behavioral Implications, New York 1969.

Bruns, T.J. (Ed.): Behavioral Experiments in Accounting, Columbus 1972.

Bussmann, K.F.: Industrielles Rechnungswesen, Stuttgart 1963.

Caplan, E.H.: Behavioral Assumptions of Management Accounting, The Accounting Review, Vol. 41, 3, 1966, S. 496–509.

ders.: Management Accounting and Behavioral Science, Reading u.a. 1971.

ders.: The Behavioral Implications of Management Accounting, Management International Review, Vol. 13, 2–3, 1973, S. 21–31.

Child, J.L., Whiting, J.W.M.: Determinants of Level of Aspiration: Evidence from Everyday Life, in: Brand (1954), S. 145–158.

Cochran, E.N.: Learning: New Dimensions in Labour Standards, Industrial Engineering, 1969, S. 38 ff.

Coenenberg, A.G.: Unternehmensexterne Jahresabschlußinformationen – Eine Untersuchung zum Informationswert des Jahresabschlusses, Habilitationsschrift, Köln 1969.

ders.: Zur Bedeutung der Anspruchsniveau-Theorie für die Ermittlung von Vorgabekosten, Der Betrieb, Jg. 23, 25, 1970 (a), S. 1137–1141.

ders.: Die Bedeutung fertigungswirtschaftlicher Lernvorgänge für Kostentheorie, Kostenrechnung und Bilanz, Kostenrechnungspraxis, 3, 1970 (b), Fachgruppe 1, S. 111–116.

ders., Frese, E.: Lerntheorie und Rechnungswesen, in: Kosiol (1970), Sp. 1031–1043.

Cook, D.: The Effect of Frequency of Feedback on Attitudes and Performance, 1968, in: Bruns, DeCoster (1969), S. 233–244.

Culpepper, R.C.: A Study of Some Relationships between Accounting and Decision-Making Processes, The Accounting Review, Vol. 45, 4, 1970, S. 322–332.

DeCoster, D.T., Fertakis, J.P.: Budget Induced Pressure and its Relationship on Supervisory Behavior, 1968, in: Bruns, DeCoster (1969), S. 357–367.

DeCoster, D.T., Ramanathan, K.V., Sundem, G.L. (Eds.): Accounting for Managerial Decision Making, Los Angeles 1974.

Dopuch, N.: Evaluation of Behavioral Research in Accounting, in: Dopuch, Revsine (1973), S. 108–111.

ders., Revsine, L.: Accounting Research 1960–1970: A Critical Evaluation, Center for International Education and Research in Accounting, Illinois 1973.

Dunbar, R.L.M.: Budgeting for Control, Administrative Science Quarterly, Vol. 16, March 1971, S. 88–96.

Dyckman, T.R.: The Effects of Alternative Accounting Techniques on Certain Management Decisions, 1964, in: Bruns, DeCoster (1969), S. 211–220.

Elwell, J.L., Crindley, G.C.: The Effect of Knowledge of Results on Learning and Performance, British Journal of Psychology, Vol. 29, 1938, S. 53 ff.

Ferguson, W.B.: Relationship of Cost Accounting to Business Management From the Viewpoint of the Business Executive, N.A.C.A. Yearbook, 1920.

Florence, P.S.: Economics and Human Behavior, London 1927.

Green, D.O.: Behavioral Science and Accounting Research, in: Dopuch, Revsine (1973), S. 93–104.

Gutenberg, E.: Grundlagen der Betriebswirtschaftslehre, Bd. 1: Die Produktion, 20. Aufl., Berlin u.a. 1973.

Heinen, E.: Der entscheidungsorientierte Ansatz in der Betriebswirtschaftslehre, in: Kortz-fleisch (1971), S. 21 ff.

Höpfner, F.G.: What Behavioral Science Implies for Cost Accounting, Management International Review, Vol. 13, 2–3, 1973, S. 51–64.

Hofstede, G.H.: The Game of Budget Control, Assen u. London 1968.

Hofstedt, T.R.: The Processing of Accounting Information, in: Bruns (1972) (a), S. 285–315.

ders.: Behavioral Parameters of Financial Analysis, The Accounting Review, Vol. 47, 4, 1972 (b), S. 679–692.

ders., Kinard, J.C.: A Strategy of Behavioral Accounting Research, The Accounting Review, Vol. 45, 1, 1970, S. 38–54.

Hoppe, F.: Erfolg und Mißerfolg, Psychologische Forschung, Jg. 14, S. 1–62.

Hopwood, A.: An Accounting System and Managerial Behavior, Farnborough 1973 (a).

ders.: Problems with Using Accounting Information for Performance Evaluation, Management International Review, Vol. 13, 2–3, 1973 (b), S. 83–91. □

ders.: Leadership Climate and the Use of Accounting Data in Performance Evaluation, The Accounting Review, Vol. 49, 7, 1974, S. 485–495. 343

Ijiri, Y.,.Jaedicke, R.K., Knight, K.E.: The Effects of Accounting Alternatives on Management Decisions, in: Jaedicke, Ijiri, Nielsen (1966), S. 186–199, Auszug in: Bruns, DeCoster (1969), S. 187–190.

Illetschko, L.L.: Kontrolle durch Rechnungswesen, in: Kosiol (1970), Sp. 864–869.

Jaedicke, R.K., Ijiri, Y., Nielsen, O. (Eds.): Research in Accounting Measurement Menasha 1966.

Kappler, E.: Das Informationsverhalten der Bilanzinteressenten, Habilitationsschrift, München 1972.

Kirsch, W.: Entscheidungsprozesse, Bd. II: Informationsverarbeitungstheorie des Entscheidungs-verhaltens, Wiesbaden 1971.

Kortzfleisch, G.v. (Hrsg.): Wissenschaftsprogramm und Ausbildungsziele der Betriebswirt-schaftslehre, Berlin 1971.

Kosiol, E. (Hrsg.): Handwörterbuch des Rechnungswesens, Stuttgart 1970.

Livingstone, J.L.: A Behavioral Study of Tax Allocation in Electric Utility Regulation, The Accounting Review, Vol. 42, 7, 1967, S. 544–552.

Lowe, E.A., Shaw, R.W.: An Analysis of Managerial Biasing: Evidence from a Company's Budgeting Process, Journal of Management Studies, Oct. 1968, S. 304–315.

dies.: The Accuracy of Short-term Business Forecasting: An Analysis of A Firm's Sales Budget-ing, Journal of Industrial Economics, Summer 1970, S. 275–289.

Macharzina, K.: Interaktion und Organisation – Versuch einer Modellanalyse, Diss., München 1970.

ders.,: On the Integration of Behavioral Science into Accounting Theory, Management Inter-national Review, Vol. 13, 2–3, 1973, S. 3–14.

ders.: Erhöhung der Qualität des Arbeitslebens unter dem Aspekt von Zufriedenheit und Lei-stung, in: ders., v. Rosenstiel (1974), S. 129–134.

ders., Rosenstiel, L.V. (Hrsg.): Führungswandel in Unternehmung und Verwaltung, Wiesbaden 1974.

March, J.G., Simon, H.A.: Organizations, New York u.a. 1958.

Mayer, A., Herwig, B. (Hrsg.): Handbuch der Psychologie in 12 Bänden, Bd. 9 Betriebspsycho-logie, Göttingen 1970.

McDonald, D.L.: A Test of the Feasibility of Market Based Measures in Accounting, Journal of Accounting Research, Spring 1968, S. 38–49.

Miles, R.E., Vergin, R.C.: Behavioral Properties of Variance Controls, 1966, in: Bruns, DeCoster (1969), S. 369–380.

Münstermann, H.: Unternehmensrechnung. Untersuchungen zur Bilanz, Kalkulation, Planung mit Einführungen in die Matrizenrechnung, Graphentheorie und Lineare Programmierung, Wiesbaden 1969.

Neuberger, O.: Das Mitarbeitergespräch, München 1973.

NICB (National Industrial Conference Board): Budgetary Control in Manufacturing Industries, New York 1931.

Revsine, L.: Change in Budget Pressure and Its Impact on Supervisor Behavior, Journal of Accounting Research, Autumn 1970, S. 290–292.

Rosenstiel, L.v.: Motivation im Betrieb, München 1972.

ders.: Leistungsmotivation und Arbeitszufriedenheit, in: Macharzina, v. Rosenstiel (1974), S. 117–127.

ders., Molt, W., Rüttinger, B.: Organisationspsychologie, Stuttgart u.a. 1972.

Sawatzky, J.C.: What Are the Motivations For Work? 1967, in: Bruns, DeCoster (1969), S. 311–317.

Schiff, M., Levwin, A.Y.: Where Traditional Budgeting Fails, 1968, in: DeCoster, Ramanathan, Sundem (1974), S. 364–373.

dies.: The Impact of People on Budgets, The Accounting Review, Vol. 45, 4, 1970, S. 259–268.

dies.: Behavioral Aspects of Accounting, Englewood Cliffs 1974.

Schoenfeld, H.-M.: The Development of Managerial Accounting – An Attempt at a Comprehensive Survey, Management International Review, Vol. 12, 2–3, 1972, S. 3–24.

Schmölders, G.: Ökonomische Verhaltensforschung, Ordo-Jahrbuch, Bd. V, Düsseldorf u.a. 1953, S. 203 ff.

Schroder, H.M., Driver, M.J., Streufert, S.: Human Information Processing, New York 1967.

Searfoss, D.G., Monczka, R.M.: Perceived Participation in the Budget Process and Motivation to Achieve the Budget, Academy of Management Journal, December 1973, S. 541–554.

Simon, H.A., Kozmetsky, G., Tyndall, G.: Centralization vs. Decentralization in Organizing the Controller's Department, New York 1954.

Stedry, A.C.: Budget Control and Cost Behavior, Englewood Cliffs 1960.

ders.: Budgeting and Employee Behavior: A Reply, 1964, in: Bruns, DeCoster (1969), S. 343–352.

ders., Kay, E.: The Effects of Goal Difficulty on Performance: A Field Experiment, Management Sciences Research Report No. 23, Carnegie Institute of Technology, Pittsburgh 1964.

Steiner, M.: Bedeutung und Implikationen von Lern- und Anpassungsprozessen für die Unternehmensrechnung, Diss., Augsburg 1974.

Sterling, P.R., Bentz, W.F. (Eds.): Accounting in Perspective, Cincinnati 1971.

Sterling, P.R., Radosevich, R.: A Valuation Experiment, Journal of Accounting Research, Spring 1969, S. 90–95.

Szyperski, N.: Rechnungswesen als Informationssystem, in: Kosiol (1970), Sp. 1510–1523. □

Vroom, V.H.: Some Personality Determinants of the Effects of Participation, The Journal of Abnormal and Social Psychology, 3, 1959, 322–327.

ders.: Some Personality Determinants of the Effects of Participation, Englewood Cliffs 1960.

Wallace, M.E.: Behavioral Considerations in Budgeting, 1966, in: Bruns, DeCoster (1969), S. 319–325.

Weick, K.B.: Critique of Barefield, in: Bruns (1972), S. 257–273.

Wild, J.: Verfahren der Planungsrechnung, in: Kosiol (1970), Sp. 1412–1424. □

344

Zusammenfassung

Macharzina bemüht sich in seinem Aufsatz um die Beantwortung zweier Fragen:
— Welche verhaltenswissenschaftlichen Erkenntnisse sind für betriebliche Planungs- und Kontrollrechnungen von Bedeutung?
— Wie relevant sind diese Aussagen für die Praxis der Unternehmensrechnung?
Nach einer Einführung, in der die grundsätzliche Bedeutung verhaltenswissenschaftlicher Aussagen für die Kosten- und Leistungsrechnung herausgearbeitet wird, skizziert Macharzina einige verhaltenswissenschaftliche Entwicklungsrichtungen im Überblick. Zusammenfassend läßt sich an diesen Entwicklungsrichtungen kritisieren, daß der theoretische Gesamtzusammenhang und die empirische Absicherung verstärkte Forschungen notwendig erscheinen lassen. Obwohl es einige Integrationsansätze verhaltenswissenschaftlicher Erkenntnisse mit Planungs- und Kontrollrechnungen gibt, liegt das Ziel der Bereitstellung unternehmensrechnerischer Entscheidungsmodelle mit theoretisch geschlossenen, in sich konsistenten sowie empirisch abgesicherten Eigenschaften noch in weiter Ferne. Es kann jedoch bereits jetzt als gesichert angesehen werden, daß sich solche Entscheidungsmodelle auf die Konzeption des Rechnungswesens (z.B. Kosten- und Erfolgsverantwortungsbereiche, integrierte oder getrennte Lenkungs- und Kontrollrechnung) genauso auswirken wie auf die Festsetzung von Kosten- und Leistungsvorgaben und auf Plan-Ist-Vergleiche.

An Expectancy Theory Approach to the Motivational Impacts of Budgets*

*J. Ronen und J.L. Livingstone**

671   In this paper we discuss the implications of budgets for motivation and behavior in the context of expectancy theory as developed in the psychology of motivation. We argue that propositions from expectancy theory can be used to integrate and accomodate the fragmented research findings on budget and behavior in the ac-counting literature. We discuss how the expectancy model reconciles what might appear to be contradictory findings from prior studies.

The Functions of Budgets

Budgets serve three decision-making functions: planning, control, and motiva-tion. Budgets aid planning in that they incorporate forecasts which reflect the an-ticipated consequences of different combinations of plans (actions) made by man-agement and the relevant uncontrollable events that may occur in the environment. Budgets also serve the planning function through being utilized as a tool for sensi-tivity analysis which includes the examination of how slight changes in manage-ment plans affect the consequences (budgets). Many budgets could be thus gener-ated as a result of alternative plans so that the most desirable plan could then be chosen.

The control function is typically a feedback process whereby information about past performance (both anticipated and actual) is provided to those who "control," to be utilized by them for making decisions. As a motivational tool, the budget conveys information to the subordinate about expectations of superiors regarding what constitutes successful task performance and the consequent reinforcement contingencies. These characterizations of the control and motivation processes probably apply whether the budget is imposed on subordinates, whether developed through the participation of the "controlled," or whether they result from a dy-namic, interlevel bargaining process over goals and resource allocations (Schiff and Lewin, 1970).

The three functions of budgets are interdependent. The motivational effect must be explicitly considered in planning and control. Similarly, knowledge by subordi-nates of superiors' plans and control styles have motivational effects. Furthermore, the budgeting process is likely to cause subordinates to bargain for increases in the
672   resources they command. This may result □ in dysfunctional budgetary slack (Schiff and Lewin, 1970; and Williamson, 1964).

*Mit freundlicher Genehmigung der Verfasser entnommen aus: The Accounting Review, October 1975, Vol. L, No. 4, S. 671–685.
**We gratefully acknowledge the comments and helpful suggestions of Arie Y. Lewin.

The Dysfunctional Aspects of Budgets

Budgetary slack is not the only potential dysfunctional aspect of budgets. The literature is filled with exhortations to consider the behavioral effects of standards and budgets on motivation and consequently on performance (Argyris, 1952; Benston, 1963; Becker and Green, 1962; and Usry, 1968). These effects could be either dysfunctional or positive. Many articles deal specifically with the behavioral impacts of budgets on employees; some base their conclusions on generalizations from the psychological literature, and others show findings from empirical experiments (Cherrington and Cherrington, 1973; Stedry, 1960; Stedry and Kay, 1966). Mostly, these discussions were launched in terms of specific principles taken from various areas of psychology such as aspiration level, participation, and attitude change.

To gain better understanding and insight into how these behavioral effects are created, we propose the expectancy model as a unifying framework within which the effects could be analyzed. While the universal usage of budgets implies that their benefits are perceived to exceed the possible dysfunctional effects, the latter can be minimized if the budget's behavioral impacts are better understood.

By choosing the expectancy model (a description of the model appears below) as a framework, we do not wish to imply that it accurately describes behavior even though some recent progress has been made.[1] Rather, we view it as a framework that facilitates the generation of hypotheses about the behavioral effects of budgets. The testing of these hypotheses would indicate whether subordinates' behavior is consistent with the model.

In the following section we describe the expectancy model. After that, we reinterpret the budget's behavioral implications discussed in the literature within the expectancy framework.

The Expectancy Model

The expectancy model is viewed as underlying the superior-subordinate budget relationship in two respects: (1) as the model according to which the subordinate's motivation to perform the task is influenced via the budget; and (2) as the model which the superior regards as determining the subordinate's motivation. (It is assumed that the superior can and may affect the subordinate's motivation via the budget in accordance with the expectancy model.)[2]

The particular expectancy model version that we use in this paper is the one advanced by House (1971) which in turn is derived from the Path-Goal hypotheses advanced by Georgopoulos, Mahoney, and Jones (1957) and from previous research

---

[1] Indeed, the model has been found wanting with respect to its description power. (See, e.g., Kerr, Klimoski, Tolliver and Von Glinow, 1974.) But there is some recent evidence of progress (see footnote 4).

[2] Clearly, motivation is only one variable that is likely to affect performance. Others are the subordinate's general ability, as well as specific skills. To improve the subordinate's performance, the superior may choose to initiate training programs or take other actions to enhance the subordinate's skill, in addition to affecting his motivation.

supporting the class of expectancy models of motivation (Atkinson, 1958; Galbraith and Cummings, 1967; Graen, 1969; Lawler, 1968, 1971, 1973; Porter and Lawler, 1967; Vroom, 1964b). The basic tenet of expectancy theory is that an individual chooses his behavior on the basis of (1) his expectations that the behavior will result in a specific outcome and (2) the sum of the valences, i.e., personal utilities or satisfaction that he derives from the outcome. A distinction is made (Galbraith and Cummings, 1967) between valences that are intrinsic to behavior

673   itself (such as □ feelings of competence) and those that are the extrinsic consequences of behavior (such as pay). Behavior that is intrinsically valent is also intrinsically motivational because the behavior leads directly to satisfaction, whereas extrinsic valences are contingent on external rewards.

House's formulation can be expressed as follows:

$$M = I V_b + P_1 (I V_a + \sum_{i=1}^{n} P_{2i} E V_i) , \qquad i = 1, 2, ..., n$$

where

M   = motivation to work
IV_a = intrinsic valence associated with successful performance of the task
IV_b = intrinsic valence associated with goal-directed behavior
EV_i = extrinsic valences associated with the ith extrinsic reward contingent on work-goal accomplishment
P_1 = the expectancy that goal-directed behavior will accomplish the work-goal (a given level of specified performance); the measure's range is $(-1, +1)$
P_{2i} = the expectancy that work-goal accomplishment will lead to the ith extrinsic reward; the measure's range is $(-1, +1)$.

The individual estimates the expectancy, P_1, of accomplishing a work-goal given his behavior. For the estimate he considers factors such as (1) his ability to behave in an appropriate and effective manner and (2) the barriers and support for work-goal accomplishment in the environment. Also, he estimates the expectancy, P_2, that work-goal accomplishment will result in attaining extrinsic rewards that have valences for him such as the recognition of his superiors of his goal accomplishment. He also places subjective values on the intrinsic valence associated with the behavior required to achieve the work-goal IV_b, the intrinsic valence associated with the achievement of the work-goal IV_a, and the extrinsic valences associated with the personal outcomes that accrue to him as a result of achieving the work-goal, EV_i.

The superior can affect the independent variables of this model:

1. He partially determines what extrinsic rewards (EV_i) follow work-goal accomplishment, since he influences the extent to which work-goal accomplishment will be recognized as a contribution and the nature of the reward (financial increases, promotion, assignment of more interesting tasks or personal goals and development).

2. Through interaction, he can increase the subordinate's expectancy (P_2) that rewards ensue work-goal accomplishment.

3. He can, through his own behavior, support the subordinate's efforts and thus influence the expectancy (P_1) that the effort will result in work-goal achievement.

4. He may influence the intrinsic valences associated with goal accomplishment (IV_a) by determining factors such as the amount of influence the subordinate has in goal setting and the amount of control he is allowed in the task-directed effort. Presumably, the greater the subordinate's opportunity to influence the goal and exercise control, the more intrinsically valent is the work-goal accomplishment.

5. The superior can increase the net intrinsic valences associated with goal-directed behavior (IV_b) by reducing frustrating barriers, by being supportive in times of stress, and by permitting involvement in a wide variety of tasks and being considerate of the subordinate's needs (House, 1971).

Three classes of situational variables that determine which particular superior behaviors are instrumental in increasing □ work motivation were hypothesized by House (1973):   674

(a) *The needs of the subordinate:* The subordinate views the superior's behavior as legitimate only to the extent that he perceives it either as an immediate source of satisfaction or as instrumental to his future satisfaction. For example, subordinates with high needs for social approval find warm, interpersonal superior behavior immediately satisfying and therefore legitimate. On the other hand, subordinates with high need for achievement desire clarification of path-goal relationships and goal-oriented feedback from superiors. The perceived legitimacy of the superior's behavior is thus partially determined by the subordinate's characteristics.

(b) *Environmental demands:* When the task is routine and well defined, attempts by the superior to clarify path-goal relationships are redundant and are likely to be viewed as superfluous, externally imposed control, thus resulting in decreased satisfaction. Also, the more dissatisfying the task, the more the subordinate resents behavior by the superior directed at increasing productivity and enforcing compliance with organizational procedures.

(c) *The task demands of subordinates:* The superior's behavior is assumed to be motivational to the extent that it helps subordinates cope with environmental uncertainties, threat from others, or sources of frustration. Such behavior is predicted to increase the subordinate's satisfaction with the job content, and to be motivational to the extent that it increases the subordinate's perceived expectancies that effort will lead to valued rewards.

The Relation Between the Expectancy Model and the Accounting Budgeting Process

Budgets have long been recognized as a managerial tool of communication between superiors and subordinates with respect to the parameters of the task. As a tool of communication, the budgets are perceived by subordinates as an aspect of their superior's attitudes toward them, the task, and the work envirnoment.

First, the budgets reflect management's expectations about what constitutes successful task performance; implicit in this is the promise of extrinsic rewards for the subordinates if the budget is accomplished. The imposition by management of a particular budget implies that its accomplishment will be recognized by management since it is in accordance with what management views as desirable goal attainment. To the extent that subordinates value the superior's recognition of their accomplishment, the budget communication constitutes a specification of the potential level of some of the extrinsic valences associated with work-goal accomplishment, (EV_i). The budgeting process, when coupled with subordinate knowledge of the external reinforcement contingencies (i.e., the set of rewards contingent on effective performance), clarifies the set of external valences associated with work-goal accomplishment or at least helps the subordinate to assess subjectively these valences.

Second, the perceived difficulty of the budget affects the expectancy of the subordinate that his effort would lead to budget achievement. Thus, the content of the budget also serves as an input for the subordinates to formulate their P_1 expectancies. Comparison of past levels of performance with past budgets generates a record of deviations which clearly influences P_1.

Third, the degree to which superiors were consistent or inconsistent in delivering the contingent rewards following budget accomplishment may induce the subordinates to revise their estimates of P_{2i}. Also, the degree to which superiors show recognition of past accomplishments will affect the subordinate's expectation of the □ level of future extrinsic valences (EV_i) associated with work-goal accomplishment.

The budget may also fulfill the role of providing structure to an ambiguous task as well as of coordinating activities so that merely working toward accomplishment of the budget provides satisfaction. To the extent that the budget content facilitates the derivation of this satisfaction, the budget also affects the intrinsic valence associated with the goal-directed behavior (IV_b).

Thus the budgeting process can crucially affect the parameters of the expectancy model. Consequently, we can gain insights into the effect on motivation — the dependent variable in this model — by examining the effects of the budgets on the independent variables of the model, such as the subordinate's expectations, perceived valences, etc. Such an examination should increase the likelihood of identifying the psychological mechanisms underlying the effects of budgets on work motivation. Among the psychological states of subordinates that deserve exploration are the subordinate's intrinsic job satisfaction, his expectancies that effort leads to effective performance, and his expectancies that performance leads to reward.

In the next section, it is shown that reinterpretation of previous experimental and other empirical investigations regarding the effects of budget on behavior makes it possible to integrate and reconcile the otherwise fragmented findings cited in the literature within the expectancy model framework.[3]

Integration of Prior Studies Within the Expectancy Framework

It is useful to reconcile prior findings and assumptions regarding impacts of budgets by focusing on the underlying behavioral assumptions assumed (although

---

[3] Cherrington and Cherrington (1973) tested experimentally the effect of various conditions of budget participation and reinforcement contingencies on performance and on psychological states of subordinates such as satisfaction with job and perceived superior consideration. However, they did not test an expectancy model per se but merely investigated the effects of their manipulated conditions in the context of reinforcement and operant conditioning theory.

not necessarily valid) by accountants in the budgetary process:

A. The budget should be set at a reasonable attainable level.

B. Managers should participate in the development of budgets for their own functions in the organization.

C. Managers should operate on the principle of management by exception.

D. Personnel should be charged or credited only for items within their control.

E. Dimensions of performance that cannot be conveniently measured in monetary terms are outside the budgetary domain.

The possible invalidity of these assumptions has been extensively discussed in the accounting literature. The generalizations offered can be summarized as follows.

Achievement of budgeted performance may not satisfy the needs of the subordinates, who thus need not be motivated by the budget. Also, the individual's goals and the organization's goals may not be identical. For an individual to internalize or accept the budget, he must believe that achieving it will satisfy his needs better than not achieving it. A goal that an individual has internalized is known as his aspiration level – the performance level that he undertakes to reach (see, e.g., Becker and Green, 1962). The probability that an individual will internalize the budget is influenced by his expectations of what he is able to achieve (Costello and Zelking, 1963), his past experience of success in reaching budgeted goals, and the ▫ priority that he assigns to the need for a sense of personal achievement.   676

These assumptions are now closely examined in an attempt to show how the expectancy model can be used to integrate findings and assertions related to them within a cohesive framework.

A. The Assumption That Standards Should Be Reasonably Attainable

Summary of existing studies: The assumption implies that as long as the standards do not exceed what is reasonably attainable, the subordinate will internalize them. If too tight, presumably the subordinate will regard the budget as unrealistic and either cease to be motivated or be negatively motivated by it. Thus, while loose standards (as opposed to reasonably attainable standards) will lead to slackening of effort, tight standards could be perceived as unrealistic and therefore fail to motivate personnel, except perhaps in a negative direction (National Association of Accountants, 1948). For example, Stedry (1960) suggested that, under certain conditions, performance could be improved if management will impose unattainable standards on subordinates. Under laboratory conditions, he found that his measurements of the subjects' aspiration levels were influenced by the level at which the imposed standards were set. He also found that performance that was significantly different from the aspiration level led to an adjustment of the aspiration level in the direction of the performance level that was actually achieved. Thus, he suggested that standards be changed from period to period so that they are met some of the time and are slightly above the attainable level the rest of the time. Hofstede (1967) also found that motivation is highest when standards are difficult to reach but are not regarded as impossible.

Other discussions and evidence in the literature support these findings. When an individual barely achieves the level of aspiration, he is said to have subjective feelings of success; subjective feelings of failure follow nonachievement of the level of aspiration (Lewin, Dembo, Festinger and Sears, 1944). In particular, Child and Whiting (1954) argue that (a) success generally raises the level of aspiration, failure lowers it; (b) the probability of rise in level of aspiration is positively correlated with the strength of success or failure; (c) changes in the level of aspiration partially depend on changes in the subject's confidence in his ability to attain goals; and (d) failure is more likely than success to lead to avoidance of setting a level of aspiration.

From their review of the literature, Becker and Green (1962) conclude that "level of aspiration not only describes a goal for future attainment but also it partially insures that an individual will expend a more than minimal amount of energy, if necessary, to perform at or above the level." Indeed, although not in a business budgeting setting, Bayton (1943) found that higher performance followed higher level of aspiration in testing the performance of 300 subjects on seven arithmetic problems. Also, Cherrington and Cherrington (1973) experimentally found that, when supervisors imposed either a minimum or a specific standard of performance, the subordinates' estimate of their performance (level of aspiration) was higher than when supervisors imposed either lenient minimum standards of performance or imposed none at all. They also found that the higher estimates of performance also were followed by higher actual performance. Cherrington and Cherrington's findings seem somewhat to contradict some of Stedry's (1960) results. In Stedry's study, one group was first given the standard and then asked to indicate its own goal for performance in the subsequent period. The second group was asked □ 677 to indicate its goals *before* it knew what the experimental manager's goals were. The group setting its personal goals first set higher goals and performed better than the group which was informed of management's goals first, although it must be noted that, in Cherrington and Cherrington's study, high estimates and performance were achieved when the group also formulated its estimates before knowledge of the supervisor's imposed minimums. Thus, in a sense, the situation is not unsimilar to Stedry's except that revision of the estimate after knowledge of the supervisor's higher standards proved to be beneficial.

Reconciliation with the Expectancy Model: In terms of the expectancy model, the conclusion that standards regarded as impossible are not motivational or negatively motivational can simply be explained by the fact that P_1, the expectancy that goal-directed behavior would lead to work-goal accomplishment, was low or even negative and, to show this more clearly, Stedry's conclusions are examined in light of the expectancy model.

As indicated, Stedry found that his measurements of the subject's aspiration levels were influenced by the level at which the imposed standards were set. The results of the Cherringtons' study partially confirm Stedry's results in that the experimental group's estimate of their performance was highest under nonparticipation conditions, i.e., when high minimum standards were imposed. If the aspiration level is taken to reflect the level which the subordinate sets out to achieve, then it is understandable that (within limits) the higher the imposed standards by superiors, the higher would be the aspiration level. In comparison with other levels of attainment, P_{2i}, the expectancies that work-goal accomplishment will lead to extrinsic valences would be higher the nearer the performance level is to the imposed standard. Thus, if the subordinate's task is viewed as a selection among different aspiration levels, it is only natural that he will choose the aspiration level that maximizes the dependent variable M in the model.

However, if the imposed standards are too high, the aspiration level will lag behind since, although P_{2i} will increase, P_1, the expectancy that goal-directed behavior will lead to work-goal accomplishment, is likely to be negatively correlated with the perceived difficulty of attaining the standard.

The assessment of P_1 is also likely to be affected by feedback on past performance; P_1 will tend to be positively correlated with prior levels of performance and consequently the dependent variable and the aspiration level will tend to move in the same direction as performance. This "Expectancy Model" induced observation could explain Stedry's other finding that performance which differed significantly from the aspiration level led to the latter's adjustment in the direction of the performance level actually achieved.

It is particularly important and interesting to relate the level of aspiration conceptualization of the budgeting process with the expectancy approach. The expectancy model's dependent variable — motivation to exert effort in the task — is a direct function of the expected valences. The model's underlying assumption is that the higher the expectation of valences, the greater the effort the subordinate is likely to exert and, thus, the higher the performance level. In other words, the subordinate's effort exerted in task performance is assumed to change along a continuum as a function of the expectation of valences.

Level of aspiration, on the other hand, is operationally defined as "the goal one explicitly undertakes to reach," where "maximum effort will be exerted to just reach an aspiration goal" (Becker' and Green, 1962). According to this view, effort is seen not as a continuum but as changing discretely where the level of aspiration goal of performance is that for which a maximum — a specifically defined amount of effort — is spent in order to derive the subjective feeling of success. If we attempt to interpret the meaning of the level of aspiration within the expectancy framework, it seems that it corresponds to the performance level consciously chosen by the subordinate (among alternative performance levels) so as to maximize the expectation of valences — the value of the expectancy equation. That is, the subordinate behaves as if he computes the expected values associated with different performance levels, which clearly depend on the model's parameters (P_1, P_2, IV_b, IV_a, and EV_i) and selects the one that maximizes M as the level of aspiration. The implications of this relationship between the level of aspiration and the expectancy model's dependent variable to the specification of desirable attributes of the budgetary process could be far-reaching.

B. Participation

Summary of existing studies: Participation means that decisions affecting a manager's operations are, to some extent, jointly made by the manager and his superior. As such, it is more than mere consultation by which the superior informs himself of the manager's views but makes the decisions himself. The participation of subordinates in budget setting is usually regarded as effective in getting subordi-

678

nates to internalize the standards embodied in the budgets and thus in achieving goal congruence (Welsch, 1971).

The role of participation can perhaps be best understood in the context of group dynamics. Aspiration levels are said partially to depend on the levels of aspiration prevailing in the groups that the individual belongs to (Lewin, 1964). The amount of influence that group members are said to have on the individual's aspiration level depends on the group's cohesiveness, i.e., the degree to which individual members value their group membership.

The value of group membership to an individual derives from the degree to which the individual believes that group membership will help him attain his own goals (Caplan, 1966 and Vroom, 1964a). Perceived value of membership seems to be correlated with the likelihood that different members in the group will have similar goals – thus the individual's likelihood of continued membership in the group. The relationship between the two appears to be reciprocal. Similarity of goals among the group's members will make membership in the group more attractive. On the other hand, if membership in the group is highly valued, the individual will tend to assimilate the group's goal to be able to maintain the valued membership. As a result of valuing his own membership and his desire to maintain it, the individual will tend to reject goals that he believes conflict with those prevailing in the group and accept those that appear to be consistent with the group's goals (Caplan, 1966 and Vroom, 1964a).

Thus, participation does not seem automatically to produce congruence between the group's goal and that of the firm. Conditions may be such that a more authoritarian managerial style will be more effective in raising the aspiration levels of subordinates. Becker and Green (1962) describe these conditions in greater specificity. Their position could be summarized as follows: if greater interaction of individuals leads to greater group cohesiveness, and if this cohesiveness plus some incentive to produce either at higher or lower levels are positively correlated, then participation can be an inducement for higher or lower levels of performance. Also, if participation at an upper level generates □ positive attitudes on the part of supervisors, then they will try to induce higher individual and group aspirations in the subgroup which will hopefully lead to higher rather than lower levels of performance.

There is also some evidence that participation improves morale. Coch and French (1948) found a much lower turnover rate, fewer grievances about piece rates, and less aggression against the supervisor as individual participation in planning job changes increased. Vroom (1960) argues that participation makes employees feel more a part of the activities and less dominated by a superior, more independent, and thus improves their attitude toward the job. But while participation enhanced satisfaction, it did not necessarily increase productivity. Or at least the results are ambiguous. Literature to date shows no direct correlation between participation and improved productivity (e.g., Cherrington and Cherrington, 1973; Coch and French, 1948; and French, Kay, and Meyer, 1962).

Personality variables can also affect the relation between participation and performance. For example, Vroom emphasizes the affective consequences of the degree of consistency between a person's performance and his self-concept: persons were found to perform better on tasks perceived to require highly valued ability or intelligence which they believed themselves to possess (Vroom, 1960).

Reconciliation with the Expectancy Model: It was indicated that participation tends to increase performance if interaction of individuals leads to greater group cohesiveness and if the group norms are such that they are conducive to higher levels of production. These particular effects of participation can be accommodated within the expectancy model. A group is cohesive when the individual members value their acceptance within the group. Participation in the context of a cohesive group would be a process of reaching consensus within the group on the desirable standards of performance within the group. Once such a consensus has been reached as a result of the group's participation, it would be viewed by the individual as reflecting the group's own norm. Striving to attain that goal would, therefore, increase the individual's likelihood of maintaining his acceptance in the group. In terms of the expectancy model, the existence of a cohesive group of which the subordinate is a member enhances the extrinsic valence associated with work-goal accomplishment. With the attainment of the goal, the individual achieves not only the extrinsic and intrinsic valences that exist in the absence of a group context, but in addition, he maintains his acceptance in a cohesive group which can be regarded as an extrinsic valence associated with goal-accomplishment.

In addition, participation may create intrinsic valences that are absent in nonparticipative environments. These intrinsic valences may be due to a tendency for individuals to become "ego-involved" in decisions to which they have contributed, as would be the case in participative decision-making. A similar process is suggested by evidence that participation by a single person in decision-making with a superior affects the subsequent performance of that person (Vroom, 1970).

Thus, only when groups are cohesive and their norms support the organization would participation be likely to increase motivation and hence the aspiration level and hence performance. When groups are not cohesive, no additional valence is introduced and therefore motivation is not likely to be increased, although participation may increase group cohesiveness, as stated above. In fact, participation in certain environments can lead to negative results as related, for example, by Shilling-□ law (1972). The introduction of participative budgeting in a large electrical equipment factory years ago was received coldly by most of the first level supervisors. The reason offered was that foremen were reluctant to accept the risk of censure for failure to achieve targets that they had set themselves (Stedry and Kay, 1966). In terms of this expectancy model, this phenomenon can be explained in terms of the effect of undesired participation on IV_b. Since participation under this environment induced anxiety and thus a decrement in the intrinsic valence associated with goal-directed behavior, motivation and performance were likely to decline.

680

C. Management by Exception

Summary of existing studies: The fact that accountants and managers emphasize deviations (we use this term instead of variances) in accounting reports implies that, by and large, attention is merited when significant deviations are observed and not when standards are met. Such a system, however, may be perceived as emphasizing failure with only exceptional success attracting management attention. The response to favorable deviations not requiring corrective actions often seems to be weaker than that to unfavorable deviations. As a result, subordinates may be led to view the system as punitive rather than as informative. This may lead to defensiveness, overcautious behavior, and other dysfunctional effects (Sayles and Chandler, 1971). This suggests that effort should be made to emphasize positive as well as negative aspects of performance to provide "positive reinforcement" (Birnberg and Nath, 1967).

Reconciliation with the expectancy model: In terms of the expectancy model, it is easy to predict the effect of these practices. Nonreinforcement or mere attainment of the budget will tend to decrease P_{2i}, the expectancy goal that accomplishment leads to extrinsic valences. The same effect would be produced by relative nonreinforcement of performance that is superior to the budget. On the other hand, punitive response to unfavorable deviations, while it may accomplish some results since subordinates have no alternatives, may also result in resistance, sabotage, and other kinds of conflict. Punishment is known to have generally negative effects (Vroom, 1964a). The Cherringtons' (1973) finding that only appropriate reinforcement contingencies (i.e., when subordinates can control the performance on which rewards are contingent) were motivational can also be explained in terms of the effect on P_{2i}.

D. The Controllability Criterion

Summary of existing studies: Controllability refers to the ability of the subordinate to make decisions and execute them in his attempt to accomplish specified goals or a budget. A distinction must be made between *actual* control and *perceived* control. The motivational variable of interest is perceived control, which may differ from the actual degree of control that the subordinate can apply to a task. Personality as well as sociological factors can affect the degree of deviation between perceived control and actual control (Feather, 1967).

It is generally asserted that only controllable activities in the budget should constitute the basis for evaluation and reinforcement of the subordinate. For example, according to Vroom (1970, p. 213):

the effectiveness of any system in which rewards and punishments are contingent on specified performance outcomes appears to be dependent on the degree of control which the individual has over these performance outcomes. The increment in performance to be expected from an increase in the extent to which the individual is rewarded for favorable results and/or punished for unfavorable results is directly related to the extent to which the individual can control the results of his performance.

681   Several sources can contribute to the □ lack of control over results which appears from existing evidence to reduce the effectiveness of organizationally administered reward-punishment contingencies. The first source is the existence of interpersonal and interdepartmental interdependencies within the formal organization. The jointness of the inputs in terms of subordinate's effort makes it extremely difficult to measure and assess a particular subordinate's contribution to the results. In such an

interdependence set-up, only the effort of a group as a whole can be adequately evaluated and each person has but partial control over the group's outcome.

The second source for lack of control is the operation of "chance" events that perturb the otherwise one-to-one relationship between the subordinate's efforts and his accomplishments. States of nature that are beyond his control affect the results of his effort. The existence of these "chance" events is partially a function of the nature of the task itself. Shooting at a fast-moving target, for example, is subject to far more external and uncontrollable events than performing a standard manufacturing operation.

The degree of skill of a subordinate to perform a job constitutes a third source of lack of control over results. While the degree of skill tends to be inversely related to the incidence of "chance" events, the two variables (skill and chance) are usefully viewed as distinct from each other (Feather, 1967). The degree to which "chance" factors affect performance depends on the skill of the performer as well as on the nature of the task. Thus, a very competent and skillful performer may still fail because the task is subject to many external perturbances, and, at the same time, an unskilled worker may fail to perform effectively even if his task is highly structured and subject to no external disturbances.

As indicated above, the perceived and not the actual degree of control is the variable of interest from the standpoint of predicting motivation and performance. And, as suggested, perceived control may differ from actual control, and the difference can depend on personality variables such as degree of achievement motivation, risk-taking behavior, as well as on cultural variables such as blacks vs. whites, etc. (Lefcourt, 1965; Rotter, Liverant, and Crowne, 1961; and Sutcliffe, 1956.)

Reconciliation with the expectancy model: Using the expectancy model, it can be explained why only activities in the budget that are perceived as controllable by the subordinate should constitute the basis for evaluation and reinforcement. Only activities that are perceived as controllable are likely to be associated with a relatively high P_1. In addition, performing tasks that are perceived as controllable could be associated with higher intrinsic valences (Ronen, 1973).

Unfortunately, since it is difficult to discriminate finely between controllable and noncontrollable activities, dysfunctional decisions may result:

(1) Excluding from the evaluation basis activities that are partially controllable but classified as uncontrollable will direct the subordinate not to exert effort in those activities and eventually to jeopardize the accomplishment of the organization's goals. When basically controllable activities are excluded from the evaluation basis, the dependent variable, M, of the expectancy model operates on only some of the activities that are instrumental to the firm's over-all goal attainment and it bypasses other beneficial activities.

(2) Including in the evaluation basis activities that are perceived by the subordinate as noncontrollable can result in lowering his expectancy that effort will lead to work accomplishment, i.e., P_1.

Also, the intrinsic valence associated with goal-accomplishment may decrease if □ the task is perceived as partially beyond the subordinate's control. Under both cases, the subordinate's motivation to exert effort in his performance will tend to decrease.

682

E. The Exclusion of Criteria That Are Not Easily Measured in Monetary Terms

Summary of existing studies: Because of the difficulty of measuring nonmonetary dimensions of performance, the accounting structure usually restricts itself to reporting financial performance. As a result, managers may be motivated to emphasize the things that are measured to the neglect of those that are not. One suggested solution to this problem is the development of a composite measure of performance, with each dimension assigned a weight in proportion to top management's perceived priority. But this solution is deficient because the weighting schemes are implicit, difficult to translate into numerical form, and possibly nonstable over time. However, a useful step is said to be to identify the major dimensions of performance, whether measurable or not, so that they could be incorporated into the performance review process. The motivational problem involved is that the subordinates lack knowledge of the precise managerial reward structure and the weighting schemes implicit in the evaluation system.

Reconciliation with the expectancy model: The exclusion of nonmonetary criteria from the evaluation basis can be interpreted in terms of the expectancy model as motivating subordinates on the basis of only one dimension. In other words, the dependent variable, M, is characterized by only one dimension — the maximization of monetary profits. Since the work-goal accomplishment that is expected to secure extrinsic rewards EV_i, is only defined by the criterion of maximizing monetary profits, the kinds of effort spent by the subordinate in the task will be only directed to that, and other objectives will be neglected.

Using the expectancy model, the subordinate can be motivated to spend effort to accomplish nonmonetary objectives if these are formally introduced into the control system by: (1) making extrinsic rewards contingent on their accomplishment, (2) by facilitating their accomplishment through task clarification, (i.e., through increasing P_1), and (3) also by attempting to make the accomplishment of the nonmonetary criteria intrinsically valent to the subordinate.

As suggested by Vroom, one of the conditions needed to improve productivity by making effective performance on a task instrumental to the attainment of organizationally mediated rewards or the avoidance of punishments is that:

There is no conflict, either actual or perceived, between those behaviors necessary to attain a short term reward (for example, higher wages this week) and those required to avoid a longer term punishment (for example, a tightening of standards) (Vroom, 1970).

However, merely introducing the nonmonetary criteria into the expectancy model through the explicit specification of effective performance via the budget does not in itself facilitate the attainment of goal congruence, unless the importance attached by top management to the attainment of various criteria is also made explicit to subordinates and internalized by them. If the weights to be attached to the criteria that are implicit in management's preference function are not made explicit to the subordinate, he may impose his own preference ordering on the criteria. That may not coincide with the management's preference ranking. In this case, goal congruence will not be attained in spite of the incorporation of the nonmonetary criteria into the model. □

Summary and Conclusions

The literature on the effects of budgets on behavior is quite fragmentary and draws upon many diverse and partial areas of behavioral science. We have shown that this is the case for five general assumptions made in accounting with respect to budgets and behavior. These assumptions are:

(A) that standards should be reasonably attainable,

(B) that participation in the budgeting process leads to better performance,

(C) that management by exception is effective,

(D) that noncontrollable items should be excluded from budget reports, and

(E) that budgetary accounting should be restricted to criteria measurable in monetary terms.

We then introduced an expectancy model of task motivation within which, with some refinement, it was possible both to reconcile the fragmentary and contradictory past research findings and to explain the five assumptions in a consistent manner. To summarize, the following relations between the assumptions and variables in the expectancy model were discussed:

Standards: P_1, P_2 (expectancies of performance and of reward)

Participation: IV_a, IV_b, EV_i (intrinsic and extrinsic valences)

Exception Management: P_2

Controllability: P_1, IV_a

Monetary Criteria: P_1, EV_i

We examined not only the budget's impact on behavior per se, but also the effects of the superiors' responses contingent on given levels of budget achievement on the part of the subordinate. Thus, the administration of extrinsic rewards contingent on successful budget achievement and the facilitation of intrinsic values are both related to the budgeting process and affect the subordinates' performance. As a result, the expectancy model could be also used as a framework for evaluating the effect of the accounting reports that compare actual performance with the budget on the subordinates' future performance.

Of course, there is a wealth of other relations which fall outside the immediate scope of this paper. The literature of expectancy theory is large, rich in empirical research, and fast-growing. We recognize that the expectancy theory and its assumptions have come under criticism and that tests of the model's predictive ability have produced ambiguous results (see footnote 1). Nonetheless, recent progress in the testing and the operationalization of the model has apparently been made.[4]

Future research should be concerned with the derivation of testable hypotheses that apply the expectancy framework to the budgeting process as well as with

---

[4] Reviews of recent empirical studies in nonbudget context, which were designed either to test directly the expectancy model or to provide an inferential basis for assessing the model's validity indicate some empirical support for the relationships stipulated by the expectancy theory (Dessler, 1973; House and Dessler, 1973; House and Wahba, 1972; Kopelman, 1974). In fact Kopelman (1974) observed coefficients of correlation between the model's independent variables and performance indicators as high as 0.53. Furthermore, operational tools for measuring the model's parameters are available and are in the process of being continually improved and refined (House, 1972).

further improving the predictive validity of the model through better operational-ization of its variables. Also, the moderating effects of situational variables that are part of the working environment on the relation between budgets and motivation should be explored and tested. These situational aspects include variables such as the needs of subordinates, the environmental pressures and demands that subordinates must cope with to accomplish work goals and satisfy their needs, and the

684   □ task demands of subordinates. Another particularly promising avenue for future research is the rigorous formulation of an expectancy model version which ties in with the SEU (Subjections Expected Utility) model, and with the level of aspiration theory.

Motivation, the dependent variable in the expectancy model, can be used as an indication of the probability that the task will be performed, given the ability of the subordinate. In other words, the probability that a task will be performed is a function of motivation and ability. To the superior it is important to assess this ability in order both to evaluate the merit of competing activities and to allocate effectively people to tasks. Hypotheses generated and tested within an expectancy framework should be helpful toward that end.

References

Argyris, C., *The Impact of Budgets on People* (Controllership Foundation, 1952).

Atkinsons, J.W., "Toward Experimental Analysis of Human Motivation in Terms of Motives, Expectations and Incentives," in J.W. Atkinson, ed., *Motives in Fantasy, Action and Society* (Van Nostrand, 1958).

Bayton, J.A., "Inter-relations Between Levels of Aspiration, Performance, and Estimates of Past Performance," *Journal of Experimental Psychology* (1943), *33*, p. 1–21.

Becker, S. and Green, D., "Budgeting and Employee Behavior," *Journal of Business* (October 1962), pp. 392–402.

Benston, G., "The Role of the Firm's Accounting System for Motivation," THE ACCOUNTING REVIEW (April 1963), pp. 351–3.

Birnberg, J.G. and Nath, R., "Implications of Behavioral Science for Managerial Accounting," THE ACCOUNTING REVIEW (July 1967), p. 478.

Caplan, E., "Behavioral Assumptions of Management Accounting," THE ACCOUNTING REVIEW (July 1966), pp. 476–509.

Cherrington, D.J., and Cherrington, J.O., "Appropriate Reinforcement Contingencies in the Budgeting Process," presented at the *Accounting Empirical Research Conference*, University of Chicago (May 1973).

Child, J.L. and Whiting, J.W.M., "Determinants of Level of Aspiration: Evidence from Everyday Life," in H. Branch, ed., *The Study of Personality* (Wiley, 1954), pp. 145–58.

Coch, L. and French, J.R.P., "Overcoming Resistance to Change," *Human Relations* (1948), *1*, pp. 512–32.

Costello, R. and Zelking, S., *Psychology in Administration: A Research Orientation* (Prentice-Hall, 1963).

Dessler, G., "A Test of the Path-Goal Theory of Leadership," Doctorial Dissertation, Bernard M. Baruch College, City University of New York, 1973.

Feather, N.T., "Valence of Outcome and Expectation of Success in Relation to Task Difficulty and Perceived Locus of Control," *Journal of Personality and Social Psychology* (1967), 7, pp. 372–86.

French, J.R.P., Kay, E., and Meyer, H.H., *A Study of Threat and Participation in a Performance Appraisal Situation* (General Electric Co., 1962).

Galbraith, J., and Cummings, L.L., "An Empirical Investigation of the Motivational Determinants of Past Performance: Interactive Effects Between Instrumentality, Valence, Motivation and Ability," *Organizational Behavior and Human Performance* (1967), 6, pp. 237–57.

Georgopoulos, B.S., Mahoney, G.M., and Jones, N.W., "A Path Goal Approach to Productivity," *Journal of Applied Psychology* (1957), *41*, pp. 345–53.

Graen, G., "Instrumental Theory of Work Motivation: Some Empirical Results and Suggested Modifications," *Journal of Applied Psychology* (1969), *53*, pp. 1–25.

Hofstede, G.H., *The Game of Budget Control* (Assen, The Netherlands, Koninklijke Van Corcum and Comp. N.V., 1967), pp. 152–6.

House, R.J., "Some Preliminary Findings Concerning a Test of the Path Goal Theory of Leadership," (unpublished manuscript, University of Toronto, April 1972).

—, *Notes on Questionnaires Frequently Used by or Developed by R.J. House,* Faculty of Management Studies, University of Toronto, July, 1972. □

—, "A Path-Goal Theory of Leader Effectiveness," *Administrative Science Quarterly* (September 1971), *16, 3,* pp. 321–38.

— and Dessler, G., "The Path-Goal Theory of Leadership: Some Post Hoc and A Priori Tests," paper presented at the Second Leadership Symposium: Contingency Approaches to Leadership; Southern Illinois University, Carbondale, Ill., April 1973.

— and Wahba, M.A., "Expectancy Theory as a Predictor of Job Performance, Satisfaction and Motivation: An Integrative Model and a Review of the Literature," paper presented at the American Psychological Association Meeting, Hawaii, August, 1972; Working Paper 72–21, Faculty of Management Studies, University of Toronto, 1972.

Kerr, S., Klimoski, R.J., Tolliver, J., and Von Glinow, M.A., "Human Information Processing and Problem Solving," paper presented at the Workshop in Behavioral Accounting: Annual Meeting of the American Institute for Decision Sciences, Atlanta, Ga., Oct. 30, 1974.

Kopelman, R., "Factors Complicating Expectancy Theory Prediction of Work Motivation and Job Performance," paper presented at the meeting of the American Psychological Association, 1974.

Lawler, E.E., "A Correlation Causal Analysis of the Relationship Between Expectancy Attitudes and Job Performance," *Journal of Applied Psychology* (1968), *52*, pp. 462–8.

Lawler, E.E., *Pay and Organizational Effectiveness: A Psychological Perspective* (Wiley, 1971).

— and Suttle, J.K., "Expectancy Theory and Job Behavior," *Organizational Behavior and Human Performance* (1973), *9*, pp. 482–503.

Lefcourt, H.M., "Risk Taking in Negro and White Adults," *Journal of Personality and Social Psychology* (1965), *2*, pp. 765–70.

Lewin, K., "The Psychology of a Successful Figure," in *Readings in Managerial Psychology,* H.S. Leavitt and L.R. Pondy, eds. (University of Chicago Press, 1964), pp. 25–31.

— Dembo, T., Festinger, L., and Sears, P., "Level of Aspiration," in J. McV. Hunt, ed., *Personality and Behavior Disorder* (Ronald Press, 1944), *1*, pp. 338–78.

Porter, L., and Lawler, E.E., *Managerial Attitudes and Performance* (Irwin-Dorsey, 1967).

National Association of Accountants, *How Standard Costs Are Used Currently* (New York, 1948), pp. 8–9.

Ronen, J., "Involvement in Tasks and Choice Behavior," *Organizational Behavior and Human Performance* (February 1974), *2*, pp. 28–43.

Rotter, J.B., Liverant, S., and Crowne, D.P., "Growth and Extinction of Expectancies in Chance Controlled and Skill Tasks," *Journal of Psychology,* (1961), *52*, pp. 151–77.

Sayles, L.R. and Chandler, M.K., *Managing Large Systems: Organizations for the Future* (Harper & Row, 1971).

Schiff, M. and Lewin, A.Y., "The Impact of People on Budgets," THE ACCOUNTING REVIEW (April 1970), pp. 259–68.

Shillinglaw, G., *Cost Accounting, Analysis and Control,* 3rd ed. (Irwin, 1972).

Stedry, A., *Budgetary Control and Cost Behavior* (Prentice-Hall, 1960).

— and Kay, E., "The Effects of Goal Difficulty on Performance: A Field Experiment," *Behavioral Science, II* (1966), pp. 459–70.

685

Sutcliffe, J.P., "Random Effects as a Function of Belief in Control," *Australian Journal of Psychology* (1956), *8*, pp. 128–39.

Usry, M., "Solving the Problem of Human Relations in Budgeting," *Budgeting* (Nov.–Dec. 1968), pp. 4–6.

Vroom, V.H., "Industrial Social Psychology," in *Handbook of Social Psychology* (Addison-Wesley, 1970)

–, "Some Psychological Aspects of Organizational Control," in Cooper, Leavitt & Shelly, eds., *New Perspectives in Organizational Research* (Wiley, 1964a).

–, *Work and Motivation* (Wiley, 1964b).

–, *Some Personality Determinants of the Effect of Participation* (Prentice-Hall, 1960).

Welsch, G.A., *Budgeting: Profit Planning and Control,* 3rd ed. (Prentice-Hall, 1971), pp. 17, 22–23.

Williamson, O.E., *The Economics of Discretionary Behavior: Managerial Objectives in a Theory of the Firm* (Prentice-Hall, 1964), pp. 28–37. □

Zusammenfassung

Die Verfasser gehen davon aus, daß erwartungstheoretische Ansätze der Motivationstheorie benutzt werden können, um die bruchstückartigen Forschungsergebnisse über die Zusammenhänge zwischen Budget und Verhalten in der Accounting-Literatur in einen einheitlichen Erklärungsansatz zu integrieren.

Nach einer Kurzdarstellung der Funktionen von Budgets und ihrem Einfluß auf Motivation und Verhalten sowie des Aufbaus des Erwartungswert-Modells in der Version von House werden die Beziehungen zwischen dem Modell und dem Budgetierungsprozeß behandelt. Auf dieser Grundlage wird sodann versucht, *fünf* Ergebnisse früherer Studien über Budget und Verhalten aus der Sicht des Erwartungswert-Modells zu interpretieren und so in dieses zu integrieren:

(1) Kontrollstandards sollen auf einem realistischen Niveau festgesetzt werden, das von den Mitarbeitern bei vernünftigem Verhalten auch erreicht werden kann;

(2) Manager sollen an der Aufstellung des Budgets ihres Verantwortungsbereichs mitwirken (partizipative Budgetaufstellung);

(3) Manager sollen nach dem Prinzip des „Management by exception" führen;

(4) Die Kontrolle soll sich ausschließlich auf von den Mitarbeitern beeinflußbare Größen beziehen;

(5) Nicht in Geld meßbare Größen sollen nicht in das Budget integriert werden.

Der Beitrag von Ronen und Livingstone faßt zugleich die wichtigste Literatur über Budgetierung und Verhalten zusammen und bildet deshalb einen guten Einstieg in weiterführende Arbeiten.

Management Control Systems: A Key Link Between Strategy, Structure and Employee Performance*

John Todd

The failure of large corporations such as Franklin National Bank, DuPont 65
Walston, and Equity Funding in the 1970s has dramatically emphasized the need
for managerial control. Such control can be exercised in a number of ways. A manager can exert a measure of personal control by giving orders, making decisions,
and keeping an eye peeled. Such methods, however, tend to be inadequate because
of the physical limitations on what a person can do. The chief executive of Franklin
National Bank found that this style of management, which reflected his belief that
every organization is but the shadow of one man, did not allow him to maintain
adequate control. The result was a disastrous combination of bad loans and losses
on bonds and foreign exchange.

The most promising alternative to personal control by managers is a management
control system (MCS). In considering MCSs it is important to think in terms of potential control rather than automatic control. Traditionally, MCSs have been
equated with a collection of financial, accounting, and budgeting procedures, and
the yardsticks for □ measuring their effectiveness have been the timeliness and 66
understandability of printed reports. From this viewpoint, in their relationship to
MCS managers tend to be little more than passive recipients of historical reports.
It is imperative to define a firm's MCS in such a way as to recognize the greater potential control that active managerial participation can provide.

An MCS can be viewed as a sequentially integrated series of steps. Goals for the
organization and its employees need to be set, results need to be measured, and
managerial action needs to be taken in response to those results. These steps are
shown in the accompanying diagram, with the solid linking lines indicating the basic
control steps.

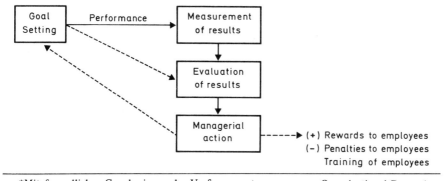

---

*Mit freundlicher Genehmigung des Verfassers entnommen aus: Organizational Dynamics,
Spring 1977, S. 65–78.

As the diagram shows, the evaluation of results normally takes into account both expected and actual results. The action step then attempts to reinforce satisfactory performance with rewards or to correct unsatisfactory performance with penalties or training. The managerial response may also include a revision of goals to reflect changed expectations as a result of recent experience.

Every manager has a responsibility for the executions of the basic MCS steps shown in the diagram. Within this framework, however, the ways in which the managerial control functions are conducted can vary tremendously. This article deals particularly with managerial control options that have a demonstrable positive correlation with employee performance.

The Need for a New MCS Model

In the early years of professional management, there was little concern about undesirable side effects of management control systems. Classical management theory assumed that employees were rational, economic men and would therefore conform to managerially defined expectations. Any attendant morale or turnover problems were usually considered the responsibility of personnel specialists, not of line managers.

The Hawthorne experiments a half-century ago unearthed dysfunctional employee practices that the company's control system had failed to prevent — or even detect. The researchers explained this in terms of management's sole concern with the technical system and corresponding neglect of the social system. When work standards ran counter to employee-defined norms, the work group was able to develop elaborate ways of dealing with the perceived threat to the social system. Fritz Roethlisberger, one of the principal researchers, later wrote of □ the "vicious-cycle syndrome" he had observed at Hawthorne as well as at other companies.

> The breakdown of rules begot more rules to take care of their breakdown or the breakdown of close supervision encouraged the use of still closer methods of supervision and, as a result, the continuous search and invention of new control systems to correct for the limitations of previous ones.

Other unanticipated problems have stemmed from control systems. Employees have often expressed resentment and hostility toward systems that set unrealistic goals, that demand excessive paperwork, that improperly measure performance, that fail to reward good performance, that do not allow for exmployee participation, and so on. Employees have often responded with actions as well as words. They have followed the rules, "done it by the book," for example, even though they knew the rules were a mistake, in order to show up the persons who designed the systems. In other words, they practiced malicious obedience. In numerous instances, corporate long-run success has been subordinated to short-run quantitative results because of pressure from the control system. Maintenance of both physical and human assets may be neglected in order to meet current cost budgets, and high-pressure tactics may be used to meet sales quotas.

One of the most spectacular instances of negative byproducts of a control system was the Equity Funding scandal. In that company, top management set goals for subordinate managers that were impossible to meet by legitimate means.

Employees reacted to this pressure by "manufacturing on paper" millions of dollars of assets and profits; this was the only way they could keep their high-paying jobs. In another similar case, the Boy Scouts of America revealed that membership figures coming in from the field had been falsified, thereby vastly overstating the total. Field personnel had responded to the pressures of a national membership drive by providing false data; it had been easier to report new members than to enroll them. In short, as these two instances illustrate, organizational control systems can generate unintended and unfortunate consequences.

Although it is important for managers to be aware of these potential pitfalls of control systems, it is even more important that they have positive guidelines for the design and implementation of these systems. The potential of management control systems as a stimulant and a motivator has received far less attention than their effects as a constraint on employee behavior. Managers should consider MCSs as complementary to leadership, organizational design, and other positive means of direction and control.

Corporate Strategy and the MCS

As other writers have noted, it is important to tie together the strategy of an organization and its internal structure. Departmental and individual goals, performance measures, and managerial response to deviations, all need to be tailored to the strategy and structure of the particular organization. Management control must be linked to a planning base — to the basic question, "What are we trying to do?" Only after the competitive and strategic requirements of the organization are defined can effective work goals for employees be developed.

In addition, just as corporate strategy must be continually revised in response to environmental or resource changes, there must be a corresponding updating of control processes. Flexibility is particularly critical in rapidly changing situations such as those that characterize short product-life cycles. A □ standard five-year plan may be an inappropriate control for products that are likely to grow, mature, and decline at irregular intervals in a short time frame. 68

In addition to the need for an MCS to be integrated with the corporate strategy and responsive to change in the environment, a well-constructed MCS will be particularly useful to a manager if it takes into account the personal job goals and other personal characteristics of employees, such as abilities and attitudes. The most publicized "misfits" in organizations have been young people with their demands for jobs more closely attuned to their personal goals of "meaningfulness" and "humaneness." The desire for a more responsive work environment, however, extends far beyond youthful workers. In a recent survey, while two out of three workers expressed a willingness to work harder if their pay were correspondingly increased, an almost equal number said they would work harder if they "had more say about the kind of work they did and the way they did it." Clearly, then, top management can develop a more effective MCS if the personal goals of operating managers are considered. The operating managers, in turn, can be more effective if they also consider the personal objectives of their subordinates as they develop appropriate MCSs for their operating areas.

Effect of an MCS on Employee Performance

With such considerations in mind, two studies were undertaken in an attempt to identify the most important characteristics of a management control system relative to employee performance. In the first study, two offices of an accounting firm were compared on differences between their MCSs and the relationship of these differences to employee performance. Since the strategy and structure of the two offices were approximately the same, the study could focus directly on the interaction between the MCS and employee performance. The second study considered how the employees of three national sales organizations perceived their firms' MCSs and then related their perceptions to individual performance.

MCS's Effects in an Accounting Firm

From among several offices operated by the firm, two were chosen for comparative study. The two offices, identified here as A and B, were similar in type of operation, and each had approximately 75 professional staff employees.

Over a five-year period, the two offices showed a significant difference in performance. The figure below shows the changes in volume of business in terms of index numbers. (The first-year base amount is 1.00; a larger number represents the extent of growth over that amount.) Since the output of an accounting firm is the chargeable time of its employees, firm officials considered gross billings (called volume of business) to be the single best measure of performance for these two offices.

As the figure shows, beginning with the third year, Office A far outdistanced Office B in performance. Office A showed steady and impressive growth, while Office B showed practically none. Officials at the firm's home office also considered Office A to be much stronger in relation to competing firms in its geographic

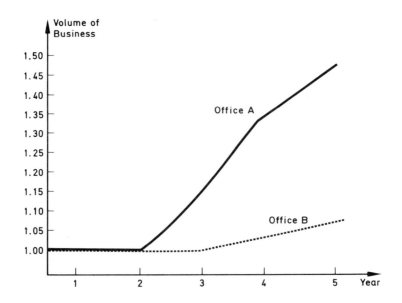

area than Office B in its area. Thus the superiority of Office A is shown by both objective indicators and professional evaluations.

This study focused on the differences between the MCS in offices A and B, as □ revealed in questionnaires and in extensive interviews with employees. From these   69 questionnaires and interviews, a number of findings and conclusions were developed.

Results of the Study

A statistical analysis of the responses on the questionnaire revealed three basic factors in the employees' perceptions of the MCS. Underlying each factor were a number of questions that respondents tended to answer in a similar manner. The three factors were:

1. Clarity of the control system.
2. Strength of the performance-rewards relationship.
3. Amount of individual control and influence.

The fact that these central features emerged in the way respondents described the firm's control system is less significant than the fact that these three features also distinguished between high and low performance. The employees in the more successful office described their management control system differently from the employees in the less successful office on these factors.

Beyond the correlation of each of the MCS factors with office performance, there is a larger theme in the findings. Each characteristic seems to contribute toward a person's general sense of control over the job situation – the ability to control the job outcomes that will be achieved through personal effort. To be successful in their quest for valued job outcomes, employees need not only an assignment of authority (individual control and influence) but also an understanding of the means and ends of their mission – that is, how it can best be done (clarity) and how it can help them accomplish their individual goals (performance-rewards relationship). Thus in this sense, each control system characteristic is important in the development of an employee's overall sense of control over the job environment. The following description of each control system characteristic is taken from the analysis of the questionnaire results and interview data.

1. *Clarity of the control system.* Employees in Office A viewed the management control system as having greater clarity than did the employees of Office B. This factor encompassed both the goal-setting and □ performance-evaluation pro-   70 cesses of management control. It included reports about employees' feelings about how well they understood the goals their manager expected them to achieve as well as the importance the manager placed on these goals. It also included reports about the clarity with which the employees understood their superior's evaluation of the work. Although these elements were considered separately in the questionnaire, statistical analysis showed them to be closely related.

Interestingly, the two offices had officially adopted the same goal-setting and performance-evaluation procedures. Each employee was assigned to professional engagements (that is, jobs) by his or her manager, and a standard evaluation report was prepared for each person after each job was completed. The performance evaluation report also was supposed to be reviewed with the employee who had completed the job. Within the frame of these general policies, however, there was a great difference in the manner of execution. One Office A employee described the process of goal setting and performance evaluation in these words:

> Once the job assignments are made, and prior to going to the client's office, I review the previous year's workpapers, and have at least one conference with my boss. We discuss any particular questions I might have about the procedures to be followed, and also both our observations and expectations about the job. On jobs that I've not been assigned to previously, the manager provides an extensive orientation to the client's business and personnel. The manager usually spends at least the first day at the job, helping me get familiar with the situation and making contact with client personnel. After that, we usually have weekly discussions, except when I need his help more often. . . . I get good feedback from him as we go along about his evaluation of the work, and then we have one in depth, windup session at the end of the job. In an informal way, we discuss strengths and deficiencies on the job. Although there usually are no surprises, it's nice to have everything out on the table at one time and get an overall evaluation.

The same processes in Office B were described by two employees in sharply contrasting terms. Said the first:

> I could do a better job if I could get more information. About all I usually have is last year's workpapers and a budget. The manager meets with the client, but I usually don't know what it is about. I have to find out everything by digging it out. I don't hear much from the manager, except about problems with the budget. He does a complete review of the workpapers at the end of the job and does quite a lot of work himself clearing up any problems. By then, I'm usually on another job and never get to see the final product. So, I don't get to see a whole job through to the finish and see all the pieces put together.

And in the words of the second Office B employee:

> There is a lot of discontent here because we have no way to find out how we stand in relation to others. "Doing about right" is the most common comment we hear in our performance evaluations.

The difference in the two offices, illustrated in these comments, reflects the skill of the managers and the amount of effort they expended on seeing that their subordinates had clear goals as well as feedback about their performance. In Office A, top management insisted that all managers clearly spell out their expectations and evaluations to subordinates. Roles and responsibilities for each project were defined and communicated, and role playing and other training aids were used to help managers develop expertise in the planning and evaluation activities. In Office B, on the other hand, top managers only paid lip-service to the official company policies on goal setting and employment evaluation; they were still emotionally attached to the □ traditional pattern of having the manager deal with the client on all important items and restricting the employees to routine duties. With this approach, top management saw little need for sharing information with employees.

2. *Performance-rewards relationship.* One of the critical functions of a controlsystem is to provide employees with reasons why they should work hard toward the achievement of organizational goals. In the current study, employees of Office A perceived a stronger link between successful job performance and valued job outcomes than did employees in Office B.

In public accounting, one of the most valued job outcomes is promotion into management. Office A employees shared the perception that superiors had achieved their positions through merit and that they too had a good chance to be promoted on the same basis. One staff member said: "Promotions here are not a matter of luck. You get ahead by hard work and competence." Top managers in Office A emphasized the dual responsibilities — technical and managerial — required of subordinates; at the same time they also offered encouragement and support to staff members who needed to develop in one or both of these areas. There was little doubt in the minds of staff members that top management was carefully monitoring their performance on both levels and that promotion decisions were clearly related to performance.

Not so in Office B, where the promotion system was perceived as a zero-sum game and the link between promotions and superior performance was somewhat tenuous. For example, no promotions into management had been made in the preceding year. According to the professional employees in the office, at least three individuals were well qualified; yet, because not all could be promoted, none had been promoted. Such an organization tends to end up with only the employees who are willing to stick it out. Here, too, the Peter Principle can be seen to function, with the remaining employees eventually being allowed to rise to their level of incompetence.

3. *Individual control and influence.* In the accounting firm study, questionnaire items that measured this characteristic asked about the degree of individual control and influence in establishing job goals and doing the work, as well as the innovation required and discretion used in the employee's work. Although the-questions covered a broad area, □ employee answers were so consistent that it was decided to combine them into one index. Overall, the questions seemed to measure the extent to which employees felt they could control and influence their current work. Here is a typical comment by an Office A staff member. 72

> This is a professional firm. You are very much on your own after proving yourself in the first two years. You get a lot of responsibility early. It's good to be able to work without someone looking over my shoulder, but I can also ask someone for help if I need it.

Management in Office A was concerned about the need for organizational growth and recognized the need to create an environment within which employees could develop and unleash their abilities. Top managers believed that the biggest constraint to future growth of the office was the limited number of employees who could take on more responsibility. In order to build that future leadership, management was committed to giving each employee an opportunity to go "as far as he can on his own," consistent with the professional standards that govern all accounting firms.

Job assignments on Office A projects were usually made in modular form, that is, by areas of responsibility rather than by specialized task, which was the traditional method. The assignment of full responsibility for the audit inventory, for example, allowed the accountant to see the whole inventory picture, from verification of quantities to valuation of the inventory. In contrast, the traditional specialist might be restricted to the physical inventory count or to testing mathematical computations without ever understanding the relationship of this work to other audit steps. A staff member described the modular approach in this way:

> There are twelve problem accounts on the job. Each staff member is assigned responsibility for researching the theory, writing up the audit program, and doing the work on certain of

those accounts. We [the staff members] are the ones who know the most about that account — not the senior or the manager. Each of us has a meaningful job.

Records were kept of the modular assignments so that all inexperienced employees could gain experience on diversified jobs. This allowed employees and management to match interests and skills in a variety of jobs, as a prelude to specialization later on in the employees' careers. This initial career planning was ongoing, with new inputs from each employee, from performance records, and from environmental changes. The amount of influence exercised by employees was substantial, as management recognized the importance of individual commitment for an effective professional career.

In contrast, Office B employees more often spoke of "being controlled" rather than of "being in control." They expressed their feelings in these words:

This organization is too rigid in terms of responsibility and assignments, which are tied too closely to seniority. Scheduling should be more responsive to the individual's needs and experience. They should give more personal consideration when it comes to job assignments. We are human beings, not just things they bill out at $20 an hour.

Management's life is directed toward work and work alone. It seems that a person should live to work and nothing more. Those that stay with the firm are those hard, ambitious workers who only have time for work in their life. There doesn't seem to be a place for a person like myself who wants to do a good job and enjoy life too.

There is no apparent master plan with someone looking out for your interests. For example, there seems to be no link between evaluation of needed experience and job assignments. I definitely have no influence on job assignments. □

73   This comparison of perceived individual control and influence in the two offices supported the theory that the amount of control in an organization is not a fixed sum. In other words, as employees believe they control more of their work, managers should in turn gain more control in accomplishing organizational objectives. Employee perceptions of greater individual control and influence should be associated with more achievement because of greater employee involvement and motivation.

The study demonstrated the importance of the employees' sense of control as a predictor of performance. Employees of high-performing Office A expressed the conviction that they had greater control over their situation, in terms of being able to act effectively for the accomplishment of both organizational and individual goals, than did lower-performing Office B. The employees in Office A expressed their sense of control in terms of rewards, job definition, and performance standards and evaluation. Here are three very brief statements that exemplify their sense of control in these areas.

There are rewards I value if I perform well.
I have considerable influence and control in the definition and accomplishment of my job.
I know what is expected of me and how well I am doing.

Office B is taking steps to implement a new control process similar to that in Office A. Shortly after the conclusion of this study, Office B's managing partner accepted retirement. Although his early leadership had helped develop the office, his autocratic control methods initiated a vicious circle of inadequate employee development, high employee turnover, failure to adapt to new environmental forces, and limited business growth.

MCS's Effects in a Sales Organization

A later study by Charles Futrell involved the total sales staff of two national pharmaceutical companies and one national hospital supply company. A total of 413 salesmen were surveyed using a questionnaire containing the same control system questions used earlier in the accounting firm study. Subsequently, the replies to the questions and the performance rating for each salesman were matched.

Statistical analysis showed that all three of the control system characteristics listed above were correlated significantly with job performance. Those salesmen who perceived a high degree of clarity in their company's control system tended to have a better performance record. Likewise, the same relationship was found between job performance and the other two control system characteristics: The best performers tended to see a strong link between performance and rewards, to feel that they knew what was expected of them, and to believe they had influence and control over the accomplishment of their tasks.

One significant variation in the results of this study from the accounting firm study was the order in which the three characteristics were associated with individual performance. The performance-rewards relationship characteristic showed the strongest association with performance for the salesmen, whereas it had been the weakest characteristic for the accountants. Although the studies did not explain this difference, we can hypothesize that economic motivation was stronger for the salesmen than for the accountants, while the accountants were oriented more toward professional factors than the salesmen. For example, the characteristic most strongly related to performance for the accountants was "clarity," a relationship that □ reflects both the complex work they were doing and their personal need for precise feedback.   74

Although the overall finding in both studies were consistent, the proof of casuality is not clear-cut. There might even be a reciprocal relationship between performance and the control system characteristics. The control system may affect performance, and performance may also influence employees' perceptions of the control system. The strong association of the three MCS characteristics and performance deserves the careful consideration of managers, however, particularly since they can directly influence each of the characteristics.

Developing MCSs with a Link to Employees

Just as managing can never be a programmed activity, there can be no simple program to create ideal MCSs. No "chrome package" applied piecemeal to an organization will have an impact if employees receive contradictory signals from one day to the next. In short, an effective approach requires integrated action on several dimensions of management control.

The first step for a manager who is reviewing the effectiveness of his or her MCS to take is to determine the demands and rewards of the company's MCS in relation to the goals and capabilities of the employees who work for it. MCSs offer the most direct tool available to managers who want to integrate their employees emotionally into the mainstream of their organizations. Employee interviews and surveys will often provide managers with a very different picture of their MCS than they expected. This diagnosis can serve as a basis for the development of an action plan.

Second, a manager ought to devote more attention to the design and implementation of key MCS characteristics, such as clarity and the performance-rewards relationship.

Clarity

The ambiguity perceived by employees in the accounting firm's Office B is not unique. Many managers fail to meet their responsibilities for setting clear goals and providing adequate feedback. One pervasive warning signal of managerial dysfunction in organizational life today is the lack of clarity about the expectations of organizations and their employees.

The causes may range from poor communication to a dislike for "playing God" in appraisals. In a study by the author, employees were particularly critical of a company policy that required that the annual appraisal interview be conducted by someone other than the immediate supervisor; the interviewers conducting these appraisals usually could not go beyond prepared comments in their efforts to help employees understand how they might improve their ratings, and employees typically came away frustrated at this lack of clarity.

As noted earlier, employees want and need to know what is expected of them, as well as how well they are doing in meeting organizational expectations. One of the study participants said:

> We should be treated as intelligent, capable businessmen, interested in tackling problems we will be involved in. Don't hold the cards so close that no one knows what the game is.

This comment suggests why managers should keep their subordinates informed of organizational goals and expectations. All important standards of performance should be communicated, not just one □ or two bottom-line goals. Managers should focus on general priorities that will help employees in making decisions that involve tradeoffs, such as efficiency versus morale or cost control versus customer satisfaction. Overlooking these gray areas in the goal-setting process means suboptimum results and dissatisfaction.

Although clarity is the objective of this process, managers should be aware that too much preciseness may stifle employee initiative. In Office B, for example, the restriction of employees to limited, routine work had a negative effect on performance and development. Clarity is not synonymous with having managers make all the decisions.

Beyond the determination of expectations, there should be a commitment to help employees understand how they are doing. Performance evaluations are undoubtedly one of the most underutilized and misused tools in management today. Reports of two-minute appraisal interviews abound. "I've got to go to a meeting in a couple of minutes," the appraiser announces, "so I'm not going to play around. You're doing about as well as expected, and you'll get a fair raise this year."

Managers have a responsibility to provide subordinates with candid and constructive feedback. With professional employees, such as accountants, feedback is doubly important because an evaluation of their results are somewhat subjective and because they tend to have a strong need for achievement. For those who are not professionals, feedback is a means of reinforcing desired behavior, as demonstrated in a number of experiments at Emery Air Freight and at other companies. Used correctly, performance evaluation helps both managers and subordinates to understand their past performance as well as their expectations — an important accomplishment.

Performance-Rewards Relationship

Of primary importance in the performance-rewards relationship is the need to ascertain what each employee wants from his job. This determination, as well as the feasibility of fulfilling these wants, can be settled as part of a psychological contract between a manager and his or her subordinates. The term psychological contract denotes a commitment that, in addition to any monetary agreement, the manager will attempt to provide opportunities for satisfaction of the subordinate's other needs and wants. The inherent prerequisite to any such contract is that the subordinate be free to communicate these needs and wants.

Another important step is to set up a system that will respond to individual and group expectations, consistent with the accomplishment of organizational objectives. This system may dispense extrinsic rewards, such as money and fringe benefits, as well as intrinsic outcomes, such as greater responsibility and meaningfulness of work. Managers should broaden the concept of reward systems to include all job outcomes, not just monetary and promotional rewards. An accountant expressed his reason for seeking another job in these terms: "In two years I can probably get the promotion. But I look at what the people at that level are getting — more money and more headaches. Is that all I can expect?" This suggests that job design should join more traditional rewards as a means of responding to employee expectations and aspirations. The variety and challenge of work itself can be particularly significant.

According to the study findings, which showed that rewards are linked with individual and office performance, the link should at least, in part, be contingent upon employee success. This finding is consistent □ with the expectancy theory of 76 motivation, which says that employee efforts reflect a combination of the attractiveness of probable results and the likelihood that those results will be achieved. Managers must demonstrate that rewards are based on performance. An employee whose past efforts have been rewarded is likely to feel that future efforts will also be rewarded. Bonus systems offer one means of rewarding outstanding performance, although their effectiveness can be no better than the predetermined goals on which they are based. In recent years we have seen the expansion of bonus systems to such unusual situations as police work. Other organizations have emphasized cost efficiency through group incentive plans, such as the Scanlon plan. These applications are illustrative of the flexibility available to managers who want to set up new performance-rewards links.

Individual Control and Influence

For managers, individual control and influence may present the greatest challenge as well as the greatest opportunity. The means of developing this characteristic will vary from organization to organization. As examples of positive action, the following suggestions were appropriate for the accounting firm:

1. Allow more diversity in the personal and professional growth and career paths of employees. A common perception among employees in many organizations is that they are considered to be little more than technical robots that should be developed in a lock-step. Often, the means and the ends of subordinate development duplicate the manager's career path because of his or her attitude that "I came up this way and you must also." In the accounting profession, there is ample opportunity to provide varied career paths since there are always clients and types of works that will provide opportunities to employees with different career interests.

2. Allow employees more influence in determining the particular projects they will work on and how those projects will be completed. Although the manager, because of his broader perspective, has the primary responsibility for employee assignments, he should take into account employee interests and developmental needs. One employee suggested: "Scheduling should include an evaluation of the experience needed and whether or not it would be a challenge to the individual."

3. Develop better channels of communication upwards so that employee feelings, attitudes, and wants can be heard and dealt with more effectively. This should include a provision for appeals whenever an employee believes a decision by a superior unduly curtails personal goals. In some offices, this may just be a matter of making management's open-door policy more specific, to assure employees that they can appeal assignments, evaluations, and other perceived injustices. For others, such as those in Office B, it may mean developing new policies and procedures for improved group and individual upward communication. Because of the many professional demands on top management, an ombudsman or employee counselor may be warranted in some offices to act as staff spokesman to management.

In the accounting firm, each of these factors contributed toward the employees' sense of control over their jobs and in making the what, how, where, and when of their jobs more compatible with their personal interests and values. These and similar steps are needed in many organizations if they are to develop greater employee motivation and self-control.

77   Although we have considered the □ three characteristics separately, an integrated approach is obviously more desirable. Despite statistical independence, in the real world there is considerable overlap among the various measures. There may even be conflicting signals at times, for two basic human needs – independence and support – underlie much of the problem in matching the organizations with its employees. The simultaneous gratification of these needs in an organizational context requires a skillful balance of organizational mechanisms within the MCS.

The DuPont Walston failure has been attributed to the loss of many productive and experienced employees. One of the employees who left explained his reason: "What got us was the way things were presented. Rather than creating a desire to do something, management told us we must do it." This is another example of keeping a tight rein, to the extent of frustrating the employee's need for independence.

It is not just a matter of delegating authority to subordinates, however, even though it may be a step in the right direction. To use an analogy, most of us would not relish the "freedom" of playing tennis on top of the World Trade Center without some "support" (such as a very heavy screen around the court). In a similar way, most employees recognize the importance of organizational support in planning and coordinating their efforts toward valued goals.

Another study was conducted in a large U.S. corporation that prided itself on hiring the best M.B.A.s and turning them loose to make profits for the organization. The study in one of the corporation's newer divisions showed widespread disenchantment among this group, referred to as the young tigers, largely because they had lots of freedom but no organizational direction and support in a field where technical expertise was important. They found themselves in a professional role doing an unprofessional job because they were not even sure of what they were supposed to do. One of the top managers of the company expressed management's attitude toward the problem: "I just don't understand the young tigers. I don't have time to wipe their noses for them. They're big boys now, and they should be able to figure out things for themselves."

In the face of a deteriorating situation in this division, the corporation replaced the managerial team with men who better understood the conflict found in most people over the degree of independence desired. As this experience with young professionals showed, the creation of a management control system with the proper blend of support and independence is an important requisite for youthful managers.

Conclusions

It is time to bring management control systems into the mainstream of managerial action. Overemphasis on financial figures and techniques has often obscured the real value of these MCSs to management. As a key link between the strategy and structure of the organization and its operating personnel, the MCS can serve functions of interpretation, direction, integration, and inspiration. The primary focus in these pages has been on the link between the MCS and the employees, as there has been less attention to this link than to the others. The key requirement is to consider employees along with organizational strategy and structure in developing an organization's management control system. The working model might take the form of the accompanying diagram. □

This model can help managers keep in mind the importance of tailoring their management control system to the particular situation at hand, which includes not only organizational variables but also employee variables. 78

The interactive influence of control systems and employees on performance can best be understood by considering three characteristics of control systems. These are:

1. Clarity of management's expectations and evaluation of employees.
2. Strength of performance-rewards link for employees.
3. Employee influence on and control over their work.

These three characteristics represent major decision points in any management control system. Managers have options on each of the characteristics in the design and implementation of a control system. With these options, systems that appear theoretically comparable can be made to vary widely. As shown in the accounting firm, control systems that are similar on paper can be implemented in different ways, with results ranging from an autocratic, closed-loop system to a participative, group-oriented system.

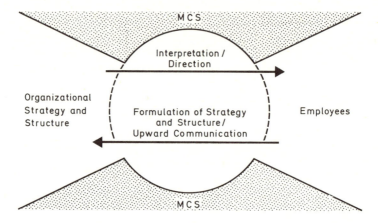

In the primary study, comparing two offices of one accounting firm, the office with the control system that had greater clarity, performance-rewards link, and employee influence performed better than did the other office. Even though the same association of control system characteristics and performance was found in the study of sales organizations, it is important to remember from contingency theory that different degrees of one or more of the characteristics may better fit different situations. For example, the performance-rewards relationship was the most important control system characteristic for the salesmen, whereas it was the least important for the accountants. Managers in the two situations should therefore set different weights on these three common MCS characteristics in planning their overall approach to improved management control.

The MCS model provides flexibility for tailoring the managerial response to the strategy, structure, and employees of a particular situation. Using this tool, managers can keep their approach to operational control consistent with other variables in the organization. ▫

Zusammenfassung

Todd referiert in allgemeinverständlicher Form die Ergebnisse eines Forschungsprojektes, das sich mit den Auswirkungen von Management-Kontroll-Systemen (MCS) auf die Motivation und das Verhalten von Mitarbeitern beschäftigt. Er faßt die Ergebnisse in drei Grundsätzen als Erfolgsbedingungen eines guten MCS zusammen:

(1) *Klarheit* des MCS im Hinblick auf Zielvorgabe und Information der Mitarbeiter über ihre Zielerfüllung.

(2) *Enge Verknüpfung von Leistung und (bedürfnisbezogenen) Gegenleistungen* (Belohnungen)

(3) *Individuelle Einfluß- und Gestaltungsmöglichkeiten für jeden Mitarbeiter* bei Zielsetzung und Zielerfüllung.

Im Sinne dieser Grundsätze gestaltet, kann das MCS die Aufgabe erfüllen, als Verbindungsglied zwischen Unternehmens-Strategie und Organisationsstruktur einerseits und der Aufgabenerfüllung durch die Mitarbeiter andererseits zu fungieren: durch Anleitungs- und Motivations-, Integrations-, Inspirations- und Interpretationsfunktionen. Die Entwicklung eines MCS – so der abschließende Appell von Todd – muß neben der Organisationsstruktur auch die Mitarbeiter und ihr Verhalten als Determinante einbeziehen: „The key requirement is to consider employees along with organizational strategy and structure in developing an organization's management control system." Und: „Overmphasis on financial figures and techniques has often obscured the real value of these MCS's to management."

Literaturhinweise* zum 5. Kapitel

Cammann, G. und *D.A. Nadler,* Fit Control Systems to Your Managerial Style, Harvard Business Review, Vol. 54, 1976, No. 1, S. 65 ff.

Lowe, E.A. und *J.M. McInnes,* Control in Socio-Economic Organizations: A Rationale for the Design of Management Control Systems (Section I), The Journal of Management Studies, Vol. 8, 1971, S. 213 ff.

*Macharzina, K.**,* Flexible Planung auf der Basis aggregierter Parameterschätzungen. Verhaltensorientierte Perspektiven der organisatorischen Erwartungsbildung, Zeitschrift für Betriebswirtschaft, 46. Jg., 1976, S. 869 ff.

Ruble, Th.L., Effects of one's Locus of Control and the Opportunity to Participate in Planning, Organizational Behavior and Human Performance, Vol. 16, 1976, S. 63 ff.

Sayles, L., The many Dimensions of Control, Organizational Dynamics, Vol. 1, 1972, No. 1, S. 21 ff.

Vassal, J., Contrôle de gestion et style de commandement, Revue Française de Gestion, 1978, No. 14, S. 14.

---

*Als weiterführende Literatur seien ferner die beiden Fachzeitschriften „Long Range Planning" und „Strategic Management Journal" empfohlen.
**Ein umfangreiches Verzeichnis weiterführender Literatur enthält der Aufsatz von *K. Macharzina:* Die Bedeutung verhaltenstheoretischer Aussagen für kosten- und leistungsorientierte Planungs- und Kontrollrechnungen, in diesem Reader S. 453 ff.

Literaturübersicht

Ackoff, R.L., Unternehmensplanung. Ziele und Strategien rationaler Unternehmensführung, München, Wien 1972.

Aghte, K. und *E. Schnaufer* (Hrsg.), Unternehmensplanung, Baden-Baden 1963.

Albach, H., Beiträge zur Unternehmensplanung, 2. Aufl., Wiesbaden 1979.

Andrews, K.R., The Concept of Corporate Strategy, Homewood/Ill. 1971.

Ansoff, H.J., Strategic Management, London 1980.

Ansoff, H.J., R.P. Declerck und *R.L. Hayes* (Hrsg.), From Strategic Planning to Strategic Management, London u.a. 1976.

Anthony, R.N., Planning and Control Systems. A Framework for Analysis, Boston 1965.

Anthony, R.N. und *J. Dearden,* Management Control Systems. Text and Cases, Homewood/Ill. 1976.

Argenti, J., Die Langfristplanung im Unternehmen, München 1970.

Argenti, J., Systematic Corporate Planning, London 1974.

Aurich, W. und *H.-U. Schröder,* Unternehmensplanung im Konjunkturverlauf, München 1977.

Becker, D., Analyse der Delphi-Methode und Ansätze zu ihrer optimalen Gestaltung, Frankfurt, Zürich 1974.

Bender, E., U. Jacob und *Chr. Kunze,* Leitfaden durch die Planung, Organisation und Kostenkontrolle, Stuttgart 1977.

Bendixen, P. und *H.W. Kemmler,* Planung, Organisation und Methodik innovativer Entscheidungspraxis, Berlin, New York 1972.

Berthel, J. und *D. Moews,* Information und Planung in industriellen Unternehmungen. Eine empirische Studie, Berlin 1970.

Berthel, J., Zielorientierte Unternehmenssteuerung. Die Formulierung operationeller Zielsysteme, Stuttgart 1973.

Berthel, J., Betriebliche Informationssysteme, Stuttgart 1975.

Bircher, B., Langfristige Unternehmensplanung, Bern, Stuttgart 1976.

Blaas, W. und *P. Henseler,* Theorie und Technik der Planung. Planungsinstrumente – Planungssysteme, Wien 1978.

Blohm, H., Organisation, Information und Überwachung, Wiesbaden 1977.

Bramsemann, R., Controlling, Wiesbaden 1977.

Braun, G.E., Methodologie der Planung. Eine Studie zum abstrakten und konkreten Verständnis der Planung, Meisenheim 1977.

Brockhoff, K., Prognoseverfahren für die Unternehmensplanung, Wiesbaden 1977.

Busse von Colbe, W. und *P. Meyer-Dohm* (Hrsg.), Unternehmerische Planung und Entscheidung, Düsseldorf 1969.

Dalton, G.W. und *P.R. Lawrence,* Motivation and Control in Organizations, 5. Aufl., Homewood/Ill. 1973.

Denning, B.W. (Hrsg.), Corporate Planning. Selected Concepts, London u.a. 1971.

Dumont du Voitel, R., E. Gabele und *W. Kirsch,* Initiatoren von Reorganisationsprozessen. Ein empirischer Vergleich der Einführung von Geschäftsbereichorganisationen, Planungssystemen und Informationssystemen, München 1976.

Emery, J.C., Organizational Planning and Control Systems. Theory and Technology, New York, London 1969.

Esser, W.-M. und *W. Kirsch,* Einführung von Planungs- und Informationssystemen. Ein empirischer Vergleich, München 1979.

Ewing, D.W., The Practice of Planning, New York 1968.

Ewing, D.W., The Human Side of Planning – Tool or Tyrant?, London 1969.

Ewing, D.W., Long-Range Planning for Management, New York 1972.

Faludi, A., Planning Theory, New York u.a. 1973.

Faludi, A. (Hrsg.), A Reader in Planning Theory, Oxford u.a. 1973.

Frese, E., Kontrolle und Unternehmensführung, Wiesbaden 1968.

Gälweiler, A., Unternehmensplanung: Grundlagen und Praxis, Frankfurt 1974.

Gehmacher, E., Methoden der Prognostik, Freiburg 1971.

Grochla, E., Betriebliche Planung und Informationssysteme, Reinbek 1975.

Grochla, E. und N. Szyperski (Hrsg.), Management-Informationssysteme, Wiesbaden 1971.

Grochla, E. und N. Szyperski (Hrsg.), Modell- und computergestützte Unternehmensplanung, Wiesbaden 1973.

Haas, M.O., Planungskonzeptionen schweizerischer Unternehmungen. Versuch einer vergleichenden Darstellung, Bern, Stuttgart 1976.

Hahn, D., Planungs- und Kontrollrechnung als Führungsinstrument, Wiesbaden 1974.

Heigl, A., Controlling und Interne Revision, Stuttgart, New York 1978.

Hellmich, R., Entwicklung eines Planungssystems für Unternehmungen, Winterthur 1970.

Hinterhuber, H.H., Strategische Unternehmensführung, 2. Aufl., Berlin, New York 1980.

Höller, H., Verhaltenswirkungen betrieblicher Planungs- und Kontrollsysteme, München 1978.

Horváth, P., Controlling, München 1979.

Keppler, W., Institutionelle Aspekte einer politischen Planung in Organisationen. Theoretische Grundlegung und eine empirische Untersuchung zur Gestaltung von langfristigen Planungssystemen, Mannheim 1975.

Keppler, W., J. Bamberger und E. Gabele, Langfristige Planungssysteme, München 1975.

Keppler, W., J. Bamberger und E. Gabele, Organisation der Langfristplanung. Theoretische Perspektiven und empirische Ergebnisse, Wiesbaden 1977.

King, W.R. und D.E. Cleland, Strategic Planning and Policy, New York u.a. 1978.

Kirsch, W., Planung. Kapitel einer Einführung, München 1975.

Kirsch, W. und H.-K. Klein, Management-Informationssysteme, 2 Bände, Stuttgart 1977.

Kirsch, W. und Mitarbeiter, Planung und Organisation im Unternehmen. Bericht aus einem empirischen Forschungsprojekt, München 1975.

Koch, H., Aufbau der Unternehmensplanung, Wiesbaden 1977.

Kramer, F., Erfolgreiche Unternehmensplanung, Berlin, Köln, Frankfurt 1974.

Kretschmer, P., Unternehmensplanung, München 1976.

Kromschröder, B., Ansätze zur Optimierung des Kontrollsystems der Unternehmung, Berlin 1972.

Lewandowski, R., Prognose- und Informationssysteme, Bd. 1, Berlin, New York 1974.

Lorange, P. und R.F. Vancil, Strategic Planning Systems, Englewood Cliffs/N.J. 1977.

Mans, G., Modell- und computergestützte Planung in der Mineralölindustrie. Ein Modell als Instrument der mittel- und langfristigen Unternehmensplanung, Köln 1976.

Mertens, P. und J. Griese, Industrielle Datenverarbeitung, Bd. 2: Informations- und Planungssysteme, Wiesbaden 1972.

Newman, W.H., Constructive Control, Englewood Cliffs/N.J. 1975.

Noltemeier, H. (Hrsg.), Computergestützte Planungssysteme, Würzburg, Wien 1976.

Pfohl, H.-Chr. und B. Rürup, Anwendungsprobleme moderner Planungs- und Entscheidungstechniken, Königstein 1978.

Plötzeneder, H.D. (Hrsg.), Computergestützte Unternehmensplanung, Stuttgart 1977.

Rhenman, E., Organization Theory for Long-range Planning, New York u.a. 1973.

Rogers, D.C.C., Business Policy and Planning. Text and Cases, Englewood Cliffs/N.J. 1977.

Steiner, G.A., Top-Management-Planung, München 1971.

Stiegler, H., Integrierte Planungsrechnung, Wien, New York 1977.

Stokes, P.M., A Total Systems Approach to Management Control, o.O. 1968.

Straub, G. (Hrsg.), Langfristige Unternehmensplanung. Ihre Möglichkeiten und Gefahren, Zürich 1970.

Taylor, B. und K. Kawkins (Hrsg.), A Handbook of Strategic Planning, London 1972.

Taylor, B. und J.R. Sparkes, Corporate Strategy and Planning, London 1977.

Töpfer, A., Planungs- und Kontrollsysteme industrieller Unternehmungen. Eine theoretische, technologische und empirische Analyse, Berlin 1976.

Treuz, W., Betriebliche Kontrollsysteme, Berlin u.a. 1974.

Ulrich, H. (Hrsg.), Unternehmensplanung, Wiesbaden 1975.

Vardaman, G.T. und *C.C. Halterman,* Managerial Control through Communication. Systems for Organizational Diagnosis and Design, New York u.a. 1968.

Vente, R.-E., Planung, wozu?, Baden-Baden 1969.

Voßbein, R., Unternehmensplanung. Grundlagen und praktische Anwendung der Planung als Steuerungsinstrument, Düsseldorf, Wien 1974.

Warren, E.K., Long-range Planning: The Executive Viewpoint, Englewood Cliffs/N.J. 1966.

Weihe, H., Unternehmensplanung und Gesellschaft, Berlin, New York 1977.

Wild, J., Grundlagen der Unternehmensplanung, Reinbek 1974.

Wild, J., Unternehmensplanung, Reinbek 1975.

Zahn, E., Strategische Planung zur Steuerung der langfristigen Unternehmensentwicklung, Berlin, München 1979.

Stichwortverzeichnis

Die Autoren

Albach, Horst, Jahrgang 1931, ist Professor und Direktor der betriebswirtschaftlichen Abteilung I des Instituts für Gesellschafts- und Wirtschaftswissenschaften der Universität Bonn.

Werdegang
1952–56 Studium der Betriebswirtschaftslehre in Köln und Brunswick/Maine U.S.A.,
1956   Examen als Dipl.-Kfm. in Köln,
1957   Examen als Dipl.-Volkswirt in Köln,
1958   Promotion zum Dr. rer. pol. in Köln,
1960   Habilitation in Köln (venia legendi für das Fach Betriebswirtschaftslehre),
1973   Ehrendoktorwürde der Handelshochschule Stockholm,
1976   Ehrendoktorwürde der Wirtschaftshochschule Helsinki.

Publikationen (Bücher)
Investition und Liquidität, Wiesbaden 1961;
Steuersystem und unternehmerische Investitionsplanung, Wiesbaden 1970;
Als-ob-Konzept und zeitlicher Vergleichsmarkt, Tübingen 1976;
Mitarbeiterführung, Wiesbaden 1977;
Hochschulplanung, Baden-Baden 1979.

Ansoff, H. Igor ist Senior-Partner der Ansoff Joele Associates, Professor am European Institute for Advanced Studies in Management (EIASM), Brüssel, und Professor an der Stockholm School of Economics.

Werdegang
Studium des Maschinenbaus, der Physik und der angewandten Mathematik. Berufstätigkeit als Senior Project Officer in der Rand Corporation, Santa Monica, als Corporate Planning Director und Divisional Manager in der Lockheed Aircraft und Lockheed Electronics Corporation; als Professor an der Carnegie Mellon University und der Vanderbilt University.

Publikationen
Zahlreiche Veröffentlichungen auf dem Gebiet der Strategischen Unternehmensführung.

Bischof, Peter, Jahrgang 1946, ist Direktor und Leiter des Konzernbereichs Planung und Kontrolle der Papierwerke Waldhof-Aschaffenburg (PWA).

Werdegang
1971   Examen als Dipl.-Kfm. an der Universität Erlangen-Nürnberg,
bis 1975 Wissenschaftlicher Assistent am Lehrstuhl für Industriebetriebslehre und Promotion zum Dr. rer. pol. an der Universität Erlangen-Nürnberg über Produktlebenszyklen im Investitionsgüterbereich,
seit 1976 Angestellter der Papierwerke Waldhof-Aschaffenburg (PWA).

Drucker, Peter F., Jahrgang 1909, ist Unternehmens- und Wirtschaftsberater. Darüber hinaus ist er als Professor für Gesellschaftswissenschaften und Management an der Claremont Graduate School, Claremont, Cal., sowie an der Graduate Business School of New York University tätig. Er erhielt 1969 die höchste Auszeichnung der New York University, the Presidential Citation.

Neben zahlreichen anderen Auszeichnungen wurde ihm die Ehrendoktorwürde von zehn Universitäten in den Vereinigten Staaten, Großbritannien, Japan und der Schweiz zuteil.

Werdegang

Ausbildung in Wien, in England und in Frankfurt a.M. Promotion zum Dr. iur. (Öffentliches und Internationales Recht) an der Universität Frankfurt,
1950—72 Professor für Management an der Graduate Business School of New York University,
seit 1971 Professor für Gesellschaftswissenschaften und Management an der Claremont Graduate School, Claremont, Cal.

Publikationen

Bücher
The End of the Economic Man, 1939;
The Future of Industrial Man, 1942;
Concept of the Corporation, 1946;
The New Society, 1950;
The Practice of Management, 1954;
America's Next Twenty Years, 1957;
The Landmarks of Tomorrow, 1960;
Managing for Results, 1964;
The Effective Executive, 1967;
The Age of Discontinuity, 1969;
Technology, Management and Society, 1970;
Men, Ideas, and Politics, 1971;
Management: Tasks, Responsibilities, Practices, 1974;
The Unseen Revolution: How Pension Fund Socialism Came to America, 1976;
Adventures of a Bystander, 1979;
Managing in Turbulent Times, 1980.

Lehrbücher
People and Performance; the Best of Peter Drucker on Management, 1977;
An Introductory View of Management, 1978.

Gälweiler, Aloys, Jahrgang 1922, ist Direktor des Zentralbereiches Unternehmensplanung und Generalbevollmächtigter der Brown, Boveri & Cie AG, Mannheim.

Werdegang

Studium der Volks- und Betriebswirtschaft an der Universität Mainz,
1953   Promotion,
1950—57 Zellstoffabrik Waldhof, zuletzt Leiter der zentralen Betriebswirtschaftlichen Abteilung,
seit 1957 Brown, Boveri & Cie AG, Mannheim,
            bis 1966 Leiter der Zentralen Betriebswirtschaftsabteilung
            seit 1967 Direktor des Zentralbereiches Unternehmensplanung,
            seit 1970 Generalbevollmächtigter.

Publikationen

Zahlreiche Veröffentlichungen auf dem Gebiet der Unternehmensplanung.

Grinyer, Peter H. ist Esmée Fairbairn Professor für Ökonomie (Finance & Investment) an der University of St. Andrews, Scotland, und Visiting Professor für Business Strategy an der The City University Business School, London.

Werdegang
- Studium am Balliol College, Oxford, und an der London School of Economics and Political Science mit Promotion.
- Praktische Berufstätigkeit zunächst bei Unilever Ltd., dann als Personal Assistant to the Chief Executive in einem Unternehmen der Kunststoffindustrie. Danach auf dem Gebiet der Planung und als Unternehmensberater tätig.

Publikationen (Bücher)
Corporate Models Today, 1975 und 1979 (zusammen mit Wooller);
From Private to Public, 1977 (zusammen mit Vaughan und Birley);
Turnaround – The Fall and Rise of the Newton Chambers Group, 1979 (zusammen mit Spender).

Hamilton, William, F. ist Halcon Professor für Management und Technologie an der Wharton School und dem College of Engineering and Applied Science an der University of Pennsylvania und leitet dort das Management and Technology Program. Darüber hinaus ist er als Unternehmensberater tätig.

Werdegang
Studium an der University of Pennsylvania mit den akademischen Graden B.S., M.S. und M.B.A., und an der London School of Economics mit Abschluß als Ph. D.;
seit 1967 Professor an der Wharton School für Unternehmensführung, Entscheidungstheorie und Unternehmensplanung.

Publikationen
Zahlreiche Veröffentlichungen auf den Gebieten Management, Finanzplanung, Systemtheorie und Medizinökonomie.

Hanssmann, Friedrich, Jahrgang 1929, ist Direktor des Seminars für Systemforschung an der Universität München.

Werdegang
1955   Promotion in Mathematik,
1956   Research Associate in Operations Research, Case Institute of Technology,
1957–60 Assistant Professor of Operations Research, Case Institute of Technology, Cleveland/ Ohio, U.S.A.,
1960–61 NCR Company, Dayton, Ohio,
1961–63 IBM Corporation, Yorktown Heights, N.Y.,
1963–65 IBM Deutschland,
seit 1966 o. Professor für Systemforschung an der Universität München.

Hussey, David, E. ist Vice-President of Harbridge House und Unternehmensberater auf dem Gebiet der strategischen Unternehmensplanung.

Werdegang
1964–75 Praktische Berufstätigkeit in der Industrie,
seit 1976 Freiberufliche Beratungstätigkeit.

Publikationen
Mehrere Bücher (als Verfasser oder als Herausgeber) und Artikel über Unternehmensplanung.

Katz, Abraham ist Director of Planning Systems bei der IBM in Armonk, N.Y., U.S.A. (Keine weiteren Angaben verfügbar).

Kern, Werner, Jahrgang 1927, ist Professor für Betriebswirtschaftslehre an der Universität Köln.

Werdegang
1948–53 Studium des Wirtschaftsingenieurwesens an der TH Darmstadt,
1954–62 Assistent und Dozent an der TH Darmstadt, Wahrnehmung eines Lehrauftrages an der Universität Frankfurt a.M. sowie Lehrstuhlvertretungen in Kiel und Darmstadt,
1963–67 o. Professor für Betriebswirtschaftslehre an der TH Braunschweig,
seit 1967 o. Professor für Betriebswirtschaftslehre an der Universität Köln.

Koch, Helmut, Jahrgang 1919, ist Direktor des Instituts für industrielle Unternehmensplanung an der Universität Münster.

Werdegang
1948   Promotion zum Dr.-Ing. nach Studium des Wirtschaftsingenieurwesens,
1950   Kaufmännische Diplomprüfung an der Universität Frankfurt a.M.,
1951   Habilitation für das Fach Betriebswirtschaftslehre an der Universität.Frankfurt a.M.,
1955–57 Inhaber des Lehrstuhls für Revisions- und Treuhandwesen an der Universität Frankfurt a.M.,
seit 1957 o. Professor der Betriebswirtschaftslehre an der Universität Münster.

Hauptarbeitsgebiete
Betriebswirtschaftliche Theorie, Unternehmensplanung, Unternehmensrechnung, Industriebetriebslehre.

Livingstone, John L. ist Director of Technical Services: Accounting, Auditing & SEC bei Coopers & Lybrand.

Werdegang
– Studium und Erwerb der akademischen Grade MBA und PH. D. an der Stanford University,
– Fuller E. Callaway Professor of Accounting am Georgia Institute of Technology und Arthur Young Distinguished Professor of Accounting an der Ohio State University,
– Hauptprüfer bei dem Wirtschaftsprüfer Management Analyses Center, Inc. sowie Beratungstätigkeit,
– Director of Technical Services bei Coopers & Lybrand.

Publikationen
Wichtigste Bücher:
Modern Accounting Systems, 1975;
Accounting for Changing Prices, 1976.

Beiträge in:
Handbook of Modern Accounting, 1977;
Handbook of Cost Accounting, 1971.

Lorange, Peter ist Associate Professor of Management an The Wharton School, University of Pennsylvania.

Werdegang
– Studium und Erwerb des akademischen Grades D.B.A. an der Harvard Business School,

– Lehrtätigkeit an der Sloan School of Management und am IMEDE-Management Development Institute, Lausanne, Schweiz, z.Z. an The Wharton School, University of Pennsylvania,
– Beratungstätigkeit auf dem Gebiet der strategischen Unternehmensplanung.

Publikationen (z.T. als Koautor)
Behavioral Factors in Capital Budgeting;
Strategic Planning Systems;
Corporate Planning: An Executive Viewpoint Shipping Management.

Lüder, Klaus, Jahrgang 1935, ist Ordinarius für Allgemeine Betriebswirtschaftslehre und für Planung und Organisation in der öffentlichen Verwaltung an der Universität Hamburg.

Werdegang
1955–57 Abitur mit anschließender kaufmännischer Lehre,
1957–62 Studium der Technischen Volkswirtschaft an der Technischen Hochschule Karlsruhe,
1962–68 Wissenschaftlicher Assistent, Promotion zum Dr. rer. pol. und Habilitation für das Fach Betriebswirtschaftslehre
seit 1969 Ordinarius an der Universität Hamburg.

Macharzina, Klaus, Jahrgang 1939, ist Inhaber des Lehrstuhls für Unternehmensführung, Organisation und Personalwesen am Fachbereich Wirtschafts- und Sozialwissenschaften der Universität Hohenheim, Stuttgart.

Werdegang
1959–63 Studium der Musik an der Staatlichen Hochschule für Musik, München,
1963–68 Studium der Betriebs- und Volkswirtschaftslehre an der Universität München,
1968–70 Wissenschaftlicher Assistent an der Universität München und Promotion zum Dr. oec. publ.,
1970–73 Akademischer Rat an der Universität Augsburg,
1974–76 Inhaber des Lehrstuhls für International Accounting am Department of Accounting and Finance der University of Lancaster, Großbritannien.

Hauptarbeitsgebiete
Unternehmensführung, Organisation, Personalwesen, Unternehmensrechnung, Internationale Unternehmenstätigkeit, Verwaltungslehre.

Makridakis, Spyros G. ist Professor of Management Science am INSEAD, Fontainebleau, Frankreich.

Werdegang
Studium an der School of Industrial Studies, Griechenland und an der Universität von New York mit Erwerb der akademischen Grade MBA und Ph. D.

Publikationen (als Koautor)
Computer-Aided Modeling for Managers, 1972;
Forecasting Methods for Management, 2. Aufl. 1977;
Interactive Forecasting, 2. Aufl. 1978;
Forecasting: Methods and Applications, 1978;
Forecasting, 1979.

Mertens, Peter, Jahrgang 1937, ist Inhaber des Lehrstuhls für Betriebswirtschaftslehre, insb. Betriebs- und Wirtschaftsinformatik, sowie Leiter der Forschungsgruppe Informatik VIII an der Universität Erlangen-Nürnberg.

Werdegang
- Studium des Wirtschaftsingenieurwesens an der Technischen Hochschule Darmstadt,
- Wissenschaftlicher Mitarbeiter an volks- und betriebswirtschaftlichen Instituten der TH Darmstadt und der TU München,
- Leitender Mitarbeiter einer größeren Beratungsgesellschaft, dabei vor allem Beschäftigung mit computergestützten Administrations-, Dispositions- und Informationssystemen,
- 1968–70 Inhaber eines betriebswirtschaftlichen Lehrstuhls mit den Schwerpunkten Datenverarbeitung, Operations Research und Betriebliche Fertigungswirtschaft an der Universität Linz.

Moses, Michael A. ist Associate Professor of Corporate Strategy und Corporate Strategy Program Coordinator an der Graduate School of Business Administration, Universität New York, und darüber hinaus als Unternehmensberater tätig.

Werdegang
bis 1968 Studium der Mathematik am Worcester Polytechnic Institute, Worcester, Mass., mit Abschluß als B.S., und des Operations Research an der Northwestern University, Evanston, Ill., mit den Abschlüssen M.S. und Ph.D.,
1966–68 Operations Research Analyst bei The Rand Corporation, Santa Monica, Cal.,
1968–69 Operations Research Analyst im Office of the Assistant Vice Chief of Staff, Army, Pentagon,
1969–74 Assistant Professor of Management and Decision Sciences an The Wharton School, University of Pennsylvania.

Publikationen (Bücher)
Managerial Insights: Analyses, Decisions and Implementation, 1973 (als Koautor).

Pfeiffer, Werner, Jahrgang 1933, ist Inhaber des Lehrstuhls für Betriebswirtschaftslehre insb. Industriebetriebslehre, sowie Leiter der Forschungsgruppe für Innovation und technologische Voraussage an der Universität Erlangen-Nürnberg.

Hauptarbeitsgebiete
Planung, Organisation und Kontrolle industrieller Produktionsprozesse, Systemrationalisierung, Forschungs- und Entwicklungsplanung, insb. soziotechnologische Voraussage und Technology Assessment, Investitionsgüterabsatz.

Ronen, Joshua ist Professor of Accounting an der Graduate School of Business Administration, Universität New York und Assistant Director am Vincent C. Ross Institute of Accounting Research. Darüber hinaus übt er eine Beratungstätigkeit aus.

Werdegang
bis 1969 Studium an der Hebrew University, Israel, und an der Stanford University, Cal., mit Abschluß als Ph. D.,
1969–73 Member of the Faculty an der Graduate School of Business der Universität Chicago und Associate Professor an der Universität Toronto mit Lehrtätigkeit am Department of Political Economy und an der Faculty of Management Studies.

Hauptarbeitsgebiete
Unternehmensrechnung, Verhaltenswissenschaft.

Schreyögg, Georg, Jahrgang 1946, Dipl.-Kfm., Dr. rer. pol., ist Wissenschaftlicher Assistent am Lehrstuhl für Allgemeine Betriebswirtschaftslehre und Unternehmensführung der Universität Erlangen-Nürnberg.

Hauptarbeitsgebiete
Organisationstheorie, Unternehmenspolitik, Personalführung.

Stümke, Wilhelm, Jahrgang 1931, ist Direktor der Deutschen Shell AG und Leiter des Bereiches Zentrale Planung.

Werdegang
- Kaufmännische Lehre und einige Berufsjahre in der Reifenindustrie,
- Studium der Wirtschaftswissenschaften in Hamburg und Hannover mit Abschluß als Dipl.-Kfm., seit 1957 Tätigkeit in der Industrie in den Bereichen Rechnungswesen, Organisation, Information und EDV.

Streitferdt, Lothar, Jahrgang 1941, lehrt Betriebswirtschaftslehre, insb. Industrielle Produktion, an der Universität Frankfurt.

Werdegang
1956–61 Studium an der HTL in Linz,
1961–63 Fachingenieur in der Industrie,
1963–68 Studium an der TU Stuttgart und der TU Karlsruhe mit Abschluß als Dipl. rer. pol. (techn.),
1968–73 Wissenschaftlicher Mitarbeiter an der TU Karlsruhe und der Universität Hamburg. Promotion zum Dr. rer. pol.,
1973–77 Dozent für BWL an der Universität Hamburg und Habilitation,
1977–79 Betriebswirtschaftslehre, insb. Industriebetriebslehre an der Bundeswehrhochschule Hamburg und an der Gesamthochschule Siegen mit dem Schwerpunkt Produktion.

Todd, John ist Director of Small Business Development Center und Coordinator of Graduate Studies an der University of Arkansas sowie Berater auf den Gebieten Kontrollsysteme und Verhalten in Organisationen.

Werdegang
Studium an der University of Texas mit dem Abschluß M.B.A. und an der Harvard Business School mit dem Abschluß D.B.A.

Wheelwright, Steven C. ist Associate Professor an der Graduate School of Business Administration der Stanford University.

Werdegang
Studium an der University of Utah und der Stanford University mit Abschlüssen als B.S., M.B.A. und Ph.D.

Publikationen (als Koautor)
Computer-Aided Modeling for Managers, 1972;
Forecasting Methods for Management, 2. Auflage 1977;
Interactive Forecasting, 2. Aufl. 1978;
Forecasting: Methods and Applications, 1978;
Forecasting, 1979.

Staehle

Management

Eine verhaltenswissenschaftliche Einführung
Von Prof. Dr. Wolfgang H. Staehle
1980. XII, 676 Seiten 8°. Flexibel gebunden DM 78,–
(Vahlens Handbücher der Wirtschafts- und Sozialwissenschaften)

Dieses Handbuch stellt eine Einführung in die Managementlehre dar, wie sie im angelsächsischen Raum an Hochschulen und Weiterbildungsinstitutionen vermittelt wird. Das Buch folgt in seinem Aufbau einem verhaltensorientierten Ansatz und verarbeitet umfassend die Forschungsergebnisse der verschiedensten Nachbardisziplinen, wie der Soziologie und Psychologie.

Der Autor Prof. Dr. Wolfgang Staehle, Freie Universität Berlin, verarbeitet in diesem Buch seine umfangreichen Erfahrungen, die er bei längeren Aufenthalten in den Vereinigten Staaten gesammelt hat. Das Buch ist in einer gut lesbaren Sprache geschrieben und richtet sich sowohl an Studenten der Wirtschaftswissenschaften, an den Führungskräftenachwuchs, als auch an den gestandenen Manager.

Insbesondere gibt dieses umfassende Handbuch Auskunft darüber, wie sich Organisation gegenüber ihrer Umwelt verhalten und warum und wie individuelles und Gruppenverhalten durch Führung und Strukturierung stabilisiert und verändert werden.

Inhalt

Verlag Vahlen München